U0488981

DIANLIANG XINGFU ZHIGUANG

GUANGDONG FUPIN SHUANGDAO LILUN YU SHIJIAN

点亮幸福之光

广东扶贫“双到”理论与实践

廖纪坤　葛孚桥◎主编

中国出版集团

世界图书出版公司

广州·上海·西安·北京

图书在版编目（CIP）数据

点亮幸福之光 : 广东扶贫“双到”理论与实践 / 廖纪坤，葛孚桥主编 . -- 广州 : 世界图书出版广东有限公司，2012.8
ISBN 978-7-5100-4909-5

Ⅰ. ①点… Ⅱ. ①廖… ②葛… Ⅲ. ①扶贫模式—研究—广东省 Ⅳ. ① F127.65

中国版本图书馆 CIP 数据核字 (2012) 第 146326 号

点亮幸福之光：广东扶贫“双到”理论与实践

责任编辑 李 茜 杨力军
封面设计 陈 璐
出版发行 世界图书出版广东有限公司
地　　址 广州市新港西路大江冲 25 号
电　　话 020-84459702
印　　刷 东莞虎彩印刷有限公司
规　　格 787mm×1092mm 1/16
印　　张 28.5
字　　数 510 千
版　　次 2012 年 8 月第 1 版 2013 年 11 月第 2 次印刷
ISBN 978-7-5100-4909-5/F • 0071
定　　价 80.00 元

点亮幸福之光

广东扶贫“双到”理论与实践

目　录

序　言

广东省人民政府党组成员　广东省扶贫开发领导小组副组长　李容根

沐浴着改革开放的和煦春风，广东经济社会发展取得举世瞩目的成就。从1985年开始至今，广东经济总量连续20多年位居全国第一，主要经济指标也长期名列全国前茅。但是，在全省经济社会快速发展的历史进程中，仍然存在着区域经济发展不平衡、城乡居民收入差距拉大、农村发展相对滞后、农民收入增长缓慢、农村相对贫困群体依然较大等问题。对此，中共中央政治局委员、省委书记汪洋同志曾一针见血指出："我们发展到今天，全中国最富的地方在广东，最穷的地方也在广东，这是广东之耻，是先富地区之耻！"日益突出的区域发展不协调和城乡居民收入差距过大问题，已凸显成为新时期广东践行科学发展必须破解的重大难题。

贫困是世界各国和国际社会面临的共同挑战，促进发展，消除贫困，实现共同富裕是人类社会孜孜以求的理想。从20世纪80年代中期以来，中国政府开始有组织、有计划、大规模地开展农村扶贫开发战略，先后制定和实施了一系列纲领性文件，扶贫开发工作取得了巨大的成就。历届广东省委、省政府在党中央和国务院的坚强领导下，结合广东省情，创造性地开展了一系列扶贫开发工作。尤其是2007年以来，为贯彻落实《中共广东省委、广东省人民政府关于争当实践科学发展观排头兵的决定》精神，省委、省政府顺应时代要求和人民期盼，适时提出了"规划到户责任到人"扶贫新模式，并于2009年正式出台实施《关于我省扶贫开发"规划到户责任到人"工作的实施意见》，打响了新一轮声势浩大的扶贫攻坚战。通过实施扶贫"双到"，建立"一户一法"、"一村一策"的靶向疗法直击目标，认真落实"定点、定人、定责"三定措施，构建"组织、制度、资金"三层保障立体体系，按照"确保被帮扶贫困户基本实现稳定脱贫和被帮扶贫困村基本改变落后面貌"的奋斗目标，奋力推进全省扶贫开发工作。扶贫开发"双到"新模式实施以来，全省各级党政机关和企业事业单位广泛参与，加大产业扶贫力度，积极推动就业扶贫、金融扶贫、旅游扶贫和科技扶贫等，着力巩固专项扶贫、行业扶贫、社会扶贫的大扶贫格局，取得了非常显著的成效。截至目前，全省共有 11424 名驻村干部扎根在 3409 个贫困村，开展对 157 万贫困人口的帮扶。落实各类扶贫资金 130 亿元，已有 31.5 万户、134 万人口贫困人口到达年人均收入 2500 元的脱贫标准。贫困村整体面貌显著改变，基层党组织进一步巩固，有力地推动了城乡和区域协调发展。

这次由广东省扶贫办会同仲恺农业工程学院有关专家教授组织出版的《点亮幸福之光》——广东省扶贫开发“规划到户责任到人”工作理论与实践一书，就是贯彻落实全省扶贫开发工作会议上提出的“扶贫开发‘规划到户责任到人’要实现长期化、制度化”要求的重要理论成果。该书总结了全省各地开展扶贫开发“双到”的实践经验，将其上升为理论认识，为今后扶贫开发各项政策措施的制定完善，为扶贫战略和政策体系的不断形成以及长效性机制的建立，提供了有价值的理论性研究成果，具有较强的实践指导意义。全省各级各地、各帮扶单位要很好重视和利用这些理论成果，结合实际，采纳借鉴，加强研究，完善措施，进一步推动我省扶贫开发工作的深入开展。

二〇一二年四月五日

广东扶贫开发“规划到户、责任到人综合研究报告

《广东扶贫开发“双到”综合研究报告》课题组　执笔：葛孚桥[1]

反贫困，是个世界性的难题，1996年1月18日，一座两米多高的大型电子数字显示钟——贫困钟，在联合国总部的公共大厅落成。红色数字随钟面的秒针，以每分钟47人，每天有67000人，每年有2500万人的速度增长。消除贫困，共同富裕，是建设中国特色社会主义事业的一项历史任务，是构建社会主义和谐社会的一项重要内容。

扶贫开发“规划到户、责任到人”（以下简称“双到”）工作在我省已经开展两年来，作为扶贫开发的一种新探索，其成效明显，令人鼓舞。进一步扎实做好扶贫开发“双到”工作，是我省进一步缩小贫富差距、加快转变发展方式的重要内容，也是我省科学发展面临的一个重大课题。

一、问题提出

改革开放30多年来，我国经济社会发展取得了举世瞩目的成就，扶贫开发工作也成就显著但任重而道远。至2010年，全国实现国内生产总值达39.8万多亿元，折合6万多亿美元，总量跃居世界第二位；外贸进出口总额达2.97万亿美元，其中出口总额居世界第一位；外汇储备余额达2.8万亿美元，连续5年稳居世界第一；人均GDP达29750元，折合4000美元，城乡居民收入分别达到19109元和5919元，进入工业化、城镇化快速推进的新时期。与此同时，我国政府一直坚持把扶贫开发作为全面建设小康社会、扎实推进社会主义新农村建设的重要任务，把消除贫困作为促进社会公平正义、构建社会主义和谐社会的重要举措，把实现共同富裕作为提高国民的幸福水平、建设中国特色社会主义伟大事业的重要组成部分。30多年来我国贫困人口减少了2亿多。

[1] 葛孚桥（1957.10-），男（汉族），山东寿光人，仲恺农业工程学院经贸学院书记、教授，主要研究区域经济与产业经济。

我国在反贫困的征程中取得举世瞩目成就的同时，也存在许多亟待解决的问题。据国务院扶贫办统计，截至2007年底，我国人均纯收入低于1067元的农村人口共有4300多万人；如果按世界银行“每天人均1美元”的标准计算，贫困人口超过1亿人，《中国农村扶贫开发纲要（2001-2010年）》提出的在十年内消除农村绝对贫困人口的目标未能实现。进入新世纪后，扶贫工作难度日益加大。统计数据表明，中国政府从21世纪80年代末开始在农村推行的开发式扶贫策略，其政策效应已日益削弱。如1986-1993年，每亿元扶贫资金可以使17.1万人脱贫，1994-2000年，每亿元扶贫资金减少贫困人口的数量为10.9万人，2001-2005年，每亿元扶贫资金减少的贫困人口数量锐减到2.0万人，而且2003年，由于返贫者增多，绝对贫困人口反而增加了80万人。因此，中国经济社会发展在取得重大成就的同时，城乡之间在居民收入、经济社会发展、公共物品供应差距的日益扩大，已经成为我国推动科学发展所面临的最严峻的挑战之一和促进和谐社会进程中最不和谐的音调。

作为改革开放的前沿阵地，广东省始终发挥着排头兵作用，创新能力不断增强，经济发展一路领先。从1989-2010年，全省经济总量连续22年位居全国第一位，先后超过了亚洲“四小龙”的新加坡、香港和台湾。2010年，全省实现地区生产总值(GDP)4.55万亿元，占全国的比重为11.4%；进出口贸易总值为7846.6亿美元，占全国的比重为26.4%；人均GDP总量已接近7000美元，达到中等发达国家收入水平；来源于广东的财政总收入超过1万亿元，城乡居民人均收入分别达23898元和7890元，城乡居民储蓄存款余额36965.75亿元。多年来，广东历届省委、省政府高度重视扶贫开发工作，在经济社会快速发展的同时，通过“智力扶贫”、“对口扶贫”、“开发扶贫”和建立最低生活保障制度等一系列措施，使全省贫困人口持续减少，贫困人口的生活质量不断提高，贫困地区的基本生产生活条件不断改善。全省农民人均纯收入1500元以下的贫困人口从2005年的411万人减少至2008年的316万人，减少23.1%。全省16个扶贫开发重点县生产总值从2000年的258.83亿元增加到2008年的798.4亿元，年均增长15%。51个山区县农民纯收入从2000年的3289元增加到2008年的5147元，年均增长5.8%，扶贫开发工作取得的显著成绩。但是，由于地理区位、自然禀赋、经济基础、历史文化、体制机制等多方面因素的影响，广东省发展不平衡问题还相当突出，并集中体现为区域之间、城乡之间、群体之间发展和收入差距的不断扩大。粤东、粤西、粤北与珠三角地区的区域差距明显，2007年广东全省区域发展差异系数为0.75，高于全国0.62的平均水平，已经接近国际上0.80的临界值。目前，“全国最富的人群在广东，最穷的人群也在广东”。全省还有3409个贫困村、70万户、316万人处在贫困线以下，如果按照世界银行每天2美元的贫困线标准，2007年，广东省农村收入贫困发生率为10.3%（绝对贫困人口还有400多万）、消费贫困发生率为18.6%，农村贫困人口占全省贫困人口的89.9%。国务院扶贫调研组的调研报告指出：“广东全省不同区域之间发展不平衡的状况十分严重，甚至有日益扩大的趋势。”区域发展不平衡、贫困人口众多，制约着广东经济社会全面协调可持续发展。

针对上述状况，省、市、县各级党委和政府在扶贫开发过程中都提出了奋斗目标，也拿出了很多举措，可效果没有预想的好，到目前为止依然有如此大面积的贫困存在，用省委书记汪洋的话说，这是“广东的耻辱”。其主要原因是瞄准对象不够精确，很多举措没有落到实处，关键是没有建立抓落实的责任制度。

在新时期新阶段，扶贫开发必须有新的载体、新的方式，进一步明确扶贫的规划对象、责任主体，才能将“谁去解决脱贫、解决谁的脱贫”责任落实到单位、落实到人，切实提高扶贫开发工作的水平和质量。正是在这种背景下，适合广东省情、具有广东特色的扶贫开发“双到”方略应运而生。

二、基本思路

面对新时期新阶段贫困人口的新情况、新特点，2009年6月，中共广东省委、省人民政府提出并实施了扶贫开发“双到”政策，力求通过采取“一村一策、一户一法”的“靶向疗法”等综合扶贫措施，努力提高贫困人口的自我发展能力和应对贫困风险的能力，从源头上消除贫困，确保被帮扶的贫困户基本实现稳定脱贫。这一政策的主要特点有：

1. 重塑瞄准对象，实行靶向疗法

与以往的县级瞄准、村级瞄准相比，“双到”机制采用了统分结合、双重目标叠加的靶向疗法，以“双保险”的形式，真正实现了对贫困人口的100%覆盖。一方面，扶贫资源以农村最基本的经济构成单元——“户”为瞄准对象，这就从根本上解决了扶贫资源浪费及投向失准问题，使扶贫资源得到最大限度的利用。另一方面，对集体经济年收入少于3万元的贫困村也进行扶持。这样，扶农户与扶集体相得益彰，个体与集体得到协调发展，将“规划到户”与“分钱到户”区分开来，更直接、更精确地配置扶贫资源，从而避免片面强调扶贫到户而使有限的帮扶资源出现规模效应和集聚效应降低的问题。

2. 明确帮扶目标，抓住工作重点

在深入调查、科学考证各村、各户致贫原因以及所拥资源、所有资金、所接市场等方面情况的基础上，以“一村一策，一户一法”为基本出发点，对症下药，提出符合所扶村、户实际情况及特点的“量身定做”的的综合扶贫开发规划，明确具体的帮扶目标、重点、路径和举措，开展定单位、定人、定点、定责帮扶，减少资源消耗，定点清除贫困，最终实现一村一村解困、一户一户脱贫。为此，贫困村贫困户所在的市、县将贫困村贫困户的真实情况逐村逐户登记造册，做到户有卡、村有册，建立动态档案，实行计算机管理。同时，建立帮扶台账，计算机记录与卡、册、簿、文件一致，及时记录帮扶情况。

3. 明确工作任务，落实责任到人

贯彻落实扶贫开发“双到”政策的关键是责任到人。把全省 3409 个贫困村和村内贫困户的帮扶任务、目标、要求，具体分配落实到省直行政事业单位、中直驻穗单位、珠江三角洲 7 个经济发达市、贫困村贫困户所在市县的国家机关、事业单位和全省国有企业、社会团体，进行定点、定人、定责帮扶。同时，将帮扶责任落实到个人。对于定点帮扶的贫困村和贫困户的任务，各级党委、政府负责具体分解到所属单位和部门，落实挂村挂户责任人，包括主要领导责任、分管领导责任、挂村挂户干部责任，做到定单位、定人、定点、定责包干扶持，保证每一个贫困村、每一个贫困户都有责任人挂钩联系。

4. 多种方式并举，创新帮扶方法

开展扶贫开发以来，形成了多种开发式扶贫的方式方法，如以工代赈、贴息贷款、自愿性移民、劳动力转移培训、科技扶贫、整村推进、产业化扶贫等等。扶贫开发“双到”政策在组织实施过程中，并没有拘泥于其中一种或几种方法，而是充分调动广大驻村干部的主观能动性，充分尊重被帮扶者的意愿和诉求，激发他们的聪明才智和创造灵感，把选择权交给驻村干部和被帮扶农户手里。在帮扶中，因势利导，灵活机动地选用扶贫方法，既可以一种扶贫措施为主其他措施为辅，也可以综合几种帮扶方式共同发挥作用，同时还鼓励其他独创性的方法，一切随着帮扶对象的特点而变化，不受任何固定格式的拘束。

5. 整合各类资源，形成扶贫合力

我国扶贫开发工作的现状显示，一方面由于贫困面广，社会参与扶贫动员不足，能够实际用于扶贫开发的资源十分有限；另一方面由于条块分割严重，统筹协调乏力，农业、交通、水利、教育、劳动就业等方面的扶贫开发资金按条条下达，使用分散，很难发挥整体效益。针对这种状况，为了保证扶贫资金全部到村到户，发挥整体效益，广东在实施“双到”政策过程中，不断完善扶贫资金运行和项目管理机制，注重将全社会有限的扶贫资金有效地整合起来，集中使用，实行扶贫资金专户管理、封闭运行及报账制，严格控制扶贫资金的投向和使用范围，确保资金专款投入到“双到”工作中去并发挥最大的经济社会效益。

6. 弘扬优良传统，凝聚社会力量

在组织实施扶贫开发"双到"工作过程中，广东省各级党委和政府与时俱进，积极构筑扶贫信息立体传播网络，综合运用党报、党刊、广播、电视以及互联网、手机等新兴传播手段，尤其是"扶贫济困日"活动，营造"人人行善、团结互助、扶贫济困"良好的社会氛围，广泛动员各种社会团体、民间组织、中央驻粤单位、企事业单位、企业家、个体户、港澳台同胞、海外华人华侨、国际慈善机构及非政府组织，在"自愿、无偿"原则基础上，通过多种形式参与扶贫开发建设。目前，省扶贫基金会和公益事业促进会等多种扶贫公益机构卓有成效地开展工作，社会各界人士、企事业单位和民间组织等多种扶贫捐赠主体以零散捐、集中捐和月捐等多种方式积极踊跃地捐款捐物，仅2010年首个"扶贫济困日"，广东全社会各界踊跃捐款就达30亿元。各种捐赠款物根据捐赠方的意愿划拨给全省重点帮扶的贫困村和贫困户用于各项扶贫项目。

三、理论依据

扶贫开发"双到"新思路、新模式的提出和实施，涉及到制度的变迁、政府的地位、区域的发展、帮扶的主体和对象、社会的参与等方方面面。其中，所依据的相关理论主要有社会主义初级阶段理论、社会主义初级阶段理论、制度经济学理论、政府干预理论、非政府组织理论、区域经济发展理论、能力贫困理论、信息不对称理论以及系统论、控制论、协同论等理论。

1. 社会主义初级阶段理论

社会主义初级阶段的理论是中国共产党提出的对我国当代社会所处阶段的正确论断。正确认识我国社会现在所处的阶段，是中国共产党制定和执行正确的路线和政策的根本依据。社会主义初级阶段的理论论断，包括两层含义。第一，我国社会已经是社会主义社会。我们必须坚持而不能离开社会主义。第二，我国的社会主义社会还处在初级阶段。我们必须从这个实际出发，而不能超越这个阶段。我国社会主义的初级阶段，是特指我国在生产力落后、商品经济不发达条件下建设社会主义必然要经历的特定阶段，而不是泛指任何国家进入社会主义都会经历的起始阶段。这个阶段是逐步摆脱贫穷、摆脱落后的阶段；是由农业人口占多数的手工劳动为基础的农业国，逐步变为非农产业人口占多数的现代化的工业国的阶段；是由自然经济半自然经济占很大比重，变为商品经济高度发达的阶段；是通过改革和探索，建立和发展充满活力的社会主义经济、政治、文化体制的阶段；是全民奋起，艰苦创业，实现中华民族伟大复兴的阶段。

依据社会主义初级阶段的理论，我国社会已经是社会主义社会，"贫穷不是社会主义，社会主义要消除贫穷。”扶贫开发，先富帮后富，缓解和消除贫穷，最终实现共同富裕，既是社会主义的本质要求，也是社会主义初级阶段需要完成的历史任务，更是共产党人责无旁贷的责任。因此，扶贫开发不是哪个单位的工作，也不是哪个部门的责任，而是全社会的共同任务。我国目前正处于并将长期处于社会主义初级阶段，在较长时期内存在贫困地区、贫困人口和贫困现象是不可避免的。因此，扶贫开发，从根本上改变贫困地区社会经济的落后状况，缩小地区差距，使贫困人口脱贫致富将具有长期性、复杂性和艰巨性。在推进扶贫开发“双到”工作中，必须以科学发展观统领扶贫工作全局和贫困地区经济社会发展全局，坚持以人为本，坚持全面发展，坚持协调发展，坚持可持续发展。

2. 制度经济学理论

制度是指人际交往中的规则及社会组织的结构和机制。制度经济学研究制度对于经济行为和经济发展的影响，以及经济发展如何影响制度的演变。新制度经济学的代表人物罗纳德·科斯和道格拉斯·诺思都强调新制度经济学应该研究人、制度和经济活动以及它们之间的相互关系。制度经济学理论认为，现实中的人在由现实制度所赋予的制约条件中活动。制度决定人们的行为，要用制度来引导与约束人们的行为。制度变迁理论认为，“外在性”在制度变迁的过程中是不可否认的事实，而产生“外在性”的根源则在于制度结构的不合理。制度安排创新的真正原因在于，创新成本的降低，可以使在新制度安排下的经济行为主体获取潜在的利润。现在，制度对经济发展的影响越来越引起人们的重视，为了提高经济效率，人们不断地反思已有制度存在的缺陷并加以修正。

依据上述理论，扶贫开发也必须有对扶贫主体、经济行为和经济关系产生影响、支配或约束作用的制度安排。随着市场经济在全国范围内的逐步推进和家庭联产承包责任制局限性的逐渐显露，广东的贫困问题从过去的普遍性、绝对性向分散性、相对性演化，贫困的原因从高度一致性向复杂多样性转变，贫富差距的持续拉大和区域、城乡发展不平衡问题使扶贫工作步入深水区、难点区。原有的以贫困县、以贫困村作为瞄准对象的制度安排所带来的减贫边际效益日益趋微，政策效应日渐削弱。这就必然要求作出新的制度安排，优化调整瞄准机制，解决目标瞄准问题上的制度性缺陷，通过实行“一村一策、一户一法”的“靶向疗法”，更直接、更精确地配置扶贫资源，提高扶贫资源使用效益。

3. 政府干预理论

政府干预是指政府运用经济、法律、行政等方面的手段对市场经济的有效运作进行调节与控制。政府干预理论的代表人物、美国著名经济学家约瑟夫·斯蒂格利茨认为，进行政府干预的普遍性是基于市场失灵的普遍性和政府的经济职能。一方面，现实中普遍存在的信息不完全、竞争不充分、市场不完备全，使得市场机制不会自己达到帕累托最优状态。市场失灵不再局限于外部性、公共产品等狭隘范围，而是无处不在的。这就为政府干预提供了广阔的潜在空间。为了弥补市场失灵，政府干预应该遍布各个经济部门和领域，而不仅仅是制订法规、再分配和提供公共品。另一方面，政府失灵并不比市场失灵更糟，而且这种失灵是可以被缓解乃至消除的；通过采取适当的政策，政府干预可带来帕累托改进。政府不但不比市场效率差，而且由于政府的强制性职能，使它能做许多市场不能做的事件。这样，政府就会在纠正市场失灵方面具有明显的相对优势。政府干预经济的作用是在尊重市场作用基础上弥补市场的缺陷，既不“缺位”也不“越位”。斯蒂格利茨建议，在公共部门中引入竞争机制，实现适当的公共职能分散化，使不同的政府部门之间开展竞争；政府的公共政策应主要定位于资源配置职能，通过发挥政府的再分配职能提高资源配置效率。

市场失灵的普遍性和政府的经济职能理论必然要求政府从斯密的“守夜人”角色变成了“积极的干预者”，这就为广东扶贫开发“双到”工作以政府为主导奠定了理论基础。在市场经济条件下推进扶贫开发，政府应充当“一只灵巧的手”。作为“一只灵巧的手”，政府的基本职能是校正市场失灵，同时避免自身失灵。各级政府，尤其是省政府应作为扶贫开发“双到”工作强制性制度供给的主体、公共资源供给和管理的主体、区域经济协调发展的引路人和推动者、社会经济发展的直接干预者来发挥主导性的作用。在扶贫开发“双到”工作中引入竞争机制，使相关部门之间、帮扶单位之间、帮扶责任人之间开展竞争，同时通过政府再分配职能的发挥来凝聚充实扶贫开发资源，提高扶贫开发资源配置效率。

4. 非政府组织理论

非政府组织是指独立于政府与企业之外的由一定社会成员志愿组成、具有稳定组织结构且不以营利为目的的公共服务组织，具有志愿性、组织性、自治性、非营利性、非政府性、非政治性、非宗教性等特点。在美国一般称之为“非营利组织”或“第三部门”，英国称之为“志愿部门”，法国称之为“社会经济”。自亚当·斯密带来“看不见的手”，市场便成为经济增长的重要力量；自托马斯·霍布斯对“政府”的认识，政府权力便出现分化与制衡。此后，政府和市场一直被看作社会的最重要的两大组织发挥作用。然而，政府与市场一样，都存在“失灵”现象，因此20世纪70年代以来，非政府组织开始快速地出现在世界各国的社会经济生活中，承担起政府和市场难以承担或不宜承担的某些社会经济或文化功能；同时，较之于政府部门的政策行为，非政府组织在深入居民社区方面所具有的“草根性”和“亲和性”，在提供开发性援助时所强调的公民参与和自主开发，使得非政府组织具有更高的效率和效益；尤其难能可贵的是，与政府领导人急功近利的做法相反，非政府组织更重视环境保护和节省能源，更强调公众观念转变和组织创新的重要性，因而从根本上有利于发展的可持续性。非政府组织与市场和政府一样也有其局限性，也会产生失灵，即“志愿失灵”，这也是作为服务提供者的非政府组织自身所固有的缺陷。这些弱点恰好是政府组织的优势。政府因其掌握着全社会的资源，能够通过立法、运用民主政治程序等方式较好地克服非政府组织的缺陷；而非政府组织则具有较强的灵活性，能够提供多样化、个性化或者较小范围内的服务等优势。所以，政府和非政府组织在各自组织特征方面形成了良好的互补性，政府和非政府组织之间应建立起合作关系。美国约翰·霍普金斯大学的萨拉蒙教授基于对 22 个国家的分析指出：“世界上几乎所有的国家里，都存在着一个由非营利组织组成的庞大的非营利部门。”同时，无论是在发达国家还是在发展中国家，非政府组织都致力于解决各种社会问题，积极参与各级各类公共事务，在各国经济、社会、文化、环保、社会保障等广泛的领域乃至国际舞台上发挥着越来越重要的作用。

非政府组织理论为扶贫开发“双到”工作中积极发挥非政府组织的作用，广泛动员社会力量参与扶贫开发活动提供了理论依据。近些年来，在广东扶贫开发领域里，也活跃着一批非政府组织，如省扶贫基金会、省慈善总会、省民间组织总会、省公益事业促进会、省志愿者事业发展基金会、省福利彩票发行中心等等，它们作为政府、企业之外的“第三部门”，为改革开放以来经济迅猛发展的广东社会提供了一种特殊的公共物品——扶贫，其中包括生存扶贫、技术扶贫、教育扶贫、救助贫困母亲、合作扶贫、文化扶贫、实物扶贫等，协助并监督各级政府贯彻执行有关扶贫开发的方针政策，在一定程度上代替政府做了部分工作，有效的弥补了部分“政府不足”和“市场不足”。实践效果表明，由政府主导的扶贫工作能够集中大量的人力、物力、财力，这是政府的优势，不足是由于传递的环节中存在着扶贫的目标以及扶贫对象、投入多，往往难以发挥好的效益。而非政府组织的优势在于机制比较灵活，运行成本比较低，减少很多中间环节，其不足是这种组织很难形成规模效益。

5. 区域经济发展理论

区域经济是指在一定区域内经济发展的内部因素与外部条件相互作用而产生的生产综合体。A· 赫希曼、W· 罗斯托、G· 缪尔达尔等区域经济发展理论的代表人物认为，区域经济协调发展是区域之间在经济交往上日益密切、相互信赖日益加深、发展上关联互动，从而达到各区域经济持续发展的过程；是区域经济非均衡发展过程中不断追求区域经济相对平衡和动态协调的发展过程。主张在区域经济非均衡发展的同时，政府采取积极的方法对这种不均衡进行适度的调控，提高区际分工协作发育水平，协调区际利益关系，在资源分配和政策投入上对落后地区实行适度的倾斜，使各地区共享发展机会，共享发展成果，以期实现国家整体经济的快速、健康和可持续发展。强调制度建设是区域经济发展和社会进步的决定性因素，制度供给差异是区域经济差异形成的主要原因，要想从根本上缩小区域经济差异，实现区域协调发展，就要从制度建设入手。

依据区域经济协调发展理论，基于广东东西两翼、北部山区与珠三角地区存在的区域发展不平衡现状，中共广东省委要求广东要努力争当实践科学发展观的排头兵，尽快走出一条有广东特色的统筹区域发展的新路子，实现全省协调发展、共同富裕、共同繁荣。并提出发达地区支持欠发达地区发展是政治责任、是制度安排，必须增强实现共同富裕的政治责任感，从先富帮后富责任意识不强的被动状态中解放出来。同时把扶贫开发“双到”与产业、劳动力“双转移”结合起来，把扶贫济困活动与扶贫开发、区域城乡协调发展、精神文明建设、和谐社会建设等工作结合起来，形成扶贫开发的长效机制。

6. 能力贫困理论

能力是指贫困人口自我发展的能力和应对贫困风险的能力。传统的理论一直把贫困看作是人们低收入的结果。上世纪九十年代以来，以阿马蒂亚·森为代表的一批发展经济学家提出了一个围绕能力、权利和福利的发展理论体系，建构了一个新的基于能力的发展观，从概念上将贫困定义为是能力不足：（1）贫困是他们获取收入的能力受到剥夺以及机会的丧失，而不仅仅是低收入；（2）收入是获得能力的重要手段，能力的提高会使个人获得更多的收入；（3）良好的教育和健康的身体不仅能直接地提高生活质量，而且还能提高个人获得更多收入及摆脱贫困的能力，疾病、人力资本不足、社会保障系统软弱无力、社会歧视等都是造成人们收入能力丧失的不可忽视的因素。同时提出用人们能够取得某种基本生活内容和人们能够得到的自由来理解贫困和剥夺。

从能力贫困理论可以看出，机会缺失、疾病、教育水平低下，社会保障系统软弱无力等是造成人们收入能力丧失并陷入贫困的不可忽视的因素。用这一理论来审视中国开发式扶贫政策，其效应弱化的原因是：多年来实行的许多扶贫策略是以“输血”而不是以“造血”为主，现阶段中国农村绝对贫困人口更为分散，相当数量的真正贫困人口没有能力从扶贫项目中受益，难以有效应对疾病、教育等致贫风险。因此，如何增强扶贫政策的针对性和实效性，从源头上消除贫困，实现共同富裕，是转型时期中国各级政府所面临的重要课题。依据能力贫困理论，中共广东省委、省政府提出并实施的扶贫开发“双到”政策正是适应了新时期贫困人口的新情况、新特点，试图通过采取“一村一策、一户一法”的“靶向疗法”等综合扶贫措施来提高贫困人口自我发展的能力和应对贫困风险的能力。

7. 信息不对称理论

信息不对称，是指市场交易的各方所了解、拥有的信息不对等，某些行为人了解、拥有但另一些行为人不了解、不拥有信息。信息不对称理论的代表人物、诺贝尔经济学奖得主约瑟夫·斯蒂格利茨、乔治·阿克尔洛夫和迈克尔·斯彭斯等三位美国经济学家认为，信息不对称是市场经济的弊病。在市场经济活动中，由于各类人员对有关信息的掌握存在着差异，掌握信息比较充分的人员往往处于比较有利的地位，而信息贫乏的人员则处于比较不利的地位。信息不对称必定导致信息拥有方为牟取自身更大的利益使另一方的利益受到损害。由于信息不对称问题的存在可能造成信息占有优势一方经常会作出“败德行为”和信息占有劣势一方面临交易中的“逆向选择”，其直接后果是扭曲了市场机制的作用，误导了市场信息，造成市场失灵。信息不对称理论指出，随着新经济时代的到来，信息在市场经济中所发挥的作用比过去任何时候都更加突出。要想减少信息不对称对经济产生的危害，政府就应在市场体系中发挥强有力的作用，采取一定的手段，加强对经济运行的监督力度，使信息尽量由不对称到对称，由此更正由市场机制所造成的一些不良影响。

信息不对称理论不仅说明市场经济条件下信息的重要性，而且也为广东扶贫开发“双到”工作提供了一个新的视角。由于存在着信息不对称事实，在扶贫开发过程中有可能产生“败德行为”和“逆向选择”，进而对“双到”工作产生的负面影响。例如，少数销售单位和不法分子利用虚假信息对贫困村或贫困户进行坑蒙拐骗，妨碍“双到”工作的健康顺利开展。又如帮扶对象为了获得政府有关财政补偿性收益或接受社会各类捐赠时往往会隐藏自己的真实信息，而帮扶主体在扶贫开发工作出现困难时往往有可能产生主动推卸自己应负责任的动机。信息不对称理论给广东扶贫开发“双到”工作以重要的启示：（1）信息不对称的事实或多或少、或频繁或间歇地存在于扶贫开发进程之中。（2）帮扶双方只有及时掌握更为充分的信息，变不对称为对称、变不确定为确定，才能胸有成竹，认准方向，明确责任，避免帮扶双方可能出现的机会主义行为，加快脱贫致富的步伐。（3）规划到户，政府对市场的干预，经济手段、法律手段和行政手段的运用，都应以相关真实信息的收集、研究为前提，一切唯书、唯上、照抄、照搬是不行的。（4）重视扶贫开发信息资源的开发利用工作，一方面要综合运用广播电视、报刊杂志、会议等传统传播方式和手段，充分利用互联网、手机等先进传媒手段，构筑扶贫开发信息立体传播网络，另一方面借助统计系统，深入调查研究，建立动态档案，实行计算机管理，获取、利用贫困村贫困户的真实信息。

8. 系统论、控制论、协同论等理论

系统是指由若干要素以一定结构形式联结构成的具有某种功能的有机整体。系统论认为，整体性、关联性、等级结构性、动态平衡性、时序性等是所有系统的共同的基本特征。其核心思想是系统的整体观念。系统论的创始人L·V· 贝塔朗菲强调，任何系统都是一个有机的整体，它不是各个部分的机械组合或简单相加，系统的整体功能是各要素在孤立状态下所没有的性质。同时认为，系统中各要素不是孤立地存在着，要素之间相互关联，构成了一个不可分割的整体；每个要素在系统中都处于一定的位置上，起着特定的作用；要素与要素、要素与系统、系统与环境需要进行信息的传输和交流。控制论的奠基人、著名数学家R· 维纳和协同学的创始者、著名物理学家H· 哈肯认为，远离平衡态的开放系统在与外界有物质或能量交换的情况下，需要通过内部的控制、协同作用，自发地形成时间、空间和功能上的有序结构，使系统从无序到有序，稳定在预定的目标状态上。

扶贫开发"双到"工作，涉及到方方面面的关系和利益，是由不同地区、不同部门、不同帮扶主体、不同帮扶对象构成的有机整体。构成这个系统的各个因素（或子系统）相互之间存在着相互影响、相互制约而又相互合作、相互促进的关系。依据上述理论，这个系统的有序运转，需要省、市、县、镇、贫困村和贫困户等多层级之间的协同配合，需要对人力、财力、物力、科技、信息、协作等各种扶贫资源进行合理的配置，需要对农、工、商各产业和供、产、销各环节进行科学的调控，需要构建并有效运行传输、交流畅顺、快捷的信息网络，才能形成"一加一大于二"整体效应。扶贫开发"双到"工作作为一个个系统工程，由政府来主导，但仅靠政府一方又难以完全胜任，还必须进一步发挥社会团体、民间组织、企事业单位和广大民众参与扶贫的积极作用。

四、重大意义

在新形势下，先行先试，科学发展，不断创新扶贫方式，提高扶贫开发效果，实施“规划到户、责任到人”，让有扶贫能力的单位和个人通过直接到村、直接到户的方式帮助贫困村、贫困农民脱贫致富，无论是在政治、经济，还是社会等方面都具有重要的意义。

1. 广东科学配置全省资源的一大创举，有助于区域协调发展战略的扎实推进

区域发展不协调，是广东最突出的省情之一，也是需要下大力气解决的第一个问题。在市场经济条件下，社会资源会自觉地向发展水平较高地区流动，经济增长带来的好处不会自动惠及贫困地区和贫困人口，由此形成的“马太效应”，只会使穷者更穷，富者更富。而且贫困地区和贫困农民往往处在自然条件严酷、资源相对贫乏、人地矛盾突出、自然灾害频发的恶劣环境中，导致经济发展滞后，自我发展能力差。因此，实施扶贫开发“双到”，就是由党和政府推动，动员全社会的资源进行扶贫的一种方式。广东省有能力解决自身的贫富差距问题。实际上，这个能力不仅仅是省财政的能力，它还包括全社会的能力，仅靠财政能力是远远不够的。各级党委和政府通过主动引导全社会的资源直接配置到户，引导全社会力量进行扶贫开发，这样从经济上来说，扶贫的负担就不会太重，甚至可以实现互利双赢，在扶贫的过程中创造商机。与此同时，再加大公共财政对基本公共服务的支持力度，就可以有效解决贫困农民脱贫致富的问题。

2. 广东重构扶贫开发战略的一大创举，有助于帮扶对象自我发展能力的提高

以往的扶贫工作，大多数是以“输血”为主，把工作重点放在完成当时提出的扶贫经济指标上，而不是以“造血”为主，把重点放在提高贫困村、贫困户的自我发展能力上。虽然经过多次扶贫，时至今日，仍有许多贫困村的公共基础设施仍处于原始状态，至今没有通公路、通电、通自来水，贫困村的生产生活设施没有从根本上得到改善；许多贫困户的技术能力没有得到明显的提升，子女读书问题没有得到根本解决，自我发展能力没有得到加强，等等。授人以鱼，不如授人以渔。“双到”政策在制定具体的帮扶计划上，大部分都能根据帮扶对象的贫困原因、不同类型的需求和发展意愿，实行“一村一策、一户一法”的扶贫措施，着力于“帮思想扶志气、帮生活扶解困、帮生产扶技术、帮项目扶资金、帮学习扶智力”，达到了帮扶主体与帮扶对象的良性互动、合作共赢，提高了贫困村、贫困户的自我发展能力。“双到”作为广东重构扶贫开发战略的一大创举，同时也为全国进一步推进扶贫开发工作提供了新的思路、新的模式和新的经验。

3. 广东完善社会发展战略的一大创举，有利于促进全省精神文明与和谐社会建设

幸福广东需要以社会的和谐稳定为基础。而贫困现象的存在，贫富差距的扩大，是影响社会和谐稳定的最主要因素之一。倘若长此以往，势必使原本并不严重的社会问题放大，导致少数贫困群体产生仇富心态，与社会其他成员的关系恶化，甚至造成社会动荡。实施“双到”，动员全社会积极参与扶贫开发，是培育良好社会风气、消除仇富心态的重要方法和有效途径。通过实施“双到”政策，让先富起来地区的机关、企业、个人等与贫困地区群众对口帮扶，使扶贫的过程成为提高人的素质、锻造人的精神的过程，从而让扶贫济困、团结互助蔚然成风，培育良好社会风尚。通过帮扶和资助，改善农村卫生站、学校，兴建农家书屋，建立贫困户医保，解决读书难、就医难、饮水难、出行难等问题，使广大贫困群众感受到党和政府的温暖，感受到社会各界的关爱，能够有效增强对党和政府的信任，促进不同阶层的交流、理解和支持，促进社会成员的谅解和包容，从而积极主动地化解矛盾，消除仇富心态，缓解社会冲突，最大限度地减少不和谐因素，促进社会和谐稳定。

4. 广东夯实农村基层组织的一大创举，有助于增强贫困村班子的“双带”能力

贫困村党支部是党在贫困村工作的基础，是落实党的农村工作任务的战斗堡垒，是党联系农民群众的桥梁和纽带，是贫困村基层组织中的领导核心。以党支部为核心的贫困村基层组织的状况如何，直接关系到扶贫开发的进程和效果。通过开展扶贫开发“双到”工作，把扶贫开发与加强农村基层组织建设有机结合，一方面通过帮扶单位和工作组的传、帮、带，引导和支持村党支部创新组织活动方式，健全完善各类规章制度，抓好各项制度落实，着力抓好基层党建工作。另一方面通过帮扶单位的支助，加强村委会的各项建设，改善办公条件，使村级集体组织活动能够正常开展。同时，重视引导贫困村“两委”班子团结协作，不断提高创造力、凝聚力和战斗力；重视把能人培养成党员，把党员培养成能人，把能人、党员培养成村干部，把村干部培养成带领全村致富的领路人。实践表明，通过扶贫开发“双到”工作的开展，党在农村的执政基础得到夯实，贫困村“两委”班子带头致富和带领群众奔康致富的信心和能力得到了明显增强。

5. 广东扎实开展创先争优活动的一大创举，有助于实践载体和构建动力的形成

创建先进基层党组织、争做优秀共产党员活动正在全国如火如荼的开展着。要把基层党组织和广大党员创先争优的积极性创造性保护好引导好，就需要构建行之有效的实践载体和动力机制。广东把开展创先争优活动与推进扶贫开发“双到”工作紧密结合，珠三角地区的市县与粤东西北欠发达地区的市县之间签署联合开展创先争优活动框架协议，珠三角地区以及粤东西北当地党政机关与贫困村的基层党组织之间“结对子”帮扶，实现基层党建工作跨城市跨区域联合开展，这是广东创先争优活动的创新，也是基层党建工作的新实践，进一步丰富和拓展了创先争优活动的内容和载体。实践表明，扶贫开发“双到”工作推动了创先争优活动的扎实开展，形成了“围绕扶贫抓党建，抓好党建促扶贫”的相融互进良好局面，承担对口扶贫开发“双到”工作任务的全省各级单位，投入大量人力、物力和精力，帮助全省3400多个贫困村改善生产生活条件，有力推动了帮扶地区基层党组织和党员干部队伍建设，促进了当地经济建设和社会发展。

五、进展情况

自省委、省政府作出扶贫开发“双到”的战略部署以来，全省上下迅速行动起来，出台了一系列政策文件，摸清了贫困村和贫困人口的基础数据，制定了具体的工作实施方案，针对贫困特点，创新工作方法，探索扶贫新思路，得到了广大人民群众尤其是贫困人口的支持。目前正处于全面贯彻落实阶段，部分地区和村落已初见成效。

1. 创新扶贫理念，把扶贫开发瞄准对象转向贫困村贫困户

扶贫开发要解决的一个关键问题就是瞄准。为此，党和国家进行了长期探索。从制定国家扶贫标准，划定集中连片贫困地区，到确定贫困县和扶贫开发工作重点县，再到确定贫困村，都是为了提高“瞄准度”。多年来，为集中力量保证供给，防止扶贫资金的分散使用，广东省扶贫开发工作的重点一直是16个贫困县。随着形势的发展，目前大部分的贫困县已经实现脱贫奔康，区域性的绝对贫困基本消除，贫困户变得更加分散，消除剩余贫困的成本更大、困难更多。正是在这样的背景下，广东提出扶贫开发“双到”的战略，坚持统分结合，在全国率先实施“规划到户”帮扶，实行“一村一策、一户一法”的综合扶贫措施；坚持监管结合，在全国率先实施扶贫信息电脑联网管理，让扶贫在阳光下运行；坚持奖惩结合，在全国率先实施扶贫考核制和问责制，实现“责任到人"。按照"双到"制度设计，将扶贫开发的重点进一步聚焦，直接瞄准贫困村和农村家庭年人均纯收入1500元以下的贫困户，实行"靶向疗法"，动员全社会力量，组织先富的珠三角地区、单位，带资金、带技术、带人员、带信息到落后地区进行帮扶，更直接、更精确地配置机关、企事业单位扶贫资源，减少资源消耗，实现定点清除贫困。

2. 完善政策体系，为扶贫开发工作扎实推进提供制度保障

围绕"双到"扶贫开发战略，全省构建了一整套的政策体系。《中共广东省委办公厅广东省人民政府办公厅关于我省扶贫开发"规划到户、责任到人"工作的实施意见》是全省扶贫开发的总纲领。省扶贫办进一步抓好落实，出台了《关于切实做好我省扶贫开发"规划到户责任到人"工作有关问题的通知》、《关于我省扶贫开发"规划到户、责任到人"的实施意见解读》、《广东省建立健全扶贫开发信息管理系统工作实施方案》、《全省贯彻落实省扶贫开发"规划到户、责任到人"工作电视电话会议精神的情况报告》、《关于进一步明确扶贫开发"规划到户责任到人"帮扶对象的通知》、《广东省扶贫开发"规划到户、责任到人"工作考核办法》、《关于抓紧做好建档立卡电脑管理工作有关问题的通知》、《关于审核上报帮扶单位方案（计划）的通知》等8个配套文件。省委组织部将扶贫开发作为加强基层党建工作的一次机遇，出台了《中共广东省委组织部关于在扶贫开发"规划到户、责任到人"工作中切实做好统筹城乡基层党建工作的意见》。这些政策文件的出台，为全省扶贫开发"双到"工作在思想动员、组织领导、投入保障、明确任务、考核奖惩、信息化管理等多个方面提供了坚实的制度保障。

3. 各地积极响应，从本地实际出发扎实推进扶贫开发工作

全省各地、各部门对扶贫开发"双到"工作高度重视，迅速行动，切实把思想和行动统一到省委、省政府的决策部署上来。一是积极贯彻部署。许多地级市、县（市、区）、镇都召开了专门的工作会议，出台了一系列政策文件，编制了专门的扶贫开发简报。如河源市出台了《中共河源市委办公室、河源市人民政府办公室关于关于扶贫开发"规划到户、责任到人"工作的实施意见》、《河源市动员社会力量参与扶贫"双到"活动实施方案》等多个文件，深圳市出台了《关于成立"规划到户、责任到人"工作组的通知》、《关于加强深圳、河源、湛江三市"规划到户、责任到人"基础工作及项目资金管理的通知》等文件。二是贫困地区与帮扶单位无缝对接。基本上所有帮扶单位都前往所帮扶的贫困村进行了专题调研，并派驻了专门的工作组或驻村干部，共商扶贫对策。每一次帮扶活动记入了《帮扶记录卡》，形成了帮扶台账。三是做好贫困户的认定工作。充分了解农村家庭的收入情况，探索参与式识别贫困人口的办法，将认定的贫困户上墙公示，接受群众监督，防止了扶贫开发中次生矛盾的发生。四是制定了实施方案。经过认真调研，广泛吸纳贫困村、贫困户的意见，各帮扶单位都制定了扶贫开发“双到”工作实施方案，目前正全面推进实施。

4. 实行电脑管理，解信息不对称之难让扶贫在阳光下运行

围绕扶贫开发“双到”工作要求，省、市、县和镇各级联动，从2009年下半年开始搭建覆盖全省的扶贫开发信息管理系统，在全国率先实施扶贫信息电脑联网管理，让扶贫开发工作在阳光下运行。一是建立了动态档案。粤东西北欠发达地区的市、县，在摸清楚贫困村、贫困户真实情况的基础上，逐村逐户登记造册，做到了户有卡、村有册、省、市、县（市、区）和镇有数据库，同步将有关数据录入电脑管理系统并完成上传工作。二是建立了帮扶台帐。各定点帮扶单位按照要求并根据帮扶情况，如实填写了《帮扶记录卡》。通过填报帮扶工作落实情况统计表建立起帮扶工作定期汇报制度。县、镇扶贫有关部门通过帮扶台帐，将挂钩帮扶的单位、责任人、帮扶措施、帮扶内容、帮扶成效等信息记录下来，同步录入电脑成为帮扶动态档案，跟踪贫困村、贫困户的帮扶成效。三是建立了扶贫信息网站。省级扶贫信息网以及与之对接的各县子网站已如期开通，有关市、县同时安排专人负责，积极配合省扶贫办做好本地网站栏目规划、信息采集、制定规章等工作。四是完善了全省扶贫信息网运行机制。通过对外信息发布平台，及时向社会反映我省扶贫开发工作情况，实现扶贫政务公开，引导全社会关心帮扶贫困村贫困户，使贫困农户早日脱贫奔康。

5. 探寻扶贫新路，形成多种特色鲜明行之有效的帮扶方式

各帮扶单位创造性地开展扶贫开发“双到”工作，已经探索形成多种行之有效、特色鲜明的帮扶方式：一是观念帮扶。按照“扶贫先扶志，治穷先治懒”的要求，引导贫困户更新观念，树立自信和自我发展的意识，摒弃消极畏难和“等、靠、要”思想，变“要我脱贫、要我富”为“我要脱贫、我要富”。二是产业帮扶。围绕农业产业化和农产品商品化，一些帮扶单位在贫困村建立了蔬菜基地、茶油基地、灵芝基地、柠檬基地，形成“公司＋基地＋农户”的产业扶贫模式。三是智力帮扶。有的帮扶单位为贫困户提供免费的职业技能培训，并推荐就业；还有的设立奖助学金，资助贫困户子女教育。四是福利帮扶。针对很多贫困户（特别是老年人和残疾人）因不具备劳动能力而不能受益于建立在贫困户生产能力基础上的减贫政策以及农村社会保障体系不健全的现状，有的帮扶单位积极对贫困户进行救济，出资为其购买养老保险、办理低保等。

五是金融帮扶。探索把扶贫专项资金作为小额贷款担保或者贴息的资金，通过金融杠杆，让这笔扶贫专项资金发挥更大的作用，即通过小额贷款解决资金短缺问题。六是旅游帮扶。通过发展旅游业，带动当地第三产业、民族手工业和特色农副产品快速发展，为贫困群众创造就业岗位，带动民族手工艺品和特色农副产品的销售，增加贫困户的收入。

6. 措施落实到位，扶贫开发“双到”工作的成效已经显现

根据扶贫开发“双到”工作安排，全省3409个贫困村、37.2万户贫困户、155.8万贫困人口均落实了帮扶单位和责任人，5662个帮扶单位共派出3451个工作组、1.15万人进驻贫困村，并制订了帮扶规划和措施，实施“一村一策、一户一法”的靶向疗法。截至2010年底，全省共落实帮扶资金37亿元，扶持发展集体经济项目11000个，已有15.7万户、69.3万人脱贫，占贫困户数的42.1%、贫困人数的44.5%。扶贫开发“双到”工作成效主要体现在：一是部分贫困村的生产生活条件得到明显改善。通过整合资源，加大投入，大力推进贫困村的道路、农田水利、安全饮用水、“四通”（通电、通邮、通迅、通广播电话）等建设，使贫困村落后面貌得以改观。二是村集体的收入有了保障和提高。一些帮扶单位出资帮助贫困村入股水电站、高新区、房地产等项目，使村集体的收入有了稳定保障。三是基层党组织建设进一步加强。帮扶单位按照一手抓扶贫，一手抓党建的要求，积极做好与帮扶村党组织的“一帮一”结对共建工作，贫困村缺什么补什么，极大地丰富了贫困村的党建资源。四是贫困户得到实惠。根据贫困户的实际情况，帮扶单位为贫困户提供农资补贴、种苗补贴、危房改造、技能培训等服务项目，受到了贫困户的欢迎，也为今后脱贫致富打下了坚实基础。

六、模式比较

扶贫开发模式指的是扶贫主体运用一定的生产要素和资源，利用一定的方法和手段作用于扶贫对象，促进扶贫对象脱贫致富的方式、方法和措施的总称。依据不同的标准，扶贫开发模式有不同的分类。一是按扶贫主体不同划分，可分为政府主导型、企业主导型、对口扶贫型、民间扶贫型等四种扶贫模式；二是按扶贫主体作用于扶贫对象的方式不同，可分为救济式扶贫和开发式扶贫两种模式；三是按扶贫主体投入的扶贫要素不同划分，可分为物质扶贫、文化教育扶贫、信贷扶贫等三种模式；四是按扶贫对象的脱贫地域划分，可分为就地扶贫和异地迁移扶贫两种模式；五是按扶贫资源分配的对象不同划分，可分为区域（社区）扶贫模式和直接扶贫到户模式两种。

以下主要就扶贫开发“双到”模式与整村推进、连片开发、产业化、雨露计划、异地安置和对口帮扶等六种模式进行对比分析。

表 1：我国主要扶贫模式优缺点和适用范围比较

模式类型	涵 义	优 点	缺 点	适用范围
“双到”扶贫模式	广东首先提出并实施，采取“一村一策、一户一法”的“靶向疗法”等综合扶贫措施，实行扶贫信息电脑联网管理和扶贫考核制及问责制，让有扶贫能力的单位和个人直接到村、到户帮助贫困村、贫困农民脱贫致富。	1. 扶贫针对性强 2. 贫困户参与积极性高 3. 任务具体，责任明确 4. 扶贫实效好 5. 有助于整合社会力量和资源参与扶贫事业 6. 有利于形成扶贫济困、团结互助的社会风尚	1. 区域优势如何发挥 2. 主导产业如何形成 3. 规模效应如何形成 4. 基层扶贫工作与上级目标如何达成一致	适用于列入国家和地方政府扶贫计划的各类贫困村和贫困户 如广东乐昌市梅花镇梅花村
整村推进扶贫模式	以扶贫重点村为对象，以增加贫困群众收入为核心，以完善基础设施建设、发展社会公益事业、改善生产生活条件为重点，以促进全面发展为目标，整合资源、科学规划、集中投入、规范运作、分批实施、逐村验收。	1. 整合各类扶贫资源 2. 综合治理、整体开发 3. 参与村级规划 4. 扶贫效果较好	1. 资金需求量大 2. 村内农户受益不均衡，“扶富不扶贫”	适用于列入国家和地方政府“整村推进”计划的各类贫困村 如甘肃定西市安定区大坪村

续表

模式类型	涵 义	优 点	缺 点	适用范围
连片开发扶贫模式	以县、乡或行政村为对象，在一定区域内集聚土地、劳动力、资金、技术、人才等要素，以培植扶贫产业带和加强各项基础设施、社会公益设施建设为突破口，将贫困村点上的综合开发串线连片，形成整体效应。	1. 整合各类扶贫资源 2. 综合治理、区域开发 3. 发挥区域优势，培育特色优势产业 4. 产生规模效益	1. 扶贫对象瞄准性低 2. 资金需求量大 3. 区域内各地利益难协调	适用于列入国家和地方政府扶贫开发计划的区域 如临沂沂蒙山区
产业化扶贫模式	将产业化扶贫与整村推进、连片开发、科技扶贫相结合，培育主导产业，推广防灾抗灾技术；扶持扶贫龙头企业，建设产业化基地，带动贫困农户增收。在460多个县的9000多个开展贫困村互助资金试点。	1. 合理开发利用当地资源 2. 培育特色优势产业和调整产业结构 3. 发展壮大农业产业化龙头企业 4. 提高农业生产组织化程度 5. 促使农民从延长的产业链条中增收	1. 参与主体长期共赢观念难形成 2. 优惠政策与社会责任不匹配 3. 龙头企业与农户利益联结机制易偏离扶贫目标	适用于土地条件好、适宜规模化种植业的宜农丘陵地区的贫困村 如广东阳山县、甘肃泰安县
雨露计划扶贫模式	以政府主导、社会参与为特色，以提高素质、增强就业和创业能力为宗旨，以务工技能和农业实用技术培训为手段，以促成转移就业、自主创业为途径，最终达到发展生产、增加收入、促进贫困地区经济发展的目的。	1. 以人为本，提高贫困人口素质 2. 拓宽贫困人口增收渠道 3. 把贫困人口转变为人力资源 4. 转移了农村贫困劳动力，增加了非农收入	1. 统一培训与因材施教难兼顾 2. 社会需求与培训能力供给有差距 3. 培训机构多，监管难 4. 导致务农人员主要为留守的妇女、儿童和老人	适用于扶贫资金数额小，当地贫困人口多，劳动力转移压力大的地区 如安徽郧西县

续表

模式类型	涵 义	优 点	缺 点	适用范围
移民搬迁扶贫模式	将居住在饮水艰难、上学艰难、就医艰难、出行艰难，生态环境脆弱、地质灾害频发，地方病威胁严重等地区的特困人口整体或部分迁入适宜于生产、生活的区域，改善他们生存与发展的条件，提高公共服务的水平。	1. 从根本上改变贫困农户的生产和生活环境 2. 由于生活水平的大幅度改善，受益农户的满意度高 3. 贫困户有较高的参与期望和积极性	1. 资金需求量大、缺口大 2. 补贴标准较低，低收入农户难于实现搬迁脱贫的夙愿 3. 与迁入地农民的土地矛盾	适用于自然条件恶劣、不适宜人类居住的高山、二高山散居的贫困农户 如贵州惠水县太阳乡
对口帮扶扶贫模式	由中央倡导、各级政府率先垂范、全社会广泛参与，东部发达省市帮扶西部贫困省区，中央和各级国家机关、企事业单位帮扶辖区内的贫困县区，社会组织、民间组织和民主党派到贫困地区进行产业投资和智力帮扶。	1. 有利于弘扬社会主义扶贫济困、共同富裕的社会风尚 2. 有利于调动各方面的力量和资源参与扶贫事业	1. 扶贫资源动员的社会成本较高 2. 捐赠项目落实难度大 3. 具体操作上需要大量的协调工作	适用于列入国家和有关部门安排的对口帮扶计划的贫困村 如山东滨州对接重庆奉节贫困地区

资料来源：帅传敏等著的《中国扶贫开发模式与效率研究》等

七、典型案例

1. 切实“双到”，提高贫困人口的自我发展能力

——省委办公厅挂点帮扶阳山县大崀镇坑塘村

阳山县大崀镇坑塘村共有贫困户 140 户、贫困人口 480 人，其中有劳动能力的贫困户为 92 户、399 人，无劳动能力的贫困户有 48 户、81 人。

省委办公厅对扶贫开发“双到”工作高度重视，根据省委、省政府的工作部署，全力以赴，集思广益，上下协调，左右联动，结对帮扶，捐款捐物，取得了明显的效果。

省委办公厅挂点帮扶工作组进村入户，在深入细致调研摸清基本情况的基础上，对贫困户逐户登记造册，建立动态档案，实行电脑管理，同时经与村集体和贫困户协商，对村集体经济发展进行了整体规划，并对每户贫困户制定了具体的脱贫措施，明确提出了组建一个扶贫工作领导班子、制定一个帮扶工作方案、探索一个脱贫长效机制、创建一套干部培养办法、打造一个帮扶联系平台的“五个一”工作要求，努力建立持久稳定的脱贫机制。

初步统计，自2009年下半年至今，办公厅领导到坑塘村进行调研和慰问超过100人次，干部职工到坑塘村开展结对帮扶活动超过500人次，全厅16个局处共有92名党员干部分别与92个贫困户建立了结对帮扶关系，既沟通了机关干部与基层群众的感情，又使办公厅干部更深入地了解了基层实际，增强了服务基层、服务群众的主动性和自觉性。

省委办公厅在挂点帮扶过程中，为提高贫困人口的自我发展能力，增加农民收入，第一，发挥专业户的带动作用。通过壮大专业户的规模带动贫困户，一是专业户聘请贫困户做工，领取工资。二是在专业户帮助下，贫困户自主发展种养业。第二，发挥互助资金的启动作用。在坑塘村成立了53户社员的互助资金合作社，把各种渠道筹集的资金聚在一起，让它互助有效地服务群众，从而产生一种“核变”效应的信贷方式。第三，发挥基础设施的拉动作用。通过整合各项扶贫资金，一是解决近千人安全饮水问题；二是铺设自然村之间水泥道路；三是建设三面光渠道2公里；四是改善灌溉面积近千亩。第四，发挥劳务输出的促动作用。一方面通过创业培训，加强贫困户脱贫意识；另一方面，加强劳务输出的信息传达与宣传动员工作，积极与有关部门联系，加大劳务输出的力度。

经过一年多来的努力，省委办公厅在坑塘村的扶贫开发“双到”工作取得了明显的成效。初步统计，截至去年底，省委办公厅共落实帮扶资金426万元，扶持发展集体经济项目12个，全村92户贫困户将近81%的农户实现脱贫，取得了良好的经济社会发展成效。

与此同时，省委办公厅积极把开展“双到”工作与争先创优活动有机结合起来，引导和支持村党支部创新组织活动方式，健全完善各类规章制度，抓好各项制度落实，着力抓好基层党建工作。

2. 扶贫开发　回报社会　企业有责

——广晟公司参与扶贫“双到”的主要做法

广晟公司对口帮扶五华县棉洋镇琴江村，该村地处偏僻的革命老区，贫困户153户657人，五保户13户。两年来广晟公司将扶贫开发“双到”工作作为回报社会、建设幸福广东的一项企业社会责任建设来抓，通过扶助、扶建的方式，促进贫困村和贫困户脱贫致富。

（1）健全制度，落实责任。公司成立扶贫开发“双到”工作领导小组，由公司董事长、党委书记亲自挂帅担任组长，领导小组下设办公室，主要负责组织协调和指导检查公司系统的扶贫工作，并专门从公司内部挑选2名优秀员工成立驻村工作组，常驻琴江村开展工作。公司下属各一级集团、直属单位也积极响应本次扶贫开发“双到”的号召，纷纷成立相应机构，党委书记为第一责任人，建立了党群部牵头负责、各部门既有分工又有协作的帮扶工作体系。为完成帮扶工作任务，公司党委和16个一级集团党委强化第一责任人的责任，既“挂帅”又“出征”，确保领导到位、责任到位、措施到位，确保扶贫“双到”工作深入开展。为了做好本次扶贫开发，企业所有中层以上干部，与贫困户结对，实行长期固定“一助一”帮扶，帮扶人员至少每季度与帮扶对象联系一次，每半年家访一次，摸清贫困户生活状况和思想动向、摸清存在的困难和问题、摸清形成困难和问题的原因，依法按政策帮助解决实际困难和思想问题，确保帮扶工作不走过场，落到实处。

（2）中西疗法，标本兼治。一是启动济困帮扶，转变思想观念。重点救济村中的弱势群体，给五保户孤寡老人、老弱病残或遇天灾人祸者送上温暖，并在帮扶中注重政策咨询和困难协调，帮助当地群众更新观念，树立脱贫信心。二是启动基础设施帮扶，完善硬件条件。通过安全饮水工程建设，使村民用上安全可靠的自来水；通过安居工程建设，真正解决困难群众的住房问题；通过道路建设，使村道硬底化。三是启动产业帮扶，夯实发展资本。对于村集体经济方面采取升级扩容村水电站的帮扶方式，使当地的水资源优势转化为经济优势；对到户农业生产扶持采用协议来约束贫困户循环使用帮扶资金实施种养，达到长效“造血”的目的。四是启动就业帮扶，实施劳动力转移。通过建立“琴江村-冶金技校-广晟公司”的劳动力转移模式，促进贫困村主导产业的发展和劳动力的有序转移，拓展贫困农民增收渠道。五是启动教育帮扶，改善学校环境。设立教育基金，对村中考上本科学子给予奖励，扶助家庭生活困难的子女上学，并对存在安全隐患的小学学生课桌椅和教师办公设施进行了更换，对学校进行了全面整修。六是强化村“两委”，推动文明建设。公司与村党支部开展共建活动，新建村委办公楼，打造党建学习阵地，为琴江村培养了一支“带不走”的扶贫队伍。

（3）全员发动，倾情投入。一方面，公司通过扶贫信息网向8万员工如实反映广晟扶贫的最新动态，并将贫困村、贫困户的详细情况和挂扶单位的帮扶计划、帮扶措施工作进展接受员工和社会监督，接受员工提出的帮扶建议45件。另一方面，发挥领导干部和党员的模范带动作用，去年由公司本部领导和一级集团领导带领员工一起为帮扶对象办实事、解难事、做好事，深入贫困村共32人次，形成一个层层积极对扶贫工作负责，人人主动为扶贫工作尽力的大环境。在第一个“广东扶贫济困日”，公司认真贯彻落实省委、省政府和省国资委关于开展“扶贫济困日”活动的指示精神，8万广晟员工以“责任、感恩、良知、奉献”的精神与情怀，积极参与“广东扶贫济困日”活动。在广东首个“扶贫济困日”，公司一共捐款2000多万元，全部用于琴江村建设和扶贫济困。

3. 启动文化杠杆　实施科学帮扶

——广州市国土房管局文化帮扶陂坑村

科学帮扶真实在，载歌载舞庆联欢。2011年2月23日，地处五华县西南端、毗邻紫金县的陂坑村上空彩旗飘扬，火红灯笼高高挂起，欢声笑语喜连连，由广州市国土房管局、华阳镇政府及陂坑村委联合举办的“情系陂坑村”大型文化联谊活动在此举行。此次活动是广州市国土房管局对口帮扶陂坑村实施“科学帮扶”中文化帮扶的一个重要体现，在给陂坑村民带来文化大餐的同时，也体现了该局热心山区帮扶、情系陂坑村的感人情怀，表达了陂坑村民对房管局的感恩情怀和积极脱贫奔康的愿望。

广州市国土房管局认识到，要解决贫困问题，首先要从贫困的主体——“人”的角度入手，不仅要扶物质，更要扶精神、扶智力、扶文化，向贫困村及贫困人口输入新观念、新文化、新知识和新技术，从整体上提高贫困群体的素质，达到文化富民的目的。

一是深入开展“文化下乡”活动。为丰富村民的文化生活，体现局党委对扶贫开发“双到”工作的支持和关怀，局扶贫办与华阳镇政府、陂坑村村委联合举办了“情系陂坑村”大型文艺联欢活动。在演出中对脱贫致富模范、计划生育先进家庭、热心公益事业先进个人和学习标兵进行了表彰。除了定期举办大型文艺联欢、表彰优秀先进等文化活动外，还采取送书、送戏、送科技等形式把更多的新思想、新文化、新知识、新科技传输给广大农民，从文化上为农村经济的发展作好保障。

二是加大文化宣传力度。为了使扶贫开发“双到”工作深入人心，变“要我脱贫”为“我要脱贫”，制作了扶贫开发政策标语宣传牌，使村民及时了解扶贫开发政策和工作内容；设立了两个宣传栏，推进村务公开，使之成为村民了解和监督扶贫开发工作的窗口；举办了主题为“科学帮扶，建设幸福陂坑村”图片展。围绕主题，图片展细分为“产业帮扶，壮大经济”、“智力帮扶，提升技能”、“教育帮扶，长远发展”、“文化帮扶，形成特色”、“保护耕地，爱护农田”等五大板块。通过翔实的图片展现了陂坑村自力更生求发展的可喜成绩，让陂坑村群众深切感受到扶贫开发“双到”工作带来的新变化和新气象。

三是推进文化体系建设。做好党报党刊和科技图书的发行工作，从政策上、思想上引导农民，从科学技术上提高农民的创业致富能力。建立健全镇、村图书馆、书店和文化活动室，引导农民白天务农、晚上学文化，农忙务农、农闲学文化。扩大农村电视广播网的覆盖面和建立现代农村远程教育网络，使新思想、新文化、新政策、新知识、新科技尽快在农村得到广泛的传播和应用。建立健全合理的农村乡土科技人才培训机制，让村民了解当前外出务工的就业形势和特点，鼓励有技能、有条件的剩余劳动力积极主动外出就业。

四是弘扬客家本土文化。针对陂坑村是客家人的聚居地、富有得天独厚的客家文化资源这一特点，广州市国土房管局帮扶组着眼弘扬当地的特色文化，组织专业人士深入华阳镇、陂坑村，挖掘和整理当地历史人文、建筑风貌等文化素材，提炼形成有地缘特色和乡土气息的文化精品，扩大文化辐射、带动作用，增强当地群众的文化认同感和自豪感，同时也推动了客家丰富的人文景观和浓郁的客家风情民俗旅游业的发展，增加了村民的旅游收入。

4. “仙北模式”结硕果

——江门市委帮扶省级贫困村的主要做法

仙北村面积10平方公里，总人口2247人，地处翁源县最北部，是省级贫困村，有贫困户97户。2009年12月，以江门市委办牵头，市委政研室、市林业局、市科技局、市档案局、市科协等六个责任单位组成的扶贫工作队走进了这个偏辟的小山村，此后，一切悄然开始发生变化。他们围绕“抓扶贫主业、树帮扶亮点”的总体目标，深入贯彻落实省委、市委关于扶贫开发“双到”工作精神，以“五个突出”为抓手，有效推动“双到”工作向纵深发展。到2010年底，共筹集扶贫资金248万元，帮扶村级扶贫项目10个，帮扶贫困户脱贫项目10个。村集体经济纯收入超过3万元，比帮扶前增长200%；贫困户年人均纯收入达到3597元，同比增长106%，脱贫率达到90.7%。

以“五个突出”为重要标志的“仙北模式”，也得到了省扶贫办的肯定，2010年10月18日省扶贫办印发的《工作动态》称赞：突出产业帮扶和民心工程，“仙北模式”结硕果。

——突出组织领导

“双到”关键在领导、核心在责任、成效在机制。江门市委充分发挥政治优势，定硬目标，建硬机制，用硬手段，确保扶贫开发“双到”工作扎实推进，有效解决扶贫工作执行力不强的问题。

建立“一把手”责任制：成立了由市委常委、秘书长黄悦胜同志负总责的工作领导小组，各责任单位主要领导任副组长、为第一责任人，分管领导为成员、直接责任人。建立了领导干部挂户包干制度，明确各责任单位以“一帮一”的形式结对帮扶，做到了领导到位、责任到人。

建立驻村工作新模式：在市委办科级干部中，公开选拔了一名优秀年轻干部担任驻村工作队队长，并挂任当地镇党委副书记。成立了驻村工作队临时党支部。建立扶贫法律风险评估机制，聘请常年法律顾问，坚持走依法扶贫之路。

建立督查督办机制：规定各责任单位主要领导每年至少两次到村检查工作。班子成员每月深入挂钩户督促检查。结合“创先争优”活动，建立了“半月一通报、一季一汇报”制度，在全市“双到”工作中争一流、树标杆，有力地推动了扶贫开发各项工作的落实。

——突出产业帮扶

把“造血”作为扶贫开发的治本之策，坚持因地制宜，重点推广“公司+基地+农户”、“合作社+农户”、“种养大户+农户”模式，打造了一批持续长效的“造血”扶贫项目，解决致富问题。

推进“五个一”特色产业：养好特色品牌“一枝花”，利用江门农博会、兰花协会、迎春花市和兰花合作社等有效平台，扶优强国兰产业，将全村兰花种植面积从820亩发展到1100多亩，年创收1800多万元，使48户贫困户受益。种好无公害“一棵菜”发动450户农户，组建蔬菜专业合作社，与翁源县宝源市场开发有限公司合作，建立无公害蔬菜种植基地800多亩，年产蔬菜1100多吨，年创收400多万元，使97户贫困户受益。培好国字品牌“一个果”，规划建设九仙桃生产基地200亩，年创收90多万元，使5户贫困户受益。殖好“一只畜”规划建设猪场7个、竹鼠场1个、鱼塘300亩，实现创收300多万元，带动贫困户91户。育好“一根苗”大力发展杉树苗等苗圃产业180多亩，发展生态林4168亩，年创收220多万元，带动贫困户53户。

推进“双转移”：联系韶关市中等职业技术学校和翁源县农业局，开展农业实用技术培训和劳动技能培训班40期，培训村民5187人次。积极与用人单位、城市劳务中介组织建立联系，转移富余劳动力120人。同时，巧妙借力“双转移”，从深圳市引进手工艺品加工厂，将工厂建在贫困户家门，实现车间与田间的“握手”就地用工500多人，惠及周边7条行政村，基本实现“一人务工、全家脱贫”目标。

推进集体稳定脱贫：由江门市扶贫办统筹协调，为仙北村安排20万元入股韶关水电站，保证每年分红2万元。加上村集体现有的1万元收入，实现该村年纯收入超3万元的脱贫目标。

——突出民心工程

落实“输血”责任，全面推进交通、水利、信息、教育、文化、卫生公共服务向贫困村延伸，着力改善帮扶村的基础设施和生产生活条件，有效解决制约长期脱贫、长效致富的最大障碍。

兴建民心电视网络：根据市委书记陈继兴同志2010年3月12日在仙北村开展扶贫调研时的指示精神，投入50万元，采取免收入户费、材料费和两个月收视费的方式，帮助全村户户接通有线电视，有效解决致富信息闭塞的问题，有助于农民开阔致富视野，提升生产技术，带动贫困户脱贫致富。

兴建希望小学：坚持“扶贫先扶智”着力解决村民反映强烈的村小学危楼问题。发动江门、翁源社会各界，筹集40多万元兴建“江门恒健希望小学”。学校图书室、多媒体教室、羽毛球场、篮球场、饭堂、生物园一应俱全，又为师生购置新的办公桌、课桌、校服和鞋子，大大改善该村低年级学生的就学环境，让贫困家庭的孩子获得了改变命运的机会和希望。

兴建基础设施：投入57万元，帮助仙北村修建4公里长的水泥公路，实现300人以上大自然村公路硬底化目标，彻底解决农产品运输难问题。投资6万多元，改善农田水利设施，新增农田灌溉受益面积1400亩。今年，拟再投资4万元，建设医疗设施1宗，公共卫生设施10宗。

——突出社会保障

幸福和谐共建共享，是“双到”工作的根本出发点和落脚点。我们坚持执政为民，大力实施保障济困、助学扶持、农房改造和“关爱牵手”工程，实现低保与开发两项制度的有效衔接，着力帮助贫困户解决实际困难。

加强保障扶贫：帮助全体贫困户参加农村合作医疗，仙北村首次实现“新农合”覆盖率100%，较好解决贫困群众看病难、看病贵的突出问题，摘除因病致穷、因病返贫农户的穷根。对22户无劳动能力低保户和5户“五保户”等农村特殊贫困群体，协调当地扶贫办严格按照省的有关精神，从扶贫开发对象中剥离出来，实现应保尽保，通过逐步提高农村社保水平和民政救济等形式，保证贫困人口基本生活。

加强助学扶贫：发动江门市群星输送机械厂捐款7万元，设立扶贫助学基金。对29名在读大学生发放助学金，营造好学上进的氛围。加大助学贷款力度，建立助学扶持绿色通道。实现贫困户适龄子女普及义务教育率100%，让所有孩子不因家贫而失学。同时，联系江门市新华书店捐建农家书屋，免费提供蔬菜、花卉、果树种植和养殖书籍以及小学生读物2500多册，丰富村民和未成年人的“精神家园”。

加强济困扶贫：实施“关爱牵手”工程，对贫困儿童、困难党员、困难农户，定期开展关心慰问帮扶活动，对需要修缮或改建危房的贫困户给予资金补助，优先解决他们生产生活上的困难。至今，帮扶单位领导先后共113人次到村慰问，发放慰问金、慰问品6万多元；筹集25万元推进农房改造，11户贫困户年前住上了新房。

——突出党建帮扶

“大雁齐飞靠头雁”。我们坚持围绕扶贫抓党建，抓好党建促扶贫，有效凝聚党心和民心，造就一支“永不走”的脱贫致富工作队。

狠抓支部共建工程：结合“创先争优”活动，深入开展党建联创活动。规定各帮扶责任单位党委（支部）每两月轮流进村，开展“五送”（送党课、送技术、送项目、送文化、送温暖）活动，帮助完善“三会一课”制度和村民自治机制。邀请村“两委”班子到江门学习交流，拓展组织生活视野，促进村“两委”班子更加团结协作，在扶贫开发工作中奋发有为。

狠抓“四个培养”工程：加强对党的新生力量的培养，即把党员培养成能人、能人培养成党员、把党员能人培养成村干部、把优秀村干部培养成村党支部书记。2010年，新发展党员2名，培养入党积极分子和预备党员共5名，上党课20次，党组织的生机活力大大增强。

狠抓党员创业示范工程：以“帮一户，带一村，兴一业，富一方”为主要内容，为农村党员提供贴息信用贷款和技术支持，帮助农村党员创业致富。同时，发挥“先富带动后富”示范引导作用，解决贫困户致富能力差、发展思路无、种养技术差等问题。目前，已帮扶党员创业示范户5户，党员创业示范户帮带贫困户97户，有效地发挥了党员带头致富、带领致富的创业示范带动作用。

5. 东莞“金融扶贫”“郁南模式”扬名

缘起：石排投25万设金融扶贫基金收实效

2010年1月，为鼓励对口帮扶的贫困户增强发展生产的信心和决心，东莞市石排镇与郁南县平台镇协商，先行先试，由石排镇投入25万元设立金融扶贫基金，并由帮扶责任人贴息90%，贫困户负责利息10%，以基金作担保，通过农信社授信，按基金额度放大3倍发放小额担保贷款支持大地村贫困户发展生产，从而探索出了一条金融扶贫的新路子。对口帮扶郁南县千官镇、通门镇、大方镇、历洞镇的东莞市厚街、茶山镇紧跟其后，累计筹集了资金215万元，在东莞市帮扶的6个镇9条村全面铺开，使众多贫困农户从中受益，涌现出了彭子祥、聂均华、苏火新等一批通过金融扶贫当年实现脱贫的典型。苏火新，因沙糖桔种植连续两年遭遇霜冻灾害绝收而陷于资金困境，从金融扶贫基金里贷到2万元，一部分用来饲养竹鼠，另一部分用来购买农药化肥，种植沙糖桔，已经盈利3万元。事实证明，金融扶贫有效地破解了贫困户发展生产资金不足的难题，成为贫困户尽快脱贫的最有效手段，也是全省扶贫开发“双到”工作中的亮点。

成效：郁南全县1480多个贫困户获得贷款

在取得成功经验的基础上，郁南县以首个“广东扶贫济困日”为契机，广泛发动社会各届开展扶贫济困募捐活动。根据大部分人的意愿，郁南县将募集到的920多万元中的785万元定向用作金融扶贫，加上东莞市的215万元，合计1000万元作为金融扶贫基金，以基金作担保，放大5倍，为全县4462个贫困户整体授信5000万元。截至2010年11月15日止，全县已有1485户获得金融扶贫小额担保贷款支持，金额共1317万元，金融扶贫贷款覆盖率达33%，申请贷款满足率80%。据评估，该县贫困户通过金融扶贫后，今年将有40%以上贫困户年纯收入达到2500元以上，并实现由救济性帮扶向资本性帮扶、生活性帮扶向生产性帮扶、对外争取帮扶向对外争取和自我努力并重的共谋共献帮扶、“输血型”向“造血型”的转变。

利好：省委书记省长批示推广“金融扶贫模式”

“金融扶贫模式”得到了省委、省政府及两市的充分肯定和各大媒体的广泛宣传报道。省委书记汪洋批示：“郁南金融扶贫的做法，不仅对于创新扶贫方式，而且对搞活农村金融都具有重要的意义，可考虑通过适当方式，在条件具备的县区推广”；广东省长黄华华批示：“郁南县的金融扶贫促进全民创业增收的经验很好，成效突出，值得推广”。中央电视台新闻调查栏目播放的《穷广东调查》中，用大部分篇幅来介绍通过金融扶贫解决贫困户发展生产启动资金不足、贷款难等问题的“郁南模式”。

响应：恒大地产集团千万资金支持郁南县金融扶贫

作为中国现代化房地产企业的恒大地产集团，在谋求自身发展的同时，不忘回馈社会，热心支持公益事业。在2010年首个“广东扶贫济困日”活动中，向省扶贫基金会认捐1.2亿元，其中1000万元由省扶贫基金会以无息形式存入郁南县农信联社，用于郁南县金融扶贫贷款项目。2010年11月25日，省扶贫基金会与郁南县农信联社在郁南县隆重举行恒大地产集团小额贷款启动仪式，标志恒大地产集团千万资金支持当地金融扶贫，而郁南县也正式成为广东省扶贫基金会首个扶贫小额贷款试点县。

八、作用机制

要搞好扶贫工作，从时间上看，是一个长期的渐进过程，不可能一蹴而就；从力量上看，单靠政府或部门的力量是不够的，必须动员全社会力量共同参与，形成强大的扶贫开发合力。因此，扶贫开发“双到”工作实践中，必须整合社会资源，创新扶贫方式，从五个方面建立健全扶贫开发“双到”工作的长效机制。

1. 建立健全保障扶贫长效机制

保障农村贫困人口基本生活及切实解决低保户、五保户、优抚对象看病难及其子女读书难是扶贫开发的基础性工作。在扶贫开发“双到”工作中，为建立健全以贫困人口最低生活保障为基础、专项救助为辅助、社会互助为补充的长效机制，需要实施“三个结合”，从根本上解决贫困户生活难、看病难、住房难等问题。一是对符合低保、五保条件的供养对象全部纳入低保、五保体系供养，实行发放固定生活补助与临时生活困难救助相结合，保障其基本生活。二是对低保户、五保户、优抚对象全部资助参加新型农村合作医疗，实行合作医疗全覆盖与义诊相结合，较好地解决困难群众看病难、看病贵和因病致贫、因病返贫的问题。三是实行危房改造与住房保险相结合，在完成困难户危房改造指标任务的同时投入资金帮助农村居民统一购买住房保险，全面缓解贫困群众住房难问题。对居住在高寒山区生存环境恶劣的贫困群众，实行整体搬迁，解除他们生产生活的后顾之优。

2. 建立健全智力扶贫长效机制

“百年大计，教育为本”，这是被实践证明了的普遍真理。国家为推进全面小康社会的建设，实现中华民族伟大复兴的目标而实施“科教兴国”、“人才强国”战略，同样适用于扶贫开发工作。使“再穷也不能穷教育、再苦也不能苦孩子”已成为全社会的共识。因此，要把教育（含扶贫教育培训）放在优先发展的战略地位，做到“三个优先”，即经济社会发展规划优先安排教育发展，财政资金优先保障教育投入，公共资源优先满足教育和人力资源开发需要，并着力从四个方面建立智力扶贫的长效机制。首先，要充分利用各种有利条件，加大劳动力培训和转移就业力度。其次，积极落实国家有关中职助学金政策，对就读中职学校的家庭贫困学生进行生活补贴和减免学费。第三，按照“扶贫先扶智、治穷先治愚”的思路，构建以政府资助为启动、企业、社会团体和个人资助为主体的共同推进筹措助学资金的助学体系。第四，积极改善贫困村办学条件，提高教育质量。

3. 建立健全产业扶贫长效机制

事实证明：产业扶贫是做好“双到”扶贫的有效途径，是贫困户走上脱贫致富之路的重要方法。因此，要进一步完善生产关系，因地制宜地推动产业开发，实行基地化生产、产业化经营、组织化带动及技术上、物资上扶持，建立农民持续稳定增收的长效机制。具体做好三项工作：一是要加大农业产业结构调整力度，加强贫困村富民产业建设，培育壮大特色主导产业和优质产品，稳步发展贫困村劳务产业。二是以市场为导向，积极推进贫困村农业产业化经营，大力扶持和培育产业化扶贫龙头企业，加快贫困村农民专业合作经济组织发展步伐，推进贫困村土地流转，为建设产业发展基地奠定基础。三是科学规划并着力建设好农业产业园区，通过组织贫困户加入农业产业园区经营，形成园区龙头企业带动、专业化生产、规模化经营的产业发展格局，使贫困户增加经济收入。四是加强领导，健全机制，整合资源，加大政策扶持力度，为推进贫困村产业扶贫提供政策保障。

4. 建立健全社会力量扶贫长效机制

动员全社会力量关注扶贫开发、参与扶贫开发，形成扶贫开发的强大合力，既是整合社会资源，解决扶贫开发项目资金的客观需要，又是弘扬中华民族传统美德，满足各界热心人士和企业和个人扶贫济困回报社会的迫切需要。从建立健全社会力量扶贫长效机制出发，可以着力从三个方面引导社会力量积极参与扶贫开发：（1）充分发挥相关职能部门桥梁纽带作用，争取上级对口部门和单位资助教育卫生、援建安居房，发动和引导外出乡贤和社会热心人士捐资修路、搭桥、建校，参与扶贫开发。（2）广泛深入开展“扶贫济困日”活动，吸纳社会扶贫开发资金，帮扶贫困村贫困人口解决生产生活困难、转移就业培训问题。（3）充分发挥能人效应，创新选人用人机制，从外出务工经商致富的能人中为贫困村聘请村支书或村委顾问，使他们能在扶贫开发“双到”工作献计献策、出力出钱，并通过他们在当地办厂开店、搭桥牵线，促进当地经济发展，带动群众脱贫致富。

5. 建立健全固本强基扶贫长效机制

着力加强贫困地区基层组织建设，不断提高贫困村干部“带头致富、带领致富”的能力，建设一支“永不撤离”的脱贫致富工作队，这是搞好扶贫开发的关键。首先，要坚持扶贫党建两手抓、两促进，选好配强领导班子，尤其是“一把手”，切实帮助村党组织抓好各项活动载体的落实，进一步提高村党支部班子整体素质。其次，要抓好党员队伍建设，注重把党员培养成致富带头人，把致富带头人中的先进分子培养成党员，把党员中有致富本领的培养成干部，为农村经济发展提供组织保障。第三，要帮助和引导贫困村党组织树立发展第一要务的意识，按照“一村一策、一户一法”的原则，选准一条符合当地实际的发展经济路子，积极引导和动员农民群众大力发展农村经济。第四，村“两委”班子成员要经常走家串户了解情况，定期召开民情分析会，及时排查化解农村矛盾纠纷，切实做到访民情、听民声、排民忧、解民困，实现好、维护好、发展好群众的根本利益。

九、成功经验

回顾我省扶贫开发“双到”工作二年的历程，其基本经验是：

1. 必须坚持政府主导和全社会共同参与，不断加大扶贫开发力度和提高扶贫开发质量

从制度层面讲，广东省扶贫开发“双到”工作模式可以概括为“政府主导，社会参与”。在扶贫开发实践中，政府始终扮演着最主要角色，体现了经济学中“守夜人”的公权救济理念，其主导地位不仅体现在扶贫开发的资金来源、政策制定与执行方面，还体现在人力、物资、资金、项目等扶贫资源的决策权、使用权以及控制权上。政府能够动用“有形之手”，调动各方力量和资源，引导整个社会关注弱势群体以及落后地区。反贫困是一项长期而艰巨的任务，是一个浩大的系统工程，需要有越来越多的企业、非政府组织和个人以各种方式参与。因此，以科学发展观为指导，在不断增加政府财政资金支持的同时，广泛动员一切社会力量，集中全民之智，从实际出发，创新机制、整合资源、集中投入，形成多方力量、多种举措有机结合、互为支撑的“大扶贫”格局显得尤为重要。必须进一步增加财力、物力、人力的投入，加大扶贫开发工作力度，着力改善贫困地区基本生产生活条件、提高贫困人口素质和支持带动贫困农户增收的主导产业，并要不断完善扶贫工作机制，着力提高农村扶贫开发的水平和质量。为此，农村扶贫开发“双到”的思路要顺应经济规律、规划要力图科学合理、举措要讲究适用实效，项目安排要统筹配套，各方资源要整合利用。

2. 必须因村因户制宜地做好规划，把加强基础设施建设和发展特色产业作为主攻方向

规划先行，确定帮扶目标、重点和措施是扶贫开发“双到”工作的前提。

扶贫开发进入新的阶段，各贫困村、各贫困户的实际情况各不相同。因此。必须在深入开展调查研究，摸清贫困村、贫困户实际情况的基础上，因村因户制宜，科学编制规划，不搞一刀切、一个样。无论是规划的制定还是规划的实施，都必须把加强基础设施建设和发展特色产业作为主攻方向。提高扶贫开发水平，必须改善贫困村、贫困户所处的生产生活环境，尤其要加强水利、交通、电力、通讯、市场、学校、卫生等基础设施建设，帮助他们解决好行路难、饮水难、通讯难、用电难、销售难、就业难、就医难、上学难等问题，提高他们的文化素质和反贫困、反返贫能力。对因生存条件恶劣而难以改变贫困面貌贫困村，则应通过移民点建设，实施异地扶贫，确保搬迁的贫困人口“搬得出，稳得住，能发展，能致富”。提高农村扶贫开发水平，必须因地制宜地找准扶贫开发的产业发展路子，着力培育特色优势产业，如特色农业、特色旅游业、特色劳务业、特色手工业和农副产品加工业等。要依据自然条件、资源禀赋和产业基础，着力选择具有特色的优势项目，把潜在资源禀赋转化为特色产业发展项目，使产业经济特色化、特色经济产业化、产业经济规模化、规模经济外向化。

3. 必须切实提高贫困户自我发展能力，把农业技术和转移就业技能培训作为主要抓手

扶贫开发“双到”工作的基点是立足于提高贫困村、贫困人口的自我发展能力。只有当他们真正具有了应用技术、吸纳信息、发展生产、拓展市场、抗御风险、转移就业等方面的能力，脱贫致富的步子才可能快、才可能持续。要从根本上解决这一问题，就必须持之以恒地依靠科技进步和提高贫困人口素质。除政府扶持、社会帮助外，其治本之策是要大力发展农村的文化、科技、教育等事业，切实增强贫困户的“造血功能”，使他们有能力、有条件尽快与发达地区接轨，使他们的素质达到发达地区所具有的素质，使他们的发展步伐追上或超过发达地区的步伐。为此，要坚持“突出重点、因地制宜、学用结合、注重实效”的原则，充分发挥各涉农部门的技术力量，以基层干部、科技骨干、乡土人才和贫困农户为主要对象，以农村实用技术和政策理论为重点，开展农业技术和转移就业技能培训。要围绕特色优势产业开发，大力开展科技扶贫工作，积极开展送科技、送文化、送卫生、送政策、送信息下乡入户活动，引进新品种，推广新技术，普及科学管理知识，实行科技联姻、校企合作，建立和完善科技特派员制度，建设农业科技示范园区，不断提高贫困群众运用科技知识发展生产的能力和致富本领，提高和巩固这些产业的竞争能力和种养殖效益。

4. 必须充分发挥贫困村广大干部群众的积极性和创造性，切实加强农村基层组织建设

贫困村、贫困户，既是帮扶的对象，更是消除贫困的中坚力量。只有当他们挑战贫困的信心真正树立起来后，脱贫致富才能迈出坚实、持久的步子。在扶贫开发“双到”工作实践中，要顺应贫困村广大干部群众的意愿，充分尊重贫困村广大干部群众的首创精神，并善于加以积极的引导，充分调动和发挥他们参与扶贫开发的主动性和积极性，让他们去实践、去实验、去选择，只要有利于生产发展的就支持推广、就总结完善。为此，要赋予他们平等参与扶贫规划制定、项目选择、管理实施、项目验收全过程的权力，引导他们民主推选成立村扶贫开发规划实施组织，民主制定社区事务管理制度、项目资金管理制度，确保贫困群众的知情权、决策权、管理权、监督权落实到位。要加强贫困村基层组织建设，围绕“双到”抓党建，抓好党建促“双到”，为“双到”工作的顺利开展提供强有力的组织保障。为此，要通过调查摸清村“两委”干部队伍的状况，深入开展创先争优活动、农村党员“双向承诺”活动和城乡基层党组织结对共建活动，支持帮扶村加强党员干部队伍建设，把素质高、自己能致富、能带动贫困群众致富的人及时选拔到村干部的岗位上来，增强基层组织的创造力、战斗力和凝聚力，使村“两委”干部真正成为农民致富的带头人、引路人。

5. 必须有明确的责任机制和有效的督查体系，不断增强帮扶单位和驻村干部的使命感

扶贫开发“双到”工作能否落实到位、能否取得明显成效，从一定意义上来说取决于帮扶单位和驻村干部是否具有强烈的使命感、责任心和积极性、创造性。为此，一是必须建立明确的责任机制。按照“省负总责、县抓落实、工作到村、扶贫到户”的工作要求，把全省 3409 个贫困村和村内贫困户的帮扶任务具体分配到省直和中直驻粤单位、珠三角七个经济发达市、贫困村和贫困户所在的市、县（市、区）的党政机关、事业单位和全省国有企业、社会团体，进行定点、定人、定责帮扶。各帮扶单位一把手为“双到”帮扶第一责任人，设立了专责机构和专责工作人员，建立了合理的帮扶工作机制，把扶贫任务规划到户，责任落实到单位、落实到个人，做到认识到位、领导到位、机构人员到位。二是必须建立有效的督查体系。为使帮扶单位和驻村干部取得良好的工作成效，省里出台了扶贫开发“双到”工作考评办法，明确考评对象、考评办法和内容，列出量化指标和打分制，对帮扶单位及驻村干部进行考核，考评结果向社会公布并纳入各级各部门领导班子和领导干部贯彻落实科学发展观实绩考核，作为干部奖惩、考核任用的依据。同时建立汇报工作的制度，总结推广扶贫开发“双到”工作的先进经验，督促各地各单位认真帮助基层解决实际问题。

始终坚持以科学发展观为统领，解放思想，实事求是，先行先试，这是广东省扶贫开发“双到”工作最根本的经验。

十、若干问题

在扶贫开发“双到”工作实践中应该注意解决好以下几个问题：

1. 驻村干部的筛选与下派问题

选派什么样的干部问题，是扶贫开发“双到”工作取得成效的前提。干部的选派要基于两个方面的考虑：一是农村基层的实际需要。农村需要什么样的干部，上级部门就选派什么样的干部。我省地域跨度大，地方贫富悬殊也较大，农村基层存在的实际问题各不相同，对帮扶干部的要求也各有侧重。因此，各地组织部门应对各行政村进行广泛调研，摸清存在的主要问题，进而拟定需要什么类别的、多少干部驻村帮扶，然后再由省、市、县统一协调，将所需要的各类别干部及数量分解到相关部门，再由各部门根据组织需要选派合适的驻村干部。二是培养锻炼干部的需要。目前，机关年轻干部知识水平较高，思维比较敏捷，富有朝气，但一直生活、工作在经济条件相对优越的环境中，没有经过艰苦的基层锻炼，对基层工作尤其是对村级工作不熟悉，对普通老百姓的生活、思想、劳动等实际状况不了解，通过下基层驻农村工作，使他们了解基层工作的难处，体会农村百姓的疾苦，加深与农民群众的感情，在今后的工作实践中，促使他们站在农民群众的立场上去观察问题、分析问题和处理问题，制定出切合基层实际、符合群众利益的决策来，为促进和谐行政、打造和谐社会夯实坚实的思想基础。同时，由于农村基层条件艰苦，矛盾突出，困难较多，把年轻干部放下去摸爬滚打，可以磨练意志，增加阅历，提高本领，对他们的提高和成长有好处，是一段难得的人生经历。因而，在考虑驻村干部人选时，要从培养锻炼干部的角度出发，首先考虑年轻干部，尤其是后备干部。

2. 帮扶干部的身下与心下问题

组织扶贫开发“双到”工作，不仅在于干部下基层驻农村这种方法，还在于干部带着责任和感情全身心地投入农村工作的态度，在于一颗真诚地面对农民群众的心，也就是说要做到“身下”与“心下”的统一。一是“深入”。不仅要在农村住下来，还要能够沉下去，要经常深入到田间地头，走家串户，与困难群众打成一片，了解他们的所想、所虑、所急与所怨，从中找出解决问题的途径和办法，帮助农村基层和困难群众解决实际问题。二是“融入”。要用真心和真情去对待村里的每一件大小事情，踏踏实实地为群众办实事、解难题，使自己真正融入到当地的干部群众之中，在情感上得到当地干部群众的认可。只有与群众水乳交融，感同身受，群众才会把帮扶干部当成自家人，掏心里话。三是"责任"。责任意识是帮扶干部"身"、"心"俱下的前提和保障。责任意识的实现，一方面靠自律，对帮扶干部自身来说，要有对组织负责和对农民群众负责的强烈的责任感和使命感，要经常问一问，自己到村到底是为什么，是在真心实意干事业，还是应付任务图形式，或者为了仕途顺利捞资本；要经常想一想，农民群众最想、最虑、最急、最怨的是什么，自己到底为群众做了些什么；还要经常验一验，自己所做的工作是否真正给群众带来了实惠，群众对自己到村是否欢迎和满意。另一方面靠他律，帮扶干部能否做到"身"、"心"俱下，还要靠有效的制度来保障，其派出单位和管理部门要肩负起使干部真正"沉"到基层、"沉"到群众中去的监督责任来，通过制定相关的监督管理机制来约束。

3. 物质扶贫与精神扶贫问题

实践证明，对贫困地区的物质扶贫是必不可少的重要手段，但精神扶贫同样不可忽略。在过去的工作中，我们强调得比较多的是物质扶贫，而对精神扶贫却重视不够。贫困地区的群众长期以来生活在落后闭塞、自然条件较差的环境中，受教育程度低，观念落后，"等、靠、要"思想严重，不思进取，创新意识弱，争取自主权利益的意识淡薄。这种精神贫困已成为他们脱贫致富的严重制约因素。因此，我们要十分重视贫困人口的精神扶贫，把精神扶贫与物质扶贫放在同等重要的位置，一起谋划，一起落实。一是扶思想。要想真正使贫困户脱贫，责任人必须深入到贫困户去，帮助其分析贫困的原因，找出脱贫的途径，使其认清只有大胆尝试才有成功的希望，只有依靠自己的能力才能走出贫困，鼓励其坚定脱贫致富的愿望，使其对社会、对生活充满信心，促使其精神振奋，增强其面对社会各种问题的解决能力，增强其发展能力。二是扶技术。授人鱼不如授人以渔。只有授之致富技能，提高其自身素质，使其能自力更生走出贫困。要善于为帮扶对象制定规划、落实项目、提供信息、传授技术，同时，要在生产生活上给予贫困户必要的帮助，把帮扶重心由物资帮扶转为技术帮扶。只有让贫困户掌握好致富技术，群众脱贫致富才能持久。三是扶门路。要充分发挥帮扶单位的特点、资金、信息等优势，帮助贫困村贫困户寻找发展的路子，使现有的资源、技术和能力能够得到最大的发挥，尽快实现脱贫致富。要善于与贫困户一起，认真分析经济发展情况，分析市场需求情况，从信息、项目、市场中，找到致富门路。

4. 村集体经济短期脱贫与长期致富问题

开展扶贫开发“双到”工作，要促进贫困村能够实现“短期脱贫、长期致富”的最终目标，制定“因地制宜，长短结合，切实可行”的发展集体经济思路。一是要充分认识到发展村级集体经济的重要性，解决干部群众对发展集体经济上的一些错误观念，自觉地把发展村级集体经济当做一件大事来抓，抓出成效。二是在选择集体经济的发展路子上，要对村级集体资产进行彻底清查，积极稳妥地探索集体资产的运营渠道和形式，全面盘活存量资产；要本着实事求是、因地制宜、可持续发展的原则，充分挖掘具有本村特色的资源优势，积极探索集体经济的多种实现形式，增强自身的“造血”功能和发展后劲；要面向市场，使本村资源优势与市场需求很好地结合起来，使所开发的产业和产品更具广阔市场；要在大力发展第一产业的基础上，适度可行地发展第二、三产业，建立产品产业结构合理的适应市场经济发展的复合型村级集体经济，保持集体经济的持续发展；要“量体裁衣”，充分考虑当地的经济基础，不要盲目地上项目、上规模，不要超越其自身的经济承载能力，促使村级集体经济步入良性循环的轨道。三是在村级集体资产的管理上，要进一步强化“村帐镇管”等财务管理制度，堵塞财务管理漏洞；要在清产核资、资产评估、产权登记的基础上，帮助村建立和完善对集体资产的占有、经营及日常管理等方面的制度，确保集体资产保值增值；要进一步强化民主监督，建立健全民理财、村务公开、财务公开等制度，优化村级财务支出结构，提升村级集体经济发展的内在品质。

5. 致富贫困户与稳定脱贫问题

在致富贫困户与稳定脱贫方面，一是要着眼于观念的转变，抓引导。要让农民走出去，到农业发达地区学习取经；把专家请进来，为农民讲授现代农业知识，用新的致富理念打开农民群众的视野，形成良好的致富氛围。二是要着眼于提高技能，抓培训。采取“自办”与“联办”相结合、“短训”与“长训”相结合、“储存培训”与“订单培训”相结合等多种形式，使广大农民掌握1-2门劳动技能或种养技术，找到最适合自己的致富门路。三是着眼于经济结构调整，抓特色。要根据当地资源条件和传统习惯，加大农业产业结构调整力度，建立特色农业基地，走特色化、规模化、基地化的农业发展路子。四是着眼于农民增收，抓流通。农产品流通是农民增收的重要实现形式。驻村干部要认真当好农民的“服务员”，拓宽农产品流通渠道，促进了农民增收。要积极发挥农村经纪人队伍的作用，多方位打开农产品销售渠道；采取自办、联办等形式，建立农产品产地批发市场，架起农产品产地与市场流通之间的桥梁，为农民实现增效增收创造条件；引导发展各种形式的农产品购销组织、农产品流通中介服务组织和产业化组织，搞活农副产品流通。五是着眼于当地人力资源，抓“带动扶贫”。首先，村干部在自己致富的同时要帮贫困户出点子、做计划，主动带领贫困户脱贫致富。其次，组织由先富起来的党员每人结对联系贫困农户开展脱贫活动，帮扶联系贫困户解决生产过程中遇到的技术、信息和资金问题。再次，发挥创业能人的辐射带动作用，形成能人带头闯、贫困户跟着干、你帮我扶共致富的创业合力。

6. 注重民情与服务民众问题

注重民情是了解民生的重要手段，是解决民生问题的切入点，民生问题是否得到有效解决是检验扶贫开发“双到”工作成效的具体体现。开展扶贫开发“双到”工作，要求各级挂钩帮扶单位及其干部通过深入到村到户与群众谈心、召开座谈会、畅通信访渠道等多种方式全方位关注民情，以科学发展的理念把扶贫开发“双到”工作作为一项关注民情的经常性工作来抓。服务民众就是要把工作的着力点放到基层，各级挂钩帮扶单位及其干部带着深厚的感情深入基层，主动了解基层的呼声和群众的疾苦，调研到一线，决策到一线，帮扶到一线，问题解决在一线，扎扎实实为群众排忧解难，把好事实事做在基层，把矛盾问题化解在基层，把人民群众迫切需要解决看得见、摸得着的就业培训、教育均衡发展、便民廉医、全民安居、生产生活环境等民生问题放在突出位置，集中力量优先解决，让人民群众共建共享改革发展的成果。两年多来，通过开展扶贫开发“双到”工作，许多农村基层干部深有感触地说“过去是穷在路边无人问，富在深山有远亲，现在我们穷在深山也有远亲了，结上了城里的富亲戚，我们深山也有希望了。”

十一、重要启示

广东省扶贫开发“双到”的基本做法和经验带给人们诸多的启示。

1. 扶贫开发必须把“坚持实事求是”作为基本原则

同是扶贫开发，但广东与其他省区情况不同，所以根据本省省情实行“规划到户，责任到人”政策模式；同是扶贫开发“双到”，各市县的自然资源、产业基础、文化习俗以及周边环境也不同，因此只有从本地实际出发，始终坚持实事求是的原则，找准符合本地实际的发展道路，才能帮助贫困村、贫困人口摆脱贫困走上富裕之路；即使是同一市县，各贫困村、各贫困户的情况更是千差万别，因此扶贫开发必须选择“靶向疗法”，到户的具体规划、到人的具体责任也就不能盲目地追求同一性，不能搞“一个标准、一个方式、一个样板”

一刀切，而应结合各贫困村、贫困户以及帮扶责任人的实际情况，确立针对性、可操作性强的规划措施。只有坚持实事求是的基本原则，才能提高扶贫开发的实际效果，避免不必要的人力、物力、财力浪费。

2. 扶贫开发必须把“认清致贫根源”作为起步要件

贫困是一个世界性的、动态性的难题，反贫困是各国政府的一项长期而艰巨的任务。随着经济社会发展水平和人民群众生活水平的不断提高，贫困的内涵和标准也会随之不断变化。虽然不同贫困地区、不同贫困村、不同贫困户致贫的具体原因各不相同，但有一点是肯定的，那就是人的自我发展能力低，或者说获取收入、知识、技术和抵御疾病风险等方面的能力低，永远是贫困的根源。因此，伴随经济社会转型，在以提高人的综合素质、促进人的全面发展为核心新的发展时期，要提高扶贫开发的针对性、持续性、实效性，各部门、各单位、各责任人就必须把“科学认识贫困根源”作为起步要件，结合各帮扶对象致贫的具体原因，有针对性、有计划地采用招工扶贫、种养扶贫、科技扶贫、安居扶贫、文化扶贫、金融扶贫、智力扶贫等具体形式。

3. 扶贫开发必须把“强化产业支撑”作为第一要务

扶贫开发的首要任务是充分合理利用当地资源，以农业开发为主，发展种植养殖业，发展观光休闲农业，发展农副产品加工业，强化产业支撑，实施农业产业化扶贫，通过推广“公司加农户”、“公司加基地加农户”、“大户带贫困户”的扶贫方式，逐步形成一乡一业、一村一品的产业格局和销供产、农工商、内外贸一体化的生产经营体系，促进产业发展与脱贫致富的良性互动。这样做，有利于提高贫困人口的文化科技素质，把贫困乡村农民对新技术的不知、不信、不用的落后观念转变到相信科技、依靠科技上来；有利于解决贫困农户小生产与大市场的矛盾，提高贫困农户抵御自然风险和市场风险“双重风险”的能力；有利于调整产业结构和实现农业的可持续发展，使贫困农户逐步走上自我积累、自我发展、自我调节的良性发展轨道。

4. 扶贫开发必须把“提高发展能力”作为治本之策

在新形势下，农村致贫和返贫的原因发生了很大的变化，在剩下的绝对贫困人口中，相当一部分人因老弱病残丧失了基本的劳动能力，从而丧失了进入劳动力市场的机会，开发式扶贫策略对他们脱贫难以凑效；部分绝对贫困人口、低收入人口因为教育水平较低和健康水平较低而在劳动力市场处于不利的境地，缺乏获取更高报酬工作的机会，并且对子女教育脱贫产生了不良影响；低收入人口和普通农户缺乏有效获取市场信息和应对大病致贫风险的能力，他们脱贫的物质基础极为薄弱，市场风险和疾病风险很容易使他们再度陷入贫困中。能力贫困理论告诉我们：贫困主要是由于贫困人口获取收入的能力或机会被剥夺或受损，从而在致贫风险面前异常脆弱。因此，必须把提高贫困人口的发展能力以应对致贫风险作为扶贫开发的治本之策。

5. 扶贫开发必须把“工作关口前移”作为关键措施

做好新时期的扶贫开发工作关键是要把扶贫的关口前移，做到因地制宜、因人制宜、科学规划、明确责任，把政策关注的重点转移到提升贫困人口自身发展和应对贫困风险的能力上来，而不是在其陷入贫困之中不能自拔之后再进行扶持和救助。实践充分证明，广东扶贫开发“双到”政策，目标明确、重点突出、针对性强，有效地摸清了当前贫困人口的新情况、新特点，号准了贫困人口的贫困脉搏，激发了贫困群众脱贫致富的主动性、积极性和创造性。不仅是广东实施扶贫开发战略的一项重大举措，从某种意义上说也为中国实现新时期扶贫开发工作的重大转变探索了新路。尤其是该政策所强调的建立瞄准机制、明确工作重点，凝聚社会共识、形成扶贫合力，整合社会资源、定点清除贫困的创新性思路，更是新时期扶贫开发工作的重大理论创新。

6. 扶贫开发必须把“强化主导作用”作为重要保证

“从政之道在于济困，治国之道在于安民”，从广东贫困村、贫困人口的现状、原因、特征及其地域分布等客观实际情况，必须把反贫困作为政府重要职能，强化政府在扶贫开发中的主导作用。作为组织者和领导者，政府能够借助其拥有的特殊权威，决定反贫困领导机构的设置和人员的配备、扶贫开发方针政策的制定，运用舆论工具和行政手段进行宣传发动，组织和领导扶贫开发工作。作为支持者和参与者，政府可以运用手中掌握的大量资源，为提供公共产品，改善环境条件，扎实稳步推进扶贫开发。作为引导者和监管者，政府可以通过税收、利率、投资、价格等经济杠杆进行调节，以弥补市场缺陷，保证扶贫开发的健康顺利推进。实践证明，正是由于政府在特定条件下发挥的主导作用，所以转型期广东扶贫开发工作才取得如此巨大的成就。

7. 扶贫开发必须把“两委班子建设”作为重中之重

搞好农村扶贫开发，最关键的是要有一个好的领导班子作保证。汪洋书记在韶关调研说：“火车跑得快，全靠车头带。如果党支部能像生机勃勃的竹竿挺立，脱贫致富就有希望；如果党支部像根无力的稻草，贫困现状就难以改变。村党支部是永远不走的扶贫工作队、致富工作队，扶贫工作要把基层党建抓好，才能确保稳定脱贫。”一个好的村班子，首先要有一个无私奉献、信念坚定、能领着乡亲们艰苦创业的好带头人。二是要有一个群众信得过，讲政治、懂科学、会经营、讲实干，能带领群众共同致富的队伍。三是要有一个好制度，能保证推行村务公开，实行民主管理，让村民说话，让大家谋事，让集体决策。因此，在农村扶贫开发过程中，必须加强党的领导和加强农村基层干部队伍建设，健全村党组织领导的充满活力的村民自治机制。

8. 扶贫开发必须把“创新扶贫机制”作为努力方向

创新扶贫机制是新形势下富有成效地推进扶贫开发的当务之急。要创新因地制宜、分类指导的工作机制，保证扶贫开发决策的民主性和科学性。要建立让贫困人口直接受益的瞄准机制，真正让贫困人口能通过扶贫开发直接受益。要积极探索建立扶贫开发与其他支农政策的协调配合机制，保证各项扶贫惠农政策相辅相成。要建立扶贫开发财力性转移支付的正常增长机制，继续加大对贫困村和贫困人口的支持力度。要建立以结果为导向的扶贫资金分配激励机制，促进扶贫责任的落实。要创新扶贫资金使用、监督和管理机制，有效防止项目资金的截留、挪用和流失。要完善社会帮扶机制，把政府扶贫和社会帮扶有机地结合起来。要创新扶贫项目考核奖惩激励机制，确保扶贫项目长期发挥效益。要创新扶贫项目后续管理模式与机制，让扶贫项目产生辐射作用。

浅析新时期扶贫政策重点的转移

——以扶贫开发“双到”工作为例

省委办公厅驻阳山县坑塘村工作组[1]

扶贫工作是一项世界性难题，也是当前我国加快转变经济发展方式，推动科学发展、促进社会和谐所必须突破的难题。经过改革开放30多年的发展和持之以恒的开发式扶贫工作，我国的贫困人口大量减少，但贫困人口的特点也从过去的“面状”状态转变为现在的“点状”状态，传统的成片开发式扶贫政策模式作用逐步减弱。这就需要我们认真研究新时期贫困人口的特点及其成因，采取更有针对性的政策，明确把扶贫工作的重点和方向转到提高贫困人口的自我发展能力上来，切实增强扶贫开发工作的实效。

一、新时期贫困人口的特点、成因及面临的突出问题

改革开放30多年来，我国经济社会发展取得了举世瞩目的成就。从全国情况看，至2010年，全国实现国内生产总值达39.8万多亿元，折合6万多亿美元，总量跃居世界第二位；外贸进出口总额达2.97万亿美元，其中出口总额居世界第一位；外汇储备余额达2.8万亿美元，连续5年稳居世界第一；人均GDP达29750元，折合4000美元，进入工业化、城镇化快速推进的新时期；城乡居民收入分别达到19109元和5919元。但据国务院扶贫办统计，截至2007年底，我国人均纯收入低于1067元的农村人口共有4300多万人；如果按世界银行“每天人均1美元”的标准计算，贫困人口可能超过1亿人，《中国农村扶贫开发纲要（2001-2010年）》提出的在十年内消除农村绝对贫困人口的目标难以实现。从广东情况看，从1989年至2010年，全省经济总量连续22年位居全国第一位，先后超过了亚洲“四小龙”的新加坡、香港和台湾。但广东又是一个城乡区域发展极不平衡的省份。区域差距明显，2007年广东

[1] 省委办公厅驻村工作组集体撰文，主要执笔人：韦龙，男，省委办公厅副巡视员；张秀中，男，省委办公厅综合一处调研员；郑培基，男，省委办公厅机要局副调研员，阳山县委常委、副县长。

全省区域发展差异系数为0.75，高于全国0.62的平均水平，已经接近国际上0.80的临界值；相对贫困问题日趋严重，2008年，广东农村年纯收入1500元以下的贫困人口有316万人，占全省农村人口的6.14%，高于全国4.6%的贫困发生率。区域发展不平衡、贫困人口众多，制约着广东经济社会全面协调可持续发展。

综合来看，全国和广东的贫困人口具有如下共同特点。一是文化水平不高，技术技能欠缺。如，广东的贫困人口中文盲约占总人口的48.5%，无法掌握技术技能。二是生存环境恶劣，脱贫难度大。如，广东全省的3409个贫困村中，有半数以上村庄分布在生存环境恶劣的边远山区，公共基础设施落后，生产靠天吃饭，脱贫成本高、难度大。三是地域分布分散，不利整体推进。如，广东全省的贫困村，分布在省内15个地市的83个县（市、区），传统的整村推进连片开发的做法不再普遍适用。四是思想观念比较落后，主动脱贫意识不强。由于交通、基础设施落后，加上长期以来尽管辛勤耕作仍解决不了温饱问题，贫困户“等靠要”思想严重。

从公共管理的角度分析，导致相对贫困问题的原因，一是市场失灵造成的结果。市场讲究效率，市场竞争必然导致贫富差距。由于长期以来我国沿用的是依靠生产要素集聚的传统发展模式，致使全国各地的各类生产要素向沿海东部地区和经济相对发达地区集中聚合，导致城乡区域分割，城乡区域间的发展差距不断扩大。二是政府失灵造成的结果。我国和广东都是从改革开放初期的农业化社会进入到今天的工业化社会，1978年改革开放开始的时候，无论是国家还是广东都缺乏资金。因此，尽快把经济总量做大，让一部分人先富裕起来再带动贫困的人致富，无疑是党委、政府的主要目标，但由于发展时间不长，财富积累还不充分，加上人口众多，导致在推进城乡公共服务均等化方面进展缓慢，扶贫开发任务艰巨。

我们党历来高度重视贫困人口的脱贫致富问题，改革开放30多年来我国贫困人口减少了2亿多，成绩举世瞩目。但进入新世纪后，扶贫工作难度日益加大。统计数据表明，中国政府从上世纪80年代末开始在农村推行的开发式扶贫策略，其政策效应已日益削弱。如1986-1993年，每亿元扶贫资金可以使17.1万人脱贫，1994-2000年，每亿元扶贫资金减少贫困人口的数量为10.9万人，2001-2005年，每亿元扶贫资金减少的贫困人口数量锐减到2.0万人，而且2003年，由于返贫者增多，绝对贫困人口反而增加了80万人。因此，中国经济社会发展在取得重大成就的同时，城乡之间在居民收入、经济社会发展、公共物品供应差距的日益扩大，已经成为我国推动科学发展所面临的最严峻的挑战之一和促进和谐社会进程中最不和谐的音调。

二、新时期扶贫政策的重点是提高贫困人口的自我发展能力

传统的理论一直把贫困看作是人们低收入的结果。上世纪九十年代以来，以阿马蒂亚·森为代表的一批发展经济学家提出了一个围绕能力、权利和福利的发展理论体系，建构了一个新的基于能力的发展观，从概念上将贫困定义为是能力不足而不是收入低下：（1）贫困是他们获取收入的能力受到剥夺以及机会的丧失，而不仅仅是低收入；（2）收入是获得能力的重要手段，能力的提高会使个人获得更多的收入；（3）良好的教育和健康的身体不仅能直接地提高生活质量，而且还能提高个人获得更多收入及摆脱贫困的能力，疾病、人力资本的不足，社会保障系统的软弱无力，社会歧视等都是造成人们收入能力丧失的不可忽视的因素；（4）提出用人们能够取得某种基本生活内容和人们能够得到的自由来理解贫困和剥夺。这就是著名的能力贫困理论。

能力贫困理论的落脚点在于强调提高人的可行能力就会增强人的生产力和反贫困的能力，能力贫困理论对国际社会的反贫困实践产生了深远的影响。许多国家和国际组织越来越认识到缺吃少穿仅仅是贫困的表象，导致贫困的内在根本性原因，是更深刻意义上的社会生存、适应及发展能力的低下与短缺。联合国开发计划署在1997年《人类发展报告》中也指出贫困不仅仅是缺少收人，更重要的是基本生存与发展能力的匮乏与不足。报告提出了一个能力贫困指标，主要包括三方面的内容：（1）基本生存的能力，即获取营养和健康的能力；（2）健康生育的能力；（3）接受教育和获取知识的能力。

从能力贫困理论可以看出，机会的缺失、疾病、教育水平低下，社会保障系统的软弱无力等是造成人们收入能力丧失并陷入贫困的不可忽视的因素。用这一理论审视中国开发式扶贫战略政策效应弱化的原因是：长期以来实行的许多扶贫策略是以“输血”而不是以“造血”为主，现阶段中国农村绝对贫困人口更为分散，相当数量的真正贫困人口没有能力从扶贫项目中受益，难以有效应对疾病、教育等致贫风险。因此，如何增强扶贫政策的针对性和实效性，从源头上消除贫困，实现共同富裕，是转型时期中国各级政府所面临的重要课题。

三、“双到”政策是新时期广东扶贫开发工作的重大理论创新

面对新时期新阶段贫困人口的新情况、新特点，2009年6月，广东省委、省政府提出并实施了扶贫开发“规划到户、责任到人”（以下简称“双到”）政

策，力求通过采取“一村一策、一户一法”的“靶向疗法”等综合扶贫措施，努力提高提高贫困人口的自我发展能力和应对贫困风险的能力，从源头上消除贫困，确保被帮扶的贫困户基本实现稳定脱贫。这一政策的主要特点有：

一是建立瞄准机制，实行“靶向疗法”。针对新时期新阶段贫困人口分布较散、地处特殊贫困地区和返贫现象严重、返贫原因多样化等特点，“双到”政策建立了瞄准机制，通过实行“靶向疗法”，更直接、更精确地配置机关、企事业单位扶贫资源，减少资源消耗，实现定点清除贫困。

二是明确帮扶目标，抓住工作重点。扶贫开发“双到”政策在组织实施过程中，针对不同贫困村、贫困户的贫困原因，采取“一村一策、一户一法”等综合扶贫措施，明确具体的帮扶目标、重点、路径和举措，开展定单位、定人、定点、定责帮扶，最终实现一村一村解困、一户一户脱贫。

三是整合各类资源，形成扶贫合力。针对目前我国扶贫开发工作存在的一方面扶贫开发资源有限，另一方面条块分割严重，农业、交通、水利、教育、劳动就业等方面的扶贫开发资金按条条下达，使用分散，缺乏统筹协调，很难发挥整体效益的问题，广东在实施“双到”政策过程中，注重将全社会有限的扶贫资金有效整合起来，加强管理，集中使用，实行扶贫资金专户管理、封闭运行及报账制，严格控制扶贫资金的投向和使用范围，确保资金专款投入到“双到”工作中去并发挥最大的经济社会效益。

四是凝聚社会共识，弘扬扶贫济困的优良传统。在组织实施扶贫开发“双到”工作过程中，广东广泛动员各种社会团体、民间组织、企业家、个体户、港澳台同胞、海外华人华侨、国际慈善机构及非政府组织，在充分自愿的基础上，通过多种形式，积极参与扶贫开发建设，在全社会营造人人乐于扶贫行善的良好氛围，充分调动贫困农民参加扶贫开发的积极性。经国务院批准，广东在全国首设“扶贫济困日”（自2010年起每年的6月30日），2010年首个扶贫济困日活动，广东全社会各界踊跃捐款达30亿元，全社会参与扶贫济困积极性被全面激发出来。

目前，广东扶贫开发“双到”工作开局良好。截至去年底，全省共落实帮扶资金37亿元，扶持发展集体经济项目11000个，被挂扶贫困户有42.1%、约133万人达到脱贫标准。需要指出的是，这37亿元的帮扶资金和1.1万个集体经济项目的作用和效果是逐渐显现的，但即便按1年来投入37亿元扶贫资金计算，广东每亿元扶贫资金已经使得3.6万贫困人口脱贫，远高于2001-2005年全国每亿元扶贫资金减少2万贫困人口的平均水平。实践充分证明，广东扶贫开发“双到”政策，有效地摸清了当前贫困人口的新情况、新特点，号准了贫困人口的贫困脉搏，目标明确、重点突出、针对性强、富有成效。尤其是该政策所强调的建立瞄准机制、明确工作重点，凝聚社会共识、形成扶贫合力，整合社会资源、定点清除贫困的创新性思路，是新时期扶贫开发工作的重大理论创新。

四、广东扶贫开发“双到”政策的重大实践创新

广东扶贫开发“双到”政策之所以能够在短期内取得显著成效，关键在于该政策解决了以往的扶贫开发政策无法解决的许多问题。在这次“双到”工作中，省委办公厅挂点帮扶阳山县大崀镇坑塘村。省委办公厅对该项工作高度重视，根据省委、省政府的工作部署，全力以赴，集思广益，上下协调，左右联动，取得了明显的效果。下面，结合省委办公厅的工作实践，就广东扶贫开发“双到”政策的重大实践创新作进一步的分析。

第一，该政策有效解决了扶贫者与被扶者信息不对称问题。在以往由政府相对单一主导的面上开发式扶贫模式之下，扶贫者与被扶者之间、扶贫的实施者与监管者之间，信息不对称。扶贫者不了解被扶者的基本情况和贫困原因，被扶者也不清楚扶贫者的项目情况和能否给自己带来真正的收益，彼此之间并不信任。“双到”政策实施“一村一策、一户一法”，明确要求将贫困村、贫困户的基本信息录入电脑，做到户有卡、村有册，建立动态档案，对贫困村和贫困户的基本情况实现了“数字化管理”，使扶贫者对被扶者的信息了如指掌；在此基础上，明确了“一对一”的帮扶要求，实施反贫困的“靶向疗法”，使被扶者明确了脱贫致富的目标和方向，增强了反贫困的思想意识，达到了扶贫者与被扶者之间的彼此信任与良性互动。

省委办公厅挂点帮扶阳山县大崀镇坑塘村后，迅速派驻工作组进村入户进行了深入细致的调研，摸清了该村贫困户的基本情况：该村共有贫困户140户、贫困人口480人，其中有劳动能力的贫困户为92户、399人，无劳动能力的贫困户有48户、81人。在充分掌握情况的基础上，省委办公厅工作组对每户贫困户逐户登记造册，建立动态档案，实行电脑管理，同时经与村集体和贫困户协商，对村集体经济发展进行了整体规划，并对每户贫困户制定了具体的脱贫措施。在此基础上，明确提出了提出组建一个扶贫工作领导班子、制定一个帮扶工作方案、探索一个脱贫长效机制、创建一套干部培养办法、打造一个帮扶联系平台的“五个一”工作要求，努力建立持久稳定的脱贫机制。

第二，该政策提高了贫困人口的自我发展能力。以往的扶贫工作，大多数是以“输血”为主，把工作重点放在完成当时提出的扶贫经济指标上，而不是

以“造血”为主，把重点放在提高贫困村、贫困户的自我发展能力上。虽然经过多次扶贫，时至今日，仍有许多贫困村的公共基础设施仍处于原始状态，至今没有通公路、通电、通自来水，贫困村的生产生活设施没有从根本上得到改善；许多贫困户的技术能力没有得到明显的提升，子女读书问题没有得到根本解决，自我发展能力没有得到加强，等等。授人以鱼，不如授人以渔。“双到”政策在制定具体的帮扶计划上，大部分都能根据扶贫对象的贫困原因、不同类型的需求和发展意愿，实行“一村一策、一户一法”的扶贫措施，达到了帮扶方与被扶方的良性互动、合作共赢，提高了贫困农户的自我发展能力。

省委办公厅在挂点帮扶阳山县大崀镇坑塘村过程中，为增加农民收入，针对坑塘村属南亚热带向中亚热带过渡的季风气候区，便于开展种植养殖业等特点，充分利用“山头、水头、林头、田头”等资源，组织、发动有劳动能力的群众采取多种形式脱贫致富。主要有以下几种帮扶模式：

一是专业户的带动模式：就是该村种养专业户本着“就近、就亲、就友、就项目”的原则，只要承诺捆绑帮扶若干名贫困户，同时把建好的鸡舍（或猪舍）抵押给县扶贫实业公司，就可申请互助资金解决发展养殖资金的问题，此举不但可以壮大专业户的发展规模，同时也提高了专业户带动贫困户的积极性。专业户对贫困户的带动主要有两种方式：一是专业户聘请贫困户做工，领取工资。待经营稳定（一般两年）后，让贫困户参股，共担风险，共负盈亏；二是在专业户帮助下，贫困户自主发展种养业，专业户以养殖场地等作担保向村互助社、县扶贫办、县农业银行等借取小额短期帮扶资金给贫困户，并为贫困户作技术指导。由于专业户与贫困户相互了解，互相信任，所以专业户帮助贫困户脱贫也就事半功倍，增强了帮扶实效。如岩塘村的养鸡专业户马国威，目前已招用同村的贫困户马火养、陈云、郭永城等来帮工，每月工资700元。油茶、鹰嘴桃等种植基地也聘请贫困户帮工，通过专业户的典型带动和规模经营，坑塘村加快培育了当地的特色产业，帮助了贫困群众脱贫，发挥出良好的示范效应和帮扶效果。

二是互助资金的启动模式：省委办公厅在坑塘村成立了互助资金合作社，把各种渠道筹集的资金聚在一起，让它互助有效地服务群众，从而产生一种“核变”效应的信贷方式。目前筹集的资金超过50万元，拥有53户社员。互助社成立了理事会和监事会，理事会由村干部和村里的专业户组成，监事会由乡镇财政所所长任会长，挂扶单位的驻村干部和村民代表任监事员。入股、借款和还款等由理事会按照管理章程规定的程序审批，监事会负责监督。互助资金的启动实施，一方面使贫困群众“无人担保、无物抵押”等贷款难的问题得到了有效缓解；另一方面增强了农民“借鸡生蛋、有借有还”的意识，提高他们的自我发展、持续发展能力。通过互助资金合作社的组织管理，其部分收入纳入村集体收入，确保村“两委”有钱办事、有钱干事。去年坑塘村的集体收入突破4万元，比上年翻了近1番。

三是基础设施的拉动模式：省委办公厅整合各项扶贫资金，进一步改善村中的生产生活条件。首先，落实帮扶资金71万元，解决近千人安全饮水问题；其次，筹资125万元，铺设自然村之间水泥道路共5公里；再次，筹资24.5万元，建设三面光渠道2公里，清理淤积渠道3公里，修复陂头一座，改善灌溉面积近千亩。今年是阳山县有气象记录以来同期雨量最少的一年，大部分地区遭遇旱灾，正是由于水利设施的改善，坑塘村受到的影响不大，只是约有100亩左右的水田改种玉米和花生等农作物，群众饮水难、用水难、行路难的问题得到了有效的改善。

四是劳务输出的促动模式：省委办公厅针对坑塘村贫困户普遍缺乏技能，即使外出打工也多为零工、散工，工资待遇低，收入极不稳定的现状，将劳务输出扶贫纳入扶贫战略框架中，按照“抓培训、强素质、重输出”的转移就业扶贫思路，结合省的“双转移”战略，促使劳务输出由盲目自发外流向有组织的输出转变，由打工型输出向技术劳务型输出转变，进一步提升贫困户自我发展的能力和脱贫奔康的本领。一方面是通过举办创业培训，加强贫困户脱贫意识，改变其脱贫思路，鼓励其走出家门创业致富；另一方面，加强劳务输出的信息传达与宣传动员工作，积极与有关部门联系，加大劳务输出的力度，如通过“南粤春暖行动”等用工招聘会，目前共有62户、76人到珠江三角洲务工。

坑塘村无劳动能力的贫困户48户、81人，其中“五保户”有12人，这些没有劳动力的贫困户，实质上已经失去了靠自身努力脱贫的机会，无法通过开发式扶贫解决其脱贫问题，几乎完全需要依靠社会的扶持和帮助。为此，省委办公厅在加大扶贫开发力度、增强村集体和贫困群众自身“造血”能力的同时，积极探索福利帮扶的扶贫新模式，通过“输血”救助，努力改善无劳动力贫困户的生活条件，提升了扶贫工作整体效益。如在村中建起占地面积2601平方米，建筑面积691平方米的福利院，把“五保户”集中起来供养，并把去年“扶贫日”活动中办公厅干部的捐款入股当地的水电站，专门用于福利院的日常开支，使鳏寡孤独者老有所依。帮助其余的36户贫困户纳入农村最低生活保障、参加农村合作医疗，并拿出专项资金确保他们的孩子不因贫困而辍学。

第三，该政策对社会资源进行了科学有效的配置。过去的扶贫方式基本上由政府负责，社会力量很少参与，呈现出“政府强主导，社会弱参与”模式。

这既与过去我国的社会组织数量较少、发育不甚成熟等有关，也与大多数城镇居民虽然过上了小康生活、但总体收入水平还不够高等有关。“双到”政策，针对新时期社会力量日益壮大（即公民社会逐渐形成）和城镇居民生活水平大幅提高的实际，强调在政府继续起主导作用的同时，着力调动社会力量的积极参与，实现了扶贫开发由传统的“政府强主导，社会弱参与”向“政府强主导，社会广泛深入参与”的新方式转变，既大大弥补了单纯财政扶贫资金投入的不足，又激发了全社会关爱弱势群体、参与扶贫开发的积极性，更对充裕丰富的社会资源进行了科学有效的配置。

省委办公厅在推进坑塘村扶贫开发工作过程中，就充分发挥了社会力量的作用，弥补了自有资金的不足。如，为鼓励村民搞好种养业，省委办公厅领导三顾“茅庐”，特地请来了广东温氏食品集团有限公司、广东天龙食品有限公司发展养殖业、阳山丰华绿色农业有限公司发展油茶种植，让广大村民放下了思想包袱。为丰富村民的文化生活，省委办公厅联系香江社会救助基金会，向阳山县捐资建设160间“爱心图书室”。

第四，该政策促进了精神文明建设和创先争优活动的深入开展。贫困现象的存在，贫富差距的扩大，是影响社会和谐稳定的最主要因素之一。实施“规划到户、责任到人”，动员全社会积极参与扶贫开发，是培育良好社会风气、有效消除仇富心态的重要方法和途径。通过实施“双到”政策，让先富起来地区的机关、企业、个人等与贫困地区群众对口帮扶，使扶贫的过程成为提高人的素质、锻造人的精神的过程，从而让扶贫济困、团结互助蔚然成风，培育良好社会风尚。广大贫困群众也通过“双到”政策，深刻感受到了党和政府的温暖，深刻感受到了社会各界的关爱，有效增强了对党和政府的信任，促进了不同阶层的交流、理解和支持，促进了社会成员的谅解和包容，从而积极主动地化解矛盾，消除仇富心态，缓解社会冲突，最大限度地减少不和谐因素，促进社会和谐稳定。

在开展“双到”活动过程中，省委办公厅积极组织厅内各单位到对口帮扶户开展形式多样的结对帮扶活动和送温暖活动，初步统计，自2009年下半年至今，办公厅领导到坑塘村进行调研和慰问超过100人次，干部职工到坑塘村开展结对帮扶活动超过500人次，全厅16个局处共有92名党员干部分别与92户贫困户建立了结对帮扶关系，既沟通了机关干部与基层群众的感情，又使办公厅干部更深入地了解了基层实际，增强了服务基层、服务群众的主动性和自觉性。同时，省委办公厅筹资在坑塘村建起了“老少书屋”、“农家书屋”、“流动书屋”、“学生课外辅导室”，成立了学校篮球队、乒乓球队和鼓乐队，丰富了村民的精神文化生活。在去年开展的首个“扶贫日”活动中，全厅干部踊跃捐款达12.6万元，充分反映了省委办公厅机关干部对基层群众的深厚感情。

与此同时，省委办公厅积极把开展“双到”工作与争先创优活动有机结合起来，引导和支持村党支部创新组织活动方式，健全完善各类规章制度，抓好各项制度落实，着力抓好基层党建工作。同时，大力推进“四个培养”：把能人培养成党员，把党员培养成能人，把能人、党员培养成村干部，把村干部培养成带领全村致富的领路人。如，负责养鸡基地的养鸡大户马国威去年递交了入党申请书，成为入党积极分子，今年村委会换届选举中成为村干部；村支部书记陈九玲负责蔬菜基地的运作；村干部马开饲养生猪等，努力为坑塘村打造“永远不走的扶贫工作队”。

经过一年多来的努力，省委办公厅在坑塘村的扶贫开发“双到”工作取得了明显的成效。初步统计，截至去年底，省委办公厅共落实帮扶资金426万元，扶持发展集体经济项目12个，全村92户贫困户将近百分之八十一的农户实现脱贫，取得了良好的经济社会发展成效。

五、几点启示

启示一，重点是要科学认识贫困的根源。贫困问题是一个世界性难题，是一个动态性的问题。随着经济社会发展水平和人民群众生活水平的不断提高，贫困的标准与内涵也会不断变化，如，世界银行的贫困标准是每天人均收入低于1美元，中国目前的贫困标准是农民年人均纯收入低于1500元等，不一而足。这就使得扶贫工作是一项长期的艰巨的任务。但有一点是肯定的，那就是人的自我发展能力的高低，或者说获取收入、知识、技术和抵御疾病风险等能力水平的高低，永远是贫困的根源。所以，在当前经济社会转型新时期，在以提高人的综合素质、促进人的全面发展为核心的发展新时期，扶贫开发工作的重点就是要提高贫困人口的自我发展能力，提高人的综合素质，促进人的全面发展。正如省委常委、秘书长、办公厅主任徐少华同志所指出的那样，要努力使省委办公厅的对口帮扶村实现“既要摘掉贫困帽子，更要闯出致富新路”的目标，既要为了摘掉贫困帽子而扶贫，更要为了闯出致富新路而扶贫，只有这样，才能实现持久稳定的脱贫。这便是当今经济社会转型时期扶贫开发工作的重点所在，也是难点所在。

启示二，核心是要提高贫困人口的自我发展能力。让一部分人先富起来，先富帮后富、实现共同富裕，是中国特色社会主义的制度安排，也是深入贯彻落实科学发展观的内在要求。中国经过改革开放30多年的经济社会发展和政府推动的开发式扶贫工作，具备自我发展能力的个人和家庭，已经通过国家支持的生产资料进行生产或通过其他致富途径，逐步摆脱了贫困状况。但在新形势下，农村致贫和返贫的原因发生了很大的变化，在剩下的绝对贫困人口中，相当一部分人因老弱病残丧失了基本的劳动能力，从而丧失了进入劳动力市场的机会，开发式扶贫策略对他们脱贫难以凑效；部分绝对贫困人口和低收入人口因为教育水平较低和健康水平较低在劳动力市场处于不利的境地，缺乏获取更高报酬工作的机会，并且对子女教育脱贫产生了不良影响；低收入人口和普通农户缺乏应对大病致贫风险的能力，他们脱贫的基础极为薄弱，市场风险和疾病风险很容易使他们再度陷入贫困中。由于开发式扶贫难以有效惠及绝大多数剩余的贫困人群，能力贫困理论为我们提高扶贫政策的有效性提供了有益的启示：贫困主要是由于人们获取收入的能力或机会被剥夺或受损，从而在致贫风险面前异常脆弱，因此，应对贫困的有效途径是塑造和提升应对致贫风险的能力。

启示三，关键是要将扶贫开发工作的关口前移。扶贫开发“双到”政策，不仅是广东实施扶贫开发战略、创新扶贫方式的一个重大举措，从某种意义上说也为中国实现新时期扶贫开发工作的重大转变和突破探索了新路：即做好新时期的扶贫开发工作关键是要把扶贫的关口前移，做到因地制宜、因人制宜、科学规划、明确责任，关键是把政策关注的重点转移到提升贫困人口自身发展和应对贫困风险的能力上来，而不是在其陷入贫困之中不能自拔之后，再进行扶持和救助。

“规划到户、责任到人”扶贫开发政策实施情况调研报告

广东省社会科学院　梁桂全　邓智平　游霭琼[1]

贫困现象和人类社会相伴而生。尽管时至今日全球经济已有了根本性的发展，但贫困问题不但没有被消灭，反而越来越突出。贫困不仅是一个经济问题，同时又是引起各种矛盾乃至冲突的内涵复杂的社会问题。改革开放以来，广东省委、省政府在抓好全省社会经济发展的同时，持续开展了大规模的扶贫开发工程，取得了明显的成效。在新的历史时期，为解决剩下的3409条贫困村和316.5万贫困人口的绝对贫困问题，广东省从2009年实施了“规划到户、责任到人”的扶贫开发战略。为深入了解“规划到户、责任到人”政策的实施情况，我们结合扶贫工作进行了专题调查研究，形成本调研报告。

一、扶贫开发“规划到户，责任到人”工作进展情况

自省委、省政府作出扶贫开发“规划到户、责任到人”的战略部署以来，全省上下迅速行动起来，出台了一系列政策文件，摸清了贫困村和贫困人口的基础数据，制定了具体的工作实施方案，针对贫困特点，创新工作方法，探索扶贫新思路，得到了广大人民群众尤其是贫困人口的支持。目前正处于全面贯彻落实阶段，部分地区和村落初步取得了明显成效。

（一）创新扶贫理念，从区域开发扶贫向以贫困户为导向的定点扶贫转变

扶贫开发要解决的一个关键问题就是瞄准。为此，党和国家进行了长期探索。从制定国家扶贫标准，划定集中连片贫困地区，到确定贫困县和扶贫开发工作重点县，再到确定贫困村，都是为了提高“瞄准度”。多年来，为集中力量保证供给，防止扶贫资金的分散使用，广东省扶贫开发工作的重点一直是16个贫困县。随着形势的发展，目前大部分的贫困县已经实现脱贫奔康，区域性

[1] 梁桂全，广东省社会科学院院长，研究员；邓智平，广东省社会科学院社会学与人口学研究所助理研究员，博士；游霭琼，广东省社会科学院人事处处长，研究员。

的绝对贫困基本消除，贫困户变得更加分散，消除剩余贫困的成本更大、困难更多。正是在这样的背景下，广东提出“规划到户、责任到人”的扶贫开发战略，将扶贫开发的重点进一步聚焦，直接瞄准贫困村和农村家庭年人均纯收入1500元以下的贫困户，实行“靶向疗法”，更直接、更精确地配置机关、企事业单位扶贫资源，减少资源消耗，实现定点清除贫困。

（二）完善政策体系，为扶贫开发工作扎实推进提供了制度保障

围绕“规划到户、责任到人”扶贫开发战略，全省构建了一整套系统的政策体系。《中共广东省委办公厅广东省人民政府办公厅关于我省扶贫开发“规划到户、责任到人”工作的实施意见》是全省扶贫开发的总纲领。省扶贫办进一步抓好落实，出台了《关于切实做好我省扶贫开发“规划到户责任到人”工作有关问题的通知》、《关于我省扶贫开发“规划到户、责任到人”的实施意见解读》、《广东省建立健全扶贫开发信息管理系统工作实施方案》、《全省贯彻落实省扶贫开发“规划到户、责任到人”工作电视电话会议精神的情况报告》、《关于进一步明确扶贫开发“规划到户责任到人”帮扶对象的通知》、《广东省扶贫开发“规划到户、责任到人”工作考核办法》、《关于抓紧做好建档立卡电脑管理工作有关问题的通知》、《关于审核上报帮扶单位方案（计划）的通知》等8个配套文件。省委组织部将扶贫开发作为加强基层党建工作的一次机遇，出台了《中共广东省委组织部关于在扶贫开发“规划到户、责任到人”工作中切实做好统筹城乡基层党建工作的意见》。这些政策文件的出台，为全省“规划到户、责任到人”扶贫开发工作在思想动员、组织领导、投入保障、明确任务、考核奖惩、信息化管理等多个方面提供了坚实的制度保障。

（三）各地迅速行动，扶贫开发工作得到热烈响应和广泛支持

全省各地、各部门切实把思想和行动统一到省委、省政府的决策部署上来，对扶贫开发“规划到户责任到人”工作高度重视，迅速行动。一是积极贯彻部署。许多地级市、县（市、区）、镇都召开了专门的工作会议，出台了一系列政策文件，编制了专门的扶贫开发简报。如河源市出台了《中共河源市委办公室、河源市人民政府办公室关于关于扶贫开发“规划到户、责任到人”工作的实施意见》、《河源市动员社会力量参与扶贫“双到“活动实施方案》等多个文件，深圳市出台了《关于成立“规划到户、责任到人”工作组的通知》、《关于加强深圳、河源、湛江三市“规划到户、责任到人”基础工作及项目资金管理的通知》等文件。二是贫困地区与帮扶单位无缝对接。基本上所有帮扶单位都前往所帮扶的贫困村进行了专题调研，并派驻了专门的工作组或驻村干部，共商扶贫对策。每一次帮扶活动记入了《帮扶记录卡》，形成了帮扶台账。

三是做好贫困户的认定工作。充分了解农村家庭的收入情况，探索参与式识别贫困人口的办法，将认定的贫困户上墙公示，接受群众监督，防止了扶贫开发中次生矛盾的发生。四是制定了实施方案。经过认真调研，广泛吸纳贫困村、贫困户的意见，各帮扶单位都制定了扶贫开发"规划到户、责任到人"工作实施方案，目前正全面推进实施。

（四）创新扶贫方式，初步探索出扶贫开发的新路

目前已经探索形成多种有效的扶贫方式：一是观念扶贫。扶贫先扶志。一些帮扶单位积极打破农民过去低水平的均衡，在村小学以及村主干道贴上"不读高中，就打苦工"、"脱贫致富，全家幸福"等标语，积极鼓励农民摆脱贫困。二是产业扶贫。围绕农业产业化和农产品商品化，一些帮扶单位在贫困村建立了蔬菜基地、茶油基地、灵芝基地、柠檬基地，形成"公司＋基地＋农户"的产业扶贫模式。三是智力扶贫。有的帮扶单位为贫困户提供免费的职业技能培训，并推荐就业；还有的设立奖助学金，资助贫困户子女教育。四是福利扶贫。针对很多贫困户（特别是老年人和残疾人，由于失去劳动能力，发展经济先天不足而且后天无法补救，通过扶持脱贫基本无望）因不具备劳动能力而不能受益于建立在贫困户生产能力基础上的减贫政策，以及农村社会保障体系不健全的现状，有的帮扶单位积极对贫困户进行救济，出资为其购买养老保险、办理低保等。五是金融扶贫。探索把扶贫专项资金作为小额贷款担保或者贴息的资金，通过金融杠杆，让这笔扶贫专项资金发挥更大的作用，即通过小额贷款解决资金短缺问题。

（五）初步取得成效，涌现出一批先进典型

虽然"规划到户、责任到人"扶贫开发工作开展不到一年时间，但在部分贫困村已经取得明显成效。一是部分贫困村的面貌得到很大改善，衰落的农村社区重现欣欣向荣的景象。如紫金县光凹村的亮化工程建设为村道安装了路灯，方便了农民夜间生活；硬化工程建设将泥土路改成水泥路，改变了乡村面貌，方便了群众出行。二是村集体的收入有了保障和提高。一些帮扶单位出资帮助贫困村入股水电站、高新区、房地产等项目，使村集体的收入有了稳定保障。三是基层党组织建设进一步加强。帮扶单位按照一手抓扶贫，一手抓党建的要求，积极做好与帮扶村党组织的"一帮一"结对共建工作，贫困村缺什么补什么，极大地丰富了贫困村的党建资源。四是贫困户得到实惠。根据贫困户的实际情况，帮扶单位为贫困户提供农资补贴、种苗补贴、危房改造、技能培训等服务项目，受到了贫困户的欢迎，也为今后脱贫致富打下了坚实基础。

二、进一步抓好扶贫开发“规划到户、责任到人”工作的建议

扶贫开发最核心的任务就是要让贫困户参与现代市场分工体系，在市场分工中找到自己的位置，而不是被甩出经济社会结构之外。为此，必须积极推进农业产业化、农产品商品化、劳动力市场化、人口城市化、资源（土地）资产化。

（一）责任联动，内因外因双轮驱动

内因是事物变化发展的根本原因。扶贫开发要充分发挥贫困地区和贫困人口的主体作用，内外因合力摆脱贫困。

首先，既要加强对帮扶单位的责任考核，更要加强对有扶贫开发工作任务的市、县、镇的责任考核，层层抓好落实。当前迫切需要提高基层政府（县、镇级政府）对扶贫开发“规划到户，责任到人”工作的认识，增强责任感和紧迫感，防止基层政府将贫困作为博弈的筹码。要将对帮扶单位的考核与对贫困地区政府的考核结合起来，实行责任联动，形成利益共同体。在一个贫困市、县、镇可能同时有多个贫困村及对应的多个帮扶单位，这么多帮扶单位都需要贫困地区基层政府配合工作，从而形成“一对多”的关系。换句话说，贫困地区基层政府占据垄断地位，在考核中拥有很大的主动权和选择权。因此，对基层政府的考核必须从“长板”考核向“短板”考核转变，督促基层政府对管辖范围内的所有贫困村和贫困人口负责，积极配合所有帮扶单位的工作，而不是打造几个亮点或示范村。

其次，要逐步改变政府作为反贫困工作主体，而贫困人口是需要帮扶的客体，处于被动地位的现状，充分发挥贫困户和贫困人口的内生动力，从优势视角出发，发掘贫困人口的潜能，增强其改变自身命运的信心和能力。此外，由于实际工作中，很多具体的扶贫任务都需要村干部落实，必须加强对贫困村“两委”班子的培训和调整，配好致富带头人。

（二）分类指导，细化扶贫开发战略

要对已经纳入电脑管理的贫困数据进行统计分析，科学划分贫困户的类型、致贫原因的类型、帮扶措施的类型等。

首先，可以将贫困人口分为有劳动能力的贫困人口和无劳动能力的贫困人口两大类[1]。加强扶贫开发与低保制度的衔接。开发式扶贫主要针对的是有自助能力的贫困人口。对于没有劳动能力的贫困人口主要是进行社会救助，政府或社会慈善机构直接发放救助金到贫民手中，才是解决其温饱问题的更加有效

[1] 根据我们的个案调查，目前无劳动能力的贫困人口占较大比例。全省的情况还需进一步对全省数据统计分析。

的途径。当前，迫切需要建立健全以社会救助制度为核心的农村社会安全网，尽快在农村地区实现低保对象的“应保尽保”。同时，加快推进重大疾病救助、新型农村合作医疗、新型农村养老保险等农村社会保障体系建设。

其次，进一步细化有劳动能力的贫困人口，将其分成转移就业和务农两大类。对于希望非农就业的贫困人口，要对其进行免费职业技能培训，并推荐就业。建立推荐就业奖励基金，就业服务机构和基层平台每成功推荐一名农村劳动力转移就业给予相应补贴。对于愿意从事农业的贫困人口，按照农户的种养意愿进一步细分，因地制宜选择种养项目，引导种养意愿相同类型的农民规模化发展，提供资金、生产资料、技术指导、人才和市场支持，积极推进农产品的商品化。同时对一些开发农业项目，要引进对口下游企业，综合对口衔接，形成加工制造业与专业化农业对口产业链，大型流通企业与农业生产基地的对口供销链，等等。如中药厂与农村中药种植基地的产业链衔接。全省应在调查研究基础上编制产业对接引导规划。

（三）分代治理，斩断代际贫困传递

随着家庭劳动力数量和扶养系数的变化，农村贫困具有明显的生命周期。在刚刚组建家庭之初，上有老，下有小，家庭劳动力不足，容易贫困；小孩成人后，家庭劳动力充裕，一般会脱离贫困；当小孩婚后组建新的家庭，会重新陷入贫困，年迈的父母由于缺乏供养也会陷入贫困。扶贫开发必须建立一种干预机制，斩断农村贫困的代际传递。为此，需要对农村贫困进行分代治理。

首先，对于60岁以上的老人，要逐步将其全部纳入新型农村社会养老保险，使其获得稳定的养老金收入；第二，40－60年中年人，一般有较好的务农技能，应以推进农业产业化和农产品商品化为主要解决途径，同时，结合“双转移”，以就地就近非农就业为辅助；第三，对于20－39岁的青年人，要以外出打工和非农就业为主，加强劳务输出服务，加强职业技能培训，加快户籍制度改革，推进人口城市化，促进这部分人向城镇转移；第四，对于20岁以下的小孩和新增劳动力，主要以教育为主，帮扶没有考上高等院校的高中毕业生和未能升高中的初中毕业困难家庭子女入技（职）校学习。降低贫困户教育支出，逐步在全省推行强制的免费职业高中教育，保障贫困户的后代接受各类教育，提升后代参与现代化社会分工能力，为全省培训现代产业工人[1]和其他人员。省应把此项工作列入刚性任务给予保障。

（四）资本下乡，构建开放式扶贫系统

农村生产力的发展离不开资本的作用。不仅要支持家电下乡、汽车下乡等

[1] 要将农村新增劳动力培育成广东现代蓝领技工的主力军。

消费品下乡，更要支持资本下乡，大力发展生产性扶贫。

一是促进产业资本下乡，推动产业化扶贫带动农民稳定增收。按照产业化发展的方向，连片规划建设，形成有特色的区域性主导产业。引导和鼓励具有市场开拓能力的大中型农产品生产加工企业，到贫困地区建立原料生产基地，形成“公司＋农户”、“公司＋基地＋农户”、“农民经济组织＋农户”的产业化经营模式。加强贫困地区农产品批发市场建设，进一步搞活流通。

二是促进金融资本下乡，带动农村经济发展。完善农村金融体系，深化农村信用合作社、农业发展银行、农业银行、邮政储蓄银行等正规金融改革，强化其为农服务功能；加快小额信贷公式、村镇银行等民营小型商业金融机构建设；支持和培育合作金融组织。设立农户贷款担保专项资金，构建以政策性担保为主体、互助性担保为辅助、商业性担保积极参与的多元化信用担保体系。鼓励金融机构向农户提供小额贷款，逐步放开小额贷款规模，重点支持贫困户调整农业产业结构，发展增收项目。

（五）资产扶贫，从增加收入到资产积累

我国农村反贫困主要以增加农民收入为主，缺少资产建设的视角。我们需要反思农民手握资源（土地、房产）却陷入贫困的原因。要加强农村体制机制创新，将农民的资源资产化，让农民成为有产者。

一是土地制度创新。积极探索农村土地所有权、承包经营权、使用权“三权分离”，明确集体所有的层级落实到自然村，赋予承包经营权的物权性质[1]，并给予法律凭证认定。在明确土地权属的基础上，鼓励和支持农民采取出租、入股、质押、置换等方式流转土地经营承包权，推进农业适度规模经营。成立土地储备银行，实现土地价值化，发展土地估价中介组织，农民可以将自己的土地存在银行，由土地银行统一管理经营全村土地。探索土地换社保制度，鼓励长期外出迁入城镇并有稳定职业和固定住所的农民自愿放弃承包土地。对自愿放弃承包地并迁入城镇定居的农民，应享受与迁入地城镇居民同等的待遇和社会保障。

二是住房制度创新。农民经营收入和外出打工收入一般会沉淀到住房，但是，住房却不能变成农民的资产。要对现有农村宅基地和住宅进行改革，依照有关规定明确权属，办理登记发证手续。农民住宅只要补缴土地出让金就允许和城市住房一样上市交易。大力发展廉租房和经济适用房，探索宅基地换城镇住房制度，避免农民工“在城镇无房可住”而“在农村有房没人住”的现象。

---

[1] 十七届三中全会提出“赋予农民更加充分而有保障的土地承包经营权，现有土地承包关系要保持稳定并长久不变”，实际上为承包经营权的物权化提供了支持。

（六）社会参与，培育扶贫接力

扶贫是一场持久战。政府参与力度是有限的，追求利益最大化的企业介入也是要遵循市场规律的，我们必须接纳和放大社会参与力量，加大对"穷广东"报道力度，树立"就近扶贫"理念，形成全民扶贫的氛围。除了动员社会捐款捐物，更重要的是要基于社会网络组织力量，让扶贫工作发展成全民参与的慈善事业。鼓励专业的农村社工带薪或志愿者的形式驻村，推动各项扶贫措施的落实；在大学毕业生中倡导"公益创业"，并给予资金支持，但要求所办企业必须参与贫困户农产品的生产与销售过程；组织城市社会消费网络，使贫困户农产品以直销方式与城市消费者对接，减少流通环节。

附件：

广东贫困地区农户家庭调查报告
——基于梅州市大埔县三河镇的问卷分析

为全面了解我省落后山区贫困人口状况，通过城乡二元结构转换从根本上走上脱贫之路，广东省社会科学院课题组在梅州市大埔县三河镇组织开展了关于贫困地区农民家庭脱贫状况的问卷抽样调查。现对调查问卷结果分析如下：

一、农户家庭基本情况

1. 贫困地区农村以中老年为主，逾八成人口在 40 岁及以上

本次调查共收回有效问卷 226 份，调查对象主要集中在 30 岁及以上农民。其中 30 岁 -39 岁居民占总体的 32.9%；40-49 岁居民占总体的 32.9%；50 岁 -59 岁居民为 27.4%；60 岁及以上居民占 22.7%；30 岁以下仅为 2.2%。这种分布状况反映出当前贫困地区农村人口结构逐步老化，农村以中老年人为主。

表 1：被调查对象年龄分布情况（单位：%）

年龄	比重
30 岁以下	2.2
30-39 岁	14.8
40-49 岁	32.9
50-59 岁	27.4
60 岁及以上	22.7
合计	100%

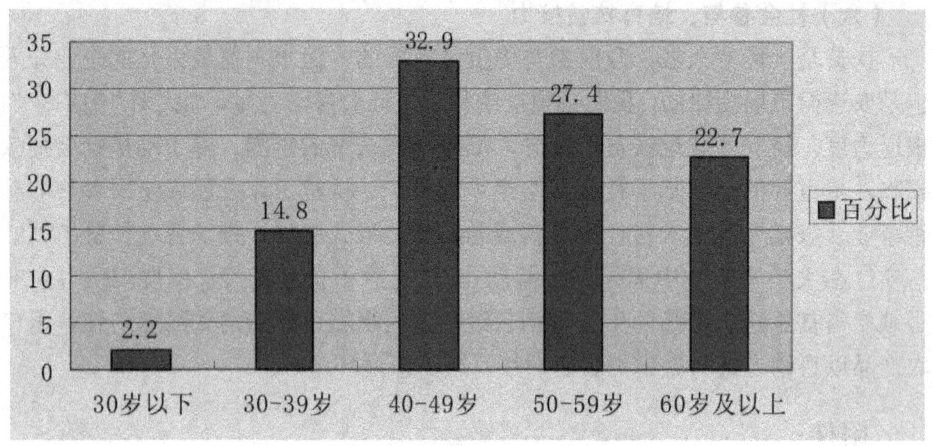

图 1：被调查对象年龄分布情况（单位：%）

2. 家庭规模普遍较大，约七成家庭在 4 人及以上规模

从家庭成员数量来看，平均每个家庭有 3.9 人，最小家庭规模有 1 人，最大家庭有 7 人。其中四口之家最多，占被调查对象的 39.0%；其次为五口之家，占 20.6%；三口之家有 14.8%；两口之家为 9.4%；六口之家占 6.5%；七口之家占 2.9%。3 人及以下规模家庭占了总体的 31%，4 人及以上规模家庭占了总体的 69%。

表 2：被调查家庭规模分布情况（单位：%）

家庭成员个数	比重
1	6.9
2	9.4
3	14.8
4	39.0
5	20.6
6	6.5
7	2.9
合计	100%

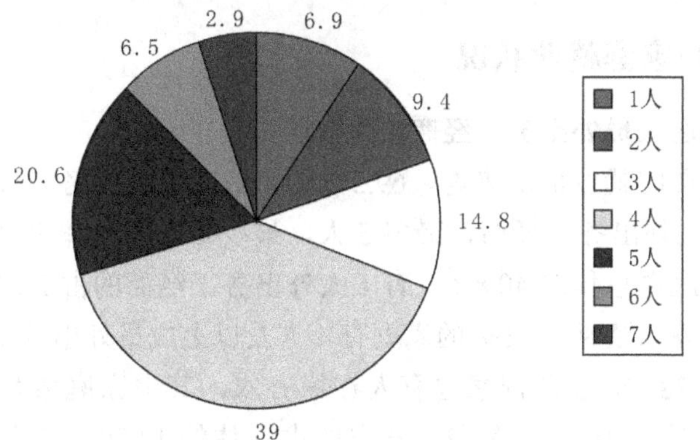

图 2：被调查家庭规模分布情况（单位：%）

3. 贫困户家庭规模偏小或偏大

根据《中共广东省委办公厅广东省人民政府办公厅关于我省扶贫开发"规划到户、责任到人"工作的实施意见》（粤办发〔2009〕20 号），新时期广东将农村家庭年人均纯收入低于 1500 元（含 1500 元）的定义为贫困农户。在本次问卷调查中，家庭年人均纯收入低于 1500 元（含 1500 元）的贫困农户有 26 户，占调查总体的 11.5%。这也是当前贫困地区农村的贫困发生率，即每 100 户里面有 11.5 户尚处于贫困状态。

贫困户家庭规模分布从 1 人到 7 人，平均为 3.4 个，小于一般家庭规模的 3.9 人。以一人户和四人户家庭为主，一人户家庭和四人户家庭都占贫困户总体的 25.9%。此外，两人户家庭和五人户家庭都也较多，均占 14.8%。通过对贫困户与总体家庭规模进行比较可以发现（见下图），贫困户中小规模家庭（1—2 人）和大规模家庭（6—7）均超过总体所有户。也就是说，人口过少和过多都是容易导致贫困。

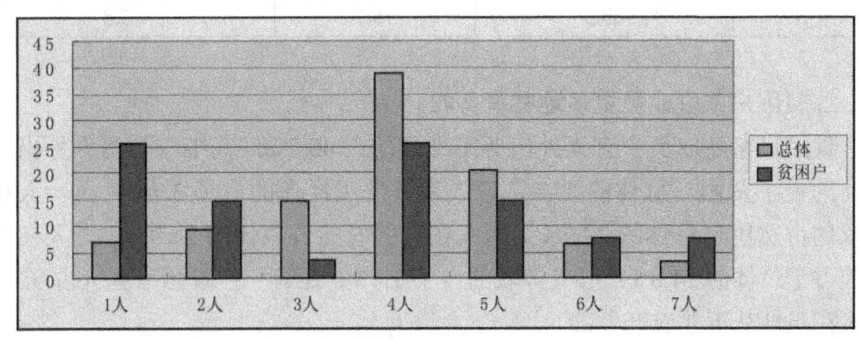

图 3：贫困户与总体家庭规模比较（单位：%）

二、农户家庭就业状况

1. 贫困地区人员外出务工经商较为普遍

从家庭成员的就业情况来看，69.3% 的家庭有人外出务工经商。家庭成员中平均有 1.8 人外出务工经商，最多 5 人，最少 1 人。具体来说，有 2 人外出务工经商的家庭占总体的 40.8%；有 1 人外出务工经商的占 22.0%；5.1% 的家庭有 3 人外出务工经商；1.1% 的家庭有 4 人及以上成员外出务工经商。

同时，有 78.7% 被调查家庭有人在家务农。其中家庭成员中有 2 人在家务农的占总体的 46.9%；1 人在家务农的占总体的 17.7%；3 人在家务工的有 10.8%；4 人及以上在家务农的家庭仅占总体的 1.4%。

此外，还有 5.8% 的家庭有人在当地从事非农产业比重。其中家庭成员有 1 人从事非农的占了 4.0%；2 人从事非农的占了 1.8%。

由此可见，尽管贫困地区还有大部分农户家庭继续从事农业（78.7%），但基本上都是农工兼顾，大部分家庭（69.3%）有外出务工人员。不过，如果扣除外出务工经商和当地从事非农产业的家庭，依然有 15.5% 的家庭从纯农业，即所有家庭成员都在家务农。

表 3：被调查家庭成员就业状况（单位：%）

家庭成员数	外出务工经商比重	在家务农比重	当地从事非农产业比重
1	22.0	17.7	4.0
2	40.8	46.9	1.8
3	5.1	10.8	
4	1.1	1.8	
5	0.4	1.4	
合计	69.3	78.7	5.8

2. 贫困户家庭成员更多地在家务农

贫困户家庭成员中有人外出务工经商的占 40.7%，其中一至两人外出务工经商的占了贫困户总体的 37%，三人在外务工经商的占了 3.7%；而一人在家务农的占贫困户总体的 22.2%；两人在家务农的占总体的 25.9%；三人在家务农的占了总体的 14.8%；五人务农的占了 7.4%；还有一户贫困家庭（占 3.7%）有人在当地从事非农产业的。

可见，贫困户家庭成员多在家务农，且是从事纯农业。所有家庭成员都在家务农的贫困户（其中包括很多在家务农的一人户家庭）占到贫困户总数的55.6%，远高于一般户15.5%的这一比例。

表4：贫困户家庭成员就业状况（单位：%）

家庭成员数	外出务工经商比重	在家务农比重	在当地从事非农产业
1	18.5	22.2	-
2	18.5	25.9	3.7
3	3.7	14.8	-
4	-	-	-
5	-	7.4	-
6	-	-	-
7	-	-	-
合计	40.7	70.3	3.7

3. 家庭规模越大，外出务工经商人员越多

从家庭规模和家庭就业情况两者的关系来看，家庭成员数与外出务工经商成员数以及在家务农成员数均存在一定程度的正相关关系，即家庭成员越多，其家庭中外出务工和在家务农的人员也越多。具体来看，家庭成员中仅有1人外出务工的主要集中在规模为三到五人的家庭；有2人外出务工的主要集中规模为四到五人的家庭；有3人及以上外出务工的家庭规模一般都达到5人及以上。而在家务农的情况也类似。

表5：家庭规模与成员就业状况的关系（单位：%）

		家庭成员中外出务工经商的有几个？					家庭成员中在家务农的有几个？				
		1	2	3	4	5	1	2	3	4	5
您家中现有家庭成员几个？	1	1.6					24.5				
	2	6.6					4.1	13.1			
	3	23	8	14.3			16.3	11.5	20		
	4	44.3	54	14.3			40.8	43.8	20	40	
	5	14.8	28.3	42.9	66.7		10.2	22.3	50	40	
	6	8.2	6.2	21.4	33.3	100	2	6.9	10	20	50
	7	1.6	3.5	7.1			2	2.3			50
合计		100	100	100	100	100	100	100	100	100	100
两者关系		Pearson 相关系数 R=0.323（sig=0.000）					Pearson 相关系数 R=0.401(sig=0.000)				

三、家庭经济状况及影响因素

1. 家庭年人均收入低于全省平均水平

从被调查家庭 2009 年的家庭年收入情况来看，年均收入为 18773 元，中位数位 1.8 万元，众数为 2 万元；其中最高收入达到 7.2 万元，最低收入仅为 300 元。从人均年收入情况来看，人均年收入平均数为 4780 元，中位数为 4700 元，众数为 5 千元；其中最高收入达到 1.5 万元，最低收入则仅为 300 元。

与 2008 年全省农村居民人均纯收入 6399 元相比，贫困地区家庭人均年收入低于全省平均水平，相当于全省平均水平的 74.7%。仅有 18.6% 的家庭人均年收入高于全省平均水平（6399 元）。从人均年收入曲线图上可以看出，贫困地区家庭贫富差距较大。

表 6：被调查家庭收入情况（单位：元）

	总体情况		贫困户情况	
	家庭年收入	家庭人均年收入	家庭年收入	家庭人均年收入
平均数	18773	4780	8822	987
中位数	18000	4700	3500	1000
众数	20000	5000	6000	1500
最大值	72000	15000	60000	1500
最小值	300	300	300	300

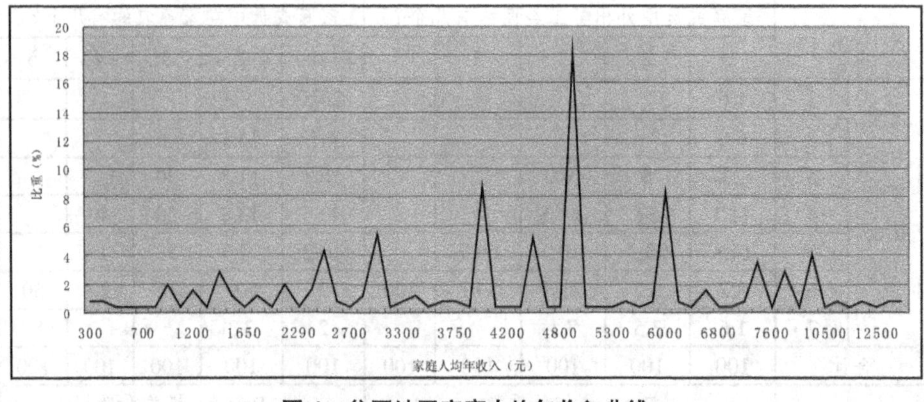

图 4：贫困地区家庭人均年收入曲线

2. 家庭收入主要来源于非农业，但劳动力转移仍不足

从家庭收入来源情况来看，有54%的家庭其收入来源于非农业生产；有40%的家庭收入来源于农业生产；仅有5.8%的家庭收入来源于外援等其他方面。这表明，外出务工经商和从事非农业生产是贫困地区家庭的主要收入来源，同时还有数量较多的家庭依赖这农业生产收入，一定程度上体现了贫困地区劳动力转移不足的现实。

特别是贫困户家庭劳动力转移不足较为明显，从被调查的贫困户收入来源情况看，农业生产是贫困户家庭收入的第一来源渠道，占贫困户总体的46.2%；第二来源非农业生产占42.3%；第三是政府救济等其他渠道，占11.5%。

表7：被调查家庭收入来源情况（单位：%）

家庭收入来源	总体比重	贫困户比重
农业	40.1	46.2
非农业	54.0	42.3
其他（外援等）	5.8	11.5
合计	100	100

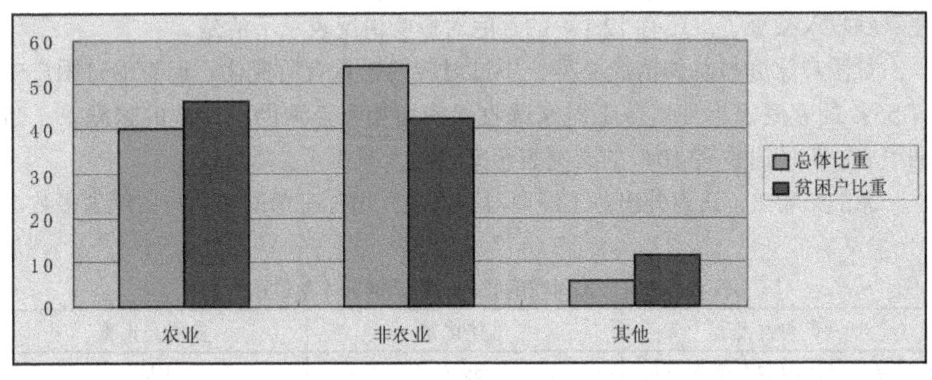

图5：贫困户与总体家庭收入来源比较（单位：%）

3. 家庭收入增长趋势不明显，贫困户更甚

根据问卷调查结果，贫困地区家庭年收入增长趋势不明显。数据显示，43.2%的被调查家庭表示与2008年相比，2009年的家庭年收入增加不多；有

36.4% 的家庭表示年收入没有增加；仅有 1.5% 的家庭表示年收入增加很多；同时 14% 的家庭表示年收入有所减少。

贫困户家庭收入增长更为缓慢。57.7% 的贫困户家庭表示收入没有增加，19.2% 的家庭表示增加不多，同时有 19.2% 的家庭表示收入有所减少，调查的贫困户中没有家庭表示其收入增加很多。

表 8：被调查家庭年收入变动情况（单位：%）

家庭年收入变动情况	总体比重	贫困户比重
没有增加	36.4	57.7
增加不多	43.2	19.2
增加很多	1.5	-
有所减少	14.0	19.2
说不清	4.9	3.8
合计	100	100

4. 外出务工经商对家庭收入影响较大

当问及“您认为不在家务农而到工厂务工对家庭收入有何影响”时，39.7% 的家庭认为对收入增加有很大帮助；35.6% 的家庭认为对收入增加有一点帮助；有 9.6% 的家庭表示没有帮助；同时 2.9% 的家庭认为到工厂务工反而使家庭收入减少了，还有 12.1% 的家庭对影响情况表示不清楚。

贫困户家庭与总体情况类型，不过对应的比重有所变化。调查的贫困户中有 55% 的家庭表示外出务工对家庭收入的增加有点帮助；10% 的家庭表示帮助很大；但同时也有 10% 的家庭表示家庭收入减少了。

总的来看来，认为外出务工经商对家庭收入增加有帮助的农户占绝大多数。

表 9：外出务工对家庭收入的影响情况（单位：%）

影响情况	总体比重	贫困户比重
对家庭收入增加有很大帮助	39.7	10.0
对家庭收入增加有点帮助	35.6	55.0
对家庭收入的增加没有帮助	9.6	-
反而使家庭收入减少了	2.9	10.0
不清楚	12.1	25.0
合计	100	100

对家庭年收入与家庭成员、家庭中外出务工人数和在家务农人数进行相关分析的结果表明：贫困地区家庭经济状况与家庭规模和外出务工人数有着显著的正相关关系，相关系数分别是0.336和0.327；与在家务农的人数之间没有显著的相关关系。这表明，贫困地区家庭外出务工人数越多，其经济状况越好。

表10：家庭经济状况与家庭规模及家庭就业状况之间的关系

相关分析		您家中现有家庭成员几个？	家庭成员中外出务工经商的有几个？	在家务农的有几个？
2009年你们家庭年收入大概是多少元？	Pearson 相关系数 R	0.336**	0.327**	-.011
	Sig.（双尾）	0.000	0.000	.881
	N	255	181	205

5. 珠三角成为贫困地区劳动力转移的期望目的地，而年龄、学历和技能成为转移的三大障碍

当问及"您认为理想的务工地点"时，有68.5%的被调查者选择了珠三角地区；13.2%表示无特殊期望；有9.7%的被调查者选择了县内；6.2%的选择了镇内；1.2%的选择了地级市内。可见，大部分贫困地区家庭希望离开居住地到外务工，而珠三角经济发达地区则是他们的首选目的地。

对于贫困户家庭来说，珠三角地区也是他们认为理想的务工地点，但与总体情况相比，选择镇内和县内的比重有所提高。这说明贫困户家庭与非贫困户家庭相比更倾向于在本地就业。

表11：被调查者认为理想的务工地点情况（单位：%）

理想的务工地点	总体比重	贫困户比重
镇内	6.2	12.0
县内	9.7	12.0
地级市内	1.2	
珠三角地区	68.5	56.0
无特殊期望	13.2	20.0
其他	1.2	
合计	100	100

当问及“制约他们外出务工的因素”时，33.2% 的人表示年龄太大是主要因素；26.2% 选择了学历太低；23% 表示不想出去；20.9% 的表示没有技能；还有 6.6% 的被调查者表示不知道怎样找工作。对贫困户家庭来说，36.8% 的家庭表示年龄太大是主要因素；31.6% 表示学历太低；26.3% 表示没有技能；不想出去的占了 10.5%。这意味着，年龄、学历和技能是制约贫困地区人口，特别是贫困户家庭成员外出务工的主要因素。

表 12：制约被调查者外出务工的因素（单位：%）

制约其外出务工的因素	总体比重	贫困户比重
年龄太大	33.2	39.1
学历太低	26.2	39.1
没有技能	20.9	21.7
不知道怎么去找工作	6.6	-
不想出去	23.0	8.7
其他	6.1	4.3

6. 部分农民有了城市化意愿

随着农民外出务工经商越来越多，一部分农民有了城市化的意愿，希望搬到城里去住。根据问卷调查，当问及“您是否希望搬到城里去住”时，62.8% 的人表示没有这个打算；19.9% 表示没有想好；只有 15.3% 的人表示有这个打算。对于贫困户家庭来说，其意愿大体趋势与总体情况类似。

表 13：搬到城里去住的意愿（单位：%）

意愿	总体比重	贫困户比重
没有这个打算	62.8	54.2
有这个打算	15.3	16.7
没想好	19.9	25.0
其他	1.9	4.2
合计	100	100

四、家庭生育及代际贫富传递情况

1. 贫困地区家庭子女数量较多，且存在重男轻女现象

从家庭生育情况来看，贫困地区家庭子女数主要集中在两人到三人，其中子女数为两人的家庭占了总体的53.1%；三个子女的家庭占了总体的22.5%；有12.8%的家庭属于独生子女家庭户；亦有11.6%的家庭其子女数为四个及以上。从子女的性别来看，一孩家庭子女更多的为男孩；两孩家庭中一男一女的情况占大部分；三孩家庭则多为一男二女；四孩家庭以两男两女为主；五孩及以上家庭则多为女孩。从这一分析结果可以发现，贫困地区依然存在着重男轻女的现象。

表14：家庭生育情况（单位：人，%）

		其中男孩个数				其中女孩个数					总体比重
		1	2	3	4	1	2	3	4	7	
您的子女个数	1	24				7					12.8
	2	82	38			82	17				53.1
	3	30	17	5		17	31	6			22.5
	4	2	8	5	2	5	8	2	3		7.8
	5	3	2	1			1	2	3		2.3
	6		1	2				2	1		1.2
	7									1	0.4
合计		141	66	13	2	111	57	12	7	1	100

具体分析贫困户家庭的生育情况，问卷调查结果表明，贫困户家庭子女以两到三人为主，有两个子女或三个子女的家庭占了总体的80%。从子女性别来看，贫困户家庭一个和两个子女的家庭多为男孩；而三人或四人家庭女孩较多。

2. 计划生育政策对控制贫困地区人口增长起主要作用，生育意愿以一男一女为主

当问到“您认为影响您生育几个小孩的主要因素是什么”时，69.8%的家庭认为计划生育政策是主要因素；其次为经济情况，占总体的14.7%；有6.2%的家庭认为其家族传统是影响其生育子女数的主要因素；受自身主观想法和社会舆论压力影响的家庭分布为4.3%和1.2%。

就贫困户家庭的情况来看，有54.2%的家庭认为计划生育政策是主要因

素；其次是16.7%的人选择了经济情况；单身和未婚等因素影响的有16.7%；再次是家族传统和自己主观想法。可见，在贫困地区计划生育政策对人口控制起着主要作用。

表15：影响生育子女数的主要因素（单位：%）

主要因素	总体比重	贫困户比重
计划生育政策	69.8	54.2
经济情况	14.7	16.7
自身主观想法	4.3	4.2
社会舆论压力原因	1.2	-
家族传统	6.2	8.3
其他（单身、未婚等）	3.9	16.7
合计	100	100

从生育意愿来看，有58.5%的家庭认为最理想的孩子数是两个；29%的家庭认为最理想是三个孩子；认为一个孩子是最理想孩子数的家庭仅占总体的3.2%。而从子女性别的期望情况来看，生育一男一女是大部分家庭认为最为理想的性别组合，同时从男孩和女孩的期望数上也可以发现贫困地区家庭依然存在着生男偏好。

表16：家庭生育意愿情况（单位：人，%）

		男孩个数				女孩个数				比重
		1	2	3	4	1	2	3	4	
您认为一个家庭最理想的孩子数是多少个？	1	6				2				3.2
	2	133	8			133	3			58.5
	3	23	48			48	23	1		29.0
	4	1	18				18	1		7.7
	5		1					1		0.4
	6			2				2		0.8
	8				1				1	0.4
总计		163	75	2	1	183	45	5	1	100

3. 家庭子女外出务工经商较为普遍，且子女外出务工人数越多，家庭经济状况越好

从家庭子女目前就业状况来看，贫困地区家庭子女外出务工经商是较为普遍的现象，占所有子女数的50.4%；其次是子女还在读书的占了总体的36.3%；在家务农和在当地从事非农产业的子女数要稍少一些，仅占总体的10.1%和3.2%。贫困户家庭的情况与总体情况类似，其中子女还在读书比重较大，占45.5%；外出务工经商的占36.4%；在家务农的子女占18.2%。

表17：家庭子女就业状况（单位：人，%）

子女就业状况	子女个数					总人数	比重
	1	2	3	4	7		
读书	53	31	4	2		90	36.3
务农	14	10	1			25	10.1
外出务工经商	36	64	22	2	1	125	50.4
当地从事非农产业	3	3	1	1		8	3.2

表18：贫困户家庭子女就业状况（单位：人，%）

子女就业状况	子女个数				总人数	比重
	1	2	3	4		
读书	7	2	0	1	10	45.5
务农	1	2	1	0	4	18.2
外出务工经商	4	1	3	0	8	36.4

从家庭年收入与家庭子女数、子女就业状况之间的相关分析结果来看，家庭经济状况与其子女中外出务工人数及子女中从事非农业生产的人数之间存在正相关关系，相关系数分别为0.160和0.734。可见要使贫困地区家庭脱贫，关键还在于进一步推进农村劳动力转移。

表 19：家庭经济状况与子女个数及子女就业状况之间的关系

相关分析		子女个数	男孩个数	女孩个数	外出务工经商	在家务农	读书	在当地从事非农产业
2009 年你们家庭年收入	Pearson 相关系数 R	.069	-.062	-.084	.160	-.165	-.116	.734
	Sig.（单尾）	.143	.185	.139	.043	.216	.144	.019
	N	239	211	171	116	25	85	8

4. 家庭代际间教育程度和收入呈上升趋势，且教育程度对收入的影响作用逐代增加

根据问卷调查数据显示，贫困地区家庭代际间的教育程度逐代提高。其中户主辈（即被调查者）其教育程度主要集中在初中及以下水平，占了总体的 85.5%；而子女辈虽也以初中及以下水平为主，但占总体的比重要低于户主辈，为 79.7%；父母辈的教育程度则全部为初中及以下，特别是小学水平的占了总体的 52.6%。同时，从高中及以上学历所占的比重也可以看出，贫困地区家庭的教育程度在逐代提高。其中户主辈有高中水平的占了 12.9%，而子女辈高中水平的比重上升为 15.2%；户主辈大专及以上水平的有 1.6%，而子女辈该比重上升为 5.1%。

表 20：被调查家庭成员教育程度情况（单位：%）

教育程度	户主辈	子女辈	父母辈
文盲及半文盲	5.0	-	26.3
小学	17.0	4.4	52.6
初中	63.5	75.3	21.1
高中（中专）	12.9	15.2	-
大专	1.2	5.1	-
大学本科	0.4	-	-
合计	100	100	100

从代际贫富传递情况来看，贫困地区家庭代际间收入呈上升趋势。有 49% 的被调查者表示其目前收入比父母收入高；仅有 2.4% 的人表示比父母的收入

低或与父母的收入差不多；亦有46.1%的人表示说不清。对贫困户家庭来说，有38.5%的家庭表示其收入比父母收入高；7.7%的表示比父母收入低；3.8%表示差不多。

与自己的子女收入相比，51.3%的人表示收入比子女低；17.9%的人表示收入比子女高；9.2%的人收入比部分子女高；仅有4.6%的人收入与子女差不多。贫困户情况与总体类似，比子女收入低的占43.5%；和子女差不多的站4.3%；比部分子女高的占8.7%。

表21：目前收入与父母相比情况（单位：%）

与父母收入相比情况	总体比重	贫困户比重
比父母的收入高	49.0	38.5
比父母的收入低	2.4	7.7
和父母的收入差不多	2.4	3.8
说不清	46.1	50.0
合计	100	100

表22：目前收入与子女收入相比情况（单位：%）

与子女收入相比情况	总体比重	贫困户比重
比子女的收入高	17.9	4.3
比子女的收入低	51.3	43.5
和子女的收入差不多	4.6	4.3
比有些子女的收入高，比有些子女的收入低	9.2	8.7
子女还在读书	12.9	13.0
其他	4.2	26.1
合计	100	100

结合教育程度来看，通过对各代的教育程度和月收入之间的相关分析可以发现，户主辈和子女辈的月收入与其教育程度有着较为显著的正相关，其相关系数为0.306和0.353；而父母辈由于收集数据有限，其收入与教育程度没有显著关系。从相关系数大小来看，子女辈的收入受教育程度的影响作用要大于户主辈，可见随着时代的发展，教育程度对推动贫困地区家庭脱贫的作用也在增大。

表 23：教育程度与各代际月收入的相关关系

教育程度与收入之间的相关关系	户主辈	子女辈	父母辈
相关系数 Spearman's rho	0.306	0.353	-0.277
显著度 sig(双尾)	0．000	0.000	0.439

五、教育和职业培训情况

1. 家庭间教育支出差距明显

从被调查家庭 2009 年用于教育培训方面的支出情况来看，教育培训支出分布于 200 元到 3 万元之间，平均数为 5949 元，中位数为 3000 元，众数为 500 元。具体来看，支出少于 1000 元的家庭占了总体的 29.8%；支出为 1000 元至 5000 元的家庭占了总体的 29.9%；支出为 7000 元至 1 万元的家庭占总体的 23%；支出超过 1 万元的占总体的 17.2%。

从教育培训支出占全家总支出的比重来看，有 16% 的家庭其教育支出为总支出的 10%；有 18.7% 的家庭其教育支出占总支出的 50%；教育支出占总支出 50% 以下的家庭数占被调查家庭总数的 68%；而教育支出超出总支出 50% 的家庭占了总体的 13.3%。

对于贫困户家庭来说，其教育支出分布由 400 元至 5000 元不等，占总支出的比例为 10% 至 30%，均低于被调查总体。

可见，贫困山区家庭教育支出差距较为明显，贫困户家庭教育培训支出较为缺乏。

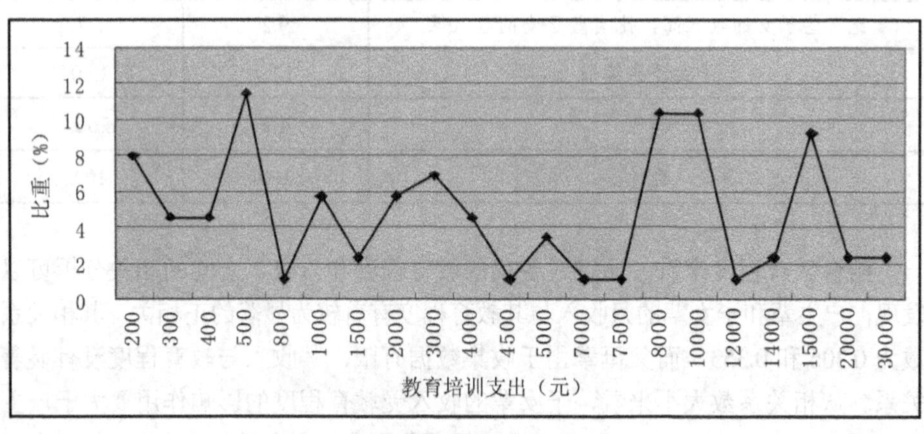

图 6：被调查家庭教育培训支出情况

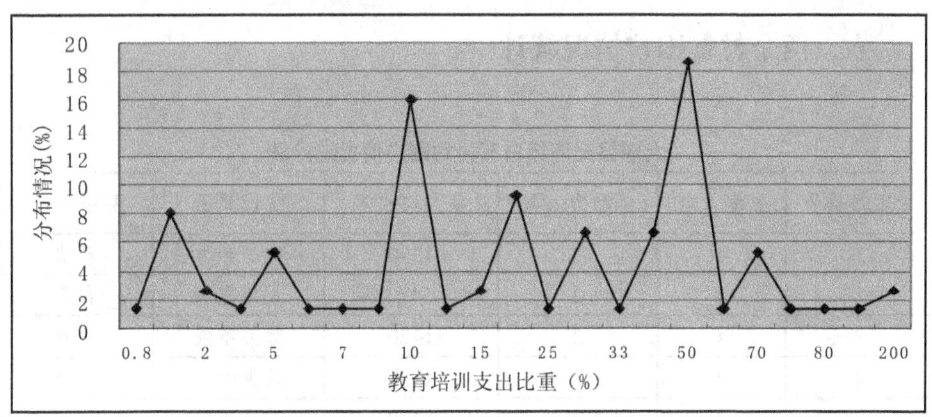

图 7：被调查家庭教育培训支出占总支出比重情况

2. 政府免费的职业技能培训是贫困地区人员最期望的培训方式

从职业技能培训方面来看，被调查者最希望参加的方式是政府办的免费培训教育班，有 65.7% 选择了这种方式；其次是用工单位办的培训教育班，占总体的 19%；6% 的人则表示不学；4.4% 的被调查者选择了社会办的免费培训教育班；2.8% 的人选择自学；仅有 0.8% 和 0.4% 的人选择政府办和社会办的收费培训教育班。贫困户家庭的情况与总体情况类似，有 42.1% 的人选择了政府办的免费培训教育班；26.3% 的人选择了用工单位办的培训班；其他收费培训班和不学的比重则不高。

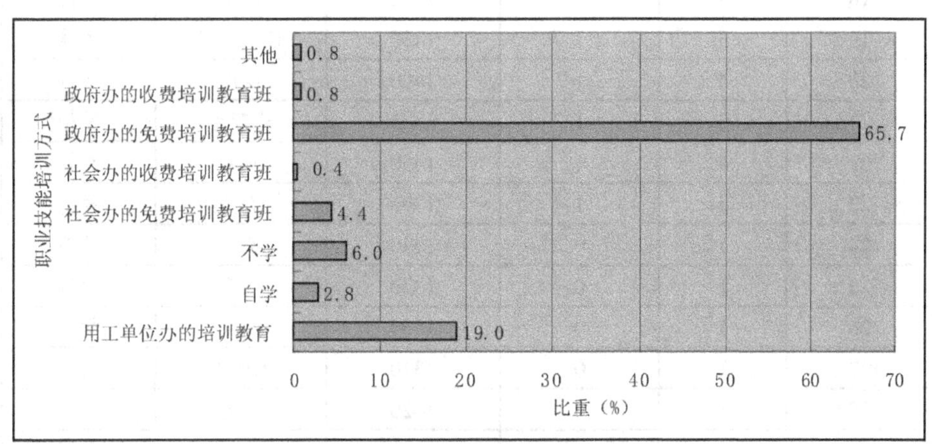

图 8：农民最希望参加的职业技能培训方式

六、两个村贫困户情况统计

大埔县三河镇白石村贫困户情况统计表

贫困户编号	家庭人口	劳动力人数	年人均收入	贫困原因	帮扶措施
1	4	2	1390	缺少劳力	养猪
2	3	2	1470	长年有病	种养
3	4	2	1420	劳力不强	种养
4	6	3	1450	缺少劳力	养猪
5	5	2	1320	残疾	种植
6	5	2	1320	残疾	养猪
7	5	2	1370	残疾	种植
8	6	3	1370	因病返贫	种植
9	4	2	1420	年老多病	救济
10	3	1	1450	劳力不强	种果
11	1	1	1370	残疾	种养
12	3	1	1355	单亲缺劳力	种养
13	5	1	1320	缺少劳力	种养
14	4	1	1350	劳力不强	种养
15	1	1	1430	残疾	救济
16	3	1	1350	单亲缺劳力	种养
17	4	1	1420	长年有病	种养
18	3	1	1300	残疾	救济
19	3	1	1450	劳力不强	种养
20	4	1	1400	残疾	救济
21	3	1	1395	缺劳力	种植
22	4	1	1450	残疾	种植
23	4	1	1390	年老多病	救济
24	1	0	1340	年老	救济
25	1	0	1320	残疾	救济
26	1	0	1300	残疾	救济
27	1	0	1310	无劳力	救济
28	1	0	1420	年老	救济
29	1	0	—	残疾	救济

紫金县临江镇光凹村贫困户情况统计表

贫困户编号	贫困原因	帮扶措施
1	缺少生产资金	技能培训
2	缺少生产资金、劳动力、上学	养殖
3	丧失劳动力、缺少生产资金	养殖
4	缺少生产资金、上学、疾病	养殖
5	缺少生产资金、残疾	养猪、牛、鸡、鱼
6	丧失劳动力、上学	养殖
7	缺少生产资金、疾病	劳务输出
8	缺少生产资金、劳动力、上学	养殖
9	缺少劳动力、生产资金、上学	养殖
10	缺少生产资金	危房改造
11	缺少生产资金、上学	技能培训
12	缺少劳动力、病痛	养殖
13	疾病	养殖
14	缺少生产资金	养殖
15	缺少生产资金、疾病	养殖
16	缺少生产资金	养殖
17	缺少生产资金、无住房	种殖
18	疾病	劳务输出
19	缺少劳动力	养殖
20	缺少劳动力	养殖
21	缺少生产资金	养殖
22	缺少生产资金	危房改造
23	疾病	养殖
24	疾病	养牛
25	缺少生产资金、上学、缺少耕地	养殖、劳务输出
26	上学	养殖
27	缺少生产资金、缺少劳动力、耕地	养殖
28	疾病、上学	养殖
29	缺少生产资金、上学、缺少劳动力	养猪
30	丧失劳动力	养鸡
31	疾病、缺少劳动力	养殖
32	缺少生产资金、劳动力、疾病	危房改造
33	丧失劳动力、上学	养殖
34	疾病	养殖
35	缺少劳动力	养殖

续表

贫困户编号	贫困原因	帮扶措施
36	缺少生产资金、劳动力、上学	养殖
37	上学、缺少耕地	养殖
38	缺少生产资金	养殖
39	缺少生产资金、疾病、上学	养殖
40	子女教育、缺少生产资金	劳务输出
41	无田无地、缺少劳动力	危房改造
42	疾病、缺少劳动力	养鸡
43	上学、残疾	劳务输出
44	伤残、缺乏生产资金	养鸡
45	车祸致残、缺少劳动力	养殖
46	疾病、缺少劳动力	养猪
47	疾病、缺少劳动力	养鸡
48	缺少生产资金、缺少劳动力	养殖
49	缺少劳动力、病残	养猪
50	缺少劳动力	养鸡
51	因病、少劳动力、少耕地	养殖
52	疾病、少劳动力	养殖
53	缺少生产资金	劳务输出
54	少劳动力、缺少生产资金	危房改造
55	危房、缺乏生产资金、因车祸致贫	养殖
56	车祸受伤、缺少劳动力	养殖
57	疾病、缺少生产资金	养殖
58	上学、住房困难、因病丧失劳动力	劳务输出
59	病痛多、住房困难、缺少劳动力	养殖
60	疾病	养殖
61	缺少劳动力、住房旧	养殖
62	疾病、缺少劳动力	养殖
63	疾病、缺少劳动力	养殖
64	疾病、缺少劳动力	养殖
65	疾病、残疾、缺少劳动力	劳务输出
66	疾病、缺少劳动力	养牛
67	缺少劳动力、缺少生产资金	技能培训
68	夫妻伤残、缺少劳动力	养殖
69	缺少生产资金、残疾	养殖

续表

贫困户编号	贫困原因	帮扶措施
70	缺少生产资金、缺少劳动力	养殖
71	缺少劳动力、缺少耕地	养殖
72	缺少劳动力	危房改造
73	丧失劳动力、残疾	养殖
74	丧失劳动力	养殖
75	丧失劳动力、缺少劳动力、上学	危房改造
76	残疾、缺少劳动力、缺乏生产资金	劳务输出
77	缺少劳动力	养牛
78	残疾、缺少劳动力	养殖
79	缺乏生产资金	养殖
80	丧失劳动力	养殖

浅谈如何用科学发展观指导“双到”扶贫开发工作

广东粤东高速公路实业发展有限公司　赖平球[1]

消除贫困最终实现共同富裕，是社会主义的本质要求。新中国成立后，党和政府始终把解决贫困人口的温饱问题作为重要任务，带领全国人民不懈奋斗，取得了巨大的成就。特别是改革开放以来，我国扶贫开发工作进展之快，成效之大，为世界瞩目。作为中国第一经济大省的广东，区域发展不平衡问题已成为一大心病，2009 年 6 月 25 日，广东开创性地启动实施了扶贫开发“规划到户、责任到人”（下面简称“双到”）工作。目前，扶贫开发“双到”工作出现了令人鼓舞的好形势，取得初步成效，一场参与广泛、力度空前的反贫困运动正在广东大张旗鼓地展开。从扶贫“前哨战”到“攻坚战”，从告别“穷广东”到共建“幸福广东”，这份漂亮的扶贫开发成绩单，让广东看到了缩小城乡收入差距、实现区域协调发展的希望，也点亮了“幸福广东”之光。扶贫“双到”工作正在催生城乡协调发展的新格局，成为建设“幸福广东”一个璀璨的亮点。

“十一五”已完美收官，站在“十二五”新的征程上，扶贫开发工作面临种种新的问题和机遇，笔者结合所在单位对兴宁市叶塘镇陂下村对口扶贫的具体实践，就如何用科学发展观指导引领“双到”扶贫开发工作谈一些看法，希望能对下一步的扶贫开发工作有所裨益。

一、当前广东贫困地区扶贫开发面临的挑战与机遇

在公众印象中，富庶的广东似乎离“贫困”二字相去甚远。改革开放以来，广东经济社会发展取得举世瞩目的成就，从 1985 年至今，经济总量已连续 20 多年居全国第一。而事实上，贫困依然是广东最突出的问题之一。“广东富的地方肥得流油，穷的地方穷得掉毛”，在经济高速发展的同时，广东省区域、

[1]　赖平秋(1980.05-)，男，广东粤东高速公路实业发展有限公司综合事务部副部长、政工师，主要从事党政工作。

城乡之间发展不平衡的问题仍相当突出——广东省扶贫办的统计信息显示，截至2009年，广东还有70万户316万农村贫困人口，占全省农村人口的6.14%。特别是还有200多万户农民居住在危房和茅草房中，有3409个村年人均收入低于1500元。其中，粤东、粤北的一些地区，农业人口贫困比例高达41.2%。对当下广东来说，如果广大山区和贫困地区不能脱贫致富，全省建设全面小康社会和现代化的目标也就无法如期实现。如广东省交通集团有限公司（下称“交通集团”）对口帮扶的是兴宁市叶塘镇陂下村就是一个典型贫困村。该村位于粤东山区，毗邻龙川，距离叶塘镇15公里、兴宁市区25公里，有16个村民小组，家庭户数292户，全村1506人，其中贫困户98户、贫困人口440人。该村和其它贫因地区一样，由于受历史、自然、社会、政策、地理位置等因素影响，相比珠三角地区发展还严重滞后，农民生存环境较差、基础设施落后、生产成本过高、扶贫开发资金短缺、农民收入不稳定、返贫现象严重、农民素质低、思想观念落后、生活习俗粗陋、可持续发展后劲不强等难题。

尽管广大贫困地区的扶贫开发客观上存在诸多困难和挑战，但是我们也应该看到这些地区在新时期扶贫开发同样具有许多机遇和有利条件。从国家层面来说，在今年的政府工作报告中提到要巩固和加强农业基础地位，坚持把“三农”工作放在重中之重、要巩固和发展农业农村好形势、要全面加强农业农村基础设施建设、要加大“三农”投入，要多渠道增加农民收入、要提高扶贫标准，加大扶贫开发力度。在省级层面，有“双到”扶贫开发制度、有数千个机关、企事业单位被动员起来，有近万“扶贫一线精兵”为先锋、数以百万的“扶贫大军”作后盾。在贫因地区层面，虽地处偏僻，生产发展受到很大限制，但也有得天独厚的自然条件和丰富的资源，并通过当地群众的自力更生，艰苦奋斗，贫困状况得到缓解，为新时期扶贫开发储备了物质财富与精神财富。

二、当前以科学发展观指导广东扶贫开发“双到”工作原则

从贫困地区存在的问题和困难明显看出，贫困地区的贫穷落后不仅仅是经济现象，还包括社会现象和文化现象，是众多致贫因素长期综合作用的结果。显然，致贫因素的作用不可能在短期内消除，这就决定了贫困地区扶贫开发绝不能急于求成，而是必须在科学发展观指导下采取综合措施，进行长期而又扎实艰苦细致的工作，笔者认为，以科学发展观指导贫困地区“双到”扶贫开发，在总体思路上必须把握好以下四个原则问题：

1. 推动“双到”扶贫开发工作，必须坚持把加快发展作为出发点

科学发展观的第一要义是发展。要推动“双到”扶贫开发工作，加快贫困

地区脱贫奔小康的步伐，必须从实际出发，从促进贫困地区的发展大局入手，把发展作为解决其它一切问题的关键。为此，我们必须要坚持开发式扶贫方针，把握扶贫开发的主攻方向，着力解决制约发展的根本问题，实现扶贫开发跨越式发展。以增加收入、减少贫困人口为主要任务，以坚持扶贫到村入户为主要抓手，突出基础设施改造升级、重点产业开发、提高劳动力科技素质、流通服务实体建设等工作重点。要创新扶贫思路，特别要注重产业化扶贫，促进区域特色支柱产业和特色农副产品加工业的发展，增加贫困群体的收入，夯实致富基础。在基础设施、公益事业等方面，要以改善民生基础建设为切入点，要增强农民自我脱贫和可持续脱贫的能力，破解发展难题，提高发展质量和效益，实现又好又快发展。

2. 推动“双到”扶贫开发工作，必须坚持以人为本为核心

科学发展的核心是以人为本。“双到”扶贫开发的落脚点，归根到底就是要不断满足贫困群众日益增长的物质文化生活需要，保障贫困群众的经济、政治和文化权益，缩小收入差距，逐步走上共同富裕的道路。按照以人为本的要求，贫困地区“双到”扶贫开发，要按照“缓解贫困，缩小差距，促进和谐”的扶贫工作目标，有针对性地采取措施，着力提高贫困人口的生活水平，提高贫困村的自我发展能力。同时，通过动员党政机关和社会力量参与扶贫开发，做好对口帮扶的各项工作，要处理好自力更生和外界帮扶的关系，要注重提高贫困人口的综合素质，以提高自力更生的能力。要尊重贫困群众的自主权，使贫困群众在扶贫开发中享有知情权、选择权和参与权，充分调动贫困群众参与扶贫开发的积极性和主动性，主要依靠自身力量建设自己的家园。

3. 推动“双到”扶贫开发工作，必须坚持可持续发展为战略

坚持生产发展、生活富裕、生态良好的文明发展道路，使人民在良好生态环境中生产生活，实现经济社会持续发展是科学发展观的内在要求，为此贫困地区“双到”扶贫开发必须坚持可持续发展战略，扶贫开发不能以牺牲自然环境为代价，杜绝搞得不偿失的开发，尤其是基础设施建设项目安排上，要充分考虑对环境的影响程度。扶贫开发必须重视生态环境保护，改变贫困地区以破坏生态为代价的掠夺性生产，鼓励贫困地区发展生态农业、环保农业。通过发展农业科技，促进贫困地区的可持续发展，实现贫困地区经济发展和人口、资源、环境相协调，保证一代接一代地永续发展。

4. 推动“双到”扶贫开发工作，必须坚持以统筹兼顾为根本方法

统筹兼顾是科学发展观的根本方法，也是推动“双到”扶贫开发工作必须坚持的方法。扶贫开发工作要以统筹扶贫地区发展为主要任务，要发挥区域资源优势，进行项目开发，发展特色产业，形成特色产品，使支柱产业迅速发展起来，持续发展下去。另一方面，扶贫开发对象不仅包括生产性项目开发，又应注重人力资源开发，要注重农村基础教育、卫生健康等方面的发展，以提升贫困地区的人力资源综合素质，带动农村其他资源和项目的开发，总之要统筹贫困地区各个方面，使其能够协调可持续发展。

三、当前以科学发展观指导“双到”扶贫开发的对策

“十二五”是全面建设小康社会的关键时期，是深化改革开放、加快转变经济发展方式的攻坚时期。当前广东贫困地区的“双到”扶贫开发机遇和挑战并存，客观上要求我们必须以辩证的思维方式去分析当前的经济形势和社会环境，既要正视我们面临的困难和挑战，更应该清楚地看到当前的发展机遇，在把握好上述四个原则的基础上，树立信心，抓住机遇，克难攻坚，探索、拓宽新思维，创造性地开展工作，推进“双到”扶贫开发工作健康、快速发展。

1. 必须以基础设施建设为前提，进一步改善生产生活条件

基础设施是一个地区经济和社会发展的前提条件，它对贫困地区长期稳定地发展起着至关重要的作用。因此首先必须加强基础设施建设，着力解决群众一家一户解决不了的水、电、路、通讯等问题，通过改善基础设施条件，为贫困村的经济发展打好基础。如广东交通集团在对口扶贫的兴宁市叶塘镇陂下村的工作中，充分认识到搞好基础设施建设是“双到”扶贫工作的首要任务，着力抓好了如下几点工作：一是水利项目帮扶。投资48万元，兴修陂下村水利灌溉工程，通过该工程共惠及农田400多亩、耕种农户180户；二是道路项目帮扶。为解决村民出行难的问题，投入87万元，修建三段硬底化水泥路合计1.4公里，拆除重建两座老桥，确保了300人以上大自然村道路实现硬底化；三是安全饮用水项目帮扶。投入80万元，采取集中供水、装表到户的方案，兴建安全饮用水工程，水质经梅州及兴宁两级疾控中心检测均达标，保证了全村95%以上的村民用上安全卫生饮用水。通过上述项目的实施完成，从根本上改变当地村民的生存和发展环境。

2. 必须以产业扶贫为抓手，提高贫困户的收入水平

调整优化贫困地区的产业结构，推进农业产业化经营，是增加贫困人口收入，加快脱贫步伐的根本途径。贫困地区只有通过产业开发，培育有稳定收入的主导产业，才能确保贫困户稳定增收，增强发展能力，实现脱贫致富和可持续发展。例如交通集团在“双到”扶贫开发工作中针对陂下村产业比较单的实际，结合当地政府的产业发展规划，确定了以发展种桑养蚕主导产业，在政府

“种苗提供、蚕种供应、小蚕共育、技术指导、蚕茧收购”的一条龙服务体系下，大力帮扶贫困户开展种桑养蚕。共投入20万元帮扶贫困户购买桑苗，组织农户种植桑苗180亩。同时，根据贫困户的实际情况和特点，除发展主导产业外，也加强了传统种养的扶贫力度，并投入8.43万元，为他们购买了猪、鸡、牛等幼崽，目前已完成第一期养殖帮扶工作，销售收入达到预期效果，商品化率达到85%以上。通过主导主业与传统产业相结合，夯实了脱贫奔康的物质基础。

3. 必须以项目扶贫为核心，提高贫困群众自我发展能力

扶贫开发根本目的就是让贫困农民尽快富裕起来，为了尽快达到这一目标，必须因地制宜重点发展生产项目，通过扶持一个好的发展生产项目，增强贫困村的“造血”功能，让贫困群众通过自己的诚实劳动，实现脱贫致富。如交通集团在项目扶贫上，针对陂下村无种养主导产业、无村集体经济收入等情况，同时为构建扶持特殊困难群体的长效救助机制，结合企业自身高速公路绿化管养工程苗木需求的实际，投入180万元兴建广通苗圃场100亩。项目采取“公司+基地+农户”的方式经营，在苗圃场基地种植销售苗木的基础上，与贫困户签订苗木种植及收购合同，无偿提供幼苗和种养技术，由贫困户开展苗木种植，待苗木成熟后以市场价包干回收，参与种养的农户每户每年可从中获得至少2000元的收益。苗圃场年平均产值达到150万元，年平均利润达30万元。利润按每年不低于5万元分红给陂下村作为集体经济收入，提取1万元划入陂下村党员互助金，其余部分以成立省交通集团扶贫开发陂下村基金的模式对贫困户进行帮扶，重点是无劳动能力、单寡孤独、精神病患者及重病患者。苗圃场三年后整体移交村镇，作为村镇企业。通过苗圃场的建设和管理，解决了村劳动力就业问题，目前已解决5名劳动力的就业，帮助培养管理人才和种养技术人才，带动广大村民积极、主动种植幼苗供应苗圃场，带动整个陂下村发展苗木种植业，拉动当地经济发展，实现村集体经济可持续发展，保证特殊贫困群体稳定脱贫。

4. 必须以智力扶贫为根本，提高贫困群众的可持续发展

加快贫困地区发展，实现贫困群众长期稳定脱贫致富的根本出路在于加大科技培训、加强教育投入，提高贫困群众的内在素质，增强他们脱贫致富的本领。如交通集团在帮扶坡下村时就相当重视智力扶贫。一是加大该村小学的改造帮扶，总投入38万元，为陂下小学教学楼更换门窗、装不锈钢防盗网，新建厕所、对厨房及餐厅进行装修及改造、翻新教学楼内墙面及桌椅、更换篮球架、铺设村小学门坪，在球场边设置台阶，同时设置了图书室、电脑室及捐赠了一批办公用品，为孩子们的上学提供了优良的条件；二是对贫困户子女就读提供帮扶。对该村初中以上在读学生开展捐资助学活动。贫困户在读学生中有29户48人在读小学，35户56人在读初中以上学校。集团在帮扶期间对所有贫困户初中以上在读子女发放助学金。补助标准为大学1500元/年，高中或中专1000元/年，初中500元/年。助学金的发放为小孩顺利完成学业提供了保障，也是贫困群众脱贫致富的希望；三是要加大科技培训力度。比如组织贫困户对种桑养蚕、传统种养业进行多期的知识培训学习，使他们成为现代新型农民和技术带头人；四是进行就业上帮扶。对符合条件的、自身有意愿的9名贫困人口进行培训转移就业，其中4名安排在高速公路当收费员，每人每年总收入达2.4万元，8名安排在苗圃场工作，每人每年总收入达1万元，使他们家庭实现了稳定脱贫。

5. 必须以社会保障体系建设为重点，让群众安居乐业

加强农村社会保障体系建设，是实现社会公平正义的重要保障，构建社会主义和谐社会的重要内容，是促进城乡统筹发展的重要任务，扩大国内消费需求、加快转变经济发展方式的重要举措，也是扶贫工作中不可忽视的重点工作。只有把困难群众的保障搞好，才能让他们没有后顾之忧，全心全力搞好脱贫奔康事业。如交通集团对陂下村的做法是：一是对符合条件的贫困人口一次性缴交社会养老保险，共49户56人，合计31.55万元，并为所有贫困人口在帮扶期间每年缴交新型农村合作医疗费，使贫困户“老有所养，病有所医”。并积极与地方政府沟通，把5户符合条件的贫困户家庭纳入最低生活保障；二是实施安居工程。对陂下村危房户29户，采取全资兴建与部分补贴相结合的作法，让贫困群众告别危房，住上新房，让他们安居乐业。

6. 必须以高素质的干部队伍为保证，让群众有脱贫奔康的带路人

毛泽东同志有句名言：“政治路线确定后，干部就是决定因素。”扶贫开发“双到”工作也一样，各项政策定好后，关键看有没有一个稳定而富有战斗力的组织，有没有一班甘愿吃苦耐劳、模范带头的干部。帮扶单位要加强领导干部、特别是驻村干部队伍建设，使工作作风在一线得到转变，干部能力在一线得到提高，工作责任在一线得到落实，具体问题在一线得到解决，要让驻村干部兢兢业业，主动进村入户，为群众排忧解难，促进农村经济发展，真正地融入了群众，在群众中树立了良好形象。要着重要加强驻村干部的服务意识、发展意识，创新驻村干部教育培训机制、健全驻村工作机制、驻村干部考核机制，使干部能急群众之所急，想群众之所想，一切从人民群众的根本利益出发，积极主动，创造性地开展工作，成为困难群众脱贫奔康的带路人。

当然，“双到”扶贫对策远不止综上所述，像凝聚社会各种力量到扶贫开发中来、强化扶贫资金整合措施、建立激励考评机制等，都是“双到”持贫开发中行之有效的对策。关键在于我们必须坚持科学发展观来总揽扶贫开发“双到”工作的全局，采用实事求是的工作态度，一切从实际出发，千方百计谋发展，坚持以人为本，让贫困群众过上好的生活作为工作的出发点和落脚点，要注重贫困地区和群众的可持续发展，增强群众的自我造血能力。广东交通集团在对口扶贫坡下村及带领困难群众脱贫奔康的实践证明，[1] 用科学发展观指导“双到”扶贫开发，是我们坚定不移的重大抉择，也是我们“双到”扶贫开发取得胜利的法宝，更是全面实现小康社会的重要保证。

[1] 坡下村98户贫困户中，仅2010年就有78户实现脱贫，贫困户人均纯收入增长水平超过当地平均水平，村集体经济实现稳定收入，村基层党组织战斗力明显增强。

从效率角度浅议我省“规划到户、责任到人”扶贫工作的实践与创新

广东省农业科学院　梁镜财　黄修杰　何淑群　徐志宏　崔烨[1]

贫困是一种普遍现象，它广泛地存在于世界上很多国家尤其是发展中国家。改革开放三十多年来，广东经济社会发展取得举世瞩目的成就。然而由于受到地理区位、自然察赋、经济基础、历史文化、体制机制等多方面因素的影响，广东不同区域之间发展不平衡的状况十分严重，甚至有日益扩大的趋势，农村和珠江三角洲以外地区的贫困程度依然相对较高。对广东来说，如果广大山区和贫困地区不能实现全面小康和现代化，全省建设全面小康社会和现代化的目标也就无法如期实现。

一、当前广东扶贫开发形势及扶贫效率问题的提出

“全国最富的地方在广东，最穷的地方也在广东。”作为中国第一经济大省，区域发展不平衡问题已成为广东一大痼疾。广东省扶贫办的统计信息显示，截至2009年，广东有70万户316万农村贫困人口，占全省农村人口的6.14%。特别是还有200多万户农民居住在危房和茅草房中，有3409个村年人均收入低于1500元。其中，粤东、粤北的一些地区，农业人口贫困比例高达41.2%。此外，在新时期新阶段，广东扶贫开发工作面临着一些亟待解决的困难和问题。一是贫困面仍然比较大。目前全省还有3409个贫困村，316万贫困人口，这些贫困村自然条件恶劣、发展基础较差，脱贫的成本高、难度大。二

[1]　梁镜财(1963.08-)，男，广东省农业科学院科技合作处科长、高级农艺师，主要从事科技服务与扶贫工作；黄修杰(1980.05-)，男，广东省农业科学院科技情报研究所室主任、副研究员，主要从事农业科技信息及科技服务工作；何淑群(1982.01-)，女，广东省农业科学院科技情报研究所，理研究员，主要从事农业科技信息工作；邱俊荣(1957.01-)，男，广东省农业科学院科技合作处处长、研究员，主要从事科技服务与扶贫工作；徐志宏(1965.05-)，男，广东省农业科学院科技管理处处长、研究员，主要从事科技服务与扶贫工作；崔烨(1978.12-)，男，广东省农业科学院科技合作处助理研究员，主要从事科技扶贫工作。

是部分贫困地区生产生活条件仍有待进一步改善。因病致贫和因病返贫的现象较为突出。三是贫困人口与其他社会成员之间的收入差距持续扩大。四是扶贫资金投入仍然不足。这些问题的存在凸显了我省扶贫开发工作形势的严峻性。

贫困作为一种长期的、世界性的社会经济现象，在本质上主要涉及维系生存的物质可获得性和个人获得发展机会、权利的公平性等问题，因此，扶贫政策及制度的安排，根本目标就是实现公平和效率的均衡。多年来，我省历届省委、省政府高度重视扶贫开发工作，通过“智力扶贫”、“对口扶贫”、“开发扶贫”和建立最低生活保障制度等一系列措施，使全省贫困人口持续减少，贫困人口的生活质量不断提高，贫困地区的基本生产生活条件不断改善，也从某种程度上实现了社会的公平和效率。然而，我们也清醒地看到在过去一段时期内我省的扶贫开发工作也出现了低效化的现象。比如：扶贫的投入效率面临严重的“边际收益递减”现象；庞大的低收入人口构成了现实和潜在的“返贫”压力；与农村贫困问题相关的农民或农户的增收持续性缓慢；以消除绝对贫困为核心的扶贫工作，还没有真正触及深层次的贫困问题；缺乏农业生产和农产品交易的风险保障机制，使农业内在的弱质性最终传递到农户头上；地区导向的扶贫经常导致扶贫工作与实际情况错位等等。扶贫效率的大打折扣反过来也制约了社会公平的实现，贫富差距问题依然凸显，社会的和谐与稳定依然面临着巨大的挑战。为此，要建设幸福广东、构建和谐社会，必须从根本上消除绝对贫困。而要消除绝对贫困则必须提高扶贫效率。

二、“双到”扶贫开发实施前，农村扶贫效率逐步降低的原因

效率，从经济学意义上讲，是指人们以较少投入获取更大收益，即用多少活动实现多少目的的比例即为效率。在这里，扶贫效率则有两层涵义：一是扶贫政策措施实行后所达到的效果，即其在调节贫富差距上的效率；二是扶贫政策措施本身的运作效率，其包括了扶贫资金筹集的效率、使用的效率和投资项目的效率等等。

自改革开放至2009年省委、省政府部署“规划到户、责任到人”扶贫开发战略的20多年间，广东的扶贫开发经历了生态建设、综合发展、扶贫攻坚、区域推进四个阶段。这几个阶段暴露出的共同问题是：（1）扶贫开发在认识上存在厌战和畏难情绪；（2）区域发展差距有进一步扩大的趋势；（3）长效的扶贫机制没有完全建立起来；（4）因灾因病返贫的现象时有发生；（5）贫困人口还有一定的比例，增收的难度越来越大，脱贫的难度越来越大。这说明我省扶贫开发的效果并未达到理想的效果，扶贫政策措施在实施过程中也暴露出了运

作效率低下的问题。导致扶贫效率低的最主要的原因是扶贫政策措施没有随着农村贫困状况的改变而进一步完善。具体有以下几个方面：

1. 目标瞄准机制不完善

按照现行的扶贫政策，国家扶贫资金直接划拨到县。但是，在现阶段虽然贫困人口只占全省农村人口的6.14%，但分布却比较分散，表现为“大分散、小集中”。一方面，以大行政区为单元的贫困区域缩小了，原来以县为单位的相对集中分布的贫困区逐步转化为乡、村级贫困区。即使在贫困村，非贫困人口也占相当部分。另一方面，农村贫困人口主要集中在自然环境较差的地区。在这种情况下，原有的目标瞄准机制很容易造成低效率。在扶贫资金的使用中，一方面，一部分资金流向了非贫困乡村和非贫困人口；另一方面，由于没有跟踪和监督机制，经常出现扶贫资金被挪用和截留，使本来应该救助的对象得不到救助。

2. 反贫困模式过于单一

自20世纪80年代中期我省实行开发式扶贫以来，我们希望依托经济增长来缓解贫困。但是，在市场经济条件下，在项目制定上越来越注重效益，而非真正用于扶贫，脱离了贫困者的实际需要。项目的落实，可能会促进地区经济的增长。但在“大分散、小集中”状况下，经济增长和穷人的关联度已经很低，通过经济增长，让经济增长成果自动“滴落”到贫困阶层的社会经济条件已经缺失；再加上现存的绝对贫困人口中，五保户、残疾人再加上另有一些是常年被疾病困扰没有劳动能力的、受教育水平极低的，贫困者很难通过项目自我发展，因此，传统的开发式扶贫，就难以起到作用。

3. 贫困者主体地位弱化

我省以往的的贫困开发，是以政府主导型的，它忽视了穷人作为发展主体的作用。在以往的扶贫开发中，没有把贫困者当成脱贫的主体而是把他们当作脱贫的工具。贫困者无法参与决策的制定，只能被动地接受，使贫困主体的积极性、主动性和创造性无法发挥。此外，在反贫困中的政府主导行为，使贫困者对政府和基层行政组织产生依赖。因为在贫困者看来，反贫困就是政府的事而与自己无关，政府给钱就要，政府让干就干，项目成功固然好，不成功也没有自己的事。并且，越贫困，自我发展能力越弱，政府投入就越大，由此形成了“等、靠、要”的思维模式，出现了贫困者与政府在反贫困中的博弈。贫困者自身没有强烈的脱贫意识，极大地制约了反贫困效率的提高。

4. 重物质建设轻能力建设

我省的开发式扶贫政策内容虽然涉及到较多的方面，但在计划实施中重点集中在帮助农民和农村企业投资生产项目和基础设施建设，而对提高贫困者素质的投资严重不足。以农村扶贫投资结构为例，在农村扶贫投资结构中农业投资比重大，科教文卫投资占扶贫投资的比例少，这使贫困者自我发展能力和自我发展意识不能有效提高，仍处于较脆弱的阶段。绝大部分贫困劳动者没有参加过培训，并且也有相当部分的农户不能送孩子上学，结果使人力资本积累缓慢。能力的低下，使他们无力应对自然灾害、疾病、生态危机、价格波动等冲击，极易加重贫困或重新陷入贫困。贫困人口自身素质较低和自我发展能力的不足从根本上制约着农村扶贫效率的提高。

三、“双到”扶贫开发的实施，在扶贫效率上的进步与创新

以扶贫开发“规划到户、责任到人”工作电视电话会议为标志，我省扶贫开发工作进入了集中力量、消灭绝对贫困问题的新的历史阶段。这是我省坚持科学发展观，创新扶贫开发方式，增强扶贫开发能力，全面贯彻落实中央关于“以城带乡、以工促农”和“先富帮后富、实现共同富裕”决策部署的生动体现。扶贫开发“规划到户、责任到人”这种创新扶贫开发模式在效率上的创新与进步，体现在以下几个方面：

1. 突破传统工作思维，更新工作观念

“双到”扶贫实践思路及观念的更新，一体现在更新扶贫的工作思路。通过规划到户、责任到人，把扶贫开发工作重点下移到贫困村，把扶贫项目效益落实到贫困户；同时，发动社会力量，整合各种资源，形成齐抓共管扶贫工作的良好局面。二体现在更新扶贫开发方式。按照“一村一策、一户一法”的办法，派出得力的驻村工作队，长期驻村开展帮扶工作，确保帮扶工作明确到村、帮扶项目效益到户。三体现在更新扶贫管理办法。建立科学的扶贫瞄准机制，明确落实帮扶对象和帮扶任务，通过上墙公布和网上动态管理等办法，向社会公开各个贫困村的扶持对象、帮扶计划、帮扶项目、挂点领导、驻村队员等情况，使贫困村及时改变落后面貌，让贫困户及时脱贫致富；同时，建立健全“规划到户、责任到人”的帮扶考核问责机制。从效率上来说，这一点强化和完善了扶贫工作的瞄准机制，各项工作措施落实到人，帮扶更有针对性。

2. 抓重点落实处，从源头治理绝对贫困

贫穷不是社会主义，社会主义要消灭贫穷。双到”扶贫实践抓住了贫困农村经济社会发展的主要矛盾。对于发展严重滞后的贫困村，实施“整村推进”计划，通过帮扶单位帮资金、帮物资、帮技术、帮建设、帮销路，确保贫困村整体脱贫并逐步走上致富道路。对于缺乏主导产业的贫困村，实施“四个一”工程，

以主导产业引导带动为突破口，通过开发一块"致富田"，修筑一条"致富渠"，修建一条"致富路"，建立一个公司+农户的致富机制，确保贫困村普遍收益，共同富裕。对于缺乏发展条件的贫困村，实施"异地就业"计划，通过技能培训、就业援助和人文关怀，将贫困村劳动力转移到定点企业就业，稳定收入来源，家庭人口随着就业人员逐步向城市聚集定居。对于缺乏开发资金的贫困村，实行金融扶持政策，通过金融部门的贴息贷款，解决项目投资困难，加快资源开发步伐，形成新的发展优势。这些举措，突破了过去反贫困模式的单一，有效地通过集中资金、集中项目、集中力量，突出重点建设任务，建立长效发展机制，完善后续管理措施，确保推进一个村、脱贫一个村、长远致富一个村。

3. 重实际保成效，着力推进农业产业化发展

"双到"扶贫实践根据各地的资源优势和市场优势，有目的、有计划创办集农、工、商、贸于一体的多元化经营的综合性大型企业，形成区域内一个较为完善的产业经营体系，这成为了一条切实加快脱贫致富步伐，壮大区域经济实力，使贫困地区总体进入小康的有效途径。农业产业化发展，既要各级政府在政策上给予扶持，特别是在扶贫贷款上给予贴息扶助，又要有关部门在土地征用、入股开发、劳动力就业、利税分成等方面给予灵活政策，形成多元共存的新型经济实体，推动贫困地区传统产业的结构调整和升级换代，从总体上增强贫困地区的综合经济实力。

4. 加大投入力度，发动社会多方力量

扶贫工作是一项社会性、长期性工程，扶贫工作要出成效，需要动员全社会方方面面的力量。一是各级党委、政府要切实加强对新时期扶贫工作的统一管理，围绕扶贫开发目标，把本级人力、物力、财力集中起来，有组织、有计划、有重点地对贫困村、贫困户进行有序帮扶，真正使扶贫工作成为"政治任务、部门职责、项目推进、效益到户"。二是各级党委、政府要充分调动本地区各类企业参与扶贫济困的积极性，建立健全各种激励机制，支持和鼓励本地企业采取灵活有效的办法，挖掘扶贫潜力，整合扶贫资源，形成强大的帮扶开发合力。三是各级党委、政府要努力开发省（区）外、海外扶贫济困资源，安排专门力量，采取有效方式，利用各种媒体，及时、有效、长期地做好本地区扶贫济困的宣传发动工作，争取省外、海外力量对扶贫济困工作的支持与帮助。四是各级党委、政府要进一步做好对口扶贫工作，要按照中央的部署要求，通过沟通与合作，互通有无，建立经贸合作伙伴关系，使对口扶贫工作成为推动区域发展的新形式、新力量。发动多方力量实质上实现了一种力量整合机制。资金不足、力量分散是目前农村扶贫工作中存在的突出问题，扶贫工作单靠扶贫部门的力量是不够的，效果是有限的，因此通过开辟更多的渠道、探索不同的方式进行反贫困，能有效提高反贫困工作的效率和效果。

5. 明确责任主体，落实专人驻村帮扶

“双到”扶贫实践将工作落实到专人，使村村有人帮扶，户户有人负责。这样的工作机制使驻村工作队具备了五大功能：一是宣传功能，是新时期各级党委、政府驻村开展党的路线、方针、政策和法律法规宣传教育活动的“永久牌”宣传队。二是帮扶功能，是新时期各级党委、政府和各有关部门驻村制定帮扶规划、入户落实帮扶项目的直接代表，是按时完成“规划到户、责任到人”工作任务的可靠力量。三是协调功能，围绕实现“两到”目标，协调关系，落实政策，切实争取各种政策、各类物资和各项资金对贫困村、贫困户的重点帮扶。四是维稳功能，通过调查研究，核实情况，征求意见，制定“一村一策、一户一法”，从项目、资金、技能、医疗、低保等多种途径，帮助贫困村、贫困户脱贫致富，从而从源头上化解各种信访突出问题，做到把问题解决在基层、把矛盾化解在萌芽之中，进一步巩固社会的和谐稳定。五是示范功能，通过基础设施建设、农业产业化开发、扶贫济困项目实施等，让人民群众看到了党和政府的关怀，充分感受社会制度的优越性，找到新农村建设的正确方向和有效途径。落实工作责任，采取领导联系、干部挂钩、党员帮扶、户与户结对等多种形式，把帮助贫困农户脱贫的责任落实到人，这是“双到”扶贫工作得以在短时间内出成效的重要原因。各部门、各单位、参与扶贫的个人通过发挥各自的工作优势，从人才、资金、技术、项目、信息等各方面，有效地确保了为贫困村、贫困户提供扶持，保证了扶贫任务的落实。

四、结语

按照科学发展观的要求，经济社会的发展“既要见物又要见人”。在推进改革发展的同时，必须坚持效率与公平统一的原则。实施扶贫开发“规划到户、责任到人”，扶持对象是农村低收入的群体，目的是增收脱贫，真正实现效率与公平的统一。过去，扶贫开发工作由于目标瞄准机制不完善、反贫困模式过于单一、贫困者主体地位弱化、重物质建设轻能力建设等原因，在效率上不尽人意。“双到”扶贫通过定点帮扶、动态管理、明确任务、责任到人、加大投入、广泛动员、社会参与等部署克服了传统的工作缺陷，实现了扶贫效率的提升。“规划到户、责任到人”，实质上就是通过建立一种瞄准机制，实行“靶向疗法”，更直接、更精确地配置机关、企事业单位扶贫资源，减少资源消耗，实现定点清除贫困。

扶贫开发"双到"实践是我省有史以来领导最重视、投入力度最大、措施最有力、效果最明显的一次大规模扶贫开发行动。经过一年多的努力，全省落实到村的扶贫开发项目和资金明显增加，贫困村生产生活条件有效改善，贫困户收入稳步提高，基层组织和乡风文明建设不断加强。尤其是各帮扶单位创造性地开展扶贫开发"双到"工作，初步探索形成了区域经济协作帮扶、农业产业化帮扶、特色旅游帮扶等13种特色鲜明、行之有效的帮扶模式，我省扶贫开发的效率也实现了真正意义上的飞跃。下一阶段，我省要作进一步的科学谋划，统筹资源，稳步推进，努力实现新时期扶贫开发工作的重大转变和突破。

参考文献:

[1] 包驰 . 成就巨大路途正长——中国扶贫开发工作述评 [J]. 中国党政干部论坛，2011，(1).

[2] 韩建华 . 中国农村政府主导型扶贫运作模式的缺陷及其改进 [J]. 经济研究导刊，2010，(36).

[3] 曾文蛟 . 从效率和公平的角度看我国农村扶贫政策的发展 [J]. 武汉学刊，2007，(2).

[4] 马健，莫玉海 . 扶贫济困在广东 [J]. 农村工作通讯，2010，(19).

[5] 广东加大扶贫工作定点帮扶规划到户责任到人 [J]. 广东经济，2009，(9).

[6] 张军，史金善 . 广东扶贫农业龙头企业培育政策的探讨 [J]. 科技管理研究，2007，(8).

[7] 蔡汉雄 . 以科学发展观统领扶贫开发工作——广东扶贫开发的实践与探索 [J]. 南方农村，2006，(1).

[8] 陈植奎 . 广东实施整村推进扶贫开发的思考与对策 [J]. 南方农村，2005，(2).

[9] 陆汉文，岂晓宇 . 当代中国农村的贫困问题与反贫困工作 [J]. 江汉论坛，2006（10）.

[10] 王勇 . 中国政府农村反贫困战略措施的缺失及其优化 [J]. 湖北行政学院学报，2004（4）.

[11] 陈梁 . 对提高我国农村扶贫效率的思考 [J]. 经济研究导刊，2007（2）.

建设幸福广东视角下完善农村扶贫开发社会责任机制的思考

中共湛江市委党校政治教研室 刘国军[1]

一、引 言:“十二五” 时期广东农村扶贫开发的新视角

“十二五” 时期是广东农村扶贫开发工作的关键时期，也是广东消除农村贫困的重要机遇期。广东“十二五”规划明确提出把“加快转型升级、建设幸福广东”作为广东省“十二五”时期发展的核心任务，[2] 围绕这一核心部局广东未来发展，突出了广东“十二五”发展的主攻方向，掌握了推动广东科学发展的主动权，是“十二五”时期广东科学发展的行动指南。建设幸福广东是和谐共享发展的过程，“共建共享”是广东农村扶贫开发、和谐共享发展的前提和保障。作为广东省“十二五”发展的核心任务，建设幸福广东必须努力实现全域广东在共建中共享、在共享中共建，有效解决好农村贫困群体扶贫开发问题，不断提升全体人民群众的“幸福指数”。

广东农村贫困是政治性、经济性、社会性、文化性等多重因素导致的复杂问题的集合。随着国情、省情和社情的发展变化，广东农村扶贫工作的条件、环境、标准、对象等也都发生了重大变化。在新形势下，以加快转变经济发展方式为主线，以加快转型升级、建设幸福广东为核心，让贫困人口共享改革发展成果，赋予了广东扶贫开发新的定位。自改革开放以来，广东经济发展突飞猛进，人民生活水平也得到极大的提高，但与此同时，随着市场经济带来的日益明显的利益多元化格局，围绕资源分配这一核心问题产生的各种社会不公现象也日趋突出。一个不容回避的事实是，无论是从政治、经济、社会等角度来看，还是从法律和文

[1] 刘国军（1968.05-），男，新疆石河子人，现为中共湛江市委党校政治教研室副教授，主要研究政治学和行政学。

[2] 中共广东省委关于制定国民经济和社会发展第十二个五年规划的建议[N].南方日报，2011-01-17（01）.

化等角度来看，在广东目前已经形成了一批以城乡贫困人口为主要组成部分的弱势群体。尽管多年的扶贫开发已使广大农村贫困地区的贫穷落后状况明显改变，但贫困农户的基本生产生活条件还没有质的变化，贫困地区社会、经济、文化落后的状况还没有根本改观。城乡贫富差距扩大的“马太效应”，已成为广东率先实现现代化的“瓶颈”所在，这就要求政府、社会以及每一位公民必须关心这些人的生存状态，最终通过整体性的制度设计以及整个社会的人文关怀来为这一群体提供必要的支持和帮助。通过转变社会发展方式，完善农村扶贫开发责任机制，营造有利于贫困群众公平参与、可持续发展的环境，实现共建共享，是建设幸福广东过程中社会面临的共同任务。在推进建设幸福广东的进程中，消除贫困是建设幸福广东的前提和基础，让所有人都免于贫困，是“建设幸福广东”必须破解的一个重大社会问题。从2009年6月开始，广东在全省启动实施了扶贫开发“规划到户、责任到人”（下面简称“双到”）工作。经过一年多的努力，扶贫开发“双到”工作出现了非常好的社会成效，一场参与广泛、力度空前的反贫困运动正在广东全省各行各业深入广泛地展开。从扶贫“前哨战”到“攻坚战”，从告别“穷广东”到共建“幸福广东”，这份漂亮的扶贫开发成绩单，让广东看到了缩小城乡收入差距、实现区域协调发展的希望，也点亮了“幸福广东”之光。[1] 扶贫“双到”工作正在催生城乡协调发展的新格局，成为建设“幸福广东”一个璀璨的亮点。

二、富裕广东背景下农村贫困的现状及社会影响分析

贫富差距问题是当前我国经济社会发展中面临的一个无法回避的重大问题，也是建设幸福广东过程中必须高度关注并有效解决的问题。在公众认知中，“富可敌国”的广东似乎离“贫困”相去甚远，珠三角的富庶造成了人们对广东印象的惊鸿一瞥。但辉煌的表象下，由于地理区位、自然禀赋、经济基础、历史文化、体制机制等多方面因素的影响，广东还存在比较突出的贫困问题。广东省是全国GDP第一大省，无论是财政收入还是人均GDP都位居全国前列，但广东也是全国地区、城乡贫富差距最大的地区之一，“富的太富，穷的太穷”，富裕的珠三角和相对贫穷的东西北并存是广东改革开放30多年的真实写照。城乡贫富差距突出、区域发展不协调，已凸显成为新时期广东实现科学发展、建设幸福广东必须破解的重大难题。缩小贫富差距、妥善解决贫困现象是转变发展方式的重要内容，是广东全面推动科学发展的题中之义，也是建设幸福广东、实现和谐共享发展的必然要求。经过多年的努力，广东在农村扶贫方面取得了巨大成绩：基本解决了贫困人口的温饱问题，基本改善了贫困

[1] 扶贫“双到”：点亮“幸福广东”之光[N]．农民日报，2011-03-15.

地区的生产与生活条件，基本改善了特殊地区特殊群体的贫困状况，逐步提高了贫困地区的人力资本素质。但随着社会经济的发展，广东在农村扶贫方面也面临着新课题和新挑战：贫困农村自然环境差，基础设施薄弱，社会事业落后，产业支撑乏力，农民增收困难，贫困农村和贫困户生产生活条件亟待加大力度改善；帮扶工作难度大，贫困人口的脱贫成本逐年增加；政府扶贫资金的投入力度不够且结构不合理，对贫困地区和贫困人口缺乏激励机制，扶贫工作的许多矛盾相互交织，扶贫开发任务仍十分艰巨。据统计，截止 2009 年底广东还有 3409 个贫困村、70 万户、316 万人处在贫困线以下，占行政村总数的 16.2%；贫困农民生产生活条件还相当落后，贫困村内部公路、泥砖房改造、饮水安全等基础设施还很不完善。农村贫困面较广，地域分布分散，贫困村分布在省内 15 个地 (市)83 个县 (市)，最多的梅州市有 551 个村，最少的江门市 25 个。广东无论是经济总量还是财政收入、支出都高居全国前列，但扶贫支出占财政支出的比重却相对少得多。特别是还有 200 多万户农民居住在危房和茅草房中，在 3409 个贫困村中，贫困人口发生率高达 41.2%。这些贫困农户人均收入仅有全省农民人均纯收入的 23.4%，仅占全省农民人均生活消费支出的 31%。[1] 广东城乡收入基尼系数偏高，城乡居民收入差距由 2000 年的 2.67:l(以农民纯收入为 1) 扩大为 2009 年的 3.12:1。（见图 1、表 1）尽快解决“穷广东”问题，实现区域城乡协调发展、实现共同富裕的目标任务仍然任重道远，扶贫开发、扶贫济困依然是广东省的一项长期而艰巨的历史任务。

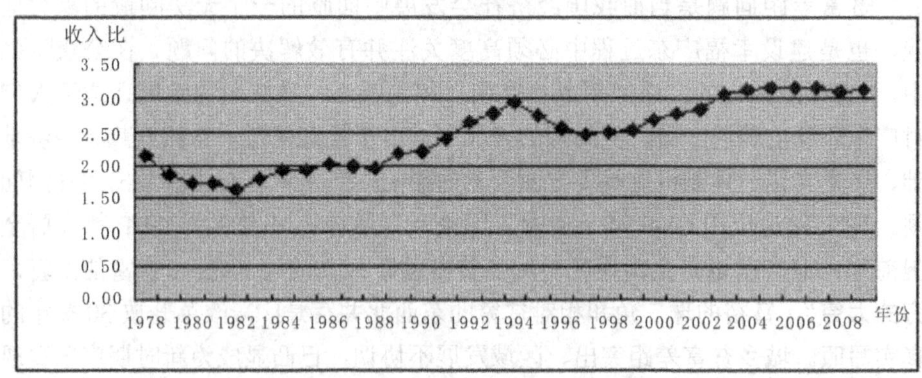

图 1　改革开放以来广东省城乡收入比

数据来源：广东统计信息网

[1]　赵洪杰，徐滔.广东贫富差距已凸显“富得流油”只是少数地方[N].南方日报，2010-06-02.

表1 2000年-2008年广东省城乡居民收入基尼系数

年 份	2001	2002	2003	2004	2005	2006	2007	2008	2009
全省基尼系数	0.40	0.41	0.43	0.43	0.43	0.42	0.42	0.42	0.41
城镇居民基尼系数	0.34	0.35	0.37	0.36	0.36	0.36	0.36	0.36	0.36
农村居民基尼系数	0.30	0.33	0.34	0.34	0.33	0.33	0.33	0.33	0.31

数据来源：广东统计信息网

贫困是一个区域内的经济社会发展中不可避免的现象，不同发展阶段的贫困表现形式不尽相同。广东农村贫困问题的存在给广东社会建设和管理带来明显的消极作用：

一是农村贫困问题是广东区域、城乡经济发展不平衡的体现，与实现共同富裕的社会主义本质特征相违背，与幸福广东的建设目标相背离。贫富差距过大影响社会制度的公正性，削弱社会稳定的根基和支柱，弱化凝聚力；收入分配失衡导致的社会情绪积累，容易使人们形成认识偏差，影响人们奋斗精神的发挥以及对共同富裕社会发展目标的认同。

二是“不患寡而患不均”是我国比较普遍的社会心态，广东城乡、区域、行业和社会成员之间收入差距过大及贫困群体存在产生的心理失衡，容易导致社会结构失衡甚至畸形化发展，会使原本并不严重的社会问题放大，会导致社会阶层分化和社会阶层之间的矛盾突出，导致少数群众与社会关系的恶化，可能会激化一系列的社会矛盾，严重时甚至会导致社会动荡和社会危机，影响社会长期和谐稳定发展、影响长治久安，加大社会建设和管理成本。

三是城乡收入差距过大影响经济长期平稳较快发展，影响社会协调发展。城乡、地区发展不平衡，使得农村和落后地区的经济发展空间狭小，市场日益萎缩，从而导致区域经济关系的扭曲，影响经济运行的效率，反过来也拖累发达地区经济发展，不利于刺激消费。消费不足，经济增长就缺乏内生拉动力，就难以通过消费升级和消费热点的形成拉动产业结构升级和社会经济发展，使广东整体经济发展的速度得不到提升。在市场经济条件下，社会资源会自觉地向发展水平较高地区流动，经济增长带来的好处不会自动惠及贫困地区和贫困人口，由此形成的“马太效应”，只会使穷者更穷，富者更富。

四是贫困落后地区容易产生了埋怨，甚至抵触情绪，影响了这些地区的工作积极性。贫富悬殊会导致两极分化，会让各个群体之间相互之间产生一种不信任、一种隔阂，甚至于一种抵触，产生社会冲突，不利于社会的安全运行和健康发展。[1] 收入差距加大的被剥夺感，社会竞争中的不公平感，以及面对权力寻租的无助感，让贫困群体的“弱势心理”蔓延，容易产生“三仇”现象。贫困引发的紧张心理，会对人们的社会行为产生连锁反应，如果贫困人口不能获得公平的发展权利和机会，就会使社会其他阶层陷入对贫困的恐慌，甚至打破人们共同制定的规则，导致人与人之间不能和睦相处，对建设幸福广东直接带来一些负面社会影响。

三、广东实施扶贫开发“双到”工作的实效及存在的主要问题

经济学的“木桶效应”认为，一只水桶能盛多少水，并不取决于最长的那块木板，而是取决于最短的那块木板。同理，衡量一个国家和地区的文明程度，要看穷人的生存和发展权利是否得到足够保障。城乡贫富差距大，农村贫困人口长期不能脱贫，已经成为广东经济发展的软肋和短板，制约着广东省经济社会全面协调可持续发展和幸福广东的建设。为解决好最短的那一块木板，广东省根据以往农村扶贫开发的经验，以建立新的机制为突破口，开创性地启动实施了扶贫开发“双到”工作，这是从广东经济社会发展全局出发，创造性提出的重要战略举措，是落实科学发展观本质要求的一项民心工程。广东省计划从 2009 年开始用 3 年时间，对粤东、粤西、粤北欠发达地区 14 个地级市和江门的恩平市共 83 个县（市、区）的 3409 个贫困村，以及农村家庭年人均纯收入 1500 元以下的农户，通过实施“规划到户、责任到人”扶贫开发工作责任制，采取“一村一策、一户一法”等综合扶贫措施，确保被帮扶的贫困户基本实现稳定脱贫，被帮扶的贫困人口有 80% 以上达到农村人均纯收入 2500 元以上，被扶持的贫困村基本改变落后面貌。根据工作安排，全省 3409 个贫困村、37.2 万户贫困户、155.8 万贫困人口均落实了帮扶单位和责任人，5662 个帮扶单位共派出 3451 个工作组、1.15 万人进驻贫困村，并制订了帮扶规划和措施，实施“一村一策、一户一法”的靶向疗法。[2] 扶贫开发“双到”工作是广东省有史以来领导最重视、投入力度最大、措施最有力、效果最明显的一次大规模扶贫开发行动。经过一年多的努力，全省落实到村的扶贫开发项目和资

[1] 刘国军．完善共建共享保障机制 扎实推进幸福广东建设［J］．广东经济，2011（2）．

[2] 谢庆裕．“坚决打好扶贫开发攻坚战” 拥有“最富”是广东的优势[N]．南方日报，2010-06-09.

金明显增加，贫困村生产生活条件有效改善，贫困户收入稳步提高，基层组织和乡风文明建设不断加强。扶贫开发“双到”工作扎实推进，取得了阶段性重大成果。据统计，截至2010年底，全省已有15.7万户、69.3万人脱贫，占贫困户数的42.1%、贫困人数的44.5%。2010年全省经核定的37.1万户、155.8万贫困人口年人均纯收入达2410元，与帮扶前相比，人均增收822元，增幅达51.76%；贫困户的民生问题得到有力解决，2010年全省解决了26109户贫困户住房难问题，将符合农村低保政策的48922户贫困户纳入农村低保，帮助36.2万户贫困户参加新型农村合作医疗；贫困户适龄子女普及义务教育入学率达100%，考上高中和高等院校的贫困户家庭学生能够正常在学校就读；新增有意愿的贫困户劳动力转移就业110722人。据检查核实，全省帮扶3409个贫困村中，共派出驻村干部7485人，平均每村2.2人，平均驻村193天。在对17040户贫困户的抽样民意测评中，对帮扶工作感到满意的为16536户，基本满意的为494户，两项合计占99.9%；对驻村干部落实驻村制度持满意态度的为17001户，占99.8%。随着“双到”工作的推进，广东省已经形成了一股全社会高度关注、直接参与反贫困攻坚战的强大声势；尤其是各帮扶单位创造性地开展扶贫开发“双到”工作，初步探索形成了区域经济协作帮扶、农业产业化帮扶、特色旅游帮扶等13种特色鲜明、行之有效的帮扶模式，得到了省领导的充分肯定。广东“双到” 扶贫模式一年来的初步实践已经证明：这种在政府主导和统筹下、社会力量广泛深入参与的扶贫新路，不但大大弥补了单纯财政扶贫资金投入的不足，更重要的是，它有效地解决了单纯政府主导扶贫模式信息不对称、基本情况不够准确，决策流程慢、对贫困户的需求响应速度不快，贫困户作为反贫困主体意识不强等难题，从而展现出强大的生命力。[1]

广东省农村扶贫开发虽然取得了明显成效，但是在新形势和任务面前，必须清醒看到广东农村扶贫开发工作仍存在一些亟待解决的困难和问题：

一是贫困农村基础设施薄弱，社会事业落后，产业支撑乏力，农民增收困难，扶贫开发的社会力量参与不够，引导“社会扶贫” 的激励不完善。部分基层干部群众对扶贫开发“双到”工作认识不足，全社会参与扶贫开发的格局尚待强化，帮扶思路和措施创新不够；基础设施建设和公共服务投入不足，贫困户脱贫致富能力不强；城乡、区域和农户之间的收入差距持续加大，不但珠三角地区和粤东西北地区农民收入差距在扩大，各区域内部收入差距也呈继续扩大趋势。各级帮扶单位投入的帮扶资金存在两极分化。部分帮扶单位筹措资金难度较大，有的单位行动不及时，项目实施进度较慢。

[1] 邓红辉，陈清浩.广东：“双到”扶贫新模式成效初显[N].南方日报，2010-06-10.

二是贫苦地区贫困人口在持续减少，但致贫因素日益复杂多样、农村脱贫人口的返贫问题日益突出、返贫压力增大，贫困原因与反贫困需求趋向多样性。在广东一些欠发达地区，一些县县级财政收入的高增长掩盖了农民收入低增长，城镇繁荣掩盖了农村落后，少数富裕大户掩盖了多数人收入不高，相对贫困现象日益凸显。公共服务均等化的薄弱环节基本在贫困地区，重点生态环境保护区农户的生计问题没有稳定解决。另外还要考虑受自然灾害严重威胁、发展不平衡等因素影响，未来广东扶贫开发任务艰巨，返贫压力仍然较大。

三是贫困主体的参与性不够，贫苦农民主观脱贫意识较差，依赖思想严重，缺乏危机感。由于历史和现实的诸多原因，部分困难农民科学文化素质普遍较低，思想消极保守，观念也比较落后，大局观念欠缺，是非观念不明，贫富观念不正，学习掌握现代科学技术比较困难，不同程度存在着严重的等、靠、要政府的依赖思想，很难提升扶贫的效率和质量。一些陋习和落后的思想观念已成为扶贫开发“双到”工作的障碍，部分村民自己贫困不从自身找原因，把责任推给政府、干部和富人。一些贫困户认为扶贫开发政策是政府对他们的恩赐，对自身的权利和能力缺乏正确认识。另外，赌博也进一步加剧了农民的贫困。受不良社会风气的影响，一些地方赌博问题已经成为农村贫困的一个催化剂。

四是扶贫投入总量不足，投入结构不够合理，扶贫资金使用和管理分散，社会扶贫难以形成合力。扶贫开发的一些项目综合利用程度不高，造成浪费。有些县和部门的领导只注重争取不注重管理，只注重投入不注重效益，致使扶贫资金使用不当、管理不善、浪费严重、效益不高，甚至导致腐败现象发生。[1]省、市政府扶贫投入总的趋势是逐年增加的，但总量仍然不足，社会捐助较少，投入渠道狭窄。县级投入偏少，镇级基本上难以安排投入，扶贫项目直接覆盖的农户比例偏少。有的扶贫资金也还不能真正用到扶贫项目上，仍然存在着平均分配、照顾安排、主次不分、更改项目、批条子等现象，影响了扶贫资金使用效益的提高。部分贫困村长效脱贫机制不够明显，扶贫项目设计不合理，注重短期、见效快的项目；产业化发展保障机制不健全，多数贫困户发展种养业，缺乏合作社、互助金、小额信贷、产供销组织等有效受益保障。

五是扶贫缺乏创新活动，扶贫开发工作机制不够灵活，局限性越来越明显。尽管在过去以政府为主体的扶贫工作取得了巨大成就，但是，政府扶贫自身的一些局限性也越来越明显。一是扶贫很难细致化，从事扶贫工作的人员是很有限的，有限的人力很难保证将扶贫工作做到实处，这样容易对扶贫工作的

[1] 周海波.农村扶贫存在的问题及对策探讨[J].地方财政研究，2006年01期.

实际效果造成负面影响；二是政府机构的层级性特征容易导致扶贫工作中的信息失真，政府出台的扶贫计划往往同农民的愿望和需要有较大偏差；三是有关部门配合、共同推进程度不够，政府机构的扶贫开发效率有待提高。政府相关职能部门在整合资源，在项目、资金、人才等方面还缺乏主动为贫困地区提供有效支持的机制保证。

四、以落实“双到”为核心完善广东扶贫开发社会责任机制的思考

广东新时期的扶贫工作，应以崭新的理念，以创新的思维，针对变化的新情况，结合扶贫开发实际，以落实“双到”为核心进一步完善扶贫开发机制，夯实扶贫工作基础，制定更有针对性和指导性的目标、措施和办法，努力提高扶贫开发的水平和成效。

1. 加强组织领导，强化党和政府在新时期扶贫开发工作中的主导地位和作用，建立明确的扶贫工作目标责任制

各级党委、政府要切实认清扶贫开发工作的艰巨性，增强搞好扶贫开发工作的紧迫感，党和政府对扶贫开发工作要负总责，落实层级责任制，对扶贫开发工作要从政策上、资源配置上实行倾斜，要加强规划、指导、协调、监督工作，体现党和政府对贫困群体的关心，[1] 一要建立层级的扶贫开发目标责任制，继续实行扶贫工作党政“一把手”负责制，把扶贫效果列入考核各级党政领导和分管负责人工作实绩的重要内容。按分级负责要求，明确市、县、镇和村干部各自负责本辖区内扶贫开发的领导责任。党政一把手为第一责任人，分管领导为直接责任人，村干部为具体责任人；二要切实落实扶贫项目领导联系责任制度。明确部门各自扶贫职责，强化帮扶责任的细化落实，把帮扶项目规划具体到户，帮扶责任落实到人，做到定单位、定人、定点、定责，进一步树立扶贫开发一盘棋思想，共同搞好扶贫开发事业。三要切实落实部门扶贫责任。按省委、省政府要求，要层层签订责任状，把扶贫开发任务分解到部门，落实部门对贫困村实行重点支持、优先安排、加大投入的责任，强化督促检查，建立并落实奖惩考核制度，让干得好的有动力，干得差的有压力。按结对帮扶的要求，将扶贫工作落实到单位、落实到人，挂钩帮扶单位要根据贫困村和贫困农户的致贫原因制定帮扶措施，领导联系到村，帮扶对口到村，计划分解到村，资金安排到村，扶持措施到户，项目覆盖到户，真正使贫困户受益。各级党委、政府要以高度的责任感和使命感，以扎实的工作作风，切实负起扶贫开发的责任。

[1] 苏国霞.扶贫开发是中国特色社会主义的伟大实践［J］.经济研究参考，2008，（32）.

2. 牢固树立社会大扶贫的理念，发动和组织社会各界共同参与扶贫，提高扶贫开发水平

扶贫开发是一个社会系统工程，除了要继续发挥政府主导作用外，扶贫开发“双到”工作也需要逐步形成全社会广泛参与扶贫的良好氛围，动员全社会的广泛参与，做到长效扶贫，治标治本。要在全社会树立扶贫开发的光荣感，弘扬先富帮后富、乐善好施、乐于助人的社会风气。各级扶贫部门要牢固树立“大扶贫”理念，积极营造“大扶贫”格局，进一步动员、整合全社会的力量和各种资源参与扶贫工作，使扶贫工作的渠道更广泛、帮扶更到位、措施更丰富，为贫困地区的发展注入强大动力。要以“广东扶贫济困日”活动为契机，探索和建立“扶贫文化”机制，形成党委、政府主导，各党政机关、群众团体、企业、社会各界热心人士和贫困群众共同参与的扶贫工作新格局，积极争取各级政府机关和经济发达地区的帮扶协作，鼓励支持慈善事业发展，发挥非政府组织的作用，不断拓展社会扶贫领域，增强社会扶贫实效，提高扶贫工作的整体实力。努力构建多部门参与的行业扶贫平台，全面加强部门协调，加大资源整合力度；充分发挥企业、学校、科研院所、军队和社会各界在扶贫开发中的积极作用；坚持把组织社会扶贫资源和依靠社会力量推动扶贫开发摆到更加突出的位置，进一步落实党政机关和国有企事业单位带头扶贫的责任，强化社会扶贫的激励机制。[1] 要加强反贫困领域国际交流合作，争取更多的外资扶贫合作项目，借鉴国际上扶贫开发方面的经验和有效方式、方法，进一步提高广东省扶贫开发的工作水平和整体效益。

3. 不断探求和完善扶贫开发工作机制，创新扶贫方式，丰富扶贫开发内容，提高扶贫效率

要根据新情况、新条件和新问题，创新提高扶贫开发水平的体制机制，加快扶贫政策的管理体制、运行机制、开发方式和扶贫思路等方面的创新。在管理体制和运行机制上，要进一步完善“政府主导、社会参与、开发扶贫、市场运作”的扶贫开发模式，着力增强扶贫能力，培育多元化的扶贫开发主体，实现各种扶贫资源优化组合，提高扶贫开发效益。要创新开发式扶贫机制，在扶贫目标上，由解决贫困人口的生存问题转向解决生存问题与提高发展能力相结合。在扶贫方式上，由重视“自然资源开发”向同时侧重“人力资源开发”转变，不断提高贫困人口适应市场的能力和获得非农就业机会的能力。在扶贫投入上，要彻底改变“撒胡椒面”的做法，集中资金解决一些突出问题，力争每年能办成几件关系群众生计的大事。完善扶贫资金投入和运营机制，建立多

[1] 王朝明. 中国农村30年开发式扶贫：政策实践与理论反思［J］.贵州财经学院学报，2008（6）.

元化资金投入机制，逐步建立起以扶贫资金投入为导向，以农户自己投入为主体，以信贷、外资和社会投入为补充的多渠道、多元化扶贫投入机制。要加强扶贫资金项目管理，建立和完善扶贫开发综合考评和激励约束机制，不断提高扶贫工作管理水平。要完善协作帮扶机制，完善有关政策措施，合理制定扶贫开发规划，优化财政扶贫资金使用结构，通过加强管理、改进方法，提高扶贫资金的使用效率和使用效益，推进贫困村经济社会快速协调发展。[1] 要进一步完善财政扶贫资金、信贷扶贫资金、社会扶贫资金的分配使用和监督管理机制，进一步强化财政扶贫资金绩效考评制度。继续探索构建扶贫政策保障、产业开发、金融服务、教育培训、社会帮扶等方面的长效机制，积极探索把国家、民间、部门帮扶和外资扶贫资金等集中统筹使用的办法，为长期改善贫困地区贫困户生产生活条件提供资金保障。

4. 加强扶贫能力培训力度，完善社会保障和救助制度，建立健全贫困农户脱贫长效机制

要实现稳定脱贫，必须提高贫困地区和贫困人口的持续发展能力，建立并完善农村扶贫开发的长效机制。第一，要大力开展技能培训，完善人力资本开发机制，强化人力支撑。继续加大对贫困地区的教育投入，保障贫困者公平的受教育权利，并完善劳动培训和就业服务体系，建立农村剩余劳动力转移培训机制，不断增强贫困群众自我发展能力。以各类培训学校为依托，通过开展各类技能培训，提高劳动力综合素质和依靠生产增收脱贫的能力。第二，完善产业化扶贫机制，强化产业支撑，提高农民组织化的程度，注重集体经济的发展。坚持开发式扶贫与救助式扶贫并举的方针，建立贫困地区可持续发展的造血机制，设立产业发展引导基金，促进调整贫困地区落后的产业结构。继续推进龙头企业培育，在扶贫项目的安排上，既要坚持到村到户，又要注重打造区域扶贫产业带，设立专项资金，加大支持力度。第三，要注重项目扶贫到户。根据贫困农户的不同类型、不同习惯、不同需要，以信息、技术、物资和资金等多种手段，帮助农民形成自己可以主导的增收项目。第四，要确保贫困农民稳定就业。与技能培训和项目扶贫到户紧密结合，对年轻贫困劳动力，主要应在培训基础上帮助其疏通务工渠道，实行异地输出和就地转移相结合，实现充分就业；对大龄贫困劳动力，主要应依靠发展家庭增收项目，实现本地就业创业，多渠道增加贫困农户的家庭收入。第五，要发展新型合作医疗和其他社会事业，完善贫困地区农村低保制度，进一步健全社会保障和救助制度，建立健全特困群体的医疗、住房、子女入学等救助制度，努力使贫困人口享受到与经济

[1] 韩广富.论我国农村扶贫开发机制的创建[J].东北师大学报(哲学社会科学版)，2007（6）.

社会发展相适应的基本保障。[1] 加快形成城乡经济社会发展一体化新格局，加快推进覆盖城乡居民的社会保障体系建设，实现新型农村社会养老保险制度全覆盖和城乡社会救助全覆盖，并逐步提高保障水平。

5. 建立健全扶贫开发的绩效监督机制，完善扶贫开发“双到”的考核评价机制和动态考核激励机制

在当前的扶贫工作中，要做到扶贫决策和项目实施并重，规范和制定扶贫开发成效的评价和奖惩办法，完善绩效考核，使绩效考核规范化、制度化，强化对“双到”的约束性。要建立完善的考核评价机制，发挥“风向标”和“指挥棒”的作用，创新考核思路，形成考核激励机制，增强考核制度的激励功能。积极探索绩效考核管理，按照合理评定、绩效导向、自我管理、有效激励的原则，对各级部门和干部扶贫开发工作的行为与结果、态度和责任，科学合理地考核评价，建立起自上而下、多层次的事中和事后相结合的监督考核机制，实行日常动态有效监督。[2] 绩效评价要做到科学合理、公正、公开，容易操作，指标体系要体现投入、产出、效益等方面，综合考核要有社会中介机构给予评价。要加强考核沟通，充分采用考核结果，形成考核互动机制和考核导向机制；切实建立扶贫开发绩效与干部提拔使用相衔接制度，要把“双到”扶贫与使用干部相结合，将绩效考核与目标考核、人事管理、日常督查等各项工作相结合，形成较为完善的考核激励体系。要充分发挥各级扶贫开发领导小组的组织、领导和协调作用，进一步明确成员单位的扶贫责任，督促行业履行部门扶贫职责，建立健全“双到”问责制，严肃责任追究。各级扶贫部门在抓好专项扶贫规划落实的同时，要更加注重统筹协调、指导监督，为扶贫单位做好服务工作。

---

[1] 许陵.关于我国农村扶贫问题的综述[J].经济研究参考，2006（55）.

[2] 韩广富.论我国农村扶贫开发机制的创建[J].东北师大学报(哲学社会科学版)，2007（6）.

解贫困成因　谋扶贫思路

——关于扶贫开发"双到"工作的思考

中共惠州市委　陈国敏[1]

扶贫开发"规划到户责任到人"工作实施以来，在市委、市政府的正确领导和社会各方面的共同努力下，惠州经济和社会面貌发生了很大变化，农村贫困状况得到一定程度的缓解，贫困人口进一步减少，扶贫开发工作取得了阶段性成果。而今年是我市扶贫开发"双到"工作三年任务两年完成，提前实现"双脱"(即村脱贫，户脱困)目标任务的"收官之年"，工作任务之艰巨不言而喻。笔者拟从分析贫困成因和创新扶贫开发思路来谈一谈自己对扶贫开发工作的浅见，藉此抛砖引玉，以期共同推进全市扶贫开发"双到"工作。

诺贝尔经济学奖得主阿马蒂亚·森有一句名言："你不能凭富裕和繁华程度来判断一个社会的快乐程度，你必须了解贫困阶层的生活。"诚然，我们要建设和谐社会，首先要解决社会贫富不均的问题，必须了解贫困阶层的生活，尤其要了解贫困阶层为何贫困的真正原因。只有了解成因才能把脉诊病、对症下药，达到药到病除的功效。我市现有省级贫困村 74 个，贫困户 2742 户，贫困人口 9219 人，究其贫困的原因大致有如下几方面：一是因病致贫。老百姓反映最多的就是"怕得病"，一旦得大病就会导致中等收入的家庭一夜之间变成穷人、家庭困难的贫民立即沦为赤贫的情况。一些家庭往往因有危重病人、残疾人、精神病人等使家庭开支过多，不堪重负而导致贫困；二是因灾致贫。我市地处东南沿海，受亚热带气候影响较大，每年的台风、洪涝、泥石流等灾害肆虐导致农村房屋损坏及农作物的减产严重，导致不少原本经济脆弱的农村家庭难以自拔而陷入困境。三是因惰致贫。有劳动力却长期处于贫困的农村家庭主要原因是一些农民缺乏改变困境的主观能动性，不勤劳、怕辛苦、"等靠要"依赖思想严重及就业观念陈旧，害怕竞争而安于困境；四是因故致贫。即因就学、因生养和意外事故等较为特殊变故导致的贫穷也是导致一些农民家庭陷入

[1] 陈国敏（1954.12-），男，中共惠州市委副秘书长，主要从事经济管理与农村基层组织建设工作。

贫困的因素之一。

面对现状，如何适应新的形势，确立扶贫开发的新理念、新目标和新定位，并在实践中，创新扶贫开发机制，拓宽扶贫工作领域，探索扶贫开发的新途径，力求扶贫开发工作取得实实在在的成效？笔者认为可从以下几方面入手：

一、确立“一个目标”，把握基本原则

确立一个明确的目标，是成功开展扶贫开发“双到”工作的第一步。我市在扶贫开发“双到”工作开展之初，明确确立了以“双脱”为目标，“双脱”即“村要脱困、户要脱贫”，进一步地展开来讲，就是构建“六有”脱困村，培养“八个确保”脱贫户。“六有”指：村委会有较强的领导班子、有科学的发展规划、有稳定的集体收入、有整洁的村容村貌、有民主的管理制度、有文明的社会风尚。“八个确保”指：确保被帮扶的贫困户有自我发展和稳定收入的主业；确保贫困户家庭泥砖房完成改造；确保符合条件的贫困户家庭被纳入最低生活保障范围；确保贫困户家庭能参与当地的农村合作医疗；确保贫困户子女接受义务教育不辍学；确保考上大中专院校的贫困家庭学生能够顺利完成学业；确保符合条件的贫困户劳动力能参加免费职业技能培训，至少输出一个劳动力；确保每一贫困户学会1至2门种养技术或者手工加工技术，提高种养劳动技能。

我市区域发展不平衡，农村经济发展水平参差不齐，农村地理、气候以及人文环境更是千差万别，这就要求我们必须具体问题具体分析，不能搞“一刀切”；要善于创新举措、举一反三，以新的思路来谋划扶贫方法和路径。我市自开展扶贫开发“双到”工作以来，始终坚持“因地制宜、因村施策”这两个原则，通过派驻工作组和驻村干部深入农村和农户开展调研工作，摸清贫困原因，了解当地的地理环境、自然资源以及当地村民的生活习惯，密切结合贫困村和贫困户实际找准扶贫思路，制定出科学有效的“一村一策、一户一法”的脱贫方案，从而确保如期实现“村脱困、户脱贫”目标。

二、打造“四个一一”，探索有效路径

为了构建“六有”脱困村，培养“八个确保”脱贫户，我市在扶贫开发“双到”工作进程中，积极探索“四个一一”路径：

1. 一村一品。根据外市场需求，充分发挥本地资源优势、传统优势和区位优势，通过大力推进规模化、标准化、品牌化和市场化建设，使一个村（或几个村）拥有一个（或几个）市场潜力大、区域特色明显、附加值高的主导产品和产业，从而大幅度提升农村经济整体实力和综合竞争力。不断提升“品”的

内涵。抓住特色，努力在品牌打造上争取重大突破。打造有竞争力的拳头产品，以产品的畅销带动农业发展、农民增收。以特色产品为依托，在主导产品的精深加工上下功夫，拉长产业链，提升附加值。突出生态特色、管理特色，物种特色，水乡特色、产地特色，通过农产品品牌的成功打造，树立乡村经济“一村一品”的特色形象。

2. 一村一社。以市场需求为导向，以资源优化配置为手段，以建立健全农产品准入机制为原则，以共同发展特色农产品生产为目标，按照“民办、民营、民受益”的方针，鼓励和倡导农村成立一个或多个专业合作社，按照民主管理、利益共享，风险共担、权利平等、加入自愿、退出自由，盈利返还原则，把广大农民组织起来，走共同富裕道路。实践证明，这是整合农村资源，发展壮大农村经济的有效途径。通过公司＋合作社＋农户，合作社+流通大户（专业户）+农户等形式，走集约式发展道路实现农村一家一户式小生产由分散到集中与市场的对接，从根本上解决农民种养的后顾之忧。

3. 一村一企。以“一村一品、一村一企，多村一企、多村一品”不拘一格的模式，加强村企合作，充分发挥企业在集聚资源、技术、信息和资本等优势，用发展工业的理念来支持和发展农业，走区域化布局、规模化种养之路，同时，通过一村一企工作的实施，既能有效安置了农村富余劳动力，也有力地增加集体收入和农民工资性收入，繁荣农村经济。做到以工促农、以工带农，逐步形成产业富村、科技兴村、企业带村、生态建村和人才强村的磁场效应。

4. 一户一法。“五里不同风，十里不同俗。”，扶贫开发“双到”工作要坚持从实际出发，因地制宜地实施“一户一法”即根据贫困户的实际采取相应的帮扶思路和帮扶办法，千方百计地帮助贫困户脱贫致富。“一户一法”应从下面三个方面着手：一是扶贫与扶志相结合，首先要帮助贫困户树立脱贫的志气和信心，这是关键；二是制定科学、具体、可行的帮扶方案，这是基础；三是切实抓好帮扶措施的落实工作，这是根本；三者缺一不可。此外，帮扶干部要切实履行责任，要带着感情、扑下身子进村入户，摸清贫困户家庭状况及贫困原因，与贫困户交流想法，因户制宜地为贫困户制定切实可行且行之有效的脱贫致富的发展计划，并从资金、信息、技术等方面予以全力支持和扶助，以实际行动践行“规划到户、责任到人”。

三、运用“三大手段”，破解贫困难题

为了有效地开展扶贫开发“双到”工作，破解贫困难题，我市在综合运用各种经济、行政、法律、教育等手段的同时，着力于以下“三大手段”作用的发挥：

1. 科技手段。科技扶贫是扶贫开发战略的重要组成部分。实施以市场为导向，以科技为先导的扶贫战略，引导贫困地区合理开发资源，将资源优势转化为经济优势，同时通过科普推广努力提高贫困农民参与市场竞争的能力，实现自我发展的良性循环。要注重将治穷与治愚相结合。一方面向贫困县（区）输入科技和管理人才、建立健全科技示范网络、组织开展各种类型的培训，让广大农民掌握一技之长走向市场；另一方面建立农村科普网络，大力开展科普宣传，弘扬科学精神，倡导科学种养，提高农民整体素质，激励农民参与市场竞争。

2. 激励手段。扶贫开发是一项系统工程，主导是政府，主体是农民，要注重将扶持与激励相结合，挂钩单位和帮扶干部要变帮扶为激励，变输血为造血。通过各种激励手段的灵活应用，激励和扶助农民克服惰性，发扬艰苦奋斗精神，积极种养和发展生产，充分调动贫困村和贫困户的积极性。努力营造贫困户之间相互鼓励、相互竞争、积极创业、共同富裕的发展局面。让农民从“要我干”变成“我要干”，变“要我富”为“我要富”。

3. 流通手段。产品流通是市场经济运行机制的重要环节，是商品流通的重要组成部分，更是促进农民增收的基本要素。因而一定要注重将生产与流通相结合，与市场挂钩，特别是要注重发挥农业龙头企业、流通大户和专业户的作用，在做强做大农产品生产质量和规模的同时，充分发挥他们在农产品流通和农村经济发展中的重要作用，拓宽农产品的流通渠道，加快农产品流通快速发展，努力提升农产品流通的现代化水平。着力解决农产品销售难，实现农产品增值、农民增收。

四、坚持“三先三后”，工作落实到位

我市扶贫开发“双到”工作创造性地提出了“三先三后”工作法：先扶贫，后致富；先输血，后造血；先培训，后就业。“三先三后”工作法的提出迅速地统一了全市扶贫开发工作者的思想，并且很好地为大家解答了扶贫工作具体要做些什么、先做什么、后做什么等系列问题。通过实施“三先三后”工作法，使我市扶贫开发“双到”工作取得了阶段性成果；下一阶段我们仍要坚持这一工作法，通过狠抓“扶贫、输血、培训”等，为下一步“造血、就业、致富”打下坚实的基础，最终实现贫困村（户）长期稳定脱贫的终极目标，圆满完成扶贫开发“双到“工作任务。因此，“三先三后”工作法必须坚持和贯穿扶贫开发工作的始终。

一个计划目标的成败不仅仅取决于工作方法的设计，更重要的是如何执行

和落实。只有落实到位了才能产生设计的、预期的工作结果。我市扶贫开发“双到”工作成败之关键就在于落实，重点要做到四个到位：领导挂帅到位、扶贫资金到位、单位责任到位、干部驻村到位，进而保证“输血、培训、扶贫，造血、就业、致富”落实到位。

五、实施“五大帮扶”，形成扶贫合力

扶贫开发工作既是老话题又是新课题，需要我们大胆创新，先行先试，通过不断地创新、丰富扶贫开发思路和方法，形成多措并举，合力推进的发展态势。根据我市实际，应动员社会力量，尤其是积极动员和引导农业龙头企业，形成扶贫开发合力。目前，应着力抓好以下“五大帮扶”：

第一，产业帮扶。根据贫困户的发展意愿，积极拓宽思路、建立“公司+贫困户”和“酒店+基地”等成功的产业帮扶机制，实施开发式产业帮扶，创新开发既符合当地实际，又能着眼于长远实现可持续效益的苗圃、蔬菜种植、养猪、养鸡等农业优势产业，通过帮扶单位的支持、公司的带动、群众的参与，全力打造有效支撑贫困户稳定脱贫的主导产业。

第二，项目帮扶。在充分调研的基础上，因地制宜地找准扶贫开发项目，科学合理地统筹省、市以及市直单位的扶贫资金，集中开发依托当地自然资源（如水电站、农家乐和度假村）的扶贫项目，为贫困村稳定增加集体经济收入。

第三，教育帮扶。以企业用工市场为导向，分期分批地扎实开展针对性强、技术含量高的岗前培训，如针对在家务农的劳动力举办种养业培训班；针对具有劳动能力的残疾村民举办残疾人技能培训班；针对辍学学生开展免费职业技能培训班等。要通过系列培训班的举办，促进劳动力就业，为实现就业扶贫打下良好的基础。

第四，企业帮扶。积极动员和引导经济效益好、社会责任感强的企业，尤其是农业龙头企业参与地方扶贫开发，通过投入资金、提供就业岗位和免费岗前培训等多种形式，大力支持扶贫开发工作。

第五，救济扶贫。着力发掘、整合扶贫资源，加强与相关部门的联系协作，广泛深入地动员社会各界参与到扶贫开发中来，拓宽渠道，多方筹集帮扶资金，不断加大救济帮扶力度，形成民间救济和政府救济“双管”齐下、各方携手、上下联动的社会扶贫“大合唱”。

扶贫农业龙头企业在扶贫“双到”工作中的作用机制分析

仲恺农业工程学院经贸学院 史金善[1]

1998年底，广东省委、省政府在《关于加大扶贫开发力度，加快贫困县脱贫奔康的意见》中要求“大力扶持兴办扶贫农业龙头企业，推进农业产业化经营”。此后出台了一系列扶贫农业龙头企业发展、规划及扶持政策的文件，2001年，省委、省政府制定了《广东省农村“十五”扶贫开发纲要》，纲要提出了“每户贫困户挂靠一个农业龙头企业”的战略措施，把通过建立扶贫农业龙头企业带动贫困地区贫困人口脱贫正式列入“十五”时期广东扶贫战略的具体措施之一；2003年10月，省政府颁布《广东省重点发展100家扶贫农业龙头企业的实施方案》，该方案不仅提出了发展扶贫农业龙头企业的指导思想和目标，而且明确提出了省扶贫农业龙头企业的认定标准、考核办法、申报和管理及享受的优惠政策，使广东省扶贫农业龙头企业的发展走上了一条规范化的道路。

经过多年的培育和发展，目前广东省扶贫农业龙头企业达100多家，在实践中发挥了一定的作用，基本达到了预期的效果。2010年广东省提出并实施扶贫开发“规划到户、责任到人”（称“双到”）战略部署，“双到”工程是在考虑以往扶贫目标偏移的基础上提出的，是对扶贫工作的细化，是应对新时期扶贫对象分散化的需要而建立的。今年，省政府在“双到”工程的基础上，又提出了建立100家扶贫农业龙头企业的设想，把通过扶贫农业龙头企业带动贫困户脱贫推向了高潮。那么，如何实现扶贫农业龙头企业与“双到”工程的有效结合，真正做到扶贫扶到户，本文就扶贫农业龙头企业在“双到”扶贫中的作用机制进行分析，希望有助于广东省新时期扶贫战略的实现。

---

[1] 史金善（1961.10-），男，陕西扶风人，硕士，仲恺农业工程学院农林经济管理系主任、教授，广东省合作经济学会副会长，研究方向：农村合作经济。

一、扶贫农业龙头企业的产业化扶贫的作用与特点

（一）扶贫方式的创新

与传统的政府扶贫和非政府组织（NGO）扶贫不同，扶贫农业龙头企业在帮扶者和被帮扶者之间加进了一个中介组织，其扶贫链由政府 -- 贫困户和非政府组织—贫困户变成了政府 --- 扶贫农业龙头企业—贫困户。前者一般是救济式扶贫，后者则是典型的产业化扶贫，是政府通过扶持扶贫农业龙头企业，由企业利用"公司 + 农户"模式与贫困户挂钩，帮助贫困户增加经营收入，提高生产经营技能，实现脱贫致富。

（二）由输血到造血机制的转变

输血是一种救济式扶贫。这是一种脱离市场机制，单纯依靠政府行政主导行为。"输血"式反贫困从本质上来看是一种"社会救助"。广东省在2000年以前的扶贫以输血式为主，输血不仅使政府背上了沉重的财政包袱，助长贫困人口的"依赖"思想，而且缺乏可持续发展的机制。

扶贫农业龙头企业扶贫方式是开发式扶贫，开发式扶贫是以市场机制为基础的，以提高贫困户可持续发展能力为核心的造血式扶贫。它以合同为纽带，建立贫困户和企业之间的契约关系，政府通过企业带动贫困户脱贫。这样，贫困户有可靠的项目，在企业的帮助下从事生产和经营，贫困户不仅掌握了生产技术，而且经营管理能力也提高，可见，扶贫农业龙头企业扶贫方式建立了造血机制，是输血到造血的转变。

（三）有利于促进地方经济增长

扶贫农业龙头企业的建立和发展，不仅在扶贫工作中起到了重要的作用，而且在促进地方经济增长方面也具有不可磨灭的作用。表现在：一是增加了地方经济收入和财政收入，扶贫农业龙头企业一般是年销售收入千万元以上的企业，这些企业为当地提供大量的税收，增加了地方财政收入；二是带动了当地农民增收，与企业挂钩的不仅有贫困户，还有众多的普通农户，增加了当地农民的收入；三是解决了贫困地区农民的就业困难。

（四）扶贫目标的错位

政府建立扶贫农业龙头企业的初衷，是基于这样一种政策设计，即希望扶贫农业龙头企业通过两种途径帮扶农户，实现政府的扶贫目标，一是通过合同或者市场收购贫困户的农产品，解决贫困户的农产品销路，增加贫困户的农业经营收入；二是企业雇佣贫困户的劳动力，帮助贫困户的农民就业，取得一份工资收入。

事实上，现实中扶贫农业龙头企业出于利润最大化的经营目标，以及贫困户自身原因，诸如缺乏劳动力、素质较低、经营不善等等，上述两个目标均未能很好的实现。表现在与扶贫农业龙头企业挂钩的农户大多数是非贫困户，且企业雇佣的劳动力也基本上是非贫困户。

所以，扶贫农业龙头企业的扶贫目标，在现实中发生了错位，而这种错位是由于这种制度设计本身的缺陷，即政策设计具有扶贫目标转移的可能性，结果可能是“扶富不扶贫”。

二、扶贫农业龙头企业在扶贫“双到”工作中的作用机制分析

目前，广东省有3409个贫困村，70多万贫困户和360多万贫困人口，这些贫困人口分布在14个市区、81个县市，分布极为分散。基于这样一个现实，广东省确立了以贫困村和贫困户作为扶贫对象的扶持思路，转变了过去以贫困县为扶贫对象的做法，这种做法有利于建立扶贫瞄准机制，真正使穷人受益。去年，更是提出了“规划到户，责任到人”的“双到”扶贫工作思路，明确了贫困户是新时期扶贫的对象和重点。

扶贫农业龙头企业如何和扶贫“双到”工作有效结合呢？我们有必要先对扶贫农业龙头企业在扶贫“双到”工作中的作用机制进行分析，以便于理清其基本工作原理，然后再进一步讨论如何发挥扶贫农业龙头企业在扶贫“双到”工作中的作用。

图1给出了扶贫农业龙头企业扶贫的作用机制流程图。这个流程包括了各方参与主体、相互关系、运作流程等，其作用机制分析如下。

（一）准入机制

准入机制包括两方面，一是对扶贫农业龙头企业的认定，二是对贫困户的认定。

广东省政府于2003年底颁布《广东省重点发展100家扶贫农业龙头企业的实施方案》，方案明确了省扶贫农业龙头企业认定标准、考核办法，包括了企业类型、规模、经济效益等，其中与扶贫相关的是强调企业带动辐射能力，要求企业与带动农户之间签订稳定的合约关系，或形成长期稳固(5年以上)购销关系，合约或稳固购销关系带动贫困农户数在500户以上，人均每年从中增加纯收入150元以上。可见，只有符合上述标准的企业才能成为扶贫农业龙头企业。

对贫困户的认定，主要依据于广东省确定的贫困标准线，广东省把农民年人均纯收入低于1500元的家庭作为划分贫困户的依据，即凡是满足这个条件的农户，即为贫困户。

（二）运行机制

从图1可以看到，扶贫农业龙头企业的运行机制涉及众多的机构和个人，其运作机制比较复杂，其主线是政府——企业——贫困户，在主线之外还涉及到扶贫挂钩单位和非贫困户，其关系和作用机制分析如下。

1. 公司与政府的关系

被政府认定的扶贫农业龙头企业可以享受政府规定的一系列待遇和优惠，包括专项资金、贴息贷款、税收优惠等。除此之外，扶贫龙头企业还与政府存在十分密切的关系，政府可以说为公司提供了全方位的服务，包括项目论证、立项和项目规划；为公司提供财政专项扶持资金；帮助公司寻求科研协作单位，为公司与科研单位牵线搭桥；帮助公司疏通金融部门关系，寻找贷款支持；帮助公司征地，征地过程中协调公司与农户的关系；政府在用电方面为公司提供帮助；政府为公司收购农产品提供财政补贴支持等等。“政府行为＋企业机制＝目前结果”、“没有政府的帮助，就没有企业的今天”，这是一个企业老板最为经典的描述。

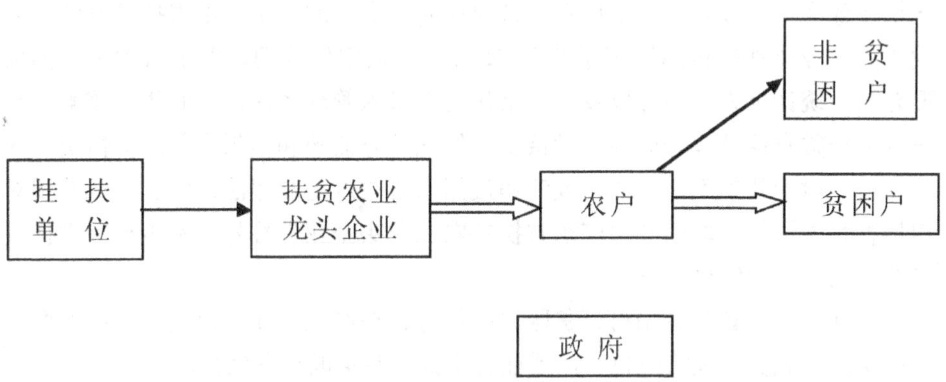

图1　扶贫农业龙头企业扶贫的作用机制流程图

2. 公司与贫困户的服务关系

企业基本都在产前、产中、产后为农户提供了全方位服务。一般做法是：①公司在产前为贫困户以优惠价格提供种子、种苗，并提供化肥、农药等生产资料，同时印发技术资料。这些价款一般是在收购产品后从销售收入中扣除。②公司在产中为贫困户提供技术指导或技术监督。③公司在产后为贫困户提供收购、加工、运销服务，主要采用“公司＋基地＋农户”、“公司＋基地＋中介＋农户”、“公司＋基地＋村委会＋农户”等形式，以合同保护价或市场价收购贫困户产品。

3. 公司与省直挂钩扶贫单位的关系

广东省采取省直属单位或经济发达地方政府与各贫困县挂钩，调查发现，挂扶单位对扶贫农业龙头企业的发展壮大也起了不可磨灭的作用，主要是资金援助和科技支持。

此外，扶贫农业龙头企业还联系了众多的非贫困户，这与政府的扶贫扶到贫困户宗旨相违背，可看作是扶贫的溢出效应。

（三）利益机制

企业与贫困户建立合理的利益分享机制是实现扶贫目标的重要环节，从实践中看，贫困户从公司分享的利益极其有限，农户从公司得到的利益主要体现在以下方面：①土地租金，即公司租用农户土地的租金。②产品销售收入，即农户向公司销售产品取得的收入。③工资性收入，公司的农场或加工厂招收农民工，贫困户取得的工资性收入。

（四）监督机制

有效的监督机制是提高扶贫资源利用效果的保证，广东省通过建立省产业化扶贫数字化管理系统来实现对扶贫农业龙头企业的监管。由省扶贫办统一开发“省产业化扶贫信息管理系统”，实行电脑数字化管理，把确认的企业的情况介绍、统计报表、图片以及企业录像资料录入管理系统，随时跟踪监测。被确认的扶贫农业龙头企业要自觉接受上级扶贫办监督和填报有关经营情况和统计资料。对于要求不达标的，或者违反国家有关规定及违法经营的，或发现对申报材料做假的，取消其“广东省扶贫农业龙头企业”称号，不再享受省扶贫农业龙头企业的优惠政策。

同样，广东省对贫困村、贫困户的信息也在网上公布，包括了户主姓名、家庭状况、脱贫状况等资料，接受社会监督，并实现动态化管理。

（五）退出机制

广东省扶贫农业龙头企业和相关政策都规定了企业和贫困户的退出机制。《广东省重点发展100家扶贫农业龙头企业的实施方案》规定，对已认定的省扶贫农业龙头企业，采取每两年考核一次，结合平时调查和监督，进行动态管理。企业除遇不可抗力因素影响外，考核达不到要求的不再享受省扶贫农业龙头企业的优惠政策。

对于贫困户，其家庭年人均纯收入达到1500元，则取消贫困户资格，不再享受贫困户的各项待遇。

三、进一步发挥扶贫农业龙头企业在扶贫“双到”工作中的作用

毫无疑问，自建立扶贫农业龙头企业以来，它对广东省的扶贫工作起到了应有的作用，基本上实现了政府促进区域经济发展和帮助贫困户脱贫的目标。据统计，目前扶贫农业龙头企业带动贫困农户15万多户，户均增收1500多元。广东扶贫农业龙头企业在带动农户发展生产脱贫致富中发挥了积极的作用。

然而，正如前面的分析，扶贫农业龙头企业扶贫功能和机制自身存在缺陷，导致实践中出现了一些问题，一是利益机制不健全，强势的公司与弱势的贫困户的合作，在利益分配上很难体现贫困户的利益，诸如租用土地、产品定级定价、合同执行等环节，均有损害贫困户利益的现象；二是扶贫目标错位，政府出于扶贫的目标，希望企业合作的贫困户越多越好，但是企业出于自身的利益和操作中的市场化倾向，使得真正与企业合作的农户大多是非贫困户，政府的扶贫目标错位，导致有限的扶贫资源的流失；三是信息不对称导致的政府资源浪费，相对来讲，广东省扶贫信息的公开度、透明度较高，但仍然存在扶贫者和被扶贫者、扶贫单位和社会之间的信息不对称现象，在各利益主体之间的博弈中，产生了腐败和滥用资源的现象。

目前，广东省提出的“双到”扶贫工程，为扶贫农业龙头企业发展提供了新的机遇，扶贫农业龙头企业应该利用这一机会，建立扶贫农业龙头企业和“双到”工作的对接机制，有效实现“规划到户、责任到人”的扶贫战略。

（一）“规划到户、责任到人”的内涵

“规划到户、责任到人”的“双到”扶贫工作思路，于2009年由《广东省委办公厅、广东省人民政府办公厅关于我省扶贫开发“规划到户、责任到人”工作的实施意见》提出，其基本思路是：

1. 定点帮扶，动态管理

实施定点帮扶。把全省3409个贫困村和村内贫困户的帮扶任务、目标、要求，分配落实到相关单位，进行定点、定人、定责帮扶。

建立动态档案。对贫困村、贫困户的真实情况逐村逐户登记造册，利用电脑数据库管理，做到户有卡、村有册，建立实时联网动态监测系统。同时建立帮扶台账，全省统一制发帮扶贫困村贫困户的《帮扶记录卡》，由县（市、区）负责发放、管理。

2. 明确任务，责任到人

贫困村、贫困户所在的市、县，要把定点帮扶的贫困村和贫困户的任务具体分解到所属的单位和部门，落实挂村挂户责任人，细化扶村扶户发展措施，

做到定单位、定人、定点、定责包干扶持，保证一个贫困户一个责任人。

此外，《实施意见》还提出了加大投入、严格管理，动员社会各界广泛参与等具体办法。据广东省扶贫信息网2011年4月21日公布的最新消息，广东省扶贫开发“规划到人、责任到户”工作任务分配进展顺利，已经基本完成第一阶段任务，规划到户和制定了帮扶措施。

可见，“双到”是一个更广泛意义上的扶贫战略，是由政府主导的，动员社会各界力量广泛参与扶贫工作的基础上，建立一种瞄准机制，瞄准扶贫对象，采取具体的措施，解决扶贫对象的脱贫问题。其实质是“先富帮后富”、实现共同富裕的制度安排。

（二）“双到”和扶贫农业龙头企业扶贫的统一性

表面上看，“双到”和扶贫农业龙头企业扶贫策略并不一致，扶贫目标和对象都是贫困户，这一点是一致的，但是，扶贫主体一方，“双到”则加入了政府等社会各界的力量，具有更广泛的意义。

实际上，“双到”工作中，扶贫农业龙头企业仅仅是众多扶贫帮扶方中的其中之一，是政府通过企业间接扶持贫困户，帮助贫困户脱贫致富，从这点上说，二者是一致的、统一的。

（三）利用扶贫农业龙头企业的产业化功能，实现扶贫项目到户

扶贫农业龙头企业一般是农产品加工企业，以当地具有资源优势的特色农产品为原料，从事农产品收购、加工、销售。这样，就可以利用其产业化功能，落实项目到户。

1. 瞄准贫困户

“双到”扶贫的特色之一，就是扶贫从“瞄准区域”具体到“瞄准个体”，从“粗放扶贫”转向“精准扶贫”，从“千篇一律”转向“量身定做”，扶贫部门有限的资金只用于个性需求。如何确保扶贫农业龙头企业瞄准贫困户，一要加强宣传与动员，强化扶贫农业龙头企业的扶贫功能，下达每个企业带动贫困户的任务，把它作为一项政治任务完成；二要加强监督检查，有关部门要对企业帮扶的材料进行抽查和核对，确保帮扶了真正的贫困户。

2. 项目到户

根据企业经营项目，确定挂靠贫困户的生产经营项目，解决怎样扶持的问题。

具体地说，一要完善合约机制，扶贫农业龙头企业与贫困户一定要签订合同，一方面通过合同明确项目的具体内容，另一方面也使项目的实施有了法律保障；二要加强项目的动态管理，要做好《帮扶记录卡》的使用、管理工作，确保项目落实到位；三要加强贫困户的技能培训，结合项目扶持，引导贫困农

户“在学中干，在干中学”，“授人以鱼”不如“授人以渔”，让他们通过能力的提高实现脱贫致富，建立贫困户可持续发展的基础。

（四）明确扶贫各参与方的任务，实现责任到人

广东省扶贫开发“规划到户责任到人”帮扶与被帮扶双方工作责任（粤贫〔2009〕12 号)，文件明确界定了帮扶方和被帮扶方及其工作责任。其中有“承担帮扶任务的驻村工作组（队）或扶户干部是帮扶工作的直接责任人，负责按照帮扶总体规划和年度实施计划逐项组织实施到户、到具体的项目，联系社会力量参与扶贫开发工作，向上级有关部门反映需要解决的问题”一条。这样，与贫困户对接的联系人就有帮扶方的人员和扶贫农业龙头企业的人员双方面的当事人。

因此，如何协调好双方当事人的分工与协作非常重要，建议以帮扶方人员为主导，协调政府、企业和相关方的联系与合作，扶贫农业龙头企业的人员主要负责贫困户的产业化项目开发，提供相关的服务，保证项目成功实施和盈利。

参考文献：

[1] 史金善 . 关于发展扶贫农业龙头企业的调查 ---- 以广东省为例 . 农业经济问题，2005（5）.

[2] 韩安庭 . 从输血到造血——引入市场机制转变反贫困思想，中国社会学网，http://www.sociology.cass.cn/shxw/shzc/t20080905_18409.htm，2008.11.7

[3] 史金善 . 广东省扶贫农业龙头企业的发展机制初探 . 南方农村，2003(4).

[4] 广东省委办公厅 广东省人民政府办公厅关于我省扶贫开发“规划到户、责任到人”工作的实施意见 [粤办发〔2009〕20 号].

[5] 刘奇 . 创新思维：重构中国扶贫战略 . 中国发展观察，2010（1）.

[6] 广东省扶贫信息网（http://www.gdfp.gov.cn/）.

略论"规划到户责任到人"扶贫开发的有效性

洪梅镇扶贫工作办公室

广东省作为全国改革开放的前沿地带，虽然在人民生活水平的改善上取得了巨大的成就。但城乡差距、边远地区农村贫困等方面仍然存在一定问题。下面我们首先论述贫困问题的现状，并对其原因进行分析。

一、广东农村贫困的现状和原因分析

（一）广东农村贫困问题的现状

1. 城乡居民收入差距扩大，相对贫困化趋势明显

在改革开放之初，城乡居民之间的收入差距还是比较少的，但是随着城乡改革和市场经济的深入发展，差距明显上升。广东城乡居民家庭人均纯收入差距比在1980年时为1.72:1，1985年时为2.06:1，之后差距明显加大，1995-2000年期间，虽有一定回落，但缩小的幅度不大，2000年之后差距再次扩大，2005年城镇居民人均收入14770.12元，农民人均收入4689.76元，绝对差距值为10080.36元，相对比值为3.15：1，且农民人均收入在全省居民人均收入方面所占的份额越来越少，对全省居民收入水平提升的贡献越来越小，相对贫困化的趋势渐趋明显。与这种差距相对应，农村家庭生活消费的数量和范围相对显得越来越少和狭窄，层次和质量也相对地变得越来越低和差。

2. 地区间农民收入差距扩大

目前珠三角的农民富裕程度远高于粤北、粤东、粤西地区，边远及山区等地的农民生活状况仍十分困难。近年来，尽管各地农民收入均有增加，但"粤北-粤西-粤东-珠三角"的农民人均收入由低到高的地区排列格局始终没有改变，且粤北与珠三角的差距在扩大，处于两极间的粤西、粤东尤其是粤西农民的人均纯收入增长有相对减缓和向粤北靠拢的趋势。例如2003年全省农民人均纯收入为4054.58元，而16个扶贫开发重点县的农民人均纯收入仅为

3174 元，同期东莞农民人均纯收入则达到 8481 元，比值为 1:2.67，差距较大。

按照张军的统计，按农民人均收入将广东各城市县分层，可以发现超高和高收入市的农民收入分别是低、超低收入市的近两倍。高收入市中除汕头市属于粤东，其余所有超高收入的市都属于珠三角；在中等收入市中，粤西、粤北地区各两个，珠三角和粤东各一个；在低收入市中，粤西、粤东各两个市；而在超低收入三个市中，粤西一个，粤北两个。

3. 农村内部居民收入差距日渐扩大

2004 年广东农村高收入农户人均纯收入已达 9580.77 元，中高收入农户为 5090.37 元，中等收入农户为 3768.57 元，中低收入农户为 2800.57 元，但低收入农户的收入水平只有 1657.87 元，人均纯收入处于 1500 元以下，处于绝对贫困状况的农户数所占比例仍高达 6.4%，贫富差距显著。而在我镇所对口帮扶的两个贫困村中，2009 年，梧洞村的人均纯收入 5488 元，贫困户的人均纯收入 1441 元，云吟村的人均纯收入 5500 元，贫困户的人均纯收入 1720 元，两村人均纯收入和被帮扶贫困户的人均纯收入比值分别为 3.8:1 和 3.2:1，差距是比较显著的，可见农村内部居民的收入差距也比较大。

（二）贫困根源探析

1. 二元社会结构的存在和政策的影响

二元社会结构是由美国著名经济学家、诺贝尔奖获得者刘易斯提出的。刘易斯认为，发展中国家普遍存在二元经济结构，即依靠传统方法和方式进行生产的农村农业经济部门和以现代方法生产的城市工业经济部门；前者的边际劳动生产率低，只能维持最低的生活水平或生产水平，后者具有较高的边际劳动生产率。而由于我国经济的转轨性质，显现出行政主导型与新的市场型的二元社会结构的叠加，差距显得更大。建国后长期的计划经济体制及城乡“剪刀差”政策，形成了体现在经济、户籍、福利、就业、教育等各个领域的行政主导型二元社会结构。现今行政主导型二元结构逐渐弱化，但市场型二元结构的特征日益凸显：城市居民收入较快增长，而“农民”这种以农产品为主要市场交换物的“职业”收入较低，但却要面对统一的市场、统一价格。这两种结构的叠加，导致了城乡差距超过了 20 世纪 80 年代以前，而这也是全国各地城乡收入差距日益拉大的一个共同原因。

从政策层面分析，自改革开放以来，广东作为试点和示范省，享受了大量的诸如减免税和国家的重点投资建设等政策优惠，但这些政策优惠更多的是投向城市社区，而农村社区受益相对较少。从地域上来看，受益最多的是珠三角地区，其次是粤东地区，最少的是粤西和粤北这些边远地区和山区。这实际上是进一步拉大了其边远地区和山区农村与省内其它地区特别是珠三角农村，以及与省内城市之间的经济差距。

2. 区位与机会资源的影响

地理区位差别和城乡机会资源差别是导致广东不同地区农村贫富差距扩大的重要原因。珠三角地区以广、深等大城市为中心，带动了周围中等城市的发展，城市与城市已连接成片，城市再带动城市近郊，城市近郊带动中间地区农村，不少农民完全脱离农业，通过分红、就业、办企、建厂等多种方式获取收入，还拥有土地的农民农副产品价值高，非农就业门路多，富裕程度就高；而在粤西、粤北、粤东是中小城镇带动其近郊农村，农产品生产、乡企建设能通过“模仿”跟上大城市近郊的发展思路，农民收入虽不如大城市近郊农民，但也已步入小康；而更为边远的地区和交通不便的山区农村则因远离城市，缺乏带动，乡企效益差，农民从事农业劳动为主，打工机会较少，收入低。同时由于各地农民收入差别较大，引起较高素质的劳动力从贫困地区流向发达地区，使已有的不平衡更加严重，形成贫困循环累积效应，进一步拉大了边远及山区农村与珠三角、省内其他城市近郊农村之间的经济差距。我镇帮扶的云吟村和梧洞村，都位于离县城最偏远的地方，山多地少，经济文化教育状况落后，农业劳作占主要地位，农民靠天吃饭，对大自然严重依赖，交通闭塞导致了信息不灵，二、三产业难以发展，农民收入来源少，经济效益低下，导致贫困。

3. 农户自身因素的影响

英国著名社会学家吉登斯认为，物质剥夺的条件会导致可形容为低层次教育和职业成就的行动，而低层次教育和职业成就又会导致未来进一步物质剥夺的条件。其它多项的研究也已表明，劳动者的文化程度与其收入表现出强正相关，即文化程度越高，获得高收入的可能性就越大。数据显示，农民受教育年限每增加 1 年就给其增加 0.26 的非农副业获得机会，从小学到高中总的会增加近乎 3 倍的机会比率。但粤西北边远山区农民学历多以小学为主，且仍有一定比例的文盲。就云吟和梧洞村而言，贫困户户主多为小学学历，其子女大多初中毕业，高中和大学所占的比例很低，这样，不但户主本身主要以务农为主，甚至其后代也不能向较高级的产业就业，只能在银包厂工作或者到发达城市从事薪酬较低的工作，贫苦户自身的文化素质成了制约其脱贫致富的一大障碍。

另一方面，由于家庭经济实力的差异影响收入，收入差距又会影响人口教育状况、再生产资金储备，使得高低收入农户在生产经营的经济结构方面有较大差异。目前广东边远地区和山区农村，家庭资金积累少，追加投入少，收入几乎完全是依靠农业，产业结构不合理，边际效率差。

综上所述，在二元社会结构这一旧体制因素背景的影响下，广东在体制转型中，其城乡和农村的贫困化问题，更多更集中突出体现在边远地区和山区农村家庭的收入相对过低的问题，也就是这些地区农村家庭增收的条件欠缺问题。贫困问题是由一系列复杂综合的体制、政策、社会、自然条件和农户自身等原因造成的，这些客观的和主观的因素决定了贫困是长期性的问题，贫困的消除也是充满着艰巨性，需要政府、社会等各方面的共同协力。

二、“规划到户 责任到人”的创新之处

（一）对我国现阶段农村主要扶贫模式的评析

进入21世纪以来，我国农村扶贫开发以整村推进、产业化扶贫、劳动力转移培训以及异地安置、外资扶贫和对口帮扶为主要模式。

1. 整村推进模式

整村推进扶贫模式是新时期我国农村开发式扶贫的三大重点模式之一。整村推进以贫困村为对象和村级扶贫规划为基础，改变了过去以贫困县为对象的分散的扶贫模式，使贫困村的农户在短期内因获得大量的投资而在生产和生活条件方面迅速得到改善，收入水平也因基础设施的改善和农业生产率的提高而较大幅度地增加。

该扶贫模式的优点：（1）整合各类扶贫资源、对贫困要素进行综合治理和系统开发，扶贫效果比较显著。整村推进的投资比较集中，一般每个村划拨60万元～70万元人民币，在生产性基础设施和社会服务设施方面主要选择道路建设、饮水条件改善、沼气、学校、移民搬迁和产业开发6个方面进行综合治理和系统开发，扶贫效果明显。（2）参与式扶贫规划的实施，使贫困农户有机会参与项目的选择和决策。让贫困农民参与项目的选择决策是整村推进扶贫的主要特点之一。

该模式存在的问题有：在整村推进扶贫模式中受益最大的农户往往是贫困村中收入水平处于中等偏上的那部分群体，而那些未解决温饱的贫困人口从中受益非常有限。这是由于无论是基础设施项目还是产业开发项目，除政府的整村推进扶贫项目投入外，还需要农户自筹一大部分资金，较高的参与门槛使得应该得到扶持的低收入农户被排斥在项目之外。

2. 产业化扶贫模式

产业化扶贫也是新时期我国农村开发式扶贫的三大重点模式之一。产业开发与整村推进、劳动力培训转移共同构成我国新世纪农村扶贫开发的“一体两翼”战略。产业化扶贫是通过确立主导产业，建立生产基地，提供优惠政策，

扶持龙头企业，实现农户和企业双赢，从而达到带动贫困农户脱贫致富的目标。该扶贫模式具有以下优势：（1）有利于发展壮大龙头企业和提高农业生产组织化程度。政府采取信贷优惠等政策扶持贫困地区农业产业化龙头企业的发展壮大。通过建立“政府＋公司＋农户”、“公司＋基地＋农户”、“公司＋农户”、“合作经济组织＋公司＋农户”等利益联结机制，一方面，公司和基地可以利用农户的力量在较短的时期内形成较大的生产规模，产生规模经济效益；另一方面，也避免和降低了农户的风险，从而提高了农业生产的组织化程度和水平。（2）有利于促进贫困地区特色产业的形成和产业结构调整。形成特色农业，就是在贫困地区培育有规模、上档次、具备特色的优势农产品基地。（3）有利于增加农民收入。

该模式存在的问题：一是对产业化扶贫理念尚未达成共识。产业化扶贫模式是通过直接扶持龙头企业来发展支柱产业，从而间接带动农户发展生产、脱贫致富的，培育支柱产业的长期性和农户脱贫的迫切性之间存在矛盾。二是龙头企业与农户之间的利益联结机制容易偏离扶贫目标。由于企业的最终目标是追求利益最大化，因此，在遭遇市场和自然风险时，在企业的利益与农户的利益相冲突时，受损失最大的往往是处于弱势地位的农户。

3. 异地安置模式

异地安置扶贫模式，也称之为自愿移民扶贫开发模式。这种模式历史悠久，始于1983年“三西”地区扶贫工作。从此，移民搬迁成为我国政府有组织扶贫工作中的一个重要形式。在“八七”扶贫攻坚计划实施过程中，我国17个省区实施了政府有组织的移民搬迁活动，搬迁规模达到了近三百万人，投入资金近六十亿元。新世纪扶贫开发纲要则更加明确地将自愿移民搬迁作为一项重要的扶贫模式。

该扶贫模式的优点：（1）通过移民异地安置，能够从根本上改变居住在环境恶劣地区贫困农户的生产和生活环境，从而彻底解决脱贫问题，且不易返贫。（2）由于生产和生活条件的大幅度改善，移民搬迁的贫困农户的满意度较高。在广西的实地调查显示，90%的农户对安置地生产生活条件表示满意，95%的农户认为移民后的生活比移民前有较大幅度的改善。（3）贫困农户有较高的期望值和积极性。该模式存在的问题：一是资金需求量大、资金缺口大。各省对移民搬迁的补贴标准在每人5 000元左右，但实际费用在1万元～1. 5万元之间。二是部分条件差的贫困农户难以实现自己的愿望。由于政府的补贴不到实际搬迁费用的一半，使得部分需要搬迁的困难家庭无力支付自筹资金，难以实现搬迁脱贫的夙愿，而已经搬迁的农户负债过高。三是迁入农户与当地农民的土地矛盾较突出。

4. 对口帮扶模式

对口帮扶扶贫模式，是由中央政府倡导、各级政府率先垂范、全社会广泛参与的一种扶贫模式。对口帮扶可分三个层次：一是在中央政府的统一安排下，以地方政府主导的东西部协作扶贫，即东部发达省市帮扶西部贫困省区；二是各级国家机关、企事业单位帮扶辖区内的贫困县区；三是社会各界自愿捐赠结对帮扶，即民间帮扶。作为国家扶贫一揽子举措的一部分，1996年，全国扶贫工作会议期间，国务院扶贫领导小组决定，东部沿海13个发达省市对口帮扶西部10个贫困省区，并做出了具体的帮扶安排。对口帮扶扶贫模式，有利于弘扬社会主义扶贫济困、共同富裕的社会风尚，调动社会各方面的力量和资源参与扶贫事业，为新时期扶贫开发和建设社会主义和谐社会作出了贡献。该模式的不足在于：扶贫资源动员的社会成本较高，捐赠项目落实难度大，具体操作上需要做大量的协调工作。

（二）“规划到户 责任到人”的创新之处

1. 建立机制，保证责任的有效落实。按照“政府主导、社会参与、自力更生、开发扶贫”的方针，坚持“省负总责、县抓落实、工作到村、扶贫到户”的工作格局，充分发挥党委、政府的主导作用，建立“规划到户、责任到人”工作责任制，各级党委、政府是本地本部门落实“规划到户、责任到人”的责任主体，党政主要负责同志为第一责任人。做到明确领导责任、单位责任和个人责任，实现认识到位、领导到位、机构人员到位。完善的扶贫开发工作机制，能够充分发挥各级扶贫办综合协调、组织实施、督促检查的作用。对贫困人口全面建档立卡和动态监测，有利于保证各项帮扶政策措施落实到户，按时实现脱贫目标。同时，省委组织部和省扶贫办共同制定考评办法，将“规划到户、责任到人”进展情况列入所在地区深入贯彻落实科学发展观和党政领导干部政绩的考核内容，每年组织检查考核和公布考核结果，以此作为干部考核任用的重要依据，确保如期实现扶贫开发目标。除此之外，还建立激励机制，根据各地完成的情况，奖优罚劣。

2. 更加强调以人为本，因户制宜，综合运用。“规划到户”就是通过建立机制，主要针对贫困户（点），做到工作重心下移，对贫困户的基本情况进行摸查，登记造册、建档立卡，并录入电脑实行动态管理，做到户有卡、村有册，省、市、县（市、区）和乡镇有数据库，形成实时联网监测系统，做到心里有数，分类指导，制订帮扶措施，搞好脱贫规划。具体就是针对每户贫困户的实际情况采取具体的帮扶措施。对丧失劳动能力且符合低保条件的贫困户，要列入最低生活保障，并逐步提高低保标准，以保障他们的基本生活。对既有劳动能力又有发展生产条件的贫困户，要采取开发式扶贫，通过与龙头企业挂钩、小额贷款等方式，引导其发展种养脱贫致富。对有劳动能力但素质较低的贫困户，要结合“双转移”工作，通过智力扶贫，确保贫困户子女得到免费技能培训，达到转移就业，增加非农收入。对因病致贫的贫困户，要着力改善医疗条件，使其恢复生产和就业能力。对处于不适宜生存环境的贫困户，要实行移民整体搬迁。同时结合我省扶贫开发的成功经验，如梅州的“拾荷模式”、“红山模式”、“富农模式”等，江门的“千企扶千村”，清远在推进贫困村互助金试点工作中，创造了互助资金分别与专业合作社、专业大户、全员股份和整村推进相结合的模式，还有教育系统实施“双零”智力扶贫方式等，大力推广这些行之有效的做法。

3. 加大投入，整合资源，资金保证。坚持“政府主导、社会参与、自力更生、开发扶贫”的方针，以政府投入为引导，动员企业、农民、社会其他力量千方百计增加扶贫资金投入。一是明确各级政府要加大财政扶贫资金投入力度。二是明确粤东西北欠发达地区市、县（市、区），要按照建立公共财政的要求，积极调整财政支出结构，切实加大扶贫开发投入力度，扶持项目要进村入户。三是明确珠江三角洲 7 个经济发达市要做好财政预算计划，将对口帮扶资金全部用于贫困村和贫困户帮扶项目。四是明确定点帮扶的行政机关、事业单位，应积极筹集资金帮扶定点村和贫困户。五是明确金融部门要加大支持贫困村建设和贫困户发展生产的扶持力度。实施小额贷款扶贫政策，小额贷款重点支持贫困农户调整农业结构，发展增收项目。六是明确各级党政和部门制定激励政策，动员社会各界力量参与扶贫。七是加强对扶贫资金管理，完善扶贫资金运行和项目管理机制，严格扶贫资金投向和使用范围，实行扶贫资金专账管理，确保资金专款专用。

三、我镇“规划到户 责任到人”工作情况

（一）加强领导，结对落实

为加强市外扶贫工作的领导，落实工作责任制，统筹指挥扶贫工作开展，我镇扶贫开发工作由镇委书记、镇人大主席吴淑萍亲自挂帅，成立扶贫开发“规划到户、责任到人”工作领导小组。领导小组负责统筹，党政、城建、农林水、社会事务、外经、经贸、劳动、宣传等部门对照帮扶目标，各施其职，落实帮扶措施，狠抓工作落实；同时，安排了 181 名领导干部作为帮扶责任干部，以“一对一”的形式实现与贫困户对接帮扶，真正做到任务明确，责任到位，措

施落实。建立镇及工作组领导定时到村到户指导和检查落实扶贫工作制度，其中单位主要负责人每年不少于4次，班子成员每年不少于3次，工作组长期驻村，每年单位要安排帮扶干部至少一次集中统一慰问或探访活动。

（二）多方动员，社会参与，充实资金，专项管理

在扶贫开发工作中，除了市镇帮扶的财政资金外，我镇在“6·30广东扶贫济困日”活动中，社会各界踊跃捐款，共筹得款项250多万元，活动当天我镇还向新兴县增加捐款5万元；此外，我镇连续两年组织除广东扶贫济困日以外的向新兴扶贫捐款的活动，干部、职工群众合共捐赠资金78万元，洪梅镇商会还向两间小学分别捐赠了2万元用于完善教学设施，到2010年年底，我镇累计筹集帮扶资金450多万元。在资金的管理上，建立扶贫资金项目监管机制，实行扶贫资金专账管理，严格执行项目审批预算制度，实行投入扶持公示制和受益者签名确认制，严禁截留、挤占和挪用，确保资金专款专用。按照扶贫项目建设进度，由镇、村两级根据实际需要提出支出申请，经当地县政府及扶贫办审批后直接拨付使用。扶贫单位和镇加强对资金使用情况的监管，确保扶贫资金使用公平、公开、合理和见成效。

（三）落实帮扶项目，增强造血能力

针对云吟村地处偏僻的实际情况，一方面采取异地建设扶贫项目，在村以外交通便利的陂边村租用土地4322平方米，投入130多万元，建设厂房项目出租，目前已与一制衣企业签订承租合同，项目将在2011年7月底前全面完工，预计项目每年纯收益可达20万元；另一方面，在村内建手工作坊，投入5万元把云吟村旧小学校舍翻新改造成手工业作坊，成立村民车间，以首年免租金的优惠方式引进银包加工企业落户当地，同时还通过向贫困户劳动力发放培训误工补助的方式鼓励和帮助贫困户实现就地就业，参加银包加工的贫困户每天可以达到40-60元不等的工作收入，通过门前就业有效增加非农收入来源。另外帮扶的梧洞村，通过增资10万元到洛洞光明（三级）电站，使村委会从2011年至2048年的37年里每年增加集体收入1万元，由原来每年2.2万元增加到3.2万元的稳定收入。

（四）“公司＋基地＋农户”模式，促进农业生产

在云吟村，通过联系四会水果批发市场和位于洪梅的嘉荣超市物流配送基地，发展以皇帝柑为主的“订单农业”，提高贫困户种植业收入。2011年，云吟村6000多斤柑橘都由我镇以高出收购价包收，保障农产品了出路，农业效益得到提升。同时根据两村实际，广东省温氏集团支持云吟和梧洞村畜牧业的种苗、技术和产品收购，我镇借此捐助了1万元，扶持发展养鸡户8户，养猪户2户。

（五）加强教育培训，提高人力素质

在两村举办柑桔种植、水稻种植、养鸡等农牧技术和职业技术培训班，共组织了336多人次参加了培训；同时定期派出种养技术人员深入到田间地头，现场为贫困户指导生产技术，提高种养项目商品率，做好技术指导跟踪服务。极力重视贫困户子女读书情况，了解存在困难情况，保证所有贫困户子女在义务教育阶段没有辍学，同时向112名困难学生发放帮扶助学金2.8万元。

（六）完善设施，改善村貌

两村共投入共投入26多万元帮扶改善村容村貌，使村级组织活动阵地有牌子、有活动场所、有电教设备、有宣传栏、有工作制度。其中帮扶2.6万元修建云吟村篮球场，2万元铺设梧洞村小学水泥路面；帮扶2万元改造云吟村前道路硬底化；帮扶1.8万元修建云吟村公共厕所，2.2万元用于梧洞村修建和改水改厕；帮扶2万多元开挖云吟农田水沟、修复机耕路，2万元补贴梧洞村石堤工程；帮扶两村共8.22多万元装修旧村委会，购置办公设备；帮扶2万多元美化绿化云吟村容村貌，1.6万元在梧洞村建造8个垃圾池，进一步改善卫生，使村内面貌焕然一新。

（七）补贴危房改造，改善居住环境

对两村一共7户补贴每户200元的危房改造资金，有效缓解贫苦户改造资金不足问题。总的说来，在我镇和被帮扶村的共同努力之下，贫困村的村容村貌有了极大的改善，集体经济得到了稳定的发展和提高，贫困户脱贫增收的能力也得到加强，生活质量有了很大的改善，扶贫达到了预期的阶段性的目标。

总的说来，在我镇和被帮扶村的共同努力之下，贫困村的村容村貌有了极大的改善，集体经济得到了稳定的发展和提高，贫困户脱贫增收的能力也得到加强，生活质量有了很大的改善，扶贫达到了预期的阶段性的目标。

四、结语

由于多种客观因素的影响，广东农村的贫困问题是一个长期存在的社会性问题，而省委、省政府高度重视扶贫开发工作，在充分考虑到我省贫困情况实际和总结以前扶贫模式的经验的基础上适时提出了“规划到户、责任到人”的扶贫开发工程，这对解决我省贫困问题具有重要的意义。而正如前面所论述的那样，“规划到户、责任到人”是具有创新性，由保证人员落实、责任落实、资金落实、动员各种资源、具体到户到村、实时监控等具有极大的优势，进一步从实践上看，我镇的帮扶工作都是在不断贯彻落实“规划到户、责任到人”工作的精神和要求，并且取得了很好的成果，完成了阶段性的扶贫目标，这更加说明了“规划到户、责任到人”的扶贫开发战略是存在实效的，对实际的扶贫开发工作起到了巨大的指导作用。

参考文献：

[1] 帅传敏，欧青平等．我国农村扶贫模式及其创新．郑州航空工业管理学院学报，2008，26（2）：119-123.

[2] 谢萌，辛瑞萍．关于我国农村参与式扶贫模式的思考．河北农业科学，2009，13（1）：107-109.

[3] 贾海薇，向安强等．广东农村贫困现状分析与成因探讨．农业考古，2007，6：338-341.

[4] 张军．广东农村贫富差距的探析．南方农村，2003，1：38-41.

对广东扶贫开发工作艰巨性和长期性的若干思考

中共广东省委办公厅督查室　林国徐[1]

解决贫困问题，是一项世界性难题，古今中外，概莫能外。古代中国解决贫困问题，局限于生产力低下，开仓拯灾是最常见的方法，这只能解一时燃眉之急。当代欧洲，治理贫穷问题，给贫困人口提供了一定的物质生活保障，因此而养了一大批懒人。解决贫困问题，为什么会那么难？贫困问题长期存在的根源是什么？扶贫开发的根本思路在何方？需要什么创新的制度和措施？围绕这些基本问题，笔者结合近年接触的各地各部门扶贫开发的做法，从哲学角度进行认真研究，阐发个人观点，敬请批评指正。

一、世界性贫困问题长期存在的主要因素

从源头上认识产生贫困，是解决贫困问题的基础。笔者从哲学范畴进行思考，分析贫困问题长期存在的主要外因和内因。

（一）外因

1. *政治因素*。是指一个国家或地区的治理制度、施政措施易产生贫困的因素。如我国清朝时实行“闭关锁国”政策，禁止外贸通商，到清代中后期，国内积贫积弱。一些政教合一的国家和地区，以宗教经典作为治国方略，缺乏刺激发展经济的措施，致使百姓物质生活匮乏。一些发展中的国家，治国理念处于经常调整中，连续性和稳定性不够，不利于消除贫困。一些发达国家，也存在一些金融经济政策不够完善而产生贫困。我国改革开放前后，治国策略发生了翻天覆地的变化，改革开放在很大程度上消除了大批贫困人口。可见，政治因素是产生和消除贫困的基本因素。

2. *战乱因素*。是指战争、动乱产生大范围贫困的因素。战乱往往大规模破坏国家和地区的稳定，危害老百姓的生产和生活，造成大批流离失所的难民和

[1] 林国徐（1971.03-），男，大学本科学历，中共广东省委督查室主任科员，主要从事宏观政策研究。

贫民。古今中外，任何国家和地区处在历史上的动荡时期，都产生了大量贫困人口。因此，我国在改革开放中，十分强调“稳定压倒一切”，就是为消除贫困创造一个有利的环境，也因此才能把贫困人口消降至最低限度。

3. 经济危机因素。是指经济危机造成有产者、产业工人沦为贫困的因素。经济危机、金融风暴等，往往冲击各种产业，造成百业凋蔽，失业人口增多，物价飞涨，人民生活更加困难。1998 年亚洲金融风暴、2008 年国际金融危机告诉我们，一些有产者因此重新返贫甚至跳楼自杀。经济发展规律告诉我们，经济危机和金融风暴会伴随着经济活动规律性地重现。因此，由经济危机造成贫困的现象将长期难以消除。

4. 环境因素。是指生产生活所处自然条件差导致贫困的因素。高原、荒漠、戈壁、高山、石灰岩、盐碱地广布的地方，基础设施差，生产水平低下，贫困人口较多。

5. 灾难因素。地质、天气灾害毁坏家园导致贫困的因素。地震、火山爆发、地陷、流石泥、雪崩，以及台风、海啸等，往往会摧毁无数家园，造成百姓流离失所，哀鸿遍野，都是造成贫困的重要外因。

（二）内因

1. 个人因素。是指个人由于知识少、技能低、疾病、年龄小而无靠、老而无靠等造成贫困的因素。20 世纪末到 21 世纪初，我国出现个人知识、技能不能适应产业发展需要而下岗失业导致贫困的社会问题。经过 10 多年的不懈努力，这个问题已经得到较好解决。因病返贫、鳏寡孤独无依无靠且无劳动能力及生活来源的贫困人口，仍将长期存在。

2. 家庭因素。是指家庭疾病、残疾、受教育等人口多、劳动力少而贫困的因素。随着患病者痊愈，受高等教育人口完成学习，贫困状况会得到较好改善。这个因素的动态性比较明显。

3. 族群因素。是指部落、宗族囿于旧传统、旧观念，缺乏发展生产而形成整体落后贫困的因素。这种现象在我国已经得到较好解决，在非洲一些国家和地区还依然存在。这些族群，可以通过改变社会形态，采用先进生产力直接改变族群大部人的贫穷面貌。

二、广东省对扶贫开发工作创造性的实践和探索

我国正处于和平盛世时期，国内政治环境和国际政治环境对我国发展比较有利，这也为解决当今贫困问题提供了良好的时机。广东省一直致力于解决贫困问题。尤其是 2009 年 6 月以来，省委、省政府坚持以人为本的执政理念，

采取了全新的制度设计，确立扶贫开发“规划到户、责任到人”的工作，以超越以往的决心和力度，扎扎实实推进扶贫开发工作，成效非常显著。归纳起来，近年来广东省扶贫开发工作主要亮点有如下7方面：

（一）省高层致力抓进度与各地各单位全力促进度相结合

省委、省政府把扶贫开发工作作为全省的一项重点工作，摆上议事日程，经常召开常委（务）会议研究扶贫工作。省委、省政府主要领导经常认真抓扶贫开发工作。各地各单位也把扶贫工作作为重要的工作抓紧抓实，加快进度，实实在在地推进扶贫工作。

（二）细致规划与全面扶贫开发相结合

省委、省政府认真制定关于扶贫开发“规划到户、责任到人”的工作意见，在组织领导、资金投入、对口帮扶、扶贫措施、督办考核等方面制定具体的意见。这在制度设计上，采用了全新的理念，走出“为解决贫困而解决贫困”的局限，把扶贫与开发结合起来，形成措施刚性、衔接紧密、扎实可行的机制和制度，为从根本上推进全省扶贫工作打下了良好的政策基础。

（三）加强资金投入和实现刚性目标任务相结合

省、市、县财政明确投入资金进行扶贫开发，对口扶贫单位也都明确列出专项资金，“真金白银”进行扶贫开发。资金投入与省定下的3年任务相结合，每年完成省下达任务的进度，使扶贫开发工作得以扎扎实实推进。

（四）对口帮扶与单兵作战相结合

省委、省政府确定珠三角与粤东西北地区对口帮扶的政策，既注重外力的帮助，又注重发挥内力的作用，激发自我脱贫的愿望，通过内外形成合力，更好达到扶贫开发的效果。

（五）产业项目帮扶和因地制宜发展相结合

帮扶的地方和单位带去产业、项目、服务等，帮助发展农产品、产业低端部分等经济。受帮扶的地方因地制宜，着眼于壮大贫困村的集体经济，发展旅游、水电、农贸市场等，注重自力更生。

（六）输血与造血相结合

广东省创新扶贫济困活动的形式，设立了“广东扶贫济困日”，首届募集资金超过30亿元，为扶贫开发工作提供强有力的资金支持，输入了新鲜的血液。各地各单位都制订了一批自我造血的项目，加强基础设施建设、公共服务、助学等，为贫困村和贫困户提供一定可靠的收入来源。

（七）劳动力转移和打造永不撤走的致富工作队相结合

免费为贫困户劳动力进行技能培训，并积极转移到珠三角等经济发达地方就业。同时，加强基层党建工作，帮助提高村“两委”班子带领致富的能力，努力为贫困村留下一支“永不撤走的致富工作队”。

三、广东扶贫开发工作艰巨性和长期性的主要成素

广东省已经做了大量有效的扶贫开发工作。由于产生贫困问题的根源仍然在一定程度存在，有的还将长期存在下去。笔者从时间和难度上分析当前广东扶贫开发长期性和艰巨性的主要因素。

（一）艰巨性因素

1. 资金因素。按级投入扶贫资金的制度设计，给一些贫困地方解决贫困问题带来了新难题。一些贫困地方本来是“吃饭财政”，按级配套财政扶贫资金能力远远不够，短“金”少“银”现象较突出，减弱了脱贫带动力。此类贫困地方本来就是贫困村和贫困户较多的地方，需要的配套资金也往往比其他地方要多。此项制度设计未能考虑到贫困地方的实际，使贫困地方全面完成脱贫任务几近“纸上谈兵”。广东要脱贫，首先是贫困地方全面脱贫，没有贫困地方全面脱贫，就谈不上真正意义的完成脱贫任务。资金缺乏造成脱贫仍然很艰巨。

2. 环境因素。贫困地方多分布在山区，高山、石灰岩广布，自然种养条件较差，交通等基础设施落后，产业薄弱，生产水平低下。要从根本上改善基础设施，改善生产条件，仍然很艰难。

（二）长期性因素

1. 地方政策因素。一些地方未能按省定政策将全部贫困人口和贫困村纳入登记范围，人为地出现漏登漏报现象，这客观上把部分贫困村和贫困人口拒之于脱贫行列之外，成为贫困长期难以解决的一个重要瓶颈。

2. 个人和家庭因素。是指疾病、残疾家庭，以及五保户家庭，是长期难以脱贫的家庭。受教育人口多的家庭，脱贫时间大致与完成教育时间相同，需要若干年的时间。由于各种社会因素，每年都会新增一些孤儿、鳏寡孤独无依无靠且无劳动能力及生活来源的贫困人口，使扶贫工作更趋于长期性。

（三）长期性和艰巨性因素相交织因素

1. 经济危机余波因素。我们正经受国际金融危机余波的严峻挑战，房地产已出现泡沫，物价普遍高涨，如果这些现象进一步剧化，将会在今后一定时期内产生大量的贫困人口。

2. 灾害性天气。广东每年都要受到台风的袭击 10 多次，灾害性天气带来的塌崩、泥石流毁坏大量的村庄和农园，覆盖面广、危及人数众多，成为长期产生贫困的重要根源，也是治贫的一个难点。

3. 村集体因素。一些贫困村大量青壮年劳动力外出务工成为“空心村”，留守村庄的多为妇女、儿童、老人相对欠缺致富观念、能力。这样缺乏内生动力的贫困村，扶贫难度较大，时间需要更长。

四、从贫困内涵出发，进一步明确扶贫开发的几条根本思路

从源头上认识贫困问题长期性和艰巨性，是进一步开展扶贫工作的基础。广东省正在开展的扶贫开发“规划到户、责任到人”工作是全国乃至世界上解决贫困问题的重大创举，仍需要长期坚持下去。同时，针对扶贫开发的艰巨性和长期性，必须从贫困的特定含义出发，进一步理清思路，认清方向，明确扶贫理念。笔者认为主要有以下几点：

（一）坚持把科学发展观创造性地运用于扶贫开发

贫困是与人紧密相关的问题。关乎扶贫，实在扶人。科学发展观是坚持以人为本，树立全面、协调、可持续的发展观。因此，深入贯彻科学发展观，真正把科学发展观贯彻于扶贫当中，是能够解决扶贫开发问题的。要始终围绕人字作文章，特别是把贫困人口的文章做实做好，扶贫工作就会发现新路子。具体来说，物以类聚，人以群分。不同的贫困人群，脱贫致富能力有大小，可按知识、技能、年龄、劳动能力等因素，大致可分为 3 类：一是可能完全脱贫的人；二是通过外力可以脱贫的人；三是不可能脱贫的人。坚持科学发展观，区分贫困人群的类别，加强分类指导，分别采取贴身的有效的措施，对症下药，帮助第一、二类贫困人群脱贫致富，把第三类人群全部纳入供养范围，使贫困人口降至最低。

（二）坚持把经济规律创造性地运用于扶贫开发

贫困是与经济密切相关的问题。关乎贫困，实在经济拮据。广东省改革开放 30 多年，在经济发展上“杀出了一条血路”，创造了经济发展史上的奇迹，说明了经济规律在广东得到很好的运用，起到了很好的作用。因此，消除贫困问题，根本还在于如何更好地在贫困地方运用经济规律。广东实施“双转移”（产业转移和劳动力转移）战略，把扶贫开发与加快转变经济发展方式相结合，为全国创造了解决贫困问题的范例。这项创举还需进一步深化，要把引入经济规律与主体功能区规划相结合，既突出当地功能定位，保护脆弱的生态环境，又促进当地经济发展。要走出改革开放之初那种粗放式发展的路子，探索走集约式、跨越式发展的路子。这是真正解决贫困的关键。

（三）坚持把区域均衡协调发展理念创造性地运用于扶贫开发

贫困是与富裕相对的问题。关乎富裕，实在区域发展不平衡。广东在

实际中已经形成珠三角发达地区与粤东西北欠发达地区。贫困的主要分布地方，就在于欠发达地区。贫困地方缺乏大中小项目布局，基础设施不完善等，制约着当地发展步伐。加强改善贫困地方的区位条件，确保公共服务均衡化，增加项目布局，平衡教育、卫生、医疗、社会保障等，对促进当地发展将有很大的作用。

五、创新扶贫开发若干措施和制度的思考

扶贫开发，思路为上，措施次之，措施是思路的延伸，是思路的具体体现。缺乏思路的措施，如无源之水，无本之木。结合笔者近年涉足扶贫开发工作，提出如下几点意见措施：

（一）创造一个更加稳定有效的政策环境

1. 纳入幸福广东指数体系。在制订全省幸福指数中，要把扶贫开发与幸福广东的指数体系挂钩，明确幸福广东需要扶贫开发工作达到什么效果。

2. 制订扶贫开发长期计划。即省及各地各单位要制定扶贫开发的“五年计划”，并纳入到省和各地各单位的“十二五计划”中去，通过长期计划，明确目标任务、提高贫困线、增加资金投入、发展产业、项目布局、督办考核等，确保不断缩小扶贫开发的范围。

3. 加强地方法规立法。省和拥有立法权的地级以上市，确保扶贫开发作为一项长期的工作，在规划、领导体制、财政资金预算、扶贫开发标准调整原则、贫困人口教育和培训、贫困村发展等方面进行立法，为扶贫开发走上规范化轨道。

4. 促进地方完善政策。促使地方完善相关制度，增强地方扶贫开发的积极性和责任感，尤其是登记统计贫困人口和贫困村方面，做到不漏登一人一村，并及时发现新增贫困人口，为全省推进扶贫开发工作不断夯实基础。

（二）完善扶贫开发领导体制建设

1. 建立行政首长负责制。改革开放30多年来的一条重要经验表明，只要领导重视的领域，发展就会又好又快。为推进扶贫开发工作又好又快，必须加强组织领导，完善领导体制。建议省由省长或者分管财政的副省长分管扶贫开发工作，加强协调指导。建议各地及省直各单位建立健全一把手负责制，把扶贫开发工作作为行政一把手任期内的主要工作之一，与政绩挂钩，纳入组织部门的考核范围。

2. 提升扶贫机构规格。机构规格低，协调督办步难行。省及各地扶贫机构处于二级局的位置不利于开展协调督查等工作，更不利于问责。建议将扶贫机

构列为政府的直属机构或者办事机构，提升为一级局规格或者领导职务高配，促进扶贫开发工作。

（三）加强扶贫开发的财政预算

1. 完善财政资金安排制度。建议省及各地把扶贫资金作为每年财政预算的专项，为扶贫开发工作提供资金保障。

2. 财政分类扶持。省要对全省县级财政进行分类，明确不同类别的县级予以帮扶的标准，特别是对16个省级扶贫开发重点县，要确保资金帮助其完成扶贫开发任务。

3. 明确珠三角地区作出财政专项预算。明确珠三角地区设立扶贫专项财政资金，加强对口帮扶力度，同时省加强审计，确保资金用于贫困地方扶贫开发，不被改变资金用途。

（四）千方百计增强内生动力

1. 增强贫困人口脱贫致富的内生动力。对于不可能脱贫的人，包括孤寡老人、残疾无劳动能力的人、孤儿、重病卧床等人，由民政、人力资源社会保障、残联等单位全额提供生活救助。除了不可能脱贫的人外，可以完全脱贫和通过外力可以脱贫的人，各级各单位要加强培训技能，更新知识，激发脱贫的愿望，同时通过转移就业，或者提供小额无息贷款帮助自主创业，增加其经济收入。

2. 增强贫困家庭脱贫致富的内生动力。对多孩家庭、多病人家庭等贫困家庭，开展助学、志愿者等活动，帮助主要劳动力减轻家庭压力，投入生产劳动，增加家庭收入。

3. 增强贫困村脱贫致富的内生动力。多数贫困村存在一定程度的“空心化”现象。必须采取优先提拔使用、增加工资补贴等较强的激励措施，加大力度选拔“大学生村官”、选派年轻干部到乡村挂职等；并动员外出经济能人返乡创业，带领村民致富；甚至对于环境条件较差、人口稀少的贫困村，采用财政补贴，建设廉租房等，动员并实施整体搬迁，融入经济较好的村庄。

（五）加强区域平衡协调发展

1. 开展产业转移式扶贫。建议省在16个省级扶贫开发重点县布局至少1个重点项目，带动当地发展。统筹珠三角地区，在对口帮扶的地方安排1个发展项目。促使珠三角和地级市低端产业链转移到贫困地方落户，促进贫困地方产业发展。

2. 加强基础设施建设。建议省直有关部门加快农村饮水、道路、农田水利、住房、环境等基础设施建设，改善贫困地方发展硬件。

3. 保持社会事业均衡发展。深入落实优秀大学生到农村执教的优惠政策，大力实施支教政策，提高农村社保、医疗报销、五保老人供养等标准，大力发展农村体育文艺事业，促使欠发达地方在教育、社会保障、卫生医疗、体育文艺等方面得到长足发展。

（六）大力发展慈善事业

1. 探索发展慈善事业的新路子。继续办好每年一届的“广东济困日”募捐活动。设立专门账户，接受社会各界扶贫捐赠。

2. 加强发展慈善事业的立法。认真制订出台发展慈善事业条例，建立健全激励社会力量进行扶贫开发制度、完善社会捐赠抵减税收制度、授予广东省荣誉公民称号等，并加强舆论宣传，使扶贫开发的观念深入人心，集中社会力量推进扶贫开发。

（七）建立健全贫困动态管理制度

1. 加强督查考核。建议扶贫部门每年单独或者联合有关部门，开展督促检查，推进扶贫开发政策、任务的落实。同时，加强考核，及时发现先进典型，鞭策后进。有决策，有落实，有督办，有考核，才能不断推进扶贫开发工作迈上新台阶。

2. 建立贫困线动态调整制度。要建立贫困人口的贫困线与最低工资标准挂钩制度、贫困村的贫困线与经济社会发展状况挂钩制度，每年调整最新贫困线，使贫困线的设定更加合理。目前，按农村居民年人纯收入2500元以下定为贫困人口的贫困线，按年村集体收入低于3万元为贫困村的贫困线，相对偏低。同时，要按地区划定不同的贫困线，现行全省统一划定贫困人口和贫困村的标准，未能体现地区差别。因此，建议扶贫部门牵头，根据地方和最低工资标准、经济社会发展状况，每年调整各地贫困人口和贫困村的标准。

3. 建立登记和核销贫困人口和贫困村制度。为及时做到对全省贫困人口和贫困村底数清、情况明，有效实行动态管理，建议扶贫部门牵头，建立新增贫困人口和贫困村登记制度，由各地登记，然后汇总到省扶贫部门，新增贫困人口、贫困村及重新返贫的，要说明原因；同时建立核销贫困人口和贫困村的制度，对经过帮扶脱贫的，采取妥善措施，不再列入帮扶对象。通过一增一减，科学的巩固扶贫开发成果，并更好地保障扶贫开发工作长效开展。

论产业帮扶项目的战略选择与组织实施

广东省质监局基层教育处[1]

近年来，产业帮扶作为一种新的扶贫方式，在全省扶贫开发工作中得以实践，并取得了一定成绩，积累了丰富经验，可以说，开展产业帮扶，推动贫困地区产业发展是脱贫致富的有效措施。目前我省粤东西北欠发达地区14个地级市和恩平市等83个县（市、区）共有3409个帮扶村，脱贫任务迫切而艰巨，正确选择产业帮扶项目和有效组织实施显得尤其重要。分布在粤东西北地区的各个帮扶村因地区政策、地理条件、环境资源、市场需求、民风民情等方面均存在差异，产业帮扶项目的选择缺少统一标准，存在项目选择难、操作性差、推广性弱、风险较大等情况，给扶贫开发工作带来一定的难度。

4月12日，汪洋书记到清远英德进行产业帮扶项目专题调研时强调：要尊重经济规律，运用市场手段，积极探索稳定脱贫的模式和方法，使“双到”扶贫开发取得实效。鉴于此，笔者拟从以下几点浅谈产业帮扶项目的战略选择和组织实施，希望能给扶贫开发工作思路带来一点参考。

一、产业帮扶的政策背景及经验

产业帮扶最早是1998年春，李长春同志在视察粤北山区时指出的“要推进农业产业化，关键是创办龙头企业”。1998年底，省委省政府在《关于加大扶贫开发力度，加快贫困县脱贫本康的意见》中要求大力扶持兴办扶贫农业龙头企业，推进农业产业化经营；并提出在东西两翼和山区重点扶持发展50家规模较大的农业龙头企业。从此，我省开始了实行产业帮扶的政策建设和实践历程。

为切实提高我省扶贫开发水平，这两年，省委省政府扶贫开发力度空前。

[1] 孔祥佩(1956.05-)，男，广东省质量技术监督局处长，研究方向或领域：基层教育培训、扶贫开发、援藏援疆。参与编写人员：张桦梓

2009年6月，省委办公厅印发了《关于我省扶贫开发“规划到户责任到人”工作的实施意见》（粤办发〔2009〕20号），对全省扶贫开发工作进行的统一部署，明确指导思想、目标任务和工作要求。提出“广泛动员各种社会团体、民间组织、企业家、个体户、港澳同胞、海外华人华侨、国际慈善机构及非政府组织，在充分自愿的基础上，通过多种形式，积极参与扶贫开发建设”，为实施产业帮扶提供了资金渠道，是产业帮扶的政策支撑。

2010年11月，省扶贫办印发了《关于切实做好“双转移”工作于“双到”工作相结合的意见》（粤贫办〔2010〕98号），要求积极推动珠三角向东西两翼和粤北山区实施产业转移，鼓励民间资本和其他各类资金到东西两翼和粤北山区投资，开展前店后厂或前销售后生产基地形式的合作；鼓励和支持东西两翼和粤北山区发展种养业和农产品加工业，发展劳动密集型、资源开发型产业，并按有关规定享受优惠政策。

各级党委、政府和社会热心企业迅速行动起来，以“政府指导、市场运作、互利共赢、协调发展”的方针，开展以产业帮扶为主的具体帮扶措施，有效促进了帮扶村主导产业的发展和劳动力的有序转移，带动了东西两翼和粤北山区帮扶村加快发展，走出了一条特色脱贫路子。如省质监局，先后两次发动珠三角企业，在充分自愿的前提下，共捐款1110万元，为大力发展“公司+基地+农户”，开展油茶种植项目奠定了稳固的资金基础。同时着力落实油茶种植的调查研究、宣传发动、开荒开垦、选种育苗和山道规划。目前已有113户农户先后种植油茶1440多亩。紫金县政府充分发挥农业龙头企业的带动作用，力争53个帮扶村每村培育1个以上农民专业合作社或扶贫农业龙头企业，努力形成“引龙头、建基地、扶大户、带农户、城乡联动”的产业化扶贫之路。中山市政府大力推进“一村一基地”农业产业项目建设，在对口帮扶的汕尾市80条贫困村打造万亩扶贫产业园区，努力为贫困地区构建脱贫致富长效机制。碧桂园集团捐款2亿元，选定在英德市树山村开展绿色产业扶贫，为帮扶村建设了苗圃基地，免费培训村民种苗木，并为村民垫付九成的种苗款，苗木长成后再按市场价格收购。广东金穗集团在和平县投资打造山区生态旅游“和平温泉之都”扶贫项目，2010年底，已接待游客40万人次，年营业收入达3000万元，实现年利税600多万元，年上缴税收130万元，解决就业人员320人，逐步把贫困地区自然资源开发出来，变劣势为优势，带动共同脱贫致富。该工程一期已被确认为广东首个产业扶贫综合示范园区，并正式挂牌成立。根据有关数据统计，2010年全省产业帮扶共带动15万贫困户发展生产，占总户数的40.4%，平均每村带动贫困户44户。

二、产业帮扶项目的选择原则及实施

（一）产业帮扶项目的分类及优缺点

根据我省开展的产业帮扶项目来看，主要涉及三大类项目：一是种养殖等农业类项目，二是工业生产类项目；三是 资源性开发项目（旅游生态资源、矿产类资源等），其各有优缺点。

1. 种养殖等农业类项目。该类型的项目主要是依靠的是发展种养殖项目，通过提高种养殖水平，实施产业化种养殖的方式来增加帮扶村的收入。如省质监局开展的油茶种植项目，碧桂园集团开展的苗圃基地，郁南县开展沙糖桔、无核黄皮、蚕桑、温氏鸡等项目，丰顺县开展茶叶种植项目等，都是该类型的代表。农业类项目在扶贫开发工作中有着先天性优势，能较好地融入帮扶村实际，技术含量稍低、农民已掌握基本的种养技能，容易上手，特色农产品已有固定市场，项目筹备过程相对简单。农业类项目确定后，通常启动得比较快，收益周期也较短。因此，该类型的项目也是产业帮扶项目的主要类型，占了全省项目的 90% 以上。但农业类项目也存在一定的缺点，产品受天气和市场供求等因素影响明显，需求较多的政府和专业合作社等组织的宏观规划和指导。

2. 工业生产类项目。该类型的项目主要是依靠的是开办生产企业，以产品输出为赢利模式的项目。主要是通过解决帮扶村人员就业及分红的模式，来增加帮扶村的收入。如广州化工集团出资 120 万元，在帮扶村兴办了 1 家企业。广州化工设计研究院出资 45 万元在澄坑村成立梅州市广澄陶瓷材料有限公司。鹤市镇与商家合作经营“双到”牌肉食品加工厂等。帮扶村位于我省粤东西北欠发达地区，往往地理位置较偏僻，交通运输条件较差，劳动力水平相对较低。而这些因素往往是开展工业生产类项目的关键因素。因此，该类型项目选择得比较少，通常是受到政府宏观调控和政策倾斜，如受珠三角“腾笼换鸟”和“双转移”等调控和政策倾斜下，传统企业从本地区“转移出去”才选择到贫困点去，能享受到相应的政策优惠。

3. 资源性开发项目。该类型的项目主要是旅游生态资源、矿产类资源等开发项目，是依靠的当地的可再生或不可再生资源，以文化、矿产等输出为赢利模式的项目。如省质监局结合帮扶村实际，进行水电站建设调研，拟利用帮扶村水资源，建设小水电站。深圳市福田区总工会、劳动局帮扶帮扶村建水电站。连平打造小洞新景观，建设旅游专业镇。广东金穗集团投资打造山区生态旅游“和平温泉之都”扶贫项目等，都是该类型的代表。该类型项目的要求更为严格，帮扶村必须具有一定的可利用资源，没有则无可谈起。

（二）产业帮扶项目的选择原则

扶贫开发工作的重要性决定了必需慎重选择产业帮扶项目。项目是否切合实际，是否具有较强的针对性和可操作性，是否能形成产业化，长久赢利和发展，不仅关系到其立项价值，更关系到脱贫效果，关系到能保护贫困群众的切身利益和农村的和谐稳定。笔者认为，产业帮扶项目在选择上须坚持以下原则：

1. 因地制宜与市场导向相结合原则。项目选择应遵循的原则很多，其中因地制宜与市场导向相结合是一个根本性原则，其基本内涵是：除项目发展必需与当地实际情况相适应外，生产出来的产品符合市场需要，两者能有机结合，保持相对稳定的赢利模式。以种养殖等农业类项目为例，农业类项目要做到宜农则农、宜林则林、宜渔则渔，使得作物、树木、牲口、鱼类等能在适宜的条件下健康生长，从而为获得较高的经济效益奠定基础。同时，还要密切关注市场导向，明晰市场前景，拓宽销售途径，适时销售，才能形成达到盈利效果，才能达到真正脱贫的目标。

2. 资源约束与有效利用相一致原则。帮扶地区之所以贫困的原因之一就是资源有限，且其利用十分不合理。在产业帮扶的项目选择上，一定要追求资源的使用效率，合理安排规模，以达到最佳效果。如省质监局选择的油茶种植项目，推广的是油茶良种苗，较之前农民种植的土苗对比，具有速生、丰产、优质、适应性和抗逆性强等特点，而且种植地为坡度30度以下向阳坡山地，造林密度可以小些，为2.0米×2.0米×2.5米×3.0米的株行距，能最大限度地利用帮扶村的土地进行开垦种植，提高产量和质量。

3. 短期回报与持续发展相协调原则。科学、合理的项目回报体系是脱贫不可或缺的因素。作为集自然环境复杂性、经济发展边缘性、社会文化过渡性等多种特殊性的综合叠加区域，帮扶村的项目回报体系有别于一般地区。单纯的、长期的、见效慢的项目回报不可能调动贫困户的积极性，也容易影响贫困户对项目的信心。单纯的短期回报，也不可能实现帮扶村稳定脱贫，容易造成帮扶责任单位撤走后，项目缺少支撑而失败，贫困户重新返贫的情况。笔者认为：只有坚持短期回报，树立贫困户信心，并能持续发展的项目才是可行的。主要衡量有以下三方面：一是通过计算投入费用和产出效益，建立深入反映帮扶项目经济效益的模型与指标，并强调前两年的效益突出。二是强化社会效益衡量内容与指标，通过项目提高经济收入，帮扶村更稳定，群众更和谐，带动更多人加入项目中来。三是增强资源效益指标，防止土地沙化、土壤肥力减弱、不可再生资源严重消耗、不可持续发展的现象。

（三）产业帮扶项目的组织实施

项目一旦确立以后，组织实施便了项目成功的关键。在实施产业帮扶项目过程中，笔者认为主要采取以下措施：

1. 抓规划，打基础。规划是项目实施的前提，特别是选点、选种、人员、资金、任务分解等，要做到合理合法。如果涉及土地使用权问题，要充分尊重贫困户土地使用权，可采取返租倒包形式，扎实推进土地使用工作，为项目产业化发展提供有利条件。也可以采取总包后分包，一家一户分散种植的格局，实现经济薄弱村农业生产规模化经营。在发挥统一种植，统一管理，统一收获优越性的同时，也体现了家庭分散劳动的灵活性。

2. 强宣法，促带动。无论是何种类型的项目，均存在正负季之分。只有在正季实施，才能确保马到成功，正所谓“天地人和”合一。项目筹办小组必须在项目确定后至正季工作前一个月强化宣传效果，分头深入贫困户开展有声有色的宣传活动。要举办各类型技术培训班，向群众深入讲解项目的特性、制种、培育等生产技术，用现场演示的方式，直观地向群众传授各主要环节技术措施，为项目成功打下良好基础。用树榜样的方法，重点帮扶有条件的贫困户，通过榜样作用，树立龙头，有效带动其他贫困户的积极性，营造良好的氛围。

3. 靠科学，提水平。项目实施小组要依靠科学技术，提升项目实施水平，不断进行新品种引进和技术开发推广，真正做到产业升级，帮助贫困户脱贫致富。如：养猪项目，可通过建现代猪舍，引进优良种猪，加强配种人员培训，完善生猪品种改良工作，推动标准化管理，环保养猪技术，试行养猪业饲养模式转变等，走出一条优质、高等、高效、低成本的科技产业化扶贫道路。

4. 建组织，成网络。建立强大统一的项目服务网络，成立项目合作组织，如农村农民合作社、产业协会等，不仅能有效解决千家万户分散经营与统一市场的矛盾，增强贫困户抵御市场风险能力，而且能够提高贫困户进入市场的组织化程度，在保护贫困户效益，增加收入，增强产品市场竞争力等方面发挥着不可暂代的作用。在成立组织过程中，要按照“民办、民管、民受益”的原则，遵循“边发展、边规范”的思路，组织引导贫困户、专业大户成立联合体或各类专业协会，鼓励各类经营机构和社会自然人成立组织，为产品生产与市场衔接起来，发挥重要纽带桥梁作用。

三、目前我省产业帮扶存在的问题及原因

（一）政府提供过多，其他参与者多“被动式”参与

长期以来，我省甚至全国的扶贫开发工作的主要模式均以政府为主导力量，

由政府充分发挥其组织与动员优势，对扶贫开发资源和社会资源进行分配、管理和运作，主导和负责扶贫开发工作。实践证明，该种模式是富有成效的。特别是在产业帮扶中，效果尤其明显。首先，从项目的资金来源来看，政府始终扮演着最主要的角色。各种项目资金，几乎全来自政府部门的捐赠及发动。其次，从项目的主要运作模式来看，也是以政府为核心和主导，政策及措施也是由政府负责和制定，对项目选择和参与人员认定等等。第三，从项目的决策权、控制权来说，政府也有着更多的话语权，影响着项目的决策、管理和使用。

随着贫困人口与地区的发展变化，这种帮扶模式受到了越来越多的考验，最为突出的问题是：帮扶主体发生转换，导致扶贫效率低。所谓的帮扶主体转换，就是指在项目实施的过程中真实的被帮扶者地位没有得到足够重视，使其觉得自己只是参与者、利益享受者，而不是付出者，导致积极性不高，项目效率低下等情况。政府过多参与，还会导致项目实施及地区资源流向的操作设计、制度体制等存在缺陷，例如监督与管理不到位，信息公开化程度不足，一些项目的提出和管理流于形式，公平性不足等。

（二）项目实施与帮扶对象意愿存在矛盾，较难推行产业化

产业帮扶是一种规模化的扶贫模式，它针对不同致贫因素，采取区域开发、规模化生产等综合性措施，促进贫困地区经济和社会发展。但我省农村目前实行的是家庭联产承包责任制，土地分散，经营规模小，生产效率不高。贫困户的生产“各自为政”，并存在利益上的相互交错，加上文化素质偏低，当项目实施涉及贫困户的切身利益时候，若不能很好地沟通交流，就会增加项目推行产业化的难度，搞不好，还会造成政府与贫困户产生矛盾。如省质监局在推行规模化种植油茶项目时，根据可行性分析，项目收益可观。经前期较好的发动，绝大部门贫困户都参与到该项目中来。项目实施过程中，需要对荒地进行修整、通路、通水等，但就存在某些个别贫困户不愿意将土地租让出来，不愿意参加该项目的情况，有抵触的情绪，原因主要有：一是由于贫困户没有种植的技能，由于个人素质条件，也不能较好地重新学习种植技能。二是种植油茶，虽然在种苗、施肥、培训、销售环境都有政府提供无偿资助，但仍需要贫困户自筹一部分。虽然风险较低，但对于某些贫困户来说，仍认为存在风险。三是部分贫困户原已经营着部分种养殖项目，无再多的经历顾及新开而且不擅长的项目。这些因素，往往增加项目产业化的难度，给项目带来一定的影响。

（三）项目资金使用缺少绩效考评制度，未能较好发挥最大效益

项目资金使用的绩效考评制度，归根到底就是项目资金如何发挥其最大效益的问题。这里涉及两个方面，一是项目资金来源问题。一般来说，扶贫开发工作中的项目资金来源与各级政府及企业、社会上的捐赠。资金来源稳定、没有风险，不存在真正的成本问题，容易导致“高投入、低产出”。而扶贫工作考核办法也只对帮扶责任单位的投入进行考核，并未对产出有相关规定，容易使帮扶责任单位从政绩考虑，从考核考虑，不重视项目的管理和论证，不理会投入与产出的比例，导致项目效益低下。二是资金在实际运用中的问题。项目资金是有限的，相对固定的，要切实发挥作用，需要让资金瞄准在项目的关键环节上，偏离关键环节，错误的投入，往往不会带来理想效果，造成浪费现象，还有损害广大贫困户的支持和参与。项目的关键环节涉及多个方面，每个项目都是专业性较强的实际问题，作为主要力量的政府部门人员，在这方面都凭主观认识去衡量，没有相关的制度去参考，去约束。如种植项目，涉及通、挖坑、施肥、种苗、天气和销售等个个环节，关键环节把握不清楚，掌握不全面，导致错过了时机和商机，导致项目效益大打折扣。

四、推动产业帮扶要把握好的几个关键

（一）处理好产业帮扶各参与主体之间的关系

产业帮扶参与者主要有政府、贫困农户、各种加工销售企业或中介组织，只有正确认识各参与者在产业帮扶中的角色定位，才能更好地实现产业化帮扶目标。政府必需改变计划经济体制下行政命令式的行为模式，按照市场经济的办法做好支持者、宏观调控者、公共服务者的工作，作用的重点和方式应放在积极推动各级政策、资金的落实，逐步增强扶贫开发工作的力度和规模，引导贫困村优化产业发展环境等。农户和企业或中介组织才是产业帮扶的市场主体，产业帮扶的企业与农户建立供需合理的利益联合机制是产业帮扶的实质和核心，但在实际过程中，由于企业与农户之间的经济地位、市场信息和社会地位不对称，导致其经济地位并不对称，就需要中介组织如村民合作社等的协调功能来实现贫困户与企业之间的有效连接，同时政府也必需加强法律约束保护农民独立市场主体地位。

（二）发展多元化资金投入主体，巩固产业帮扶项目的资金来源

全省既要巩固原有的政府动员社会力量，筹集资金投入产业帮扶外，应安排好政策性的扶贫项目投资资金，包括财政产业帮扶的项目扶持资金、贫困地区农业开发贷款等等，在使用这些资金时必须有重点有计划投入到市场前景好、辐射面广、带动性强的农业产业化扶贫项目。也可以深化银行的小额免息贷款尝试。由银行向列入帮扶对象的贫困户免息贷款进行项目开发，再通过村委会进行担保发放资金，减少贫困户在资金上的困扰。最后，帮扶责任单位也

可以搞好招商引资，吸引外商投资产业化经营项目，吸引外商对帮扶村进行更深入的调研和开发。

（三）建立健全产业帮扶长效机制，提高产业化扶贫效率

一是要完善利益共享、风险共担的利益制衡机制。发展产业化项目帮扶目的就是使贫困户和企业在自愿、平等、互利的前提下，形成比较稳定的产品购销关系和利益共同体。由于企业和贫困户在项目中的地位不同，企业目的是想最大限度的获得价值，尽量压低收购成本，贫困户是想最大限度的获得收益，近来提高卖出价格。往往企业并没有兑现向贫困户保证生产或销售的利润，甚至低于市场价格收购。二是抓好销售环节，逐步形成生产基地、加工企业和销售公司的相互配套，逐步建立起适应市场经济要求的扶贫产业帮扶经济管理新体制。三是建立健全项目风险防范机制，运用政策性保险与有偿性保险相结合，探索商业性保险在扶贫开发产业帮扶中的可行性，尽可能把各种风险造成的损失控制到最小，保护农户的生产能力。四是研究制定全省统一的产业帮扶项目管理办理。从政策层面对项目选择、申报、审批、项目实施和管理、项目验收与监测、奖惩措施等方面进行规定，使产业帮扶能长久的走下去，发挥其真正的效用。

（五）产业帮扶必须与智力帮扶结合，夯实贫困户素质，奠定稳固基础

智力帮扶是一项很基础性的工作，也是大家都很明白、很理解的工作，但往往也是最难推动的工作。智力帮扶最重要的就是思想、理念、意识上的提高，解决“我要脱贫”与“要我脱贫”的问题。我们通过产业帮扶，培养带动贫困户经济可持续发展，目的是使其掌握方法、学习技能，通过劳动使自己脱贫。因此，只有从根本上提高贫困户的综合素质，提高其自我发展的能力，才是扶贫开发的核心所在，也是产业帮扶的坚强保障。“授人以鱼，只供一餐，授人以渔，可享一生”，在开展产业帮扶过程中，我们要强调的是传授技术、传授理念，通过定期开展技能培训、基层党支部建设等提高贫困户的思想认识，改变部分贫困户惯于现状，“等、靠、要”的思想，对扶贫致富没有太多主动性，甚至认为扶贫是国家的事的思想，改变其安于贫困，思想麻木，只希望政府给钱给物，不愿通过劳动摆脱贫穷的现象。同时在产业帮扶中，也要克服以往的扶贫模式存在着一定的缺陷，引入竞争机制，多劳多得、少劳少得、不老不得，防止出现以项目“养懒汉”的现象。

扎实开展扶贫开发“规划到户责任到人”工作促进农村社会和谐健康快速协调发展

南雄市扶贫开发“双到”办公室　刘运仁[1]

2009年省委、省政府作出了在全省开展扶贫开发“规划到户、责任到人”工作的重大决策，把扶持贫困村和贫困户脱贫的任务分解到单位、到个人，通过一年多来的实践和检验，我们认为，扶贫开发“双到”工作的决策，能够动员全社会力量，充分发挥广大干部职工的聪明才智，并且减少了中间环节，实行资金、人员一步到位，是现阶段扶贫开发最直接、最有效、最科学、效率最好的一种扶贫方式。现结合南雄市扶贫开发“双到”工作的开展情况，就扶贫开发“双到”工作的重要意义、主要做法、基本经验以及需要注意的问题谈一点粗浅的看法。

一、扎实开展扶贫开发“双到”工作的重要意义

改革开放以来，农村实行联产承包责任制，打破了农村吃大锅饭的格局，解除了束缚在农民头上的枷锁，彻底解放了生产力，充分调动了农民大力发展生产的积极性，特别是随着我国工业化进程的加快和社会主义市场经济体制的建立和健全，鼓励发展民营经济、个体私营经济，农村一些有技术、有文化的农民走出农村，到城市务工，一些懂经营，有头脑的农民洗足上田，发展个体经营，还有一部分人通过勤劳，发展规模农业、效益农业，逐渐走上了致富之路。但是也有一部分农民，由于受到地理条件的限制，地处偏远，交通不便，信息不灵，穷山恶水，土地贫瘦，有力使不出，有部分人头脑不活，好吃懒做，甚至有部分由于患病、子女多等原因导致经济负担重，或者缺乏劳动力导致贫困。农村贫富差距越来越大，已经严重影响和阻碍农村社会的和谐发展，也与改革开放的初衷相违背。大力开展扶贫开发，让广大贫困地区分享改革开放成果，已是人心所向，刻不容缓。通过开展扶贫开发“规划到户、责任到人”工

[1]　刘运仁（1965.03-），男，南雄市扶贫办主任、助理农艺师，主要研究方向：农村扶贫工作。

作，动员全社会力量，组织先富地区，带资金、带技术、带人员、带信息到落后地区进行帮扶具有重大而深远的意义。

（一）通过开展扶贫开发“双到”工作，认真实施“一户一法”，能够拓宽贫困户增收渠道，加快贫困户脱贫步伐

通过各级帮扶单位的扶持，帮助贫困户解决资金、技术、信息等问题，推动贫困户农业生产的发展，通过转移就业培训，大力组织劳务输出，为贫困户增收打下坚实的基础，可以拓宽贫困户增收渠道。

（二）通过开展扶贫开发“双到”工作，大力发展贫困村集体经济项目，能够改善贫困村集体收入薄弱局面，充分调动贫困村“两委”干部干事创业的积极性

通过帮扶单位多方筹集资金，帮助贫困村发展集体经济项目，通过项目的实施，促进贫困村集体经济稳定增收。贫困村集体收入有了保障，解决了贫困村没钱办事的尴尬局面，能够在人民群众中树立威信，能进一步带领人民群众干事创业，引领农民脱贫奔康。

（三）通过开展扶贫开发“双到”工作，切实加强贫困村基础设施建设，能够改善贫困村落后面貌，提高贫困村的生产生活水平

通过整合资源，加大投入，大力推进贫困村的道路建设、新农村建设、农田水利建设、安全饮用水建设、农村“四通”（通电、通邮、通迅、通广播电话）建设等，使贫困村的生产生活条件得到明显改善。

（四）通过开展扶贫开发“双到”工作，不断完善农村文化、卫生、教育等基础建设，能够使农村读书难、就医难的情况得到明显改观

通过帮扶单位的帮助和资助，大力增加教育、卫生等投入，完善农村卫生站、学校，兴建农家书屋、科技书屋、农民书屋等文化、卫生设施建设，方便农村读书、就医，解决农民的后顾之忧。同时通过广泛开展送温暖活动，对弱势群体，特别是对无钱读书、无钱看病的贫困户实施救助，使贫困户子女读书有保证，贫困户有医保有病能够得到及时治疗。

（五）通过开展扶贫开发“双到”工作，进一步加强农村基层组织建设，能够使贫困村领导班子凝聚力、战斗力得到明显提高

把扶贫开发与加强农村基层组织建设有机结合，通过帮扶单位和工作组的传、帮、带，引导贫困村“两委”班子加强团结，公正办事，健全制度，规范管理，增强贫困村领导班子干事创业的信心和能力。同时，通过帮扶单位的支助，加强村委会的各项建设，改善办公条件，使村级集体组织活动能够正常开展。

（六）通过开展扶贫开发“双到”工作，全面加强与贫困地区的沟通联系，能够密切党群、干群关系，促进农村社会和谐发展

通过各级领导干部职工深入农户，同农民同吃同劳动，体察民情，了解民意，并筹集资金帮助贫困村、贫困户解决实际困难和问题，加深感情，拉近距离，增进党和人民群众的血肉联系，特别是通过各级的帮扶，贫困户的收入得到增加，贫困村的落后面貌得到改善，贫困村人民的生活水平得到提高，进一步缩小贫富差距，对维护农村社会稳定，促进农村社会和谐建设起到重要作用。

二、扎实开展扶贫开发“双到”工作的主要做法

按照扶贫开发“双到”工作的要求，结合当地实际，在扶贫开发“双到”工作中我们主要做到“六个注重”。

1. 注重组织领导，落实帮扶责任

高度重视扶贫开发“双到”工作，切实把扶贫开发“双到”工作摆上重要议事日程，成立扶贫开发“双到”工作领导机构，把扶贫开发“双到”工作作为“惠民生、解民忧、暖民心”的大事、作为“一把手”工程来抓；各级党委、政府，各帮扶单位要明确任务，落实责任，抽调精兵强将专职负责；各级领导亲自挂点到村到户，全力推进扶贫开发“双到”工作。

2. 注重宣传发动，营造浓厚氛围

采取形式多样、丰富多彩的宣传形式，加大扶贫开发“双到”工作的宣传力度，积极营造扶贫开发“双到”工作的良好氛围。采取召开工作会议、培训会议、编印简报、挂横额、喷写固定标语、发放帮扶联系卡等方式和利用广播、电视、网络等媒体，通过建立扶贫信息网，在电视台开设“打好扶贫攻坚战”专栏，以及在贫困村制作公示栏、宣传栏（成果展示栏）、广告牌式标语等方法，大力营造扶贫开发“双到”工作的浓厚氛围。此外，利用“广东扶贫济困日”开展宣传活动，广泛开展募捐活动，凝聚民众力量，争取社会各界对扶贫工作的支持和参与。

3. 注重建档立卡，规范资料管理

按照“一村一策，一户一法”的要求，把做好建档立卡、规范纸质材料及扶贫开发信息系统等资料的管理作为实施扶贫开发“双到”工作的主要基础性工作来抓，对贫困村、贫困户进行逐村逐户登记造册，建立帮扶台帐，做到户有卡、村有册、镇（街道）有薄、市有库，并及时把数据资料录入电脑。通过建立档案，及时掌握和了解贫困村、贫困户的生产生活情况，并有针对性地采取帮扶措施。

4. 注重强化培训，提高人员素质

为提高扶贫开发“双到”工作的管理服务水平，抓好电脑动态管理和实时联网监测，对各级资料信息员进行建档立卡、录入电脑和动态管理知识的培训。通过举办贫困村党支部书记、文书、各镇（街道）扶贫办主任参加的“双到”工作村级培训；举办帮扶单位“双到”工作组组长以及各镇（街道）党（工）委书记、“双到”工作主管领导参加的业务专题培训班。进一步夯实贫困村实现脱贫的思想组织基础。通过各种培训，提高各级领导和工作人员的思想素质和业务水平，促进“双到”工作的顺利开展。

5. 注重资金筹措，用好用活资金

扶贫开发“双到”工作要取得实效，钱是关键，关键是钱。为确保扶贫开发资金投入的到位，要千方百计，多方筹措资金。一是各帮扶单位要想方设法，通过减少办公经费，节约资金投入扶贫开发；二是要动员和组织企业老板、个体工商户义捐加大扶贫开发“双到”工作投入。三是通过开展“扶贫济困日”活动，广泛动员发动广大干部职工和爱心人士捐款扶贫。四是各级财政也要想尽办法挤出资金用于扶贫开发。

6. 注重督查督办，促进平衡发展

为了督促后进，促进扶贫开发“双到”工作的平衡发展，要层层制定考评办法和奖惩制度，将“双到”工作列入各单位班子的考核内容，实行优奖劣罚。要成立检查督导组，从纪检、组织等部门抽调人员组成，经常巡回到各地开展督导检查，及时发现问题，并督促整改，促进“双到”工作的深入开展。

三、扎实开展扶贫开发“双到”工作的基本经验

扶贫开发的目的是要让贫困户真正得到实惠，贫困村面貌得到改善，最终实现共同富裕，过上幸福安康的生活。因此，在开展扶贫开发“双到”工作中，要围绕增加贫困户收入，加强贫困村基础设施建设，改变贫困村落后面貌为出发点和落脚点，认真落实关键措施。根据我市扶贫开发“双到”工作的经验，我们认为主要做到“六个坚持”。

（一）要坚持因地制宜，选准项目，做好规划

扶贫开发“双到”工作是一项新鲜事物，没有经验作参考，没有模式可复制，现在仍是一个摸索阶段。因此，在实施过程，一定要解放思想，实事求是，因地制宜，在制定规划时，特别是在制定“一户一法”时要因人而异，在制定帮扶产业时，必须既要符合市场规律，以市场需求为出发，以获取最大经济效益为目标，又要让贫困户能够接受，有积极性，只有双方配合，才能达到事半

功倍的效果。为了使产业规划切实可行，少走弯路，在制定发展规划时，要举办产业扶贫工作座谈会，邀请农业专家、学者、龙头企业、专业合作社代表、种养大户等进行座谈，共商产业扶贫大计，制定行之有效的实施方案。

（二）坚持把发展特色产业作为扶贫开发“双到”工作的主攻方向，积极推动贫困农户实现稳定增收

大力实施产业扶贫策略，积极推广“企业＋基地＋贫困农户”的产业化扶贫模式，带动贫困农户脱贫致富，着重开展扶贫开发项目与农业龙头企业的对接，形成一套“确立帮扶目标、制定配套政策、建立投资体系、严格考评标准、强调部门配合”的严密产业扶贫机制。通过农业龙头企业的辐射带动，发展壮大特色农业种养项目，实现扶贫“输血”向扶贫“造血”转变，让扶贫开发“双到”工作形成“蜂群”效应，促进贫困户增收，龙头企业发展壮大，实现“双赢”。如我市金友粮食集团公司，通过与贫困户合作，带动全市2万农民发展优质稻生产，其中贫困户2000多户，年发展优质稻20多万亩，亩产值可达1500元以上，比普通水稻每亩增收300元以上，既带动农户致富，又使企业的规模不断扩大，产业越做越强。目前已计划投入资金超亿元，扩大优质米加工基地，征地200多亩，新建厂房10多万平方米，新上优质米加工生产线二条，年可加工优质米10万吨以上，产值可达到10亿元以上。与此同时，要非常重视发展和培育农民专业合作社、专业协会等农民专业合作组织，组织农民合作抱团闯市场。如南雄市邓坊镇上湖村成立“高山李果树专业合作社”，带动120多户农民种植高山李2000多亩，组织农民按无公害产品的要求进行生产，申报并通过了无公害产品认证，实行包装销售，提高了效益。仅果树一项，合作社果农人均纯收入可增加1500元，比去年增收50%。百顺镇在发展罗汉果产业上，成立了顺雄罗汉果专业合作社，与广西莱因生物科技有限公司等三家公司合作，采取“公司＋合作社＋农户”的经营模式，集中采购农资，统一收购产品，并对贫困户进行产前、产中、产后全程服务，该合作社发展种植的罗汉果，亩产值超万元，亩纯收入达到5000元以上，带动100多户贫困户脱贫致富。

（三）坚持把种养技能培训和转移就业作为扶贫开发“双到”工作的主要抓手，积极拓宽贫困户增收渠道

秉承“治贫先治愚”理念，高度重视“扶智”工作。一方面要从培训新型农民入手，发挥创业培训基地和现代远程教育网络平台作用，加强与职校的合作，积极开展农村劳动力转移技能培训，开展免费智力扶贫活动，提高贫困户就业水平和务工技能，同时，要积极深入用人单位，广泛收集用工信息，通过广播电视、公告栏、信息网等多种形式广泛发布就业信息，为贫困户提供准确的就业岗位信息，实现“培训一个，转移就业一个，脱贫一户”的目标；另一方面要加强贫困户种养技术培训。要通过帮扶单位的牵线搭桥，邀请农业方面的专家、学者、技术人员对在家务农的劳动力进行种养技能培训，提高贫困户的种养技能，增强致富手段和能力。

（四）坚持把加强基础设施建设作为扶贫开发“双到”工作的重大举措，积极改变贫困村的落后面貌

要把开展扶贫工作与加强基础设施建设、改善村容村貌有机结合起来，通过多方筹集资金，大力开展危房改建、村庄整治、农田水利、乡村道路等基础设施建设，同时，要求交通、水利、农业、环保、林业等部门积极配合“双到”工作，调整工作思路，整合资源，帮助贫困村兴建基础设施建设项目，努力改善贫困村的落后面貌。

（五）坚持把发展村集体经济作为农村基层组织强基础促民生的有力保障，积极改变贫困村集体经济薄弱的局面

结合贫困村的实际，鼓励帮扶单位筹集资金帮助贫困村因地制宜发展集体经济项目。一是以参股形式发展集体经济，如入股电站等经济实体，年终进行分红。二是根据自身资源条件和优势，创办经济实体，发展种养业为主的集体经济项目；三是以方便农民日常生活为出发点，发展服务型和工贸型项目，如榨油厂、碾米厂、竹木加工厂、材料供应站等。

（六）坚持把加强基层组织建设作为扶贫开发“双到”工作的有力保障，积极发挥党建对扶贫的突出作用

要深入开展创先争优活动、农村党员“双向承诺”活动，围绕“双到”抓党建，抓好党建促“双到”，为“双到”工作的顺利开展提供强有力的组织保障。深入开展城乡基层党组织结对共建活动，认真选派干部驻村，发挥机关党支部和党员干部的作用，支持帮扶村加强村级领导班子和党员干部队伍建设，加强帮扶工作组和帮扶干部的管理，充分发挥其工作积极性和重要作用，加强对村“两委”干部情况调查了解，摸清班子的结构、能力、作风状况。对素质能力较低、工作不够落实、关系不够协调、群众信任度不高的班子，加强教育引导，增强基层领导班子的创造力、战斗力和凝聚力，使村“两委”干部真正成为农民致富的带头人，引路人和人民群众嘘寒问暖的贴心人。

四、扎实开展扶贫开发“双到”工作需要注意的问题

扶贫开发“双到”工作是一项庞大的系统工程，涉及到方方面面，各行各业。因此，在开展扶贫开发“双到”工作中，必须要处理好五个方面的问题。

（一）正确处理好扶贫与扶志的关系

扶贫要先扶志，致富要先立志。志气比什么都重要，开展扶贫开发“双到”工作，对贫困户进行适当的帮扶只是一个引子，一个助推器，要脱贫致富关键还是要靠他自己。因此，在开展扶贫开发“双到”工作中，要把“扶志”作为第一课，首先要帮助贫困户树立信心，增强脱贫致富的强烈愿望，克服“等、靠、要”思想，只有贫困户有足够的信心，思路清晰，目标明确，才能真正走上脱贫致富之路。

（二）精心挑选驻村干部

扶贫开发“双到”工作是一项非常辛苦的工作，由于贫困村大多地处边远，生活条件艰苦，驻村干部从繁华的都市来到边远的山村，反差非常大，一时难以适应，因此，在选拔驻村干部时，除了要选拔有一定的农村工作经验和有吃苦耐劳精神的干部外，对驻村干部还必须具有“四心”，做到“四诫”。

“四心”：一是热心。首先要热爱扶贫事业，只有喜欢这项事业，才会乐意干，才能干出成效。二是诚心。对待贫困户要真诚相待，诚心诚意。三是耐心。由于贫困户文化素质不高，加上交通不便，信息闭塞，贫困户理解能力较差，因此，在实际工作中要学会换位思考，多加理解，循循善诱，耐心细致地做工作。四是恒心。扶贫开发是一项长期而艰巨的任务，不可能一撅而就，在工作中肯定会遇到很多阻力和困难，也不可能短期内就取得明显的成效。在工作中遇到困难和问题要不退缩、不气馁，必须要持之以恒，树立打硬仗的思想。

“四诫”：一是要力诫老爷作风。不要把帮扶看作是一种施舍，高高在上，发号施令，态度傲慢。二是要力诫官僚主义。不要走马观花，蜻蜓点水，盲目乱干，一定要沉下心去，扑下身子，掌握最真实的情况，了解贫困户真正所需、所想，做到有的放矢。三是要力诫形式主义。不要搞假、大、空，不要为了应付检查搞一些不切实际的形象工程、面子工程。四是要力诫享乐主义。开展扶贫开发“双到”工作是真正为贫困地区办实事，是一项苦差事，是来做事情的，而不是来享受的。因此，我们的驻村干部一定要克服享乐主义，不要大吃大喝，奢侈浪费，要过清贫朴素的生活，在人民群众中树立良好的形象，做好表率。

（三）加强沟通协调，形成工作合力

扶贫开发“双到”工作的帮扶单位来自五湖四海，各行各业，特别是中省单位、珠三角地区对贫困村情况不熟悉。因此，在实际工作中，必须要加强沟通协调，要依靠当地党委、政府，依靠村“两委”干部，依靠当地群众，有事多商量；当地党委、政府也要正确处理好帮扶单位驻村工作组与镇、村干部的关系，做好服务和指导，共同研究制定扶贫开发“双到”工作重点，找准

突破口，特别是要加强镇、村干部的管理，积极主动协助帮扶单位开展工作，解决工作和生活中遇到的难题和困难，使帮扶驻村干部能够安心、舒心地开展工作。

（四）用好管好扶贫资金

扶贫开发专项资金是老百姓的救命钱。因此，在实施扶贫开发“双到”工作过程中，工作上要敢闯敢干，但在资金使用上要慎之又慎，必须加强扶贫资金的使用监管。在规划项目时要经过反复论证，征求各方意见，切忌盲目上马，劳民伤财；在资金监管上要严把进出关，严格按照资金使用要求进行，规范和健全财务管理制度，严禁挪用、截留扶贫资金，更不允许出现贪污扶贫资金的行为，不要因为资金监管不严，导致帮扶干部违法犯罪，既坑害了我们的干部，又损害了人民群众的利益。

（五）树立长期作战的思想

扶贫开发工作是党的一项方针政策，是一项长期而持续的工作，由于大多贫困村基础差、底子薄，要彻底改变贫困村的落后面貌，需要投入大量的财力、物力，需要我们各级党委、政府做大量艰苦卓越的工作。因此，在工作中，不能急于求成，急功近利，只顾眼前，忽视长远，必须处理好当前与今后的关系，实行全盘考虑，做到短、中、长相结合，要通过扶贫开发“双到”工作，为贫困村今后的发展奠定一个良好的基础。

以“双到”扶贫促进国有企业社会责任建设

——广晟资产经营有限公司“双到”工作实证研究

广晟资产经营有限公司

缓解和消除贫困，最终实现共同富裕，是社会主义的本质要求。在构建社会主义和谐社会的进程中，国有企业在不断发展的过程中，同时要担负起促进社会的共同发展和进步的职责，才能确保企业自身正实现可持续发展。企业积极履行社会责任，尤其是参与扶贫事业，有利于改善人与自然的关系、人与人的关系、人与社会的关系。履行企业社会责任与构建社会主义和谐社会是相互依存、相互促进、不可分割的有机整体。

一、和谐社会背景下的国有企业社会责任分析

社会主义和谐社会，应该是民主法治、公平正义、诚信友爱、充满活力、安定有序、人与自然和谐相处的社会。民主法治，就是社会主义民主得到充分发扬，依法治国基本方略得到切实落实，各方面积极因素得到广泛调动；公平正义，就是社会各方面的利益关系得到妥善协调，人民内部矛盾和其他社会矛盾得到正确处理，社会公平和正义得到切实维护和实现；诚信友爱，就是全社会互帮互助、诚实守信，全体人民平等友爱、融洽相处；充满活力，就是能够使一切有利于社会进步的创造愿望得到尊重，创造活动得到支持，创造才能得到发挥，创造成果得到肯定；安定有序，就是社会组织机制健全，社会管理完善，社会秩序良好，人民群众安居乐业，社会保持安定团结；人与自然和谐相处，就是生产发展，生活富裕，生态良好。以上这些基本特征是相互联系、相互作用的。这也给国有企业履行社会责任提出了新的立足点和出发点。

国有企业是社会主义公有制的主要实现形式，是国家引导、推动、调控经济和社会发展的基本力量，是实现广大人民群众利益和共同富裕的重要保证。对中国的国有企业而言，其经济属性要求它不断提高经济效益和劳动生产率，实现国有资产的保值增值；其特殊的政治属性和社会属性要求它承担起扩大就

业、维护稳定、发展先进文化等方面的责任。国有企业的特殊性使得它承担的责任比外资企业、民营企业有着更高层次的标准，就是一为国家，二为社会，三为员工。也就是说，中国国有企业作为国有的经济组织，既要承担经济责任，也要承担政治责任，还要承担社会责任。国有企业承担的社会责任主要包括四个方面的内容：一是为政府提供税收；二是为社会提供就业机会；三是为市场提供产品或服务，并在这个过程中兼顾环境友好和资源节约；四是积极支持社会公益事业和慈善事业，帮助弱势群体。扶贫开发“双到”工作既是省委省政府的部署，也是国有企业社会责任建设的创新契机。以广晟公司为代表的广东国有企业作为广东争当实践科学发展观排头兵、建设幸福广东的重要力量，结合开展扶贫“双到”工作的同时，创新与发展了国有企业的社会责任建设。

二、广晟公司参与扶贫“双到”的主要做法

广晟公司对口帮扶五华县棉洋镇琴江村，该村地处偏僻的革命老区，贫困户 153 户 657 人，五保户 13 户。两年来广晟公司将扶贫开发“双到”工作作为回报社会、建设幸福广东的一项企业社会责任建设来抓，通过扶助、扶建的方式，打破贫困地区的闭塞，让贫困地区的人民加强外界的联系，吸收社会文明成果，转化贫困地区的资源优势，促进贫困地区的经济发展，提高贫困地区的人民收入，见到了明显成效，创造了不少有益的经验。

（一）建立健全制度，落实帮扶责任

公司成立扶贫开发“规划到户、责任到人”工作领导小组，由公司董事长、党委书记李进明同志亲自挂帅担任组长，董事、总经理、党委副书记钟金松和董事、党委副书记、纪委书记、工会主席邓锦先同志担任副组长，领导小组下设办公室，主要负责组织协调和指导检查公司系统的扶贫工作，并专门从公司内部挑选 2 名优秀员工成立驻村工作组，常驻琴江村开展工作。公司下属各一级集团、直属单位也积极响应本次扶贫开发“规划到户、责任到人”的号召，纷纷成立相应机构，党委书记为第一责任人，建立了党群部牵头负责、各部门既有分工又有协作的帮扶工作体系。为了更好地了解帮扶村五华县棉样镇琴江村的实际情况，公司董事长李进明和总经理钟金松先后赶赴琴江村了解情况和组织扶贫工作，党委副书记邓锦先更是 5 次到琴江村指导落实工作，各一级集团、直属单位的主要负责人也纷纷到琴江村了解情况和开展工作。为完成帮扶工作任务，公司党委和 16 个一级集团党委强化第一责任人的责任，既“挂帅”又“出征”，确保领导到位、责任到位、措施到位，确保扶贫“双到”工作深入开展。为了做好本次扶贫开发，企业所有中层以上干部，与贫困户结对，实行长期固定“一助一”帮扶，

帮扶人员至少每季度与帮扶对象联系一次，每半年家访一次，摸清贫困户生活状况和思想动向、摸清存在的困难和问题、摸清形成困难和问题的原因，依法按政策帮助解决实际困难和思想问题，确保帮扶工作不走过场，落到实处。

（二）中西疗法，标本兼治

导致贫困的原因很多，广晟由经济帮扶向全面帮扶转变，在帮扶措施上分门别类，由输血向造血、暂时性帮扶向推动贫困户自立自强转变。创造性实施了“中西医结合疗法”，即对危房改造、村小学安全设施添置等紧急问题采取“西医疗法”，尽快解决、早日见效；对思想观念转变、村容村貌整治、发展集体经济等工作则采取“中医疗法”，有序开展，标本兼治。

一是启动济困帮扶，转变思想观念。入村头等事就是真心与贫困户交朋友，了解他们的思想状况。广晟设立了济困基金，重点救济村中的弱势群体，给五保户孤寡老人、老弱病残或遇天灾人祸者送上温暖。针对村里还有部分农户衣服破旧、精神面貌差的情况，广晟下属的酒店集团自发募集了各类新衣服600多套，鼓起了他们克服困难勇气，并在帮扶中注重优惠政策落实、政策咨询和困难协调，帮助当地群众更新观念，转变思想，树立脱贫信心。

二是启动基础设施帮扶，完善硬件条件。乡村生产生活发展必须依靠硬件条件改善。广晟主要实施的项目有：（1）安全饮水工程。琴江村村民主要以自山上的溪水和家里的井水为主，大多在地表流动，极易受到污染。为了保障村民的健康，公司在经过多方调研讨论后，投入120万元实施覆盖全村的安全饮水工程，打深度100米以上3眼井和3个100立方米的大型蓄水池，保证了水质安全并供水充足，村民今年将可用上安全可靠的自来水。（2）安居工程建设。公司董事长李进明在2009年12月到琴江村的一户贫困户家中调研的时候就说到“我想不到改革开放30年了，还有人住在这种房子”，并表示要将危房改造列为迫切需要解决的任务。工作组迅速行动，与村干部根据各贫困户的居住房屋破旧程度、危险程度进行筛选，经各村小组提交危房户名单，通过村委会和村党支部大会讨论表决，选定了11户贫困户为危房户，并在全村张榜公示。采取分期付款的方式与各个工程队签订建房合同，按照工程进度分成四个阶段付款：浇筑好地牵梁给1万元，盖好墙身给1万元，打好水泥棚给1万元，装修完成户主住进新房后再给1万元。目前11户危房户都已经搬进安全舒适的新房。今年广晟计划给村里的五保户统一建造新房，确保家庭没有劳动力和自筹资金能力的五保户都能住上新房，真正解决困难群众的住房问题。（3）道路建设。投入110多万元实施9.5公里村道硬底化。采取分期付款的方法，打一公里补一公里的费用，目前已完成3公里的水泥路面，水泥地的厚度足、质量好，得到村民的认可。

三是启动产业帮扶，夯实发展资本。广晟围绕发展村集体经济和贫困户脱贫的目标，打基础，抓重点，长短结合，突出针对性、有效性，尽快实施能促使集体经济持续发展的项目，多做能产生长远影响的事，按照经济规律实施到村到户经济脱贫计划。（1）村集体经济方面采取升级扩容村水电站的帮扶方式。为使当地的资源优势尽快转化为经济优势，投入140多万实施水电站升级扩容，建成后水电站水位差可达4.5米，每年可产生经济效益20多万元，并将作为村的扶贫基金、致富基金和教育基金稳定来源之一。（2）到户农业生产扶持采用协议种养的模式。投入80多万元致富基金扶助有发展前景的项目，按照协议种养的模式，用于该村23户贫困户种植油茶、118户贫困户养猪等项目。以协议养猪为例，由贫困户向公司申领，公司各帮扶企业免息为贫困户提供帮扶启动资金（以提供猪苗为主，每户最多10头），折价每户不超过4000元（含4000元），猪圈、饲料、防疫、销售由贫困户自行解决，若中途将猪卖掉，则必须返还帮扶启动资金。对在扶贫过程中表现积极的贫困户给予奖励，养猪积极而且猪养得好的贫困户给予饲料的补贴。通过树立榜样，宣传典型，激发其他贫困户的劳动积极性。通过协议来约束贫困户循环使用帮扶资金实施种养，达到长效“造血”的目的。

四是启动就业帮扶，实施劳动力转移。广晟尝试改变传统的生产生活方式，不在土地上做文章，要在二三产业上找出路，鼓励农民变为产业工人，让他们在产业链上谋生存、求发展。邀请广东省冶金技工学校到琴江村开展招生座谈会，冶金技工学校承诺对于贫困村的学子将会给予免费就读的优惠，建立“琴江村-冶金技校-广晟公司”的劳动力转移模式，将琴江村发展为我们公司的人才储备基地，实现琴江村和广晟公司的双赢局面，通过“双转移”与“双到”工作相的结合，促进贫困村主导产业的发展和劳动力的有序转移，拓展贫困农民增收渠道。

五是启动教育帮扶，改善学校环境。教育贫困加剧经济贫困，经济贫困又进一步促成了教育贫困，形成恶性循环。要想改变这个循环，首先要从教育入手，努力提高贫困地区群众的文化素质，使其形成改变贫困的精神和动力。广晟设立教育基金，对村中考上本科学子给予奖励，扶助家庭生活困难的子女上学，减轻困难家庭负担。并对存在安全隐患的180套小学学生课桌椅和教师办公设施进行了更换，对学校进行了全面整修。

六是强化村“两委“建设，实施文明建设。村“两委“是推动扶贫开发的基础和保障，也是开展“双到”工作的重要抓手。广晟公司与村党支部开展共建活动，并在村小学附近新建一栋新的村委办公楼，将其打造党建学习阵地，并计划完善成为一个大型文化广场，在村内大力宣扬文明新风，消除“等、靠、要”的思想，为琴江村培养了一支“带不走”的扶贫队伍。

（三）全员发动，倾情投入。经国务院的批准，自2010年起，每年6月30日为“广东扶贫济困日”。公司认真贯彻落实省委、省政府和省国资委关于开展“扶贫济困日”活动的指示精神，8万广晟员工以“责任、感恩、良知、奉献”的精神与情怀，积极参与“广东扶贫济困日”活动。在广东首个“扶贫济困日”，公司一共捐款2000多万元。其中公司本部捐款1200万元，所属企业和员工捐款800多万元，计划全部用于琴江村建设和扶贫济困。

三、扶贫“双到”对国有企业社会责任建设的促进作用

去年以来，广晟公司将开展扶贫开发“双到”工作作为加强各级领导班子建设的重要抓手，将扶贫济困纳入企业责任建设，作为企业文化建设的重要组成部分，与党的建设、思想政治工作和精神文明建设等相关工作有机结合，促进了企业发展。

（一）强化了企业社会责任机制

反思过去的扶贫帮困工作，虽然做了大量工作，制定了很多措施和制度，但有些制度和措施没有落到实处，有些落实的效果不尽人意，不够规范，工作参差不齐，有的只局限于逢年过节送些东西和钱，不是治本的办法。“规划到户、责任到人”以来，广晟公司加大了责任机制建设，使帮扶的人员明确化、帮扶对象具体化，帮扶工作公开化、帮扶措施透明化，做到有制度、有目标、有监督、有落实，形成一套规范化、制度化的长效机制。并制定《广晟公司扶贫督促检查考评制度》，进一步加强扶贫开发工作的督查、检查、考评工作。对督查、检查中发现的资金物资不到位、措施没落实、到村次数不够等问题，要向直接责任人发出整改通知，并限期整改；对年终考评定为不合格等次的负责人以及直接责任人，要严格依照《广东省扶贫开发工作问责暂行办法》追究责任，真正体现了“大广晟”企业的“责任、感恩、良知、奉献”的精神情怀。

（二）扩大了干部职工参与性

针对部分企业干部职工、甚至部分领导干部，对扶贫帮困工作认识片面，认为扶贫帮困是额外的工作，“全员公益”的观念和意识没有形成等情况。一方面，公司通过扶贫信息网向8万员工如实反映广晟扶贫的最新动态，并将贫困村、贫困户的详细情况和挂扶单位的帮扶计划、帮扶措施工作进展接受员工和社会监督，接受员工提出的帮扶建议45件。另一方面，发挥领导干部和党员的模范带动作用，去年由公司本部领导和一级集团领导带领员工一起为帮扶对象办实事、解难事、做好事，深入贫困村共32人次，形成一个层层积极对扶贫工作负责，人人主动为扶贫工作尽力的大环境。

（三）锻炼了党员干部

以制度的形式落实这项工作，广大党员、干部走进困难群体，与贫困户交朋友、结对子，察疾苦、知冷暖，设身处地换位思考，一次访谈、一笔捐助、一条帮困信息和建议、一个思想疙瘩的解开、一个实际困难的解决，都给贫困村贫困户带来了希望和光明，使他们感受到党的温暖，感受到企业和组织牵挂。党员干部在帮扶困难群众的过程中，改善了党群干群关系，促进了作风转变，提高了做群众工作的本领，增强了解决各种复杂矛盾问题的能力，为建设"一流职业素养、一流业务能力、一流工作作风、一流岗位业绩"的员工队伍奠定了基础。

（四）丰富了企业文化内涵

广晟重视扶贫"双到"宣传、引导工作，充分利用自办杂志和网络等载体，宣传在"双到"中涌现出的好人好事，对帮扶工作中涌现出的典型事迹、好的经验做法及时总结推广，增强社会效应，逐步形成了扶贫帮困、献爱心的良好风尚，为企业文化注入了"社会"、"感恩"、"奉献"等内涵，并在全体干部职工的心里烙上企业社会责任的深刻印记，成功提升为了指导全体行为规范的行为文化和责任意识。

（五）明确了企业价值观

广晟公司价值观明确阐释为"以人为本，协调发展，创造价值，服务社会"。通过扶贫"双到"，广晟人体验到协调可持续发展、转变经济发展方式的必要性，更加深刻地感受到农村城镇化以及产业转移等社会经济发展趋势，对于提高全体员工的思想道德和科学文化素质，对于调结构、转方式，对于增强企业凝聚力和核心竞争力，对于打造资产超千亿的国际化投资控股集团，实现建设"科学广晟"、"创新广晟"、"和谐广晟"、"百年广晟"的宏伟目标，具有十分重要的现实意义。

四、结语

扶贫济困既体现了人们对构建美好社会以及美好生活的愿望，也蕴涵了人们对社会、他人所应承担的社会责任。福特汽车公司董事长兼首席执行官比尔·福特曾经说过，"一个好的企业与一个伟大企业的区别在于，一个好的企业能为顾客提供优秀的产品和服务，而一个伟大的企业不仅能提供产品和服务，还竭尽全力使这个世界变得更美好"。广晟公司使命的第一条就是"致力于人类幸福生活的创造"，公司参与扶贫"双到"对企业自身发展具有深远意义，扶贫济困实际上也在提升自身的价值，符合企业自身利益，在帮助贫困地区和贫困群体的同时，寻找到了企业使命与价值所在，教育和鼓舞了员工的工作热忱，凝聚了全体员工，这些都直接促进了企业的发展。

广东农村扶贫开发工作路径探讨

广东海洋大学海洋经济管理学院　闫玉科　阮彭林　陈雪[1]

一、问题提出

改革开放以来，中国政府在全国范围内实施了以解决农村贫困人口温饱问题为主要目标的有计划、有组织的大规模扶贫开发。六十年的扶贫开发，中国取得了举世瞩目的成就，为世界减贫事业做出了重大贡献。截至2007年底，我国农村贫困人口1479万，低收入贫困人口2841万人，贫困人口总数为4320万人[1]。2007年，广东省占全国户籍人口、GDP、财政收入的比例分别为6.27%、11.65%、12.59%，但其贫困人口数为332万人，占全国的比例竟高达7.69%。目前，广东省仍有316万农村贫困人口，占全省农村人口的6.14%，高于全国4.6%的贫困发生率[2]。因此，分析中国经济第一大省——广东省大量贫困人口未能解贫的原因，扶贫开发工作取得的成绩和存在的问题，探讨今后扶贫开发工作的路径具有极其重要的理论意义和现实作用。

二、广东农村扶贫开发工作的现状及存在问题

经过多年的努力，广东扶贫开发工作由过去主要靠经济增长和专项扶贫政策推动，逐步形成集行业、区域和社会政策于一体的"大扶贫"格局；广东扶贫开发工作在一定程度上改善了农村发展条件，增强了贫困农民自我发展的能力，取得了明显成效。目前，广东省仍有70万户农村贫困人口，占全省农业户籍人口数的8.5%；特别是还有3409个村年人均纯收入低于1500元，

[1] 闫玉科（1964.06-），男，广东海洋大学经济管理学院，教授，研究方向或领域：农业经济管理和海洋经济管理；阮彭林(1962.01-)，男，广东海洋大学经济管理学院，书记，研究方向或领域：经济管理；陈雪(1985.09-)，女，广东海洋大学经济管理学院农村与区域发展研究生。

[1] 贫困人口：年人均收入不高于785元；低收入贫困人口：年收入不高于1067元.《2008年中国农村贫困监测报告》.

[2] 张小磊，陈彦均等.最富最穷人群均在广东 社会捐款助政府扶贫[N].羊城晚报，2010-07-01.

其贫困人口发生率高达41.2%。上述数据与广东省在改革开放后取得的巨大成绩形成了巨大的反差，因此，广东省在扶贫开发工作中存在较多问题。

1. 各级党委、政府重视不够，减贫效果不佳

目前，广东省各级政府的扶贫开发办公室主任由农业部门的副职担任，其协调政府相关职能部门的能力和统筹扶贫资源的能力非常有限，所以减贫进程慢，效果不理想。广东省扶贫队伍建设与承担职能极不相称，特别是各市、县扶贫办机构设置五花八门，人员编制普遍只有3—5人，工作经费严重不足。广东早期“对口帮扶、加大投入”的扶贫模式虽然在帮扶主体与帮扶客体之间建立了特定联系，但缺少明确的帮扶内容和具体的目标要求，因此，整体扶贫效果不佳。

2. 财政扶贫资金数量太少，占财政支出比例过低

从1985年起，广东省经济总量已连续23年稳居全国第一，当前，经济总量已赶超了香港和新加坡，广东创造了比亚洲“四小龙”经济起飞时期发展速度更快、时间更长的经济奇迹。但近几年来，我省每年用于贫困村贫困户的扶贫资金在2亿元左右，在省财政支出中所占比例极低，与我省经济发展极不相称，一些贫困山区的市、县则几乎为零，扶贫投入与扶贫任务极不相称。[1]

3. 农村从业人员文化素质低

2006年末，广东省农村从业人员2828.10万人，其中，文盲占2.46%，小学文化程度占29%，两者合计为31.46%；农业从业人员1427.60万人，其中，文盲占4.08%，小学占40.20%，两者合计为44.28%。[2]广东省最穷的村之一：雷州市东里镇东塘村多年来出去打工有多少人，回来就有多少人，因为他们离开家乡，说话没有人能听懂，被称为会说话的哑巴。在2007年前，村里不少适龄儿童因交不起学费连听“雷州普通话”都是奢望。尽管“小升初”入学率达到100%，但由于入学晚，16岁才上初中的比比皆是，他们操着纯正“雷州普通话”，初中没毕业就辍学已经成为一种惯性。广东省贫困人口中文盲率高达48.5%，他们连字都不认识，更别提掌握技术技能了。[3]

4. 农民生产、生活的基础设施薄弱，公共服务欠缺

广东基础设施投资欠账数额巨大，在全省3409个贫困村中，有半数以上的村庄是因基础设施和生产、生活设施薄弱所致。2006年末，28.83%的乡镇有专业市场，21.47%的乡镇有农产品专业市场，9.35%的乡镇有年交易额超

[1] 谢庆裕. 广东：扶贫成绩显著返贫问题仍突出[N]. 南方日报，2010-06-09.

[2] 数据来源：广东省第二次全国农业普查主要数据公报.

[3] 徐滔. 广东最穷村落后全国30年，300人学校无厕所[N]. 南方日报，2010-05-24.

过1000万元以上的农产品专业市场；32.25%的行政村有50平方米以上的综合商店或超市，7.52%的行政村在村内可以买到彩电；82.53%的行政村有卫生室（站、所）；29.56%的行政村实施垃圾集中处理，27.58%的行政村有沼气池；53.53%的住户炊事能源以柴草为主；34.49%的行政村有幼儿园、托儿所，95.57%的行政村在3公里范围内有小学，70.96%的行政村在5公里范围内有中学；19.29%的行政村有图书室、文化站；2006年末，广东省乡镇拥有职业技术学校的比例仅为13.42%；农业生产经营单位中拥有农业技术人员3.44万人，农业技术人员与农业从业人员之比为1：415。2008年，广东仍有7840多个老区自然村未通机动车路，182个老区村未通电，7600多个老区村、306万人存在饮水安全和困难，全省还有200多万户农民居住在泥砖房和茅草房中。[1]

5. 农业生产条件改造进程缓慢

广东省第二次全国农业普查结果显示广东农业生产条件改造进程缓慢。2006年，广东省机耕面积占耕地面积的比重为30.64%，仅比1996年提高3.19个百分点；机电灌溉面积占耕地面积的比重为9.17%，比1996年减少了4.88个百分点；喷灌面积和滴灌渗灌面积占耕地面积的比重分别仅为0.75%和0.53%；机播面积占播种面积的比重为0.29%，仅比1996年提高了0.10个百分点；机收面积占播种面积的比重为8.09%，比1996年提高了7.68个百分点。

三、广东农村扶贫开发工作的路径选择及政策建议

（一）创新扶贫开发领导体制，转变各级政府职能

广东六十年的扶贫开发工作虽然取得了明显的成绩，但无法与其创造了比亚洲“四小龙”经济起飞时期发展速度更快、时间更长和经济总量已赶超香港与新加坡的经济奇迹相比，因此，广东省各级政府应创新扶贫开发领导体制和转变各级政府职能。鉴于扶贫开发工作是一个“系统”工程，广东粤东、粤西和粤北又面临着比较严峻的扶贫形势，现有的扶贫领导体制无法实现既定的扶贫任务，建议广东省欠发达地区各级政府的主要负责同志担任扶贫开发领导小组的组长，政府秘书长担任扶贫开发办的主任，政府各职能部门的负责人应担任副主任，只有这样才能保证“政府主导”作用的发挥和落实政府各职能部门的扶贫责任。

转变各级政府职能，杜绝政府职能部门在扶贫开发工作中的缺位和不到位现象，改进各级公务员的工作作风是有效开展扶贫工作的关键。广东从“对口帮扶、加大投入”，到“规划到户、责任到人”、“一村一策、一户一法”，再到

[1] 赵洪杰，徐滔. 七路记者探访最穷村庄 击碎广东富得流油印象[N]. 南方日报，2010-06-02.

瞄准贫困的“微观”主体“靶向疗法”，虽然创新和形成了广东扶贫的新模式，但能否实现由“输血式扶贫”向“造血式扶贫”转变仍需扶贫干部作出艰苦的努力，为此，广东省扶贫工作应建立明确的奖惩机制和问责制。只有这样才能激励各级领导和所有扶贫干部解决“怕”的问题，牢固树立敢想、敢为的观念；解决“慢”的问题，牢固树立效率就是生命的观念；解决“满”的问题，牢固树立高标准高质量的观念；解决“真”的问题，牢固树立真情实意抓扶贫的观念；解决“浮”的问题，牢固树立实干出实效的观念，确保三年扶贫开发任务的如期完成。

（二）建立、完善公务员考核标准和晋级晋职机制

建立和完善公务员考核标准和晋级晋职机制是调动各级干部尤其是一线扶贫工作人员主观能动性的重大举措。在广东省扶贫开发工作中，已对一线扶贫工作人员建立了帮扶工作考核表。扶贫考核表是一个强有力的“指挥棒”，它决定着扶贫开发各级干部和工作人员的年终考核的成绩，既直接关系着扶贫政策能否顺利落实和扶贫工作能否顺利推进，也与负责扶贫开发的干部和工作人员的晋级晋职挂钩。首先，各级扶贫开发办应科学设置扶贫工作考核评价内容，考核评价内容既要考核特定时间扶贫工作取得的实绩，又要考核培养贫困户“造血”能力的进展。其次，各级扶贫开发办应科学地设定考核评价指标。考核评价指标是对考核评价内容的细化，它是运用一些专业评价理论和标准对考核评价内容进行量化评估。在扶贫工作考核评价工作中，应设置可以量化考核的指标，避免不可量化的原则性指标。再次，各级扶贫开发办应合理设置考核指标的权重系数。考核指标的权重系数体现了各项扶贫工作在整个考核评价体系中所占的分量，因此，在权衡和确定权重系数时既要突出贫困户增收因素，又要考虑贫困户家人素质提高、观念现代化等因素；既要考虑单位扶贫的力度，又要考虑一线工作人员的努力程度；既要考虑扶贫工作的实效性，又要考虑扶贫工作的针对性，防止顾此失彼。最后，考评工作应邀请贫困村主要干部和贫困户参加，考评小组应主动征求贫困户和贫困村主要干部对帮扶人员工作努力程度的意见，考评结果应在帮扶人员所在地和贫困户所在地报纸等新闻媒体公示，以便充分发挥考评工作及其结果的激励作用。

（三）开源节流，建立财政扶贫资金硬性增长机制和多元化扶贫资金筹措机制

广东省经济总量已连续23年稳居全国第一，但扶贫资金占财政支出比重却很低，致使扶贫工作未能有效地开展。“十一五”期间，广东的财政收入从

2005年的4432亿元增加到2010年的11842亿元，年均递增21.7%[1]，因此，广东省各级政府投入财政扶贫专项资金少并不完全是地方财政困难，而是各级党委和政府重视不够，筹措扶贫经费不力，导致公共服务不到位。按照国务院从根本上控制“三公”经费规模的要求，广东省在因公出国（境）经费、公务用车购置及运行费和公务接待费方面有很大的节流空间。1993年，“车改”前东莞市沙田镇机关每年交通费用为84万元，“车改”后为38万元，节约率达54%。按照以上标准，广东省1151个乡镇一年可节约交通费52946万元。如果省、地级市、县（市、区）三级机关均进行相应改革的话，本文认为再节约上述数据易如反掌。因为“一个人的公车改革”每年可省下少则8万多则10万元。[2] 从佛山、惠州等地“车改”的实践来看，一个县（区）或市直机关，“车改”后每年可节约交通经费少则数百万元，多则上千万元。同时通过拍卖公车，可一次性回收几千万元资金。[3] 因此，广东省各级党委、政府应在控制“三公”经费上有所作为，进一步完善“三公”经费管理制度和审核程序，建立健全厉行节约长效机制，以便有更多的资金支持扶贫事业。

广东省各级政府在开源节流，严控“三公”经费支出的基础上，应整合财政扶贫资金，充分发挥财政支农和扶贫资金的“乘数效应”，努力构建扶贫专项资金硬性增长机制和多元化的扶贫资金筹措机制。广东省政府应出台优惠政策积极引导银行贷款，拓宽信贷扶贫资金投放渠道，积极建立财政、扶贫管理部门与农业银行密切配合、互相衔接的工作机制，简化审批程序，对小额信贷采取多种途径进行贴息，确保信贷资金贷得出、收得回；同时，积极引导社会扶持资金参与扶贫，尤其是积极引导农业产业化龙头企业参与扶贫，激励农业龙头企业与贫困户建立紧密型的利益联结机制，以便带领贫困农户脱贫致富。

（四）创新现有扶贫工作格局，实现解贫工作与打造贫困地区优势产业的有机统一

“规划到户、责任到人”的扶贫工作模式强化了帮扶单位和工作人员的责任，有利于充分调动帮扶单位和工作人员的能动性，但存在一些亟待解决的突出问题。在实现贫困地区解贫工作中，存在如何为贫困地区培育优势产业，为其实施农业产业化经营创造条件，如何实现贫困地区的贫困人员当前生存和长期发展等问题。本文建议在坚持“省负总责、县抓落实、工作到村、扶贫到户”的工作格局下，创新现有扶贫工作格局，实现解贫工作与打造贫困地区优势产业的有机统一。

[1]　胡键.广东财政收入总量连续20年全国居首[N].广州日报，2011-03-29.

[2]　舒圣祥.从一个人的公车改革反思公车消费[N].新京报，2011-03-08.

[3]　佚名.广东高官释疑公车改革“车改”到底是赚是亏[N].南方都市报，2004-8-24.

本文建议省委省政府要统筹规划帮扶单位与贫困地区的对接，将全省3409个贫困村的帮扶任务、目标和要求分配落实到省直、中直驻粤单位、珠江三角洲7个经济发达市、贫困村和贫困户所在市县区的国家机关、事业单位、国有企业、社会团体，实施定点、定人、定责帮扶。省负总责，即逐级明确任务，形成“一级抓一级，层层都落实”的扶贫工作格局，对扶贫工作督促检查要严格，建立科学的考评制度，进行动态考评。地级市负责审定各县（市、区）扶贫开发的优势产业发展规划，即各地级市对其所辖的县（市、区）呈报上来的当地扶贫开发的优势产业发展规划进行严格的审定，不仅要充分分析当地自然条件、现有产业基础的优、劣势因素，而且要研判发展该优势产业的发展前景和可行性，并对审定结果进行公示。县负责协调、推荐和实施各乡镇扶贫开发的优势产业发展规划，统筹政府各职能部门的工作。一方面，对于通过上级审核的优势产业发展规划，县级政府要按照先急后缓、先贫后富的原则，整合各种资源，将规划项目和资金优先向贫困村安排；另一方面，县级政府应明确各职能部门的职责，建立科学的考核机制，分工协作，全力推动本地的减贫或解贫工作。乡镇负责制定和具体实施已批准的扶贫开发的优势产业发展规划。乡镇政府应立足于本区域和各村的优势资源，制定符合本区域的优势产业发展规划。优势产业发展规划应以充分发挥本地优势为基础，以充分调动当地农民尤其是贫困户积极性为着力点，以实施农业产业化经营为抓手，通过给予相关农业龙头企业优惠政策，激励其与贫困户建立紧密型的利益联结机制发展特色产业为目标，将当地资源优势转化为经济优势，最终实现龙头企业、贫困户和其它主体的共赢。帮扶单位在当地优势产业发展规划的基础上，具体制定帮扶村的发展项目和贫困户的解贫对策。上述建议有效解决了“输血”与“造血”、当前减贫和可持续发展的统一问题。

（五）多模式共举，开创扶贫开发工作新局面

现有的“规划到户，责任到人”扶贫模式，在目标细化上既能更好地瞄准贫困户，也能把帮扶责任落实到帮扶单位及其工作人员，但是有可能出现“只见树木，不见森林”的扶贫结果。各个帮扶单位只对某个贫困村解贫负责，由于帮扶单位及其工作人员不具有相应的专业知识和经验，又没有该乡镇区域发展规划作为指导，即便贫困村及贫困户如期解贫，能否可持续解贫仍是一个很大的问题？如果能在现有的“双到”扶贫模式基础上，依据各村或者是各个贫困区域的特点，结合其他扶贫模式或者创新扶贫模式，那么今日的解贫工作就是功在当代利在千秋了。因此，广东各地解贫工作应在不同的政府层级上采用不同的扶贫模式，以便充分发挥各个模式优点，通过多模式共举开创扶贫开发工作新局面。

我们建议县（市、区）在产业化扶贫模式和连片开发扶贫模式下寻求扶贫开发的路径。无论是产业化扶贫模式，还是连片开发扶贫模式，县（市、区）政府均能在充分发挥本县（市、区）各种优势的前提下，通过整合各类扶贫资源逐步打造本区域的主导产业和特色优势产业。部分县（市、区）政府通过培育本区域的主导产业、特色优势产业的农业龙头企业或引进农业龙头企业实施农业产业化经营，已带动部分贫困群体脱贫。截至2008年底，广东省已建立农业产业化经营组织9772家。其中，省政府认定的191家省重点农业龙头企业吸纳就业18.4万人，带动农户226.4万户，户均增收3061元。乡镇政府在本县（市、区）产业化扶贫模式和连片开发模式的基础上，采用整村推进扶贫模式选择辖区内各村的脱贫路径或发展对策。整村推进扶贫模式有利于充分发挥该村的各种优势和充分调动村民参与的积极性，整合各类扶贫资源，实现全村脱贫。整村推进扶贫模式需要克服资金缺口量大等问题和解决村内农户受益不均衡等问题。阳山县通过创新产业化扶贫模式，以扶贫龙头企业为依托，实行“帮大户带贫困户”或“大户捆绑贫困户”模式，通过借款帮助养殖大户扩大生产，再由大户捆绑扶持1至3户贫困户。既有效解决养殖大户扩大生产问题，又使贫困户绕过资金问题进入产业中，实现了产业发展、贫困户脱贫等多个目标。具体做法为阳山县扶贫办规定养猪大户如果承诺捆绑扶持1至3户贫困户，便可以向县扶贫办申请养殖金借款；县扶贫办把养殖金借款汇给扶贫龙头企业，再委托扶贫龙头企业在回收产品时扣回。养殖大户聘请贫困户做工，领取工资收入或在大户帮助下，贫困户自主发展种养业，实现了养殖大户、贫困户和扶贫办的“共赢”。[1]

县（市、区）的产业化扶贫模式、连片开发扶贫模式和乡镇的整村推进扶贫模式为帮扶单位及帮扶人员提供了帮扶指引，帮扶单位及帮扶人员在“规划到户，责任到人”的扶贫模式下瞄准了贫困户。帮扶单位及其工作人员应从贫困户的实际出发，充分尊重贫困户的意愿，实行“一户一法”，帮助贫困户理清脱贫致富思路，引导贫困户自主走出贫困困境。对于缺乏劳动力的“维持型”贫困户，通过救济和资金支持使其参加新型合作医疗等社会保障体系，能够体面地生活；对于地少人多户，通过提供培训机会和转移就业的途径实现解贫；对于资金短缺的“发展型”贫困户，通过提供启动资金和信息方面的帮助助其解贫。

（六）构建扶贫参与主体作用的良性互动机制，形成扶贫开发的合力

广东省委、省政府提出用三年时间完成80%以上贫困人口达到人均年纯

[1] 黄津，唐海浪，陈志伟. 阳山扶贫“隔山打牛”效果显著[N]. 南方日报，2010-04-07.

收入2500元以上，贫困人口教育、医疗、住房等问题基本解决的目标。仅依靠政府的力量实现上述目标难度是非常大的，因此，政府应积极引导各种社会力量参加扶贫，并构建扶贫参与主体作用良性互动机制，才能形成“政府主导、社会参与、自力更生、开发扶贫”工作的新局面。县级以上的各级政府在扶贫开发工作中应充分发挥主导作用。其主导作用主要体现在以下五个方面：一是明确各级政府及其职能部门的职责、考核办法和奖惩机制；二是加大财政资金扶贫的力度，出台系列文件或政策确保有限资金的高效利用；三是地级市及以下各级政府应为各地解贫工作制订明确的区域发展规划；四是加大贫困地区基础设施和公共设施建设的力度，为实施产业化扶贫创造条件；五是加快社会保障体系的建设进程，尽快提高贫困地区的保障水平。

政府扶贫的优势是动员扶贫资源的能力强、实施扶贫战略的连续性好、扶贫资金来源和预期稳定，项目运作方式具有一致性；劣势是权利与义务不对称，对扶贫过程中出现的新机会和新问题不敏感、制度创新的激励不足等。非政府组织在扶贫工作中具有机制比较灵活，运行成本比较低，扶贫目标更清晰，问责制度更健全，监督体系更完善，创新激励更足，资源配置效率更高和群众基础广泛等优势，因此，广东的扶贫工作，应在政府主导作用得到充分发挥的前提下，各级扶贫办应千方百计调动非政府组织和国内外富有爱心人士等社会力量参与扶贫工作的积极性，主动把政府与非政府组织和国内外富有爱心人士的优势紧密结合起来，取长补短，把有限的扶贫资源充分利用到广东艰巨的扶贫事业中。贫困户既是扶贫工作的直接受益者，也应该是扶贫工作的积极参与者。因此，各个帮扶单位及其工作人员应对贫困户的贫困原因进行深入分析，在贫困地区解贫发展规划的基础上，与贫困户共同制定具体的脱贫方案，引导贫困户主动参加到反贫困行动中，提高他们自主脱贫的意识和水平，最大限度克服他们等、靠、要的思想，只有这样才能调动贫困户脱贫致富的积极性，实现永久脱贫的目标。各级政府应出台鼓励非政府组织和国内外富有爱心人士参与扶贫的奖励机制，比如定期评选扶贫明星；贫困地区政府授予在本地扶贫工作中成绩突出的非政府组织负责人及主要工作人员、国内外富有爱心人士为荣誉市（县、区）民、扶贫模范等和以较快速度脱贫的贫困人员为脱贫标兵等，这样就可以充分调动各级政府、非政府组织、国内外富有爱心人士和贫困户（或人员）的积极性，构建了扶贫参与主体作用的良性互动机制，最终形成了扶贫开发的合力。

"双到"对扶贫开发工作的四维创新

肇庆学院音乐学院　谢石生[1]

一、扶贫开发与"双到"工作

扶贫，百度百科将其定义为：扶助贫困户或贫困地区发展生产，改变穷困面貌。开发、救济救助和社会保障是扶贫的三大基本方针，三者相辅相成、互为补充，其中开发是根本。[2] 扶贫开发是党和政府及社会各界支持与鼓励贫困地区和贫困户开发经济、发展生产、增强自我积累与发展能力、最终摆脱贫困的一项长期性的社会工作。扶贫开发工作分近期、远期的规划，需要有明确的目标，以及为实现规划要求而制订的具体计划、步骤和措施，把治标和治本有机地结合起来，以治本为主。除了帮助贫困户通过发展生产，解决生活困难外，更为重要的是帮助贫困地区开发经济，发展教育，从根本上摆脱贫困，走勤劳致富的道路。

"双到"，即"规划到户、责任到人"，又称"双到"工作责任制，是广东扶贫开发的新模式，也是广东扶贫开发在理论与实践上的探索与创新。2008 年 6 月，广东省委十届三次全会一致通过的《关于争当实践科学发展观排头兵的决定》，明确提出"完善扶贫开发机制，做到规划到户，责任到人，加快消除绝对贫困现象"。[3] 这是广东经济社会发展进入新发展期，针对新形势与广东城乡发展实际，对扶贫开发工作提出的创新性重大决策。2009 年广东省委办公厅和省政府办公厅联合下发了《关于新时期我省扶贫开发"规划到户、责任到人"的实施意见》（粤办发〔2009〕20 号），指出："按照'政府主导、社会参与、自力更生、开发扶贫'的方针，坚持'省负总责、县抓落实、工作到村、扶贫到户'的工作格局，进一步解放思想，转变观念，创新扶贫开发思路，以

[1] 谢石生（1982—），江西信丰人，肇庆学院音乐学院政治辅导员，法学硕士，主要研究方向：马克思主义中国化、思想政治教育。

[2] 扶贫.百度名片[WB/OL].http://baike.baidu.com/view/73747.htm.

[3] 关于争当实践科学发展观排头兵的决定[A].2008.

促进区域、城乡协调发展，实现共同富裕和构建和谐社会为目标，以整村推进为平台，以贫困村、贫困户、贫困人口为工作对象，以增加贫困农户的收入和改善贫困村发展环境为目的，调动全社会的力量，实施扶贫开发'规划到户、责任到人'工作责任制，着力改善贫困村的生产生活条件，提高贫困人口的自我发展能力，改善贫困地区的发展环境，加快脱贫致富奔康步伐。"[1]"通过实施'规划到户、责任到人'扶贫开发工作责任制，采取'一村一策、一户一法'等综合扶贫措施，确保被帮扶的贫困户基本实现稳定脱贫"。[2]广东自实施扶贫开发"双到"工作以来，各地市扶贫工作已初显成效。韶关翁源县2010年共筹集扶贫资金5128.3万元，使贫困户年人均纯收入达到2670元，比2009年增长71%，实际脱贫数2380户、9137人，占贫困村贫困户总数的61.3%、总人数的69%；48个贫困村的村集体经济纯收入全部达到3万元以上。2010年以来，全县48个贫困村完成危房改造480户；完成农村饮水工程19宗，使1.68万人告别了饮水不安全的历史；80公里村道铺上了水泥，自然村全面开通了机耕路。贫困户生活水平得到新提高、贫困村面貌呈现新变化，产业扶贫使特色产业出现了强劲的发展势头。[3]

二、"双到"对扶贫开发工作的四维创新

广东实施扶贫"双到"是对扶贫开发工作的一种探索与创新，即对扶贫开发工作从四个维度的创新：内涵的拓展、意义的提升、体制的优化、机制的活化。

1. 内涵的拓展

内涵是个哲学名词，本指事物内在因素的总和，是事物的本质所在。扶贫开发工作的内涵就在于通过多种方式帮扶贫困地区与贫困户发展生产、脱离贫困。而"双到"工作的实施，使扶贫开发工作在内涵上得到拓展。

从唯物辩证法角度看，扶贫开发工作就是一个系统，一个整体。而这个整体是由众多普遍联系的个体与环节组成的。就广东而言，扶贫开发工作这个系统是由分布在粤东西北欠发达地区14个地级市和恩平市等83个县（市、区）的3409个贫困村的70万贫困户和316万贫困人口，以及50多万户规模以上企业和14万公务员等帮扶单位与个人组成的。这些数量众多的组成部分之间相互联系、相互作用。而扶贫开发"双到"工作正是这个系统观念出发，要求

[1] 关于新时期我省扶贫开发"规划到户、责任到人"的实施意见[A].2009.

[2] 关于新时期我省扶贫开发"规划到户、责任到人"的实施意见[A].2009.

[3] 牛思远，谷立辉.扶贫"双到"见成效：翁源七成贫困人口脱贫[N].南方日报.2011-03-04.

构建一个大扶贫的概念，动员全社会关注扶贫、参与扶贫。并且通过规划到每一个贫困户、责任到每一个帮扶人，将帮扶对象与帮扶单位、个人之间建立起相互之间的联系。更为更要的是，扶贫开发“双到”工作用“规划到户”将贫困个体进行优化，再由个体优化达到扶贫开发整体的优化，即通过逐户脱贫达到整体脱贫。同时，“责任到人”强调扶贫开发工作应狠抓落实，确保完成每一贫困户的脱困任务，经过《关于新时期我省扶贫开发“规划到户、责任到人”的实施意见》计划的三年时间，最后基本实现稳定脱贫。

从社会心理学角度看，生活在一个社会群体中的个体必然受到社会规范与制度的约束。扶贫开发“双到”工作的“责任到人”，正是通过社会权威即党与政府制定扶贫工作的规范与制度，激励帮扶单位或个人去积极作为，并在整个扶贫群体中形成良好的社会氛围，规范帮扶单位或个人的帮扶行为，惩戒帮扶单位或个人的消极作为与不作为。扶贫开发“双到”工作的“规划到户”，则能使贫困户或个人形成心理迫切，从而促使其响应党与政府的号召，配合帮扶单位或个人积极脱贫。适当的压力将转变成动力，扶贫开发“双到”工作的“规划到户”亦能使帮扶单位或个人形成心理压力，促使其在帮扶面前各显神通。

2. 意义的提升

扶贫开发工作关系社会稳定与国家发展，对于构建社会主义和谐社会，促进国家与社会的科学发展，以及中国特色社会主义建设都意义重大。中共十七届三中全会通过的《关于推进农村改革发展若干重大问题的决定》强调，搞好新阶段扶贫开发工作，对确保全体人民共享改革发展成果具有重大意义。胡锦涛曾指出：“扶贫开发是建设中国特色社会主义事业的一项历史任务，也是构建社会主义和谐社会的一项重要内容。”“双到”使扶贫开发工作的重大意义得到提升。

扶贫开发“双到”工作更彰显人本特色。扶贫开发工作，必然以人为本，是落实科学发展观的重要内容。扶贫开发“双到”工作强调规划到户，要求采取“一村一策、一户一法”的靶向疗法直击目标，为每一贫困户建档立卡，要求帮扶单位与个人定点、定人、定责进行帮扶，将扶贫开发工作的落脚点和归宿点确实放在每一个贫困户之上，更加彰显扶贫的人本特色。

扶贫开发“双到”工作更突出发展科学。邓小平的“两个大局”战略构想，要让一部分人先富起来，先富帮后富、实现共同富裕，是中国特色社会主义的制度安排，也是科学发展观的内在要求。扶贫开发本就突出发展特色，要求扶助贫困户或贫困地区发展生产、脱离贫困。而扶贫开发“双到”工作通过走访、调查等方式了解掌握每一贫困户的情况与特点，建档立卡，分析原因、寻找对策，根据每户特点做出规划，采取“一村一策、一户一法”，更加突出发展特色，并且讲求发展要科学。

扶贫开发“双到”工作更强调和谐稳定。历经改革、经济快速发展的广东城乡差距尤其明显。“中国最富的地方在广东，最穷的地方也在广东。”在市场经济下，社会资源自然会向发展水平较高地区流动，而经济增长带来的成果却不会自动惠及贫困地区及人口。由此形成的“马太效应”，只会使穷者更穷，富者更富。如此广东的和谐稳定就难以保证。扶贫开发“双到”工作将扶贫开发促进社会和谐稳定的意义提升。“规划到户”让所有帮扶对象都享受到同等的帮扶机会，享受到一样的发展生产、脱离贫困的政策扶持。“责任到人”则为所有帮扶对象享受帮扶的权利提供了坚实的保障。同时扶贫开发“双到”工作要求动员全社会积极参与扶贫开发，这必然使扶贫济困、团结互助蔚然成风，形成良好的社会风尚。

3. 体制的优化

扶贫开发工作是一项长期的系统工程，需要配套的稳定的体制。扶贫开发“双到”工作将扶贫开发工作的体制进行了优化。

扶贫开发“双到”工作的领导体制更加高效。“双到”要求按照“政府主导、社会参与、自力更生、开发扶贫”的方针，坚持“省负总责、县抓落实、工作到村、扶贫到户”的工作格局，要充分发挥党政的主导作用，各级党委、政府是本地本部门落实“规划到户、责任到人”的责任主体，党政主要领导为第一责任人。要求把“双到”工作作为全面建设小康社会的一项硬任务，明确领导责任、单位责任和个人责任，做到认识到位、领导到位、机构人员到位。自省至乡镇形成一个领导体系，确保扶贫开发“双到”工作的组织领导。

扶贫开发“双到”工作的投入体制更加到位。扶贫开发工作需要人力、物力、财力的支持。“规划到户”确保了帮扶单位与个人必须到位，帮扶资源必须跟进。“责任到人”的问责制则将督促帮扶单位与个人的积极作为。至2010年7月，广东有3409个贫困村，就已经有3263个帮扶单位派驻帮扶工作组到定点帮扶村开展工作，占95.7%，驻村干部达到8533人，平均每个贫困村有3个扶贫干部定点帮扶。[1] 至2010年7月，广东省政府已筹措财政专项扶持资金7亿元，专门用于粤东西北14个市负责的2002个贫困村的扶贫投入，珠三角城市也分别安排数额不等的扶贫专项资金。[2]

扶贫开发“双到”工作的保障体制更加有力。“双到”其实就是一种工作责任制，要求扶贫工作有坚实的保障。“双到”之“责任到人”就是落实的保障，主要针对帮扶单位与个人，将全广东省的贫困村、贫困户，分配落实到省直、

[1] 张朝祥，陈先锋.广东探索“双到”扶贫新模式初显成效[WB/OL].http://www.gd.xinhuanet.com.

[2] 张朝祥，陈先锋.广东探索“双到”扶贫新模式初显成效[WB/OL].http://www.gd.xinhuanet.com.

珠三角、当地市县机关事业单位，以及有能力、有意愿的企业和个人，采取“一村一策、一户一法”等综合扶贫措施，开展定单位、定人、定点、定责帮扶，调动全社会的力量去扶贫，实现一村一村解困，一户一户脱贫。”[1]责任明确、划分细致、保障有力，是扶贫开发“双到”工作保障体制的特点。

4. 机制的活化

机制是指事物各组成部分之间协调动作的一种具体方式。扶贫开发工作需要有一套正常畅通、运行良好的机制。扶贫开发“双到”工作将扶贫开发工作的机制进行了活化。

扶贫开发“双到”工作的运行机制更为流畅。在扶贫资源配置上，“规划到户、责任到人”要求建立一种瞄准机制，实行“靶向疗法”，更直接、更精确地配置机关、企事业单位扶贫资源，减少资源消耗，实现定点清除贫困。[2]在扶贫规划上，“规划到户”就是通过建立机制，主要针对贫困户（点），做到工作重心下移，对贫困户的基本情况进行摸查，登记造册、建档立卡，并录入电脑实行动态管理，做到户有卡、村有册，省、市、县（市、区）和乡镇有数据库，形成实时联网监测系统，做到心里有数，分类指导，制订帮扶措施，搞好脱贫规划。[3]

扶贫开发“双到”工作的考评激励机制更为有效。扶贫开发“双到”工作要求加大检查督促力度，并由广东省委组织部和广东省扶贫办共同制定考评办法，将“规划到户、责任到人”进展情况列入所在地区深入贯彻落实科学发展观和党政领导干部政绩的考核内容，每年组织检查考核，公布考核结果，作为干部考核任用的重要依据，确保如期实现扶贫开发目标。同时要求建立激励机制，根据各地完成的情况，奖优罚劣，赏先激后。

扶贫开发“双到”工作的操作模式遍地开花。实施扶贫开发“双到”工作以来，广东省各地从实际出发，围绕产业化扶贫的主导方式，探索出一批扶贫开发的成功模式。梅州有“拾荷模式”、“红山模式”、“富农模式”等，江门有“千企扶千村”，清远在推进贫困村互助金试点工作中，创造了互助资金分别与专业合作社、专业大户、全员股份和整村推进相结合的模式，还有教育系统实施“双零”智力扶贫方式等。”[4]

[1] 汪洋. 汪洋同志在全省扶贫开发“规划到户责任到人”工作电视电话会议上的讲话[R].2009.
[2] 汪洋. 汪洋同志在全省扶贫开发“规划到户责任到人”工作电视电话会议上的讲话[R].2009.
[3] 汪洋. 汪洋同志在全省扶贫开发“规划到户责任到人”工作电视电话会议上的讲话[R].2009.
[4] 汪洋. 汪洋同志在全省扶贫开发“规划到户责任到人”工作电视电话会议上的讲话[R].2009.

对广东省“双到”扶贫开发模式的思考

华南农业大学　倪慧群[1]　黄宏　钟耿涛

“全国最富的地方在广东，最穷的地方也在广东。”这是广东省委书记汪洋同志到任以后对广东省内区域间经济发展差距的形象描述。改革开放以来，广东经济发展迅速，尤其是珠江三角洲地区已经发展成为全国经济水平最高、最具活力的地区。但由于资源禀赋、地理位置等方面的原因，粤东、粤西、粤北不少地方经济发展水平跟珠三角之间的差距不断扩大，对经济欠发达地多进行帮扶，一直是政府和社会非常关注的问题。多年来，广东省委省政府始终坚持在协调区域经济发展上做文章，针对不同的时期，提出相对应的扶贫工作重点，采取多种形式相结合的扶贫措施，积极探索，寻找广东扶贫新思路，大力发展粤东、粤西、粤北等贫困地区的经济，加快贫困农村脱贫致富的步伐。“规划到户、责任到人”（简称“双到”）扶贫开发作为一种新的模式，是多年来探索实践的成果，其历史成因及现实效果均具有重要的研究价值。

一、广东省“双到”扶贫开发思路的产生及初步成效

早在1985年，广东省就提出了“五年消灭荒山，十年绿化广东”治山致富的扶贫道路，大力发展山区生态建设和特色产业建设；此后10年间，广东省一直重视山区农业综合开发阶段，利用贫困山区的各种优势，开展农业综合开发，实施开发式的扶贫战略。1997年，广东省逐步开始实施开放式扶贫战略，组织相关单位对口扶贫，并且着力发展和培育农业龙头企业，实行产业化扶贫政策，取得了一定的成效；到2001年，广东省已基本消除了绝对贫困现象；2002年开始，广东省的扶贫工作基本处于区域推进阶段，着重解决贫困地区的基础设施建设等问题，全方位的扶持贫困地区的经济发展〔1-4〕。

经过多年的发展积累，近年来，广东经济社会发展进入了新的阶段，广东

---

[1] 倪慧群（1984.09 -），女，硕士，华南农业大学科技管理与规划研究所研究实习员，主要研究森林培育及科技管理与规划。

省委省政府根据党的十七大和十七届五中全会精神，提出了要加快转型升级、建设幸福广东的发展战略部署。2007年末，省委书记汪洋深入粤北山区调研后，指出“深入贯彻落实科学发展观，推进区域协调发展，实现共同富裕，让山区群众过上好日子”的战略任务，并提出了扶贫开发“规划到户、责任到人、登记造册、电脑管理”的新思路。在此后的一年多时间里，省委省政府做了大量细致的摸底调研工作。省扶贫办的数据显示，截止到2008年，广东粤东、粤西、粤北欠发达地区14个地级市和恩平市等83个县（市、区），共有3409个村年人均收入低于1500元，农业人口贫困比例高达41.2%。

2009年开始，广东掀起一场前所未有的扶贫开发“规划到户、责任到人”大会战，走出了一条以“双到”为特色的扶贫道路。全国最先实施扶贫信息电脑联网管理，数以百万的扶贫大军开始对3409个村的300余万贫困人口，实行定点脱贫。各单位根据帮扶对象特点，结合自身实际情况，分门别类制定到村到户的帮扶措施，采取诸如产业帮扶、智力帮扶、就业帮扶、资金帮扶等模式，整村推进，全省“双到”工作出现了令人鼓舞的好形势。

经过一年多的努力，到2010年，全省经核定的37.1万户、155.8万贫困人口年人均纯收入达2410元，与帮扶前相比人均增收822元，增幅达51.76%，其中15.6万户贫困户初步实现脱贫，占贫困户总户数42.19%；3409个贫困村集体经济得到稳定提高，总体收入达10249万元，平均每村达3.01万元。政府和社会各届共投入帮扶资金44.217亿元，平均每个贫困村129.7万元。同时，全省共扶持发展经济建设项目7556个，其中农业开发项目5336个，工业开发项目1090个，商贸旅游项目540个，招商引资项目592个〔5〕。可以说，“双到”扶贫开发工作取得了阶段性的显著成效。

二、广东“双到”扶贫开发工作中存在的主要问题

作为一种全新的模式，“双到”扶贫开发具有责任主体明确、责任内容明确、扶贫对象明确、考核评价标准明确等特点，这种方式有效克服了此前扶贫工作中存在的缺陷，在短时间内收到了显著成效。但在实际运作过程中，这种模式还存在一些比较突出的问题，这些问题可以概括为四个不平衡：

不平衡之一：帮扶单位资金投入不平衡。目前，全省扶贫帮扶单位的资金筹集渠道和投入的数额各不相同。以粤东兴宁市的情况为例，参与该市扶贫开发工作的单位共有84个，总投入资金为6970.1万元，其中投入200万元以上的有4个单位，100-200万元的有15个单位，50-100万元的有37个单位，50万元以下的有28个单位；落实帮扶资金最少的是25.8万元，最多的是497.98

万元，两者相差 19 倍。造成这种差距的决定性因素是帮扶单位财力状况和资源统筹能力的不同。比如，有些帮扶单位虽然层级高、规模大，但财力不足、资源有限，扶贫资金只能靠本单位和职工个人的捐款，在开展扶贫项目时面临诸多限制性因素。各帮扶单位资金筹集和投入的数额不一样，势必会影响贫困村的产业项目的实施与开展，同时也会带动贫困村与贫困村之间的攀比与不平衡，从而影响贫困地区的经济发展。

不平衡之二：帮扶单位项目进展不平衡。不同的村有不同的自然资源优势，充分利用这些资源优势，通过项目建设能够极大地帮助贫困户脱贫致富。在我省贫困地区开展扶贫帮扶项目多以农业种养为主，而帮扶单位资金投入问题、贫困村干部的组织以及贫困户的自我发展想法等等是制约帮扶项目进展的重要因素。相对来说，帮扶单位投入资金的数额较多，村镇干部对落实进户帮扶项目的热情和积极性较高，反之则脱贫项目相对滞后。农业技术推广体系的不完善以及部分贫困户仍然存在“被动脱贫”的依赖思想，极大地影响项目的进展，阻碍了其脱贫致富的进程。

不平衡之三：帮扶对象的收益不平衡。这种现象在以村集体或一个地区为帮扶对象时成为多见。比如，在贫困村中以项目带动的方式开展扶贫，可以增加参与项目的贫困户的收入，从统计学上看该村的人均纯收入得到了大幅提高，但那些没有参加扶贫项目的农户则难以获得项目开发所带来的收益。又比如，即使是同一个村，农户之间的脱贫路径不同，甚至只是种植的经济作物的品种不同，都会带来收益的差距。再比如，在扶贫开发尚没有示范带动的时候，农户之间实施项目的积极性不同，导致一些贫困户仍然没有项目资金的覆盖。此外，部分帮扶单位在开展项目扶贫的时候，瞄准的目标是贫困地区，而不是贫困户，只注重整个地区的项目开展，忽略了贫困户的参与，仍然也会造成不同贫困地区的贫困户收益不均衡。

不平衡之四：非贫困村中贫困户的心理不平衡。目前全省有 3409 个贫困村，还有一些非贫困村里面也有部分年收入在 1500 元以下的贫困户。在开展“双到”扶贫工作，对于贫困村里的贫困户有一定的收入增加，但是对于非贫困村里的贫困户来说，只能依靠自我发展能力来增加收入，甚至会出现眼红现象，认为只要贫困了，就有单位来帮扶的这种“等、靠、要”的思想。长期扶贫项目开展下去，也许会出现这边贫困村才刚刚脱贫，其他的非贫困村又进入了贫困状态，长久下来，广东的扶贫工作会进入到一个恶性循环的过程当中，不利于我省扶贫大格局的形成。

造成以上四个不平衡的原因，主要是扶贫开发过程中面临三个突出的矛盾：

第一，长期“造血”与短期“输血”之间的矛盾。在广东省的扶贫工作中，以“精神慰问”和“资金资助”为主的扶贫方式仍是一些扶贫单位开展扶贫工作的“规定动作”，一些扶贫单位的领导没有真正重视扶贫工作，只是口头扶贫、理论扶贫。部分事业单位，讲求“包岗”扶贫，侧重于形式扶贫，慰问及金融资助的金额占到了整个扶贫资金投入的一半，他们只注重扶贫慰问的形式，作表面文章，扩大宣传影响力。有些单位为完成考核指标，投入资金，将贫困户的住房全部翻新重建，只会使贫困户的“等、靠、要”的依赖思想更加严重。短期的“输血”并不能带来长效的收益。三年的扶贫工作一结束，贫困户即使住上帮扶单位建造的现代化的居所，但生活和生产方式依然如旧，并没有实现完全意义上的脱贫致富。

第二，“造血”项目设计实施与扶贫对象意愿之间的矛盾。思想保守、观念落后是帮扶工作中的一大障碍。贫困户之所以出现贫困的现象，除了是因病返贫或天灾人祸以外，很大程度上是因为其缺乏自身发展能力。在帮扶单位实施“造血”项目时，大部分贫困户的响应不积极，主动性不强，大多呈观望的态度，有的甚至于因为改变了其常有的生活、耕作方式而不参与造血项目的实施。项目设计实施与扶贫对象意愿之间的矛盾极大地影响着贫困户脱贫致富的进度，越是不参与造血项目，脱贫的进度越慢，从而也会影响帮扶单位对于整个贫困村扶贫帮困项目的开展。

第三，劳动力转移与劳动力不足之间的矛盾。仍以粤东兴宁市为例，在转移剩余劳动力方面，兴宁市2010年共引导贫困户转移就业1922人，组织劳务输出人员2117人。从短期来看，培训输出农村青年，采取多渠道多形式开展非农业产业劳动者能力培训，能够提高其劳动素质，增加收入。但是纵观扶贫村，老人、妇女以及儿童的比例正在逐步上升，家庭农业生产明显出现劳动力不足的现象。贫困村与贫困村的发展出现极度不平衡，有的村因为缺乏劳动力致使土地荒废，资源浪费，而部分贫困村大量劳动力赋闲在家，无事可做。

三、扎实开展“双到”扶贫开发工作的几点对策建议

第一，整合资源，统筹资金，协调帮扶单位做好扶贫开发工作。“双到”扶贫强调了帮扶单位的责任，作为扶贫的主导，各级政府应该充分考虑到扶贫资金统筹问题。积极发挥政府的主导作用，整合各地帮扶单位的资源，建立相应的技术需求及资金投入平台，倡导拥有技术资源及资金资源的帮扶单位之间的沟通、交流及合作。同时，还要完善扶贫资金投入的联动机制，出台相应的政策与措施，以保证各帮扶单位之间资源整合的规范性及可靠性。同时，建议

省委省政府建立相应的扶贫项目申报及激励机制，为扶贫经费相对短缺的帮扶单位提供一定的资金资助，以协助其开展扶贫工作。这样不仅解决帮扶单位资金自筹的困难，同时也能发挥各帮扶单位的优势，能够进一步加强我省各级联动、全民参与、整合资源的全省大扶贫格局。

第二，积极协调，发挥村干部的组织作用和主观能动性。基层工作的开展，离不开村委会的支持和协调，尤其是在贫困村开展扶贫工作，各帮扶单位必须在村委会的带动下，才能顺利开展，因此村委会的组织作用显得特别重要。扶贫工作开展中，要将帮扶单位的引导作用、驻村干部的协调作用、村党支部的带头作用、贫困农户的主体作用进一步落到实处。要提高贫困户的思想认识，前提是村委会干部能够意识到扶贫工作的重要性。各帮扶单位要积极协调与村委会的关系，使其认清形势，克服“等 靠 要”的思想。例如华南农业大学通过资金入股乐昌庆云镇水电站，确保袄田村集体年收入在 3 万以上，同时开展科技项目时，保底收购农产品，同时返利 1% 给村委会，这些做法都极大提高了村委干部的积极能动性，也利于贫困户的收入增加。建议在此基础上，有关部门出台相应管理文件，对村集体收入进行有效监督，建立创新激励机制，对村集体收入设定一个基数，超过这个基数，明确分配方案，确定村委干部的提取奖金，提高村委干部积极性。各帮扶单位负责人及驻村干部要不定期及时与村委干部沟通，就扶贫项目的开展、进行等问题进行商讨，不仅体现出扶贫单位对村委干部的尊重，也能充分调动其组织能动性，还能增强村委领导班子的凝聚力，有利于贫困村的经济收入增加。

第三，加大力度，营造氛围，调动贫困户主动参与的积极性。贫困户之所以贫困，在一定的程度上是除了自然环境、因病返贫等客观因素影响外，其根本原因在于主观意识上的“懒、赌、等、靠、要”的严重思想。落后的教育、文化等使贫困户长期处于半封闭状态，缺乏一定的竞争力，各个帮扶单位要在开展扶贫工作的同时，积极做好贫困户的思想工作，通过在村委悬挂宣传标语、横幅以及路边广告牌等形式，努力营造扶贫开发的良好氛围，使农民在日常生活中能潜移默化地意识到自我发展的重要性。同时，也可以通过媒体宣传，开通广播、电视、组织村民观看典型事例等形式，让农民接触到外面的世界，能够进一步解放思想，充分调动其主动参与的积极性。只要贫困户做到贫穷不失志，不悲观懒惰，不安于现状，加上帮扶单位的努力，脱贫致富的目标很快即可实现。

第四，找准目标，优化产业结构，增加贫困户的生产收入。“双到”扶贫开展以来，全省大部分帮扶单位在开展项目扶贫，其中大部分是依靠贫困村的自然资源开展农业种养项目，其中蔬菜、水稻、油茶、金柚等的种植以及禽畜的养殖项目比例占到整个扶贫项目的60%。为了加快脱贫，在今后的扶贫工作开展中，帮扶单位要充分结合其贫困村自然条件、历史文化传统习惯以及现实生产经营方式，积极探索产业化扶贫的有效途径，选择最具有特色及优势的产业项目，建立区域化种养基地，在过去形成的产业化基地基础上，进一步打造“一村一品”的有机认证的特色产品，形成主导产业。建议各帮扶单位在发展产业项目的同时，能够形成辐射效应，带动和发展周围非贫困村中的贫困户积极参与。

在开发上要注重现存、近期以及潜在优势的充分利用，要充分发挥农业龙头企业的辐射带动作用，要坚持“公司+农户+基地”的方式，大力发展生态农业、休闲农业和农产品深加工等产业，加快农业产业升级，优化结构，将资源潜力转化为带动农户脱贫致富的经济动力。与此同时，通过建立科技示范园，加快推广先进实用技术，不断改造传统农业经营方式，争取将科技示范辐射到整个贫困村，形成具有一定规模的现代农业示范园区，进一步加强贫困农户的积极能动性。

第五，建立机制，鼓励就业，引导贫困劳动力合理流动。贫困户本身具有劳动能力是其经济收入的主要来源，随着扶贫工作的深入，劳务输出收入也成为贫困户增加收入的重要途径之一。在组织劳动力输出时，要加强合理的引导。政府部门对其劳务输出要进行调控，鼓励有条件的劳动力实行劳务输出，并为其提供必要的法律及政策支持，保护外出务工者地合法权益，切实解决其遇到的各种问题。各帮扶单位要千方百计地增加贫困人口的就业机会，并对劳务输出提供技术支持和必要的培训，提高其各方面的能力和素质，提升技术含量，从纯劳力务工向技术性务工和具有核心竟争力的劳务性输出。同时，要防止因为劳动力输出而造成的各种资源的浪费，可以考虑将外出务工者的土地等资源合理地转到劳动生产力较高的贫困户手中。

另一方面，大量的劳动力输出，贫困地区的主要劳动力是妇女、老人及儿童。各帮扶单位在引导劳动力输出的同时也要兼顾贫困村的实际情况，开展技术培训等措施，针对性地对农村妇女及贫困户子女进行专业技能培训，强调其参与项目的重要性，鼓励并支持他们参与科技项目的开展及决策，改善和提高他们的经济地位和社会地位，加强其自我发展能力，来弥补村劳动力的不足，促进当地经济的发展。

第六，强化责任，加强监测，健全扶贫考核机制。“双到”扶贫开发工作强化了扶贫责任，通过实施扶贫考核问责制来强调“责任到人”。2010年的省委省政府考核结果显示，部分帮扶单位的扶贫意识不够强，只是进行短期的资金“输血”而不是开展长期的项目“造血”，没有将扶贫工作落到实处。在接下来的扶贫工作中，建议建立一个非政府机构的监测机构，主要用于扶贫工作的动态监测，拥有独立的统一计算系统和抽样调查队伍，在监测的时候采取不定时、不定点的抽查方式，检查驻村干部到位、扶贫项目开展等情况，让群众作为群体参与到项目的评估体系中去，并将结果及时汇报到省委省政府，将这些情况作为当年扶贫考核的重要参考依据。这样能够减少扶贫工作中的“搞形式，走过场”，省委省政府在年终考核的时候，也能够真正区分出扎实扶贫和形式扶贫。同时，省委省政府也要对各帮扶单位的扶贫工作进行适当的激励和惩罚，以体现考核的公平和公正性。

第七，立足长远，点面结合，整体推动新农村建设。“双到”扶贫属于“整村推进”式的扶贫开发，要以社会主义新农村建设为前提，全省各个单位一定要立足于长远，按照“生产发展、生活宽裕、乡风文明、村容整洁、管理民主”这一标准，要把“双到”工作与新农村建设结合起来，改善贫困农民生产、生活条件以及整体面貌。要突出加强基础设施例如农村交通、水利、电力、信息通讯等基础设施、危房改造工程的建设。同时，还要调动各方面的积极性，投资农业基础设施建设，重点抓好农村水利工程项目，改善贫困农民的种养环境。要加大农业信息化建设力度，充分利用和整合涉农信息资源，强化面向农村的广播电视电信等信息服务。另外还要注意点面结合，结合“整村推进”工作，以沼气入户工程、太阳能等项目为重点，继续开展天然林保护、退耕还林等农村生态环境治理工作，扎实推进广东社会主义新农村的建设。

四、结论

贫困作为突出的社会问题之一，中国政府和全世界都很重视，广东省委省政府也不例外。一年多来，各级领导的重视、帮扶单位的积极投入、驻村干部的热情参与以及社会各力量的加入，我省扶贫开发“规划到户责任到人”工作扎实推进，取得了阶段性重大成果，大力推进了广东珠三角一体化进程，带动了粤东西北地区的发展。

但是我们也要准确认识到当前我省扶贫开发的工作形势，“双到”扶贫工作进入了关键时期，既有有利条件，也有不利因素，机遇与挑战并存。第一年的扶贫工作中，容易脱贫的贫困户已经基本脱贫，现在还没有脱贫的贫困户，都是或多或少地在生产生活条件上存在一些制约发展的困难和问题，在增加收入上存在一定的难度。要做好近两年的扶贫工作，要求更高，责任更大。全省扶贫目标是要实现全省 3409 个贫困村实现 80% 的脱贫，攻坚之年的扶贫任务任重而道远。

“十二五”开局之年，省委省政府提出了“加快经济转型升级，建设幸福广东”的提议。实践证明，在新时期的背景下，广东农村扶贫开发是构建社会主义和谐社会的一项重要内容，关系到科学发展观的贯彻和落实，关系到统筹城乡发展方略的实施，关系社会的长治久安，更关系到幸福广东的建设。各级单位要深刻体会到“双到”扶贫工作的重要性，要增强构建和谐社会，建设幸福广东的紧迫感，改进扶贫方式，扎实做好扶贫开发工作，给力幸福广东建设。

参考文献：

[1] 崔健，陈国珊等 . 广东扶贫开发工作的回顾与前瞻 [J]. 中国贫困地区，1998(7):33-38.

[2] 蔡汉雄 . 以科学发展观统领扶贫开发工作 - 广东扶贫开发的实践与探索 [J]. 南方农村，2006 (1):46-48.

[3] 张军，史金善 . 广东扶贫农业龙头企业培育政策的探讨 [J]. 科技管理研究，2007(8):79-80，86.

[4] 廖纪坤 . 贫困问题与广东扶贫措施浅析 [J]. 南方经济，2004(12):12-15.

[5] 陈清浩 . 贫困人口年人均纯收入达 2410 元 [N/OL]. 南方日报，[2011-3-2]. http://epaper.nfdaily.cn/html/2011-03/02/content_6932061.htm.

扶贫开发“双到”工作的实践探究

云安县人民政府　香卓伦[1]

富民强国自古以来是世界各国治国安邦的根本大政，而缓解和消除贫困又是执政者履职施政的重大课题。我国春秋初期的著名政治家管仲说：“凡治国之道，必先富民”（《管子·治国》）。战国时期的思想家荀子也说：“足国之道，节用裕民”（《荀子·富国》）。西汉政论家贾谊则说：“以富乐民为功，以贫苦民为罪”（《贾谊·新书·大政上》）。治国必先富民，统治者要把人民富裕安乐作为治国理政的功绩，把使人民贫困痛苦作为履政执政的罪过。纵观历史，无不证明，执政者什么时候为富民而施政，为脱贫减贫而努力，什么时候则政治清明，国泰民安。

过去的几十年间，世界经济迅速发展，社会财富急剧增加，但贫富悬殊和南北差距还在扩大，贫困问题仍然威胁着人类的和平与发展。我国是人口大国，也是最大的发展中国家，党和政府始终把消除绝对贫困、促进共同富裕、实现科学发展作为矢志不渝的奋斗目标。邓小平同志曾多次强调：“贫穷不是社会主义，社会主义要消除贫穷。”改革开发以来，在农村建立了以家庭承包为基础、统分结合的双层经营体制，为缓解贫困奠定了制度基础。保持国民经济健康高速发展，巩固农业的基础地位，农村经济稳步增长，为缓解贫困奠定了物质基础。党的十六大以来，统筹城乡、区域发展，加大对“三农”特别是贫困地区的支持力度，继续实施西部大开发、促进中部地区崛起等战略，全面发展教育、卫生、保障等事业，逐步建立起最终消除绝对贫困的国家战略体系和改革框架。在努力创造有利于贫困地区、贫困人口发展环境的同时，我国政府坚持开发式扶贫方针，实施了有组织、有计划、大规模的专项扶贫计划，探索出一条符合中国国情，具有中国特色的扶贫开发道路。把扶贫开发纳入国民经济和社会发展中长期规划，先后制定了《国家八七扶贫攻坚计划》和《中国农村扶贫开发纲要（2001-2010年）》。经过30多年的

[1] 香卓伦（1966.12-），男，云安县人民政府副县长、高级讲师，从事农业经济管理工作。

努力，我国扶贫开发取得了举世瞩目的成就。农村尚未解决温饱的绝对贫困人口数量从1978年的2.5亿下降到2007年的1479万，占农村居民总人口的比重从30.7%下降到1.6%；初步解决温饱但不稳定的低收入贫困人口从2000年的6213万减少到2007年的2841万，占农村居民总人口的比重从6.7%下降到3%，贫困地区的生产生活条件明显改善，社会事业发展水平有了很大提高。就广东省来看，全省农民人均纯收入1500元以下的贫困人口从2005年的411万减少至2008年的316万人，减少23.1%。全省16个扶贫开发重点县生产总值从2000年的258.83亿元增加到2008年的798.4亿元，年增长15%。51个山区县农民纯收入从2000年的3289元增加到2008年的5147元，年增长5.8%。

尽管我国的扶贫开发取得了巨大的成就，但贫困问题依然比较严重。到2007年底，全国农村低收入以下贫困人口还有4320万人，占农村总人口的4.6%。就广东省而言，由于地理区位、自然禀赋、经济基础、历史文化、体制机制等各方面因素的影响，发展不平衡问题还相当突出，并集中体现为区域之间、城乡之间、群体之间发展和收入差距的不断扩大。根据广东省与世界银行联合开展“缩小广东城乡贫富差距”课题研究报告的统计，2007年全省区域发展差异系数0.75，高于全国0.62的平均水平，已经接近国际上的0.80的临界值，珠三角地区生产总值、财政收入占全省近80%，粤东西北欠发达地区仅占20%。全省还有3409个贫困村、70万户、316万人处在贫困线以下，贫困农民生产生活条件还相当落后，贫困村的内部公路、泥砖房改造、饮水安全等基础设施还很不完善。世界银行研究报告认为，广东农村和珠三角以外地区的贫困程度依然相当高。

扶贫开发工作始终是党中央、国务院的一项重要战略部署。党的十七大报告特别强调要“提高扶贫开发水平”，党的十七届三中全会通过的《关于推进农村改革发展若干重大问题的决定》进一步强调，搞好新阶段扶贫开发，对确保全体人民共享改革成果具有重大意义。广东省委、省政府提出扶贫开发要做到“规划到户责任到人”（以下简称“双到”）的重要部署，更好地解决新时期扶贫开发的载体、方式、对象、责任等一系列关键性问题，让有扶贫能力的单位和个人通过直接到户的方式帮助贫困农民脱贫致富，是开发式扶贫的一个创举。许多地区在实践和探索中也取得了比较好的成效。就笔者参与的广东省云浮市云安县的扶贫“双到”工作中，在结合“双到”工作要求和当地实际，笔者认为，在扶贫开发“双到”的实践和探索中，使扶贫开发取得实效，要落实做好“五个必须有”：

第一，必须有明确的责任机制。云安县在落实“双到”工作中，按照“省负总责、县抓落实、工作到村、扶贫到户”的工作要求，立足县情，以“双到+双扶”为基础，内外结合打造一支长效结对的工作队伍，使责任落到实处。“双到”即“规划到户 责任到人”、“双扶”即帮扶单位干部责任帮扶、村内党员和能人结对帮扶。“双到+双扶”就是依靠和发动党员干部和社会能人、致富能手结对帮扶，凝聚帮扶方、贫困户、村党组织、社会力量的内外合力，有一个长效的责任队伍，做到自力更生与外部支援相结合。

这种做法，一方面，可以激发内力，构筑党群“富联网”，结对推进贫困村“五治”。以党建工作为抓手，围绕构筑“技术联带、资金联扶、信息联通、劳力联帮”的党群“富联网”的工作要求，实行“双到+双扶”的双向帮扶机制，充分发挥党员和能人的威望、技能和长效结对的优势，以组建帮扶“三人组”（贫困户主、帮扶干部、结对党员和能人）的形式，建设一支永不撤队的工作队伍，确保贫困户长效脱贫。同时，通过“以一带二”（即通过一个帮扶干部带一个贫困户、一个结对党员）的形式，共同推进“五治”，做到“在经济上治贫、在法制上治盲、在管理上治乱、在环境上治污、在工作上治庸”，有效地推动贫困户、贫困村从贫困向富裕转变、从愚昧向文明转变。另一方面，可以借用外力，社会联动合力帮扶。云安县通过积极与东莞市、云浮市直对口帮扶单位的联系沟通，并积极同县内外友好组织、社会贤达联系，吸纳社会扶贫资金，搭建帮扶平台。目前，全县在册贫困户全部落实了扶持责任人，共有140个单位4280名干部、5家企业、1个商会及100名政协委员落实帮扶责任，1630名村“两委”党员干部及2143名种养能手、致富能人（其中农村党员1283名）参与结对帮扶。这样，使到“双到”帮扶工作的责任机制进一步完善和落实。

第二，必须有良好的社会合力。扶贫开发“双到”工作既要注重发挥政府的主导作用，又要注重发挥群众的主体作用，形成良好的社会合力。云安县把扶贫开发“双到”工作与农村综合改革有机结合起来，与美好环境与和谐社会共同缔造有机结合起来。以“政府+群众”干群互动的工作格局，创新农村综合改革促政府转型，在政府职能、工作体制、干部作风上保障扶贫开发“双到”工作落实；以创新建立“共谋、共建、共管、共享”机制，让贫困群众在扶贫开发“双到”工作中增强素质、提升能力、参与共建，形成良好的农村社会合力。

一是通过主体功能区建设明晰了功能定位，为做好扶贫开发“双到”工作提供了功能保障。主体功能区的定位划分，明确了乡镇政府“5+X”

（“5”即乡镇履职重点为“社会维稳、农民增收、公共服务、政策宣传、基层建设”等公共服务；“X”即赋予各地不同的功能定位、职责要求和社会发展目标）的功能职责，并建立了“不唯GDP论”的政绩考核机制，把扶贫开发“双到”工作列入乡镇政府的履职重点。二是通过实施镇级大部制改革促进了政府转型，为做好扶贫开发“双到”工作提供体制保障。通过整合乡镇“办、站、所”资源，创新设立农村土地流转服务中心、农村劳动力服务中心、农业发展服务中心和“三农”服务网，为贫困户拓宽财产性收入、劳务性收入、经营性收入、信息性收入的脱贫渠道。三是通过推进乡镇职权改革转变了政府职能，为做好扶贫开发“双到”工作提供了作风保障。目前，云安县逐步下放乡镇应有社会管理事权、应有财权和应有人事权，其中，社会管理事权从原来11个县直部门32项职权下放扩大到14个县直部门72项，增强乡镇施政能力，保障乡镇干部有更多的手段和精力推进扶贫开发“双到”工作。同时，创新建立“农情月记、季度研判、年终考核”的研判机制，把扶贫开发“双到”工作纳入研判范畴，让基层干部走出围墙、走进农村、走访群众，每月收集、记录“三农”工作情况，并针对存在问题提出解决办法，有效地推动扶贫开发“双到”工作开展。四是通过实施“讲信用、讲法治、讲文明、有本领”的“三讲一有”素质提升工程。试点推进信用建设示范村、信用建设示范户、法治文化示范村建设，开展“讲礼貌、讲卫生”活动，大力推进智力扶贫，提高贫困群众讲信用、讲法治、讲文明的素质，增强贫困群众脱贫致富能力，为扶贫开发“双到”工作注入活力，让农村贫困群众在农村综合改革中增强“共谋、共建、共管、共享”能力。使扶贫开发“双到”工作成为农村社会的共识，形成良好的社会合力。

第三，必须要有切实的规范措施。开展扶贫开发“双到”工作，要结合地方实际，坚持创新工作思路，注重规范管理，因地制宜地采取帮扶措施，以稳定脱贫为目标，促成“从贫穷向富裕转变、从愚昧向文明转变”，提高扶贫开发工作的准确性、及时性和有效性。

一是切实做好规范管理，建立动态档案和台账。首先，要严把“四个关”，核准对象。落实扶贫开发“双到”工作的瞄准机制，必须要把好“四个关”（即群众评议、村中公示、乡镇审查和县里把关），有效核准贫困户、“瞄准”帮扶对象，确保做到“扶真贫”。其次，要实施“四联动”，落实帮扶。围绕“政府主导、领导带头、社会联动、群众参与”的“四联动”帮扶方式，形成层层有任务、人人有责任的局面，特别是突出扶贫开发“一把手”工程，县领导干部到点到位亲自抓，县副处以上干部均落实一户以上挂钩帮扶户。通过加强宣传及正面引导，全县形成了领导带头、干部配合、企业和社会团体（组织）以及创业能人热情参与的帮扶氛围，使全县帮扶工作任务很快得到有效的落实。再次，是落实“四定”包干扶持。云安县除做好贫困村贫困户的对口帮扶对接外，还将贫困村外的2680户贫困户帮扶任务细化分解到各帮扶单位，将“谁去解决脱贫、解决谁的脱贫”责任落实到单位、落实到人，使全县扶贫开发做到“四定”（即定单位、定人、定点、定责）包干扶持，做到不脱贫不脱钩，建立动态管理档案和帮扶台账，如实填写《帮扶记录卡》，做到户有卡、村有表、镇有册，实行电脑管理，落实专职联络员和电脑管理员。二是建立扶贫信息网站和交流平台。通过建立云安县扶贫信息网站，宣传扶贫政策法规，发布扶贫开发信息，收集和宣传“双到”工作成功经验，做到交流和宣传更广泛、更到位。编发云安县扶贫开发“双到”工作简报，及时报导工作动态和推广经验做法。同时，率先创办了“云安县扶贫开发双到展示厅”，建立一个“成系统、有特色、受教育”的扶贫开发“双到”宣传工作体系。三是抓好典型示范，确立标杆引领。在扶贫开发“双到”工作开展中，要及时掌握和总结工作推进的成功典型，做好示范带动作用，尤其在措施落实方面的典型，使工作推进中学有榜样，让经验学得起，让办法推得开。如总结推广的典型有：东莞市东坑镇对口帮扶的高村镇中围村，帮扶单位在深入调研的基础上，制定了“三帮扶”措施，即感情帮扶、基础帮扶、产业帮扶。云浮市人大机关帮扶的石城镇红山村，帮扶单位在选准突破口，注重发挥特色产业的带动作用，发动基层党员干部责任帮扶、种养能手结对帮扶的成功做法。又如，六都镇大河村与广东温氏食品集团有限公司合作，以“公司+基地+党支部+贫困户”的帮扶模式和措施，都是切实促使贫困户有效脱贫的典范。通过典型创新、示范带动，做到“拨亮一盏灯、照亮一大片”，有效推进扶贫“双到”工作措施的落实。

第四，必须有高效的帮扶载体。在扶贫开发“双到”工作中，要使贫困户有一个长效稳定的脱贫，关键的一点，是根据农村的实际，把准帮扶载体，因地制宜地，发展培育长效脱贫项目。云安县根据全县主体功能区规划，确定适合当地发展的特色产业，着力发展扶持项目。以劳动力转移为补充，实践形成了“特色+转移”的模式，有效推动扶贫“双到”工作。

“特色”，即根据全县主体功能区建设规划，确定适合当地发展的主导特色产业，以产业为本，着力发展产业扶持项目，以扶贫发展主导产业为重点，根据各地的资源优势和已有的传统产业，制定可操作的扶持措施，努力把有市场前景的主导产品培养发展成为主导产业，引导扶持贫困户参加产业经营，培育和增强贫困户的“造血”功能，提高自我发展能力，以产业的发展带动实现稳定脱贫。云安县的扶贫开发“双到”工作中的产业帮扶策略是以“确定一业、扶持一片、形成一品”为目标，以主体功能区为依托，按照“一镇一品、一村一策、一户一法”的方式有效推进，把培育和发展特色产业作为贫困户长效脱贫的有效途径，达到长效致富。其中，“优先发展区”的六都镇在“项目攻坚，转移就业”上下功夫，以建设云浮循环经济工业园为载体，在培养特色循环经济产业的同时，探索建立贫困群众就地就业机制；“重点发展区”的石城镇、镇安镇在“工农并举，强镇富民”上下功夫，发挥本地优势，培养和发展石材、蚕桑、糖桔、腐竹、金银花等帮扶产业，拓宽贫困户收入来源；“开发与保护并重示范区”的高村镇、白石镇、富林镇、南盛镇、前锋镇在“种养并进，统筹发展”上下功夫，培育与生态功能相适应的农村循环经济产业，创新贫困户长效脱贫模式。目前，全县已有柑桔25.6万亩、蚕桑3.1万亩、油茶5000亩，已形成规模效应。其中，贫困户发展柑桔20300亩（新增10740亩，占52.9%）、蚕桑1058亩（新增625亩，占59.1%），油茶2751.8亩（新增2116.8亩，占76.9%），成为贫困户脱贫的支柱产业。为进一步深化和推进产业扶贫，大力引进和扶持发展特色主导产业，必须立足当地功能定位和产业特色，引进农业龙头企业带动，通过“龙头企业+种植基地（或养殖小区）+农户”的模式，带动贫困户稳定脱贫。云安县确立了柑桔、蚕桑、蔬菜、油茶、养鸭等五大农业产业项目，引进了广东温氏食品集团有限公司、东莞市金开喜农业科技股份有限公司等龙头企业和相关种养行业协会，把全县贫困户都纳入五大产业当中，使贫困户稳定长效脱贫有了一个产业载体的支撑。

“转移”，即对有劳务输出要求的帮扶对象，通过加强岗前培训后，利用乡镇劳动服务中心平台，实现劳务输出和就地就业，增加非农收入。云安县以“培训一人、输出一人、脱贫一户”为目标，以增强贫困群众致富技能为重点，着力引导贫困群众依靠科技致富、外出务工增收，以实现短期增收，作为产业收入的有益补充。云安县以县劳动力培训中心、镇农村劳动力服务中心、农村农民夜校为技能培训阵地，以市场抉择培训内容，签定劳务输出“定单”合同，定期反馈培训效果等形成，积极探索农村贫困劳动力转移就业的新途径。目前，全县培训输出贫困户劳动力3215人，其中2010年新增2833人。

第五，必须有促进的督导体系。做好扶贫开发“双到”工作，是缩小贫富差距，加快转变发展方式的重要内容，值得花更多的功夫、更大的精力去抓落实。要通过建立和健全工作的督导体系，去促进扶贫开发“双到”工作的落实。突出的要做好“两抓”：

一是抓好组织领导。县一级要成立由县主要领导任组长的扶贫开发“双到”工作领导小组及其办公室，加强对全县扶贫开发“双到”工作的领导、指导和督查，确保各项工作有序、有效推进。各级各部门的领导切实负起第一责任，加强组织领导，形成党政一把手亲自抓，党政和部门分管领导具体抓，各部门紧密配合，一级抓一级，层层抓落实。云安县成立了扶贫开发“双到”工作领导小组，由县委主要领导任组长，县委副书记、县长任常务副组长，其他有关县领导任副组长，县直有关单位为成员。由县委副书记为办公室主任，下设综合组、宣传组、督查组、指导组等专责小组，加强对此项工作的组织领导。其中，综合组负责综合协调办公室各专责小组织工作，负责制定工作实施方案、年度工作计划，负责工作总结、情况汇报、有关文件和会议材料、编发《简报》和向上级报送材料等工作。宣传组负责宣传的组织协调工作，负责工作动态、典型经验做法的组稿、宣传报送及推广工作。指导组指导各镇和县直各单位开展扶贫开发“双到”工作，及时掌握工作中的新情况、新问题，推广成功的经验和做法，并向县委、县政府反馈，提出解决问题的初步意见和建议。督查组负责有关决策、措施的跟踪落实，有关扶贫专项资金使用的监管，督查各阶段工作进展情况，编发督查材料等工作。同时镇、村两级党组织也相应建立组织领导机构，构建扶贫开发“双到”工作的“层级联动”体系。

二是抓好考评管理。考核评估和管理是进一步落实“双到”目标任务和工作推进的必要手段，也是扶贫开发工作实效取得的检查机制。通过考核评估，检查开展“双到”工作和任务完成情况，发挥激励、约束和促进作用，扎实推进措施落实，确保目标任务如期实现。在考核评估中要做到定性与定量相结合、全面与重点相结合、网评与抽查相结合、奖励与处罚相结合。云安县在参照省、市的有关考评办法的基础上，制定了具体细化的考评办法，对工作实效进行考核。考核结果作为县委、县政府实施奖惩的依据，奖优罚劣，让干得好的有动力，让干得差的有压力。同时，按照省委、市委的考核评估方案工作，落实“每月一通报、每季一剖析、每年一考核”措施，强化考核奖惩，奖励先进，鞭策后进，有效推进“双到”工作。同时，通过以奖代补的方式，按照省市安排专项资金，解决好对口扶持资金问题，调动广大群众参与的积极性，使有限资金发挥最大效益。

扶贫开发“双到”工作是建设和谐社会的重要战略措施，是一项得民心、惠民生的德政工程、民生工程。我们要在扶贫开发“双到”工作中勇于实践，不断总结提升。在扶贫开发“双到”工作进入纵深阶段，要切实根据各地实际，突出重点，主攻难点，高效有力地推进“双到”工作，高质量完成目标任务。

参考文献：

[1]《中国的扶贫开发事业》（2009.6 求是理论网，国务院扶贫办）

[2]《汪洋在全省扶贫“双到”工作电视电话会议上的讲话》（2009.6）

[3]《云安县扶贫开发“规划到户 责任到人“工作情况汇报》（2011.1）

建立健全长效机制　推动扶贫开发深入发展

罗定市人民政府　陈雄荣[1]

如何抓住省委、省政府正在实施的扶贫开发“规划到户，责任到人”（以下简称“双到”）工作战略机遇，创新扶贫方式，推动扶贫开发深入发展，这是摆在被帮扶方欠发达地区党委政府面前必须研究解决的重要课题。在一年多来的扶贫开发“双到”工作实践中，罗定市党委、政府以扶贫“双到”为契机，认真履行被帮扶方工作责任，开拓进取，锐意创新，积极配合协助东莞市大岭山、麻涌、石碣镇和云浮市帮扶工作组抓好省定18个贫困村、贫困户，认真组织我市驻村工作组抓好非贫困村贫困户扶贫开发“双到”工作；同时整合社会资源，创新扶贫方式，建立健全扶贫开发长效机制，充分发挥部门职能作用，凝聚社会力量，扎实推进全市扶贫开发工作向纵深发展，探索了一条具有罗定特色的扶贫开发工作持续发展的新路子，取得了明显成效。我市扶贫开发的主要做法分别在《南方日报》2010年12月15日以《广东“双到”扶贫期待新思维》为题和2011年1月南方日报地方新闻中心出版的“2010年粤东西北科学发展报告”之《“双到”扶贫：从“靶向疗法”到“辩证论治”》中均有报道。

一、从战略和全局的高度认识建立健全扶贫开发“双到”工作长效机制的重要性、必要性和紧迫性

统一思想认识是推动扶贫开发“双到”工作深入发展的前提和基础。罗定市在组织实施扶贫开发“双到”工作过程中，十分注重沟通协调帮扶方东莞市大岭山、麻涌、石碣镇和云浮市帮扶单位领导和驻村帮扶工作组，引导我市各级各部门的领导和帮扶责任人，联系实际，认真学习上级扶贫开发“双到”工作文件和领导讲话，借鉴外地扶贫开发的成功经验，总结和吸取本地过去扶贫工作的经验和教训，从战略和全局的高度，统一了对建立健全扶贫开发“双到”

[1] 陈雄荣（1958.12-），男，广东罗定人，中共罗定市委常委、市人民政府副市长，研究方向：农村经济。

工作长效机制重要性必要性紧迫性的思想认识，达成三个共识：即达成建立健全扶贫长效机制、推动扶贫开发“双到”工作深入发展，是贯彻落实党的十七大提出的全面建设小康社会的形势需要；是实践省委省政府提出的争当科学发展排头兵、推动先富地区带动后富地区、先富个人带动后富个人区域协调发展的客观需要；是实施关注民生、建设幸福广东、构建和谐社会的迫切需要。从而打牢建立健全扶贫长效机制，推动扶贫开发“双到”工作向纵深发展的思想基础。

二、整合社会资源，创新扶贫方式，建立健全五种扶贫“双到”工作长效机制

以扶贫“双到”工作为主要内容的扶贫开发工作是一个复杂的社会系统工程，也可以说是个世界性的难题。罗定市从扶贫开发“双到”实践中深深体会到：要搞好扶贫工作，从时间上看，是一个长期的渐进过程，不可能一蹴而就；从力量上看，单靠政府或部门的力量难以完成繁重的扶贫任务，必须动员全社会力量共同参与，形成扶贫开发强大合力，才能推动扶贫开发持续深入发展。基于这种认识，罗定市在实施扶贫开发“双到”工作中，做到凝聚社会力量，整合社会资源，创新扶贫方式，建立健全五种扶贫开发长效机制：

（一）建立健全保障扶贫长效机制

保障困难群众基本生活是扶贫开发的基础性工作。为建立健全困难群众最低生活保障长效机制，罗定市在扶贫开发“双到”工作中，实施“三个结合”，着力从根本上解决贫困户生活难、看病难、住房难等问题。一是对符合低保、五保条件的供养对象全部纳入低保、五保体系供养，实行发放固定生活补助与临时生活困难救助相结合，保障其基本生活。二是对全市低保、五保、优抚对象共32060人全部资助参加了第二档新型农村合作医疗，参保率达100%，实行合作医疗全覆盖与义诊相结合，较好地解决了困难群众看病难、看病贵和因病致贫、因病返贫的问题。三是实行危房改造与住房保险相结合，去年全市完成了省下达的616户危房改造指标任务；我市还投入资金100多万元帮助33.6万户农村居民统一购买住房保险，全面缓解贫困群众住房难问题。同时，去年我市对居住在高寒山区生存环境恶劣的加益镇排阜村革命老区村庄竹窝村的21户88人的贫困群众，实行整体搬迁到该村委会附近交通便利、具备生产生活条件的地方居住，解除了生产生活的后顾之优。

（二）建立健全智力扶贫长效机制

“百年大计，教育为本”，这是被实践证明了的普遍真理。国家为推进全面

小康社会的建设，实现中华民族伟大复兴的目标而实施“科教兴国”、“人才强国”战略，同样适用于扶贫开发工作。罗定市作为历史名城、文化之乡，素有崇文重教的优良传统，“再穷也不能穷教育、再苦也不能苦孩子”已成为全市上下的共识。因此，我市把教育（含扶贫教育）放在优生发展的战略地位，做到“三个优先”，即经济社会发展规划优先安排教育发展，财政资金优先保障教育投入，公共资源优先满足教育和人力资源开发需要，并着力从四个方面建立智力扶贫的长效机制。

首先，充分利用本市定为“全国农村劳动力转移就业示范县”、“全国劳务输出试点县”和“广东省城乡统筹就业试点县”的有利条件，加大劳动力培训和转移就业力度。据统计，去年全市共举办劳动技能和农科技术培训班 161 期，培训农村劳动力（含贫困家庭劳动力）12018 人；新增转移就业劳动力 15100 人，其中新增贫困家庭劳动力转移就业 2841 人。

其次，积极落实国家有关中职助学金政策，对就读中职学校的 5823 名中职生每个学生每年补助 1500 元。2010 年全市职中学校还对 1368 名家庭贫困的中职学生减免了学费。

第三，按照“扶贫先扶智、治穷先治愚”的思路，成立三个层面的教育基金会，构建以政府资助为启动、社会（个人）资助为主体的共同推进筹措助学资金的助学体系。为鼓励和规范企业、社会团体和个人捐资助学，我市出台《关于鼓励捐资助学的实施意见》，对捐资助学成绩显著的单位和个人，分别给予荣誉证书、奖牌、刻碑和“名誉督学”、“荣誉市民”、“名誉校长”等称号，或聘为“教育顾问”、记入我市史志、捐建校舍以其个人名字命名、招商引资若干优惠政策享受优惠等。在市层面上，成立了在省民政厅注册的泷洲教育基金会，该基金会目前已收到罗定及社会各界人士助学捐款近 3000 万元，目前已有两批共 245 名家庭困难学生获得资助或奖励，共发放资助（奖励）金 80 多万元。在镇（街）层面上，在去年已经有 6 个镇成立奖教奖学基金会的基础上，今年全市推广到 21 个镇（街）都全部成立教育协会、基金会；在个人层面上，鼓励外出乡贤、企业家成立个人的助学基金会，如泗纶镇的李柏思、李弟兄弟创立了“庭英教育基金会”，对家乡学子进行奖学、助学。近年来，全市收到社会各界捐资教育资金折合人民币累计达 5500 多万元。

第四，积极协调省、市组织的帮扶单位改善驻点村办学条件。东莞市大岭山镇投入 80 多万元在泗纶镇铁陆小学新建教学楼，投入 9 万元完善船塘镇木头塘小学教育设施。麻涌镇投入 40 万元完善附城街道东冠小学和龙湾镇上赖小学建设。石碣镇投入 25 万元改善苹滨镇六云小学教育教学环境。大岭山镇团委、扶贫办发动本镇热心人士一百多人响应参与社会助学活动，共筹集到爱心资金 18 万元，以一帮一的形式帮扶泗纶镇、船塘镇近 200 名贫困户子女读初高中及大学。东莞市城建局全体党员积极筹集 38 万元为㵾滨镇山河小学完善教学设施设备。

（三）建立健全产业扶贫长效机制

事实证明：产业化扶贫是做好“双到”扶贫的有效途径，是贫困户走上脱贫致富的重要方法。所谓产业扶贫是指组织贫困户参与基地化生产，产业化经营，组织化带动及物资上扶持，帮助贫困户走上稳定脱贫致富之路。罗定市在产业化扶贫工作中，紧紧抓住我市农业园区产业化规模发展和农业龙头企业增多壮大的优势，以“园区 + 农户”、“专业合作组织 + 农户”等形式，由农业龙头企业、专业合作组织、帮扶单位或责任人为农户提供技术、种子、肥料农药、机械化生产帮扶，通过组织贫困户加入农业产业园区经营，实行农业龙头企业、专业合作组织带动，使贫困户增加经济收入。去年我市已实现产业化扶贫项目 16 个，产业扶贫投入资金 232.7 万元。已建成农业生产、加工、流通协会 11 个、农民专业合作社 79 个。全市优质粮现代农业园区种植面积达 20 多万亩，加入该园区的贫困户 14000 多户，户均增收 1100 多元；绿色蔬菜园区种植面积达 3 万多亩，加入该园区的贫困户 1100 多户，户均增收 1500 多元；高产优质蚕桑园区种植面积达 5 万多亩，加入该园区的贫困户 3672 户，户均增收2200多元；优质茶叶园区种植面积2万多亩，加入该园区的贫困户510户，户均增收 3200 多元；箩竹产业园区种植面积 3 万多亩，年加工蒸笼产值达 1.5 亿元，加入该园区的贫困户 1925 户，户均增收 3000 元；优质玉桂园区种植面积 40 多万亩，加入该园区的贫困户 4370 户，户均增收 2800 多元。同时，对口帮扶的东莞市大岭山镇政府投入帮扶资金 15 万元，与罗定市聚兴果蔬专业合作社在所挂钩帮扶的泗纶镇双德村种植反季节无公害蔬菜，吸收 60 户贫困户到种植场种植蔬菜 60 亩，每户贫困户每年最少可增收 3000 多元。东莞市麻涌镇帮扶工作组组织所对口帮扶的附城街道东冠村贫困户成立莲藕种植专业合作社，带动 70 多户贫困户增收。东莞市石碣镇协助所帮扶的㵾滨镇六云村集体创办八角基地，由帮扶责任人出资购买种苗供应给贫困户种植，既增加村集体经济收入，又为贫困户带来长远收益。

（四）建立健全社会力量扶贫长效机制

扶贫开发是一项社会系统工程。单靠政府和部门的力量，难以完成繁重的扶贫开发任务，只有动员全社会力量关注扶贫开发、参与扶贫开发，才能形成扶贫开发的强大合力。这是整合社会资源，解决扶贫开发项目资金的客观需要，又是弘扬扶贫济困、助残救孤、乐善好施的中华民族传统美德，满足社会热心人士、先富起来的企业和个人热心公益事业，回报社会的迫切需要。基于这种认识，罗定市从建立健全社会力量扶贫长效机制出发，着力从三个方面引导社会力量积极积极参与扶贫开发：

首先，充分发挥相关职能部门桥梁纽带作用，争取上级对口部门、引导社会热心人士参与扶贫开发。市工商联牵线搭桥组织非公经济业主兴办公益事业成效明显，仅李鉴坪先生、杜彬先生和宇基房产公司捐资修路搭桥、捐资建校、村道建设资金就分别达到300万元，200万元、100万元。市统战部、团市委等部门组织和发动外出乡贤和社会有识之士捐资700万元兴建了26所希望小学和市青少年妇女儿童活动中心。市妇联通过牵线搭桥，联系海内外热心人士开展“爱心救助困境儿童”活动和“四救助”活动。两年多来，分别筹集资金210万元和200多万元，援助了1800多名贫困儿童生活，援建了46间安居房，资助了200多名贫困家庭子女完成大中专学历教育，救治201名重病困境儿童，帮助150户贫困妇女家庭发展生产致富。

其次，广泛深入开展“扶贫济困日”活动，吸纳社会扶贫开发资金。去年“6.30扶贫济困日”活动，罗定市吸纳社会扶贫资金1100万元，用于帮扶我市非贫困村贫困人口，弱势群体和困难群众生产生活，其中我市经信局组织发动本系统65家企业共捐扶贫资金418万元，组织96家企业吸纳16300多个贫困家庭劳力进厂就业。如由罗定市嘉维化工实业有限公司出资金40万元，市职业技术学院出师资，免费培训了贫困学生195人，学生毕业后吸纳到该公司就业或推荐就业。

再次，发挥能人效应，推行外挂村官、镇官扶贫。罗定市在开展扶贫开发“双到”工作中创新选人用人机制，从外出务工经商致富能人中聘请107名镇长顾问、383名村支部副书记或村委顾问，形成“村村有外挂村官、镇镇有镇长顾问”的能人扶贫新格局。“外挂村官”“外聘干部”搭建外出乡贤服务家乡、回馈社会的平台，充分发挥致富能人、外出乡贤头脑灵活、信息灵通、发展能力强的优势及“能人效应”，为罗定扶贫开发“双到”工作献计出力出钱，吸引资金创办经济项目，解决包括农村贫困劳动力在内的群众就业。“外挂村官”任职后优先招录当地群众到企业工作或引导他们种植各种高产值的农作物，让他实现在“村门口就业”和“家门口创业”，带动群众脱贫致富。如罗塘镇创办“外挂村官扶贫工业园”，引进企业5家，项目建设资金5000多万元。其中仅恒旺电器厂就解决200多名村民就业，实现每人每月增收1500多元；豆丰园菜业有限公司以“公司+农户”形式，无偿为农户提供种苗，按市场价格回收，带动2000多户农户种植九仔豆3000多亩、白菜1000多亩，使他们年增收3000多元。镇长顾问采取“引进来”+“带出去”的办法，解决农村富裕劳动力就业，帮助他们脱贫致富。如黎少镇镇长顾问熊永其通过搭桥牵线，引进香港宏利达实业集团到罗定成立宏利达（罗定）有限公司，创造2000多个就业机会，有力地促进当地经济发展。泗纶镇镇长顾问、广州红成鞋业有限公司董事长张明才利用自己办厂的优势，帮助解决家乡300多人就业。据统计，全市外挂村官、镇官为家乡公益事业捐资500多万元，办好事实事130多件，引进资金1.1亿元，引进项目20多个，解决全市包括贫困户劳动力就业8000多人。

（五）建立健全固本强基扶贫长效机制

着力加强贫困地区基层组织建设，不断增强基层党组织的号召力、凝聚力和战斗力，不断提高贫困地区村干部“带头致富、带领致富”的能力，建设一支“永不撤离”的脱贫致富工作队，这是搞好扶贫开发的关键。因此，罗定市委、市政府把党建工作作为推动扶贫开发“双到”工作的基础保障来抓，全市各大系统和下属支部，全部到村进行支部结对帮扶，以党建促扶贫，做到两手抓，两不误。我市下发《关于在扶贫开发“规划到户责任到人”工作中进一步做好统筹城乡基层党建工作的通知》，要求结合扶贫开发“双到”工作，继续选派农村工作指导员到定点帮扶村驻点帮扶。对市直和上级驻罗定单位挂钩帮扶的村委，每年都选派出1名工作指导员进行驻点帮扶，具体抓好扶贫工作和基层组织建设工作。另外，对口帮扶的东莞市、云浮市直帮扶单位实行支部结对帮扶，深化基层党组织建设，以党建促扶贫，深化城乡基层党组织“联帮带”活动，开展好“三帮四联五送”活动。东莞市三个镇组织“火红七月罗定行”党支部结对活动，为东莞市帮扶的9个贫困村党支部送来党建结对帮扶金，每个村1—3万元，共18万元，为村党建活动提供经费保障。

三、建立健全扶贫开发“双到”工作长效机制的作用

罗定市实施整合社会资源，聚集社会力量，建立健全扶贫长效机制，是在全面开展扶贫开发实践中涌现出来的新生事物，尽管时间不长，但已显示出其强大生命力，初步凸显三个方面作用：

（一）探索了欠发达地区扶贫开发工作的新路子，为今后深入开展扶贫开发工作指明了方向

欠发达地区的主要难题是经济落后，财政困难，扶贫开发工作面广线长情况复杂，单靠地方有限的财政，难以完成繁重的扶贫开发工作任务。我市通过

整合社会资源，创新了扶贫长效机制，有效地凝聚了社会力量，吸纳了社会游资扶贫，走出了一条欠发达地区扶贫开发工作持续发展的新路子。

（二）政府职能部门的作用得到了充分发挥，形成了扶贫开发的整体合力

通过整合社会资源，创新扶贫长效机制，最大限度地发挥了职能部门的作用，既密切了党群政群关系，又为贫困户脱贫，贫困村改变面貌注入了新的生机和活力。职能部门在各司其职、各负其责的基础上，密切联系、通力协作、互相促进，形成了合力扶贫的新格局。

（三）企业（企业家）的光荣感和责任感明显增强，参与扶贫开发的意愿和力度逐步加大

通过整合社会资源，引导社会力量扶贫，使广大企业（企业家）深刻认识到，企业之所以能发展、企业家之所以能够致富，全靠党和国家的改革开放和强国富民政策。增强了企业主致富思源、富而思进的自觉性，既满足了其致富不忘救孤、不忘助残、不忘扶贫济困、不忘回报社会的良好愿望，又提高了企业（企业家）的知名度，擦亮了企业的品牌，为今后企业发展打下了牢固的基础，实现了社会扶贫与企业发展的双赢。

四、整合社会资源，建立健全扶贫长效机制必须注意解决的几个问题

（一）必须加强对扶贫开发工作长效机制的领导，搭建好扶贫平台

整合社会资源，建立健全扶贫长效机制是一项复杂的社会系统工程，在实施过程中，地方党委、政府必须切实加强对扶贫开发工作的领导，统筹安排、分步推进，及时发现和解决建立健全扶贫开发长效机制中遇到的困难和问题，为职能部门发挥作用和社会公众参与提供良好的服务平台。

（二）必须调动部门的主动性、积极性和创造性，充分发挥部门的职能作用

我市注意引导各职能部门的主要领导、分管领导和相关股室干部增强全局观念，把做好扶贫开发工作当作份内事来抓，从而提高做好扶贫工作的主动性、积极性和创造性。在扶贫开发工作中，明确了职能部门的工作要求：可以一个部门完成的任务，则由一个部门组织完成；需要若干个部门完成的任务，市扶贫工作领导小组则协调有关部门共同完成。

（三）必须加强与私营企业主、外出乡贤的沟通联系，以真情凝聚社会扶贫力量

在建立健全扶贫长效机制工作中，我市注意引导有关职能部门要牢固树立“亲商、爱商、助商”的思想，平时要加强与私营企业主、外出乡贤的沟通联

系，建立稳定的感情基础，加大感情投资力度，使其回罗定就有如“回家”的感觉。在需要动员其捐款捐物参与扶贫开发时，就会得心应手。同时，应注意尊重捐款人的意愿，若捐款人对于扶贫捐款有明确使用意向或指定项目的，要在捐款时与慈善机构签订意向使用协议，按协议办事。

（四）必须健全完善扶贫开发工作的规章制度，规范扶贫开发管理

为使整合社会资源、建立扶贫长效机制工作走上制度化、规范化、正常化轨道，我市十分注重健全完善相关的规章制度。如我市泷州教育基金会，规章上订立有《章程》，机构上设置有理事会、常务理事会等机构，每年所资助的贫困大学生，都由理事会按《章程》规定的程序上网公示，接受社会监督。

（五）必须坚持扶贫与扶志相结合，激发贫困群众脱贫致富的主动性、积极性和创造性

地方政府和相关部门要切实履行扶贫职责，通过说服教育、示范引路、典型带动等形式，引导贫困群众更新观念，克服“等、靠、要”的依赖思想，变“要我脱贫”为“我要脱贫”，从而激发他们脱贫致富的主动性、积极性、创造性。只有这样，才能收到事半功倍的效果。

开展“双到”扶贫 实现扶贫开发工作的科学创新

——以乳源瑶族自治县大布镇白坑村为例

国家开发银行股份有限公司广东省分行　周天岑　刘宇[1]

扶贫开发是中国特色社会主义伟大事业的重要组成部分，是毫不动摇地坚持和发展中国特色社会主义的战略举措。做好扶贫开发，是我们党的宗旨所决定的，我们党领导人民进行社会主义革命和社会主义建设，根本目的在于发展生产力以提高人民生活，改善人民生活。做好扶贫开发，是社会主义优越性的具体体现，与我国分三步走的战略目标相一致。应当说，使经济上处于贫困的地区和农民摆脱困境，缩小贫富之间的差距，是建设有中国特色的社会主义、走共同富裕的道路，实现小康水平的应有之义。

广东省是改革开发的前沿阵地，也是贫富差距较大的省份。长时间以来，广东省一直承担着较重的扶贫工作任务，广东省共有全国性扶贫县 3 个、省级重点扶贫特困县 13 个、山区贫困县 12 个，主要集中在粤北。粤北地区封闭落后的经济情况与沿海地区和珠江三角洲的经济快速发展形成鲜明的对比。经济发展的不平衡，严重影响了广东省整体经济发展。这种地域性贫困的原因既包括恶劣的自然环境影响，也包括山区人民思想意识相对封闭落后的人为因素。2009 年初，省委省政府发出《关于我省扶贫开发“规划到户责任到人”工作的实施意见》，标志着“双到”工作落纸成文，在我省全面启动付诸实践。“双到”扶贫开发工作是省委、省政府一项重大的制度性安排，既是扶贫工作，也是民心工程；既是经济工作，又是党建工程；既是帮助农民致富的行动，又是改善社会风气的工程。

“双到”扶贫开发工作，充分调动省内的优势资源，把外部资金、物资、人才、科技、政策诸方面的大力资助调配到贫困地区，同时也把勤劳致富的先进思想带到落后地区。全省各级党政机关紧密联系贫困地区干部群众，围绕经

[1]　周天岑(1965.09-)，男，国家开发银行广东省分行人事处处长、党委组织部部长、高级经济师；刘宇(1980.05-)，女，国家开发银行广东省分行二级经理助理、经济师。

济开发中心，艰苦创业，一定程度的使部分陷于低投入、低速度、低效益、低收入的自我封闭式恶性循环中的贫困地区摆脱贫困，有效地驱动省内贫困地区的经济活力，加快其发展步伐，走上富裕之路，这对平衡广东省经济发展，构建广东和谐社会具有重大的意义。

一年多来，围绕着扶贫“双到”这一我省贯彻科学发展观的扶贫创举，一项项因村制宜，因户施策的扶贫新机制、新模式逐渐建立起来：建档立卡联网管理、实行考核问责制、规划到户与整村推进相结合等使扶贫开发“规划到户、责任到人”工作取得显著成效。通过工业化、城镇化发展，帮助贫困村发展集体经济，加大就业培训力度，提高贫困户发展生产、增收脱贫的能力。全省3409个贫困村、70多万贫困户的顶点帮扶责任分工已经到位，共落实帮扶资金37亿元，扶持发展集体经济项目1.1万个， 被挂扶贫困户有42.2%达到脱贫标准。到2012年，将确保80%被帮扶的贫困户基本实现稳定脱贫、被帮扶的贫困村基本改变落后面貌。

仅以我单位国家开发银行广东省分行所帮扶的乳源瑶族自治县大布镇白坑村为例，经过一年时间的帮扶，贫困户年人均收入由帮扶前1335元上升至2159元，脱贫率达40%以上。村集体收入由年收入不足6000元上升至3万元。全村贫困户全部参加农村合作医疗，解决了贫困农户医疗难问题。我们的具体做法主要体现在以下几个方面：

一、更新观念，建立扶贫开发工作长效机制

传统的扶贫理念，只注重给钱给物的短期“输血”，却缺乏能够“造血”的长效脱贫机制。这使扶贫工作往往只能停留于一时的帮扶成效，却不能帮助贫困地区走上长远发展之路。“双到”扶贫注重建立“造血式”的长效机制，从对贫困地区集体经济发展和农户收入的增长入手，彻底打破传统的“输血”帮扶方式观念。扶贫不再是单纯的把物资输送到贫困地区去，更重要的是调动帮扶单位的各方面资源，帮助贫困地区走上持续有效的经济发展之路。“双到”工作充分调动了帮扶单位的主观能动性，让先进的思想走进田间地头，让成功的经验来到贫困地区的农户家中。各帮扶单位根据帮扶对象特点， 分门别类制定到村到户的帮扶措施，整村推进，使扶贫工作取得显著效果。

国家开发银行广东省分行通过考察帮扶对象乳源县大布镇白坑村的实际情况，充分调动各方面资源，利用行业优势，贷款支持乳源县富源工业园发展，并与工业园签订接受白坑村劳动力就业转移协议，首先解决了白坑村剩余劳动力的就业问题。这为白坑村贫困户家庭收入提供了可靠的保障，是一项以解决就业方式“造血”的帮扶措施。

国家开发银行广东省分行通过对白坑村的发展进行规划，做出充分利用白坑村山地资源优势，大力发展油茶、笋竹种植的帮扶举措。通过赠送化肥等种植物资及开展种植油茶、笋竹培训班，对当地农户进行"智力投资"。与此同时帮助农户购买鸡苗，开展养鸡培训课程，大力发展家庭养殖业。通过对白坑村发展种养殖业"造血式"脱贫的帮扶措施，使贫困户家庭不仅有了稳定的收入，并且通过这些方式发展家庭经济，提高了生活质量。这些措施将带动贫困户家庭经济持续发展，最终彻底摆脱贫困。

不仅要为贫困农户"造血"脱贫，为村集体构建"造血"机制更是迫在眉睫。国家开发银行广东省分行捐资30万元帮助村集体入股乳源县鲤冲水电站，通过分红的方式确保村集体未来有稳定的年收入，实现了对白坑村集体通过"造血"方式帮助其脱贫的目标。目前，白坑村主导产业基本形成，农民增收成效明显。

二、规划先行，使扶贫开发工作有章可循

扶贫开发工作不是帮扶单位只依靠"一腔热情"就能在短时间解决的问题，帮扶措施需要科学性、合理性和可操作性。一切帮扶工作都要立足实际，结合贫困地区的实际情况，把培育致富产业，促进农民增收做为扶贫开发的核心，积极探索贫困地区发展的新路子。

"双到"工作要求各单位了解对口帮扶贫困村的实际情况，对集体增收、农户增收、基础设施、危房改造等方面的帮扶计划做在前面，以保证帮扶单位在未来几年帮扶措施保持前瞻性、整体性和连贯性。

国家开发银行广东省分行一直以来以"规划先行"作为工作指引，这一理念在"双到"工作中也得到充分发挥。通过实践证明，"规划先行"使帮扶计划更合理、更全面，有利于帮扶单位结合实际、深入推进帮扶措施。

国家开发银行广东省分行接到"双到"工作任务以后，首先组成"扶贫开发领导小组"，开展对对口帮扶村的全面调研。调研小组对当地的环境、人文、历史、经济、农业等多方面进行了调查了解，并多次深入到农户家中了解贫困原因，通过与贫困农户面对面沟通，深入了解情况，和农户一起探讨适应白坑村的发展策略。国家开发银行广东省分行在帮扶之初，在大量调研基础之上，为白坑村制定了三年总体帮扶规划、年度规划、专项帮扶规划和每户的脱贫规划，为帮扶工作明确了思路，为实现白坑村脱贫奠定了很好的理论基础。截至2010年底，白坑村实现了村集体收入达到3万元以上的目标，84户贫困户中脱贫户实现40%以上，危房改造计划、改善贫困村教育环境计划等均顺利完成。根据各项规划内容，2011年将继续推进各项帮扶措施。

三、因地制宜，组建密切联系当地群众的特色团队

按照我省要求各帮扶单位对开展“双到”扶贫工作的广度和深度，国家开发银行广东省分行积极探索、锐意创新，在帮扶的组织方面因地制宜、大胆尝试，形成了具有特色的“联合扶贫小组”。

“联合扶贫小组”的组成，源于国家开发银行广东省分行在调研中结合实际的一次勇于创新。以往的扶贫工作中帮扶单位与被帮扶对象只是单方面的帮扶关系，帮扶措施只是停留于帮扶单位通过单方面了解情况来制定帮扶方案，这就容易导致帮扶方案片面和不切合实际的弊端。“双到”扶贫开发工作要求“一村一策、一户一法”，这需要帮扶单位深刻的了解每村的具体情况及每户的详细情况。我分行在开展扶贫开发工作以来，深刻认识到农村基层有相当一部分有思想、有追求、有热情的青年农民，他们不仅仅了解当地的情况，他们更有志改造家乡面貌，带动家乡脱贫致富。我分行充分调动当地的人力资源，把以往帮扶单位与被帮扶村单一的“赠与 - 接受”模式转变为“双方互助”模式，大胆吸收白坑村的积极青年成为开展扶贫工作的成员，成立“联合扶贫小组”，共同为村的脱贫工作献计献策。

“联合扶贫小组”的成立大大提高了帮扶工作的效率和成效，与此同时产生了更积极的作用。当地村民通过参与扶贫工作，在思想上发生了根本的转变，他们由以往扶贫工作中单纯的“我接受”的被动思想，逐渐转变为脱贫需要“我参与”的主动意识。这一思想上的转变实现了“扶贫先扶志”的帮扶目标，成为“联合扶贫小组”成立的额外收获。

“双到”扶贫开发工作是我省扶贫开发工作的一次创新，开创了“造血”式扶贫的新纪元。“双到”扶贫使帮扶措施开展得更深入，使帮扶成效推进得更深远。广东省积极构建和谐社会，致力于建设“幸福广东”，这要求在全社会和谐的环境下营造全体社会成员的幸福感。一个地区的和谐无法形成和谐社会，一部分人的幸福无法支撑“幸福广东”。“双到”扶贫开发工作的实施，从根源上挖掘贫困地区的贫困原因，通过长远有效措施从源头消除贫困现象，它的成效不仅改善了贫困地区人民的生活水平，更致力于长期可持续的发展贫困地区的经济，从而协调广东省经济发展水平，不断缩短贫富差距，使广东整体经济得到全面发展。“双到”扶贫开发工作为我省扶贫开发工作拉开了新的序幕，它必将奏响扶贫开发事业更加辉煌的乐章。

从非正式制度变迁的视角来看扶贫先扶志

中山火炬开发区扶贫办　马丽[1]

一、引言

扶贫工作是是广东促进城乡区域协调发展、加快建设幸福广东的重要举措，其目的就是要通过一系列的政策措施、资金投入，项目帮扶，技能培训、劳务输出等等，来改变贫困地区经济、社会、文化的落后状况，提高贫困人口的生活质量和综合素质。其追求的终极目标是社会和谐发展，人民共同富裕（包括物质层面和精神层面）。

2010年，广东省开展扶贫开发“规划到户，责任到人”工作，A区对口帮扶某市S镇贫困村。根据省、市要求，A区从资金、项目、人员等方面大力帮扶，通过村容村貌建设、民生工程建设等方面改变贫困村面貌，通过项目建设带动他们脱贫致富，然而，外来力量的介入帮扶，是否能帮他们彻底摘掉“贫困村”帽子？脱贫了还会返贫吗？

案例一

S镇，是一个人多地广的纯农业大镇，历来是粮食、蔬菜、水果、家禽、肉食、淡水鱼和海洋渔业的生产基地，但由于历史等各方面原因，该镇至今没有一个商业交易的综合市场，严重制约了当地经济发展。A区帮扶工作组过来后，根据实地调研，提出了建设S镇农副产品交易市场项目。该项目不仅能带动农业产业化的发展，提高农产品市场流通效率，还能带动第三产业的快速发展，由A区投入700多万元新建，建成运营后年收入超50万元，部分利润给出土地建设的村，其余分给贫困村，为他们提供可持续经济来源。

项目原选址于b村，该村村民认为市场建成后会阻挡后面山坟，破坏他们的风水，所以不同意。后择址于c村，这是一片丢荒地，经村民代表讨论，同意建在此处，原以为可以顺利动工，谁知，他们提出了交地条件：一是要多加

[1] 马丽(1976.09-)，女，回族，中山市火炬开发区扶贫办政工师，研究方向：公共管理、新制度经济学。

4层的地基（规划是3层），以后在上面建宿舍。二是青苗补偿要10万元（青苗按实际数量补偿是几千元）。三是要建5米高围墙，方便以后宿舍管理。同时，由于项目是按正规程序招投标而不是给S镇领导指定的人来做，因此，面对村民的无理要求，镇领导不但不做工作，反而火上浇油。项目报建、土地测量等工作也是一波三折，本是分内工作，当地有关部门能拖就拖，实在拖不了就索钱索物，要请他们吃饭送钱送礼才肯办。当地干部这样说：“扶贫是你们的事，不是我们的事”！

通知村干部开会、举办技术、技能培训班要“误工费”，没有补贴不来；推广新型农作物，村民不相信也不愿意种；发放的牛种直接拿去卖了。

案例二

S镇d村是贫困村，在A区过来帮扶前省里已经有2支扶贫队伍来过，可状况依旧。村里有2个大姓，两个宗派之间长期斗争，宗法伦理中浓烈的血缘关系溶化了冷冰冰的法律规则，溶化了人类普遍的、抽象的公平、正义、理性。选村干部要出动几百号人维持秩序，还经常选不出来，勉强选上了书记和主任又不和，窝里斗，只为自己的和宗族的利益，该村村委会没有办公场所，可村干部家建有高楼大厦，装修得富丽堂皇。扶贫工作组返租村100亩土地帮d村建一个农业基地，助贫困户脱贫。交地时却只有70亩。工作组人员到地里去跟农户一起种树苗时，发现村民为了偷懒，故意将树苗种稀，叫村民补种，村民说要补种，每亩得给100元钱。“自己的地，种下收获也是自己的，还要补他们钱，人都给气死。”基地建好刚种下树苗就被偷了三分之一；少数村民阻碍进基地道路、多次偷取基地的供电线，甚至殴打帮扶的工作人员。

案例三

S镇，自然风光本来很优美，山清水秀。可如今却是荒山野岭（每年清明扫墓，山被烧荒）、垃圾随处可见、恶臭难闻，苍蝇满天飞。即使是新建的垃圾池就在眼前，他们也不会将垃圾扔进去。该镇64个自然村，每个自然村至少有二间庙宇、多则六、七间，祠堂少的有五、六个，多的有二十多个，每户都有神龛和香炉，每天要烧香祭拜；佛教、道教、基督教、天主教、妈祖、土地、财神、仙姑等等他们全都顶礼膜拜。村每年都会在特殊的节日举办各种庆祝仪式，大家都要到庙里、祠堂烧香、拜神、大会餐、求子、求财、求平安，再穷的家庭，这样的活动也不会吝啬。全国早已实行火葬的今天，可当地最多的就是山坟了，婚丧嫁娶依旧是以前的风俗，没有任何改变。走在路上，经常可以遇到送葬队伍，多则几十人甚至上百人，一路撒上鞭炮纸钱，敲锣打鼓，还有的请学生鼓号队来助兴，好不热闹。埋葬的地方也很讲究，一定要风水好，有的山坟占地七、八亩，装饰的很精致，而活着的三代人却挤在不足20平米的房屋下。现在都实行火葬了，为什么还有这些仪式？村民说："这个不能变，变了就对不起祖宗"。

当地人认为：多子才能多福。因此，不管多穷，至今仍保持高产。每户至少有两个孩子，三、四个很正常，七、八个也常见，因孩子多而致贫的家庭约占一半，当地人受教育程度普遍偏低，三十多岁的妇女中有大部分都是文盲（重男轻女，男性稍好一点），只能说当地方言，无法与外面的世界沟通，更不识字；80、90后的年轻人，外出打工，由于受教育程度不高，大多是做一些普通工种；留守在家的主要是两头人口（老、幼、妇），限制了种养业的发展，他们每天的业余生活就是拜神、喝茶、聊天，了解信息的途径主要是电视、邻里间的议论、街坊口头传递，仍然"坚守"着村落共同体的社会关系网络。

在扶贫工作开展的进程中，外来的人力、物力、信息等在短时间内形成了对他们生活、生产方式的冲击；由于文化知识的贫乏，导致他们在冲击面前更多地是无所作为、手足无措，只能是等、要、靠，或者是反抗、阻扰。

二、致贫的根本原因

致贫的根本原因——非正式制度变迁的滞后。

人的意识形态、价值观念、伦理道德规范、习惯习俗等是新制度经济学中非正式制度范畴。美国经济学家诺斯认为：制度包括正式制度和非正式制度。非正式制度则是指在人们长期的社会交往和博弈中逐步形成的意识形态、价值观念、文化传统、习惯习俗、伦理道德等对人们行为产生非正式约束的、并得到社会认可的约定俗成、共同恪守的行为准则，是与政策法规、法律等正式制度相对的概念。非正式制度并不是理性安排的，而是人们在长期交往中无意识形成的，它构成代代相传的文化的一部分，且能够渗透到社会生活的各个领域，在人类行为的约束体系中具有十分重要的地位；尤其是在历史悠久，传统文化源远流长、根深蒂固的中国，非正式制度对社会政治经济文化更是一直发挥着非常特殊的作用和影响。

制度变迁"一般是对构成制度框架的规则、准则和实施的组合所作的边际调整"。其实质是制度创新的过程，即一种更有效益的制度安排的创新过程，是制度主体通过创建新的制度安排获得追加利益的活动。制度变迁有两种类型：

诱致性制度变迁和强制性制度变迁。诱致性制度变迁指的是现行制度安排的变更或替代，或者是新制度安排的创造，它由个人或一群人，在响应获利机会时自发倡导、组织和实行。与此相反，强制性制度变迁由政府命令和法律引入和实行。引起制度变迁的原因，则因具体的制度而有不同：或者因经济繁荣或衰退而发生，或者因技术、知识或文化的变化而发生。

从案例中我们看到，当地人贫穷的根本原因不是因为自然环境的恶劣，也不是其他特殊因素，而是在于人。人的思想意识、价值观念、伦理道德规范、习惯习俗等非正式制度并没有随着社会发展的改变而改变；他们长期生活在农村，也许能感觉到广东乃至世界的发展变化，但他们自身没有任何改变，社会的发展使其更加贫困。

三、非正式制度变迁滞后的原因分析

为什么当地的非正式制度变迁会滞后于社会的发展，究其原因主要是：

（一）非正式制度变迁的路径依赖

非正式制度的作用是一把双刃剑：一方面，非正式制度能减少正式制度的实施成本，因为非正式制度的确立可以唤起经济主体的理性信念，通过内心法则形成“自觉意识”，它的实施可以提高人们遵守正式规则的自觉性，提高正式制度实施的绩效。另一方面，非正式制度又可以阻碍制度变迁与创新，因为非正式制度的变迁缓慢，而且需要较长的时间，会形成制度变迁的时滞，强化制度创新的路径依赖，使正式制度锁定在无效状态。

1. 历史的积淀

两千多年来，中国农村社会的发展经历了农耕时代、计划经济、土地承包等历程。农耕时代的最大特点是封闭性与自给性，农民不需要与外界接触，日出而作，日落而归。新中国成立后，政府根据计划经济体制模式，建立了城乡分割的“二元”户籍制度，这种制度从根本上限制了人的流动自由，尤其是村民没有权利跨出农村的边界，更没有资格跨进城市社会的高门槛；因而，村民只能存在于生于斯、长于斯、死于斯的封闭的、自足的并与以工业文明为特征的城市社会有着清晰边界的农村社会。1978 年以后，土地家庭承包责任制，农民有了种什么吃什么的权利，可仍然没有真正意义上的脱胎换骨式的流动自由，这更加强化了原本就很封闭的农村社会。所以，封闭性和自给性为主要特征的农耕经济是非正式制度生存的客观社会基础，由此而形成的家族观念、保守与求稳心态、人情观念等都是农耕时代的人们在价值信念和意识形态上的具体表现。在封闭的熟人社会里，舆论发挥了社会控制的功能，凡违反传统的人被认为是行为不合群的人，对这个村子的人们来说感觉是危险的，必然要受到舆论的谴责[1]。也就是说，农民的行动逻辑主要由非正式制度所主导，村民的日常行动基本上是在传统特色较强的乡规民约、风俗习惯、家族制度等框架内展开的。换言之，惯例使舆论有了可操作的前提，反过来，舆论又维系了惯例这种非正式制度的传承和延续。

2. 特殊的地理环境与人文因素

S 镇上有个较大的对外贸易港口，与深圳、香港隔海相望，独特的地理位置让他们找到了商机。据了解，早些年，由于监管不到位，当地人通过港口走私挣钱，后由于制毒贩毒、走私猖獗，国家加大打击力度，他们一夜之间贫穷了；这些年，省委高度重视，对贫穷地区给予了人力、物力、财力等帮扶，这无疑是好事，可另一方面也助长了他们等、要、靠的思想。

由于历史积淀而形成的中国农村社会独有的意识形态和价值观念以及当地特殊的历史文化背景成为了拖曳当地非正式制度变迁的重要力量。封闭、保守、传统、投机取巧成为了 S 镇人们的思想价值观，而价值观念、意识形态等非正式制度具有内存性和历史积淀，其慢性或“惰性”往往一时难以改变，一旦形成就具有较大的稳定性、持续性，因循的趋势也会持续下去，从而导致路径依赖现象的产生。路径依赖是指在制度变迁中，存在着报酬递增和自我强化的机制；这种机制使制度变迁一旦走上某一条路径，它的既定方向会在以后的发展中得到自我强化。“路径依赖意味着历史是重要的，人们过去做出的选择决定了他们现在可能的选择；沿着既定的路径，经济和制度的变迁可能进入良性循环，迅速优化；也可能顺着原来的错误路径继续往下滑，甚至被锁定在某种无效率的状态之下，陷入恶性循环。”[2] 正如诺斯在北京大学的演讲中指出，我们的社会演化到今天，我们的文化传统，我们的信仰体系，这一切是根本性的制约因素；正式制度可以在一夜之间发生变化，而非正式制度的改变却是一个长期的过程。

（二）缺乏非正式制度变迁的动力机制

康芒斯认为任何重大的制度变迁，任何民族兴盛发展，其背后必然隐藏着一种巨大的心理驱动力，即精神力量。

1. 教育的缺失

就制度的变迁过程来说，首先是人们对环境的认知和理解，然后是对环境内在认知的外部构建即制度安排，当人们的认知发生变化，则会相应改变制度

---

[1] 李怀：《非正式制度探析，乡村社会的视角》，《西北民族研究》2004年第2期，第127页。

[2] 诺斯：《制度、制度变迁越经济绩效》，上海三联书店，1994年，第132页。

结构。人们对环境的认知受他们学习方式和知识存量的影响，学习与心智图式密切相关，人们通过不断的学习改变他们的心智图式，从而会导致制度变迁。贫穷的地区，往往教育也很落后。一是由于家庭人口多，孩子没有机会上学，6、7岁就要在家带弟弟妹妹承担家务；而人们受教育程度越高，思维越活跃，就越容易接受新事物、新观念，实现观念创新。二是在应试教育的模式下，唯升学率的考核指标使得人的培养带有明显的功利色彩，人的品德教育、人生观、价值观的引导和知识的教化严重缺失，由此形成恶性循环，导致整体人文素质提升缓慢，人的心智图式难以改变，从而也就缺乏了非正式制度变迁的内在动力。

2. 传统行政文化的傲慢与偏见

我国有两千多年的封建社会历史，并且脱胎于半殖民地半封建社会，长期的人治传统使政府官员的观念存在着重管理轻服务、将服务与被服务对象倒置等问题；人们对层级节制的官僚体制推崇备至、宠爱有加，在他们的内心深处“为民做主”、“官本位”、“以政府为中心”等思想占据了上风；而由此形成的行政文化对公共管理的影响是非常深刻的。人们依然习惯于用过去的思维模式和行为方式来思考、处理问题。政府管理法制化程度不高，有法不依、有令不行、有禁不止；行政行为不规范，自由裁量权过大，政策透明度低，监督机制薄弱；官场潜规则、人情行政大行其道等等；行政人素质普遍不高。

四、扶贫先扶志

综上所述，笔者认为：解铃还需系铃人，扶贫一定要先扶志。志，意也。志气，意愿，心之所向。只有贫穷地区的人在意识形态、价值观念等领域有质的变化，他们心之所向：想脱贫、要脱贫，真正参与到合作、创新和竞争中去，才能真正彻底摘掉贫穷的帽子。扶志可以从两方面着手：一是提高地方政府主导非正式制度变迁的能力。二是充分发挥社会力量的推动作用。

（一）提高地方政府主导非正式制度变迁的能力

古人云：上梁不正下梁歪。在中国，行政人的理念、行政文化等对社会意识形态起着主导作用，政府角色的定位影响到整个社会的整体价值观和意识形态，因此，地方政府本身的改革对非正式制度的变迁起着重要的作用。

1. 转变思想观念，促进文化创新

美国著名管理学家杜拉克认为：“当前社会不是一场技术，也不是软件、速度的革命，而是一场观念上的革命。”政府官员必须转变观念，实现从政府本位向社会本位转变、从权力本位向权利本位转变、从官本位向民本位转变，真正树立“为民服务”、“民本位”、“以人为本”的意识，通过意识的唤醒促进政府文化创新。政府文化是政府工作人员的认识、情感、价值、理想及政治品质的综合体现；是人们长期进行政府工作实践的凝聚和积淀，它已渗透凝聚在行政人的精神内里和思想深处，制约和影响着政府人员的行为与选择，从而深刻的影响着政府的运作。它的创新与进步，可以保证行政管理体制改革顺利、健康地进行；而它的滞后，则必将成为阻碍行政管理体制改革的桎梏。

2. 加快职能改革，加强基层组织建设

公共选择理论认为：政府也是理性的经济人（经济人假设指出在政治领域内活动的人，其目的也是追求个人利益最大化），也会出现“政府失灵”。如政府政策的低效率，政府规模扩张，权力寻租等。政府职能反映着公共行政的基本内容和活动方向，是公共行政的本质表现，对社会的整体价值观有着深刻的影响。为此，必须加快职能改革：以建设公共服务型政府为目标，建立以公共服务为导向的政府政绩评价体系和严格的行政问责制；强化政府的自律机制，加强外部监督约束机制，制定有关监督政府行为的法律、法规。在意识形态的引导方面，政府要坚决的承担起责任，杜绝各种落后、腐朽的意识形态的发生和传播，切实改善自身作风，在非正式制度构建中起到先锋模范作用，以榜样的力量促进新的非正式制度形成。

村民自治，村委会是一个村庄的核心。大量的、具体的服务内容、项目的开展，都由村委会去承担和组织实施。只有群众信得过、能力强的“村两委”班子，村民才有主心骨，才能团结一心，从而形成一些良好的民风民俗，反过来这些习俗或惯例又能促进村的发展，形成良性循环。某市一位扶贫干部在贫困村走村串户，实地调研，建设农业种植基地，与村民同吃同住赢得了民心，不到两年，被帮扶的贫困村已经脱贫 71%，村集体收入也逐年增加，村民把他当成了主心骨，遇事都找他商量。用他自己的话说：“用农民的方式办农民的事。吃住在村里，不抱私心帮他们做事。群众的眼睛是雪亮的，他们知道你为他们好，自然就同心了”。

3. 以正式制度促进非正式制度变迁

正式制度是由国家等组织正式确立的一系列政策法规，具有强大的正面的引导功能。通过发挥正式制度的强制性推动作用，来改进和提升非正式制度。一是通过一定形式和内容的正式制度安排，培育与之相适应的价值观念。如通过对人才的激励制度提高人们对知识、人才的重视；对镇、村“能人”的扶持和表彰增强农民创业的信心、树立创业意识、培养他们的个人成就感等等。通过这些制度建设不断转变民众的思想观念和思维模式，促进非正式制度的变迁。如拉美国家为缩小贫富差距，提出“有条件的现金资助计划”。该计划的核心是“以金钱换行动”。即政府每月向贫困家庭直接发放现金，条件是必须送子女入学或定期到诊所体检或改善孩子的饮食。它变减贫工作中政府单一责任为政府和受惠家庭的共同责任，将减贫同培养减贫能力联系在一起，同时潜在地培养了社会资本和人力资本。二是通过对非正式制度的培养、挖掘、改造来促进非正式制度变迁。通过弘扬传统文化中的积极成分，使之继续发扬光大；同时将消极成分转化、改造和创新。在弘扬和转化的过程中，激励必不可少，因为它是激发人类行为积极性和创造性的最基本动力。国家和政府的主流意识形态必须是扬善抑恶的，必须是是非分明的，对好的、积极的非正式制度要正激励，对消极的要负激励；否则，大众将会迷失方向。

4. 营造非正式制度变迁的环境和氛围

通过政府引导，营造非正式制度变迁的环境和氛围。一是要完善硬件设施，比如图书室、文化娱乐室、活动广场等。二是要充分发挥大众传媒的宣传作用。广播、电视、电脑等渗透到社会生活的各个领域，人们的生活方式、行为准则、价值观念和审美趣味无不受其影响和引导。因此，要充分利用传媒系统，通过新闻报导、舆论宣传、知识教育、生活娱乐等方式引导和促进农民思想转变，尤其是要通过积极宣传各方面的典型，倡导和弘扬勤劳节俭的创业精神、健康文明的生活方式、团结互助的人际关系和抑恶扬善的社会风尚。三是要以具体的、生动的实践活动为载体，丰富人们的精神生活、陶冶情操，改造人们的生活方式，调适人们的社会行为，强化人们的现代人格心理。

（二）充分发挥社会力量的推动作用

社会力量主要包括社会资本和人力资源。

1. 社会资本

弗朗西斯·福山认为：社会资本就是一个群体的成员共同遵守的、例示的一套非正式价值观和行为规范。群体当中的规范要比法律制度等更有监督力，因为破坏规范的投机行为会受到所有成员的监督和反对。社会资本广泛存在于企业、行业协会、非政府组织、教会等非政府组织和社会团体中。教会通过传播教义而使教徒们接受某种行为准则；行业协会（包括商会）制定和传播职业道德；企业、社团通过组织文化以无形的“软约束”力量构成组织有效运行的内驱动力。这些社会团体和中间组织反映和代表了该组织成员的整体精神、共同的价值标准、合乎时代要求的道德品质及其追求发展的文化素质。它们既是规则的传播者，又是规则的执行者，它们可以通过将犯规者逐出组织的方式惩戒犯规行为。为此，要大力发展和培育地方非政府组织和社会团体如：以种养为主的农业合作社、以地方文化为主的各种文艺社团、以青年学习、工作为内容的青年联盟会、以妇女活动为主的联合会等等，让人们在团体和组织中形成新的人际交往圈，找到新的价值观。

2. 人力资源

所谓人力资源是指蕴涵于人自身中的能够被激发出来创造价值的源泉。它既包括人的智能和体能状况，也包括价值观、伦理观等意识形态，其中后者更为重要。

（1）政治精英、知识分子在非正式制度变迁中的主导作用。

人是知识和意识的载体，优秀的人才一般都具备最新的思想意识和敢于挑战的胆识与魄力，他们引领着一个组织甚至一个国家的先进文化潮流，往往具有正确的价值观和伦理观，这些显然都很有利于积极的非正式制度因素和环境的形成。就目前的情况来看，由于社会整体性知识和能力的缺乏，所以我国的制度变迁总体上还是一种政府主导的行为。而政府主导的变迁中，政治精英（包括地方政府、镇、村和非政府组织的干部）的培养尤为重要。政治精英在中国有着特殊的地位，他们既是制度、决策的制定者，又是执行者，同时又具有榜样的力量。为此，在国家实行“地方自治”、“村民自治”的伟大实践中，培养一支具有正义感、责任感和使命感的优秀干部队伍迫在眉睫，但长期以来，干部培养并未受到国家的重视。笔者认为，对政治精英培养的制度化，是走向现代化不可忽视的重要途径。

其次，还要发挥知识分子在非正式制度变迁中的主导作用。他们是市场经济文化的研究者与传播者，代表着文化的先进潮流，推动着非正式制度的变迁。

（2）人力资源的开发主要靠教育来实现。

人力资源的开发主要靠教育来实现，通过教育培养政治精英、知识分子和高素质的公民，从而改变社会整体的技术、知识和文化。教育作为人的社会化的重要手段，它对人的意识形态、信仰系统和价值观念的改变是其他手段所无法替代的。只有大力加强公民教育，提高人们的整体文化素质，增加观念创新的“知识存量”，才能形成推动非正式制度有效变迁的强大内部动力。英格尔斯的调查研究证实：在现代社会中“教育无疑呈现出强大的力量。的确，以一个人因多上一年学而在综合现代量表中的得分来衡量，教育的力量一般要比其他单项输入大二或三倍”。可见，教育是现代社会中“生产”现代人的重要基地。英国哲学家、教育家洛克曾说过：“我们日常所见的人中，他们之所以或好或坏，或有用或无用，十分之九都是他们的教育所决定的。人类之所以千差万别，便是由于教育之故。”

家庭教育：教育史上32例“狼孩子”的遭遇证明，尽管这些孩子具有天赋素质，但由于缺乏养育环境，致使没有一个能回到正常人的行列中来，可见幼年所处的环境多么重要。家庭是每个人受影响最多的地方，因此也是传播非正式制度的最基本单位。家庭的优点是父母可以通过言传身教将规则潜移默化地传递给子女，因此也是规则最有效的传播途径。但是，家庭也有其弱点：家庭教育是一门培养人的科学，这门科学必须经过学习才能掌握，不是自然就会的。不同的家庭教育方法会有不同的效果：例如，父母常用体罚“教育”孩子不去打架，结果无意间使孩子们的打架变本加厉。家庭教育的成败取决于家长自身的文化素质和家教意识，由于我们无法保证每个家庭都传播好的规则，也就无法保证每个人都接受了好的规则。

学校教育：社会伦理学表明，学校作为人的社会化的重要场所，对人的意识形态、信仰观念、价值取向的改变是其他部门和途径所无法替代的。爱因斯坦说：“智力上的成就在很大程度上依赖于性格的伟大”，“优秀的性格和钢铁般的意志力比智力和博学更重要”。美国心理学家曾对公元1450～1850年这四百年间所出现的301位伟人进行了研究，发现他们不但智力高，而且青年时代都有与众不同的性格：自信、坚强、乐观、富有进取心、百折不挠等。教育除了知识的教化，传授实际技能以外，还要培养学生的品德，促进人的价值观和个性的形成。笔者认为：学校教育应该把德育放在首位，当今的时代应是更加重视人的时代，现在应比任何时候都重视对人的心灵的教育。中国古代教育家提出的“修身，齐家，治国，平天下”的内容序列启示我们：学校教育的编排首先要解决一个人的修身养性问题，其次才能解决一个人的理想与政治方向问题。学校应发挥其优势，加强家校联系，通过家长学校，指导家庭教育，帮助家长加强自身品德修养，给孩子树立以身作则的榜样。只有把教育纳入到社会的系统活动中，使之成为一个长期的大的教育系统，才能形成教育合力，从而提升整体意识形态和价值观念，促进非正式制度有效变迁。

扶贫要先扶志。因为人的能动性表现在主体认识世界和改造世界的活动之中；人不仅有能力能动地改造、构建外部世界，人，唯有人，才有能力能动地改造构建自己内部的精神世界，并控制、选择自己的发展方向。人发展了，社会发展就有了源泉与力量。现代人类发展理念是以“人”为中心，经济增长只是手段，而人的全面发展才是目的。

关于新时期扶贫开发的思考

中共韶关市委　张志才[1]

韶关市位于广东省北部，北接湖南，东邻江西，是一个革命老区、少数民族地区、石灰岩地区及水库移民较集中的山区市，也是广东省贫困面较大、扶贫工作任务较重的地区。抓好新时期农村扶贫开发，是贯彻落实科学发展观、促进区域协调发展、实现共同富裕的重大战略措施。对于提高贫困人口的生活质量和综合素质，逐步改变贫困地区社会、经济、文化的落后状态，建设幸福美好韶关，有着十分重要的意义。

一、坚持把扶贫开发与转变经济发展方式结合起来，调整优化发展结构

扶贫开发承担着促进贫困地区农村经济社会全面进步的重大任务。我市的贫困村、贫困户大多集中在革命老区、少数民族地区、石灰岩高寒山区，资源匮乏，交通不便。要彻底消除贫困，确保贫困村、贫困户稳定脱贫致富，必须坚持把扶贫开发与转变经济发展方式结合起来，促使贫困地区经济发展方法、途径和模式由传统的、旧的发展方式向现代的、创新的发展方式转变，努力帮助贫困地区群众走出一条脱贫致富的新路子。

大力实施产业化扶贫，培植新的经济增长点。调整优化产业结构，推进农业产业化经营，是增加贫困人口收入、加快贫困地区脱贫步伐的重要途径。一要培植支柱产业。把扶贫开发与农村经济结构调整和农业支柱产业培育有机结合起来，以市场为导向，以资源为依托，着力培育一批有市场、有效益、有发展前景的农业支柱产业。二要大力扶持龙头企业。推行以“公司＋基地＋农户”为主要形式的产业化经营模式，逐步形成“产、供、销一条龙”的产业化经营格局。三要加强农村中介服务组织建设。发展农民专业合作经济组织和中介组织，健全完善社会化服务体系，积极搭建农民连接企业和市场的桥梁，搞好产前、产中、

[1]　张志才(1957.09-)，男，中共韶关市委市委常委、市委政法委书记、市政府党组副书记 、经济师，研究方向：农业农村和扶贫开发。

产后服务，提高组织化程度，增强农民参与市场竞争和抵御风险的能力。

大力实施智力扶贫，开辟贫困群众增收门路。新时期的扶贫开发，要继续将智力扶贫作为扶贫开发的一项重要内容，扶持贫困群众增强自我发展能力。一要加强农村基础教育。继续加大对贫困地区义务教育的政策和资金扶持力度，努力改善办学条件，不断提高教育质量；进一步健全学生资助体系，保障经济困难家庭儿童、留守儿童、农民工子女平等就学和完成学业。二要大力发展职业教育和技能培训。加大农民职业技能培训的统筹力度，整合各部门培训资源，大力推进农村剩余劳动力转移就业技能培训、农业实用技术培训，加快培养有文化、懂技术、会经营、善管理的新型农民和有专长、有技能的产业工人，为扩大劳务输出、提高农民就业创收能力创造条件。三要大力培育发展致富带头人。把培育、用好致富带头人作为扶贫开发工作的一项战略任务来抓，充分发挥农村致富带头人的“传、帮、带”作用，使其真正成为贫困农村经济的“推进器”，农民致富的“领头雁”。

大力实施金融扶贫，加大对贫困地区的信贷支持。加快制定相应的政策措施，进一步激励商业银行、信用社等金融机构，加大对重点贫困地区和扶贫项目的信贷支持力度。通过设立扶贫基金或者发展小额贴息信贷，拓宽融资渠道，满足贫困农户发展生产的资金需求，以“金融扶贫”带动“产业扶贫”，努力探索出一条农银对接的新路子。

二、坚持把扶贫开发与促进协调发展结合起来，促进均衡发展

扶贫开发的对象是人们普遍关心的弱势群体；扶贫开发的区域是革命老区、少数民族地区和特困地区，也是促进区域协调发展的重点。贫困地区之所以贫困，主要是因为生产生活环境较差，区域欠佳，交通不便，信息闭塞，科技、教育、卫生、文化落后。近几年，为了促进和带动贫困地区的经济发展，各地切实加强了这些地区的水利、交通、电力、通讯等基础设施建设，有效解决了贫困地区行路难、饮水难、通讯难、用电难等问题。同时，着力改善软环境，高度重视科技、教育、卫生、文化事业的发展，解决好贫困地区就业难、就医难、上学难等问题，提高农民的文化素质和反贫困、反返贫能力。但是，促进区域协调、均衡发展仍是新时期扶贫开发的中心任务

加快贫困地区基础设施建设，改善生产条件和生态环境。基础设施落后，是制约贫困地区发展的重要原因。要切实加大对山区贫困地区和革命老区交通、水利、电力、信息设施建设的支持力度。组织开展山水田林路综合治理，加大土地整理和农业综合开发力度，加快高产稳产农田建设。加强农田水利建

设，维修加固病险水库，修复损毁水利设施，因地制宜新、改、扩建一批抗旱排涝设施，提高农田有效灌溉率，不断提高农业生产抵御自然灾害的能力，减少因自然灾害返贫现象的发生。加强农村道路建设，同时在土地整理、农业综合开发、高产农田建设中加快推进机耕路建设。大力推进农村绿色家园建设，加强植树造林和村庄绿化，做好山体保护。因地制宜推广户用沼气池和太阳能热水器，改善农民生活质量。实施村庄环境整治和农村清洁工程，加强农村污水、垃圾收集处理工作，不断改善农村卫生条件和人居环境，促进贫困地区逐步走上生产发展、生态良好、生活宽裕的可持续发展道路。

加快贫困地区社会事业发展。继续改善贫困地区办学条件，加强学校硬件设施建设，不断提高贫困落后地区的教育水平。加强贫困地区乡镇卫生院和村卫生室硬件设施建设，不断提高贫困落后地区的卫生医疗水平。加强老区和贫困地区文化设施建设，不断丰富农民的精神文化生活。加大贫困地区资源开发力度，通过项目支持等措施，鼓励采取股份合作、招标承包、租赁经营等多种形式，对“四荒”地、水面、果园、经济林等资源进行开发，努力增加集体经济收入，缩小贫富差距，推进经济社会协调发展。

三、坚持把扶贫开发与改善民生结合起来，促进社会公平正义

搞好农村扶贫开发，就是要从根本上改善农村贫困群体的民生条件，这是建设中国特色社会主义的一项伟大事业。改善农村贫困群体的民生，不仅要关注“吃、穿、住、行”，还要关注教育、医疗、文化等。世界银行的一份全球调查指出，贫困不仅指物质的匮乏，而且包括低水平的教育和健康，包括风险和面临风险时的脆弱性，以及不能表达自身需求和缺乏影响力等。农村贫困地区，不仅经济上贫困，而且教育文化落后、人口素质差和思想观念落后，是物质贫困与精神贫困并存。改善民生就是要优先发展教育，积极扩大就业，深化收入分配制度改革，增加城乡居民收入，加快建立覆盖城乡居民的社会保障体系，保障人民基本生活，建立基本医疗卫生制度，提高全民健康水平。这些必将为农村贫困居民提供更好的发展环境、更公平的发展机会。

坚持发展经济与改善民生相结合，重点解决好自然村行路难、低收入家庭住房困难、食水困难(食水安全)、读书难、就医难等五难问题，让他们共享经济社会发展成果。

进一步完善贫困地区扶贫政策体系。坚持开发式扶贫方针，通过扶持农业生产、开展技能培训、安排公益性就业岗位等多种形式给予帮扶，着力提高农村贫困人口自我发展能力，对没有劳动力或丧失劳动能力的贫困人口实行社会

救助，实现农村最低生活保障制度和扶贫开发政策的有效衔接，稳定解决农村贫困人口的基本生活。

进一步健全完善面向农村特别是贫困乡村的最低生活保障制度和农村合作医疗制度，将现有贫困人口全部纳入社会保障范围，做到应保尽保，不断提高保障力度。加快建立健全贫困地区农民养老保险制度，实现老有所养，老有所医。

四、坚持把扶贫开发与新农村建设结合起来，促进城乡协调发展

统筹城乡建设规划，将基础设施建设和公共服务的投入重点放在农村，促进城乡协调发展。

一是实施“幸福安居工程”，加快农村低收入住房困难户住房改造建设工作。将整村推进和新农村建设结合起来，同步规划，分步实施，集中力量，综合扶持，实现贫困人口、贫困村整体脱贫。坚持政府主导、农民主体的原则，以发展生产、增收脱贫为中心任务，突出整村推进重点，建设宜居城乡，建立一批名镇、名村，带动革命老区、民族地区、贫困地区支柱产业大发展，农民收入大增长，群众素质大提高，村容村貌大变化，民主管理大加强，经济社会全面发展，实现推进一个村、脱贫一个村、长远致富一个村的目标。

二是实施“两不具备”特困自然村搬迁工程，推进老区贫困地区可持续发展。对不具备生产生活条件的村庄，加紧制定扶贫搬迁规划，整合各种资源，落实搬迁资金，创新安置模式，切实解决好搬迁户住房、耕地、林地、子女入学、户口迁移、饮水、用电、医疗、计划生育等生产生活方面的实际困难和问题，确保贫困户搬得出、稳得住、能致富。

五、坚持把扶贫开发与党建工作结合起来，不断提高执政水平

党建工作是推动扶贫开发的基础和保障，要坚持扶贫党建两手抓、两促进，以扶贫工作的成果检验党建工作。要着力加强贫困地区党的基层组织建设，以贫困村的领导班子建设为重点，大力开展村干部培训教育，不断提高村干部“带头致富、带领致富”的能力。要按照民主、公正、公开、择优的原则，注重从本地外出返乡知识青年、农村致富能手、复员军人、合作经济组织和产业协会负责人中培养选拔村干部，加强贫困村领导班子和党员干部队伍建设，切实解决好贫困村致富带头人的问题。要贯彻“能者上、庸者让”的方针，对思想水平和工作能力存在较大差距的村领导班子，应当通过组织有序改选、选拔派遣“村官”等方式，优化班子结构，强化班子能力，不断增强贫困村基层党组织的战斗力和凝聚力，建设一支“永不走”的脱贫致富工作队。

浅谈加强贫困山区农村干部队伍建设问题

中共东莞市企石镇党委　刘丽权[1]

2009年，省委、省政府立足全局、谋划长远，在全省部署开展扶贫开发“规划到户责任到人”工作，目前对口帮扶各项工作正深入推进，取得重大成效。村干部作为农村地区经济、政治、文化和社会各项事务的领导和管理者，是农村发展建设、脱贫致富的中坚力量，尤其对于贫困村来说，村级干部队伍的整体素质如何，直接关系到“双到”工作的成效，关系到贫困村经济和社会的发展。现以韶关市新丰县部分贫困村为例，就加强贫困山区农村干部队伍建设问题作粗浅的探讨。

一、贫困山区农村干部的地位和作用

第一，乡村干部位居农村权力结构的塔顶，掌握着农村的发展方向。村组织是我们党在农村中的“根基”，是连结党和群众的纽带，其地位和作用至关重要。村组织中的村干部是活跃在农村广大村民中的组织者、指挥者和管理者，他们是党的农村政策在基层的贯彻执行者。可见村干部掌握着对村一级的实际控制权和发展方向。

第二，村干部是农村信息的直接传播者，是带领群众脱贫致富的“领路人”。村干部相对于农民来说，见多识广，文化程度较高，易于接受新的观念。贫困山区一般都是一个较为封闭落后、以农业生产为主的社会，农民对土地、对农业仍有浓厚的感情。如何引导农民更新观念、适应市场经济的挑战，关键取决于这些村干部的素质和态度。同时，一些利用自己专长合法致富的村干部在群众中也会起到示范作用，他们可以通过“帮、扶、带”的方式，以先富带后富，推动整个贫困山区的脱贫。

二、贫困山区农村干部队伍中存在的突出问题和原因分析

（一）待遇低，负担大，前途无保障，干部队伍不稳定

近年来，虽然农村干部工资待遇有了一定的提高，但贫困山区农村干部的

[1] 刘丽权，男，中共东莞市企石镇党委委员、扶贫“双到”工作领导小组副组长，主要从事“三农”问题研究。

工资待遇与现时社会生活水平和承担的工作任务相比仍然很低，并且工作干与不干、干好与干坏，工资补贴全额照领，没有体现出公平效率。目前，全县贫困村村干部年平均工资只有2100元左右，仅相当于外出务工一个多月的收入，有的村干部工资收入甚至不够招待费开支，倒贴本还说不出口。大多数村干部除工资收入外，家庭没有稳定的其它增收项目，迫于工作、生活、家庭负担和压力，村干部不得不两手抓，即：一手抓村上的工作、一手抓家庭副业，一些有远见、有能力、有经济头脑的村干部干脆弃职另谋出路。村干部“进无门、退无养”的现实问题，也严重影响着他们的工作积极性，过去优秀村干部还可以选拔到乡镇机关、事企业单位工作甚至可以担任乡镇副职领导，实行国家公务员制度、事业单位改革和乡镇企业改制后，这条路子行不通了，村干部普遍存在“到顶”的思想。年老退岗生活无靠，既无前途，也无想头，致使选配村干部出现了能人不想当、富人不想干的尴尬局面。

（二）年龄大，素质差，威信不高，推进农村工作难

举新丰县马头镇为例，全镇农村“两委”成员平均年龄51岁，小学文化程度占37.7%，其中，村支书、村主任平均年龄54岁，初中及以下文化程度占83.7%。村级班子老龄化与发展农村经济市场化极不对称，大多数村干部思想、文化、身体素质日益退化，缺乏工作激情和开拓创新意识，习惯于运用行政强迫命令的办法推动工作，在发展产业、致富奔小康方面无思路、无突破，在依法治村、村民自治方面显得束手无策，安于现状。还有的村干部组织观念、宗旨意识淡薄，出工不出力，甚至拿着报酬不干事，经常牢骚满腹，思想政治觉悟不如普通老百姓，成为落后群众的代表。

（三）底子薄，债务重，经营不善，发展集体经济难

在贫困山区，发展农村集体经济一直是村级组织建设中的一大难点，也是各级组织最头痛的问题。从新丰县一些山区贫困村集体经济发展的现状看，经济基础相当薄弱，有的村集体甚至是“空壳”村，即使每年多少有一点集体经济的村，收入来源也很不稳定。同时，历年累欠村组干部工资，举债推进“三通”等基础设施和产业建设，也使村集体背负了沉重债务。

（四）渠道窄，轻培养，后干匮乏，本村干部选用难

目前，选用村干部还是局限在本村范围内，由于计划生育政策的贯彻落实，人口总量逐年下降，青少年农民逐年减少，年轻能人纷纷外出打工干个体，只好在中老年人中选“能人”担任村干部。在村级后备干部培养上，有的村主要领导不够重视，没有落实培养措施，甚至很多现任村干部怕培养接班人，给自己带来威协，每年只是定个名单应付上级，优秀苗子成长缓慢，“村官”难选，后继乏人。

（五）引力小，措施少，外流严重，农村党员发展难

农村已进入市场经济时代，农民拥有独立的生产经营自主权，对基层党组织依赖性日益减退。大量优秀青年弃农经商、外出务工，留在家里的大多数是老幼病残和家庭主妇，可培养的对象少，党员发展渠道狭窄。部分农村党组织软弱涣散，缺乏战斗力、号召力和吸引力，核心作用发挥不够。村中大小事务"主任说了算、书记靠边站"的现象普遍存在，支部无驾驭能力。还有相当一部分农村党组织不重视党员发展工作，不主动采取措施加强培养，而是"自然成熟"、"坐等上门"，甚至有的党支部不培养、不发展，党员队伍结构难以从根本上得到改善。

三、解决贫困山区农村干部队伍突出问题的对策思考

（一）加强培训教育和引导，提高贫困山区农村干部的整体素质

对贫困山区农村干部是否经常性开展培训教育和引导，直接关系到干部能力素质的提高。要根据贫困山区农村干部队伍的结构特点和知识需求，科学制定培训规划，建立健全培训机制，同时加强教育和引导，促进其素质全面提升。

第一，加强政治理论学习和形势任务教育，提高农村干部的政治素质。首先要加强政治理论学习和形势任务教育，尤其要完整准确地理解掌握邓小平理论、"三个代表"重要思想、科学发展观的理论体系和精神实质，使他们不仅具有较高的马克思主义理论水平和政策水平，而且还能够理论联系实际，根据本地区的实际情况，制定出切实可行的脱贫规划。只有农村干部政治素质提高了，他们在实际工作中才能自觉主动地执行党在农村的路线、方针、政策，才能牢记为人民服务的宗旨，当好人民的"公仆"。

第二，加强思想道德建设，培养在市场经济条件下应具备的现代意识和职业道德。加强思想道德建设，就是要使乡村干部破除自然经济和计划经济的观念，树立商品意识、市场意识、效率意识、风险意识、开放意识和竞争意识，敢于带领群众走出狭小的乡村，充分利用本地的资源和人力优势，把握省委、省政府深入开展扶贫开发工作的良好契机，发展有本地特色的优势产业，并不断提高产业的科技含量，积极参与市场竞争，在与外部文明的碰撞中获得自身发展。同时，乡村干部还要带动广大群众，恪守爱岗敬业和诚实守信的职业道德，大力推崇勤俭节约美德，确立科学、文明、健康的生活方式和消费行为。在抓物质"脱贫"的同时，实现思想"脱贫"和道德"脱贫"。

第三，提高农村干部科学文化素质，改善干部队伍知识结构。通过多种形式的文化学习和培训，使他们具有带领广大群众脱贫致富的文化知识和管理能力。在进行文化教育的同时，乡村干部还要高举科学的旗帜，大力加强科学技

术知识的普及与应用。特别是在科学技术推广方面，乡村干部要利用自己文化知识比农民高、接受能力比农民强的优势，带头学好现代农业科技，深入到田间地头，协助解决农民生产和经营过程中遇到的各种问题。并利用科技人员下乡的机会，协助他们举办各种先进实用技术培训班，做到带领群众科学种田、科学管理和科学从事其它非农活动。

（二）健全保障激励机制，激发村干部工作热情

村干部履行的是干部的职责，但身份仍然是农民。这一特殊性给村干部的生产生活带来诸多实际问题和后顾之忧，导致部分村干部在工作中瞻前顾后、畏首畏尾、顾虑重重，直接影响了工作的积极性、主动性和创造性。加强山区贫困农村干部队伍建设，应从解决村干部的实际问题入手，研究出台相关政策意见，从政治、经济、生活等方面关心和照顾村干部。

一是建立从村干部中招录公职人员制度。根据贫困山区农村工作实际和村干部队伍状况，积极探索从优秀村干部中招录公职工作人员，采取推荐和考录相结合的方式，在基本素质较好、任职年限较长、工作实绩突出的村干部中招录乡镇机关工作人员，为村干部在政治上的发展和进步创造条件。

二是建立村干部工资报酬稳定增长制度。根据村的大小、所任职务、任职时间、工作绩效等情况，推行村干部结构工资报酬制度，按照不低于当地农民人均纯收入的标准确定工资基数，并随农民收入增长水平逐年增加。村级集体经济基础好的村，可根据集体收入增长情况，给予村干部一定的奖励补助，使结构工资和各种奖励补助之和保持在农民人均纯收入的 1.5 倍左右。

三是建立离职村干部生活补助制度。根据村干部队伍状况，研究出台离职村干部生活补助制度，对连续任职时间较长、任职期间无违法违纪行为、属正常离职的离任村干部，按任职年限发放退职补助；对生活贫困的村干部，进行适当救济和帮助，或纳入最低生活保障范围，使村干部退无所虑、老有所养。

（三）健全民主管理机制，规范村干部办事行为

能否公开、公平、有效地处理村级事务，既是村干部工作能力和水平的体现，也直接影响着村干部在群众中的威信和形象。在贫困山区，干部群众民主参与和监督意识比较薄弱，加强村干部队伍建设，要以扩大村民对村级事务的知情权、参与权、决策权、监督权为出发点，积极推进基层民主政治建设，进一步完善村务管理制度，使村干部工作有章可循，得到有效监督。

一是完善民主议事的决策制度。坚持村民代表会议和村民大会制度，完善规范议事规则和程序，凡是村内重大事项和涉及村民利益的重要问题，先由“两委”充分讨论协商后，再由村民代表会议或村民大会讨论决定，提高决策的民主化和科学化水平。

二是完善公开透明的监督制度。积极总结推广设立村务公开栏、确定“村务公开日”等有效形式，进一步加大村务公开力度，凡是村里的重大事项和群众普遍关心的问题，都及时向村民公开，增强村务活动的透明度和村民群众的参与度。建立健全村干部评议制度，定期组织党员、群众对村级班子进行述职评议，对村干部工作实施有效监督。

三是完善协作共事的工作制度。进一步理顺村党组织和村委会的关系，明确以村党组织为核心的村级组织工作职责，使各个配套组织在党组织的领导下，各尽其职，各负其责，加强协作，形成合力。改进村党组织领导方式和方法，指导村级配套组织按照各自章程履行职责，充分发挥配套组织在村务活动中的积极作用。

（四）健全考核奖惩机制，增强村干部责任意识

强化责任、严格考核，是加强村干部队伍管理的有效手段。认真总结村级工作目标管理方面的经验做法，建立针对性强、易于操作的考核办法，规范考核程序，严格兑现奖惩，增强村干部的工作责任心。

一是明确责任目标。健全村级班子工作责任制，按照职位分工确定每个村干部的岗位职责，做到权责一致、责任明确、团结协作、齐抓共管。按照“细化、量化、科学化”的要求，合理确定干部任期目标和年度工作目标，对各项工作进行量化，并通过一定方式进行公示，接受群众监督。

二是认真组织考核。坚持定性考核与定量考核、平时考核与定期考核、乡镇考核与群众评议相结合，制定具体的考核细则，既要突出工作目标的完成情况，又要充分考虑工作的方方面面，对村干部工作作出客观评价。

三是严格兑现奖惩。注重考核结果的运用，将考核结果与工资报酬挂钩，在经济上适当拉开差距，增强奖惩的激励效应。对履行职责不积极、工作无成效、群众意见大的村干部及时进行调整，保持村干部队伍的整体素质。

（五）健全选拔任用机制，改善贫困山区农村干部队伍结构

加强村干部队伍建设，选好人用好人。只有坚持从源头抓起，才能从根本上提高村干部队伍的素质。

一是改进选拔任用方式。以选拔政治强、作风正、懂经济、会管理、受拥护的村干部为目标，以开阔视野、拓宽渠道、扩大民主、体现民意为要求，不断改进村干部的选拔任用方式。加强乡镇党委对村干部选任工作的领导，进一步完善村党组织班子“两推一选”和村委会班子“公推直选”制度，全面落实广大村民群众的知情权、参与权、选择权、监督权和乡镇党委对村干部候选人的审查权、提名建议权，提高村干部选任工作水平。

二是拓宽选人用人渠道。打破只在本村范围内选拔村干部的局限，采取下派干部挂职锻炼的方式，从党政机关和事业单位选派熟悉农村情况、热爱农村工作、有农村工作经验的优秀年轻干部，到一些山区贫困村任职；采取公开招考的方式，以较好的条件选聘一批立志服务贫困山区农村的高校毕业生到一些扶贫村任职，改善村干部队伍结构，提高村干部队伍整体素质。

三是充分发挥党支部的领导核心作用。重视培养选拔带头人，切实把思想素质好、有能力、群众意识和服务意识强的优秀分子选拔为村支书，更好地带领贫困村群众艰苦创业，脱贫致富。建立健全“两委”协调机制，提高“两委”干部交叉任职比例，强化党支部的领导核心地位。

四是加强村级后备干部的教育培养。安排村级后备干部在村级群团等配套组织任职，有针对性地交任务、压担子，促其在实践中锻炼成长。

（六）采取互帮共建等措施，提升贫困山区农村干部队伍引领发展的能力

1. 实施城乡结对共建，注重加强思想引导。在扶贫开发“双到”工作的大局中，大力开展“对口互联、结对共建”活动，由帮扶单位党组织帮扶贫困村党组织，积极引导贫困村党组织、村委会干部克服小农经济意识和因循守旧思想。在结合各村实际的基础上，帮助村党组织认真思考和谋划全村的经济发展和产业结构调整，科学合理地确定发展思路，因地制宜，选准经济发展路子，发展特色产业，发展劳务经济，大力发展农村经济特别是集体经济。

2. 大力发展村级经济，增强干部信心。各级各部门应该根据贫困山区经济发展的特点，积极探索适合当地的各具特色集体经济发展之路。各涉农部门加强对发展村级集体经济实施项目化管理，针对贫困山区优势资源无法转化为资金、无法进入市场，现有的集体林地、土地、特色农业等资源无法按照市场方式运作，无法盘活等问题，加大政策扶持、资金倾斜力度。同时，建议省市财政配套设立扶持贫困山区村级集体经济发展专项资金，制定并严格落实相关政策，积极帮助扶持贫困山区兴办村级农业龙头企业、专业合作社、行业协会等经济组织，努力形成“输血”促“造血”、增强贫困山区村级集体经济自我发展能力，让干部在干工作中看到希望、增强信心。

3. 注重培养推广典型，营造良好工作氛围。新闻媒体和社会舆论要加强正面引导，通过报刊、电视、网络等多种形式，大力弘扬山区农村基层干部先进典型的可贵精神和高尚情操，积极宣传山区农村基层干部敬业爱岗、甘于奉献的优良品质，树立山区农村干部的良好形象，努力形成重视、关心、支持贫困山区农村工作的氛围。

关于扶贫开发“双到”工作的几点思考

云浮市地方税务局　李扬名[1]

为贯彻落实党的十七大精神促进我省城乡、区域协调发展，加快实现全省人民共同富裕的步伐，09 年 6 月，省委、省政府作出了扶贫开发“规划到户、责任到人”的重大决策，这既是我省加大扶贫开发工作力度，创新扶贫开发方式的重大突破，也是解决我省城乡、区域发展不平衡问题，推动科学发展、促进社会和谐的一项重大举措。去年来，我局认真贯彻省委、省政府和云浮市委、市政府的决策部署，扎实做好扶贫开发“双到”工作，在当地党委、政府的支持和广大村民自身的努力下，取得了较好的成效，经过一年多的努力，我局帮扶的新兴县簕竹镇非雷村，村集体经济收入增长了近 20%，94 户有劳动能力的贫困户中有 62 户实现了稳定脱贫，脱贫率达 65.96%，贫困人口人均纯收入增长了 120%，农业基础设施得到了较大的改善，村民生态环境明显优化，文化教育事业得到了发展，受到省扶贫开发“双到”考评组的高度评价，并给予了 100 分的满分成绩，同时，也受到当地党委、政府和广大村民的广泛赞扬。

从过去开发扶贫开发“双到”工作的情况来看，虽然不论是贫困村还是贫困户，在经济收入方面，都有了实实在在的增长，都得到了实惠，成绩固然可喜，但许多隐忧值得引起各级党委、政府和帮持责任单位的深入思考，比如：贫困村发展项目单一、发展条件有限致使集体经济发展缓慢、后劲不足的问题，贫困户之间发展不平衡的问题，个别贫困户脱贫之后由于各种原因返贫的问题，因帮扶力度和利益分配不均、引发社会矛盾的问题等等，给扶贫开发“双到”工作带来了不和谐的因素，如何解决好扶贫开发“双到”工作中出现的问题和矛盾，推动贫困村和贫困户科学发展，消除贫困和落后，使贫困群众过上幸福美满的生活，努力建设幸福社会，是摆在各级党委、政府和各帮扶责任单位及广大驻村干部的共同责任。

[1]　李扬名（1967.04-），男，湖南益阳人，大学本科学历云浮市地方税务局干部，主要从事政治思想工作。

一、建立健全扶贫开发工作长效机制是巩固和扩大扶贫开发成果的必要途径

扶贫开发工作是一项长期性、艰巨性的战略任务，事关社会和谐稳定大局，事关落后地区贫困群众的福祉，各级党委、政府和各帮扶责任单位，要自觉从贯彻落实科学发展观的高度，从巩固党的执政地位的高度、从维护中国特色社会主义制度优越性的高度、从建设幸福社会的高度，在现有成效的基础上，继续深入推进扶贫开发工作，进一步巩固和扩大扶贫开发的成果，确保按时完成扶贫开发工作任务，特别要在确保贫困户稳定脱贫，发展壮大经济上理清思路，再接再厉。当前，笔者认为，针对去年扶贫开发工作情况实际，探索和建立健全扶贫开发长效机制，是确保贫困户稳定脱贫的必要途径。一是要将扶贫开发工作作为一种制度长期坚持下去。扶贫开发“双到”工作三年规划，只是暂时解决了部分贫困户的生产、生活困难，不可能一劳永逸，这是由社会发展的自然规律决定的，贫富差距始终在社会中存在，真正要达到按劳分配、各取所需的高度繁荣阶段，还有很长时间的路要走，因此，只能将三年规划作为一个起点，而不是终点，只有才这个基础上，认真总结积累经验，将扶贫开发工作作为一项长期的任务，坚持各级党委、政府主导，相关职能部门参与，建立起一套长期的扶贫开发机制，才能及时妥善解决好贫困户的生产生活，及时化解消除社会贫富差距可能引发的社会矛盾，维护社会和谐稳定。二是建立健全互助机制。要充分发挥贫困户所在地党委、政府的作用，建立内部互助机制，这也是改革开放目的的内在要求，改革开放的目的，就是要让一部分人先富裕起来，采取先富帮后富的方式，最后达到共同富裕的目的。贫困户所在地党委、政府要根据本地实际，积极引导和鼓励先富家庭对贫困家庭进行对口帮扶，使每一个贫困家庭感受到改革开放的成果。三要进一步完善和加大社会保障力度。在我局帮扶的贫困村，107户贫困家庭中，有13户是完全没有劳动能力的贫困户，基本上是孤寡老人，除1人送入当地敬老院之外，其他仅仅靠民政部门每月发放90元到300元的救济金生活，在物价快速上涨的情况下，连基本生活都存在一定的困难。要使这个群体通过帮扶脱贫，几乎是不可能的。因此，只有进一步加大社会保障的力度，根据实际情况，及时调整救济标准，才能提高他们的生活质量。四是设立扶贫开发专项基金。目前，各级政府和有关部门，出台了一系列的富农惠农政策，为贫困户办理了惠农卡，为农民发家致富提供了许多好的政策和条件，但还是不能满足贫困群众发展生产的需要。存在的主要问题是项目启动资金短缺。因此，设立扶贫开

发基金很有必要。主要用于有的贫困家庭因遭受自然灾害、重大疾病等不可避免和抗拒的因素而返贫的生产生活难题，重新发展脱贫项目。帮助村集体发展扩大可行性开发项目，不断壮大村集体的经济基础。通过采取政策统筹、企业赞助、个人捐赠等途径，解决好基金的来源问题，加强对基金的管理力度，使扶贫开发基金真正用在贫困村和贫困户的身上，较大程度上解决贫困家庭的项目启动资金困难。

二、克服“两种错误思想”是确保全面推进扶贫开发工作的前提基础

在扶贫开发工作中，必须克服以下两种错误思想。一是要克服“唯任务论”的思想。所谓“唯任务论”思想，就是指以完成现阶段任务为唯一目标，也就是说帮扶责任单位通过三年的努力，使帮扶对象村集体经济收入达到3万元以上，贫困户人均年纯收入达到2500元以上这一量化的考核标准。这种思想的危害在于，帮扶责任单位和帮扶责任人在开展帮扶工作时，在帮扶措施和帮扶项目上只追求短期利益，不求长远效益，三年过后，考核达标，任务完成，但贫困村、贫困户由于没有长期发展项目，帮扶结合后有可能由于自然灾害、身体疾病等原因，出现重新返贫的情况。这种现象，在我们帮扶的过程中，已有所表现。帮扶对象黄国平，去年已实现了脱贫，但由于今年儿子发生交通意外，昂贵的医疗费用使原本就在贫困线挣扎的他又陷入了贫困，生产资金出现了短缺。因此，对这种“唯任务论”的思想必须加以认真的克服，在制定帮扶措施和帮扶项目时，尽可能的规划长远一些，宁可短期效益少一些，见效慢一点，也要应量发展具备长远效益的确项目，使人民群众真正脱贫致富。二是要克服“唯经济论”的思想。它的危害在于一切以经济挂帅，为了片面的追求效益，不惜牺牲生态环境，严重违背了科学发展观的要求，与构建和谐社会背道而驰，所以，必须加以克服。在开展帮扶工作时，既要注重经济的发展，更要注重生态环境的保护，切不能搞富了当代、害了后代的事情，坚持做到在发展经济的同时，使人民群众还有一个舒适、优美、和谐的生活环境。

三、发扬“三种优良作风”是做好扶贫开发工作的思想保证

一是要发扬密切联系群众的优良作风。密切联系群众，坚持从群众中来，到群众中去，是我们党长期以来的光荣传统，也是我们党在长期的革命斗争中克敌制胜的重要法宝。目前，由于我们的一些同志特别是一些年轻的驻村干部，他们处于扶贫开发“双到”工作中的第一线，缺乏农村生活经验，对农村

工作不熟悉，不了解农村生产的情况，容易出现信心足、干劲大、办法少的的情况，这就使得他们在开展工作时，可能出现脱离实际、违背人民群众意愿的决策和措施，不但不利于工作的开展，还伤害了人民群众的感情，给扶贫开发造成了障碍。因此，在扶贫开发工作中，要始终坚持群众路线，密切联系群众、依靠群众，坚持问计于民，虚心向群众请教，多多听取人民群众的发展意愿、听取农村干部的意见，充分尊重人民群众的主体地位，这样，才能做到有的放矢，因地制宜科学发展，才能得到人民群众的支持和拥护。二是要发扬艰苦奋斗的优良作风。做好扶贫开发工作，首先要掌握被帮扶贫困户的实际情况，这就需要我们的驻村干部发扬艰苦奋斗的优良作风，经常入乡村、进农户，与贫困户们同劳动、共生活，真实感受贫困户的生产和生活，一方面，可以拉近与贫困户的距离，增加交流的机会，增进感情，另一方面，可以随时掌握发展动向，及时为贫困户的发展提供支持和帮助，促进工作的开展。我局的扶贫开发工作能取得较好的成效，与驻村干部邓水强的努力密不可分。邓水强自担任驻村干部以来，长期坚守在扶贫开发的第一线，把责任当事业，把岗位作舞台，把贫困村当故乡，视贫困户为亲人，怀着对贫困乡村的浓厚感情，经常利用与村民们生产劳动之机，与他们拉家常，话发展，深受村民们的信任和喜爱，为科学制定帮扶计划，增强帮扶工作的针对性提供了很好的帮助。三是要发扬自力更生的优良作风。做好扶贫开发工作需要帮扶责任单位与帮扶对象之间的共同努力，因此，作为贫困户自己一定要克服“等靠要”等依赖思想，发扬自力更生的优良传统，坚持立足现有条件和自我优势发展生产，提高收入，而不能单纯地依靠且扶责任单位资金、物质等方面的扶持。从我们帮扶对象的情况来看，有的贫困户具备了发展的脱贫的条件，主要还是由于方法和思路与自己的实际情况不相符，才导致生产力低下，收入总是在贫困线下徘徊。因此，在开发扶贫开发工作中，要坚持以贫困村民自我为主，这样，既能增强他们的主人翁意识，充分调动他们的积极性和创造性，又能减轻党委、政府以及帮扶责任单位在资金、物质帮助等方面的压力。

四、坚持做到“四个结合”是做好扶贫开发工作的有效方法

一是坚持经济发展与生态发展相结合。开展扶贫开发“双到”工作，首先要做到经济发展与生态发展相结合。在促进经济发展、群众脱贫致富的同时，采取有效措施，保护和发展当地的生态环境，积极开展生态文明村建设，大力整治村容村貌和环境卫生，教育和引导村民养成讲卫生、讲文明的良好生活习惯，提高村民的整体素质，通过开展扶贫开发工作，努力使受帮扶的贫困户早

日完成社会主义新农村建设，成立富庶文明的新农村。二是坚持扶贫工作与党建工作相结合。在开展扶贫开发工作的过程中，我们要积极加强农村基层党组织的建设，努力提高基层党组织的凝聚力、创造力、战斗力，使基层党组织成为带领群众脱贫致富的坚强集体，提高农村党员队伍的素质，发展壮大基层党员队伍，充分发挥广大党员在扶贫帮困中的突击队作用和脱贫致富中的先锋队作用。通过开展“创先争优”主题实践活动，号召基层党组织和广大党员坚持在扶贫开发中创先争优、在脱贫致富中创先争优，促进扶贫开发工作又好又快发展。三是坚持集体经济与个体经济相结合。虽然扶贫开发“双到”工作主题是“规划到户、责任到人”，落脚点在贫困户和贫困村民，以解决贫困户为主，但是，在开展扶贫开发工作过程中，我们既要从贫困户入手，也要从贫困村着眼，正确处理好贫困村集体发展与贫困户个体发展的辩证关系，使贫困村与贫困户相互促进，共同发展。四是要坚持龙头项目与辅助项目相结合。在对贫困户的帮扶上，必须有 1 个或 2 个能够使贫困户稳定脱贫的主打项目，增大稳定脱贫的比例和概率，在此基础上，再发展其他发展项目，形成百花齐放、齐头并进的发展态势，加快脱贫致富的速度。以我们所开展帮扶工作的情况来看，目前以发展种植笋竹为主，2010 年，我们帮扶的 94 户贫困户中，有 70 多户种植了笋竹，最少的种植 1 亩，多的则有 10 亩，全村贫困户共种植笋竹 500 亩，成产后按每亩收益 2000 元计算，可为贫困户增加收入 100 万元，平均每户每年收益约 1.6 万元。同时，我们还鼓励有条件的贫困户发展多种经营，根据每户贫困户的具体情况，帮助他们发展种植业、家禽养殖业、介绍外出务工等项目，多方面、多渠道增加贫困户的经济收入，加速了贫困户的脱贫步伐。

扶贫开发工作是一项长期性、艰巨性的战略任务，各级党委、政府和帮扶责任单位及帮扶责任人，要切实肩负起帮扶责任，从巩固党的执政地位的高度，从维护社会稳定的高度，从建设和谐幸福社会的高度，深入贯彻落实科学发展观，加强对扶贫开发工作新情况、新问题的研究，积极探索做好扶贫开发工作的特点、规律，为贫困户早日实现稳定脱贫而不懈努力。

建立“四大体系” 给力扶贫“双到”

中共云安县委 金繁丰[1]

2009年，省委、省政府作出了扶贫开发“规划到户责任到人”的决策部署，强调要创新扶贫方式，增强扶贫能力，发动全社会力量积极参与扶贫开发，先富帮后富，加快实现全省人民共同富裕，促进广东城乡和区域协调发展。最近，中共中央政治局会议审议了《中国农村扶贫开发纲要（2011—2020年）》，强调要大力推进专项扶贫、行业扶贫、社会扶贫，不断提高贫困地区和扶贫对象自我发展能力，打好新一轮扶贫开发攻坚战，实现到2020年扶贫开发目标任务。因此，扶贫开发“双到”工作是中央、国务院和省委、省政府的决策部署，是建设小康社会和“幸福广东”的题中之义。作为广东欠发达地区的云安，在新的形势下如何调整扶贫攻坚思路，创新扶贫开发实践，既是深入贯彻落实科学发展观的客观要求，又是建设“幸福云安”的重要保障。两年来，云安县把扶贫开发“双到”工作融于农村改革发展大局，以建立“四大体系”给力扶贫“双到”，并取得初步成效。结合实践所得，本人浅谈几点工作体会。

一、必须建立“成系统、有特色、受教育”的工作体系，创新载体统筹推进扶贫“双到”工作

扶贫开发工作是系统工程，需要全社会共同参与。过去，扶贫开发工作中往往条块分割、投入分散，导致扶贫建设项目水平低、不配套、综合效益差。鉴此，我县以科学发展观为指导，从实际出发，创新载体，统筹推进，致力营造全社会共同参与的大扶贫格局。

2010年8月，我县在全省率先设立扶贫开发“双到”工作展示馆，把全县的基本县情、扶贫状况、工作思路、工作举措、工作成效以及各地工作特色系

[1] 金繁丰（1959.04-），男，浙江临海人，在职研究生学历，中共广东省云安县委书记、县人大常委会主任。

统地、动态地展示出来，搭建一个让干部全面把握上级扶贫开发"双到"工作政策，让各地互相交流扶贫开发"双到"工作经验，让各级充分展示扶贫开发"双到"工作成效，让社会共同监督扶贫开发"双到"工作动态的管理平台。通过设立全县扶贫开发"双到"工作展示馆这个载体，统筹推进了扶贫开发"双到"工作，既使工作成系统地推进，又充分体现了云安特色，更广泛教育了各级党员干部，凝聚起强大的社会合力共同参与扶贫开发"双到"工作。展示馆设立至今，共接待参观学习 6850 人次，动态展示工作成效、经验交流 38 期，充分发挥了统筹工作、学习交流的作用。

二、必须建立"成规模、高效益、可持续"的产业体系，创新手段强势推进扶贫"双到"工作

我县是全省首个以县级行政区域为基本单元推进主体功能区划的山区县。2010 年开始，我县以主体功能区为依托，立足各地方不同的功能定位，以"确定一业、扶持一片、形成一品"为目标，按照"一镇一品、一村一策、一户一法"的方式有效推进，因地制宜地培育扶贫产业，培养和增强贫困户的"造血"功能，致力建立一个"成规模、高效益、可持续"的产业体系。其中，"优先发展区"的六都镇在"项目攻坚，转移就业"上下功夫，以建设云浮循环经济工业园为载体，在培育特色循环经济产业的同时，探索建立贫困群众就地就业机制；"重点发展区"石城镇、镇安镇在"工农并举，强镇富民"上下功夫，发挥本地优势，培育和发展石材、蚕桑、糖桔、腐竹等帮扶产业，拓宽贫困户收入来源；"开发与保护并重示范区"的高村镇、白石镇、富林镇、南盛镇、前锋镇在"种养并进，统筹发展"上下功夫，培育与生态功能相适应的农村循环经济产业，创新贫困户长效脱贫模式。目前，我县已有柑桔 25.6 万亩、蚕桑 3.1 万亩、油茶 5000 亩，形成了规模效应。其中，贫困户发展柑桔 20300 亩（新增 10740 亩，占 52.9%）、蚕桑 1058 亩（新增 625 亩，占 59.1%）、油茶 2751.8 亩（新增 2116.8 亩，占 76.9%），成为贫困户脱贫的支柱产业。此外，今年还引进广东温氏食品集团有限公司年产 1800 万只肉鸭水禽养殖项目、东莞市金开喜农业科技股份有限公司 30000 亩放心菜蓝子工程示范基地项目 5 个农业产业化项目，扶持发展特色主导产业，致力培育长效脱贫项目。

实践证明，只有以产业扶贫为强有力的抓手，物色、培育好龙头主导产业，通过龙头带动、产业发展，辐射、带动、集聚不愿或不能走出去的农民参与发展，培养和增强贫困户的"造血"功能，提高自我发展能力，才能强势推进扶

贫开发“双到”工作，从根本上带动当地贫困农民发展生产，增加收入，加快脱贫步伐。

三、必须建立“常态化、动态化、长效化”的管理体系，创新体制有效推进扶贫“双到”工作

创新体制，保障责任、人员、时间和工作的“四落实”，有效推进扶贫开发“双到”工作，促进农民增收，是农村综合改革的题中之义。2010以来，我县把扶贫开发“双到”工作有机融入农村综合改革中去，以创新农村综合改革促政府转型，在政府职能、工作体制、干部作风上保障扶贫开发“双到”工作落实。一要强化主体功能区建设明晰功能定位，为做好扶贫开发“双到”工作提供了常态化的功能保障。主体功能区的科学划分，明确了乡镇政府“5+X”（“5”即乡镇履职重点为“社会维稳、农民增收、公共服务、政策宣传、基层建设”等公共服务；“X”即赋予各地不同的功能定位、职责要求和社会发展目标）的功能职责，并建立“不唯GDP论”的政绩考核机制，把扶贫开发“双到”工作列入乡镇政府的履职重点，有效保障扶贫开发“双到”工作落到实处。二要推进乡镇职权改革转变政府职能，为做好扶贫开发“双到”工作提供了动态化的作风保障。2010年，我县逐步下放乡镇应有社会管理事权、应有财权和应有人事权，其中，社会管理事权从原来11个县直部门32项职权下放扩大到14个县直部门72项，增强乡镇施政能力，保障乡镇干部有更多的手段和精力推进扶贫开发“双到”工作。同时，创新建立“农情月记、季度研判、年终考核”的研判机制，把扶贫开发“双到”工作纳入研判范畴，每月收集、记录“三农”工作情况，并针对存在问题提出解决办法，有效地推动扶贫开发“双到”工作开展。2010以来，全县研判事项192宗，提出对策134条，解决问题110个，有效保障了扶贫开发“双到”工作的常态化开展。三要实施镇级大部制改革促进政府转型，为做好扶贫开发“双到”工作提供了长效化的体制保障。通过整合乡镇“办、站、所”资源，创新设立五大部门，其中在农经办创新设立农村土地流转服务中心、农村劳动力服务中心、农业发展服务中心和“三农”服务网，为脱贫户拓宽财产性收入、劳务性收入、经营性收入、信息性收入的脱贫渠道。此外，还试点组建农村社区服务合作社，下设经济服务工作站、公共服务工作站、综治信访维稳工作站，以“一社三站”构建村级履行功能职责和村民自治的执行系统，并创新设立“两代表一委员”工作站，启动帮扶项目1249个，有效推进扶贫开发“双到”工作。

四、必须建立“内外联动、长短并重、社会参与”的责任体系，创新机制长效推进扶贫“双到”工作

扶贫开发“双到”工作是一项艰巨而长期的工作，没有固定的模式，必须因地制宜，结合实际，注重特色，创新实践，才能走出一条长效脱贫之路。我县坚持从县情实际出发，立足当前，着眼长远，注重在建立长效机制上下功夫，探索建立“双到＋双扶”、“特色＋转移”、“政府＋群众”的扶贫开发模式，务求扶贫开发“双到”工作取得实效。

一是探索建立“双到＋双扶”的双向帮扶模式，以内外联力动打造长效结对工作队伍。“双到”即“规划到户、责任到人”，“双扶”即村外干部责任帮扶、村内党员和能人结对帮扶。“双到＋双扶”就是依靠和发动党员干部和社会能人、致富能手结对帮扶，凝聚贫困户、帮扶方、村党组织、社会力量的内外合力，打造一支长效结对的工作队伍。目前，我县在册具有劳动能力且有发展意愿的贫困户全部落实了扶持责任人，共有140个单位4280名干部、5家企业，1个商会及100名县政协委员落实帮扶责任，1630名村“两委”党员干部及2143名种养能手、致富能人（其中农村党员1283名）参与结对帮扶。

二是探索建立“特色＋转移”的双向发展模式，以长短并重拓宽长效增收脱贫渠道。“特色＋转移”就是以主体功能区建设为依托，以培育和发展帮扶产业实现长效脱贫，以就地就业与输出劳务增加短期收益。其中，在短期增收上，以“培训一人、输出一人、脱贫一户”为目标，以增强贫困群众致富技能为重点，着力引导贫困群众依靠科技致富、外出务工增收。2010以来，我县以县劳动力培训中心、镇农村劳动力服务中心、农村农民夜校为技能培训阵地，以市场抉择培训内容，签定劳务输出“定单”合同，定期反馈培训效果等形式，积极探索农村贫困劳动力转移就业的新途径。至2010年底止，全县培训输出贫困户劳动力3215人，其中新增2833人，占88.1%。

三是探索建立“政府＋群众”的双向工作模式，以社会参与构建长效保障的工作格局。既注重发挥政府的主导作用，又注重发挥群众的主体作用，把扶贫开发“双到”工作与美好环境与和谐社会共同缔造有机结合起来，以开展扶贫开发“双到”工作“五治”活动（在经济上治贫、在法制上治盲、在管理上治乱、在环境上治污、在工作上治庸）为载体，创新建立“共谋、共建、共管、共享”机制，让贫困群众在扶贫开发“双到”工作中增强素质、提升能力、参与共建，构建一个长效保障的工作格局。总的来说，“双到＋双扶”、“特色＋

转移”、“政府＋群众”的扶贫开发模式的有效运作，大大提升了扶贫开发工作水平。

截至2010年12月止，全县共投入帮扶资金3338.98万元，实施帮扶项目1249个，扶持贫困村发展集体经济项目284个，修建道路96.33公里，建设饮水工程38项、农田水利整治项目42个，完成贫困户危房改造253户。经核查统计，我县已有2235户9032人均纯收入达到2500元以上。扶贫开发“双到”工作取得明显成效。实践证明，我县创建的“四大体系”，创新扶贫“双到”工作的体制、机制、手段和模式，有效推动扶贫开发“双到”工作开展，惠及广大贫困户，显示出强大生命力，为建设“幸福云安”奠定了坚实基础。

山里的天空红起来了

——扶贫"双到"驻村工作感言

兴宁市委组织部　刘胜发[1]

"穷山村办起了工厂，贫困户走上了致富道路，贫穷学子不会因贫辍学，村里最穷的人家也住上了新房，有劳力的贫困户在帮扶干部的扶持下干得红红火火，无劳力的特困户的日子照样过得红红旺旺……穷人的红太阳升起来了，山里的天空红起来了……"这是扶贫"双到"工作取得成效的真实写照。

然而，70年代出生在边远山村的我，贫寒的家境曾经使我辍学，受冻挨饿乃家常便饭，生活困苦，交通不便，让我在少年时候就成为一名"挑脚汉"……如今耳闻目睹和亲身体验到扶贫开发"双到"工作给贫困山区带来的巨大变化，真想代表百万贫困人民表达一下这份感激之情。

回首往事，世事苍桑，抚今追昔，感慨良多……

一次重大决策：几百万贫困人民的福音

省委、省政府作出开展扶贫开发"规划到户、责任到人"工作是贯彻落实科学发展观的重大决策，采取"一村一策、一户一法"等综合扶贫措施，实行靶向疗法，直击目标，可行适用，开创了我省扶贫开发工作的崭新道路。这是一条科学发展之路，是先富帮后富，逐步走上共同富裕之路；是促进社会和谐，拉动和扩大内需，促进地区经济的进一步发展之路；是顺应工业化、城镇化趋势，加快现代化建设之路；是培育农业创业主体、改善农业创业条件、推动现代农业加快发展之路。它对于调整农业生产结构、激发山区农民创业致富、加快贫困山区脱贫奔康步伐、转变全省经济发展方式具有巨大的促进作用，更是全省3400多个贫困村、70多万贫困户、316万贫困人口的巨大福音。

这次扶贫开发"双到"工作，不只是简单的到农村搞几次慰问活动，为贫困村做几件好事实事，而是比以前任何一次的扶贫工作目标更加明确，任务更

[1] 刘胜发（1966.09-），男，中共兴宁市委组织部企业事业组织室主任，从事基层党建工作。

加具体，措施更加得力，责任更加落实。《广东省扶贫开发“规划到户 责任到人”工作的实施意见》规定，从2009年开始，用3年时间，确保被帮扶的贫困户基本实现稳定脱贫，80%以上被帮扶的贫困人口达到农村人均纯收入2500元以上，被帮扶的贫困村基本改变落后面貌；把全省3409个贫困村和村内贫困户的帮扶任务、目标、要求，分配落实到具体单位和个人，做到定单位、定人、定点、定责包干扶持，保证每一户贫困户都有责任人挂钩联系，保证每一贫困村每一贫困户都有具体的发展规划和脱贫措施；要求各级政府加大财政扶贫资金投入力度，扶持项目进村入户，真正让广大贫困农户得益受惠；同时严格进行考核，实行问责制度，对帮扶不力、措施不到位的单位和帮扶责任人实行责任追究。正如贫困户幸伯所说“共产党最怕‘认真’两字，这次的扶贫工作真的认真起来了，共产党永远是咱穷人的救星啊！”

一段往事回忆：深感扶贫“双到”深入人心

“叔叔，我一定不会辜负你们的期望，认认真真读好书，将来做一位有益于社会的人”，当我们将一笔助学金送给贫困学生宋某时，他流着泪对我这样说。这一幕，勾起了我二十多年前一段往事的回忆：

“世间本是共炎凉，我却焉为暗炭郎。泥钵枯枝煮白饭，树菇溪水泡红汤。黄河也有澄清日，为人岂无行运时？云开日出总有时，万丈阳光照穷人”。这是我读高中寒假时为挣点学费钱到深山烧木炭时写下的一首“诗”。记得当年我考上高中，兴高采烈地对父亲说：“我考上高中了，全班只有3人。”年老体弱的父亲双手捧着录取通知书凝视良久，半天才断断续续地说：“又……又考上了？”，“哪有钱供你上学？不去读算了……”，接着，父亲望着窗外远处的天空，喃喃自语：“谁可以帮帮我们呢？……”，然后低下了头，一脸惘然的样子，湿润的眼睛里充满无奈和哀伤……我冲进自己的房间，泪水湿透了被褥……为了凑些学费钱，我只能跟着亲戚到离家40多公里的深山里去烧木炭，一个雷雨交加的深夜在茅草棚里写下了这首至今让我心酸的诗。从那时起，我便下定了决心：“自己要争气，长大了不忘穷苦人！”。为了实现这个心愿，我不断地努力，它教我勤勉，催我奋进：不知多少年，甘受清贫寒窗苦读谋出路；不知多少次，冒着严寒给孤寡老人送上衣物、热水袋；不知多少回，用自己的微薄工资默默资助无钱上学的贫困学生；不知多少个日日夜夜，想着如何才能让贫困的人们不再贫困……只叹自己能力太小，对社会的回报太少。

如今，我们的生活水平得到了大幅度的提高，扶贫工作不断取得新成效，贫困村和贫困人口逐年减少。然而，立足我国仍然处于并将长期处于社会主义初级阶段的基本国情，城乡收入分配差距拉大趋势还未根本扭转，农业基础薄弱、农村发展滞后的局面尚未改变，在“富广东”的前提下，仍有316万贫困人口的存在，他们中仍然有像我80年代那样，生活在穷山村、住着破旧低矮的土砖房；仍然有考上大学而无钱就读巴望谁来帮助的穷孩子；仍然有“日愁三餐、夜愁一宿”的贫困人们……我们仍然要清醒地认识到扶贫开发工作的长期性、艰巨性和复杂性。省委、省政府从全省的实际出发，针对各市、县贫困村、贫困户的特点，作出开展扶贫开发“规划到户、责任到人”工作的重大决策，如春风化雨，吹绿广东3400多个贫困山村，滋润着300多万贫困人们的心田。

一年驻村探索：扶贫工作突出“五大帮扶”

根据省委、省政府关于扶贫开发“规划到户 责任到人”工作的部署和《实施意见》精神，我们在开展扶贫开发“双到”工作中，不断创新扶贫开发工作思路，认真落实扶贫工作措施，着力改善贫困村的生产生活条件，提高贫困人口的自我发展能力，改善贫困村的发展环境，加快脱贫致富奔康步伐。在一年多的扶贫“双到”驻村工作实践中，我们结合帮扶村和贫困户的实际，认真探索和总结行之有效的各种帮扶措施，主要突出“五大帮扶”：

一是突出思想帮扶：“思想是行动的先导，扶贫首先要扶正思想”。帮扶干部首先要帮助贫困村干部群众转变思想观念，抛弃“等、靠、要”思想，让他们能主动配合帮扶工作，发扬自力更生、艰苦创业的精神，用勤劳的双手建设自己美好家园。如贫困户宋某，年富力强，有一定的文化，但天天沉迷于打麻将，经济拮据，闹得家里经常“战火纷纷”。当我们和他谈心，想帮他发展种养生产时，他却说：“一只鸡不如一只‘雀’，一条树不如一条‘索’”。通过我们多次登门正确引导，采取政策宣传、生产经营研讨等各种行之有效的措施，帮助他们打开眼界、振奋精神，转变消极畏难和等靠要的观念，如今发展养鸽300只、放养鱼塘4亩、种果树30亩，购置收割机一台，年纯收入5万多元，尝到了勤劳致富的甜头，人家问他致富经，他总是说“好打麻雀败家风，勤劳致富佔本真（方言）”。

二是突出生产帮扶：“若要脱贫致富，开辟生产门路”。开展帮扶活动，要把治标和治本有机地结合起来，以治本为主，要帮助贫困村、贫困户发挥当地优势，挖掘资源潜力，开辟生产门路，实行多种经营，增强自我发展能力，从根本上摆脱贫困，逐步走上致富道路。对贫困户采取的生产扶持方式主要有：①家庭自营式。扶持家庭发展各种农副业，根据市场需求，发展种养等；②创办经济实体式。以吸收贫困户劳动力为主，从事专门生产或经营活动。如承办电子加工业务、纺织生产等；③经济联合式。在自愿、互利的基础上组织两方或多方联合起来，从事生产或经营，发展合作经济，如进行土地集约发展茶叶生产、油茶种植等。④开发投资式。扶持贫困户参加开发性生产项目的投资，如入股小水电站、自来水厂等。兴宁市径南镇先锋村地处兴梅交界的边远山区，改革开放前“山光、地瘦、人穷”，人称“兴宁的西伯利亚”，改革开放以来虽然人民的生活水平有了较大提高，但仍然以传统农业生产为主，经济收入还相当低，2009年全村贫困户30户，人均纯收入只有1752元。扶贫开发“双到”工作以来，该村按照“一村一策、一户一法”工作要求，唱响“村有主导产业、户有致富项目”的主旋律，一是以种桑养蚕和蔬菜种植为主导产业，采取以专业户带动贫困户、以贫困户带动贫困户的方式，引导贫困户以种养为主大力发展农业生产，贫困户的收入得到了大幅度的提高；二是采取“百花齐放”、“因户制宜”的帮扶方式进行项目扶持，全村除2户完全无劳动能力的救济户外，其余28户贫困户都有项目扶持，根据贫困户的意愿，发展果树、桂花树、玉米种植，养鸡、养羊、养牛、养鱼、养蜂以及其它生产扶持等，2010年全村共发展果树种植2800条、培育桂花树1000多条、种植玉米12亩，养鸡2000多只，养羊80多头，养牛15头，养蜂100箱，养鱼20多亩，以及扶持种植一些名贵树种、购置现代农具和其它生产等，为贫困户增加收入20多万元，2010年底该村贫困户人均收入2662万元，比2009年增长910元，增长51.9%，其中有劳力的21户贫困户中19户实现了脱贫。如贫困户钟玉英一户，新种植李树110条、扩大养鱼面积5亩，养鸽100对、养鸡50只，购置拖拉机一台，今年增收1.9万元，实现了稳定脱贫。

三是突出就业帮扶：“山穷水尽疑无路，帮扶就业真实用”。贫困村生产落后、经济不发达，信息闭塞，就业无门路。他们不是不想干，就是不知怎么干。因此帮扶就业仍是扶贫工作的一个重要措施。帮扶单位要发挥人才、资金、技术、信息等资源优势，一方面可通过加强职业技能培训等措施，提高他们的技能素质和就业能力，就地发展农业生产、种养项目等，解决贫困户家庭成员就业问题；另一方面可通过收集用工信息，搭建劳务对接平台，免费提供政策咨询、职业指导、职业介绍等服务，引导贫困户家庭成员外出务工，增加家庭收入。如兴宁专门成立了种桑养蚕办公室和桑蚕专业合作社，到各村进行种桑技术现场培训，不但让农户学会了种桑养蚕技术，增加了经济收入，而且增强了贫困户劳动致富的观念；同时根据城市用工需求，定期或不定期举办招聘会，为贫困户拓开就业门路，帮助贫困户就好业。

四是突出救济帮扶："输血与造血结合，扶持和救济并重"。对一些无劳力的贫困户、特困户，多采取救济的方式进行帮扶。(1) 政策帮扶：资助贫困户加入农村社会保险、医疗保险、最低生活保障，实行重大疾病医疗救助等；(2) 资金帮扶：发放生活救济款、贫困学生助学金、建房补助款，建立临时帮扶救助制度等进行各种帮扶救助、慰问；(3) 实物帮扶：在危房改造中提供砖、瓦、水泥等建筑材料，对特困户提供粮油、棉衣、棉被等各类物品，确保每个困难户"有饭吃、有衣穿、有房住"。如兴宁市径南镇先锋村投入资金3万多元，为贫困户60岁以上家庭成员共23人加入了农村养老保险和农村医疗保险，每年可为贫困户增加经济收入2万多元，并大大减轻了贫困户的医疗费用开支。

五是突出党建帮扶："以扶贫带动党建，以党建促进扶贫"，切实在扶贫开发"双到"工作中做好统筹城乡基层党建工作。(1) 加强村党支部和班子建设。不断提高党员干部"带头致富、带领致富"的能力，创新组织生活形式，实行党员承诺制，培养一支带领群众脱贫致富的过硬队伍，进一步增强党组织的吸引力、凝聚力和战斗力。(2) 帮助建立和完善各种制度、创新工作机制。如完善《村两委班子议事制度》、《村务公开制度》、《村集体财务管理制度》，成立党员互助金等；(3) 完善基础设施建设。改善党员活动条件，加强场所建设、建立农家书屋等；(4) 统筹城乡党建，开展城乡基层党组织互促互动活动，送党课、送温暖、送技术、送项目、送文化，帮助农村党员提高学习能力、坚定理想信念、提供就业信息、寻找创业门路、改善生活条件，促进帮扶村科学发展、和谐稳定，加快脱贫致富步伐。

一个共同心愿：祈望扶贫"双到"发扬光大

扶贫开发"规划到户、责任到人"工作开展以来，各级党委、政府和帮扶单位按照省委、省政府的统一部署，强化责任，狠抓落实，通过采取"一村一策、一户一法"等综合扶贫措施，开展一系列的帮扶活动，目前大部分贫困村初步实现"村有主导发展产业、户有脱贫致富项目，村集体有稳定收入，村容村貌和生产生活条件得到改善"，我省的扶贫开发"规划到户、责任到人"工作成效凸显，正以前所未有的喜人态势呈现于世，农村贫困人口大幅减少，贫困农民收入明显增加，贫困地区群众生产生活条件明显改善，农村贫困人口的自我发展能力不断增强，贫困地区县域经济加快发展，农村基层组织建设得到加强，正是"'双到'工作实效强，百万贫民受惠多。扶贫开发今胜昔，天翻地覆慨而康"。

我省扶贫开发工作虽然取得了明显成效，但由于我省农村贫困人口多、群体大，农民总体收入水平偏低，城乡、区域和农户之间的收入差距持续加大，特别是一些特殊困难区域受自然条件和经济发展水平限制，长期处于落后状态，贫困人口集中，贫困问题突出，致贫和返贫因素较为复杂，扶贫开发的难度和不确定性很大。因此我省的农村扶贫开发的任务仍然非常艰巨。我们相信省委、省政府一定会正视扶贫开发工作中遇到的各种复杂问题，针对各个地区实际，在不断探索和总结的基础上，采取科学决策，使我省的扶贫开发攻坚战从胜利走上胜利。

“规划到户、责任到人”工作是新时期扶贫开发工作的伟大创举，我们祈望工作成果在全省乃致全国得以广泛推广，让它继续发扬光大，成为促进区域、城乡协调发展，实现共同富裕、构建和谐社会的重大举措！

广东“规划到户、责任到人”：一种基于现实考量的科学扶贫开发模式

广东省交通运输厅人事处　郑晓俊[1]

一、广东扶贫模式的历史依据及现实基础

（一）国内扶贫语境的转变

我国的扶贫工作从上世纪八十年代开始发展至今，已经取得了巨大的成就。但是历经三十年，我国的扶贫工作环境、条件、对象、手段都产生了极大的变化。从当初实行家庭联产承包等制度改革带来的农村生产力的空前解放，从而引发农村人口的爆发性、大规模脱贫以来，随着市场经济在全国范围内的逐步推进和家庭联产承包责任制的局限性逐渐显露，制度改革和整体经济高速发展带来的减贫边际效益日益式微，中国的贫困问题从过去的普遍性、绝对性向分散性、相对性演化，贫困的原因从高度一致性向复杂多样性转变，贫富差距的持续拉大和区域、城乡发展不平衡问题使扶贫工作步入深水区、难点区。

随着农村地区越来越深入地卷入到市场竞争当中，贫困农户在激烈的市场竞争面前，由于自身的观念、素质以及掌握的资源、信息和技能等方面的诸多局限，越来越显得无奈而窘迫。据国务院扶贫开发领导小组办公室的数据，《中国农村扶贫开发纲要 (2001-2010 年)》实施 10 年来，我国农村绝对贫困人口从 2001 年的 2970 万人减少到 2006 年的 2148 万人，6 年减少了 822 万人，年均减少 137 万人[1]；而从 1978 年到 1985 年中国用 7 年时间，绝对贫困人口就从 2.5 亿人减少到 1.25 亿人，年均减少 1786 万人。[2] 减贫速度明显趋于缓慢，甚至停滞、反弹，在温饱问题基本解决以后，更多的人陷入在脱贫和返贫之间反复摇摆的境地。据国家贫困监测调查结果，农村低收入农户的收入波动很大，贫

[1] 郑晓俊（1980.02-），男，硕士，广东省交通运输厅主任科员，研究方向：交通运输。

[1] 刘坚. 新阶段扶贫开发的成就与挑战. 北京：中国财政经济出版社，2006.

[2] 国家统计局农村社会经济调查司. 2005中国农村贫困监测报告.北京：中国统计出版社，2006.

困地区低收入人口每年的返贫率在30%左右。统计数据也表明：2003年新增返贫人口占当年贫困人口的53.3%[1]。如何领导这些农民走上稳步脱贫的道路，成为一道现实的难题摆在决策者面前。

（二）广东面临的形势

广东的情形和全国是一致的。经过上世纪八九十年代狂飙突进式的高速发展，广东的贫困人口迅速减少，人民生活水平迅速提升。但二三十年过去了，跑的前面的珠三角回过头来，发现粤东西北已被远远甩在了后面。珠三角9市以不到广东省14%的国土面积，贡献了全省GDP的八成。相应的，落后的粤东西北地区，在占广东86%的广大土地上，散布着大量的农村贫困群体，可谓“山重水复疑没有，柳暗花明又一家”。粤东西北的落后贫穷与广东经济大省的地位格格不入，越来越成为构建和谐社会、建设幸福广东和促进经济转型发展的一道不可逾越的障碍。据统计，目前广东全省有3409个村年人均收入低于1500元，还有70万户316万农村贫困人口，占全省农村人口6.14%，高于全国4.6%的贫困发生率[2]。同时，还有200多万户农民居住在危房和茅草房中。

在粤东西北发展整体落后的同时，粤东西北贫困地区自身内部存在巨大的贫富差距不仅仅体现在城乡二元差距上，更体现在同一个县、同一个乡，甚至同一个村里。笔者曾于2006年参与对汕头市潮南区某山村的扶贫工作，该村的富裕户外出经商坐拥亿万资产，而贫困户如果失却政府救济甚至连温饱都成问题。对于那些处在脱贫起步线上的农村低收入群体，由于缺乏必要的保障，很容易因为灾害、疾病、市场变化等原因重新返贫。哪些人是必须扶的，哪些人是可以扶的，应该怎么扶？诸多问题都摆在决策者面前。

贫困户致贫的原因多种多样，或因缺乏劳力，或因缺乏技能，或因资金短缺，或因懒惰不上进，或因疾病残疾，或因自然灾害，或因产品无销路，或因参与市场失败。凡此种种，想要制定一种普遍适用的扶贫政策，显然是不可能的。形势的复杂性，促使大刀阔斧的战略性改革冲动让位于更细致、更贴身也更深入的战术性调整，但其难度更高，所需时间更长，也更考验政府的智慧。

从以县域为对象的扶贫，到以村级为对象的“十百千万干部下基层驻农村”活动开展，广东省的扶贫工作随着国家全面推开扶贫运动也走过了二十多年的历史，但到目前为止依然有如此大面积的贫困存在，用省委书记汪洋的话

---

[1] 刘坚.中国农村减贫研究.北京：经济出版社，2009.

[2] 广东省扶贫开发领导小组印发朱小丹同志在省扶贫开发领导小组成员会议上的讲话的通知.粤贫[2010]6号.新华网广东频道，http://www.gd.xinhuanet.com.

说，这是“广东的耻辱”。对此现状，如何杀出一条血路，如何走出适合广东特色的扶贫方略？“规划到户，责任到人”扶贫开发机制应运而生。

二、“规划到户，责任到人”机制的现实意义

“规划到户，责任到人”扶贫开发机制是在对以往各种扶贫开发政策综合吸收的基础上，结合广东实际，结合时代特色的一种与时俱进的创新。

（一）精确制导，以靶向疗法解决扶贫对象瞄准问题

贫困治理就像治病一样，首先需要通过“望闻问切”确定候诊对象是否真的生病，以及生了什么病，然后才能确定药方和治疗方式、手段。扶贫开发的第一步就是要找准目标，确定范围。从扶贫资源有限性的角度来说，如果目标导向失误，后面做的努力越大，投入资源越多，浪费和危害也就越大，因为当决策者把有限的扶贫资源用在了“锦上添花”而非“雪中送炭”上，必定会使真正的贫困户得到的资源减少，也就侵害了真正需要帮扶的贫困户的利益，若再加上时间和机会成本，必将进一步加大社会贫富差距。

在 2001 年以前，中国的扶贫工作主要以县级为单位进行瞄准，由此确定了一批国定贫困县、省定贫困县。而广东从 1987 年开始一直到 2004 年，连续派出了 18 批工作组对 16 个扶贫开发重点县展开扶贫。以县为单位的瞄准机制符合当初贫困分布较为集中的实际情况，但是随着传统贫困地区发展速度加快，贫富差距在县级单位内部持续扩大，县级瞄准机制显然已跟不上时代潮流。《中国农村扶贫开发纲要（2001-2010 年）》的实施，使扶贫开发的瞄准对象从过去的县级向村级转变。2001 年以来，中国确定了 15 万个贫困村，分布在 1861 个县中，占全国县单位总数的 68.8%，覆盖了贫困人口的 83%；而在县级瞄准的时候，全国 592 个贫困县，仅占全国县单位总数的 21.9%，覆盖的贫困人口仅为 53% 左右[1]，可见，这个转变使得扶贫的瞄准精度得到了大幅度的提升。

但在村级瞄准的操作上，依然存在着一些漏洞急需完善，尤其是缺乏一个系统而全面反映农村经济发展状况的指标体系做判断依据。在实践中，这样的漏洞很容易被人利用。比如广东从 2002 年开始对村集体经济年纯收入 3 万元以下的贫困村开展帮扶，2005 年结合固本强基工作开始的“十百千万干部下基层驻农村”活动，在选取帮扶对象上都是以村集体收入为主要衡量标准，而实际上，在实行家庭联产承包制后，绝大多数农村都出现了村集体收入急剧下降甚至所有集体财产被分光、卖光的现象，村集体收入少的村子未必就是个穷

[1] 刘坚. 中国农村减贫研究. 北京：中国财政经济出版社，2009年.

村，集体穷而村民富的村子比比皆是，如单纯以集体经济为帮扶的参照标准，那么帮扶的范围显然过于广泛。比如某单位定点帮扶汕头某村，其村民人均收入达到3930元，扶贫工作队进驻后发现该村村民生活富裕，村级党组织运转良好而富有战斗力，并且还是省级文明村，但依然要按照计划将大量的扶贫资金投入该村。

在“集体穷＋村民穷”、“集体富＋村民穷”以及“集体穷＋村民富”三种形式中，帮扶的先后次序显然是：（1）“集体穷＋村民穷”；（2）“集体富＋村民穷”；（3）“集体穷＋村民富”。“集体富”应该是“村民富”了之后的一种自然的衍生品，“集体富”了之后反过来也对“村民富”有支撑和促进作用，而“村民富”则是终极目的。但是在缺乏一个合理标准和行之有效的制约手段的情况下，帮扶的次序被打乱、混淆，出现了某些领导干部出于私心来安排帮扶对象，与之关系亲近则扶、易出政绩则扶，而即使是集体收入超过相应标准的村子，为了得到更多的资金、资源，也完全有动力、有办法去隐瞒集体收入。一些村干部和强势的村民趁机从帮扶的基建项目中大捞一把，广大弱势的贫困村民则被晾在一边，根本无从参与。有限而稀缺的扶贫资源，其用途被扭曲，甚至还滋生出腐败现象，完全偏离了扶贫的初衷。

“规划到户，责任到人”（以下简称“双到”）扶贫开发机制有效地规避了以上漏洞和弊端，在扶贫对象的确定上加入纠偏机制，解决了目标瞄准问题上的制度性缺陷，实现了“精确制导”。与前面的县级瞄准、村级瞄准相比，“双到”机制采用了统分结合、双重目标叠加的靶向性疗法，以“双保险”的形式，真正实现了对贫困人口的100%覆盖。一方面，扶贫资源以“户”为瞄准对象，这是中国农村最基本的经济构成单元，只有以户为帮扶瞄准对象才能从根本上解决扶贫资源浪费及投向失准问题，使扶贫资源得到最大限度的利用。是否纳入帮扶对象以年人均收入1500元为标准，年人均纯收入在1500以下的要在三年内扶持到年人均纯收入2500元以上。在瞄准过程中，贫困户的认定并非由村干部说了算，而是通过中立的第三方——驻村干部挨家挨户去走访来掌握第一手资料，并且引入了公示制度进行复核，这就有力遏制了乡、村干部为争取更多扶贫资金而夸大、虚报贫困户数的做法，也避免了一些利益关系较为错综复杂的村子中在扶贫对象确定上的厚此薄彼，因为村干部完全有可能也有办法按照与之关系的亲疏来左右扶贫资源的分配。夸大、多报贫困户数的情况在某种程度上较为普遍，比如省直某厅所帮扶的乐昌市某村，原来上报的贫困户有两千多人，经过驻村干部的核实和公示，减少到七百多人，其误差之大，发人深思。

另一方面，如果片面的强调扶贫到户，则会降低有限的帮扶资源的规模效应和集聚效应，使得农村经济继续沿着家庭联产承包制时的包产到户的做法各自为政，而在市场经济的大潮中，个体农户的力量显然是羸弱不堪的；集体收入萎靡不振的现状，会使农村的公共服务依然无从谈起，农民依然只能单打独斗、自己顾自己，只要驻村工作组一走，建设好的基础设施完全有可能随着时间推移而损坏、荒废直至毁弃。对此，"双到"机制采用了"统分结合"的双向叠加瞄准，在单个农户以外，集体经济同样也有一个瞄准的标准，集体经济年收入少于3万元的，也要进行扶持。这样，扶农户与扶集体相得益彰，个体与集体得到了协调发展，将"规划到户"与"分钱到户"区分开来。只有个体与集体走上良性互补、互相支持的轨道，农村的脱贫才是可持续性的。

（二）多种渠道，以最灵活多变的方式创新扶贫方法

《孙子兵法》云："故兵无常势，水无常形，能因敌变化而取胜者，谓之神。"广东农村的贫困人口虽然数量众多，但是如前所述，每一个村子里的每一户贫困人口都有自己独特的致贫原因，如果不分青红皂白，一律采用一种统一的措施去帮扶，那必然是徒劳无功、事倍功半的。

开展扶贫开发以来，我们掌握和使用的开发式扶贫方法主要有以下几种：（1）以工代赈；（2）贴息贷款；（3）自愿性移民；（4）劳动力转移培训；（5）科技扶贫；（6）整村推进；（7）产业化扶贫。

以上每一种扶贫方法都是经过实践检验，有其相对较完善的措施和体系并且在一定范围内取得成功的，但是并不意味着每一种方法都可以不加选择地任用到我省的扶贫事业中来，没有任何一种单独的扶贫方法可以成为农民脱贫致富的万能灵药。如孙子所云，"兵无常势，水无常形"，我们必须因势利导，根据形势的变化，灵活机动地选用扶贫方法。

"双到"机制并没有拘泥于其中一种或几种方法，而是大胆把选择权交到了帮扶单位的驻村干部和被帮扶的农户手里，以"一村一策，一户一法"为基本出发点，纲举目张，充分调动广大干部群众的主观能动性，激发他们的聪明才智和创造灵感。"一村一策，一户一法"的纲领必然要求驻村干部充分调查研究所驻村、所扶户的实际情况，在了解各村、各户致贫原因以及所拥资源、所有资金、所接市场等方方面面情况的基础上，找准切入点，对症下药，找出符合所扶村、户特点的"量身定做"的帮扶措施；与此同时，驻村干部并不能将自己的意志强加到被帮扶农户身上，而更加重视与被帮扶者的互动，充分尊重被帮扶者的意愿和诉求：是否采取某种帮扶措施，也要听取农户的意见，这就有效避免了机关干部的官僚主义、主观主义对帮扶工作的负面效应。

在帮扶中，可以以一种扶贫措施为主其他措施为辅，也可以综合几种帮扶方式共同发挥作用，同时也鼓励独创性的方法，一切随着帮扶对象的特点而变化，不受任何固定格式的拘束。比如有的村子有劳动力优势，可采用劳动力转移就业的方式推动脱贫；有的村子有资源优势，则可通过适当引进资金、技术进行相应的开发。而同一个村子里，有的贫困户掌握一定的种养技能却缺乏资金，可以通过贴息贷款使其获得发展的机会；有的贫困户身家里没有劳动力缺乏自我发展的能力，则应该将其纳入最低生活保障，使其老有所养。这是一种以“无招胜有招”的创造性扶贫方法，轻松化解了以往扶贫工作中常常出现的扶贫对象复杂多样而扶贫方式却单一化的弊端，是所有扶贫方法中灵活性最强、适应性最大的一种。

在现实的应用上，各种成功的案例比比皆是。比如：很多帮扶单位在推动贫困村道路、饮水、灌溉等基础设施建设的过程中，就采用了“以工代赈”的措施，既增加了贫困户的收入，又调动了他们的积极性，提高了他们对扶贫事业的参与度。在“贴息贷款”措施方面，中山市公路局探索了一条新路，积极与当地金融部门联系，得到所在镇农村信用合作社支持，由该社向每贫困户提供不超过2000元的自主创业和发展种养业免息小额贷款，利息由市公路局负担，改变了传统扶贫资金投建项目或直接赠予方式，放大了扶贫资金使用效应，实现扶贫资金周转使用、滚动发展。在产业化扶贫方面，梅州市平远县充分利用农业优势，依托梅州飞龙果业公司等农业龙头企业，采取“贫困户 + 基地（合作社）+ 公司”的模式，根据贫困户所在地的自然资源和传统种养习惯，组织贫困户挂靠农业龙头企业参与集约式扶贫开发，使相关农户大幅增收。

作为民营企业参与政府扶贫工作的典范，碧桂园帮扶英德市树山村采用“政企联手、整村推进”的办法，实施绿色产业扶贫项目系统规划，以“公司 + 苗圃示范基地 + 农户”为模式，以苗圃产业为龙头带动住房改造、引水、通电、修路工程同步推进，为民间力量响应、参与扶贫提供了一条可供借鉴的途径，为其他大型企业参与扶贫做了有益的探索，其中贫困户就地务工、就地脱贫、就地致富的扶贫方式更是值得推广和学习。[1]

（三）润物无声，将“双转移”化入“双到”扶贫开发中

粤东西北地区贫困的根源，从宏观上来说，还是工业基础薄弱，产业发展水平落后，产业结构不合理，缺乏经济“主心骨”的带动作用，往往来一任领导，换一种方式，使得各自的经济发展呈现散、乱的状态而摸不准方向。而如何培育能起“主心骨”作用的产业，2008年开始的“双转移”可以说是一个极

[1] 案例主要取自广东省扶贫办官方网站：广东省扶贫信息网（http://www.gdfp.gov.cn）。

好的机遇。"双转移"是广东提出的"产业转移"和"劳动力转移"两大战略的统称，是指珠三角劳动密集型产业向东西两翼、粤北山区转移，腾出资源以引进发展先进制造业、高科技和高附加值产业；而东西两翼、粤北山区的劳动力，一方面向当地二、三产业转移，另一方面其中的一些较高素质劳动力，向发达的珠三角地区转移。"双转移"作为一项破解发展难题、促进区域协调发展的重大举措，并不是单纯针对贫困地区的帮扶措施，但处在这种语境中的"双到"扶贫开发却自觉不自觉地引进了这种做法。扶贫开发注重将扶贫与新形势下推动农村建立主导产业和特色产业、实现产业转型升级、转变经济发展方式结合起来，这与"双转移"的客观效果不谋而合。由此，"双转移"赋予了"双到"机制鲜明的时代特色。

"双转移"与扶贫开发"双到"是一个互相推动、互相支持的关系。一方面，扶贫开发"双到"需要"双转移"：劳动密集型产业的转移，使粤东西北地区的工业基础得到加强，就业岗位得到扩展，老百姓的收入和政府税收得到提高，工业的带动作用得到体现，工业与农业相互推动、相互促进的良性循环由此形成。企业转移到粤东西北地区后，就业地点就在贫困户家门口，就业成本、生活成本大为降低；同时，企业的进驻需要大量的上下游配套设施及原材料，这为村民和村集体加入产业链、参与企业配套建设和转变经济发展方式提供了大量机遇，为农村产业结构、产品结构调整提供有利环境，为贫困村建立自身主导产业、特色产业奠定基础。扶贫开发不可能仅仅局限于农村内部的调整，贫困村的发展也不可能脱离其所在的外部空间，转移而来的企业有着更成熟的经营理念，连接着更广阔的市场，在为落后地区带来的新鲜血液的同时，为扶贫开发提供了有效的着力点，把整盘棋给带活。

另一方面，"双转移"也需要扶贫开发"双到"的支持：首先，"双到"工作所培训的农民工，为企业提供大量人力资源，解决了"招工难"问题。其次，"双到"扶贫开发大力发展农村经济，提高贫困户的收入，客观上为企业开辟、培育了更新、更大、更近的市场。同时，扶贫开发过程中大量的基础设施建设也为企业的发展带来便利，甚至有企业将基地直接转移到贫困村。而"双到"工作中所扶持的农村特色产业，也往往就近成为转移而来的企业生产、销售等环节中重要的组成部分。总之，"双到"为"双转移"提供了一个低成本、高收益的发展环境。

在"双转移"与扶贫开发"双到"二者的"联姻"上，广大的驻村干部和他们背后的派出单位作为中间人，起着不可或缺的作用。正是有了他们的穿针引线，"双转移"得以与"双到"更为紧密的结合在一起，成为粤东西北落后地区发展的“双引擎”。

从不自觉到自觉，实施扶贫开发“双到”工作的决策者们注意到了“双转移”与扶贫开发“双到”结合所产生的“多赢”效果，并在实践中进行贯彻落实。如珠海市组织有实力的企业参与贫困村劳动力就业帮扶工作，建立珠海（揭阳）扶贫开发劳动力培训基地，按照“订单”培训模式对贫困户劳动力进行转移就业培训，加快贫困户劳动力向珠海和其他地区或就地转移就业，既实现了“就业一人，脱贫一户”，又解决了当前企业的用工难问题。

又如佛山市农业局在帮扶英德市新岭村工作中，发挥部门优势，将佛山市农业龙头企业——顺德区北滘农民创业园引进到贫困地区，规划建设英德扶贫基地，计划总投资3.5亿元，建成集生产示范、产品展示、技术培训、科普教育、观光旅游等功能于一体的现代农民创业园。扶贫基地将设种苗繁育区、生产示范区、农民创业区、综合服务区等四大功能区，涉及农业生产、销售贸易和生态旅游等领域；采取“公司+基地+农户”的产业化模式经营，辐射带动英德市乃至周边地区的农民发展种养生产。通过项目的实施，企业本身跳出珠三角，获得了更大的发展空间，而当地农民除获得稳定的土地租金收入，还可以作为园区的农业工人获得工资收入；同时农户还可利用进园工作的机会，学习到先进的农业生产技术和管理经验，创业致富。[1]

（四）监督有方，建立系统监测体系避免形式主义

以往的各种扶贫方式，最大的缺陷是没有制定一个科学合理的监测、考评体系，对扶贫的过程及效果都缺乏准确的评估。或以一个抽象而笼统的目的为依托，或以领导的指示为标准，或以一些散乱而缺乏系统性的指标为参照，考评往往流于形式，没有统一而科学的监督检查制度，没有严谨而明确的奖惩措施。翻阅历年有关部门对扶贫工作进行检查验收的文件，甚至还有对验收不合格的，由后续的帮扶工作继续完成的验收办法，这对于未通过验收的村子实际上是一种奖励。这必然导致干好干坏一个样、甚至干好还不如干坏的消极扶贫心态，导致大量走过场的形式主义，浪费了资源，却达不到效果。

“双到”机制汲取了前人的经验，建立起一套较为完善、科学的监测、考评体系，主要体现在：

1. *有明确的考评办法。*采取定性与定量相结合进行考评，考评以百分制计分，分为优（90分及以上）、良（75-90分）、中（60-75分）、差（60分以下）四个等级。成立考评工作办公室，明确考评人员的选派来源，对定点帮扶工作进行年度考评。每一项考核内容都有固定分值，有明确的计分方法，考评工作

[1] 案例主要取自广东省扶贫办官方网站：广东省扶贫信息网（http://www.gdfp.gov.cn）.

彻底摒弃含糊其辞、只有定性没有定量的做法。

2. 有明确的责任归属，并将贫困户和贫困村的意见纳入考评体系。责任分贫困村村委会和帮扶单位两种，各有清晰表述，可消除责任追究时常常出现的推诿、扯皮现象。而帮扶单位是否对每一贫困户制定稳定增收脱贫的帮扶措施、落实帮扶责任人，是否如实填写《帮扶记录卡》等都需要得到户主的签名确认，使得考评体系在自上而下的检查之外，有了自下而上的参与，从而加强了考评体系的完备性。

3. 科学合理的指标体系。对于帮扶成效的评估，分为贫困村和贫困户两类。贫困村的部分主要体现在饮水、交通、农田水利建设等基础设施建设状况和教育、医疗、公共卫生设施建设情况，还重点将村"两委"班子建设情况、村民自治制度建设情况、村集体经济收入情况和村级组织活动情况纳入指标体系；贫困户的部分除了一些共同的指标，还进行细化分类指导，按照危房改造、最低生活保障、各年龄段贫困户子女所受教育、接受技能培训、参加农村合作医疗等类别，针对特定人群制定相应量化指标。

4. 制定严谨的奖惩措施。按照考评分值，有相应奖惩措施，从奖惩措施内容看，不再像以往那样蜻蜓点水无关痛痒，而与个人荣誉和切身利益挂钩，并且考评结果"通过适当方式"向社会公布，实现了组织监督与公众监督的接轨。

除了省的层面统一制定的监督、考评体系，众多帮扶单位也往往有自己独特而更加细致的监督检查举措，相信随着"双到"工作的进一步开展，会有更多更好的经验被整理发掘出来。

三、进一步完善机制的措施

任何一项新生事物，不可能一开始就是完美无缺的。作为一项创造性的扶贫政策措施，扶贫开发"双到"机制在执行的过程中，也逐渐显露出一些需要进一步完善的地方。

（一）进一步提高帮扶对象在扶贫开发中的参与度，发挥主体作用

贫困户才是真正意义上的扶贫开发的"主体"。"双到"机制在广东扶贫开发历史上的突破之一便是充分尊重被帮扶者的意愿，在考评办法中明确指出帮扶单位为每一农户制定的帮扶措施需要得到被帮扶者的签字认可，这是广东农民第一次能主动参与到扶贫决策中来。但是，在实际执行过程中，贫困户的参与度往往因帮扶干部的工作态度和工作作风而呈现出高低不同的状况，就扶贫开发整体工作来说，依然缺少对农民积极性主动性的充分调动和开发，在帮扶措施制定过程中往往重视了领导的意图和专家的意见，而唯独遗漏了贫困户自己的想法，贫困

户在扶贫开发中的发言权小甚至完全被忽视，贫困户的参与常常被变异成一些形式主义的过场，政府包办的做法依然较为普遍。要汲取社区主导型扶贫以及参与式扶贫等帮扶方式的相关经验，在扶贫过程中充分尊重农民的权利和意志，切实提高农民的法律意识和民主参与意识，保证他们能以各种方式参与到帮扶政策的制定、执行和监督等各项具体环节中，这个过程也是贫困户自动摒弃落后观念、提高自身素质、锻炼自我发展能力、激发主动脱贫致富的意念的历程，中外新农村建设的众多经验已经证明，只有这样，扶贫开发的效果才是牢固而可持续的。

（二）加快完善村级治理的各项规章制度，解决后顾之忧

根据我国现行体制，村官虽是“从事村级公务”的人员，但不是公务员，故而纪委的纪律之杖够不着；村官是村一级组织的“干部”，但不是我国行政意义上的“党政干部”，故而监察的规矩之箍也套不上。如何对村官进行有效的管理和制约？虽然这是个更广泛意义上的话题，但是对于贫困村来说，务必要未雨绸缪，及早规划，及早预防，将村务公开和村民监督及时纳入制度化建设范畴，真正加以强有力的贯彻。一方面，在帮扶的过程中，涉及大量的基础设施建设项目，涉及大量的资金使用，要防止村干部借机中饱私囊；另一方面，由于所帮扶的村子原先的集体收入都较为贫瘠，其村级财务管理大多较为随意，在帮扶达标之后，这笔集体收入如何支配？花在哪里？刚刚脱贫的村子，对于公共服务和物品的需求更加强烈，而缺乏制度的管束和低廉的腐败成本，使村干部可轻易走上腐败的道路，好不容易得来的胜利果实，一不小心就成了村干部的囊中之物，这势必影响党和政府在人民心目中的形象。而帮扶期间，凭借“外脑”以及众多外部力量和资源长时间的关注和帮助，村级财务管理此时走上规范化道路显然是一个极佳的时机。

查阅众多单位帮扶贫困村集体经济的举措可以看出，大量帮扶单位采用了投资入股小水电或其他有较稳固收益的企业、建设商铺厂房出租等非经营性项目，也有部分村级自办企业的项目，其股份出资方都是帮扶单位，既然如此，不妨可以尝试在三年帮扶期满后，暂由村“两委会”和帮扶单位共同管理这笔收入。但最终也是最重要的监督手段，还是通过对当地村民的广而告之，通过他们对村级财务管理的有效参与，来保证集体资产不会被少数人瓜分、变卖。

此外，农村的贫困人群可以说是弱势群体中的弱势群体，他们常常因为知识水平、身体状况和家族势力等方面的缺陷而处于农村的底层，这就需要建立起维护农村贫困人群各项权利的机制，完善相关保障措施，切实保证贫困户的话语权。

（三）加强各帮扶单位之间的横向联系与合作，建立统一规划

“规划到户、责任到人”机制在将帮扶任务分解到各单位之后，主要强调的是各单位在各自能力范围内对各自所负责的贫困村、户进行帮扶规划和完成帮扶资金的使用，各单位基本上为完成各自任务而各自为政，极少横向联系与合作，而各级扶贫办对扶贫资金并没有统筹配置或监督使用的权利。这就导致一些掌握较多资金来源的部门（如财政、水利、交通等）和一些财力弱势部门（如档案局、党史办、外事办等）所拥有的帮扶资源的巨大差异，相应的扶贫效果也就大为不同，有的财力雄厚的部门在帮扶资金使用上有"奢侈浪费"之嫌，而有些缺少资源的单位甚至只能靠单位职工捐款来勉力进行简单的帮扶。不少地区已经注意到这个问题，如珠海等地，将帮扶单位进行强弱组合，提高帮扶效果。但如何从根本上解决扶贫资金使用上条块分割的难题？这还是需要将扶贫资金做一个统一的规划，对资源进行整合，根据村子的人口、资源、贫困户数、基础设施状况等方面，制定科学合理的资金配置指标，提高资金使用效率；同时还要加强各部门之间的配合：交通、水利、电力、通讯、民政、教育、医疗等各部门各有所长，也各有所短，只有统筹配置资源，才能避免造成新的贫富差距。

（四）进一步完善监测和评估体系，提高帮扶效益

虽然已经初步形成了较为科学合理的监测和评估体系，但依然有需要完善的地方。其一，未将行政成本的浪费计入评估体系。如深圳市市场监督管理局承担徐闻县角尾乡潭鳌村、和安镇后湖村、南山镇北潭村的对口帮扶任务，截止到2010年底，到位帮扶资金187.5万元，而用于保障173人次、247天的对接人员的差旅和其它费用已接近25万元。如果再加上每次单位领导前往视察时当地接待、陪同等花费的资金和人力物力，恐怕更为巨大。

其二，还应加强监测和评估的执行力度，避免形式主义走过场，并根据经济发展形势，建立动态指标，随时纠正可能发生的错误。将资金的使用效果和最终产出效益纳入监测指标，避免浪费。对村民收入、集体收入进行科学合理的评估，避免干部玩数字游戏来应付考评。

其三，加强贫困户在监测体系中的参与作用，赋予他们更多在日常帮扶工作中进行监督的权利，

（五）在行动中积累经验，在分析总结中进行推广

"要让经验学得起、让办法推得开"，虽然有"一村一策、一户一法"的千变万化，但万变不离其宗，要从中总结出一些规律性、有较强适应性的办法，从众多扶贫成功案例中寻找汪洋书记所说的可供复制的经验，进行一定范围的推广。扶贫是个动态、长期的过程，绝不是三年的"双到"工作就可以彻底解决，但是在这个过程中所积累的经验却是无价的。

扶贫开发“规划到户责任到人”工作实践与思考

广东省物价局　李彤　曾加耀[1]

扶贫开发“规划到户责任到人”工作是广东省委省政府针对新时期广东农村实际情况，在新的历史条件下从根本上解决农村贫困落后问题实施的一项重大战略决策。自2009年6月以来，各地各单位认真贯彻领会，积极扎实落实。通过一年多的实践探索努力，已经取得了阶段性的突出成果。实践充分证明了省委省政府决策的及时、正确、英明，也为探索解决我国农村贫困落后问题开辟了新的道路和途径。笔者作为驻村干部直接参与了这项宏伟工程，在第一线一年多的实践中，有很多体会和感悟，拟通过本文谈谈对扶贫开发“双到”工作的认识、体会和思考。

一、扶贫开发“双到”工作的实践体会和意义作用

（一）省物价局扶贫开发“双到”工作实践与体会

按照省委省政府的统一安排，省物价局自2009年6月起对口帮扶五华县水寨镇高车村。高车村是水寨镇一个较边远的贫困村，全村分三大自然片，有12个村民小组，总户数228户，总人口1195人，劳动力623人，贫困户62户，贫困人口319人，其中年人均收入低于1000元的特困户14户、63人；山地面积6660亩，耕地面积592亩；2009年全村年人均收入3698元，村集体经济收入0.98万元。总的来说，高车村在帮扶前是一个地少人多、集体经济薄弱、基础设施落后、较多贫困户的比较典型的贫穷落后村。对于这样一个贫困村，要使其迅速摆脱贫穷落后现状，不采取非常手段进行全方位的“综合帮扶”不可。为此，省物价局党组认真贯彻落实省委省政府决策，迅速行动，精心部署，科学谋划，创新方法，紧紧围绕促进贫困村、贫困户脱贫致富这个重心，按照“先

[1]　李彤（1964.01-），男，广东省物价局价格监督检查与反垄断局副处长，从事价格监督检查工作；曾加耀（1975.10-），男，广东省物价局副科长，从事价格成本监督审查工作。

雪中送炭，再锦上添花”的总体要求，抓住重点、破解难点、营造亮点，以“三补”（种养补助、危房改造补助、劳务输出补贴）、“两扶”（教育帮扶、医疗帮扶）、“一难点”（特殊困难户是难点）为抓手，着力推动各项帮扶措施的落实。一年多来，先后筹措资金350多万元，引进外资250多万元对口帮扶高车村及该村的62户贫困户，初步形成了“因户制宜、强弱组合、示范带动、全力推进”的工作特色，取得了显著成效。

通过工作实践，我们深深地体会到，现在的扶贫开发工作与以往的扶贫工作有着明显的区别和特点，两者的区别主要是：以往的扶贫注重扶贫且多着力于集体项目；现在的扶贫开发既注重扶贫，更着力开发，既关注集体，更突出个体，同时规划更仔细，责任更明确。其特点集中体现为“五性”：一是广泛性。以前的扶贫工作，主要是改善贫困村的基础设施，重点解决共性的问题；现在的扶贫开发“双到”工作，不仅注重解决集体经济、基础设施建设等共性问题，还主要突出解决贫困户脱贫致富的个性问题；不仅解决制约村集体经济发展和贫困户增收等经济问题，还注重解决统筹城乡基层党建等政治问题；不仅有驻村干部在第一线具体组织实施，还有帮扶到户责任人的广泛参与；不仅注重解决脱贫致富的实际具体问题，还重点解决观念转变等思想意识问题。可以这么说，对口帮扶涵盖了贫困村的人、财、物、事、思想等各个方面，其广泛性十分明显。二是针对性。省委省政府提出的“靶向疗法”、“一村一策、一户一法”、“辩证施治”等扶贫开发工作思路对策，充分体现了扶贫开发“双到”工作针对贫困原因，突出重点，对症施治，从根本上解决贫困问题，其针对性十分鲜明。例如，针对贫困户家庭劳动力少而弱、小孩多学费负担重、家庭成员患疾病医药费负担重、种养生产技能欠缺等致贫原因，根据各户不同情况，省物价局分别采取种养、劳务输出、医疗、教育、低保、医保等有针对性的帮扶措施，逐一破解致贫难题。另外，针对村集体经济底子薄、基础差等致贫原因，分别采取投资入股县小水电站获取分红、大力发展集体经济项目、建设基础设施改善生产条件等有效措施，促进了集体经济发展壮大。三是根本性。扶贫开发“双到”工作克服了以往扶贫工作“头痛医头脚痛医脚、治标不治本”的弊端，“标本兼治、重在治本”在帮扶范围上实现了全覆盖；在帮扶程度上不再满足于“治标”，而是突出解决致贫的深层次问题；在帮扶方法和手段上注重灵活多样、长短结合、多措并举，尤其是着力建立长效机制；在帮扶对象上，既注意抓贫困户脱贫，更注重抓村“两委”班子建设，解决组织建设基础问题；在帮扶项目上，不但注重一般性的帮扶措施，而且更注重解决思想观念转变的这个根本问题，其根本性十分突出。四是社会性。以往扶贫开发工作仅限于政府部门单位参与，其参与范围十分有限，现今扶贫开发“双到”工作，通过设立“扶贫济困日”等多种方式，广泛动员全社会参与，充分利用并集聚民间社会力量共同参与支持，既产生了良好的社会效益，拓展了扶贫开发工作的社会基础，又为扶贫济困提供了强大的物质支持，其社会性十分显著。五是有效性。扶贫开发“双到”工作，通过“标本兼治、综合施治”，效果十分明显。以省物价局帮扶点五华县高车村为例，通过一年多的帮扶，村集体经济收入达到 8.5 万元，是帮扶前的 8 倍多；村基础设施建设基本健全完善，出行道路实现硬底化，农田灌溉有了新水圳，学习场所有了新的农家书屋，娱乐休闲活动有了文化广场和体育广场等等。危房改造的贫困户全部住上了新房；贫困户家家户户搞种养，100% 的贫困户通过种养、劳务输出等多种组合帮扶措施实施实现脱贫，人均收入是上一年的 2 倍；村“两委”班子在新一论换届选举中以高票再次当选；全村所有家庭都用上了清洁卫生的饮用水；适龄老人全部购买了农村养老保险；所有符合条件的贫困户均纳入低保等等。其有效性不言而喻。

（二）扶贫开发“双到”工作的意义与作用

扶贫开发“双到”工作是一项前所未有、史无前例的探索和创新，必将为广东新时期发展历史留下浓墨重彩的一笔。一年多的驻村扶贫亲身实践，我们思绪万千感慨良多，既看到了扶贫开发“双到”工作的美好前景和无限希望，又深切地感受要取得扶贫开发工作的全面成功的道路曲折漫长。我们相信有省委省政府的坚强领导，有全社会的广泛参与支持，有一代接一代扶贫人的共同努力，我们的目标一定会实现。下面对这项工作的意义和作用作个简要阐述。

1. 扶贫开发“双到”工作对我省经济发展方式转变意义作用巨大

通过帮扶点的成长进步这扇窗口，我们看到了扶贫开发“双到”工作给全省贫困落后农村带来的可喜变化，尤其是对我省经济社会发展所做的突出贡献。主要有体现为“五个促进”：（1）促进了劳动力素质提高和转移就业增加。以我局为例，一年多来，我们通过聘请专家举办 3 次 100 多人次的免费贫困户劳动力转移就业培训，提高了贫困劳动力的综合素质，增强劳务输出能力。全年 62 户贫困家庭中已有 34 人劳务输出，基本解决了这些家庭主要收入来源问题，为长期脱贫奠定了坚实基础。据统计，全省 3409 个贫困村的 37.2 万户贫困户、155.8 万贫困人口中超过 20 万具有一定职业技能的贫困劳动力可实现就业转移。这既对贫困户家庭脱贫致富帮助极大，同时，对我省经济发展方式转变也是一个直接的巨大贡献。（2）促进经济社会的协调发展。扶贫开发“双到”工作针对社会发展和民生领域的突出问题，通过建立完善教育、医疗、社会保障等多种直接涉及社会发展和民生领域的帮扶措施，加快提高了教育现代化水平，大力推进了以改善民生为重点的社会建设，加快发展了面向民生的公益性社会服务，更好地推进了经济社会协调发展，客观上促进了经济社会发展方式的转变。（3）促进了现代农业产业发展。以我局为例，我们充分利用帮扶点的自然资源，挖掘潜力，筑巢引凤，引进三家民企合作开发鱼塘、养猪场、蔬菜基地约250亩，引进资金250多万元，建立了一个农业综合生产基地，年总收益可达100多万元。全省各帮扶单位和我们一样"八仙过海各显神通"，建立了一大批有一定规模现代农业产业基地，使我省的现代农业产业建设实现跨越式发展，这既弥补了经济发展不平衡的缺陷，又为建立扶贫开发长效机制奠定了物质基础，也直接为我省经济发展方式转变做出了巨大贡献。（4）促进了当地主导产业发展。由于参与扶贫开发的帮扶单位多数来自于经济发达的地区，他们不仅思路开阔、观念先进，且经济实力较强，拥有比较多的资源。利用参与扶贫开发"双到"工作大好机会，他们积极踊跃参与当地的以"双转移"为主的地方主导产业建设，既解决了扶贫长效机制问题，又促进当地主导产业的发展，客观上推动和促进了经济发展方式转变。（5）促进了内需的不断增加。农村市场广阔而巨大，是中国未来新的投资消费的潜力和热点所在。如果忽视了农村市场，将极大地削弱拉动经济发展方式转变和增长的动力。广东的扶贫开发"双到"工作实践从一个侧面充分印证了这一点。以我局为例，一年多来，我局筹集资金350余万元投入到扶贫开发"双到"工作中去。同时，还引入外资250余万元到帮扶村发展经济，两项合计共投入资金近600万元。由此可见，全省范围内投入到帮扶点的资金规模是巨大的，效益也是可观的，这既为当地脱贫致富奠定了基础，又有力地拉动了当地经济发展，有效扩大了内需，促进了经济发展方式的转变。与此同时，贫困户收入的大幅增加，消费能力不断增强，必然带来消费总量的增加，使内需增长有了新的热点，这也从另一个方面直接促进了经济发展方式的转变。

2. 扶贫开发"双到"工作对党和政府形象以及政府部门和干部队伍锻炼培养意义作用重大

主要体现为：（1）通过采取有效的措施办法解决贫困户、贫困村的脱贫致富的根本性问题，既缩小了城乡差距和贫富差距，又缓解了社会矛盾，促进了社会和谐，是一项功在当代、利在千秋的德政民心工程。通过帮扶使贫困村、贫困户脱贫致富，让占人口、地域多数的弱势群体真正能够有尊严幸福地生活，是党和政府的终极追求目标所在。（2）通过各级政府和各单位直接参与，为树立和展示政府、公务员形象与威信提供了一个很好的平台，也创造了一个难得的机会和途径。实践中我们深深感受到，广大老百姓对党和政府的惠民利民政策是满心欢迎拥护支持的，他们从扶贫开发“双到”工作中得到了实惠，摆脱了贫困，都全心拥护党和政府，拥护社会主义制度，这种执政的群众基础和和谐融洽氛围来之不易，应当倍加珍惜并全力维护巩固。（3）扶贫开发“双到”工作是提高政府部门从政能力和培养锻炼干部的重要途径。扶贫开发“双到”工作是一个系统工程，它涉及面广，牵涉范围宽，各种利益和矛盾众多交织复杂，这极大地考验着直接参与这项工作的政府部门与干部的智慧和能力。要接受挑战通过考验，单有一腔热情远远不够，必须充分发挥聪明才智，善于协调关系、化解矛盾、平衡利益。从政府部门角度看，目前在处理复杂矛盾和利益关系问题，尤其是解决改革发展深层次问题的智慧和能力与现实政府履行职能要求还有差距，需要从机制和体制等多方面进行深度改革，不断提高履职能力，而扶贫开发“双到”工作是一个全新的课题，正好可以锻炼提高政府部门处理复杂、具体、深层次问题的智慧和能力。从公务员队伍角度看，现在的干部知识不少，但智慧不足，尤其是在面对复杂环境局面和艰苦琐碎的工作时，吃苦耐劳的精神和灵活应对的能力素质欠缺，这与政府在新形势下履行职能的要求极不相符，而扶贫开发“双到”工作正好为培养锻炼队伍提供了一个很好的途径和平台。我们在实践中也深深地体会到，这项工作对能力素质的全面提高帮助很大，既磨练了思想意志品质，又积累了处理复杂琐碎具体问题实际经验，同时还增强了基层观点和群众感情。有了这段难得的经历，相信今后遇到再难的问题、再苦的环境，我们都能够战而胜之。

二、扶贫开发“双到”工作思考与对策

扶贫开发“双到”工作的实践体会和意义作用等前文已作了探讨。但是，通过一年的实践体会和深入思考，感到此项工作还有很多问题值得深入研究探讨。下面将我们的一些不成熟的思考和建议归纳为“五个必须”：

（一）必须充分认识扶贫开发“双到”工作的艰巨性、长期性、复杂性

在探讨对策之前，首先必须对扶贫开发“双到”工作现状有一个清醒、冷静、理智、准确的判断和把握，否则就难以提出有效可行的对策思路。自2009年6月省委省政府提出扶贫开发“双到”工作指示以来，经过一年多的艰苦努力，截至2010年底，全省已有15.7万户、69.3万人脱贫，占贫困户数的42.1%、贫困人数的44.5%，成绩斐然。拿我局来说，到2010年底，100%的贫困户实现脱贫，人均收入3653元，远远超过省定2500元的标准。但是，在实践中我们也切实感到，扶贫开发“双到”工作由于受农民思想观念保守落后、基础设施建设薄弱、基层组织能力欠缺、集体经济实力不强、帮扶单位投入有

限、贫困群体层出不穷、长效机制未全面建立、脱贫致富基础不稳固等等诸多主客观因素的制约，扶贫开发"双到"工作仍然具有长期性、艰巨性、复杂性。对此，我们必须始终保持清醒头脑，切不能祈望一蹴而就或者一劳永逸，而要做好打攻坚战、持久战的充分思想准备。要不断实践探索创新，不断总结经验教训，摸索走出一条符合当前农村实际稳定脱贫致富的新路。

(二)扶贫开发"双到"工作必须整合力量，创新机制

一年多的实践，我们感到扶贫开发"双到"工作总的思路和方法是正确的，但在帮扶力量整合及机制创新上还有文章可做。目前的扶贫开发"双到"工作，基本上是帮扶单位为独立个体，各自发挥主观能动性，"八仙过海各显神通"。这样做的好处是可以充分发挥各自的主观能动性和特长，营造开放竞争的环境。不足点是，无论帮扶单位实力强弱，他们所面对的帮扶对象都是情况相似的贫困村。由于各单位所拥有的资源不同，即掌握的有形资源(主要是资金)不同，帮扶的投入就有多有少，实力雄厚的单位可以充分利用自身优势，投入巨资，成效也就卓著；而一些实力有限的单位，即使十分用心尽力，无奈受主观条件所限，投入较少，成效自然也有限。这就造成了因帮扶单位先天差异而产生新的矛盾和不平衡，这既对帮扶单位和被帮扶对象不公平，也造成了帮扶单位之间和被帮扶对象之间的矛盾，从而直接影响到帮扶的实际效果，对整个扶贫开发"双到"工作也造成了不良影响。

为此，应当以力量整合和机制创新为突破点和抓手，谋求建立一个公平合理的工作环境和竞争机制。具体说可以归纳为："统一规划、确定标准、集中财力、分步实施、分级负责、各尽所能"。"统一规划"就是指按照新农村建设和省扶贫开发工作考核指标，对各帮扶单位的帮扶项目和标准进行统一规划，这个规划应当涵盖帮扶集体和贫困户个体的方方面面内容。其主要方式是，帮扶单位会同县有关政府职能部门按照省定项目对具体帮扶项目作出规划，市有关政府职能部门对规划进行审核把关后报省，省批准后下达帮扶单位具体组织实施。这样可以有效防止项目安排各自为政、重复投资或投资过于分散的弊端。"确定标准"就是指省市级有关政府职能部门应当对帮扶的大项目制定统一的补助标准。各级上报的帮扶项目经省核定批准后，由省市各职能部门按照标准给予帮扶单位资金补助。"集中财力"就是指对扶贫资金尤其是财政资金要进行有效集中整合。首先，要加快财政支农资金整合、归并步伐，进一步全面梳理财政涉农扶持政策和各类专项，对性质相近、对象相同、支持重点和环节交叉的进行合并，对资金"小而散"的专项予以取消或合并。在整合、归并支农资金的基础上，积极加大财政支农资金的统筹力度。其次，要加强项目资金安排的横向沟通、统筹协调，让各级、各类支农专项资金形成一个有机的整体，强化各类支农专项资金安排使用目标的统一性、一致性，防止出现项目安排“撞车”和资金安排“洒胡椒面”。其次，对于涉及农业、交通、水利、交通、财政、住房与建设、电力、林业、科技、通讯等主要投入领域的资金，应按照规划项目的标准由各级、各类职能部门给予拨付，改变现有此类资金主要依靠帮扶单位自筹投入的模式。以农村道路硬底化项目为例，按照建设标准每公里补助 30 万元，其中省级交通部门补助 18 万元，市或者县交通部门配套补助 12 万元。另外，在现有扶贫开发工作运行模式下，还可选择一种方式，就是对那些不直接掌握政府资源的单位，对于其帮扶的“共性项目”按照一定的标准，由省级财政统一划拨资金，用于完成“规定动作”。这样可以从一定程度上缩小帮扶单位的先天差距，缓解因资源不均所造成的矛盾和不公。“分步实施”就是指按照统一规划，各帮扶单位在帮扶期限内根据实际情况去分步实施，落实到位。“分级负责”就是指帮扶工作责任应当明确区分当地党委、政府、职能部门的职责和帮扶单位职责。当地党委、政府、职能部门的主要职责是，党委政府负责全面统筹协调当地的扶贫开发工作，做好相关组织规划协调和宣教工作，工作开展创造良好的环境和条件。其所属职能部门应在党委政府领导下，按照自身业务职能，积极主动加强与帮扶单位的沟通协调，为帮扶单位提供全方位服务保障。帮扶单位应在当地党委政府的领导下，在当地职能部门的协助下，抓好各项帮扶措施的具体落实。“各尽所能”就是指各帮扶单位在依托省市级政府职能部门下拨专项建设资金的基础上，发挥各自主观能动性，另自筹资金，投到一些次要帮扶项目中，弥补帮扶资金的不足。

（三）扶贫开发“双到”工作必须充分发挥市县两级的主导作用

从目前工作实际情况看，市县两级虽然发挥了一定的作用，但由于受主客观因素的影响，他们的主导作用远未发挥到位，制约了工作的实际效果。因此，要搞好扶贫开发“双到”工作，必须充分发挥市县两级主导作用。笔者认为可以从两方面努力。一是当地党委政府要利用把握好“双转移”建立产业基地和工业园，建立经济产业带的机会，将各帮扶单位的投入财力进行有效整合，投入到这些项目之中。这既为帮扶对象解决了找项目难、建长效机制难的问题，又增加这些项目资金投入，从而实现“双促进双赢”的目标。二是挖掘潜力，发挥市县政府职能部门作用。当前，市县各职能部门作用发挥得十分有限，基本是帮扶单位找上门，他们才被动协作帮扶单位，直接影响了帮扶效果。为此，应当着重从自身职能作用出发，在服务与保障上做好做足文章，充分发挥主人翁作用，有所作为，为帮扶单位提供支持和保障。这样，通过主动服务，既密切融洽了纵向横向两方面的关系，又为本部门争得了地位和利益。

（四）扶贫开发“双到”工作必须充分发挥激励机制作用

省委、省政府出台了一系列扶贫开发“双到”工作政策法规，对于工作健康顺利发展提供了有力的支持和保障。但从实践上看，扶贫开发“双到”工作激励机制作用发挥还远不够。具体说：一是帮扶单位按照省委省政府统一部署安排提前完成了帮扶任务的，没有相关的奖励措施。这极大挫伤了帮扶单位的积极性和主动性。另外，对于扶贫开发工作年度考核优秀的单位或者被省市定为扶贫开发“双到”工作示范村的，应当给予一定物质奖励，以进一步激发调动工作的积极性和主动性。二是对于直接在第一线具体直接参与扶贫的驻村干部的激励机制值得商榷。笔者认为，应当按照相关干部使用相关政策，对从事驻村扶贫工作一年以上、出色完成任务的干部，应不受单位编制员额的限制，给予破格提拔，体现干部任用公平合理激励机制，鼓励更多同志到基层一线锻炼提高、建功立业，为社会主义现代化建设事业培养更多经受过复杂环境和艰苦条件锻炼、能力突出、素质作风过硬的后备干部。

（五）扶贫开发“双到”工作必须树立正确的政策导向

扶贫开发“双到”工作是一项开放度较高、社会影响较大、涉及部门较多的工作，社会各界高度关注，尤其是各帮扶单位对这项工作高度重视。为此，有关职能部门应当在工作中树立正确的导向，以利于其健康有序发展。当前存在着以帮扶单位投入多寡论英雄的不良倾向，这十分不利于工作健康有序开展。前文已述及由于各帮扶单位“自然禀赋”不一，在这项工作中的实际投入差异较大。而这又是帮扶单位自身无法克服解决的，必然导致了无法逾越差距，消减了一些单位的工作积极性和主动性。笔者认为，只要帮扶单位各尽所能、尽力而为且确有帮扶成效的，就应当加以鼓励支持，不能仅以投入多寡而不看帮扶效率论英雄，严重挫伤这些弱势部门的工作积极性和主动性，从而影响扶贫开发工作全局。

扶贫开发“规划到户、责任到人”刍议

广州市司法局 陈延荣[1]

一、关于贫困

贫困是一个动态的概念，随着时代、发展阶段的不同，其内涵不断变化。世界银行报告指出：贫困不仅意味着收入低、消费低，而且还意味着缺少受教育的机会。诺贝尔经济学奖获得者阿玛蒂亚·森认为，贫困真正的含义是贫困人口创造收入能力不足和缺少获取和享受正常生活的能力。联合国开发署《人类发展报告》和《贫困报告》中认为，贫困指的是缺乏人类发展最基本的机会和选择。国家统计局对贫困下的定义是：缺乏达到最低生活水准的能力。综合以上各种关于贫困的概念，我以为贫困首先是一种生存状态，一种基本生活得不到满足、缺少选择就业和创造收入能力的生存现状。

贫困，从程度、形成原因、结构等因素来看，分为五种类型：一是绝对贫困（不能维持基本的生存需要）和相对贫困（已解决温饱但收入低的个人或家庭）；二是生存型贫困（赤贫，生存受到威胁）、温饱型贫困（生活水平低，抗灾能力差）和发展型贫困（温饱解决后自身发展过程中的相对贫困）；三是区域贫困（地区性的大面积贫困现象）、阶层贫困（不同阶层的分散性贫困现象）和个体贫困（个人和家庭）；四是城市贫困（城镇非农业生产人口中的贫困）与农村贫困（农村农业生产人口中的贫困）；五是物质、精神和政治贫困。

二、关于贫困的根源

导致贫困的原因有很多，在不同的历史时期，致贫的因素有所不同，但贫困的根源却有诸多共性之处：一是人口挤压致贫。马尔萨斯在《人口学原理》中认为，由于人口过多，增长速度过快，物质资料难以满足需要，因此贫困是“绝对必然的结果”；或者当人均收入提高时，人口增长率也随之上升，导致

[1] 陈延荣，男，广州市司法局政治部副主任科员。

人均收入又退回到原来的水平。广州市司法局帮扶的兴宁市龙田镇凉伞村，2002年有村民1214人，截止2010年底有村民1653人，人口年均递增6‰，而全村可耕土地面积一直维持在630亩，人均不到0.4亩，大大少于目前全国人均1.5亩的水平。二是资本短缺致贫。纳克斯在“贫困恶性循环”论中认为，资本短缺是阻碍经济发展和导致贫困的关键因素。对于农村百姓来说，尽管他们不知道这一理论，但是，“巧妇难为无米炊、没有钱就办不成事”却是普遍接受的观念。农村土地、房产不能用作贷款抵押，农民很难从城市银行得到贷款，加上乡村金融又不存在，农村、农民得到资本支持的可能性几乎为零。简单的农业生产，加上土地资源匮乏、生产率低下，导致了贫困人口的产生。三是环境恶劣致贫。就目前贫困地区和贫困人口所处的地理位置来看，大都位于自然环境较为恶劣的地区，如山区、边缘地区、热带地区等，这些地区远离城市、平原，普遍环境恶劣，自然条件较差，不是土地贫瘠，山高路远，就是缺水少电，缺乏可供开采和满足人们生产与生活需要的自然资源。四是素质低下致贫。贫困人员普遍综合素质低下，绝大多数属于文盲，即使有一定文化的也只是初小毕业，技能上也缺乏专门培训，只会进行简单重复的生产劳动，普遍感觉他们认识自然、改造自然和利用自然的能力很差，正如英国经济学家哈比森指出的，一个国家或一个地区，“如果不能发展人民的技能和知识，就不能发展任何别的东西”。广州市司法局帮扶的兴宁市龙田镇凉伞村，70户贫困家庭，221名贫困人员，除现仍在学校接受初中以上学校教育的25人，其他人员60%是文盲，40%是初中以下文化程度。五是分配不公致贫。多种因素造成的收入分配不公，也是贫困产生的原因。马克思认为，在资本主义制度下，贫困产生的根本原因是资本和劳动的对立，是按资分配的结果；在中国特色的社会主义，尽管原则上是按劳分配，但处于价值链低端的纯手工简单生产劳动，是体现不出劳动价值来的。现代反贫困的实践反复证明，政策失误或体制不合理也会导致分配不公，进而产生贫困。如贵州省毕节地区有一个乡，全乡14000人，有各种矿藏资源，每天从这个乡运出去的矿值约40万元。开矿的是外省“大老板”，这些开矿企业每年给乡政府提供的税收不足50万元，但每天往来的运矿车辆，致路面损毁的年维修资金就不少于150万元。矿开了，资源没有了，环境破坏了，乡GDP上升了，官员得到了提拔，而每月不到300元的本乡矿工却一直处于贫困的边缘，同时在矿井里工作身体健康甚至生命都得不到应有的保障。六是贫困文化致贫。美国社会、人类学家奥斯夫·刘易斯在1959年首次提出“贫困文化”这一概念。他认为，贫困虽然表现为一种经济过程，但它同时也是一种自我维持的文化体系。穷人由于长期生活在贫困之中，形成了一套特定的生活方式、行为规范、价值观念。客观上，大多数贫困人员因所处环境比较恶劣，自然条件较差，自身文化不高、年龄较大、缺乏劳动能力等因素致贫，但主观上更重要的还是观念、习惯和思路的问题。有的贫困农民安于贫困，只希望给钱给物，不愿通过艰苦的劳动摆脱贫困。这样，即使他们能在短期内通过得到钱物实现脱贫，可几年后可能又会返贫。

三、关于贫困的标准

贫困标准是以贫困线来刻画的，所以，贫困标准又称贫困线。这其中有两个重要的参数，一个是基本生存需要，一个是必须的营养标准。贫困线一般有两种表示方法，一种是以实物来表示，一种是以实物核定成货币来表示。目前通用的是后一种方法。世界各国都有各自的贫困标准，而且随着经济社会的不断发展而变化。目前，世界银行规定的国际贫困线有两条：一条是每人每天支出不足 1 美元为绝对贫困线；一条是每人每天支出在 1 美元至 2 美元之间为低收入贫困线。我国则是以年人均纯收入能否达到维持正常的生存需要的最低生活费用来衡量农村贫困人口，并主要用于划分绝对贫困的。那么，我国怎样确定人均纯收入呢？主要是依据“马丁法”辅之以恩格尔系数，并根据农村贫困地区的实际情况确定的。所谓“马丁法”是指美国经济学家马丁·雷布林对一些有影响力的方法进行提炼，在过去研究方法的基础上，结合食品能量法和食品分配法的基本原理，提出的一个食物与非食物结合的比较理想的确定贫困线的方法。所谓恩格尔系数是指德国统计学家恩斯特·恩格尔提出的个人或家庭的食品支出额占全部生活费支出额的比重。国际上根据恩格尔定律对生活水平的划分大致是：60% 以上为贫困，50-60% 为温饱，40-50% 为小康，30-40% 为富裕，30% 以下为极为富裕。我国是一个发展中国家，人口多，底子薄，经济不发达，农村尤其不发达。贫困地区的实际情况，决定扶贫工作必须要有一个比较现实的贫困标准。

目前，中国贫困标准为 1196 元，但这些年不少学者和社会人士一直在呼吁上调贫困标准。一方面，25 年来，相对于中国国内生产总值 40 多倍的增速，贫困标准却仅有 5 倍有余的涨幅；一方面，与国际标准相比，中国差距仍然很大——联合国千年发展目标采用的国际贫困标准是每人每天消费低于 1 美元，世界银行则把国际贫困标准设定为每人每天生活费不足 1.25 美元。此外，不少专家认为，在消费者物价指数不断高企的情况下，1196 元的标准“已经过低”，且不少脱贫人口有“被脱贫”之嫌。

在扶贫开发“双到”工作中，广州市根据梅州、阳江、茂名三市 335 个贫困村经济发展实际水平，制定了2500元的贫困标准。即从2009年开始，用4年时间，确保被帮扶贫困户基本实现稳定脱贫，80%被帮扶贫困人口达到农村家庭年人均纯收入2500元以上，被帮扶村基本改变落后面貌。广州市在对口帮扶从化市122个贫困村中，根据当地经济发展现状，制定了5000元的贫困标准。即从2010年开始，用2年时间，确保被帮扶贫困户基本实现稳定脱贫，全部被帮扶贫困人口达到农村家庭年人均纯收入5000元以上，被帮扶村基本改变落后面貌。

四、关于扶贫

扶贫是一项有组织的活动，是政府、社会、组织或者个人有计划有目的的一项扶助行为。狭义的扶贫，通常指政府和社会通过某些措施，增加具有正常劳动能力贫困人口的就业机会，增强其创造收入的能力，达到缓解和消除贫困的目的。广义的扶贫，则是指使用包括生产性和分配性的措施，直接或间接增加所有贫困人口的收入和促进贫困地区发展，如国家取消农业税、对农民种地进行直接补贴、增加对农业的转移支付等措施。

扶贫有三个明显特征。一是政府主导性。虽然造成贫困的原因是多方面、多层次的，但归根结底它是一个社会问题，不应也不能由个人、企业或其他的社会组织去承担和解决，因而扶贫是政府责无旁贷、义不容辞的责任和义务。二是对象确定性。扶助的对象，从人口上看必须是“具有正常劳动能力”的贫困人口。丧失劳动能力的贫困人口，属于救助扶贫对象，不属于开发扶贫对象。因赌博、懒惰等原因造成的贫困人口，也不属于扶贫对象，只能通过矫正这些人的行为加以扶持。三是方式开发性。扶贫的方式很多，但最关键是搞好经济开发，增加农民收入。即把贫困地区干部群众的自力更生和国家、社会的扶助结合起来，开发利用当地资源发展商品生产，增加就业机会，增强自我积累、自我发展的能力，达到缓解并消除贫困的目的。

五、关于扶贫开发

扶贫开发是指以经济建设为中心，引导贫困地区群众在政府主导下，在各类非营利性非政府组织、社会或个人必要参与下，以市场为导向，调整经济结构，利用当地资源，搞好产业开发，发展商品生产，改善生产条件，走出一条符合实际、富具特色的发展道路。

扶贫开发一方面通过为贫困人群创造机会，提高贫困人口的发展能力，促进其可持续发展。另一方面通过帮助贫困人口稳定脱贫，可以控制农村低保和救济对象规模始终保持在一定范围内，避免“低保和救济对象”越来越多。同时通过促进经济发展和农民生活水平提高，增强集体经济实力，可以为低保和救济对象提供更多的资金来源，也为低保和救济制度的执行创造更有利的条件。

六、关于扶贫开发“双到”工作

为创新对口扶贫开发方式，缩小城乡和贫富差距，统筹解决区域、城乡发展问题，广东省委在十届六次全会上作出了扶贫开发“双到”工作部署。这个设想一改先前单一的“给钱给物、层层帮扶”的扶助思路，采取跨越式“点对点、一对一”方式，实行“一村一策、一户一法”，着眼培养“造血”功能，确保整体长效推进。

扶贫开发“双到”工作是以政府扶助为主导，在社会各方面资源积极参与，充分调动贫困村民自力更生基础上的一种开发式扶贫方式，是对扶贫开发工作内涵的进一步扩展和延伸，它以贫困村、贫困户和具体的贫困人口为工作对象，实行“四定（定单位、定人、定点、定责）”原则，对每个贫困村、贫困户和每名贫困人员，建档立卡、动态管理、实时掌控。

扶贫开发“双到”工作的关键和优势在于把资源直接或间接地配置到户，把帮扶责任明确落实到人。通过状大村集体经济实力、改善村容村貌、推动文化建设、扶持产业发展等具体举措，不断增强贫困户（人口）创造收入的能力，增加贫困户（人口）的收入，达到整村推进、整村脱贫的目的。扶贫开发“双到”工作与单纯性扶贫开发工作相比，有四个不同特点（以广州市司法局帮扶的兴宁市龙田镇凉伞村为例）：一是定向式扶贫。按照省事先确定的年人均收入在2500元以下的贫困标准，我们对帮扶村全体人员进行全面摸查，在此基础上，广泛听取村民意见，并召开全体村民大会表决确定了70个贫困户和221名贫困人员，扶贫开发“双到”工作就是对这些经过摸排后确定的人员实行定向帮扶，把具体的帮扶对象落实到户、到人。二是跨越式扶贫。这种跨越，不是自上而下的层层帮扶，而是省去帮扶单位与帮扶村之间的若干中间环节，直接在被帮扶单位建立三方共管帐户，直接把帮扶实惠送到户，送到具体需要帮扶的个人手中。三是包干式扶贫。在扶贫开发“双到”工作实施过程中，通过广州市对口包干梅州、阳江和茂名，市直帮扶单位对口包干各村，各帮扶单位确定个人对口包干到各贫困户和贫困人员，落实并明确了市、部门一级以及到村、到户的具体责任人，确保按“贫困户不脱贫不脱钩”原则开展帮扶。四是综合型扶贫。扶贫开发“双到”工作不是单一的对某个方面进行的扶持，而是集科教、文化、产业、医疗、技能、金融、水利等多种帮扶措施于一体的综合型扶贫方式。如广州市司法局在对口帮扶兴宁市龙田镇凉伞村的过程中，除引入社会帮扶资金外，共投入 292 万元，从八个方面对帮扶村进行了扶贫开发（见图示一）。

图示一

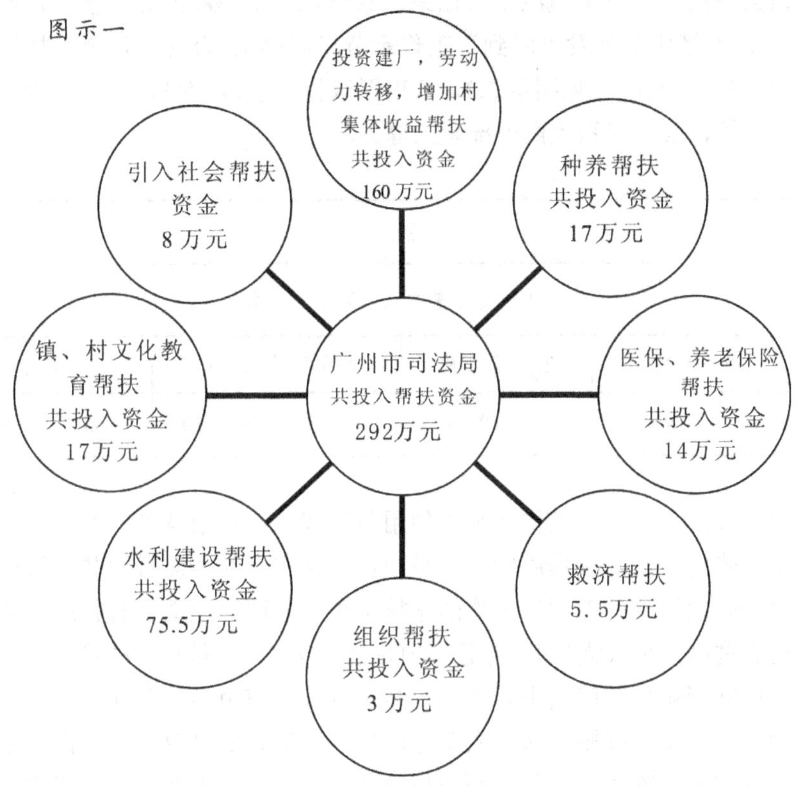

七、扶贫开发"双到"工作的前提是要解决资金来源与使用管理问题

开展扶贫工作，就要有投入，这种投入主要是资金方面的。扶贫开发"双到"工作资金的投入主要有三个方面的来源：一是政府直接投入。每年中央财政都安排了各项扶贫专项资金，2010 年，中央财政进一步加大了财政扶贫开发的投入力度，共安排财政扶贫专项资金 222.68 亿元，较上年增长 12.87%。广东省在 2010 年扶贫开发"双到"工作中，在本级财政也安排了 7.14 亿元专项扶贫资金给予支持，同时要求珠三角挂钩帮扶地市，也要在新年度财政预算中，列入扶贫资金专项预算，重点支持扶贫开发"双到"工作。二是帮扶单位

自筹、个人和企业捐赠。自扶贫开发“双到”工作以来，去年“扶贫济困日”，广东省共募集资金19.7583亿元（含物资），广州市司法局在这项活动中，共募集资金57.8531万元。三是发动社会力量支持。组织发动各类基金会、非营性非政府组织，以及其他民间组织，定点进行专项扶贫。自2009年广州市司法局对口帮扶兴宁市龙田镇凉伞村以来，共投入资金300万元（含广州市级财政50万元、市级扶贫开发“双到”工作示范村奖励25万元、社会帮扶资金8万元），从来源上来看（见图示二），政府财政投入仅占25%，大部分投入资金来自单位自筹，或面向系统内干部职工募集。

图示二：			
帮扶资金来源（总额300万元）			
1. 广州市财政投入	2. 社会帮扶	3. 帮扶单位自筹	4. 个人募捐
75万元（25%）	8万元（2.6%）	156.5万元（52.1%）	60.5（20.2%）

扶贫开发“双到”工作资金的使用与管理，广州市扶贫“双到”办有专门的规定，确定了三个管理原则：一是帮扶资金实行互相监督和共同管理；二是帮扶资金必须用于“双到”工作的帮扶项目（危破房改造在验收后补助资金直接支付到贫困户个人帐户），并且按项目进度支付；三是设立扶贫开发“双到”工作专用共管帐户。广州市司法局在帮扶资金的使用与管理问题上，专门制定了详细的管理实施细则，从“六个方面”对扶贫开发“双到”工作资金进行了规范管理和监督落实：一是与帮扶村设立帮扶资金专用账户，由双方共同负责专项资金的管理与使用。二是申请使用帮扶资金，必须由帮扶项目需求方提出申请，经帮扶村村委会负责人、帮扶单位“双到”工作领导小组和驻村帮扶责任人三方审核后拨付使用。三是申请专项资金的项目应实行评审制度，严格按照规定的审批程序办理专项资金的申报、分配和拨付。专项资金不得用于消费为目的。四是专项资金经规定程序批准后，帮扶项目组必须严格执行，不得随意调整，确需调整的应严格按照审批程序申请，经批准方能调整。项目执行中，如发生项目终止、撤销、变更和经决算认定项目资金结余的，原则上由帮扶单位统一收回。五是建立严格的扶贫开发“双到”工作资金使用管理制度，依托共管账户，实行专款专用。专项资金的使用必须取得报销票据，作为审计和绩效评估的凭证和依据。每一笔开支票据，必须有村干部、镇挂点领导、帮扶单

位主要负责人"三方"签名同意后方能入账。

实践中，扶贫开发"双到"工作帮扶资金，仍还存在资金不足、来源不广、个别资金不进共管帐户、资金投向零散而不合理、资金层层下拔而被截留挪用等问题。如各级政府安排的扶贫专项资金偏少，由各单位自筹或向个人募集已越来越困难；已入共管帐户的资金与帮扶单位上报的帮扶资金不一致，说明有部分帮扶资金没有通过共管帐户而直接"进村入户"；帮扶资金的使用效率不是很高，有的把扶贫款用到了非扶贫事务上，有的投入帮扶项目多而散、效益不高、成效不大，有的扶贫项目，短期效果明显，但长期效果不佳等。

八、扶贫开发"双到"工作的根本是要解决农民基本温饱问题

对家庭人均纯收入低于当地最低生活保障标准的家庭和家庭成员，按最低生活保障标准给予救助，这类"绝对贫困户（人员）"本来是低保对象，不是扶贫对象，对他们来说最根本的是吃饭问题、生存问题，不是摆脱贫困的问题，但就目前农村的低保水平而言，甚至连当地最低生活水平都得不到充分保障，有的地方有的人员甚至还没有被低保所覆盖，如果出现生病或家庭重大变故，这种情况更是雪上加霜。

当前，我省开展的扶贫开发"双到"工作的帮扶对象包括所有农村低保户、"五保户"和其他有一定劳动能力年均收入在2500元以下的人员。比如，广州市司法局对口帮扶的兴宁市龙田镇凉伞村，在所确定的70户221名贫困人员中，有"低保户"20户20人、"五保户"3户3人、残障人员4户5人，分别占全村贫困户的38.57%和贫困人员的12.7%。对这类人员的帮扶，广州市司法局根据他们已经失去劳动能力、鳏寡独居、无任何收入等特点，采取三种"输血式"扶贫措施给予帮扶，在解决他们的温饱问题的同时，还提高了自身的生活质量：一是投入14万元，在"低保、五保"的基础上，为18个60岁以上的老人一次性购买了最高额度养老保险，平均每人每年增收2180元，提前实现长期脱贫。二是对没有纳入低保而又无劳动能力的其他人员，通过状大村集体收益，每年从村集体收益中能得到一定救济。三是一次性为全村221名贫困人员购买了新型农村合作医疗保险，让贫困人员不致因病重新致贫。

扶贫开发"双到"工作和农村最低生活保障制度作为我省对农村贫困群体扶助政策体系的两大组成部分，并不相互排斥、互为替代的关系，而是相辅相成、互为补充的。对无劳动能力无任何收入来源的，可实施低保解决生存问题；因病、因灾、因学致贫的应以临时救助为主；其他贫困人员，主要以开发式扶

贫为主，提供发展机会，增强创收能力，提高生活水平。

九、扶贫开发“双到”工作首先是要解决农民教育培训问题

真正的扶贫，是要把教育培训放在首位，从资金投向、体制机制、计划管理、内容安排等方面整合统筹、重点倾斜。培养有文化、懂技术、会经营的新型农民，把农村丰富的人力资源转化为人力资本，是新农村建设，也是扶贫开发“双到”工作不可或缺的条件和基础。据有关资料表明，我国农村劳动力中小学文化程度和文盲半文盲占40.31%，初中文化程度占48.7%，高中以上文化程度仅占11.62%，系统接受农业职业培训的农村劳动力不到5%，这种现状与社会主义新农村建设要求极不相符，在贫困地区甚至更为严重。在我国平均每万人农村劳动人口中，科技人员不到10人。农村人口尤其是贫困地区贫困人员普遍存在素质低、技能低现象，其结果必然是农业生产力低下，农业生产发展滞后。而发达国家，如美国大部分农场主都是农学院毕业生；日本农民中大学生占59%以上；英国目前每年有30%的农业劳动者接受各种不同类型的农业教育培训活动，并有不少的农学院毕业生加人农业劳动者行列。广州市司法局对口帮扶兴宁市龙田镇凉伞村，70户贫困户221名贫困人员中，除25人正在接受全日制学校教育，其他人员基本上是文盲和半文盲。自2010年“双到”工作开展以来，广州市司法局共安排本村253人次进行了实用农业技术和职业技术培训；邀请兴宁市农业局高级农艺师入村传授龙眼栽培技术，提高了村民的劳动技能和自我发展能力。这些培训是在扶贫开发“双到”工作期间对一些有帮扶需要的村民进行的简短技能培训，是有针对性的初级培训，具有偶然性，在短期内对农民的生产发展有一定促进作用，但这种教育培训的机制并没有形成，达不到长效帮扶、脱贫致富的目的。

对农村农民的教育培训要通过以下四种方式加以强化和落实：一是以立法的形式保障农民教育培训工作。农民教育培训的专门立法，在我国至今仍是空白，甚至未引起足够重视。国家农业部发布的《全国新型农民科技培训规划(2003～2010)》把“加强立法工作，积极推进农民科技培训工作的法制化建设”作为加强新型农民科技培训的有力保障措施之一。应加快建立中央、地方各级政府关于新型农民培训的政策、法规，以法律、法规形式建立相应的政府管理新型农民培训的工作制度体系，依法推进农民教育培训机制的建立和完善。二是建立和完善农民教育培训体系。在我国参与农民培训的机构很多，但始终没有形成协调统一完善的培训体系。首先，政府应该作为农民教育培训的主体，统筹规划和制定农民教育培训的相关政策、法规，加大对农民教育培训的宏观

管理力度。政府部门，主要是农业主管部门主管农民教育培训工作，负责农民培训工作的协调管理，对培训机构进行管理、考核与认定，建立和管理统一的农民培训师资队伍，对培训师资进行培训与评估。其次，应该建立农业科研、农业教育与农业推广为一体的农民教育培训服务体系。我国在计划经济体制下形成的农业科研、农业教育与农业推广体制脱离的情况，已严重影响到农业科技成果转化。必须对现有的农业科研、农业教育与农业推广机构的资源进行整合，形成合力。要建立以农业院校、科研院所和农业技术推广机构为依托，县、乡、村农业技术推广服务体系和各类培训机构为基础的农民科技教育培训网络。第三，不仅要发挥社会团体积极组织教育培训，而且还要广泛发动和依靠农业产业协会、农民合作组织和农业企业等社会力量积极兴办农民教育培训事业，积极推动农民教育培训的开展。三是建立以政府为主导、多渠道筹措农民教育培训经费的新机制。长期以来，我国教育经费总体投入水平偏低，受此影响和制约，农民教育培训的投入更是严重不足。因此，加大农民教育培训的投入就显得尤为重要和迫切。要多方筹措经费，逐步建立政府、用人单位、受教育培训者和社会共同分担、多种机制并存、多渠道筹措农民教育培训经费的新机制，不断增加农民教育培训投入。四是创新培训模式，增强培训的实效性。随着社会主义新农村建设和培育新型农民目标的提出，在实践中因地制宜地探索出了许多新的培训模式，如“项目式”培训模式、“示范基地式”培训模式、“校企合作式”培训模式、“超市式”培训模式、“中介式”培训模式、“订单式”培训模式、“创业式”培训模式、“校校联办式”培训模式、“新农民学校”培训模式、农业远程教育培训模式及社区工作培训模式。这些实践探索虽然已经取得一定成效，但由于缺乏对农民教育培训的规律性研究，大多数培训模式仅仅局限在经验和案例层面，缺乏推广性。在社会主义新农村背景下，要不断优化农民教育培训模式，加强新模式的理论研究，大力推广新模式的研究成果，加快推进培训新型农民的步伐。

十、扶贫开发“双到”工作的重点是要解决农村劳动力转移问题

“配第 - 克拉克定律”认为，随着经济的发展和人均收入水平的提高，劳动力从第一产业（农业）向第二、第三产业等非农业部门转移，这是一个普遍的规律。所以说在经济发展的过程中，农业人口在总人口中所占比例将逐渐减少，农业产值所占比例也将下降。在业界，有一种被普遍认同的观点是：“只有减少农民才能富裕农民”。贫困地区的农民主要是缺少就业机会，通过加大产业布局，加快城镇化建设步伐，可以有效解决农村贫困问题。

农村劳动力转移根本是转移农业、农村人口，实现农业劳动力的非农业、非农村就业。相关的建议包括：一是大力推进城市、城镇化建设，吸纳更多的农业、农村人口。二是提高现有劳动力素质，加大人力资本投资的转移支付。三是实现产业政策倾斜，为劳动密集型产业提供宽松的外部环境。四是取消户籍限制，降低农村人口迁移到城市的成本。在业界，有一种影响广泛的观点是“大力推进城市、城镇化建设，吸纳更多的农业、农村人口”。相关国家实践表明，经济的发展意味着城市化率的不断提高。

广州市司法局扶贫开发“双到”工作，对口帮扶兴宁市龙田镇凉伞村，自2009年以来，该局从布局产业规划项目出发，全面启动扶贫帮扶工作。通过在帮扶村推动落实“扩大村办电子厂规模、征地创建‘穗司惠民创业基地’、修建1.5公里排灌水渠、建立名优特‘五谷杂粮’种植基地、修复运行村溪唇河水电站、以及为村引进安全饮用水工程”等六大产业工程。到目前为止，在该村落实运行的产业帮扶项目，共实现近500名本村或邻近村农村劳动力就近、就业，每年每人可增加收入近万元，同时每年可为该村增加集体经济收益近10万元。这样贫困农村劳动力不脱村不脱离自己土地就可以就近就业实现脱贫，并使村集体经济实力得到显著增强，反过来又促进村这一级组织有能力提升自已服务群众、带领群众脱贫致富的积极性。

参加文献：

[1] 中央扶贫办 . 中国农村扶贫开发纲要 2001-2010 年中期评估政策报告 .

[2] 国家财政部 . 国家扶贫资金管理办法 .

[3] 国家财政部 . 中央财政 2010 年财政扶贫开发基本情况 .

[4] 广东省财政厅 . 广东省 2010 年预算执行情况和 2011 年预算草案报告 .

[5] 2010 年中国发展报告 .

[6] 世界银行 2010 年度报告 .

[7] 高等函授学报 (哲学社会科学版).2010 年（7）.

[8] 广州市扶贫开发“规划到户 责任到人”工作——驻村工作手册 .

[9] 钱纳里，赛尔昆等 . 发展的型式（1950—1970）. 北京：经济科学出版社，1988.

扶贫捐赠资金全流程监管分析

仲恺农业工程学院财务处　吴家云[1]

一、扶贫捐赠资金现状

1. 扶贫捐赠资金规模形成

扶贫资金，是扶助贫困农民脱离贫困线的资金。投向农村、农业、农民，专门用于贫困线下的农民增加收入、提高社会保障水平、改善生活条件；专门用于贫困线下的村委会壮大集体经济收入、提高服务农民的水平、改善全村的公共服务设施条件。捐赠资金，是捐赠人自愿、无偿、义务捐赠的专用资金，一般都指定了特定用途。扶贫捐赠资金，是捐赠人指定用于农民和村委会帮助脱贫的专门捐赠款项。

2009年，广东省开始开展大规模的扶贫开发“规划到户责任到人”工作，每个贫困村有固定的挂购帮扶单位，每个贫困户有固定的挂购帮扶责任人，帮扶单位派出扶贫工作组常驻贫困村，进行开发式扶贫。2010年，国务院批准每年6月30日为“广东扶贫济困日”，全省形成了全社会扶贫捐赠热潮。

2. 扶贫捐赠资金监管意义重大

扶贫捐赠资金是广东省扶贫开发的重要资金来源，加强监管是应有之义。扶贫捐赠资金监管到位，才能保证资金安全地到达贫困村和贫困农户手中。扶贫捐赠资金监管有效，才能促进贫困村和贫困农户树立主动脱贫的主体意识，发挥出寻找脱贫路径的主观能动性。扶贫捐赠资金监管有力，才能真正变救助式扶贫为开发式扶贫，变“输血”为“造血”。

3. 扶贫捐赠资金监管现状

广东省扶贫基金会是省级扶贫捐赠资金管理机构，建立了专门的基金会网站，公布捐赠资金明细和受赠资金明细，建立了规范的扶贫捐赠资金管理办法

[1] 吴家云（1974.02-），男，重庆市人，仲恺农业工程学院财务处科长、高级会计师，研究方向：财务管理。

和有效的会计报账处理方法。这些措施，使归集到省扶贫基金会专门账户的捐赠资金，从募集到使用，全过程接受监管，规范、透明地使用，保证了资金安全，保证了资金发挥出最大的扶贫效益。

全省在册贫困村3409个，每个村都有一个挂钩帮扶单位。每个帮扶单位有自己的募捐范围、募捐时间段、募捐资金使用对象。全省的扶贫捐赠资金不可能全部归集到省扶贫基金会专门账户。每个帮扶单位除了集中募捐之外，还会根据挂钩村的扶贫规划和发展现状，不定期地从单位的公用资金中给予扶贫资金支持。从性质上看，这部份资金也是扶贫捐赠资金。但它不会事先归集和事先确定资金性质，更不可能事先归集到专门的扶贫捐赠账户。

“谁募捐，谁负责”。帮扶单位加强扶贫捐赠资金监管，更具现实意义。着眼于资金流视角，加强资金流转的各个环节监管，可促进扶贫捐赠资金监管的力度，可促进扶贫捐赠资金发挥出最大效益。

二、资金募集监管：保证扶贫捐赠意愿客观汇集

1. 社会化募集的监管

社会化募集，是指这样一种募集方式：没有特定帮扶挂钩任务的单位或组织，面向全社会所有的企事业单位和个人，募集的资金不是计划投向除捐赠者意愿外的特定贫困村和贫困农户。比如广东省扶贫基金会，在工作网站和媒体，及时公布接收的每一笔扶贫捐赠资金的日期、捐赠人（单位）、金额、捐赠意愿等详细信息，接受全社会的监督。

2. 帮扶单位募集的监管

在广东省的大规模扶贫开发“规划到户责任到人”工作中，3409个帮扶单位有特定的挂钩帮扶贫困村及其贫困农户。这些单位都有自己的扶贫捐赠资金募集范围：单位的职工个人、单位本身、与单位有密切关系的其他企事业单位。这些单位的扶贫捐赠资金募集特征也很明显：在“广东扶贫济困日”集中发动单位职工个人小额捐款，向其他企事业单位发动单次大额特定用途捐款，单位本身向挂钩贫困村的公共服务项目建设给予个别的资金帮扶。

帮扶单位募集的扶贫捐赠资金，在实际操作中少有归集到省扶贫基金会专门账户的。帮扶单位可以做好扶贫捐赠资金募集环节的监管工作。这些单位都有健全的会计机构、整套的会计核算制度，有成熟的财务管理制度和内部控制制度，有专门的会计核算和财务管理人员，还有扶贫领导小组和扶贫工作小组。通过设立单独的代管会计账户，及时登记汇总每一笔扶贫捐赠款项，可以建立起规范的捐赠资金募集账簿，客观地记录每一笔捐赠意愿。

三、资金流转监管：保证扶贫捐赠资金安全完整

1. 资金流转监管内容

在帮扶单位，完成扶贫捐赠资金募集监管后，就要转入资金分配使用阶段的监管。从资金流的角度，这又可以分为资金划转和资金运用两个环节。这两个环节在时间上不是一次分开的，而是融入扶贫业务工作中，即每一项有关扶贫业务都有这两个环节。每一项有关扶贫业务都要注重资金划转监管。

扶贫捐赠资金划转监管，可归纳为回答“资金为什么划转”、“资金什么时间划转”、“资金划转到什么地方”三个问题。

资金为什么划转？每个帮扶单位对挂钩贫困村和贫困农户都有三年帮扶规划或年度帮扶规划及其帮扶资金预算，都有年度帮扶措施、具体的帮扶项目内容和帮扶工作计划，都有常年驻村工作小组。只要某笔资金符合上述要求，就应该可以划转。

资金什么时间划转？驻村工作小组已按年度工作计划开始实施帮扶项目或已到节日慰问时间点，贫困农户已开始按季节进行农业生产，产业帮扶中挂钩企业已开始发放生产资料，金融帮扶或建立市场机制帮扶中协议已签定进入实施步骤，这些时间就是可以划转资金的时间。

资金划转到什么地方？在传统帮扶方式下，如节日慰问、生产资料资助、社会保障购买资助等，资金划转目的地一般都是贫困村村委账户，或者是携带现金直接发放到贫困农户手上。在帮扶方式创新过程中，会出现诸如金融贴息贷款、产业化生产加工、投资分享、销售渠道建立等市场机制化的帮扶方式。在这些帮扶方式下，资金划转目的地会变得比较复杂，需要谨慎仔细地监管。

2. 资金流转监管措施

弄清楚了资金流转环节监管什么，还要清楚怎么实施监管。资金划转的操作是在帮扶单位，因此监管也主要是在帮扶单位进行。如前所述，扶贫捐赠资金划转监管，就是完成以下程序：扶贫领导小组和扶贫工作小组执行帮扶单位已有的财务管理制度和内部控制制度，履行相应的审查批准签字手续，财务人员按日常资金汇划流程向银行送达相关票据。

四、资金分配使用监管：保证扶贫捐赠资金发挥最大效益

1. 扶贫资金的分类

广东省在核定贫困人口时，将贫困农户划分为有劳动力和无劳动力两类。对二者的扶贫要求和考核标准也不同，前者需要帮扶到稳定脱贫状态，后者只

需要慰问和救助。对前者的帮扶可称为开发式扶贫，对后者的帮扶可称为救助式扶贫。

根据扶贫资金达到的效果不同，也可以将扶贫分为开发式和救助式两种。前者投入的资金具有增值性和生产性，可以为贫困户带来持续的收入，后者投入的资金具有短暂性和消费性，只能为贫困户带来一次性的收入。

因此，根据扶贫资金的投向不同，可将扶贫资金分为开发式扶贫资金和救助式扶贫资金。前者指用于帮扶有劳动力的贫困户的资金和进行增值和生产的资金，后者指用于帮扶无劳动力的贫困户的资金和一次性生活消费的资金。

2. 救助式扶贫捐赠资金的使用监管

救助式扶贫资金，在扶贫实践中有节日慰问金、对无劳动力贫困户的救济金、对贫困户危房改造帮扶资金、对贫困村委会支持的办公经费等具体形式。救助式扶贫资金具有明确的用途，监管的关键是确保资金到达受益人手中。

救助式扶贫捐赠资金到达受益人手中的途径有三种。一是通过贫困村村委会银行账户，提取现金直接发放由贫困户签收，或者从银行转账到贫困户的个人账户。这种方式的监管工作量大，需要有帮扶单位或驻村小组人员现场监督。二是从帮扶单位银行账户直接转账到贫困农户的个人账户。这种方式监管效果最好，但在实践中不具操作性，因为帮扶单位与贫困村相距遥远，收集贫困户账户资料繁杂。三是帮扶单位携带现金到贫困村，直接发放由贫困户签收。这种方式工作量大，监管效果比较好。在实践中，慰问金和救济金的发放大都采用第三种方式，对村委会的支持资金采用从帮扶单位银行账户直接划转到村委会账户的方式。

对受益人使用救助式扶贫捐赠资金的去向进行监管意义不大。比如，贫困户拿到慰问金和救济金，购买生活用品改善生活质量，或是用于娱乐消费，帮扶单位和捐赠者一般是不会关心的。即使是用于非法用途，那也是伦理道德的问题，不是扶贫捐赠资金监管的应有之义。

救助式扶贫捐赠资金使用监管需要注意受益人与捐赠者意愿的匹配。如果使用的资金具有明确的捐赠意愿，必须得符合捐赠者的意愿。同时，还要向捐赠者或向社会公布受益人及资金用途。

3. 开发式扶贫捐赠资金的使用监管

救助式扶贫资金，只能一次性地增加贫困农户的收入，只能暂时缓解贫困农户的贫穷困境。要建立可持续的稳定的脱贫致富机制，必须依靠开发式扶贫资金。

开发式扶贫资金，在扶贫实践中是用于生产性投入和保障机制建设投入。

社会保障机制建设投入资金涵盖有劳动力和无劳动力的所有贫困农户，具体形式有购买农村合作医疗保险、购买农村社会养老保险、参加农村最低生活保障。社会保障机制建设投入的扶贫资金，必定有一部份来源于扶贫财政资金，扶贫捐赠资金用于社会保障机制建设投入的是必须由贫困农户自身承担的部份资金。社会保障机制能给贫困农户带来持续的收入和保障，是社会保障体系的组成部份。建设社会保障机制的扶贫捐赠资金，监管的关键是确保贫困农户的社会保障关系建立。

扶贫捐赠资金购买贫困农户的社会保障关系有三种情形。一是帮扶单位直接从银行账户划转资金到社会保障机构指定银行账户，凭相关票据在帮扶单位会计账薄记录。这种方式监管效果最好，但需驻村工作小组收集贫困农户资料到各级政府去办理相关手续，不具操作性。二是帮扶单位划转资金到贫困农户银行账户，或是直接发放现金，由贫困农户签收，然后由贫困农户到社会保障机构办理相关手续。这种方式监管效果最差，存在贫困农户挪用资金用于生活消费从而导致失去预期扶贫效果的风险。三是帮扶单位划转资金到贫困村村委会银行账户，由村干部负责办理贫困农户的社会保障关系，并在村委会的农村会计代理记账系统记录。这种方式便于驻村工作小组通过村委会会计账薄监督，又利于农村基层组织掌握贫困户动态，是扶贫实践中最常采用的方式。

生产性投入资金是调动贫困村和贫困农户的劳动力、土地、销售渠道等资源持续产生经济效益增加经济收入的资金。生产经营的方式多种多样，相应的投入资金性质复杂，但生产性投入的扶贫捐赠资金限定了受益人只能是贫困村和贫困农户。

生产性扶贫捐赠资金投入贫困农户的主要用途就是从事农业生产，用于购买农业生产资料，培训农业生产技术及农产品营销技巧，如种植粮食生产和经济作物的种子（果苗）、肥料、加工工具、加工燃料，养殖畜产品和水产品的养殖场地、养殖工具、饲料。从事农业生产的扶贫捐赠资金，监管的关键是生产资料和技能培训产生最大的生产效率。

扶贫捐赠资金投入农业生产有两种情形。一是贫困农户“见物不见钱”，可以是帮扶单位直接向农业生产资料供应商和培训机构划转资金，凭相关票据在帮扶单位会计账薄记录；也可以是村委会向农业生产资料供应商和培训机构划转资金，在村委会的农村会计代理记账系统记录。这种方式需要帮扶单位的帮扶工作强有力而且有熟练的农业生产组织经验，才能取得良好的监管效果和帮扶效益。这种方式与产业化帮扶方式相结合，资金金额大，生产规模大，由农业企业统一提供生产资料和生产技术来组织贫困农户的农业生产和农产品销售，会取得规模化的帮扶效益。但这需要政府的强有力协调，保证农业企业与帮扶单位的紧密配合。二是贫困农户“见钱购物”，即帮扶单位通过村委会银行账户发放小额生产资料专项补助资金，由贫困农户自行采购农业生产资料。这种方式易于组织便于监管，但无法保证良好的帮扶效益。

生产性扶贫捐赠资金投入贫困村集体进行农业生产，会产生与贫困农户相似的监管效果。但如果用于工业生产和经济合作组织的商业运营，帮扶单位特别是驻村工作小组，需要延长资金监管链条和投资效益监审工作，同时必须加强当地外部社会审计力度。

4. 金融创新式扶贫捐赠资金的使用监管

为了最大限度地发挥开发式扶贫捐赠资金的扶贫作用，金融创新手段的运用具有重要意义。贴息贷款和贷款担保是常见的两种金融扶贫方式。

将扶贫捐赠资金用作银行贷款的利息补贴，可数倍放大资金对贫困农户农业生产的促进作用。农户只需还本不需付息，可有力促进农业生产项目的发展壮大，促进长效稳定脱贫机制的建立。

将扶贫捐赠资金用作银行贷款的担保资金，可起到贴息贷款类似的作用，不同的是贫困农户需要增加贷款利息负担。

以上两种金融扶贫方式，扶贫捐赠资金的监管更为复杂，需要按照合同法律的规范运作，需要政府的政策支持，更需要当地政府的强有力协调，政府、金融部门和帮扶单位需要共同配合监管使资金发挥最大扶贫效益。

小额无息贷款，是将扶贫捐赠资金的无偿使用变为有偿使用，需要到期还本。这对贫困农户的自主脱贫意识有较好的促进作用，是扶贫捐赠资金变被动式监管为主动式监管的有用金融扶贫方式。

扶贫捐赠资金的金融扶贫方式，可调动脱贫致富的主动积极性，能更有力更有针对性地达到扶贫效果，也更符合社会主义市场经济条件下的市场机制要求。但对资金监管和扶贫工作的要求也更高，需要专门的金融会计知识和人员的支持。

五、全流程扶贫捐赠资金监管分析结论

扶贫捐赠资金是广东省扶贫开发“规划到户责任到人”工作的重要支撑资源，资金监管是达到预期扶贫效果和扶贫效益的核心保障措施。挂钩帮扶单位和驻村工作小组是扶贫开发“规划到户责任到人”工作的重要人员配备环节。扶贫捐赠资金一头是帮扶单位和帮扶工作小组，一头是贫困村和贫困农户，中间是驻村工作小组。简而言之，扶贫捐赠资金的全流程监管，就是接受帮扶单

位的财务管理制度和内部控制制度监督，接受农村财务管理制度和会计代理制度的监督，达到社会主义市场经济条件下的市场机制要求。

参考文献：

[1] 陆晓文 . 扶贫还需救贫 [J]. 社会观察，2004(11):24-26.

[2] 张冬霞 . 捐赠资金管理的研究 [J]. 会计之友，2010(9 下):48-49.

[3] 章青山，萧伏生 . 确保扶贫资金到村户 [J]. 老区建设，1998(2):38-40.

[4] 郑德平 . 怎样搞好扶贫资金的有偿管理 [J]. 福建金融，1987(12):21-22.

构建“大扶贫”格局的几点思考

清远市扶贫办　李美全[1]

从广义上说，大扶贫是以关注和解决贫困人口脱贫问题、提高其致富能力为目标，全社会各方力量共同参与的一个扶贫体系，它既是一种社会氛围，又是一种扶贫行为。从狭义上理解，大扶贫主要指对扶贫关注面要广、关注程度要深、帮扶氛围要浓、帮扶群体要多。众所周知，扶贫是一项长期而艰巨的系统工程，没有社会各方力量共同参与是难以完成的。因此，加强构建大扶贫格局迫在眉睫、势在必行。

构建大扶贫格局，是促进社会和谐稳定、建设幸福广东的需要。和谐稳定是社会发展的基本前提。百姓安居乐业，社会发展进步，都需要和谐稳定的社会发展环境。只有维护好社会和谐稳定的大局，为经济社会发展创造良好的内部和外部环境，才能保持社会经济的全面、健康和快速发展，才能保证每一个公民的基本权利，实现改革开放成果人人共享。当前我国既处于发展的重要战略机遇期，同时又处于社会矛盾凸显期，特别是一些影响社会公平、和谐、稳定的矛盾与问题还比较突出，例如城乡群众的收入水平总体较低，教育的总体水平还比较低，就业难、看病难等关系群众切身利益的突出问题还没有得到很好解决。实际上，这些矛盾和问题都是因贫困引发的，应属扶贫范畴。因此，要维护社会和谐稳定，必须积极构建大扶贫格局，加大扶贫力度，改变贫困状况，使城乡居民收入保持稳定增长，社会保障体系日趋完善，确保人民劳有所得、病有所医、老有所养、住有所居，不断提升人民的生活质量和幸福指数。

构建大扶贫格局，是当前扶贫形势发展的需要。近年来，省委、省政府积极实施扶贫开发“规划到户责任到人”战略，扶贫工作取得了显著成果，全省贫困人口持续减少，贫困面不断缩小。然而，一些地区的贫困问题仍然十分突出，扶贫工作呈现出明显的不平衡；一些地区的帮扶力量相对薄弱且较为分散，急需进一步整合和优化；一些地区的社会参与氛围不浓，没有采取有效措

[1]　李美全(1975.10-)，男，清远市扶贫办业务科副主任科员，中学一级教师。

施鼓励和引导单位、企业、个人参与扶贫开发，致使社会一些企业和团体的帮扶责任意识不强。因此，要通过构建大扶贫格局，进一步营造浓厚的氛围，广泛动员社会各界人士慷慨解囊，积极参与扶贫开发，并着力整合帮扶资源，形成强大的帮扶合力，彻底解决贫困地区的发展问题和贫困人口的脱贫问题。

如何进一步构建大扶贫格局，形成“扶贫你我他，脱贫靠大家”的良好氛围呢？笔者认为，必须坚持“四项基本原则”，着力在以下四个方面下功夫：

一、坚持政府主导的原则，着力在落实帮扶责任上下功夫

政府要统揽扶贫开发全局，充分发挥政府在扶贫开发工作中的主导作用，尤其要在资金投入和扶贫政策上提供有力的保障。主要抓好以下三项工作：

1. 明确职能，落实责任

扶贫开发工作协调难度大、管理要求高，仅仅依靠扶贫部门的力量是不够的，必须实行“党委领导、政府主导、部门联动、社会参与”的大扶贫机制，使扶贫开发真正成为“一把手”工程和德政工程。政府要统一负责本区域范围扶贫开发工作的组织、指挥、协调、检查和考核，并围绕工作目标，逐级分解任务，层层明确责任。明确党政“一把手”作为当地扶贫工作的第一责任人，各级帮扶单位“一把手”作为本单位扶贫工作第一责任人，把帮扶责任落实到每一名干部身上。

2. 科学规划，注重民生

科学规划是抓好扶贫工作的基础。在规划过程中，务必坚持因地制宜、分类指导的原则，立足于解决贫困地区最直接、最紧迫、最现实的民生问题，重点改善生产生活条件，加快社会事业发展，促进农民增收脱贫。政府要围绕目标任务对各阶段的扶贫开发工作进行周密部署、精心策划，帮扶单位要根据远期、近期结合，大小项目结合、产业扶贫和项目培训就业结合的指导思想，按照“一村一策、一户一法”和整村推进的思路，根据贫困村、贫困户的实际情况，针对不同扶贫对象的不同需求和发展意愿，制定具体可行的帮扶规划实施方案，建立工作机制、创新方式方法，坚持科学规划与务实推进相结合、外部帮扶与自力更生相结合、发展经济与改善民生相结合，全力推进扶贫开发工作。

3. 整合资源，形成合力

扶贫能否取得实效，关键在于各部门加强沟通协调，形成合力，狠抓落实。当前，扶贫开发工作往往存在条块分割、投入分散的问题，导致贫困村部分建设项目水平低、不配套、综合效益差。因此，各级党委和政府要统揽全局，统一指挥，整合各方资源，优化资金投入，形成强大合力，以发挥最大的扶贫效

益。清远市十分注重扶贫资源的整合工作，按照“各司其职，各负其责，渠道不乱，各表其功”的原则，认真整合市、县各级职能部门三农资源，大力推进行业扶贫。首先，着力整合资金资源。将财政扶贫资金以及农业、林业、交通、水利、教育、卫生等部门的资金、结对帮扶资金和社会捐助资金等有机整合起来，通过规划集中投入到贫困村建设和贫困户增收脱贫，形成扶贫开发工作的合力，提高扶贫资金使用的整体效益。2010 年共整合扶贫资金 5.8 亿元：其中省直帮扶单位 1.04 亿元，佛山市结对帮扶 2.03 亿元，该市各级财政和帮扶单位 2.73 亿元。扶持发展贫困村的集体经济项目 1000 个，帮扶贫困户的项目近 5 万个。其次，着力整合社会资源。该市致力于动员社会力量广泛参与扶贫工作，营造全社会参与扶贫的社会氛围，在首届“广东扶贫济困日”期间，共筹得善款两亿多元。广东天农食品有限公司为贫困户提供小额贷款担保和贴息，仅 2010 年就为该市贫困户贴息扶贫 130 万元。

二、坚持群众主体的原则，着力在提升发展能力上下功夫

困难群众是脱贫致富的主体。在扶贫工作中，要突出困难群众的主体地位，增强其主人翁意识，充分发挥其主观能动性和积极性，着力提升其自我发展能力，促使困难群众实现自主脱贫。主要抓好以下两项工作：

1. 加强思想教育，重在“扶志”

要通过宣传教育，根本转变贫困地区干部群众“甘于贫困、不思进取”的落后观念和“等、靠、要”的依赖思想，不断增强群众自主脱贫的主体意识，变“要我脱贫”为“我要脱贫”。我们要引导和鼓励贫困地区的干部群众继承当年延安大生产运动的优良传统，积极响应毛主席提出的“自己动手、丰衣足食”的口号，使广大困难群众对脱贫致富树信心，立志气，展抱负，发扬自力更生、艰苦奋斗的精神，走自立自强的致富之路，通过大力发展生产来实现脱贫致富。清远市连南瑶族自治县以贫穷文化展馆、穷人培训学校、贫穷耻辱柱和党恩碑等为载体，深入开展宣传教育，群众的思想观念发生了质的转变，形成了人人以贫穷为耻、以富裕为荣的审美导向，更好地激发贫困户自主脱贫的愿望和内在动力，为脱贫提供了有力的思想保障。

2. 加强技能培训，重在“扶智”

俗话说得好：“扶贫先扶智，治贫先治愚。”要彻底改变贫困村和贫困户的现状，必须把扶贫与扶智结合起来。既要想方设法改善贫困人口的生产生活条件，提高其生活质量，又要千方百计提高贫困人口的思想道德和文化科技素质，使广大贫困人口不断提升自我发展能力，最终实现自主脱贫。在开展技能

培训过程中，我们要对贫困人口实行分类指导、“因村施教”。一方面，加强职业技能培训，使贫困户掌握一技之长后，转移就业，以增加工资性收入实现脱贫；另一方面，加强农业技能培训，立足农村当地的群体，实施农业、林牧、水产等科技人员进村入户进行科技培训，提高贫困人口的生产能力和种养水平，使无法转移就业的贫困人口在家门口也实现脱贫。要充分利用已构建起的立体扶贫培训体系，通过发放宣传资料、举办培训班、开设农技课堂、技术讲座、现场咨询和现代远程教育等方式，结合“双转移”，积极开展“五个一”培训工程，即发展1项产业，开发1个项目，掌握1门技能，输出1名劳动力，致富1个家庭。

三、坚持结对帮扶的原则，着力在提高帮扶成效上下功夫

开展结对帮扶活动，是贯彻落实科学发展观、密切党群干群关系、推进城乡一体化发展的重要载体和平台，应引起各级政府的高度重视。在开展结对帮扶活动中，各级帮扶单位务必真正做到思想到位、人员到位、措施到位、工作到位和感情到位，要深入基层，体察群众疾苦，了解社情民意，积极开展送温暖、送政策、送技术、送项目、送资金、送文化、送健康等活动，帮助贫困户更新思想观念、拓宽发展思路、提高劳动技能，让群众切实感受到结对帮扶活动带来的新成果和新变化。

1. 以结对帮扶促责任落实

从2009年开始，省委、省政府全面实施扶贫开发“规划到户责任到人”（下称“双到”）战略，重点建立瞄准机制，实行“靶向疗法”。这种结对帮扶的措施，有利于先富帮后富，走共同富裕的道路；有利于进行社会资源的有效配置；有利于加强精神文明建设，促进社会和谐稳定。各级党委、政府认真贯彻执行省委、省政府新时期扶贫开发战略决策，切实将帮扶对象规划到户，帮扶责任落实到人，确保“纵不重叠、横不遗漏”。在选派干部驻村时候，各级帮扶单位注重把驻村扶贫与培养锻炼后备干部紧密结合起来，能培养锻炼干部，而且有利于增进与贫困群众的感情，进一步密切干群关系，增强干部的责任感和使命感。据统计，全省3409个贫困村共派出驻村干部11524人，实现了村村有工作组、户户有帮扶干部。

2. 以产业帮扶促增收脱贫

贫困村的贫困原因千差万别，不可能有现成的脱贫致富的道路，要想帮助他们尽快改变贫困面貌，实现脱贫致富，就必须寻找一个增收脱贫的支撑点。这个支撑点就是产业帮扶。要大力鼓励和扶持农业龙头企业和专业合作社，着

力在扩大规模、提升品质和打响品牌上下功夫，推动农业产业化发展壮大。要围绕“村兴产业、户创家业”，做到产业规划到村、政策惠及到户、资源配置到村到户。首先，通过产业帮扶助贫困户脱贫致富。要通过“双金”（小额信贷资金和互助资金）和“双社”（专业合作社和互助金合作社），把生产与资金紧密结合起来，形成村有主导产业，户有起步资金。其次，通过产业帮扶助村集体经济增收脱贫。要整合资源，因地制宜，多措并举，或入股工业园物业、扶贫基地，或入股扶贫电站，大力发展稳定致富项目，进一步提高贫困村集体经济收入。

3. 以督查激励促实效提高

结对帮扶工作涉及面广，工作难度大，要确保这项工作落到实处，取得实效，避免流于形式，务必建立督查激励机制。目前，《广东省扶贫开发“规划到户、责任到人”工作考评办法》和《广东省扶贫开发工作问责暂行办法》已相继出台，从而规范扶贫工作，加强责任落实。各地应把扶贫工作列入当地党政重点督查的内容，采取交叉检查、不定期抽查等多种形式督查扶贫工作开展的情况。要对工作不力、进度较慢的贫困地区及其帮扶单位实行“单兵教练”，限期整改，情况严重的要进行报批评，并对相关领导问责；对工作积极、成效显著的贫困地区及其帮扶单位要适时进行表彰奖励，以树立典型，激发其工作主动性和创造性。

四、坚持社会参与的原则，着力在营造扶贫氛围上下功夫

广泛动员各方力量关心和支持扶贫开发，最大限度地调动各类扶贫资源，为实现贫困村稳定脱贫提供可持续的帮助，是新时期扶贫开发工作的重要措施。当前，民营企业蓬勃发展，经济实力的不断增强，引导和动员广大民营企业参与扶贫开发是一个最佳选择。

1. 加大宣传力度

宣传工作在扩大扶贫工作影响、树立扶贫良好形象、动员社会各界关注贫困地区、支持扶贫事业、推进新农村建设方面发挥着越来越重要的作用。要采取多种形式，利用各种媒体，通过报纸、广播电视等新闻媒体，要大力宣传新阶段扶贫开发新农村建设实践中涌现出来的先进典型，推广各地和各级帮扶单位在扶贫“双到”工作中的好做法和好经验，实现“宣传社会、形成共识，宣传先进、推广经验”的目的。同时，重点向各民营企业、社会团体和经济成功人士发出呼吁，激发他们关心贫困群众、关注弱势群体的热情，使他们致富不忘回报社会，积极参与扶贫济困。

2. 积极搭建平台

可通过成立“扶贫基金会”等民间扶贫组织，建立网络服务平台，为民营企业参与扶贫开发牵线搭桥。要充分利用“广东扶贫济困日”活动这一载体，为各界热心人士提供一个“扶贫济困、奉献爱心”的平台，积极筹措扶贫资金，并加强对民营企业投入资金和项目实施的监管，做好相关服务工作，力促社会帮扶发挥最大的效益。

3. 创新扶贫形式

一是通过开展“公司+基地+农户”等扶贫模式，充分发挥“龙头企业”的资源优势和强大的辐射带动作用，使民营企业与农户形成一个利益共同体，使企业的资金、技术、市场等优势与贫困户的土地、劳动力等资源结合起来，形成优势互补，构筑了一个互利互惠、共同致富的平台，以达到共赢的目的。二是加强村企合作，以求共同发展。制定各种优惠政策，鼓励鼓励民营企业到重点村开发荒山荒坡，带动当地群众增加收入。

构建大扶贫格局，全力推进扶贫开发工作，这是惠及千家万户、福泽广大贫困人口的民生工程，可谓功在当代、利在千秋。我们应以义不容辞的责任感、迫在眉睫的紧迫感和重担在肩的使命感，全面贯彻落实科学发展观，坚定信心，振奋精神，开拓进取，以崭新的面貌，创新的思路，务实的作风，全力抓好扶贫开发开发工作，全面推进我省经济社会的平稳较快发展，为建设幸福广东作出新的贡献！

政府主导NGO参与式扶贫路径研究

广东省审计厅　祝青[1]

农村贫困问题一直萦绕着我国经济发展的整个过程，如何解决农村贫困问题，进而达到小康水平一直是我国政府工作的职责和任务。经过20多年的努力，由政府主导的、社会动员参与的、自上而下的扶贫机制，大幅度地减缓了我国农村的贫困程度，是我国扶贫取得巨大成就的重要经验。然而，随着我国市场经济体制的逐步建立和完善，我国“小政府，大社会”改革目标的确立以及贫困形势的改变，以政府为主的扶贫机制已经不能适应形势的发展与扶贫工作的需求。2011年《中国农村扶贫开发纲要(2011-2020年)》，提出“十二五”时期的奋斗目标是“显著减少贫困人口”，要实现这个目标需要引入新的机制，开拓新的思路。NGO作为一种新的组织形式和社会力量，在扶贫中日益突显出其优势，在相当大的程度上弥补了政府和市场的不足，成为当前可供选择的新机制。

一、NGO的理论概述

NGO，即非政府组织(Non-Govermental Organization)，是社会发展的产物，是社会治理主体之一。从宽泛的理论层面上讲，一切既不属于社会公共部门，又不属于以营利为目的的社会组织，都可称为非政府组织。然而，NGO至今并不是一个被严格定义的词汇，在不同的国家有不同的称谓，如“非营利组织”、“第三部门”、“志愿者组织”、“公民社会组织”、“免税组织”、“草根组织”等。到目前为止，在我国学术界关于NGO的界定尚未形成共识，本文认为，在我国社会组织中，NGO是指由持相同或相近志向的志愿者组成的、具有稳定的组织形式和固定的成员并有别于政府机构和市场组织的，主动承担社会公共事务和公益事业的社会组织和机构。其中，民间性和公益性是最为重要的因素。

[1] 祝青(1985.11-)，广东省审计厅科员，研究方向：扶贫开发新机制探索。

二、NGO参与扶贫的必要性及可行性分析

（一）政府行政扶贫的作用及局限性

回顾我国扶贫历程，我国探索出了一条政府主导、社会参与、开发扶贫和全面协调发展的扶贫道路，并且这种以政府为主导的组织型、管理型扶贫机制，在扶贫开发中发挥着其独特的优势：有利于从宏观上把握和调整扶贫开发的力度、项目、规模和布局，有利于扶贫工作和整个经济工作的协调；依托行政隶属关系建立的层级负责制度，将区域经济发展和脱贫致富目标强化为具体而持久的行政领导行为，有利于保证扶贫开发的力度；依靠政府强大的资源动员能力，将行政管理体制和众多的企事业单位、组织、党政机关、东部沿海发达省、直辖市以及非政府组织和国际组织联合起来，共同参与扶贫计划；政府具有制度创新后的组织推广能力，政府扶贫具有全局性和政策性等。这种以政府为主导，多部门参与的扶贫开发机制是我国反贫困取得成绩的关键因素，然而，在这种自上而下的管制型的扶贫体制里，尽管动员了政府非专职机构及社会的广泛参与，但由于科层化的行政体系的弊端以及扶贫市场机制的发育相对滞后，在一定程度上弱化了政府在反贫困中的带动力和影响力，并且实践中却暴露出效率低下、成本过高、贫困人口参与度低、扶贫行为短期化等缺陷。

1. 政府扶贫工作很难细致化

政府在扶贫项目实施过程中，主要负责项目的组织、计划、指挥、协调和控制。然而，由于有限的人力和财力，难以保证将扶贫工作做到实处，容易弱化扶贫工作的实际效果。而更主要的原因是扶贫开发的主要投入责任与组织责任主体不完全统一，由于各自的主要目标不一致，从而削弱了扶贫的实际效益。

2. 政府行为的持续性难以保证

尽管政府机构是常设的，但是政府官员是流动的，前面的官员制定的政策会因其离开而终止；另外，政府作为“理性人”总是要考虑它的多个目标和自身的利益，并根据社会形势的变化不断调整，对于政府行为的持续性也有较大的影响。并且，扶贫资源的提供往往建立在暂时性政策和短期项目上，当政策终止后，已脱贫的人口又重新回到贫困线一下，返贫率很高。

3. 政府自上而下管制型的扶贫机制，往往将贫困人口排除在扶贫资源和项目选择之外，处于被动接受地位

贫困县的扶贫规划和项目安排往往反映了地方政府壮大财力和发展经济的要求，同贫困人口的愿望和需要有较大偏差。并且在不少时候，政府代贫困

人口决策，包办项目，贫困人口难以参与到项目中来，其自身的能力难以在项目中得到培养，甚至导致了对政府过度依赖，扶贫脱贫反而成了政府的事情。即使是在政府动员下参与到项目中来，贫困人口仍然缺少主动性和积极性。这样，一旦政府退出或减少投入，原来依靠政府所实现的脱贫成效，往往难以稳定，刚脱贫的人口又重返贫困。

4. 政府扶贫监督机制缺乏社会监督

目前，健全的扶贫资金和项目管理体制还未完全建立，扶贫资源存在拨付不及时，甚至被挪用、占用的风险，缺乏透明、公正、有力的监督，特别是来自扶贫受益者的监督。

5. 政府扶贫人员缺乏系统科学的扶贫理念

政府工作人员特别是非专职扶贫机构的工作人员，缺乏系统科学的扶贫理念，直接影响扶贫的效果。动员政府非专职扶贫部门参与扶贫，是我国扶贫的一大特色，是我国政府的一大创新，然而非专职扶贫部门的工作人员缺乏系统的扶贫知识培训，虽然各政府非专职扶贫机构不断调整完善各自扶贫方式，但是难免会陷入扶贫开发项目不科学、扶贫效果不明显等尴尬境地中。

此外，在新的时期里，随着我国贫困形势的变化，随着扶贫攻坚的不断深入，这种以行政推动为主导的扶贫机制的缺陷日益暴露出来，已经严重影响到了我国新时期扶贫目标的实现，因此必须尽快改革和完善现有的扶贫机制，建立科学化和专业化的扶贫新机制。

（二）NGO 扶贫机制及特点分析

不同于政府主导的、自上而下的管制型的扶贫机制，NGO 则采取的是基于由组织协助的、贫困人口为参与主体的、自下而上的民主型的扶贫机制。在这种新型的扶贫机制下，NGO 的扶贫理念、扶贫项目实施、管理和监督等方面都体现着“以人为本”的思想，高度重视贫困人口的参与和能力的提高。

1. “以人为本”和“相信穷人”的扶贫理念

NGO 认为贫困不仅仅是因为收入低下，更是因为贫困人口作为社会的弱势群体，缺乏基本的服务和发展的权利，因而它们从“以人为本，以权利为本”的理念出发，通过建立一套比较完善的机制保障贫困人口基本权利的获得和实现。

同时，它们认为贫困人口才是脱贫的主体，NGO 都只是起参谋作用，如果没有贫困人口的主动、自主参与，扶贫项目就不可能成功，因而在项目的各个阶段都十分强调贫困人口的参与，重视贫困人口人力资源的开发。因此，NGO 的工作人员从事扶贫工作，往往带有利他主义精神，把扶贫工作看作是一项事业，而不是救济与施舍，也更能贴近贫困人口，积极开展扶贫工作。

2. 以项目为中心的组织结构，使各部门既分工明确，又相互沟通协调，促进了扶贫的专业化和规范化

以香港乐施会西南项目办为例，其项目办代表主要管理该机构总体运作。下设项目统筹，对各类项目进行的总体运作情况进行管理，分设有三个职位：发展项目统筹（主要负责发展项目的总体设置和运作管理）；紧急救援项目统筹（负责紧急救援项目的总体运作管理）；办公室主管（负责日常行政工作的统筹管理）。在项目统筹之下设置了对不同具体事务负责的项目官员和岗位。这样，扶贫工作的专业化得到加强，并且扶贫项目的实施有了机构和制度的保障，不会因为有项目官员退出而终止。

3. 品牌意识、公众意识浓厚

依靠沟通、协调、倡导、说服和树立品牌等手段的资源动员机制，扩大了扶贫资源的筹集渠道，并在NGO与捐助人之间建立了一种代理关系，将NGO扶贫项目和行为置于社会各阶层的监督之下。因此，NGO为了获得资源，必须注重树立自身品牌意识，努力提高组织和项目的管理水平，确保扶贫的高效益。最具代表性的当属由中国青少年发展基金会创出的“希望工程”这一品牌。中国青少年发展基金会在刚刚起步时就紧紧抓住贫困地区存在大量失学儿童这一政府难点和社会热点问题，精心打造出了以救助贫困地区失学儿童重返校园为宗旨的“希望工程”，依靠宣传、组织、活动和自身的信誉，通过一系列的筹资活动，吸引了大量捐款。据统计，“希望工程”从诞生不足10年的时间里，捐款额总计13亿元，当之无愧得成为了二十世纪末中国人心目中最具知名度的公益事业。

4. 较完善的项目管理系统，将扶贫工作细致化，突出培育贫困人口的能力以及提高贫困参与性，确保项目运作的低成本、高效率以及项目的可持续发展

首先，通过制定严格的标准和民主化的程序，建立了完备的瞄准机制。比如，中国扶贫基金会在“母婴平安120行动”项目中，限定对象为贫困户中的孕产妇，并按照以下标准来确定的受援贫困户名单。(1) 所住房屋必须是土木结构的；(2) 家中没有价值500元以上的电视机等家用电器；(3) 家中没有大牲畜；(4) 家中没有大型生产机具；(5) 参照项目所在省制定的贫困户人均收入和人均粮食占有量的标准界定。同时，规定在乡政府和县扶贫办备案，在项目启动时，交中国扶贫基金会、县救援中心及乡分中心各一份。受援对象在领取有关补贴时应当签字或按手印，基金会将定期进行监督和核对，

并对弄虚作假者予以查处。

其次，依靠有效的扶贫项目传递系统，强化项目的执行和管理。以中国扶贫基金会的“母婴平安120行动”项目为例，基金会与地方政府扶贫办合作，以县卫生保健系统为基础，引入项目管理机制，建立了一个由基金会直接管理和独立运作的项目管理和执行系统。基金会在项目县设立联络处，在县一级建立独立的救援中心，县以上和县以下的各种行政机构只是发挥协作性职能。联络处和救援中心的人员除了少数为聘用的原政府官员外，多数工作人员为社会招聘。

再次，有效的管理配套制度和手段，确保了扶贫系统的有效运行。比如实行透明的、非常细化的财务管理体系，以强化对部门和项目成本的管理和监控；建立项目培训制度，为贫困农户生产技能和知识的传授和农户自我学习能力培养提供保证。实行全面合约化管理，以明确相关合作机构与人员的职责、权力和利益。

最后，NGO较完备的监测评估机制，确保扶贫资金使用效率的提高。既有对不同对象的监测和评估，比如，对地方政府、项目执行机构以及受益人的监测，又包括对财务的监管和项目的监测和评估，同时包括采用计算机网络先进手段实行远程监测，也包括派遣工作人员进行实地监控。不仅如此，NGO也采取信息公开透明的监督机制，接受来自组织外部，包括社会、政府、受益人和捐赠人的监督。

（三）NGO参与式扶贫作用及局限性分析

在扶贫项目中，NGO作为又一种新的扶贫机制，在政府的主导下，表现出有助于甚至优于由政府行政系统推动扶贫的特点，在我国的扶贫过程中越来越发挥着重要的作用。

1. 与政府通过强制性的税收政策和制度安排汲取大量的资源不同，NGO则依靠市场机制，以自愿捐赠为原则，将政府无法动员的资源引入扶贫领域，既包括从我国本土募集的资源，也包括来自海外的资源；既包括资金、人才等有形资源，也包括专业知识、技能、先进文化和组织管理制度等无形资源，在一定程度上弥补了政府扶贫财力的不足，减轻了政府负担的同时，也在一定程度上带来了社会资源的再分配，促进资源向贫困地区转移。

2. 在实施项目过程中，NGO更加贴近贫困人口，重视培养和开发贫困人口的能力，不仅将信息和技术技能传授给贫困人口，而且通过帮助建立当地的自治组织，将贫困人口由被动的项目受益者转变为自我脱贫的决策者、项目的实施者、监督和评估者，大大调动了贫困人口参与脱贫的积极性，培养了他们的自助和合作精神，为解决项目结束后管理问题和提高项目的可持续发展奠定了重要基础。

3. NGO具有比政府更为强烈的内在创新冲动，既表现为新技术和生产方式的创新，也表现在新的组织制度创新，包括NGO自身的组织结构体制、项目管理体制和制度等方面的创新。例如，改革和完善理事会决策机制、建立公开透明的信息共享制度、革新开发和培训人才制度等；也包括贫困地区组织方式和制度的创新，如NGO通过小额信贷项目和建立扶贫社，引导当地建立起有约束功能的信用链及其相关制度，从生产制度上改变了贫困人口生活的状态。

4. NGO的组织结构、活动方式具有较大的弹性，在扶贫中，比依靠政府行政体制扶贫更具灵活性和适应性。NGO是依据自身的理念和偏好，自主地去开展各种活动的，不像政府扶贫那样，全面要考虑民众的普遍需求，因而会更关注特定群体的特殊需求，更能够直接地和有效地针对不同地区，不同人群，不同贫困层的不同问题开展具体的活动。比如，有些NGO扶贫就专门指向残障人群，少数民族地区儿童等被排除在社会系统之外的少数群体。

由此可见，NGO参与到扶贫中来，不仅从某种程度上弥补了政府扶贫的缺陷，而且促进了政府扶贫行政体制的改革，推动了市场经济下小政府、大社会格局的形成。同时，也利于形成互助博爱的理念和热心公益的社会氛围，提升整个社会的道德水平，从而推动政府减缓乃至消灭贫困目标的实现。当然，正如单一的政府扶贫和单纯依靠经济增长的市场扶贫中，“政府失灵”或“市场失灵”不可避免，NGO也存在着自身的局限，主要的表现是NGO缺乏强大的资源动员能力，借助组织领导个人声威募捐的方式仍较为普遍，没有与市场机制相结合；NGO服务对象的特殊性以及组织活动受到捐赠人偏好或组织领导的“家长式作风”的影响，可能忽视了其他群体的需求，对象存在“狭隘性”；NGO强调“利他主义”，往往不能提供具有竞争力的工资，因此存在人力资源匮乏，导致了专业扶贫的“业余性”；NGO因力量有限，不具有全局性的影响力，制度推广能力不足等。特别是在我国社会转型时期，NGO发展定位还不稳定，存在严重依赖政府的现象，使得它们的扶贫不仅存在上述不足之处，而且多少带有一些政府扶贫的弊端。

因此，政府和NGO在扶贫领域二者各有所长，也各有所短。政府与NGO在扶贫中可以基于这种“互补关系”，依据各自的比较优势进行分工合作，实现政府机制、市场机制和社会机制的有机结合，推动我国反贫困治理结构的建立，将有利于从根本上缓解和消除我国农村贫困，完成我国扶贫攻坚的历史任务。

三、政府主导、NGO参与式扶贫开发路径研究

（一）合作扶贫中的双方角色定位

扶贫问题是关系国计民生的国家基本问题，政府理应担负起不可推卸的引导者作用，而在政府的领导下，吸引动员多方支持与参与扶贫，尤其是发挥NGO的参与作用是推动扶贫事业走向成功的必然选择。在合作扶贫的过程中，双方应定位于以扩大政府在扶贫领域中的宏观影响，同时充分利用具有良好群众基础的优势，推动在扶贫具体实践中的参与力度。

1. 政府的主导性

政府在制度层面上起到了无可取代的制度安排者的作用，政府具有的官方性背景，使得政府在援助贫困问题上主要产生宏观影响，在过去的几十年间成功解决了数以亿次人数人口的生计问题，为世界扶贫事业做出了不可磨灭的贡献；政府的宏观影响还表现在制度层面上，政府的公信力是政府制定扶贫政策的基本权威来源，同时也是维系、保障政策连贯性与有效实施的约束力量。中国政府在扶贫开发中制定了行之有效的政策、方针。根据我国城乡二元体制的特殊国情，针对城市与农村的贫困现象，政府在扶贫政策中分别采取了不同的制度设计在城市中推行社会保障体系为主的生活保障式扶贫，在农村中则推行大规模开发式扶贫；在国际政治影响方面，中国政府在消除贫困与饥饿问题中所表现出来的态度、积极的承诺以及实践取得的效果，坚定了世界人民在反贫困道路上的信心与决心。因此，在政府与NGO合作扶贫中，政府必须处于主导性的地位。

2. NGO的参与性

NGO在扶贫中扮演着政府之外非常重要的角色。扶贫实践呈地区化、个体化差异的特点，使得政府无法事必躬亲，因而未必能够及时取得预期扶贫成效。在这种情况下，NGO则正好成为政府失灵与市场失灵下的扶贫主体良好补充。在NGO的志愿精神下，NGO的参与主要体现在经济扶贫、创业与就业、理念倡导与创新、互动体制这四个方面：

第一，经济扶贫协助政府解决饥饿以及营养不良问题。解决营养不良问题的非医学途径在于解决贫困地区食物的短缺和难以及时获得的难题，政府在此

问题上显得行政效率的相对低下，NGO则可以发挥凝聚力极强的组织优势。NGO通过参与扶贫合作的实践，制定扶贫战略规划，承担与发展扶贫项目，如NGO参与中国政府主导下的村级合作扶贫项目，区域协作与连接小农与高附加值市场则是从经济领域给予贫困地区经济扶持，NGO在经济扶持上具有一定的优势，可以与政府互补。

第二，参与提供和增加创业、就业机会。创业就业是发掘和提高贫困人口脱贫潜能、增加脱贫机会的就业途径，这种途径的提供是多方的，政府、企业、NGO都可以是就业途径提供的主体。

第三，理念倡导与创新参与解决扶贫的社会障碍，解决社会排斥造成的不平等以及消除性别不平等。除了政府从社会制度安排等途径上消除产生贫困现象的社会障碍，NGO在理念倡导与创新上也起到了示范作用，这种理念示范正好可以为政府的风气倡导起补充与强化作用。

第四，促进政府、企业以及NGO自身积极参与在内的全社会整体扶贫的互动体制，包括国际NGO之间制定合作战略以形成全球性扶贫策略等。

（二）从宏观层面界定二者分工与合作的范围

根据现阶段我国贫困的新特点以及我国原有的扶贫开发模式和方法的局限，我们应确立新的扶贫战略，将开发式扶贫向扶贫开发、农村最低生活保障制度和救济性扶贫三管齐下的方式转变。据有关报告显示，目前农村贫困人口大致可分为四类：(1) 有劳力，但受资源匾乏因素等制约脱贫难度较大的，或因自然和经济等原因，短时期收入和消费达不到最低生活标准的；(2) 丧失了劳动能力或具有一定劳动能力，但因疾病等因素的影响很难脱贫的；(3) 因贫困标准低，名义上解决了温饱，但扩大再生产能力极弱，一遇天灾人祸极易返贫；(4) 有劳力、资源，但缺少资金、技术而仍然比较贫困的。因此，针对第一、二类贫困人口，国家应当承担起建立和完善农村最低生活保障制度和实施救济性扶贫的责任；针对第三、四类人口，政府与NGO展开合作，发挥各自优势，瞄准贫困人口，实施扶贫。

（三）从微观层面建构二者合作机制

根据国外扶贫经验和我国多年的实践，我国政府从政策和财政上支持与NGO的扶贫合作。合作总体思路是，通过授权等手段，将政府不能或不愿做的项目予以NGO；在依靠政府行政手段和NGO都可以完成的事情上，尽量发挥NGO的作用，而政府只是履行NGO无法完成的职能，集中关注那些带有普遍性的贫困问题，积极为贫困人口脱贫创造良好的制度环境，制定正确的宏观政策，提供有力的法律保障提供准确及时的信息，充分发挥市场资源配置的积极作用。具体来看，有以下几种合作方式可供参考：

第一种方式，专门列出提供给 NGO 的扶贫活动资金，由政府扶贫部门制定政策引导 NGO 参与扶贫。政府可以制定出扶贫规划重点领域，确定资助总额和方向，比如提出专门针对少数民族的扶贫资助。各个 NGO 向政府有关部门递交项目设计和实施计划，经政府和有关专家评审后决定。整个过程应遵循公平、公正和公开的原则，接受来自社会的监督。

第二种方式，政府扶贫机构可以先在某些贫困地区试点，将各贫困县申报上来的项目邀请或委托一些 NGO 参与评估和论证，将部分扶贫项目（比如小额信贷，为农户提供服务等）或者某些项目的具体执行工作（比如扶贫资金的发放、项目的监督和评估等），以社会招标的形式，向社会集中采购，各 NGO 可以单独或联合参与竞标。经过严格的评审论证后，政府扶贫机构与中标的 NGO 签订合同，明确规定双方的权利和责任，并由政府担负起监督、协调和评估等的职责；而 NGO 在具体实施项目的同时，作为中央与地方的中介，扮演起政策协调者和监督者的角色。需要指出的是，双方签订的合同是具有法律效力的，可以以承担法律责任的形式来限定双方的权力范围。

第三种方式，对于另一些不使用政府资助，靠自筹资金扶贫的 NGO，政府更应从政策上向其倾斜和保护，在心理上和行动上予以支持和协助，创造良好的扶贫环境。这种政府与 NGO 合作扶贫的机制，融合了二者的优势，形成了政府、非政府组织和贫困人口的“共赢”的局面。这种合作机制不仅有利于实现区域扶贫目标和人口扶贫目标的统一，保证扶贫项目的可持续性和资金使用效率的提高，而且有利于促进贫困问题的解决，实现我国《中国农村扶贫开发纲要（2011 年 -2020 年）》目标，为下一步实现小康创造条件。并且，这一扶贫机制有利于促进政府职能的改变，培育具有自治精神的公民社会，进而有助于反贫困治理结构的形成，推动我国“小政府，大社会”的改革目标的实现。

（四）建立健全监督评估机制

对政府与 NGO 扶贫的合作最有效的监督机制是公众、政府和 NGO 的多元循环监督。政府必须推行项目资金公示制，建立合理的公众反馈和 NGO 申诉机制，促进信息公开化和行政透明化，接受来自社会和 NGO 的监督；同样，NGO 参与扶贫，也并非是“德行完美的神化”，也需要有来自政府和社会的监督，以规范其扶贫行为。而政府作为唯一具有法律权威对 NGO 进行监督和评估的部门，理应担当起对 NGO 监督和评估的重任，不仅要帮助建立 NGO 的信息公开与财务透明制度，加强对 NGO 扶贫行为的检查和评估，而且应借助公众的力量，建立畅通的公众投诉渠道，有效发挥公众的监督作用，并要充分发挥发挥媒体的监督作用。随着我国NGO不断完善，在条件成熟时，政府可考虑授权民间评估机构来进行对NGO扶贫项目的监督评估。

参考文献：

[1] 康晓光，洪大用等 .NPO 扶贫行为研究调查报告 . 中国经济出版社，2001.

[2] 康晓光 .NGO 扶贫行为研究 [M]. 北京 : 中国经济出版社，2001.

[3] 何道峰 . 中国扶贫论文精粹 [C]. 北京 : 中国经济出版社，2001.

[4] 万俊毅 . 扶贫攻坚、非营利组织与中国农村社会发展 [J]. 贵州社会科学，2007(1).

[5] 赵黎青 . 非政府组织与可持续发展 . 经济科学出版社，1998.

[6] 邓国胜 . 非营利组织评估 . 社会科学文献出版社，2001.

[7] 何增科编 . 公民社会与第三部门 . 社会科学文献出版社，2000.

[8] 张成福，党秀云 . 公共管理学 . 中国人民大学出版社，2001.

[9] 李珍刚 . 当代中国政府与非营利组织互动关系研究 . 中国社会科学出版社，2004.

广东扶贫开发中的“规划到户、责任到人”：理论思考与实践启示[1]

仲恺农业工程学院经贸学院　吴晨[2]

一、问题的提出

广东省作为中国当前经济最为发达的省份之一，2009年实现国内生产总值（GDP）39081.59亿元，占全国GDP总量的11.66%；2009年广东城镇居民人均可支配收入21575元，农村居民人均纯收入6907元，城乡居民收入差距由2000年为2.67：1扩大到2009年为3.1：1，高于浙江2.459：1、江苏2.568：1、福建2.931：1和山东2.91：1的同期水平[3]。目前，广东全省农村家庭年人均纯收入1500元以下的贫困人口从2005年的411万下降为2009年316万，农村贫困人口占全省农业户籍人口数的8.5%，这些贫困人口涉及全省14市、83个县（区）、859个镇（乡）、3409条贫困村，贫困村占全部行政村总数的16.2%，贫困人口发生率高达41.2%[4]。日益突出的城乡贫富差距和农村贫困问题，已凸显成为新时期广东实践科学发展必须破解的重大难题。缩小城乡贫富差距、促进区域协调发展任重而道远。

二、贫困及反贫困的相关理论

（一）贫困理论综述

1. 基于经济学的视角

弗里德里希·拉采尔强调地理环境决定人的生理、心理以及人类分布、

[1]　本项研究得到广东省财政研究会2010年度“发展贫困村村级互助基金问题研究”的基金支持。

作者简介：吴晨（1967-），男，安徽芜湖人，管理学博士，副教授，硕士生导师，研究方向：农村产业经济与制度经济。

[2]　吴晨（1967-），男，安徽芜湖人，管理学博士，仲恺农业工程学院经贸学院副教授，研究方向：农村产业经济与制度经济。

[3]　张英. 广东扶贫：复杂而艰巨[N]. 南方都市报，2010.6.19.

[4]　注：该组数据来源于广东省各地级以上市扶贫开发“规划到户责任到人”工作实施方案汇编，广东省扶贫开发办公室，2010.6（内部资料）。

社会现象及其发展进程[1]；马尔萨斯首次强调人口过剩问题的极其重要性[2]；罗格纳·纳克斯及纳尔逊提出资本短缺是发展中国家致贫的关键因素[3]；W·舒尔茨提出经济增长中不仅要考虑有形的物质资本，更要考虑人力资本的作用[4]；萨米尔·阿明认为世界范围内不平等的国际分工是造成发达资本主义国家与发展中国家之间不平等发展经济关系[5]。这些理论均运用与经济发展有关的因素作为分析视角，解释了贫困形成的主要原因，其中既包含有益的启示，也不乏偏执之处。自然环境决定论在说明一时一区的贫困实质时确有一定的意义，揭示了恶劣地理环境对产生贫困的深刻影响，但片面夸大了地理环境的作用。

2. 基于社会学的视角

约翰·格雷认为劳动者的贫困仅仅是社会制度错误或缺陷造成的，可以通过执政者的改革去解决，反对采取暴力手段，因此，他的观点是一种非政治的、空想的社会主义[6]；阿马蒂亚·森由于对福利经济学几个重大问题做出了贡献，包括社会选择理论、对福利和贫穷标准的定义、对匮乏的研究等作出精辟论述；奥斯卡·刘易斯提出贫穷虽然是因为自然条件引起的，但贫困的循环却是来自精神上的贫困，而精神贫困的根源却是教育的落后和缺乏[7]。农村贫困人口没有获得公共市场和公共设施，农村地区的教育和健康都比较差，尤其是他们很少拥有可支付的资本，如果没有良好的工具，他们就无法从投资中获得成果和收益分配，等等。这些理论更多地强调贫困形成的人文环境，提出了一些发人深省的见解。贫困结构论采用资本主义生产关系方法论探讨导致资本主义社会劳动者贫困的根源理论，指出资本主义生产方式与无产阶级贫困化的必然联系，揭示了贫困的社会制度根源。而阿马蒂亚·.森对导致贫困主要原因的分析则把人们带入了更为广阔和深层次的视野，对我们深刻理解发展中国家贫困的致因有重要的启发意义。贫困者之所以陷入贫困，主要是因为他们在经济与

---

[1] Ratzel, F (1891b) ***Anthropogeographie: die geographische Verbreitung des Menschen*** VolII Verlag von J.Engelhorn, Stuttgart.

[2] Thomas Malthus. An Essay on the Principle of Population[M], London Printed for J. Johnson, in St. Paul' s Church-Yard, 1798.

[3] 安春英. 非洲贫困与反贫困战略思想述评[J]. 西亚非洲，2007（8）：51-53.

[4] 舒尔茨，吴珠华等译. 论人力资本投资[M]. 北京：北京经济学院出版社，1990.

[5] 萨米尔•阿明 著，高铦 译. 不平等的发展[M]. 北京：商务印书馆 1990.

[6] 罗时法. 建立消除人类贫困的社会—约翰•格雷《人类幸福论》中的贫困理论述评[J].黔南民族师专学报，2000（2）.

[7] 注：其中阿马蒂亚.森、刘易斯和约瑟夫的观点参见 黄 亮 编著.归纳与推动---诺贝尔经济学奖获得者100年图说[M]，重庆出版集团，重庆出版社，2006.

政治过程和社会生活中很少拥有权利造成的。

3. 着眼于综合分析的视角

缪尔达尔分析发展中国家的贫困归根结底是因为“不平等的社会结构”，社会进步的每一点成果都被“掌握实际权力的上层集团”所瓜分，而下层贫困阶层的“分裂又阻碍了他们为他们共同利益而促进改革的努力”[1]；戴维·S·兰德斯则分别从经济、文化、制度、自然资源、历史传统等方面对国家的兴衰贫富演变作了深刻地阐述，把经济学和历史学结合在一起[2]。或许这些学者对于贫困成因诸因素中强调的侧重点有所不同，但他们普遍认为发展中国家贫困的根源是政治、经济、历史与文化等多重因素综合作用的结果。

（二）反贫困理论综述

1. 经济增长理论

以库兹涅茨、韦斯科夫和刘易斯为代表的学者认为，经济增长是促使减缓发展中国家贫困最有效的途径，通过促进经济增长来解决贫困问题。在这种理论影响下，20 世纪 60 年代以来，许多发展中国家和国际组织均强调采用经济增长为导向的国家发展战略，它们希望国民经济高速增长会对国民收入产生“扩散效应”或“涓滴效应”，民众会从经济繁荣中获益，进而解决贫困问题。

2. 综合反贫困理论

缪尔达尔基于贫困的综合成因，主张通过权力关系、土地关系、教育和人口制度等方面的改革，实现收入平等，增强穷人的消费能力。据此，亚洲发展中国家，如印度、中国、印度尼西亚等国吸收了综合反贫困理论的内核，制定了满足人类基本需要的反贫困战略，即对穷人尤其是农村贫困人口提供基本商品和服务、基本食物、水与卫生设施、健康服务、初级教育和非正规教育，以及住房等。这些国家在政治、经济等领域进行了一系列改革，使人民的生活水平有了较大幅度的提高。

3. 发展极理论

佩鲁基于经济规律和不发达地区资源稀缺状况提出了“发展极”理论。通过政策支持使生产要素向落后地区的发展极（如中心城市）集中，通过发展极的经济发展及其产生的辐射效应，带动周围地区的经济增长，进而缓解贫困。但是，佩鲁的“增长极”理论只是从正面论述了“发展极”对自身和其他地区经济发展的带动作用，却忽视了“增长极”对其他地区发展的不利影响，由于

---

[1]　缪尔达尔著，方福前译. 亚洲的戏剧：南亚国家贫困问题研究[M]. 北京：首都经济贸易出版社，2001.

[2]　戴维•S•兰德斯 著；门洪华等 译. 国富国穷[M]. 新华出版社，2001.

优先推行工业化发展战略，必然以剥夺农业和农村为代价，易造成贫富差距扩大的恶果。

4. 人力资本投资理论

舒尔茨在其论著《改造传统农业》中指出，解决农民问题的关键是增加人力资本投资。这种投资的收益率高于其他投资，一个受过教育的农民会通过接受新知识、新社会、新技术，靠自己的能力在市场上竞争，实现脱贫致富。舒尔茨提出的人力资本投资观点对发展中国家反贫困战略实践产生了深远的影响，投资贫困者的人力资本不仅能消除当前的贫困，而且有助于铲除贫困的根源。

5. 美国反贫困的实践

20 世纪 30 ～ 80 年代，美国经济增长曾一度落后于日本和德国，其根本原因就是由于落后地区的经济状况制约了美国经济整体需求的有效扩张，使得投资不足和收益率不断下降，国家市场容量受到较大限制。区域经济发展的不平衡不仅削弱了美国的整体实力和国际竞争能力，而且影响了社会稳定，加剧了种族之间的矛盾冲突。为了改变这种状况，从 20 世纪 30 年代开始，美国历届政府高度重视解决区域经济发展的不平衡问题，政府加强了对落后地区的调控及扶持开发工作。经过近半个世纪的综合开发与治理，如今的田纳西河流域经济不但得到了迅速发展，而且流域内的自然环境也得到了极大的改善。昔日灾害频繁、贫困落后的穷乡僻壤变成了今天百业兴旺、经济繁荣、航运发达、环境优美的发达区域。田纳西河流域地区已成为美国电子、炼铝、军工、化肥的重要生产基地和著名的旅游胜地，实现了人口、经济、社会和环境的协调发展。

三、“规划到户、责任到人”扶贫帮困的相关理论

（一）区域经济协调发展

区域经济协调发展指区域之间在经济交往上日益密切、相互信赖日益加深、发展上关联互动，从而达到各区域经济持续发展的过程[1]；是区域经济非均衡发展过程中不断追求区域经济相对平衡和动态协调的发展过程[2]；制度建设是区域经济发展和社会进步的决定性因素，制度供给差异是区域经济差异形成的主要原因，要想从根本上缩小区域经济差异，实现区域协调发展，就要从制度建设入手[3]。在世界区域经济协调发展的实践方面，欧盟所推行的“区域

[1] 姜文仙，覃成林. 区域协调发展研究的进展与方向[J]. 经济与管理研究，2009（10）：90-92.

[2] 张可云. 论区域和谐的战略意义和实现途径[J]. 改革，2007(8)：57-59.

[3] 张红梅. 我国区域经济协调发展的制度分析[J]. 宏观经济，2010（9）：40.

经济协调发展规划”成为解决区域稳定与平衡发展较成功的组织。从1988年起，欧盟先后实施了四阶段区域协调发展政策，各成员国国别收入差距逐渐缩小。欧元区内最高与最低收入国的人均收入比例由1960年的3.0 ：1降低至1997年的1.6 ：1，成员国之间的人均收入差距大幅度缩小[1]。

（二）效率与公平

效率是人类社会生存和发展的基础，没有一定的效率，社会就不能存在，更无以谈发展。20世纪60年代中期以来，经济增长观长期占据现代社会发展的主导地位，效率至上论者以功利主义原则为依据，遵循利润最大化，倡导自由竞争的市场机制以追求物的效用。只考虑如何提高经济增长速度和把“蛋糕”做大做强，而不关心财富分配是否合理；只考虑规则平等、机会均等，而不关心结果是否公平，那么经济增长和社会发展是不能划等号的。事实上，“效率”与“公平”两者具有较强的相互依附关系：效率是目的，公平是效率的手段；效率是原因，公平是结果；效率是公平的先决条件，公平依附于效率。

（三）机会主义行为

政府和市场作为调控人类社会日常经济和社会活动过程中的两大主体力量，两种力量之间经历着不断地演变并呈现出“此消彼长”的态势。从亚当.斯密理论的提出到20世纪初，自由放任主义一直占据统治地位，政府的职能是充当“守夜人”；而给自由主义画上休止符的凯恩斯则公开表明放弃任自由放任主义的原则，特别鉴于各资本主义国家经济发展过程中均不同程度地出现了“市场失灵”客观事实，自由竞争的市场机制运行结果必然会造成整个社会不同成员之间的收入差异，贫困现象不可避免。因此，明确提出政府干预或调控政策的必然性，这也为我国当前特定历史条件下开展以政府为主导的扶贫帮困工作提供了理论基础。

当将政府作为“经济人”的视角处理问题时，其理性往往也是有性的。作为行使政府有关管理职能的国家公务人员，由于受到知识、时间和精力等不利因素的影响，政府制定政策的初始价值目标与政策实施过程中所产生真实效果，两者之间往往存在着很大的差异性；此外，鉴于政府与贫困村或贫困户存在着法律地位上的不对等性，尤其当扶贫帮困工作出现困难时，政府往往有主动推卸自己应负的责任动机。如欧盟为了协调本区域内经济社会发展，建立起了良好的管理、监督和评估体系，然而区域经济协调发展是一个需要长期实施并进行检验的问题，政策如果“朝令夕改”，不仅损害了政策的严肃性，也不利于政策目标顺利实现。因此，欧盟的政策一般都跨越数年，这样就能在相当

[1] 李克歆.欧盟区域经济政策的经验和借鉴[J].石家庄经济学院学报，2008（4）：29-32.

长一段时间内保持政策的稳定性。而要让一项跨越数年的政策执行好，必须要构建起一个稳定的组织及构建起良好的监督机制。因此，开展“规划到户、责任到人”就是要进一步完善扶贫保障制度建设，将扶贫帮困工作能够落到实处，避免责任主体的过度干预或缺位。

克服因机会主义行为引发的“搭便车”问题。由于存在着信息不对称事实，贫困村或贫困户为了获得政府有关财政补偿性收益或接受社会各类捐赠，往往隐藏自己的真实信息，这样，可能会使有限的扶贫资金没有真正落实到贫困村或贫困户，进一步影响扶贫帮困工作的顺利开展。

因此，开展以政府为主导，落实“规划到户、责任到人”的扶贫帮困工作，对于弄清被帮困的对象，明确实施扶贫帮困的责任主体，落实扶贫帮困目标，避免扶贫帮困双方可能出现的机会主义行为，确保扶贫帮困任务早日完成。

四、广东扶贫开发“双到”的主要实践

（一）定点帮扶，动态管理

首先，将全省 3409 个贫困村和贫困户的帮扶任务、目标、要求，具体分配落实到省直和中直驻粤单位、珠江三角洲 7 个经济发达市、贫困村和贫困户所在市、县（市、区）的国家机关、事业单位和全省国有企业、社会团体，进行定点、定人、定责帮扶。其次，将贫困村、贫困户的真实情况逐村逐户登记造册，建立动态档案，并实行电脑管理。做到户有卡、村有册，省、市、县（市、区）和乡镇有数据库，建立实时联网监测系统。第三，全省统一制发帮扶贫困村贫困户的《帮扶记录卡》，由县（市、区）负责发放、管理。各定点帮扶单位按照要求，根据帮扶情况，如实填写《帮扶记录卡》，由村负责人、贫困户主、帮扶单位负责人共同签名，并作为评议的重要依据。县（市、区）、镇有关部门应当及时将记录卡内容录入电脑、存档、更新，建立帮扶动态档案。

（二）明确任务，责任到人

把定点帮扶的贫困村和贫困户的任务具体分解到所属的责任单位和部门，落实挂村挂户责任人，细化扶村扶户发展措施，明确工作目标和工作标准，监督抓好工作落实，做到定单位、定人、定点、定责包干扶持，保证每一户贫困户都有责任人挂钩联系，保证每一贫困村每一贫困户都有具体的发展规划和脱贫措施。

（三）加大投入，严格管理

坚持以政府投入为引导，动员企业、农民、社会其他力量千方百计增加扶贫资金投入。各地各部门制定了激励政策，不定期公布相关扶贫信息，严

格扶贫资金管理，完善扶贫资金运行和项目管理机制，严格扶贫资金投向和使用范围，实行扶贫资金专账管理，确保资金专款专用。加强对扶贫资金管理使用的监督和审计，推行扶贫资金管理使用公示和项目绩效评价制度，接受群众监督。

（四）广泛动员，社会参与

弘扬中华民族扶贫济困的优良传统，广泛动员各种社会团体、民间组织、企业家、个体户、港澳台同胞、海外华人华侨、国际慈善机构及非政府组织，在充分自愿的基础上，通过多种形式，积极参与扶贫开发建设。扶贫、民政部门要开辟渠道，承接有用的闲置设备、物资，组织援送到贫困地区。在全社会营造人人乐于扶贫行善的良好氛围，充分调动贫困农民参加扶贫开发的积极性。

以实施“扶贫双到”为抓手
奋力加快“幸福广东”建设

东莞市厚街镇驻村工作组

“全国最富的地方在广东，最穷的地方也在广东。”作为中国第一经济大省，区域发展不平衡问题已成为广东一大心病，成为制约我省加快经济方式转变的主要难题。为切实缓解我镇贫富差距日渐拉大的现实问题，推动贫困户创造美好幸福生活，2009 年 6 月，我省率先在全国范围内开创扶贫开发新措施，以大力实施“规划到户，责任到人”全新扶贫形式为抓手，举全省之力将资金、项目、信息、人才等“脱贫致富因子”投向全省 14 个欠发达地级市 83 个县(市、区)的 3409 个贫困村 316 万贫困人口，助推贫困村、户加快脱贫步伐，走上致富之路。据统计，经过一年多来的全民奋战，截止 2010 年底全省经核定有 37.1 万户、155.8 万贫困人口年人均纯收入达 2410 元，人均增收 822 元，增幅达 51.76%，贫困村集体经济得到稳定提高，扶贫开发成效显著。

然而，尽管我省贫困村集体收入有较大增长，贫困人口也在持续减少，但由于致贫因素多而复杂，返贫压力仍然较大；虽然贫困地区农民收入增长较快，但收入差距仍在扩大；虽然我省贫困地区落后面貌总体有了改善，但发展不平衡问题十分突出，扶贫开发工作依然任重道远。

一、扶贫开发工作的艰巨性、长期性

我省贫困人口主要集中在偏远山区，这类区域由于人口资源环境压力大，生产力发展水平低，贫困人口相对集中，贫困程度较深；同时，贫困人口所在地一般都是自然灾害频繁发生的地方，因灾返贫、一夜返贫现象较为突出，扶贫开发工作仍相当艰巨。

(一)解决温饱问题，越到最后，工作难度越大。自 1986 年有关专家起草国务院关于扶贫工作第一文件时，就提出了在“七五”期间解决大部分贫困地区群众温饱问题的目标，1994 年国务院制定的《国家八七扶贫攻坚计划》又提出到上世纪末基本解决当时剩下的8000万没有解决温饱的贫困人口的温饱问题，但直到今天，温饱问题仍然没有得到有效解决。这主要是由于剩下来未解决温饱的贫困人口，绝大部分地处老少边山穷地区，生产生活条件比较恶劣，人口、资源、环境的矛盾比较突出，有的甚至不具备生存条件，存在的问题解决起来难度很大。

（二）贫困人口的分布呈现宏观集中，微观分散的特点。从全局看，我国贫困人口主要分布在中西部的少数民族地区，革命老区、边疆地区和特困地区，其中西部占62%，中部占32%，东部占5%，呈现出宏观集中的特点。微观来说，我省贫困人口主要集中在东西两翼和粤北山区，分布在云浮、清远等全省14个欠发达地级市和83个县（市、区）的3409个贫困村，占我省行政村总数的16.2%，贫困人口发生率高达41.2%，其中贫困村最多的梅州市有551个村，最少的江门市也有25个。在上述3409个贫困村中，贫困人口约有316万，占农业户籍人口数的8.5%。农村贫困面较广、地域分布比较分散等特点严重制约扶贫资源的有效集中和扶贫工作的持续进行，从而导致持贫开发工作事倍功半。

（三）我国脱贫标准较低，距离国际上通用标准差距明显。近年来，随着物价变动，我国确定的解决温饱标准从1985年的年人均纯收入204元上升到2000年为625元。但这只是一个维持基本生存的标准，显然与小康的总体目标不大相称。目前，国际标准是人均每天收入1美元，如果按购买力平价计算，大体上相当于我们的年人均收入865元。按这个计算，2000年全国低于这个标准的农村贫困人口大约有9000多万人，但当时只确定3000万人，这是它与当时国家财力密切相关，服从有多少钱办多少事的原则。尽管最近两年我国解决温饱标准再次上调到人年均纯收入1196元，但距离国际上通用标准仍有不少差距，甚至低于印度。据有关数据显示，印度的扶贫标准大致是接近人均每天消费1.2美元的水平（按照购买力平价）。而我国2010年按照购买力平价测算，只相当于每天0.89美元的水平。此外，随着“十二五”规划期间我国的扶贫标准还要上调的现实，我国贫困人口的数量必将大幅上升。

（四）经济全球化对我国扶贫开发事业产生相对的负面影响。随着我国对外开放的不断扩大和国际竞争的加剧，扶贫开发工作面临新的挑战。主要表现在，我国的小农经济直接面对国外大农业的竞争，可能使主要依靠农业谋生的部分农民陷入贫困。我国的资金密集型和土地密集型产业面临来自国外同类产品的强大竞争，可能出现价格下降、生产规模缩小的状况，偏重粮食种植的贫困地区的部分农民有可能面临人均收入下降的局面。另外，我国出口产值中技术含量低的产品所占份额出现下降趋势，出口部门对非熟练劳动力的需求有所下降，在信息、社会交往能力方面都处于不利地位的贫困非熟练劳动力就业更加困难。

（五）贫困是个动态发展的过程，存在返贫现象。贫困和解决贫困都是动态的过程，不仅有个贫困标准的问题，还有个返贫的问题。尤其是我国贫困户大多受自然灾害严重威胁、发展不平衡等因素影响，因病返贫、因灾返贫现象十分突出。特别是国际金融危机发生后，我国许多贫困家庭的收入水平明显下降，凸显出贫困人口在市场波动面前的脆弱性。由于自然灾害增多，贫困地区的防灾抗灾能力弱，有些地处生态环境较差的贫困农户中存在着一灾致贫、一夜返贫的现象。

（六）脱贫只是扶贫开发的第一步，致富才是关键。"脱贫"相对容易，"致富"却有难度。扶贫的目的并不只是通过外力让其脱贫，而是让贫困地区具有内在的发展潜力，实现真正意义上的脱贫致富；扶贫的手段不是一种单向的技术、资金乃至人才的流动，而是帮扶单位与当地村民的一种良性互动。以资金来说，专款拨款再多也只能反哺贫困村一段时期，只有让贫困村具备一定的资本积累才能去投资和扩大再生产。同理，技术也是一种积累，没有哪种技术单纯依靠移植就可以生根发展，只有在贫困村内部培养具备技术能力的人才，只有才能真正脱离贫困，迈入致富。

二、扶贫开发对促进我省经济发展方式转变的意义和作用

改革开放30余来，我省经济社会发展取得举世瞩目的成就。从1985年至今，我省经济总量已连续二十五年位居全国第一，主要经济指标长期名列前茅，经济总量先后超过亚洲"四小龙"中的新加坡、香港和台湾地区。然而，在一系列漂亮数据的背后，却隐藏着区域发展不平衡，城乡居民收入差距大，农村贫困村、贫困人口多等影响经济社会发展的突出问题，成为制约我省经济发展的主要短板，成为新时期广东率先实现科学发展必须破解的重大难题。而实施扶贫开发，正是跨越区域发展不协调的鸿沟，转变经济发展方式最好的载体。

（一）扶贫开发是突破贫富差距和加快区域协调发展的重要武器。近年来，随着市场经济的不断深入，我省社会资源自觉地向发展水平较高地区流动集聚，由此形成的"马太效应"使我省贫富差距越来越明显，成为广东率先实现现代化的"瓶颈"所在。据广东省与世界银行联合开展的"缩小广东城乡贫富差距"课题研究报告的统计，2007年全省区域发展差异系数为0.75，高于全国

0.62 的平均水平，已经接近国际上 0.80 的临界值。从 1997 年到 2007 年，广东省城镇居民人均可支配收入与农村居民人均纯收入之比从 2.47:1 扩大 3.15:1。2008 年，广东城乡居民收入差距扩大趋势虽然得到初步遏制，但仍处于 3.08:1 的较高水平，明显高于江苏的 2.5:1 和浙江的 2.49:1。珠三角地区生产总值、财政收入占全省近 80%，而幅员辽阔的粤东西北欠发达地区仅占 20%。50 个山区县土地面积占了全省的 66%，人口约占 41%，人均 GDP 比全省平均水平低 53%，比珠三角地区低 80%。

扶贫开发正是一条先富帮后富，走共同富裕之路；是促进社会和谐，拉动和扩大内需，促进地区经济的进一步发展之路；是顺应工业化、城镇化趋势，加快现代化建设之路；是培育农业创业主体、改善农业创业条件、推动现代农业加快发展之路。通过主动引导全社会的资源直接配置到户，引导全社会力量进行扶贫开发，与此同时，加大公共财政对基本公共服务的支持力度。

（二）扶贫开发是落实科学发展观的重要举措。扶贫开发体现了科学发展观“以人为本”的核心。扶贫开发工作的对象是人们普遍关心的困难群体，目的是为了提高他们的生活水平，出发点和落脚点是改善贫困地区的民生。我们要按照中央“加大扶贫开发力度，提高贫困地区人口素质，改善基本生产生活条件，开辟增收途径”的要求，以提高素质、增强就业和创业能力为宗旨，以促成转移就业、自主创业为途径，抓好贫困地区劳动力转移就业培训。

扶贫开发突出了科学发展观“统筹兼顾”的根本方法。扶贫开发的重点区域是革命老区、少数民族地区、边疆地区和特困地区。促进这些地区的经济发展，正是统筹城乡发展、统筹区域发展的具体内容。多年来，扶贫开发坚定地走搞好产业开发、多种形式、多业并举、增强活力的路子，发挥贫困地区经济、人文、地理、政策等方面的优势，进行项目开发、市场开发、经济开发、发展特色产品、特色品牌，创特色产业，推动经济快速发展。在扶贫工作的推动下，许多贫困地区充分发挥资源优势，注重统筹兼顾，协调发展，调动了各方面的积极性，走上了富裕安康之路。继续加大扶贫力度，完善扶贫机制，加快改善贫困农民生产生活条件，促进贫困地区经济社会发展，提高人民生活水平，是全面落实科学发展观的重要举措。

（三）扶贫开发是构建和谐社会的重要载体。扶贫工作历来是党和政府解决贫困问题、促进社会稳定与协调发展的大政策。扶贫开发工作的实施，首先依赖社会稳定的条件，同时又为当前与长远的社会稳定创造新的条件。只有站在维护与促进社会稳定的高度，才能深刻认清扶贫开发的意义和作用，从而自觉地创造性地执行这个大政策。

一是扶贫开发是消除贫困、保持稳定，构建社会主义和谐社会的重要前提。贫穷是社会不稳定的主要因素，只有消除贫困，人人丰衣足食，安居乐业，社会才能趋于稳定、和谐。对此，扶贫开发大有作为。1986年我国开始了大规模的开发扶贫工作。20多年来，我国农村绝对贫困人口减少了两亿多，贫困地区的广大人民群众普遍增强了自我发展能力，为改变自己的命运创造了条件。扶贫开发的20多年，是不断满足贫困地区群众最迫切需要的20多年，是促进国民经济协调发展、民族团结、社会稳定和边防巩固的20多年，是为广大人民群众送去了党和政府温暖的20多年，为构建社会主义和谐社会打下了基础，准备了条件。"农业丰则基础强，农村富则国盛，农村稳则社会稳。"随着扶贫开发工作力度的深入，贫困地区将会越来越发展、富裕，从而更加稳定、和谐。

二是扶贫开发是不断化解社会矛盾，构建社会主义和谐社会的重要举措。当前我国改革发展进入关键时期，经济体制深刻变革，经济结构深刻变动，利益格局深刻调整，思想观念深刻变化。这既给我国发展进步带来巨大活力，也带来一些影响社会和谐的矛盾和问题，突出表现在社会成员之间出现了利益分化，利益矛盾更加突出，城乡之间、地区之间、经济社会之间发展不平衡，出现了困难群体，造成了贫富差距的拉大。在贫困地区，还存在尚未脱贫的问题，利益关系的矛盾表现得更为明显、更为突出、更为尖锐。如果措施不力，处理不好，就会给社会主义和谐社会的构建带来负面影响。同时，贫困现象的长期存在，还会造成对自然资源的过度利用和开发，使人与自然的和谐遭到破坏。因此，进一步加强扶贫开发工作，把扶贫开发工作的各项措施和解决问题的机制，就能积极主动地化解矛盾，最大限度地减少不和谐因素，促进社会和谐。

三、实施"双到"对扶贫开发工作的内涵、体制、机制等方面的创新

实施扶贫开发"双到"工作，政治上有利于走共同富裕的道路；经济上有利于社会资源的有效配置，社会上有利于促进社会和谐稳定，是广东实施扶贫开发战略、创新扶贫方式的一大创举，是一项重大的社会发展战略，也是实现新时期扶贫开发工作的重大转变和突破。

（一）"双到"工作是扶贫开发的创新之举

一是注重与贯彻落实科学发展观相结合。以巩固学习科学发展观成果为新起点，坚持在"双到"扶贫工作中，强化各级、各部门机关作风建设和提高服务效能；自觉贯彻践行科学发展观，进一步解放思想，积极探索，大胆尝试，

走出具有厚街特色的“双到”扶贫路子；勇于创新、善于借鉴、勤于总结，站在全局的高度谋划工作，不断提升扶贫开发工作水平。

二是注重与建设社会主义新农村相结合。按照“生产发展、生活宽裕、乡风文明、村容整洁、管理民主”的要求，把“双到”扶贫开发与社会主义新农村建设紧密结合起来，立足长远，科学规划，作为一项系统工程来抓；突出重点，统筹兼顾，加快贫困地区社会主义新农村建设步伐。

三是注重与推进“双转移”相结合。按照“政府引导、市场运作、优势互补、互利共赢”的方针，结合当地实际和资源优势，大力推动产业转移，带动贫困地区经济发展；优化创新培训、就业服务机制等，实现贫困劳动力就地、异地转移，收到一人就业，脱贫一户的目标实效。

（二）“双到”工作是扶贫开发的优越之举

自2009年我省开启扶贫开发双到工作以来，我省各级政府不断优化工作方式，取得了扶贫开发事业的初步成果。就拿我镇来说，创新了六大扶贫开发工作机制，开创出一条具有厚街特色的扶贫开发之路。

一是统筹推进，创新“双到”政策保障机制。

首先，落实省、市级政策扶持长效机制。自“双到”扶贫开发工作开展以来，我镇充分运用上级省、市制定出台的大力推进农业产业化、加快富余劳动力就业、金融扶贫资金小额担保贷款管理、贫困村互助资金管理、住房困难户进行危房改造等政策文件，为推进“双到”工作提供了政策保障。按各《村帮扶三年规划》，双方核实确认四村的危房改造户共88户：千官镇金版村危房改造户两年任务15户，联平村20户；通门罗沙村危房改造户两年任务23户，鸡林村30户。我镇将在2年内投入危房改造专门资金26.4万元上述88户危房进行改造，2010年预算完成60户的改造工程。2010年，我镇已投入21.9万元对73户（罗沙村23户，鸡林村20户；金版村10户，联平村20户）进行危房工程改造，超出年度计划的13户，现全部已封顶，部分已入住。剩余15户将于2011年内完成。

其次，建立村级脱贫致富长效机制。一是建立村级救助保障机制。如厚街镇在全市率先设立100万元的“厚街镇双到扶贫开发基金”，设专项作为各村扶贫保障基金，为因灾、因病或子女入学等致贫的困难群众提供救助保障。二是建立村级致富机制。通过协助贫困户小额金融帮扶贴息贷款和各村建立种养专业合作社，把生产与资金紧密结合，从而形成村有主导产业，户有起步资金的致富机制。如千官镇金版的以合作社为载体，贫困户通过小额金融帮扶贴息贷款在家中养殖土猪，再由合作社帮助销售的模式。三是建立村集体经济发展机制。2010年，我镇按《村三年帮扶规划》，共投入59.5万元分别为对口帮扶的四个村委会建设农产品交易场所和工厂，进一步增加村委会的收入：一是投入15万元在罗沙村兴建罗沙村农资服务部和水果交易市场，目前项目已完成并投入使用，每年增加集体收入4万元；二是投入10万元收购旧厂房改建的鸡林村"笋竹加工厂"正在动工，进展顺利，预计明年6月底可投入使用，届时项目将每年增加集体收入3.25万元；三是投入18万元新建金版村农业服务大楼，目前项目已封顶，并投入使用，届时项目将每年增加集体收入3—4万元；四是投入16.5万元收购现有两层民房改建成联平村"农业综合服务部"，目前房产转让事宜已办妥，预计明年4月底前完成并投入使用，届时项目将每年增加集体收入2—3万元。实现了"村有稳定收入"的目标。

二是"造血"扶贫，创新"双到"产业开发机制。

我镇通过每村各设立扶贫基金20万元作为贫困户发展生产贷款提供担保和贴息90%，全面加快贫困户"脱贫"工程的深入开展，把"授人予鱼"转化为"授人予渔"。目前，现已有93户贫困户获得了贴息贷款，用于发展土猪养殖、沙糖桔种植等生产。另一方面，藉2010年中秋、国庆双节来临之际，我镇组织大规模的"双到"慰问帮扶活动，向721户贫困户赠送节日礼品（每份价值200元，总计14.42万元）及发放果苗农资帮扶款300元/人（总计21.63万元）；2011年春节前，我镇又向721名贫困户进行慰问，包括支持贫困户的种苗款（200元/户）和赠送节日礼品，共计33.72万元，为贫困户加速"脱贫"，改善生活提供经济基础。

据我镇驻村工作组和对口帮扶的镇村共同核定，2010年已有437户农户已达标脱贫，占总扶贫户数的60.61%（其中金版村原有贫困户149户，现脱贫98户，脱贫率65.77%；联平村原有贫困户240户，现脱贫138户，脱贫率57.5%；鸡林村原有贫困户177户，现脱贫106户，脱贫率59.89%；罗沙村原有贫困户155户，现脱贫95户，脱贫率55.48%）。在四村集体和人均收入方面，金版村集体收入为31000元，较去年增长250%；人均收入为4797元，较2009年增长7.3%，其中贫困户人均收入2368元，较去年增长48%。联平村集体收入23000元，较去年增长211%，人均收入为4200元，较2009年增长11.1%，其中贫困户人均收入2040元，较去年增长40%。鸡林村集体收入为25000元，较去年增长220%；人均收入为4569元，较2009年增长8%，其中贫困户人均收入2100元，较去年增长17%。罗沙村集体收入为35000元，较去年增长180%；人均收入为4048元，较2009年增长 8%，其中贫困户人均收入 2220 元，较去年增长 15%。由我镇实施“双到”对口扶贫的村集体收入和人均收入均高于去年，对口帮扶的贫困户人均收入也高出该村的人均年收入。

三是破解难题，创新“双到”金融服务机制。

缺乏起步资金，是制约贫困地区发展的瓶颈。我镇通过每村各设立扶贫基金 20 万元作为贫困户发展生产贷款提供担保和贴息 90%，全面加快贫困户“脱贫”工程的深入开展，把“授人予鱼”转化为“授人予渔”。目前，四村 721 户贫困户中，现已协助 489 户完成申请手续，其中，有 93 户贫困户获得了贴息贷款，用于发展土猪养殖、沙糖桔种植等生产。小额金融帮扶贴息扶贫基金建立和使用，既有效促进了贫困村主导产业的形成，又极大激发了贫困户自主脱贫的积极性与主动性。

四是授人以渔，创新“双到”技能培训机制。

结合“双转移”开展“五个一”培训工程，即发展 1 项产业，开发 1 个项目，掌握 1 门技能，输出 1 名劳动力，致富 1 个家庭。并开创性地由政府与用工企业联合开展贫困户技能培训，密切贫困农户与龙头企业关系，学以致用、学能致富。去年共投入扶贫培训资金 4 万多元，培训 1442 人次。四村转移输出劳力 860 多人，其中贫困户劳动力 330 多人。

五是整合资源，创新“双到”社会帮扶机制。

首先，整合政策资源。通过整合市、县各级职能部门的三农资源，大力推进行业扶贫。其次，整合资金资源。我镇以“前所未有”的工作力度，多渠道加大“双到”扶贫开发工作的资金投入，至 2010 年底累计统筹镇财政和动员社会捐赠“双到”扶贫开发款项共计 716.39 万元，落实帮扶资金 370.15 万元，其中落实到户 216.05 万元，落实到村 94.1 万元。已完成郁南县职能实训大楼培训基地和郁南县改革成果展示厅的两个项目建设，通门中心小学科普楼建设已封顶。扶持发展集体经济项目 5 个，户帮扶项目 806 个，组织各种劳动技能培训 1442 人次，转移贫困村劳动力 330 多人，通硬底化、修复道路 10 多公里：投入 1.75 万元对金版村至上训自然村 3.5 公里的路基进行扩宽建设；针对“凡比亚”台风造成联平村部分公路塌方的现状，投入 1 万元进行修复，共修复 1 公里；针对鸡林村公路现状，投入 2.5 万元，完善修凤至坑口 1 公里机耕路建设；投入 1.5 万元对罗沙村大塘至里龙路 3 公里路基进行扩宽。解决饮水安全 960 多户。再次，整合社会资源。我镇致力于动员社会力量广泛参与扶贫“双到”工作，营造全社会参与扶贫的社会氛围，今年“广东扶贫济困日”期间，我镇共筹得善款 350 万元。

六是落实责任，创新“双到”监督考核机制。

为落实责任，我镇建立起“双到”工作督查、考核制度，首先，从机构和人员上为“双到”工作提供有力保障。成立“双到”工作领导小组，党政一把手均作为“双到”工作的第一责任人，各帮扶单位一把手作为本单位“双到”工作第一责任人，把帮扶责任落实到每一名干部。其次，建立督查制度，将“双到”工作列入镇委、镇政府重点督查内容，并采取每月一督导、不定期电话抽查、驻村工作组与贫困户面谈等多种形式检查各村、贫困户“双到”扶贫开发工作的开展情况，发现工作不力、进度较慢的贫困村、贫困户，对其帮扶责任人及其所属单位进行通报批评，以落实责任，督促后进。

继续扎实推进扶贫开发“双到”工作

东莞市寮步镇驻村工作组　梁锡钦[1]

一、充分认识扶贫开发的形势

（一）贫困的概念

国务院发展研究中心、国家发改委、中科院有关专家给贫困下这样的定义：从世界范围看，贫困演变一般经过三个阶段，即极端贫困，一般贫困和相对贫困。极端贫困是指贫困人口不能满足生存需要，生活不得温饱；一般贫困是指贫困人口虽然解决了温饱，但无力满足基本的非食品需求，缺乏自身发展条件，仍无力真正摆脱贫困；相对贫困是指收入能基本满足基本生活需要，但相对高收入阶层，他们是贫困的。

（二）新中国成立以来我国的扶贫情况

新中国成立以来，党和政府高度重视并采取切实可行的优惠政策和扶贫措施，鼓励、帮助贫困地区和贫困群众加快发展、摆脱贫困、逐步走向富裕。扶贫工作进程大致可划分为五个阶段：

1. 计划经济体制扶贫阶段（1949—1977 年）。这个阶段的扶贫是与过渡时期、民族改革时期和人民公社体制相适应，主要以救济式扶贫为主。

2. 农村体制改革初期扶贫阶段（1978—1985 年）。这个阶段为通过体制改革、解放生产力、推动解决贫困问题，但仍以救济式扶贫为主。这个阶段全国农村没有解决温饱的贫困人口从 2.5 亿人减少到 1.25 亿人，下降了 50%。

3. 开发扶贫阶段（1986—1993 年）。从这个阶段开始，我国逐步从救济式扶贫转为开发式扶贫。经过数年的艰苦努力，全国农村没有解决温饱的贫困人口减少到 8000 万人。

4. 扶贫攻坚阶段（1994—2000 年）。解决温饱问题，越到最后，工作难度

[1]　梁锡钦（1978.11-），男，东莞市寮步镇农业技术服务中心副主任，从事农业技术推广和食品安全工作。

越大。经过7年的努力，全国农村解决了5000万人的温饱问题。

5. 新阶段扶贫开发（2001—2010年）。在扶贫开发的新阶段，党中央、国务院制定并颁布《中国农村扶贫开发纲要（2001—2010）》。新时期，扶贫以贫困村为主战场，以贫困村基础设施建设为重点，以贫困人口为主要扶持对象，以增加贫困群众收入为目标，加大扶贫资金投入，贫困地区基础设施建设有较大的变化，经济有较大发展，贫困群众收入有较大的提高。

（三）广东扶贫开发工作艰巨性和长期性

多年来，广东历届省委、省政府高度重视扶贫开发工作，通过"智力扶贫"、"对口扶贫"、"开发扶贫"和建立最低生活保障制度等一系列措施，使全省贫困人口持续减少，贫困人口的生活质量不断提高，贫困地区的基本生产生活条件不断改善。全省农民人均纯收入1500元以下的贫困人口从2005年的411万人减少至2008年的316万人，减少23.1%。全省16个扶贫开发重点县生产总值从2000年的258.83亿元增加到2008年的798.4亿元，年均增长15%。51个山区县农民纯收入从2000年的3289元增加到2008年的5147元，年均增长5.8%，扶贫开发工作取得的显著成绩。

但是，由于受地理区位、自然禀赋、经济基础和传统体制等多方面因素影响，广东区域之间、城乡之间发展不平衡的问题仍相当突出，城乡居民收入差距拉大的趋势仍未根本扭转，部分农村人口仍处在贫困状态，出现了全国最富的人群在广东，最穷的人群也在广东的奇特现象，成为制约广东科学发展的一大瓶颈。因此，在看到大好形势的同时，对扶贫开发工作的难度要有足够的认识，充分看到工作的艰巨性和复杂性，主要体现在：

一是区域发展不平衡和贫富差距较大的问题突出。2007年全省区域发展差异系数为0.75，高于全国0.62的平均水平，已经接近国际上0.80的临界值，珠三角地区生产总值、财政收入占全省近80%，粤东西北欠发达地区仅占20%。城乡居民收入差距不断扩大，相对贫困问题日趋严重。从1997年到2007年，我省城镇居民人均可支配收入与农村居民人均纯收入之比从2.47：1扩大到3.15：1。2008年，我省城乡居民收入差距扩大趋势虽然得到初步遏制，但仍处于3.08：1的较高水平。

二是贫困面还比较大。全省贫困村达3409个（年人均收入低于1500元），贫困人口多，相对贫困和没有稳定脱贫的人口还有70多万户、316万人，占全省农村人口的6.14%，粤东、粤北的一些地区，农业人口贫困比例高达41.2%，远高于全国4.6%的贫困发生率。特别是还有200多万户农民居住在危房和茅草房中。

三是贫困地区生产生活条件较差。贫困户住在残危房、土坯房较为突出，主要集中在我省粤北和粤西、粤东两翼，在这片地区，住在残危房、土坯房贫困农户达65万户；一些自然村的道路尚未解决，农田基本建设老化残破严重，有的地方饮用水问题突出，因病致贫和因病返贫的现象较为突出。

四是经过二十多年的扶贫开发，特别是随着经济社会的发展，一些地方和部门对扶贫工作的重要性、艰巨性和长期性认识不足，出现了不同程度的松懈、厌战和畏难情绪；一些地方还存在“等、靠、要”依赖思想。

二、扶贫开发“双到”工作的意义

扶贫开发工作始终是党中央、国务院的一项重要战略部署。胡锦涛总书记指出“扶贫开发是建设中国特色社会主义事业的一项历史任务，也是构建社会主义和谐社会的一项重要内容。”由此可见，扶贫开发工作事关科学发展，事关全面建设小康社会和实现社会主义现代化的大局。

（一）政治意义

1. 搞好扶贫开发是党的宗旨所决定的，是社会主义优越性的具体体现

扶贫开发，就是扶持和帮助经济上贫困的地区和农民发展商品生产，改变落后面貌，走共同富裕的道路。做好扶贫开发，是我们党的宗旨所决定的，我们党领导人民进行社会主义革命和社会主义建设，根本目的在于发展生产力以提高人民生活，改善人民生活。做好扶贫开发，是社会主义优越性的具体体现。使经济上处于贫困的地区和农民摆脱困境，缩小贫富之间的差距，是建设有中国特色的社会主义、走共同富裕的道路，实现小康水平的应有之义。

就广东而言，珠三角发达地区能够先富起来，最根本的原因是中央实行改革开放的路线、方针、政策，并给予“特殊政策、灵活措施”进行先行先试，从而得以快速发展，这是制度安排的结果，是服从大局的结果。同时也得益于山区和欠发达地区顾全大局的大力支持。在因而，通过实施“规划到户、责任到人”帮扶粤东西北贫困落后地区，同样也是制度安排，是政治责任，是服从大局的需要。因此，能否逐步缩小贫富差距，能否实现共同富裕，实际上是举什么旗、走什么路的问题。而实施扶贫开发“规划到户、责任到人”，是探索创新先富帮后富，实现共同富裕，坚持走中国特色社会主义道路的重要政治任务。

2. 搞好扶贫开发对社会稳定起着重要作用

扶贫工作历来是党和政府解决贫困问题、促进社会稳定与协调发展的大政策。扶贫开发工作的实施，首先依赖社会稳定的条件，同时又为社会稳定创造新的条件。在社会分化明显，贫困人口长期不能获得公平的发展权利和机会的情况下，容易产生仇富心态及心理失衡，导致少数贫困群体与社会其他成员的

关系恶化，造成社会动荡。

从“减压阀”理论看，实施“规划到户、责任到人”就是社会稳定的减压阀。通过实施“双到”工作，动员全社会积极参与扶贫开发，培育良好社会风气、可有效消除仇富心态。在这一扶贫途径中，给贫困群众送去党和政府的温暖，能够增强贫困群众对党和政府的信任，促进不同阶层的交流、理解和支持，促进社会成员的谅解和包容，以此打通城市、农村两种人群的沟通渠道，从而积极主动地化解矛盾，消除仇富心态，缓解社会冲突，促进社会和谐稳定。

（二）经济意义

科学发展是坚持以人为本，全面、协调、可持续的发展。协调发展是科学发展的基本要求，而发展不协调恰恰是广东省面临问题之一。在市场经济条件下，社会资源会自觉地向发展水平较高地区流动，形成的“马太效应”，使穷者更穷，富者更富。而贫困地区的经济运行状态，几乎无一例外地陷于低投入、低速度、低效益、低收入的自我封闭式恶性循环，难以自拔。

实施扶贫开发“双到”工作，就是由党和政府推动，动员全社会的资源进行扶贫的一种方式。各级党委和政府通过主动引导全社会的资源直接配置到户，引导全社会力量进行扶贫开发，这样从经济上来说，扶贫的负担就不会太重，甚至可以实现互利双赢，在扶贫的过程中创造商机。同时，再加大公共财政对基本公共服务的支持力度，就可以有效解决贫困农民脱贫致富的问题。

（三）文化意义

反贫困的实践证明，对贫困问题的综合治理的成果，既反映在物质文明水平的提高方面，又表现在精神文明的进步方面。

一方面，在扶贫开发过程中，贫穷不是社会主义、扶贫开发是社会主义的本质要求、“人穷志不穷，脱贫靠自力”等观点日益深入人心。这是对贫困地区干部群众进行的社会主义思想教育和传统教育。同时，由传统农业转向发展社会主义市场经济的观念变化，开始形成治穷致富的新的精神力量；另一方面，由于政府的组织与倡导，社会各界积极参与扶贫开发活动，扶贫开发的社会化程度提高，扶贫济困的社会新风尚大大发扬；此外，在扶贫开发过程中，文化贫困的制肘和智力投资的迫切重要性显现、各地群策群力，尽可能挖掘潜力发展文教卫生事业，这对在贫困地区树立尊重知识、尊重人才新风也是一种促进。

三、经济发展方式转变与扶贫开发“双到”工作

（一）广东经济发展方式亟须转型

改革开放30年来，广东经济年均增长13.6%，相当于世界同期平均增长

率的四倍。依靠毗邻港澳、先行一步和成本低廉的优势，广东创造了“两头在外、大进大出”的珠三角模式。但是，当国际金融危机袭来时，外贸依赖度过高（外贸依存度最高时达160%，是全国平均水平的2.7倍）带来高风险度。广东的经济增长率一度坠落到改革开放以来的最低点5.8%。国际金融危机对广东经济的冲击，表面上是对经济增长速度的冲击，实质上是对经济发展方式的冲击，而广东经济发展方式存在的两个重要问题就是区域发展不平衡和外贸依赖度过高。

（二）经济发展方式转变与“双到”工作

1.“双转移”与“双到”工作

“双转移”是广东提出的“产业转移”和“劳动力转移”两大战略的统称，具体是指珠三角劳动密集型产业向东西两翼、粤北山区转移；而东西两翼、粤北山区的劳动力，一方面向当地二、三产业转移，另一方面其中的一些较高素质劳动力，向发达的珠三角地区转移。“双转移”和“双到”工作是辩证的、可持续的，是相辅相成的。通过实施“双转移”工作，可以进一步推动优势地区加快发展，积累实力，进一步带动广东省东西北相对滞后的地区。

通过“双转移”中的产业转移，可以优化和提升珠三角的产业结构，把珠三角一些劳动密集或技术含量低的产业转移到省内一些相对发展滞后的地区，实行腾笼换鸟。珠三角的产业结构得到优化，而转移出去的产业又可以激活粤东西北地区经济发展的活力；通过“双转移”中的劳动力转移，贫困地区农村劳动力经过培训成为产业工人，粤东西北的较高素质劳动力，一方面向当地二、三产业转移，另一方面向珠三角地区转移。这不仅可以减少从事农业生产的人口，让富余人员通过培训转移就业，增加收入，优化农业内部结构，进行集约经营土地，进而有效持续稳定增加农民收入。同时，也为珠三角企业带来了充足的劳动力。

所以，将“双转移”和“双到”有机结合，推进产业转移和劳动力转移是缩小地区差距、促进区域协调发展、提高城乡居民生活水平的有效途径。而我省贫困村主要集中在粤东西北山区，推进“双到”工作，有利于充分发挥珠三角地区辐射带动作用，发挥东西两翼和粤北山区的比较优势，实现优势互补、相互促进。

2. 扩大内需与“双到”工作

内需不足，是制约广东经济发展的重要瓶颈之一。推进扶贫开发“规划到户、责任到人”工作，能够有效的拉动内需，这主要通过两个途径：

一方面，粤西北贫困地区基础设施落后，为了促进和带动贫困地区的经济发展，以“双到”工作为契机，在贫困地区兴建基础设施项目，如修路、水利工程、饮水工程、危房改造等，对于增加农村投资，扩大内需无疑具有积极作用；另一方面，“双到”工作的目的是使贫困户“脱贫致富”，可以逐步提高贫困人口自主发展能力和消费能力。在未来促进消费上，贫困地区的经济发展将是重要的增长点。加大扶贫开发力度，增加农民收入，对于开拓农村市场，扩大内需，促进国民经济持续增长具有重要的现实意义。

四、“双到”工作对扶贫开发工作的创新

（一）坚持“靶向疗法”，建立瞄准机制

建立瞄准机制，实行“靶向疗法”，就是更直接、更精确地配置机关、企事业单位扶贫资源，采取“一村一策、一户一法”等措施，开展定单位、定人、定点、定责帮扶，减少资源消耗。据统计，全省3409个贫困村、37.2万户贫困户、155.8万贫困人口，均落实了帮扶单位和责任人，5662个帮扶单位共派出3451个工作组、1.15万人进驻贫困村，并制订了帮扶规划和措施，实施“一村一策、一户一法”的靶向疗法。

“靶向疗法”，是新时期扶贫开发工作的一项创新之举。扶贫开发，需要宏观指导，须在指导科学种田、发展农村多种经营、农产品深加工等方面下功夫。“靶向疗法”较之宏观指导式的扶贫开发有诸多好处：一方面，可以强化扶贫的针对性。农民贫困的原因也是一样，只有一把钥匙开一把锁，才能手到病除。另一方面，可以增强帮扶单位和人员的责任感。让帮扶单位和人员与贫困村、贫困户、贫困农民直接挂钩，实施“一户一法”，就增加了他们的责任感和压力感，不投入精力拿出真招，到时候农户脱不了贫，显然无法交出合格答卷。此外，有利于收到立杆见影的效果。由于实行了扶贫责任制，增强的扶贫的针对性，很容易在较短时间内取得扶贫效果。

（二）扶贫信息电脑联网管理，让扶贫在阳光下运行

广东省扶贫信息网实现了扶贫对象电脑管理，在全国率先将扶贫基础工作信息化，信息工作基础化，将“户有卡、村有册、镇有簿、县有案”的工作要求与信息化建设充分结合，建立严密的数据档案就是统一管理。

一方面，“扶贫信息电脑联网管理”，把基层扶贫细节完全放在阳光下，有利于打击“走过场”现象。针对扶贫对象“建档立卡，电脑管理”，这使扶贫真正有案可查，在阳光下接受群众监督，也成为“双到”工作进展与成效的直观体现和重要评判依据；另一方面，扶贫工作信息化也为加强工作指导和监测管理提供了准确的信息依据。

（三）扶贫考核制和问责制，实现“责任到人”

责任明确，才能避免帮扶中出现“责任分散效应”。“碎窗玻璃”理论认为，如果一个窗户打破了，过了很久也没有能够修好，过路的行人就会依此类推，这是没人关心，没人管的地方，很快就会有更多的窗户被打破。这个理论告诉我们，如果只有责任分工，没有责任追究，那么落实责任就成了一句空话。遵循能级管理，坚持按级负责，一级抓一级，一级对一级负责；建立全员的专项责任制，把末端的责任落实到具体人头。从而形成横向到边、纵向到底的责任体系，实现层层有责任，人人有指标，事事有人管。广东省在全国率先实施扶贫考核制和问责制，将扶贫开发工作列入干部政绩考核内容，公布考核和评估结果，奖优罚劣，这种机制的创建可以激励扶贫开发的积极性，加强转变区域发展不平衡的紧迫感，可以保持扶贫开发工作长效，真正实现“责任到人”。

（四）设立“广东扶贫济困日”，实现“大扶贫”新格局

新的形势要求我们扶贫开发工作要从过去的主要靠各级党和政府抓扶贫、扶贫部门抓扶贫的工作思路，拓展为大扶贫的理念，推动形成大扶贫的工作格局。广东以“广东扶贫济困日”活动为契机，探索和建立“扶贫文化”机制，发动和引导全社会力量参与扶贫，让扶贫开发成为干部、企业家、群众的自觉行为，形成一股扶贫攻坚的合力，推动了“大扶贫”格局的建立。

社会力量扶贫对于构建和谐社会具有不可替代的作用，这种参与不仅是帮助贫困群众经济上脱贫的需要，更是加强社会主义精神文明建设，在全社会弘扬中华民族传统美德，建构社会主义新的道德风尚的需要，其政治、社会意义远远大于经济意义。同时，各阶层成员参与扶贫，有利于缓解城乡、区域、经济社会发展不平衡等关系群众切身利益的问题，有利于社会成员之间的团结友爱，减少社会仇富心理，充分体现构建社会主义和谐社会的本质属性和核心要求。

（五）产业智力扶贫，实现长效扶贫路

授人以鱼，不如授人以渔；既要输血，更要造血，才能形成扶贫长效机制。在调动社会力量投身贫困地区基础设施建设的同时，更着重创新机制，把发展产业作为促进贫困户增收脱贫的有效途径。在此过程中，实施农业龙头企业带动产业化扶贫，以避免在扶贫开发起步，就因产业落后埋下返贫隐患，这也符合当前国家加快转变经济发展方式，实现科学发展要求。

扶贫也要先扶智。智力扶贫不是直接发钱发物，而是将钱、物和项目转移到培育人的能力和素质上，用于资助贫困家庭子女接受技工教育，帮助他们掌握一技之长，促进他们实现稳定敬业和自主创业。智力扶贫将技工教育与扶贫工作相结合，由以前的输血式扶贫发展为现在的造血式扶贫、投资少、效果持久，克服了以往扶贫工作中出现的返贫率高的弊病，真正做到有效扶贫，长期扶贫。

（六）选派驻村工作组，打造"永远不走的工作队"

做好扶贫开发工作，必须落实专人驻村帮扶。驻村工作队具有五大功能：一是宣传功能，是新时期各级党委、政府驻村开展党的路线、方针、政策和法律法规宣传教育活动的宣传队。二是帮扶功能，是新时期各级党委、政府和各有关部门驻村制定帮扶规划、入户落实帮扶项目的直接代表，是按时完成"规划到户、责任到人"工作任务的可靠力量。三是协调功能，围绕实现"双到"目标，协调关系，落实政策，切实争取各种政策、各类物资和各项资金对贫困村、贫困户的重点帮扶。四是维稳功能，通过调查研究，核实情况，征求意见，制定"一村一策、一户一法"，通过多种途径，帮助贫困村、贫困户脱贫致富，从而从源头上化解各种信访突出问题，做到把问题解决在基层、把矛盾化解在萌芽之中，进一步巩固社会的和谐稳定。五是示范功能，通过基础设施建设、农业产业化开发、扶贫济困项目实施等，让人民群众看到了党和政府的关怀，充分感受社会制度的优越性，找到新农村建设的正确方向和有效途径。

五、结语

扶贫开发"双到"工作的开展，不仅直接促进了粤西北贫困地区经济社会的发展，提高了贫困农民的生活水平和质量，还有力促进了区域协调发展，维护了社会和谐稳定，为广东争当实践科学发展观排头兵奠定了重要基础，作出了巨大贡献。"双到"工作的诸多创新之举，为全国各地扶贫开发工作提供了许多可借鉴的经验。

先富带后富，最终达到共同富裕——这是一幅美妙的蓝图。我们相信，勾画这幅蓝图的人们，是出于善良的愿望。然而改革开放30年来，贫富差距日益扩大，区域发展不平衡，导致两极分化，许多人认为上述蓝图只是社会主义的乌托邦。但是，从广东扶贫开发"双到"工作取得的成就来看，共同富裕不是社会主义的"乌托邦"。

参考文献：

[1] 汪洋，2009，《在全省扶贫开发“规划到户责任到人”电视电话工作会议上的讲话》.

[2]《广东省人大常委会调研组关于扶贫开发“规划到户责任到人”工作的调研报告》，载广东人大网，2010 年 6 月 .

[3]《扶贫“双到”：点亮“幸福广东”之光》，载《农民日报》，2011 年 3 月 .

[4] 林暄辉，2005，《充分认识扶贫开发的形势与任务，切实增强新阶段扶贫开发工作的紧迫感和使命感》，载南宁政务信息网，2005 年 3 月 .

[5]《搞好扶贫开发有哪些重大意义》，南方网，http://www.southcn.com/news/gdnews/ sz/gdfp/jbzs/200510130430.htm.

[6]《新形势下扶贫开发工作内涵的若干思考》，中国扶贫信息网，http://59.252.32.30/ publicfiles/ business/htmlfiles/FPB/xsyj/201103/138176.html.

领悟扶贫开发新模式　增强共同富裕幸福感

广东海洋大学经济管理学院　全文[1]

中国改革开放历经三十多年，通过紧紧围绕经济建设这个中心，各方面建设取得了举世瞩目的巨大成就。伴随着国民经济的大发展，国家所面对的国际国内新形势，对我国现代化建设提出了新要求和新挑战。从强调经济增长到注重统筹协调的科学发展，从发展中落后的大国到初步和平崛起的世界强国，发展日新月异，为华夏儿女所自豪！

作为改革开放的前沿阵地，地处东南沿海的广东省在经济发展上引领全国，其经济发展水平在全国始终处于领先地位。但随着经济的发展，收入差距因先赋能力、市场竞争能力和传统封闭观念的束缚，加之外部经济社会环境和政策等因素，仍有很多省内欠发达地区存在着贫困问题。为了实现共同富裕，建设和谐社会，广东省委、省政府把握时代脉搏，依据经济社会发展新形势，提出从2009年开始的3年时间内，在粤东、粤西和粤北欠发达地区，通过实施“规划到户责任到人”扶贫开发工作责任制，采取“一村一策、一户一法”等综合扶贫措施，使被帮扶的贫困户基本实现稳定脱贫。

本文从“扶贫开发”的实质内涵出发，立足于我省“规划到户责任到人”的扶贫工作实践，以广东省省辖的21个城市为探讨对象，阐述了扶贫开发工作对促进我省经济发展方式转变的意义和作用，理论上分析了扶贫开发工作的艰巨性和长期性，并且提出了实施“双到”的扶贫开发创新理念与模式等，期望能够为我省扶贫工作贡献自己的经验和思考。

一、扶贫任务艰巨，开发工作要坚持

邓小平同志在1986年8月19日至21日于天津听取汇报和进行视察的过程中说：“我的一贯主张是，让一部分人、一部分地区先富起来，大原则是共同富

[1]　全文（1966.03-），男，广东湛江人，广东海洋大学经管学院副科级政治辅导员、讲师、高级职业指导师，研究方向：教育管理。

裕。一部分地区发展快一点，带动大部分地区，这是加速发展、达到共同富裕的捷径。”当前，正如邓小平同志指出的那样，经过三十多年的经济社会发展，我国已经具备了“以先富带动共富”的条件，扶贫工作显得更为突出，更为重要。

（一）市场经济的内在属性决定了扶贫开发工作的艰巨性

作为中国第二代领导集体的核心人物，邓小平同志有两个重要的论断至今仍然在深刻地影响着中国这个最大发展中国家的发展历程。其中一个是改革开放的理论，它使对外开放成为中国长期坚持的基本国策，“中国的发展离不开世界的发展”。而另外一个就是论述市场经济与意识形态关系的理论。“计划经济不姓社，市场经济不姓资”，从而在中国确立了社会主义市场经济理论的基础。

计划经济时代，致力于实现共产主义的社会主义中国把“市场经济”视为与社会主义经济体制难以兼容的、不可碰触的“雷池”。然而，邓小平深刻地指出“计划和市场都是发展经济的手段”，中国的社会主义市场经济在理论和实践方面不断得到完善，显示出了其强大的生命力。

任何市场经济，包括社会主义市场经济都会因人们的观念解放程度、个人竞争能力、先赋的阶层地位、所在地区间的资源禀赋以及对公共政策的认识和实践程度等因素，出现社会财富向少数地区和少数人集中的趋势。于是，收入差距不可避免，这是价值规律在商品经济中发生作用的必然结果。社会主义市场在资源配置中发挥基础和决定作用的同时，势必会因为市场失灵的固有缺陷，同样会有贫富差距的现象，同样需要防范两极分化问题。

衡量社会财富分配均等化程度的一个指标是基尼系数，当基尼系数小于 0.4 时，财富分配基本均等；当基尼系数在 0.4 以上，则意味着超过了警戒线，当其达到 0.6 以上则会出现社会动荡、及社会不稳定。而中国的基尼系数，从实行改革开放之初的 0.28，至今已经超过警戒线达到 0.485，国外研究者甚至认为，这一数值是 0.5 以上，这是一个危险的信号。而广东省的城乡居民收入基尼系数更是一度超越 0.4 的国际警戒线（见图 1）。[1]

图 1　2000 年以来广东省的城乡居民收入基尼系数

年 份	2000	2001	2002	2003	2004	2005	2006	2007	2008
全省基尼系数	0.38	0.40	0.41	0.43	0.43	0.43	0.42	0.42	0.42

[1] 数据来自“广东省统计信息网”，网址：http://www.gdstats.gov.cn/was40/search

贫富差距扩大过程中，贫困人口由于失去越来越多的经济社会资源而陷入持续贫困，乃至贫困恶化的循环之中。对于贫困人口，政府有通过扶贫保障其基本生存权和发展权的责任，这是政府促进分配结果相对公平的主要义务之一。

作为改革开放的前沿阵地，引领全国经济发展潮流的广东省，省内贫富差距比较突出，抓好扶贫工作，促进共同富裕，是建设幸福广东、和谐广东的重要工作和任务。2010 年 3 月，中共中央政治局委员、广东省委书记汪洋深刻地指出："全国最富的地方在广东，最穷的地方也在广东。"据了解，位于粤西北经济欠发达地区的连南瑶族自治县，目前仍有 29 个省级贫困村，年集体经济收入未达到 3 万元，2010 年连南县人均纯收入 2500 元以下贫困人口仍然有 6810 户。贫困人口数量之高，所占比例之大，使我省成为了扶贫开发的主战场。据不完全统计，全省目前有 3400 多个贫困村、70 多万贫困户和 360 多万的贫困人口。要使如此庞大的贫困人口脱贫，需要使用的资源数量之多、需要动用的社会力量之大，世所罕见。广东省的扶贫工作任重道远。

（二）社会主义初级阶段的长期性决定了扶贫开发工作的长期性

社会主义市场经济既然冠名之以"社会主义"，那么，其本质自然也就不能等同于私有制制度下的资本主义市场经济，社会主义的本质特征是"共同富裕"。社会主义市场经济理论强调国家通过宏观调控，社会保障体系建设，弥补市场失灵所导致的贫富差距问题。其关键也是最重要的一点就是，要使收入分配差距保持在合理、适度的范围，严控贫富差距转变为严重的两极分化。

但改革开放以来，由于中国处于社会主义初级阶段，发展是第一要务，贫富差距显得日益严重，这使得扶贫开发工作因此具有了与初级阶段相应的长期性、艰巨性。邓小平同志曾根据中国的国情做出一个科学的论断，"中国正处于并将长期处于社会主义初级阶段"。他告诫我们，"我国社会主义初级阶段至少需要 100 年时间。"这种初级阶段的长期性，是由我国在生产力落后、商品经济不发达条件下建设社会主义的具体国情决定的。而这种长期性的本身，进一步决定了我们将长期实行以公有制为主体、多种所有制经济成分共同发展的基本经济制度，决定了我们将长期实行按劳分配为主体、多种分配方式并存的分配制度，决定了我们在长期内仍然需要通过允许一部分人靠诚实劳动和合法经营先富起来，进而来实现"先富带后富"，也就决定了一个必经的从"先富"过渡到"带后富"，再发展到"共富"的长期阶段的存在，最终也就决定了扶贫开发工作的长期性。

现实是严峻的。由于扶贫开发工作的艰巨性和长期性，我们必须给予足够的重视，并为之做好最充分的心理准备。所幸的是，在省委省政府的带领和指导下，我们不仅能够正视这一问题，同时，党和政府也提出了解决问题的科学和可行的措施，即切实做好“规划到户、责任到人”的扶贫开发工作，这将使实现有效的扶贫开发显得水到渠成。

二、扶贫开发意义大，经济转型促发展

中共中央政治局委员、广东省委书记汪洋在省委十届八次全会第一次全体会议上强调：“经过改革开放30多年快速发展，广东已全面进入经济发展转型期，传统发展模式难以为继，推动科学发展、转变经济发展方式任务艰巨、刻不容缓。”扶贫开发不仅是一项收入分配调节的主要手段，而且有助于广东省经济转型。认识扶贫开发对广东省经济转型的积极促进作用，才能深刻理解扶贫开发的战略意义。

（一）扶贫开发对转变经济发展方式的意义

在传统发展模式难以为继，急需探索出一条经济发展新模式的道路上，转变经济发展方式是一种主动性的战略选择。而扶贫开发对于转变经济发展方式的意义重大，主要体现在：

1. 从拉动经济增长的角度看

宏观经济学关于经济增长的理论说明，拉动经济增长的“三驾马车”分别为消费、投资和出口。在西方成熟发达经济体中，经济的增长主要靠国内人民的消费来拉动，如2010年美国国内消费占到GDP的比重达到70%。而我国作为发展中国家，改革开放以来一直依靠投资和出口拉动国内经济的增长。与美国等发达国家相比，同期我国国内消费对GDP增长的贡献率为37.3%，投资对GDP增长的贡献率为54.8%，而货物和服务的净出口对GDP增长的贡献率为7.9%。这样的经济发展模式，导致我国消费开支对GDP的贡献率不但得不到提高，甚至有下降的趋势。内需疲软和过度倚重投资直接造成我国过分依赖外部市场，在降低经济安全性的同时，也削弱了经济长远发展的潜力。而在大量外资绝大部分集中于东南沿海地区，广东首当其冲，成为过度依赖投资和出口的沿海省份，一旦遭遇2008年金融危机类似的情况，就会威胁广东省经济的持续健康成长。

正如汪洋书记所言，“转变经济发展方式任务艰巨、刻不容缓”。一方面是广东省立足于产业升级和转型改善发展动力系统，另一方面则需要扩大内需增强“内消化”能力。而广东省的“扶贫到户责任到人”的扶贫开发机制，一定程度上有助于扩大内需，消除转型发展的后顾之忧，这是立足于国内消费需求

乏力的大背景下所做出的长远战略决策。

图2　广东“双到”扶贫开发工作形势图

所以，通过对贫困地区的帮扶和改善贫困地区的生活条件水平，提高占我省五分之四左右的如此大面积的粤东西北的消费能力和消费水平，对于提高全省消费需求在经济增长中的贡献率，提高我省经济的安全性、抗外部波动性和内部稳定性，增强广东省经济长期发展潜力，促进经济转型，都是一项极其重要的经济社会工程。

2. 从经济增长方式的角度看

发展经济学认为经济增长主要有两种方式，一是粗放式增长，以高投入、高耗费、高排放和低效率为特征；二是集约式增长，主要是依靠提高资源使用效率促进增长，其内涵是依靠科技进步，合理配置生产要素，实现低投入、低耗费、低排放和高效率的增长。

从粗放型向集约型的经济增长方式转变，早在上世纪东南亚金融危机时期就已经提出，到了“十一五规划”之末“十二五规划”之初的今天，再次被提升到了重中之重的地位。从国外吸引外资进入，从省外吸引大批劳动力输入，是广东省实现资本和劳动力这两种非常重要的生产要素投入的重要途径。然而，金融危机的爆发，表明这一经济发展的方式在广东省正在走向尽头。相关数据显示，前几年，珠三角地区家具制造、皮革、服装鞋帽等行业用了全省用工的 25%，但仅创造了 8.5% 的增加值。东莞虽然被誉为“世界加工厂”，但被指处于产业链的末端。而劳动力结构性短缺和劳动力价格上升，导致 2005 后开始出现“民工荒”，这进一步强烈冲击着这个产业链末端。

从粗放式增长向集约式增长转变，重要的一条就是使生产要素合理配置化。对贫困地区的开发，是引导社会生产要素资源流向的积极有效的措施。通过对扶贫地区进行开发时所动用的社会力量，制造出了一个实现生产要素在全省合理配置的难得契机，打开了今后集约化发展的新局面，为我省接下来通过生产要素的合理化配置，进而全面铺开经济转型的道路奠定了基础。因此，扶贫开发工作的进行，是立足于广东发展全局的重大举措，是再怎么强调都不过分的。

（二）扶贫开发对转变经济发展方式的作用

在转变经济发展方式的过程中，扶贫开发工作本身又体现出独具魅力的现实作用，主要有以下几个方面：

1. 有助于提高我省的“GDP 含金量”

一个用来衡量 GDP 的含金量的指标——GDP 含金量，通过用“单位 GDP 人均可支配收入”来反映 GDP 的大小跟人均可支配收入增长之间的关系。其值越大，含金量越高。2009 年，广东省 GDP 总量排名全国第一，而对应的 GDP 含金量则排名第八。

扶贫开发工作的进行，无论是对于 GDP 总量的提高，还是人均可支配收入的提高，都有重要的作用。而这两项指标的上升，将有助于提高我省的“GDP 含金量”。

2. 有助于实现“国内人均 GDP 第一”的目标

2010 年广东省 GDP 总量达到 45473 亿人民币，排名全国各省市第一名。然而，“人均 GDP”已经被认为是更能够反映出人民的生活水平的标准。更能够看出这个地区的发展水平。而面对 45473 亿人民币的 GDP 总量和 9638 万的常住人口，广东省的人均 GDP 只为 47181 元，在全国各省市排名第十。其中，广义的珠三角地区面积占全省的 20% 多，人口占全省的三分之一，而实现的国内生产总值占全省的 70% 还要多。而其他地区的面积和人口等方面都占大部分，所实现的国内生产总值却只占一小部分。这严重影响了广东省人民的生活水平，影响了广东省经济发展的质量。

可见，对粤东、粤西和粤北欠发达地区进行扶贫，对提高全省“人均 GDP”水平，争当全国“人均 GDP 第一”目标的实现具有重大的推进作用。

3. 有助于建设“幸福广东”

“幸福广东”，是由中共中央政治局委员、省委书记汪洋在2011年1月6日至8日召开的广东省委十届八次全会上提出的，其定义为：让民众幸福更给力更持久！汪洋书记指出：“每个人都要为幸福广东尽职履责，幸福广东是共建共享的过程。”

共建共享幸福广东！这是新时期省委省政府对广东人民的号召！必将引起广大人民的强烈反响！广东省内发展不均衡，这是一个在各种历史的、现实的条件下造成的具体问题。要正视这个问题，解决这个问题，就是要在省委省政府的领导下，坚定不移地做好“规划到户责任到人”的扶贫开发工作。“幸福广东”的号角已经吹响！

总而言之，与以广州大都市为中心的珠三角地区经济发展状况相比，粤东、粤西和粤北的大部尚处于贫困的边缘。地区经济发展不平衡，不协调等问题，是影响并制约着广东省进一步发展和转变经济增长方式的重大问题。而“规划到户责任到人”的扶贫开发工作，其意义深远，作用重大。

三、“双到模式”促扶贫，独具创新亮点多

广东省的扶贫开发工作，是一项重大的民生系统工程。“规划到户责任到人”的创新扶贫开发工作责任制，以及采取的“一村一策、一户一法”等综合扶贫措施，被誉为扶贫开发的“双到”模式。

（一）创新意义，新在战略背景

“规划到户、责任到人”的扶贫开发工作责任制的提出，是有着其深刻的战略背景的。在其提出之际，国内外发生了许多大事，出现了很多新现象，也暴露出很多新问题。我们感受到金融危机爆发带来的就业难，也品尝着“民工荒”带来的招工难；我们苦涩于拆迁的“沧海桑田”，也无奈于急剧上涨的高房价；我们对上海举办世博会感到骄傲，更为广州举办亚运会自豪；我们要“经济增长”，更要“经济发展”……所有的这些，都构成了颇具深远意义的战略背景。对于执着于发展，着眼于未来的全国第一经济大省——广东省来说，这既是机遇，也是挑战。在如此大环境下，扶贫开发工作的“规划到户、责任到人”责任制应运而生。

（二）创新内涵，新在契合民心

民心，有着它的一般内在性质。没有任何一个人不希望摆脱贫穷的状态。“规划到户责任到人”的扶贫开发工作正是顺应了民心的渴求。它既采取各种措施激励帮扶单位积极主动地扛起扶贫开发大任，更采取各种措施鼓励被帮扶

单位突破被动格局，和帮扶单位之间进行有效的“脱贫”互动；既强化帮扶单位的扶贫开发责任，更强调激发被帮扶单位的内在“脱贫”追求。因此，其产生的效率之高，其效益之大，便可见一斑。

（三）创新体制，新在定点扶贫

“规划到户责任到人”的扶贫开发工作，它将扶贫的对象细化到了“一村一策、一户一法”的程度，实际上是对社会上的“贫困细胞”单位进行“箭对靶”式的治疗。这种扶贫开发模式，在落实扶贫开发单位责任的同时，也充分使受扶贫困单位感受到保障，实现了“贫有所依，困有所靠，脱贫有所养”的以往任何扶贫开发模式所不可能具备的局面，注定了其所能带来的无比优越性。

（四）创新机制，新在机制长效

对于扶贫开发“规划到户责任到人”工作，所采取“一村一策、一户一法”等综合扶贫措施，并不是基于换了新说法的传统的扶贫理念，而是立足于全新的扶贫开发思想。不是采取给钱给物的短期“输血”，而是着力于创造一种能够“造血”的长效脱贫机制。“规划到户责任到人” 扶贫开发工作，正是这种机制的典型代表。它通过结合被帮扶单位对象所面临的环境特点，以提高被帮扶单位对象自身的脱贫技能为切入点，提高被帮扶单位对象发展生产、增收脱贫的能力，从而将脱贫的主动权从帮扶责任单位逐渐转移到被帮扶单位对象身上，确保脱贫机制的长效。这也是其之所以胜任在扶贫开发工作长期性特点的原因。

（五）创新监督，新在问责到位

落实和推进扶贫开发“规划到户责任到人”工作，确保按时并高质量地完成扶贫开发任务，扎实推进区域协调发展，提高帮扶单位的工作成效和被帮扶单位对象的沟通能力，不流于形式，对相关责任人进行监督、考评和问责制度。具体包括：一是实施扶贫开发“规划到户责任到人”的地级市和县（市、区）的党政班子及其主要领导、分管领导；二是有对口定点帮扶任务的市（区）党政班子及其主要领导、分管领导；省直机关单位、企事业单位、社会团体和中直驻粤单位的领导班子及主要领导、分管领导；三是帮扶单位派出的帮扶责任人（驻村挂户的干部）。这一制度为扶贫开发“规划到户责任到人”提供有力保障。

作为一种高效的扶贫开发机制，“规划到户责任到人”的扶贫开发工作在意义、内涵、体制、机制等方面的创新异常突出，其背后所体现的对经济局势方面的把握之准，需要我们用心体会，认真感受，切实落实。只有通过用扶贫开发理论来指导扶贫开发实践，反过来又用扶贫开发实践完善扶贫开发理论，不断创新，不断发展，才能够使令人翘首企盼的“双到模式”时刻充满生机和活力，持续发挥其应有的作用。

扶贫开发工作，是对践行“消灭两极分化，达到共同富裕”的郑重承诺，符合社会主义本质要求，也是在基本建成小康社会的基础上达到全面建设小康社会目标的需要。正所谓，不谋全局者，不足以谋一隅。不谋“扶贫开发”之事，不足以开创科学发展之局。在省委省政府的领导和指挥下，秉承全省人民的意志和智慧，以马克思列宁主义、毛泽东思想、邓小平理论、“三个代表”重要思想为指导，以科学发展观统领全局，广东人民斗志昂扬，意气风发，必将再创辉煌。展望新未来，怀抱新希望，让我们切实做好扶贫工作，不断创新工作新思路，创造工作新机制，办“扶贫开发”实事，办“扶贫开发”好事，使我们广大粤东、粤西和粤北欠发达地区同胞们摆脱贫困生活，共享经济发展新成果，过上幸福安康的生活！

浅论建立全方位开展扶贫开发

东莞市桥头镇驻村工作组

扶贫开发就是坚持“政府主导、社会参与、自力更生、开发扶贫”的方针，进一步解放思想，转变观念，创新扶贫开发思路，以促进区域、城乡协调发展，实现共同富裕与构建和谐社会为目标，着力改善贫困村的生产生活条件，提高贫困人口的自我发展能力，改善贫困地区的发展环境，加快脱贫致富奔康步伐。全方位地开展扶贫开发是促进地区经济平衡缩小贫富差距建设幸福社会的必然选择。

一、实施扶贫开发的重大意义

1. 扶贫开发是坚持以人为本、贯彻落实科学发展观的具体体现

“科学发展观，第一要务是发展，核心是以人为本，基本要求是全面协调可持续，根本方法是统筹兼顾。”扶贫开发的对象是贫困线以下的低收入弱势群体；扶贫开发的区域是革命老区、少数民族地区、边远地区和特困地区，也是统筹区域发展的重点。扶贫开发，就是始终坚持以贫困人口为本，围绕他们的基本需求开展资金筹集和投入、实施帮扶项目，充分调动他们参与的积极性、主动性和创造性，把提高贫困人口综合素质摆在更加突出的位置，变人口压力为劳动力资源优势，不仅帮助贫困地区、贫困人口发展经济、保护生态，还要注重政治、社会、文化建设，实现资源、人口和环境良性循环。

2. 扶贫开发是缩小贫富差距、促进城乡和区域协调发展的重要举措

农民收入和占有的社会财富度不等，使农村出现贫富分层；城乡二元社会结构的存在和区域优惠政策的影响，使区域经济发展不平衡；劳动者文化素质和观念态度落后，农村社会保障和医疗体系不健全等多方面因素，导致现时广东贫富差距严重，并有进一步扩大的趋势。

扶贫开发的基本方针，一是坚持综合开发、全面发展，把扶贫开发纳入经济和社会发展计划，要加强水利、交通、电力、通讯等基础设施建设，重视科

技、教育、卫生、文化事业的发展，改善社区环境，提高生活质量，促进贫困地区经济、社会的协调发展和全面进步。二是坚持以经济建设为中心，引导贫困地区群众在必要的帮助和扶持下，以市场为导向，调整经济结构，开发当地资源，发展商品生产，改善生产条件，走出一条符合实际的、有自己特色的发展道路，通过发展生产力，提高贫困户自我积累、自我发展能力。扶贫开发通过帮助贫困人口快速稳定地增加收入，进一步缩小贫富差距；通过促进贫困地区经济社会协调，促进区域协调发展。

3. 扶贫开发是实现共同富裕、建设幸福广东的重要任务

贫穷不是社会主义，一部分人富起来、一部分人长期贫困，也不是社会主义。推进扶贫开发、实现共同富裕是贯穿于社会主义初级阶段的一项重要任务和目标。中国农村扶贫开发纲要明确指出："扶贫开发是建设有中国特色社会主义伟大事业的一项历史任务，基本解决农村贫困人口的温饱问题只是完成这项历史任务的一个阶段性胜利。我国目前正处于并将长期处于社会主义初级阶段，在较长时期内存在贫困地区、贫困人口和贫困现象是不可避免的。"

"幸福广东"应是全省人民的感受，而不是政府的一些提法、口号和一些数据，更不应是局部地区人民的感受。全省人民是否幸福，关键是否得到成果的分享，尽可能平等地分享。只有实施持续的扶贫开发政策，通过有针对性、成效性的帮扶措施，帮扶低收入人口持续增加收入，改善生活，才能缩小贫富差距，协调区域发展，才能真正做到让全省人民都分享改革开放的成果，实实在在地感觉幸福。

二、2010 年广东省扶贫开发"双到"工作取得显著成效

2010 年，广东省扶贫开发"双到"工作深入开展，成效显著。全省 5000 多个扶贫开发责任单位共派出驻村工作组 3541 个，驻村干部 11524 人，完成 37 万多户帮扶户的建档立卡工作，制定帮扶方案，落实帮扶措施，贫困村基层民主建设、组织建设和精神文明建设得到进一步加强。截止 2010 年底，全省已落实到贫困村的帮扶资金 44.2 亿元，平均每村 129.7 万元，被帮扶贫困户有 42.19% 达到脱贫标准。各地启动扶贫项目 7558 个，组织农民参加各种专业技能培训班共 64 万多人（次）；劳务输出 16 万多人；新增修筑硬底化道路 7956 多公里，新增农田水利受益面积 107 万亩，解决了 66.9 万贫困户饮水安全问题，解决了 2.6 万贫困户住房难问题；将 4.9 完户贫困户纳入农村低保，帮助 36 万多贫困户参加新型农村合作医疗，帮助建设文化卫生项目 9000 多个。"广东扶贫济困日"活动期间，全省各界认捐、捐款达 30 亿元。

2010年，桥头镇派出驻村工作组6人，深入韶关市新丰县遥田镇开展长驻村工作，完成了挂扶的4个贫困村共702户贫困户的建档立卡工作，制定帮扶方案，落实帮扶措施。至2011第一季度，共落实帮扶资金607.86万元，平均每村逾152万元，超过40%的贫困户达到脱贫标准。落实帮扶项目13个，组织贫困户劳动力参加就业技能培训和种养技术培训473人/次，劳务输出138人，新增修筑硬底化道路2.5公里，新增农田水利受益面积1000亩，帮助建设文化卫生项目4个。“广东省扶贫济困日”活动期间，桥头镇各界共捐款350万元。

三、加大扶贫开发力度

1. 推进以人为本的参与式扶贫开发。扶贫开发的基本涵义是：以经济建设为中心，引导贫困地区群众在国家必要的帮助和扶持下，以市场为导向，调整经济结构，开发当地资源，发展商品生产，改善生产条件，通过发展生产力，增强自我积累、自我发展的能力。这是贫困地区解决温饱、脱贫致富的根本出路。广泛发动群众参与扶贫开发工作，是为了提高扶贫开发的可持续性，使扶贫开发的目标瞄向更准确，贫困群众参与扶贫开发的积极性和主动性更高。参与式扶贫应注意把握两个环节：一是做好村级扶贫规划。要广泛动员村民结合实际，参与制定村 级扶贫规划，明确具体帮扶项目、帮扶单位、资金来源、帮扶措施以及目标要求，村级扶贫规划确定后，帮扶单位和村民要相互配合，共同实施。二是瞄准贫困户。做到工作到村、扶贫到户，扶真贫、真扶贫。组织力量对贫困人口进行了重新调查摸底，登记造册，并公示确认，解决扶贫工作中弄虚作假和扶贫对象难锁定的问题。

2. 实事求是界定好扶贫对象。扶贫开发工作成绩显著，但扶贫对象的确定等问题仍很模糊和欠缺操作性。但随着经济高速发展，农村家庭财产性收入快速增长，恩格尔系数逐年下降，用于医疗、教育、通讯、耐用消费品等方面的消费逐年增加，消费水平千差万别。收入是流量，财产是存量，消费是变量，在这种情况下，仅以“收入”论“贫困”，显然存在偏颇，有失公平、公正。要科学认定贫困人口，目前应综合考虑收入、财产和消费三个要素。另外，即使界定贫困户的“收入线”确定了，但要把贫困家庭一一确定却相当难操作。落实到具体的村组户，1196元的收入与1197元的收入怎么区别？又凭什么因素确定张三的收入是1196元，而李四的收入是1197元？这些问题在操作层面都很难解决。在操作层面，应充分利用农村熟人社会的有利条件，根据模糊学原理，采取农户申请、村民评议、村组织审核、乡镇审批的方式，公开、公平、公正地确定具体扶贫对象。对象找准以后，乡、村干部和驻村工作组应把每家每户的情况了解得清清楚楚，把致贫原因分析得透透彻彻，然后按户按人有针对性地制定帮扶举措，真正“规划到户”、“一户一策”。

3. 做强农民合作经济组织。产业化扶贫是扶贫开发的一大举措，在扶贫开发中产生了很好的积极作用。但是，从长远看，农户与龙头企业之间只是依附性的被动关系，很难建立起合理的利益连接机制，农户永远处于“六加一”产业链中“一”的环节（生产环节），设计、包装、加工、储藏、运输、销售等后续产业链条中的高附加值不能分享，长此以往，也将失去自我发展的能力和机会。通过这种方式，穷人可以解决温饱，但难以致富。所以，扶贫开发应从扶持龙头企业转向扶持农民专业合作组织，激励他们主动创业，合作服务，引导他们从“一”走向“六加一”，帮助他们在“后续产业链”中自我组织、自我服务，赢得主动，获得较高的利益，从而实现脱贫致富。

4. 实施提高贫困人口素质的脱贫战略。美国著名经济学家、诺贝尔经济学奖获得者西奥多·w·舒尔茨在长期研究农业经济问题中发现，从 20 世纪初叶到 50 年代，促使美国农业生产量迅速增加和农业生产力提高的重要因素已不是土地、劳动力数量或资本存量的增加，而是人的知识、能力和技术水平的提高。随着社会经济的发展，自然资源作为生产要素对经济发展的贡献率在不断下降。从收入分配来看，高素质的人收入水平相对较高，收入水平一般与劳动者的文化程度、技术水平呈正比关系。这表明开发人力资源、提高人口素质是扶贫开发的重要任务。因此，要加大对农村人力资本的投入力度，大力发展职业教育、成人教育，资助贫困高中生、大学生完成学业，不让一个学生因贫困而失学，努力提高贫困地区人口受教育程度和综合素质。特别要加大扶贫投入力度，开展贫困劳动力就业转移培训，提高贫困人口就业率，带动贫困家庭脱贫。有条件的地区应积极探索贷款参训就业还贷、校企合作订单输出、企业出资定点就业、半工半读以工养读、就地培训就近安置等模式，丰富和提升劳动力转移就业的内涵。实践证明，贫困劳动力转移培训是扶贫开发的治本之策。

5. 积极提高社会各界参与度。现时，由政府主导，发动各方面社会力量，参与贫困地区的扶贫开发，取得了很大成效，产生了良好的社会效果。但由于这些行为大多只是试点示范或一种倡议呼吁，缺少整体的、全局的谋划和制度规范，更缺少法律约束，也缺乏必要的激励措施，行动起来往往是“雷声大雨点小”，象征意义大于实际意义。有关调查显示，全国注册的工商企业超过 1500 万家，而有过捐赠记录的不超过 13 万家，即 99% 的企业没有过捐赠记录。政府应该在公共舆论上给予足够的重视，要利用各种媒体，通过多种形式，大力加强政策宣传，并做出最坚定的承诺，传递出最明确的信息，表达出最强烈的政治意愿：构建和谐社会，贫困群体最需要关心！贫困地区最需要扶持！扶贫工作最需要加强！从而引导和号召社会热心人士、企业、团体、组织，积极参与到扶贫开发中，真正把“达则兼济天下”的传统美德转换成实实在在的扶贫行动。

四、建立扶贫开发长效机制，用制度规范扶贫活动

1. 扶贫资金使用管理应着重可持续性。扶贫资金使用的最高境界就是实现资金的滚动使用，保持可持续性。以前，扶贫资金大部分用于看得见摸得着的基础设施建设，只是一次性的“固化”投入，不能为农民提供发展的可持续资本。现在，广东省的扶贫开发“双到”工作开展以来，各地开展金融扶贫、基金扶贫试点，很好地解决了扶贫资金滚动发展的问题，各级扶贫机构应该在试点的基础上，不断总结经验，全面推广，深入推进，在大幅提高扶贫资金效率和效益的同时，努力增强可持续性。

2. 建立健全扶贫开发工作激励机制。扶贫开发的激励机制应注重三方面，一是注重对贫困人口的激励，二是注重对贫困村基层干部的激励，三是对扶贫工作者的激励。其中又包括精神激励和物质激励两部分。精神上的激励是加大对脱贫致富典型、帮扶工作中的先进事迹等宣传，提升贫困人口要求自我发展，扶贫工作者勇于奉献的动力。物质上的激励，如在小额贷款的制度中，实行持续循环贷款并在后续贷款中逐步增加借贷额度，对贫困人口发展作出鼓励。又如脱贫致富的实践中取得的创新性成果进行奖励，对贫困村基层干部、扶贫工作者进行工作补贴等。

3. 推进扶贫开发的立法工作。扶贫开发是一项社会化系统工程，需要全社会的共同努力，通过严密的法律制度，明确扶贫的法律地位、领导责任、目标管理责任、资金投入责任和社会支持责任，有利于强化社会共同的认知，从而为全社会支持扶贫开发工作提供法律保障。推进扶贫开发立法，其意义在于：第一，有利于扶贫政策的连续性。用法律的形式规范扶贫开发方针政策、实施原则和具体措施等，有利于坚持开发式扶贫方针，从根本上改善贫困群众的生产生活条件，并坚持自然资源和人力资源开发并举，实现贫困群众稳定增加收入，让贫困群众长期受益。第二，提高扶贫工作部门的地位。随着贫困对象脱贫难度日益增大和社会各界对扶贫工作的要求越来越高，扶贫工作部门的担子更重，压力更大，与当前扶贫工作部门较低的职能地位不相称。为此，必须让扶贫工作部门具有一定的独立性，拥有相应的决策权和行政权，才能确保管

好用好扶贫资源，达到真扶贫、扶真贫和扶贫效益最大化的目的。第三，通过法律的形式规范决策者和办事者的行为。特别是要将扶贫资金作为一条“高压线”，严格实行责任追究制，保证决策者落实责任，促进工作人员勤政廉政。第四，有利于加强扶贫项目与资金管理。把有限的资金用好管好，是提高扶贫工作绩效的十分重要的举措和手段。为此，必须通过立法来促进各级扶贫部门充分认识管好用好扶贫资金的重要性和浪费、挪用、贪污扶贫资金的严重性，达到确保扶贫资金专款专用、及时足额拨付的目的，从而充分发挥扶贫资金的效益。

广东省扶贫开发“规划到户、责任到人”模式的理论基础研究

深圳市司法局劳教所　张志明

扶贫是一项世界性的难题。消除贫困，共同富裕，是人类社会千百年来孜孜以求的崇高理想，也是人类社会追求公平、正义的不懈努力。1996 年 1 月 18 口，一座两米多高的大型电子数字显示钟——贫困钟，在联合国总部的公共大厅落成。红色数字随钟面的秒针，以每分钟 47 人，每天有 67000 人，每年有 2500 万人的速度增长。中国是一个发展中大国，贫困自古以来就困扰着中国的发展。“贫困不是社会主义，社会主义要消灭贫困”。多年来，广东历届省委、省政府高度重视扶贫开发工作，在经济社会快速发展的同时，通过“智力扶贫”、“对口扶贫”、“开发扶贫”和建立最低生活保障制度等一系列措施，使全省贫困人口持续减少，贫困人口的生活质量不断提高，贫困地区的基本生产生活条件不断改善。全省农民人均纯收入 1500 元以下的贫困人口从 2005 年的 411 万人减少至 2008 年的 316 万人，减少 23.1%。全省 16 个扶贫开发重点县生产总值从 2000 年的 258.83 亿元增加到 2008 年的 798.4 亿元，年均增长 15%。51 个山区县农民纯收入从 2000 年的 3289 元增加到 2008 年的 5147 元，年均增长 5.8%，扶贫开发工作取得的显著成绩。[1]

但是，由于地理区位、自然察赋、经济基础、历史文化、体制机制等多方面因素的影响，我省发展不平衡问题还相当突出，并集中体现为区域之间、城乡之间、群体之间发展和收入差距的不断扩大。目前，全省还有 3409 个贫困村、70 万户、316 万人处在贫困线以下，如果按照世界银行每天 2 美元的贫困线标准，2007 年，广东省农村收入贫困发生率为 10.3%（绝对贫困人口还有 400 多万）、消费贫困发生率为 18.6 写，农村贫困人口占广东省贫困人口的 89.9%。国务院扶贫调研组到我省调研后认为：“广东全省不同区域之间发展不平衡的状况十分严重，甚至有日益扩大的趋势。东部省份贫困地区的状况使我

[1]　汪洋同志在全省扶贫开发“规划到户责任到人”工作电视电话会议上的讲话。

们很震惊，我们没有想到东部省份贫困地区还这么落后，也没有想到东部省份贫困地区还存在这么多困难。”[1]

在新时期新阶段，扶贫开发必须有新的载体、新的方式，进一步明确扶贫的规划对象、责任主体，才能将“谁去解决脱贫、解决谁的脱贫”责任落实到单位、落实到人，切实提高扶贫开发工作水平。因此，实施扶贫开发“规划到户、责任到人”，是让有扶贫能力的单位和个人通过直接到户的方式帮助贫困农民脱贫致富，这是我省实施扶贫开发战略、创新扶贫方式的一个创举，是一项重大的社会发展战略，也是实现新时期扶贫开发工作的重大转变和突破。

一、扶贫“双到”模式是适应我国扶贫战略变化的必然选择

改革开放以来中国政府的扶贫开发，反贫困斗争大体经历了四个阶段。

第一阶段：1978 一 1985 年，是贫困人口大幅减少阶段。改革开放以家庭承包经营责任制度取代了人民公社的集体经营制度，通过农产品价格的提升、农业产业结构向附加值更高的产业转化以及农村劳动力在非农领域就业三个方面的渠道，将经济利益传递到贫困人口，使农村贫困现象大幅度缓解，农村的贫困人口呈直线下降趋势。1985 年，农村没解决温饱的贫困人口从 2.5 亿减少到 1.25 亿，下降了 50%，平均每年减少 1786 万人，贫困人口占农村总人口的比重由 1978 年的 30.7% 下降到 1985 年的 14.8%，贫困发生率由 30.7% 减少到 14.8%，年脱贫率达到 7%。

第二阶段：1986 一 1993 年，主要是开发式扶贫阶段。中国的农村扶贫政策是 20 世纪 80 年代中期开始形成的。1984 年 9 月，中共中央、国务院联合发出了《关于帮助贫困地区尽快改变面貌的通知》。1986 年全国人民代表大会六届四次会议将“扶持老、少、边、穷地区尽快摆脱经济文化落后状况”作为一项重要内容，列入国民经济“七五”发展计划。国家扶持贫困地区的战略由过去的救济式扶贫（“输血”）转向开发式扶贫（“造血”），一系列的“造血机制”也先后出台。同时对传统的发粮发物救济扶贫方式进行了彻底改革，确定了“以工代赈”开发扶贫的新方针，在全国范围内开展了有组织、有计划、大规模的扶贫开发工作。到 1990 年，中国农村的贫困人口降至 8500 万，比 1985 年减少了 32%，贫困发生率降至 9.4%。到 1993 年，农村贫困人口进一步减少到 8000 万。

第三阶段：1994 一 2000 年，主要是扶贫攻坚阶段。以 1994 年《国家八七扶贫攻坚计划》的公布实施为标志，我国的扶贫开发进入攻坚阶段，提出了“从

[1] 汪洋同志在全省扶贫开发“规划到户责任到人”工作电视电话会议上的讲话。

1994年开始到本世纪末，用七年时间基本解决目前尚未完全解决温饱的8000多万人的温饱问题”的奋斗目标。这一阶段，国家的扶贫工作由瞄准贫困地区逐步调整为瞄准最贫困人口。经过多方努力，到2000年底，国家“八七”扶贫攻坚目标基本实现，农村尚未解决温饱问题的贫困人口减少到3000万人，农村的贫困发生率降至3%左右。[1]

第四阶段：2001年一2010年，综合性整村推进阶段。2001年5月，中国政府颁布了《中国农村扶贫开发纲要(2001一2010年)》，再次明确提出要坚持开发式扶贫方针，通过改善贫困地区的基本生产生活条件、加强贫困乡村的基础设施建设、改善生态环境等措施来帮助没有解决温饱的绝对贫困人口解决温饱，帮助初步解决温饱的相对贫困人口增加收入，提高生活质量和综合素质。

根据扶贫开发进程的阶段性特点，中国的扶贫战略也发生了一些变化：扶贫战略全面实现由“道义性扶贫”向“制度性扶贫”转变，由“救济性扶贫”向“开发性扶贫”转变，由“扶持贫困地区”向“扶持贫困人口”转变的三大战略转移。伴随着三大战略转移，对扶贫具体目标进行过三次调整，先是从1986年至1989年的区域瞄准调整到1990至1995年的区域瞄准与群体瞄准相结合，然后再调整到1996年以后的瞄准贫困村和贫困户。1994年以前，与其他国家相比，中国反贫困战略的最大特色就是按区域(主要是贫困县)实施反贫困计划，以贫困地区为对象的反贫困战略追求的主要目标是贫困地区整体经济实力的增长和自我发展能力的形成。区域整体经济实力的增长必然带来全体居民平均收入水平的提高，也必然会使一部分人脱贫。但贫困人口由于地区的自然条件恶劣，基础设施落后，自身竞争经济机会的能力低下，因而在分享区域经济增长带来的利益分配中处于不利地位，参与分配的利益少，结果他们与非贫困人口收入差距越拉越人。对于转型发展中国家来说，经济增长是减少贫困人口的重要前提条件，但经济增长本身并不能完全消除贫困。在市场经济条件下经济增长实现的利益并不能自动流向贫困群体，必须依赖政府强有力的介入。[2]区域开发扶贫战略有助于改变扶贫救济所产生的依赖性，有助于集中资源减缓区域性贫困，但它以区域作为政策和工作单元，从它一出台就注定了它不可能覆盖全部贫困人口。特别是扶贫资源只流向贫困县，必将导致漏出部分贫困人口无法从政府扶贫资源中受益。根据我省与世界银行联合开展“缩小广东城乡贫富差距”课题研究报告的统计，2007年全省区域发展差异系数为0.75，高于全国0.62的平均水平，已经接近国际上0.80的临界值，珠三角地区生产

[1] 中国国务院新闻办公室：《中国的农村扶贫开发》，人民日报，2001年10月16日第5版。

[2] 中国改革发展研究院《反贫困研究》课题组。

总值、财政收入占全省近80%，粤东西北欠发达地区仅占20%。城乡居民收入差距不断扩大，相对贫困问题日趋严重。从1997年到2007年，我省城镇居民人均可支配收入与农村居民人均纯收入之比从2.47:1扩大到3.15:1。2008年，我省城乡居民收入差距扩大趋势虽然得到初步遏制，但仍处于3.08:1的较高水平，明显高于江苏的2.5:1和浙江的2.49:1。[1] 因此，扶贫战略转移是必要的，也是必须的、必然的。特别是，1980年代中期，我省农村贫困人口是相对集中，而1990年代以后则逐步分散了，区域集中性远不如1980年代显著。在我省的贫困发生率下降到10%左右时，中国的扶贫资源必须做到规划到户、资金到户、项目到户、帮扶到户、效益到户。

二、扶贫"双到"模式是坚持以人为本，充分调动贫困户脱贫致富主动性和积极性的客观需要

自1980年代中期实行大规模的反贫困行动以来，中国农村的反贫困一直是以政府为主导、多部门参与的反贫困机制。这种由政府主导的反贫困接受主体制度其优势在于，国家可以动员更广泛的力量进行扶贫，增强反贫困的政治性和社会性；可以自上而下地执行反贫困的政策和命令，使全国的反贫困行动大体一致。但是，政府主导型、多部门参与的扶贫制度在实践中也暴露出一些突出的问题，这些问题直接影响了中国农村反贫困的效率：第一，在这种扶贫思想的驱使下，农村贫困人口要么只能等待政府的救济与馈赠，要么只能被动地参与由政府或他人代为组织和实施的农村扶贫运动，他们自己没有选择余地。如果我们不吸引贫困人群的主体参与，即使贫困人群从政府的扶贫项目中受益了，也容易对政府形成依赖，使人们产生等、靠、要的思想，导致"扶不起"、贫困将随着政府的扶持使"无力者更加无力"的现象发生。第二，扶贫项目往往也因此而成为地方政府解决财政问题的灵丹妙药，成为地方政府领导树立政绩的途径。如《法制日报》2002年12月29日报道，1990年动工的陕西引黄入定（定边县）扶贫工程，1997年竣工后，3万群众仅喝了5天水即不能运转，不仅未能解决当地居民最迫切需要解决的缺水问题，巨额投资亦付之东流。第三，改革开放后，国家不再能用行政权力来直接指挥农村集体组织，集体经济组织也不能再随心所欲地指打农户。农户成为了一个具有独立产权、拥有独立决策权利的经营个体，这样，政府的反贫困工作就不能不充分考虑农户这一主体的需求了。

"规划到户、责任到人"的扶贫模式，坚持以人为本，充分调动贫困人口

[1] 汪洋同志在全省扶贫开发"规划到户责任到人"工作电视电话会议上的讲话。

自我发展、自我改变的主动性和积极性，从“要我发展”到“我要发展”，使他们觉悟，树立起对现实的批判意识，使他们明白造成贫困的原因不是超出他们所能控制的“命运”或“大意”，他们自己才是主宰自己命运的主体。贫困农户有了主体意识和觉悟，就会更好地领会变革的可能性，并为此准备行动。扶贫“双到”模式通过建立一系列的项目，即以特定的贫困户为对象，提供他们所缺少的资本、技术等生产要素，结合当地的资源条件，依靠贫困者自身的努力，通过发展当地的经济来提高生活水平和摆脱贫困，这种扶贫模式能够为贫困地区的人们产生“造血”、“保血”功能。

三、扶贫“双到”模式是提高扶贫资金利用效率的有效途径

扶贫资金的中途流失和损耗是目前开发式扶贫模式的一个比较严重的问题，有限的资源无法最大限度地用到真正的贫困人口身上。1999 年下半年国家审计署组织了对全国 592 个国定贫困县所在的 27 个省、自治区、直辖市 1997 一 1999 年上半年扶贫资金使用情况的首次大规模审计，审计资金总额 467.56 亿元，占同期中央及 27 省区市各级政府配套投入扶贫资金总额的 95.78%，结果发现：一是挤占挪用、改变投向、违规有偿使用财政扶贫资金（包括以工代赈资金）总额达 43.43 亿元，占审计财政扶贫资金的 20.43%。二是财政扶贫资金滞留欠拨。1997、1998 年两年的财政扶贫资金尚有 12 亿元没有拨付到位。1999 年中央财政分配的财政扶贫资金到 6 月 30 日，77% 仍滞留在省级财政部门。这种情况主要发生在省、地市两级。资金到位不及时，其实质是在一定时间内占用了财政扶贫资金，拖延了财政扶贫资金项目的建设。三是贫困户得不到贷款，存在着“扶工不扶农”、“扶富不扶贫”、“扶官不扶民”、“扶强不扶弱”等现象。据国家统计局 2000 年对国定贫困县 5 万多农户抽样调查，在全体样本户中，只有 3.5% 的贫困户得到了国家扶贫贷款。[1] 四是虚列支出、转移资金、公款私存等。此类情况大多为涉及财政扶贫资金管理的有关官员的个人腐败行为，在违规使用财政扶贫资金总额中占 11% 左右。1999 年以后，这类违规情况由于查处严厉所起到的震慑作用，已经大为减少，但在 2001 年财政部组织的财政扶贫资金重点检查中仍有发现。

扶贫“双到”模式将扶贫资金直接瞄准各贫困户，可极大的提高扶贫资金的利用效率。一是坚持扶贫到户有利于简化扶贫资金中间层次，保证扶贫资金及时下达，足额到位，彻底解决扶贫资金到位迟，用不足的问题。改变目前按照行政级别自上而下层级下拨的方式，在明确资金投放贫困户后，采取财政专

[1] 国家统计局农调队，中国农村贫困监测报告(2000)—北京:中国统计出版社，2000.9。

项集中支付的形式，将扶贫资金直接从省级财政拨付到各贫困户，这样一方面简化拨付程序，降低拨付成本，提高拨付效率；另外一方面就可以减少扶贫资金的中间环节，减少扶贫资金的流失，能够实现源头防腐、净化扶贫工作环境，有利于形成良好的扶贫帮困氛围。二是有利于指导和监督使用扶贫资金的情况，引导扶贫资金用于解决贫困户温饱问题的种植业、养殖业、经济作物以及其他农副土特产品为原料的加工业，有效防止“扶富不扶贫”、“扶贫对象瞄不准”、“富人掏了穷人的腰包”、“套取项目资金”等不良现象的发生。三是有利于相对集中使用资金，实行重点投入，形成攻坚力度，发挥整体效益，组织有市场潜力的名、特、优产品的产、供、销一条龙生产，承包扶贫开发项目，组织贫困户连片开发，有条件地区推进适度规模和区域化、集约化、企业化经营，适应市场需求。四是有利于提高贫困户脱贫的积极性。扶贫发放的实物均通过政府采购进行统一购买，但事实上，在同等质量下，政府采购价格普遍比市场价格高 30% 左右，有的高达 80%，甚至 100%，与此同时，贫困户同时要自己配套出一部分资金。如果能够在资金投入前，由贫困户大会预算项目经费，再将钱直接下发给贫困户，采取节约归己，不够自补的方式，就能够激发那些缺乏配套资金贫困户启动脱贫项目的积极性。

四、扶贫“双到”模式是贯彻落实国家扶贫政策的重要举措

早在 1996 年 10 月，中共中央、国务院发出了《中共中央、国务院关于尽快解决农村贫困人口温饱问题的决定》，进一步明确了继续坚持开发扶贫的基本方针，并指出扶贫攻坚要到村到户。1998 年，国务院扶贫开发领导小组召开了“扶贫到户工作座谈会”，第一次明确提出扶贫工作要到户。1999 年中央召开扶贫工作会议，作出了“关于进一步加强扶贫开发工作的决定”，明确提出“扶贫攻坚必须落实到村、落实到户”，并认为：“这是基本解决农村贫困人口温饱问题的目标和现阶段我国农村基本经营制度决定的，也符合农村贫困人口分布的实际情况。扶贫攻坚的任务是解决贫困户的温饱，只有对贫困村、贫困户进行具体的帮助扶持，才有可能解决他们的温饱问题。家庭承包经营是农村的基本经营形式，只有把帮扶措施同家庭经营的活力结合起来，才能增强贫困户自我积累和白我发展的能力。……坚持扶贫到村到户是夺取扶贫攻坚最后胜利的关键。扶贫攻坚到村到户的核心，是扶贫资金、干部帮扶和扶贫项目等各项措施真止落实到贫困村、贫困户。为此，必须进一步端正指导思想，彻底改变分散使用力量、不分贫富一起扶的错误做法，坚持以贫困村为基本扶持单

位，以贫困户为工作对象”。[1] 自此，中国农村开发式扶贫模式的目标组开始由过去的区域向贫困户转变。在2001年颁布实施的《中国农村扶贫开发纲要(2001—2010年)》正式明确了这种扶贫工作模式：“坚持省负总责，县抓落实，工作到村，扶贫到户”。

1998年以后，国家层面明确强调了扶贫到户，但主要还是限于扶贫贷款。但由于贫困农户居住分散，单个农户贷款额度小，贷款交易成本高以及现行金融体制限制等方面原因，也并没有完全实现扶贫到户，很大一部分贷款仍然被投向企业。被国际社会公认的直接扶贫到户的小额信贷，经过中国20多年来的曲折道路，大部分都被村里并不贫困的村干部、相对富裕户使用了，真正贫困户连见都见不着。目前仍然处于贫困线之下的绝对贫困农户之所以贫困的主要原因，不能从他们居住之处自然条件差、耕地不足、交通不便、社会发育程度低等外部原因中去寻找，更不能从他们素质低下方面寻找，而在于他们长期来并没有从社会获得必要的和同等的发展机会，我们的扶贫项目、资金、物资、技术、人才等资源，并没有直接送达到各贫困户手中。[2] 国际上小额信贷扶贫项目起源于1960年代末期，经过30多年的发展，已有相当成功的经验，尤以孟加拉国“乡村银行”(又称“穷人银行”)最为成功。小额信贷是把扶贫资金直接送达贫困农户的有效形式，它具有项目成功率和农户还贷率高的特点。小额信贷的实践向世人宣告：贫困农户具有政府官员、专家学者们所难以想象的强烈的脱贫愿望、实事求是地优选家庭项目、精心地使用扶贫贷款、按期按要求还贷、勤俭持家、吃苦耐劳的可贵品质。

正因为此，2007年12月中旬，汪洋书记在清远市调研时，针对我省区域发展不平衡的现状，提出必须加大粤东西北欠发达地区的扶贫开发工作力度，指出“发展山区经济，省市县各级都提出了奋斗目标，也拿出了很多举措，可效果没有预想的好，原因是很多举措没有落到实处，关键是没有建立抓落实的责任制度。如山区扶贫，可不可以把贫困户基本情况录入电脑，登记造册，明确扶贫脱贫的具体办法，将‘谁去解决脱贫、解决谁的脱贫’责任落实到单位，落实到人，措施一定要具体，一户一户摸清楚，一户一户解决”。2008年省委十届三次全会一致通过的《关于争当实践科学发展观排头兵的决定》，明确提出“完善扶贫开发机制，做到规划到户，责任到人，加快消除绝对贫困现象”。《广东省委办公厅广东省人民政府办公厅关于新时期我省扶贫开发“规划到户责任到人”的实施意见》(粤办发[2009]20号)则对“规划到户、责任到人”

[1] 《开发与致富》，北京1999年专辑。

[2] 赵俊臣主编：中国扶贫攻坚的理论与实践，云南科技出版社1997年2月版。

进行了专门规定，“规划到户”就是通过建立机制，主要针对贫困户（点），做到工作重心下移，对贫困户的基本情况进行摸查，登记造册、建档立卡，并录入电脑实行动态管理，做到户有卡、村有册，省、市、县（市、区）和乡镇有数据库，形成实时联网监测系统，做到心里有数，分类指导，制订帮扶措施，搞好脱贫规划。“责任到人”就是落实的保障，主要针对帮扶人（单位），将全省的贫困村、贫困户，分配落实到省直、珠三角、当地市县机关事业单位，以及有能力、有意愿的企业和个人，采取“一村一策、一户一法”等综合扶贫措施，开展定单位、定人、定点、定责帮扶，调动全社会的力量去扶贫，实现一村一村解困，一户一户脱贫。“规划到户、责任到人”，就是要建立一种瞄准机制，实行“靶向疗法”，更直接、更精确地配置各种扶贫资源，减少资源消耗，实现定点清除贫困。

浅议广东扶贫“双到”工作中的突出问题及其应对策略

深圳市龙岗区葵涌街道办事处　孙扬[1]

2009年6月，广东省委、省政府出台了《关于我省扶贫开发“规划到户、责任到人”工作的实施意见》，对全省实施扶贫开发“规划到户、责任到人”工作作出专门部署，这是我省在新时期对扶贫开发工作作出的一项创新性战略决策。根据工作安排，全省3409个贫困村、37.2万户贫困户、155.8万贫困人口均落实了帮扶单位和责任人，5662个帮扶单位共派出3451个工作组、1.15万人进驻贫困村，并制订了帮扶规划和措施，实施“一村一策、一户一法”的“靶向疗法”。

应该说，扶贫“双到”工作是我省有史以来领导最重视、投入力度最大、措施最有力、效果最明显的一次大规模扶贫开发行动。经过近两年的努力，我省扶贫开发“双到”工作取得了明显成效。据广东省扶贫办提供的2010年考核结果显示，截至2010年12月31日，全省去年共投入资金近45亿元用于“双到”扶贫，平均每村近130万元，帮助155余万贫困人口人均纯收入上升至2410元，增幅超过50%，近三万户贫困户完成危房改造，初步探索形成了区域经济协作帮扶、农业产业化帮扶、特色旅游帮扶等13种特色鲜明、行之有效的帮扶模式。

不过，近两年的扶贫开发实践，尽管取得了丰硕的成果，但也存在着一系列亟待解决的突出问题，让我们进一步认识到扶贫开发工作的艰巨性与长期性。笔者认为，只有充分认识到扶贫开发“双到”工作的必要性与重要性，认真分析总结扶贫工作中存在的突出问题，牢固树立“五个意识”，才能真正把各项扶贫开发工作措施落到实处，实现全省扶贫工作的重大突破，成为建设“幸福广东”的新亮点。

[1] 孙扬(1973.04-)，男，安徽肥东人，深圳市大鹏新区葵涌办事处规划土地监察队副队长（正科级），从事规划土地监察工作。

一、扶贫开发“双到”工作的必要性与重要性

（一）扶贫开发“双到”工作是全面建设小康社会与“和谐社会”的迫切需要

2011年4月26日，中共中央政治局召开会议，研究当前扶贫开发工作面临的形势和任务，审议《中国农村扶贫开发纲要（2011－2020年）》。会议指出，我国仍处于并将长期处于社会主义初级阶段，经济社会发展总体水平不高，制约贫困地区发展的深层次矛盾依然存在，特别是集中连片特殊困难地区扶贫攻坚任务仍十分艰巨。深入推进扶贫开发，是坚持以人为本、执政为民、改善民生、缩小差距、促进全体人民共享改革发展成果的重大举措，是全面建设小康社会、构建和谐社会的迫切需要。作为全国经济大省，广东省在全国率先实行扶贫“双到”措施，无疑为中国未来十年的扶贫工作打下了坚实的基础，提供了重要的借鉴。

（二）扶贫“双到”工作是立足于广东省情的现实需要

虽贵为全国经济第一大省，GDP总产值将近五万亿，但广东省的区域发展不平衡问题在全国却非常突出，以致有人笑称“最富的在广东，最穷的也在广东”。粤北、粤西、粤东的广大山区，土地面积占全省65.4%、人口占全省4 0.7%，但GDP仅占全省总量的1 7.4%，财政收入仅占5.7%。截至2009年，广东还有70万户316万农村贫困人口，占全省农村人口的6.14%。特别是还有200多万户农民居住在危房和茅草房中，有3409个村年人均收入低于1500元。如此巨大的差距，不仅不利于全省建设全面小康社会和现代化目标的实现，也极大地挫伤了广大山区人民勤劳致富的积极性。

（三）扶贫“双到”工作是建设“幸福广东”的未来需要

2011年1月，广东省委书记汪洋同志在全省十届八次会议上首次提出“幸福广东”的概念，明确将“加快转型升级、建设幸福广东”作为我省落实“十二五”发展主题主线的核心任务。汪洋同志指出，建设幸福广东，就是要坚持以人为本，维护社会公平正义，保护生态环境，建设宜居城乡，改善社会治安，保障人民权益，畅通诉求表达渠道，满足人民群众文化需求，从而强化转型升级的目的依归和价值导向，使转型升级成果更好地转化成人民群众福祉。如果不能让广大贫困山区人民享受到改革开放的成果，又何谈维护社会公平正义？又何谈建设全面小康社会和和谐社会？又何谈让全体广东人民真正获得幸福感？

二、扶贫“双到”工作中的突出问题及其成因

（一）政府角色定位不清阻碍了扶贫工作的顺利展开

在扶贫“双到”工作中，政府发挥着重要的主导引领作用，然而政府也必须明白，政府的角色是扶持和引导，而不是全盘包办，政府的职能是提供服务，做好引导和管理工作，而不是全部参与贫困户的脱贫致富工作。广东省近年来的扶贫工作，普遍存在一个突出问题：无论是扶贫动议的产生、政策的制定、制度的建立、资金的筹集，还是具体行动的组织和实施，绝大部分扶贫工作由各级政府承担并通过行政部门组织构架来推动，不利于提高贫困农民积极主动的参与，也不利于扶贫资金的有效使用与监督审计。

（二）帮扶工作进展不平衡，帮扶措施不到位

广东从上世纪90年代开始大搞农业综合开发，利用山区的资源优势和区位优势，把开性性农业特别是“三高农业”作为山区发展的突破口，实施开发式的扶贫战略。这一扶贫战略，虽有利于扶贫工作的长远规划，但并没有让大多数贫困群众真正得到实惠。广东省目前正在实行的“规划到户，责任到人”的扶贫新机制，就是让扶贫工作真正落实到村，落实到户，能够让广大贫困人口直接受益并尽快摆脱贫困。然而，由于扶贫部门的重视性不够以及被帮扶对象对扶贫“双到”工作的重要性缺乏认识，有些地区的帮扶工作进展缓慢，帮扶措施不到位，并不能让贫困群众真正受益，早日从贫困人口转变为非贫困人口。

（三）帮扶内容方式的创新性不够制约着扶贫工作

目前，广东省扶贫“双到”工作的帮扶内容方式主要包括直接帮扶、金融帮扶、农产品订单帮扶、劳动力转移帮扶、介绍工作帮扶等。应该说这都是一些切实有效的帮扶措施，有利于贫困户迅速达到脱贫的目的。然而我们也必须注意到，一些地区的领导包括帮扶单位存在片面追求本地区、本单位帮扶对象一年减少了多少贫困户为目标，而忽视在根本上拓宽增收门路，改善环境、防止和减少返贫和新增贫困等诸多因素。在面对不同的贫困地区、贫困村和贫困户的不同实际中，没有用科学发展观的正确指导，缺乏针对性的帮扶方案与规划，无法将“输血”与“造血”相结合，不利于贫困村和贫困人口的自我发展能力。如何建立彻底脱贫机制，让贫困户过上幸福安稳的日子？是摆在政府及帮扶部门面前一道亟待解决的难题。

（四）领导干部对知识扶贫缺乏战略意识制约着贫困地区的长远发展

在扶贫工作中，一部分领导干部中间长期存在着只追求政绩而忽视做好长期基础工作的思想认识，认为知识经济离我们太远，贫困地区抓教育、抓人才

培训、抓人的观念转变是“远水救不了近火”，因而对贫困山区的基础教育与科技培训重视不够，使得贫困地区的人均教育程度偏低，思想意识落后，不利于贫困群众接受和掌握新观念及新技能，也缺乏竞争非农产业就业机会及农业开发的能力。

三、树立“五个意识”，开创广东扶贫工作的新局面

（一）扶贫工作的战略意识

1. 必须充分认识扶贫工作的长期性和艰巨性。经过三十年来持续不断的扶贫工作，我省扶贫工作取得了巨大的成就，贫困地区大大缩小，贫困人口大大减少，广大贫困人口正在实现从温饱向小康的过渡。然而我们也必须清醒地意识到，贫困是一个动态的过程，贫困标准的划分和导致贫困的因素不断发展变化，扶贫工作是一项长期而艰巨的任务，绝不可能一蹴而就。因而我们必须树立打持久战和打硬仗的战略意识，将扶贫工作进行到底。

2. 必须将完善贫困地区群众社会保障体系提高到战略高度。受制于历史原因及经济因素，贫困地区的教育水平低，卫生医疗条件差，社会保障体系极其薄弱，这些都极大地打击着贫困地区群众脱贫致富的决心与信心。特别是因生病而致贫的人数大量存在。由于山区农民缺乏医疗保障，加上农村医疗设备落后，医务人员素质跟不上，农村医药市场管理混乱，农民不仅看病难花销大，有的小病得不到医疗，大病进医院，即使保住了性命，也是背负一身债务。在贫困地区，因病致贫返贫的占贫困户总数的一半以上。如此严峻的现实，使得政府必须将贫困地区群众社会保障体系提高到战略高度，逐步建立和完善贫困地区的社保体系，彻底解决贫困群众的后顾之忧。

3. 绿色扶贫是贫困山区脱贫的希望所在。从我国发展的现实和未来考虑，强调环保与可持续发展的绿色农业与生态农业将是未来发展的主要方向。一方面，绿色扶贫有利于改善贫困群众的居住环境，提高贫困农民的生活质量；另一方面，它能够带动贫困地区的产业发展，让农民的腰包鼓起来，带动当地群众齐心协力加快发展。例如，韶关市举全市之力加快推进突出“绿色牌”，发展绿色扶贫产业，取得了阶段性战果。具体经验是，围绕“一乡一品”、“一村一品”，紧抓“特色”不放手，引导贫困户发展特色产品，扶持贫困村建设特色产业，努力培育发展各具特色的专业村、专业镇。目前，在贫困地区已培育优质蔬菜、优质稻、优质水果、优质黄烟、优质鱼等6个特色产业，打造了无公害、绿色、有机等20多个特色品牌。[1]

[1] 陈清浩等：《广东力度空前展开反贫困 扶贫模式百花竞放》，《南方日报》，2010年6月11日。

（二）扶贫方式的创新意识

1. 思路创新是实现“双到”的根本。扶贫创新包括扶贫政策创新和扶贫方式创新。对于扶贫方式创新来说，思路创新是根本。具体来说，便是扶贫目标与扶贫对象的有效结合，因地制宜，以“有利于贫困地区的经济发展，有利于增加农民收入、摆脱贫困，有利于提高贫困地区和群众的素质”为标准，选择、判断、评价扶贫方式和扶贫项目。[1] 如开展“双到”工作近两年来，肇庆市委组织部以开展同吃、同商、同建“新三同”活动为抓手，推动帮扶工作的顺利展开。所谓“同吃”，即帮扶干部自带油、米、肉、菜，每两个月一次到贫困户家中一起做饭、进餐；所谓“同商”，即帮扶对象与贫困户共同商量脱贫致富措施；所谓“同建”，即帮扶干部与贫困户建成“亲戚”，共担脱贫责任，共建美好家园。通过开展“新三同”活动，贫困群众的精神状态明显改变，被动依赖的少了，主动发展的多了，脱贫致富的信心更足了，大大促进了贫困山区经济的快速协调发展。[2]

2. 宣传模式的创新是实现“双到”的重要手段。宣传工作是经济社会各项工作的强大推动力，做好扶贫开发工作，离不开舆论的宣传动员和导向支持。在21世纪的今天，对于扶贫工作来说，宣传模式的创新显得格外重要。具体来说，宣传模式的创新包括发挥电视、网络、广播、报纸等主流媒体的宣传作用，大力宣传扶贫政策，积极推广典型经验，充分展示扶贫开发新成就，推动全社会关注扶贫事业，关注农村低收入弱势群体，强力营造开发式扶贫的浓厚舆论氛围等。宣传模式的创新，有利于整个社会深化认识，形成合力，能够有力地促进扶贫开发工作的深入开展。如深圳市龙岗区葵涌镇在挂点帮扶紫金县义容镇青水村的过程中，创新思路，创新模式，积累了宣传“三部曲”的成功经验。具体做法是：一是在青水村举办了规模较大的图片展，将帮扶工作的重点、意义及进展进行详细生动的介绍，使被帮扶扶单位的干部群众工形成了鲜明的感性认识。二是在全区率先在新浪网上开通了名为“葵涌帮扶青水村”的博客，将活动开展的图片资料、目标任务及领导视察的资料予以展示，方便了各部门及兄弟单位之间经验交流，对自身工作也是一个有力的监督。三是推出了图文并茂的《葵涌街道开展倡导爱心活动 共建和谐社会的帮扶活动》慈善帮扶募捐小册子，在有线电视台也播发了帮扶工作动态，广泛散发到辖区内的企

[1] 黄志伟：《与时俱进 加快扶贫创新——访广东省财政厅农业处曾志权处长》，《广东财政》，2003年第3期，15页。

[2] 《扶贫开发“规划到户责任到人”工作动态》（第76期），广东省扶贫开发办公室印，2010年11月29日。

业和个人手中，积极发动社会的力量开展帮扶。[1]

3.“授人鱼不如授人以渔”。此次全省扶贫开发“双到”工作，期限为三年，2012年到期，将极大地促进我省贫困人口的减少，使我省扶贫工作迈上一个新的台阶。但问题是，目前的“规划到户，责任到人”的扶贫机制，一个重大的缺陷是贫困户在帮扶过程中缺少主动性和竞争性，如很多农民种植喂养的作物家禽畜等，主要由帮扶对象利用各自的资源与人脉来联系销售渠道，一旦他们撤走了，开始完全独立的农民及他们的产品是否还能保持足够的竞争力呢？因而，扶贫开发“双到”工作，最重要的并不是“输血”而是“造血”，让农民真正获得自主生产和销售，以及参与市场竞争的能力。换句话说，扶贫工作不仅要送技术送项目，更重要的是要帮助贫困农户培养参与竞争的意识、开拓市场的能力，这样“亲戚”（扶贫队伍）走了才不会返贫。

（三）着眼未来的人才意识

农村经济发展速度的快慢和经济效益的高低在很大程度上取决于农民素质的高低。扶贫工作能否真正落到实处，不但要依靠政府和帮扶部门的大力支持，更需要有一批高素质的农民，因为他们是贫困地区脱贫致富的根本出路与最终希望。

1. 千方百计引进人才促进贫困地区的经济发展。由于贫困地区经济不发达，资金原始积累少，对发展教育、智力投资等方面投入不足，造成人才外流严重，极度缺乏懂技术、懂管理的农业经营管理人才。为此，贫困地区应克服人才不足的劣势，创造一切条件，积极引进相关人才，适当提高待遇，大胆启用人才，为他们的成长发展提供广阔的施展舞台。

2. 大力发展教育事业，努力培养适合贫困地区经济发展的本地型人才。发展经济学的研究表明，一国基础教育普及程度和质量水平是决定经济发展水平和长期贫困减少的重要因素之一，在灌溉、科技、教育、道路、电信、电力六项政府公共支出的作用中，基础教育投资的作用最大。[2]贫困山区培养人才，主要途径有：一是认真抓好“普九”工作，切实解决好贫困地区辍学率高的状况，确保让每个青少年都能接受九年义务教育；二是大力兴办职业教育，切实抓好人才的培训、使用工作，培养适合贫困山区经济发展的应用型人才；三是适当发展高等教育，培养一批有知识、有能力并有志于服务山区的大学生，为他们的发展创造良好条件，激励他们为促进贫困山区的可持续发展奉献青春、才智和激情。

[1] 《葵涌街道“双到”工作组2010年度工作总结》。（打印稿）

[2] 喻国华：《广东省贫困地区的反贫困战略转变探讨》，《南方农村》，2002年第6期，23页。

（四）形成全社会广泛参与扶贫开发的社会意识

事实上，非营利性、公益性和志愿性的非政府组织在反贫困事业中大有可为，各级政府应主动改善和创造有利的法律环境，积极鼓励非政府组织参与反贫困行动。可喜的是，越来越多的民营企业、慈善家等社会力量加入到扶贫开发的队伍中来。如首届“广东扶贫济困日”活动，社会各界募集善款30亿元，民营企业捐款就有16亿多元。其中现场捐款2亿元的碧桂园公司，把5000万元定向用于清远西牛镇花塘（树山）村扶贫，开启了企业对口帮扶贫困村的扶贫新模式。

此外，继续招募培养热爱扶贫公益事业、能在许可条件下参与社会扶贫活动的社会各界爱心人士，培育社会扶贫队伍，壮大社会扶贫力量。重点引导高校大学生积极参与扶贫公益活动，加深其对社会的了解和认识，增强其社会责任意识，引导大学生村官在推进扶贫开发及社会主义新农村建设中发挥基础作用。

（五）培养高瞻远瞩的全球意识

1. 相对于国内其他省分，我省在资源、区位、信息、金融、技术等方面的优势得天独厚。我们应该充分利用我省外向型经济的优势，与香港、东南亚地区建立更紧密的经贸关系，瞄准国际市场，依托资源优势，调整农业结构，尽快建立一批上规模、上档次的优质农产品生产和加工出口基地。

2. 积极吸纳国外资金、先进技术和人才发展农业，鼓励，扶持港澳居民到我省投资兴办农业项目，提高贫困山区农业经济的竞争力。

3. 增强企业的全球市场竞争意识，争创名牌，运用各种媒体做好农业品牌的促销工作。政府要全力保护和管理好农业品牌，实现农业品牌的价值最大化。

4. 充分利用政府扶贫网站（如广东扶贫信息网）、商业网站（如阿里巴巴）、博客、微博、手机短信等网络工具，加强与全球经销商的沟通、联系与合作，使广东贫困山区农产品能真正走向国际市场，迎来贫困山区经济发展模式的大转变、大飞跃。

组织扶贫开发“规划到户责任到人”工作应该注意的几个问题

广宁县扶贫开发“双到”办公室　冯永成[1]

组织扶贫开发“规划到户责任到人”工作（以下简称扶贫“双到”工作），是省委、省政府对扶贫开发工作作出的决策部署，是缩小贫困地区与发达地区之间的差距，特别是关注穷人，缩小日益扩大的低收入贫困面，让发展成为惠及广大人民群众的重要举措，也是广东科学发展面临的重大课题。认真思考、探讨和研究其相关问题，使干部受到锻炼，村容村貌得到改善，广大群众得到实惠，对加强党的执政能力建设，建设幸福广东具有十分重要的意义。

一、驻村干部的筛选与下派问题

选派什么样的干部问题，是扶贫开发“双到”工作取得成效的前提。干部的选派要基于两个方面的考虑：一是农村基层的实际需要。农村需要什么样的干部，上级部门就选派什么样的干部。我省地域跨度大，地方贫富悬殊也较大，农村基层存在的实际问题各不相同，对帮扶干部的要求也各有侧重，如有的村班子不够团结，整体战斗力不强，他们需要善于沟通协调、组织领导能力强的干部帮扶；有的村级集体经济薄弱，年收入不足3万元，他们不仅需要招商引资能力强、懂经济、会管理的干部，还盼望能安排经济条件较好的部门帮扶；有的村班子带领群众致富的能力不强，发展经济的点子不多、路子不广，农民群众的经济收入来源单一，他们则渴望农、林、牧、渔等专业技术人员驻村；有的地方矛盾突出，群众间纠纷较多，他们则迫切需要公、检、法、司等懂法律政策的干部帮助解决实际问题，等等。从干部驻村一年来的实际情况来看，省、市一些部门在干部进驻农村前就深入帮扶村调研，弄清了帮扶村存在的实际问题，选派了符合农村实际需要的干部驻村帮扶，其帮扶工作效果就比较明

[1] 冯永成（1976.02-），男，法学本科学历，广宁县扶贫办“双到办”主任、畜牧兽医师，主要研究农村扶贫开发问题。

显。因此，各地组织部门应对各行政村进行广泛调研，摸清存在的主要问题，进而拟定需要什么类别的、多少干部驻村帮扶，然后再由省、市、县统一协调，将所需要的各类别干部及数量分解到相关部门，再由各部门根据组织需要选派合适的驻村干部。二是培养锻炼干部的需要。目前，机关年轻干部知识水平较高，思维比较敏捷，富有朝气，但一直生活、工作在经济条件相对优越的环境中，没有经过艰苦的基层锻炼，对基层工作尤其是对村级工作不熟悉，对普通老百姓的生活、思想、劳动等实际状况不了解，通过下基层驻农村工作，使他们了解基层工作的难处，体会农村百姓的疾苦，加深与农民群众的感情，在今后的工作实践中，促使他们站在农民群众的立场上去观察问题、分析问题和处理问题，制定出切合基层实际、符合群众利益的决策来，为促进和谐行政、打造和谐社会夯实坚实的思想基础。同时，由于农村基层条件艰苦，矛盾突出，困难较多，把年轻干部放下去摸爬滚打，可以磨练意志，增加阅历，提高本领，对他们的提高和成长有好处，是一段难得的人生经历。因而，在考虑驻村干部人选时，要从培养锻炼干部的角度出发，首先考虑年轻干部，尤其是后备干部。

二、帮扶干部的身下与心下问题

章敬平的《南平寓言》里有一个著名的“皮球论”，那是出自一位农民的经典比喻：“你们干部下乡，我看就像我家用那个破篮球提水，你们从上面看，皮球下了水，我们从下面看，照样漂浮在面上。那么从来就没有下过水，哪里知道我们的深浅、我们的难处？”如果帮扶干部这只心灵的“皮球”，不能真正沉到农村社会和农民群众的“水底”，那么任何形式的驻村工作也都是徒劳，不会取得什么实际效果。因而，组织扶贫开发“双到”工作，不仅在于干部下基层驻农村这种方法，还在于干部带着责任和感情全身心地投入农村工作的态度，在于一颗真诚地面对农民群众的心，也就是说要做到“身下”与“心下”的统一。一是“深入”。不仅要在农村住下来，吃、住、干都在农村，还要能够沉下去，不要象钦差大臣，下车伊始，就呜哩哇啦，指手画脚，要经常深入到田间地头，走家串户，与困难群众打成一片。不仅要到基层干部那里去，还要更多地深入到困难群众中间去，了解他们的所想、所虑、所急与所怨，才能掌握第一手的真实材料，把现状摸清，把问题找准，从中找出解决问题的途径和办法，帮助农村基层和困难群众解决实际问题。二是“融入”。要把自己当成村里的一份子来对待，用真心和真情去对待村里的每一件大小事情，踏踏实实地为群众办实事、解难题，使自己真正融入到当地的干部群众之中，在情感上得到当地干部群众的认可。只有与群众水乳交融，感同身受，群众才会把帮扶干部当成自家人，掏心里话。三是"责任"。责任意识是帮扶干部"身"、"心"俱下的前提和保障。责任意识的实现，一方面靠自律，对帮扶干部自身来说，要有对组织负责和对农民群众负责的强烈的责任感和使命感，要经常问一问，自己到村到底是为什么，是在真心实意干事业，还是应付任务图形式，或者为了仕途顺利捞资本；要经常想一想，农民群众最想、最虑、最急、最怨的是什么，自己到底为群众做了些什么；还要经常验一验，自己所做的工作是否真正给群众带来了实惠，群众对自己到村是否欢迎和满意。另一方面靠他律，帮扶干部能否做到"身"、"心"俱下，还要靠有效的制度来保障，其派出单位和管理部门要肩负起使干部真正"沉"到基层、"沉"到群众中去的监督责任来，通过制定相关的监督管理机制来约束。如有的部门单位对帮扶干部建立一人一考核的目标岗位责任制，奖罚分明，使帮扶干部既有动力也有压力。只有经常了解掌握帮扶干部的工作进展情况，及时帮助他们解决在工作和生活中碰到的各种实际困难和问题，才能促进帮扶干部扎实有效地开展各项工作。

三、物质扶贫与精神扶贫问题

挂钩帮扶单位及其干部看到农村中的贫困户心里非常难受，但一年后看到农村中的贫困户"等、靠、要"时，心里更加难受。实践证明，对贫困地区的物质扶贫是必不可少的重要手段，但精神扶贫同样不可忽略。在过去的工作中，我们强调得比较多的是物质扶贫，而对精神扶贫却重视不够。贫困地区的群众长期以来生活在落后闭塞、自然条件较差的环境中，受教育程度低，观念落后，依赖思想、等靠要思想严重，不思进取，创新意识弱，争取自主权利益的意识淡薄。这种精神贫困已成为他们脱贫致富的严重制约因素。所以，消除贫困的治本之道是提高贫困者的自我意识即解决精神贫困的问题。贫是多种原因造成的，既有外在原因，又有内在原因。历史发展规律证明，内在因素是发展的决定因素。若扶贫重物不重人，就很难从根本上提升扶贫效果和质量，已取得的扶贫成果也难以维持和发展。经济和社会发展中首要的因素是人，人是生产力中最具活力的因素，具有决定性作用。因此，我们要十分重视贫困人口的精神扶贫，把精神扶贫与物质扶贫放在同等重要的位置，一起谋划，一起落实。一是扶思想。思想是行动的先导。改变贫困户的现状容易，改变其思想才是主要着力点。要想真正使贫困户脱贫，责任人必须深入到贫困户去，帮助其分析贫困的原因，找出脱贫的途径，使其认清只有大胆尝试才有成功的希望，只有依靠自己的能力才能走出贫困，鼓励其坚定脱贫致富的愿望，使其对社会、对生活充满信心，促使其精神振奋，增强其面对社会各种问题的解决能力，增强其发展能力，进而推动农村农业的全面发展。二是扶技术。授人鱼不如授人以渔。只有授之致富技能，提高自身素质，使其自力更生，走出贫困才是硬道理。要善于为帮扶对象制定规划、落实项目、提供信息、传授技术，同时，要在生产生活上给予贫困户必要的帮助，把帮扶重心由物资帮扶转为技术帮扶，如组织技术人员进村入户，深入田间地头开展面对面培训、“零距离”指导，只有让贫困户掌握好致富技术，群众脱贫致富才能持久。三是扶门路。要善于帮助贫困村贫困户寻找发展的路子，使现有的资源、技术和能力能够得到最大的发挥，尽快实现脱贫致富。平时，要善于与贫困户一起，承担起帮扶责任，认真分析经济发展情况，分析市场需求情况，从信息、项目、市场中，找到致富门路。要充分发挥帮扶单位的特点、资金、信息等优势，共创脱贫新途径、新方法，帮一户富一户，逐步实现定点清除贫困的任务。

四、村集体经济短期脱贫与长期致富问题

开展扶贫开发“双到”工作，要促进贫困村能够实现“短期脱贫、长期致富”的最终目标，制定“因地制宜，长短结合，切实可行”的发展集体经济思路。一是要解决干部群众对发展集体经济上的一些错误观念，如认为现在是搞市场经济，谁有本事谁致富，有无集体经济无关紧要；认为现在重点是发展非公有制经济，连国有企业都在改制，再强调发展村级集体经济不合时宜；认为集体经济就是集体办企业，上项目，集体经济集体管，担心管理难度大，造成集体经济搞不上去反而背上一身债等。只有树立正确的理念，充分认识到发展村级集体经济的重要性，才能自觉地把发展村级集体经济当做一件大事来抓，抓出成效。二是在选择集体经济的发展路子上，要对村级集体资产进行彻底清查，摸清底数，积极稳妥地探索集体资产的运营渠道和形式，全面盘活存量资产；要本着实事求是、因地制宜、可持续发展的原则，充分挖掘具有本村特色的资源优势，积极探索集体经济的多种实现形式，增强自身的“造血”功能和发展后劲；要面向市场，注重对比，使本村资源优势与市场需求很好地结合起来，使所开发的产业和产品更具广阔市场；要在大力发展第一产业的基础上，适度可行地发展第二、三产业，建立多种产品结构、产业结构，适应市场经济发展的复合型村级集体经济，保持集体经济的持续发展；要充分考虑当地的经济基础，不要盲目地上项目、上规模，一定要“量体裁衣”，不要超越其自身的经济承载能力，促使村级集体经济步入良性循环的轨道。三是在村级集体资产的管理上，要进一步强化“村帐镇管”等财务管理制度，堵塞财务管理漏洞；要进一步强化管理，在清产核资、资产评估、产权登记的基础上，帮助村建立和完善对集体资产的占有、经营及日常管理等方面的管理制度，确保集体资产

保值增值；要进一步强化民主监督，建立健全民主理财、村务公开、财务公开等制度，优化村级财务支出结构，提升村级集体经济发展的内在品质。

五、致富贫困户与稳定脱贫问题

对于扶贫开发工作来说，一定要避免不恰当的做法如救济式扶贫，这样虽然短期内可以改善他们的生活，但这种变化只是暂时的，大多数的贫困户会“及时”地把钱用光，容易出现“年年扶贫年年不脱贫”的现象。因此，致富贫困户与稳定脱贫问题是扶贫开发“双到”工作的重要工作内容之一，也是检验其工作成效的重要方面。在致富贫困户与稳定脱贫方面，一是要着眼于观念的转变抓引导。创富理念是致富的根本。让农民朋友走出去，到农业发达地区学习取经；把专家请进来，为农民讲授现代农业知识，用新的致富理念打开农民群众的视野，形成良好的致富氛围。二是要着眼于提高技能抓培训。授人以“鱼”不如授人以“渔”。驻村干部通过向原派单位争取专项培训资金，紧贴农民群众的生产生活实际，采取“自办”与“联办”相结合，“短训”与“长训”相结合，“储存培训”与“订单培训”相结合等多种形式，对广大农民朋友进行劳务技能培训和种养专业技术培训，使他们掌握2--3门劳动技能或种养技术，让群众自己找到最适合自己的致富门路。三是着眼于经济结构调整抓特色。市场的需要就是发展的需要。要根据当地资源条件和传统习惯，加大了农业产业结构调整力度，走特色化、规模化、基地化的农业发展路子，大胆引进并建立果树、花卉苗木、蔬菜等特色农业基地和畜禽名、特、优特色养殖基地，建立“公司＋农户”、“大户带小户”等经营模式，使农民群众致富奔康的道路越走越宽。四是着眼于农民增收抓流通。农产品流通是农民增收的重要实现形式。驻村干部要认真当好农民的“服务员”，拓宽农产品流通渠道，促进了农民增收。要积极发挥农村经纪人队伍的作用，多方位打开农产品销售渠道；采取自办、联办等形式，建立农产品产地批发市场，架起农产品产地与市场流通之间的桥梁，为农民实现增效增收创造条件；引导发展各种形式的农产品购销组织、农产品流通中介服务组织和产业化组织，搞活农副产品流通。五是着眼于当地人力资源抓“带动扶贫”。贫困户身边的干部、党员、能人，是带动贫困户脱贫致富最简单且最有效的途径。首先，调动村干部在自己致富的同时，帮贫困户出点子、做计划，主动带领贫困户脱贫致富，有效促进了农村经济发展。其次，组织由先富起来的党员每人结对联系贫困农户开展脱贫活动，帮扶联系贫困户解决生产过程中遇到的技术、信息和资金问题。再次，发挥创业能人的辐射带动作用，推行“公司＋农户”、“公司＋基地＋农户”等模式，形成能人带头闯、贫困户跟着干、你帮我扶共致富的创业合力，促进了扶贫开发“双到”工作的深入开展。

六、注重民情与服务民众问题

注重民情是了解民生的重要手段，是解决民生问题的切入点，民生问题是否得到有效解决是检验扶贫开发“双到”工作成效的具体体现。开展扶贫开发“双到”工作，要求各级挂钩帮扶单位及其干部通过深入到村到户与群众谈心、召开座谈会、畅通信访渠道等多种方式全方位关注民情，以科学发展的理念把扶贫开发“双到”工作作为一项关注民情的经常性工作来抓。服务民众就是要把工作的着力点放到基层，各级挂钩帮扶单位及其干部带着深厚的感情深入基层，主动了解基层的呼声和群众的疾苦，调研到一线，决策到一线，帮扶到一线，问题解决在一线，扎扎实实为群众排忧解难，把好事实事做在基层，把矛盾问题化解在基层，把人民群众迫切需要解决看得见、摸得着的就业培训、教育均衡发展、便民廉医、全民安居、生产生活环境等民生问题放在突出位置，集中力量优先解决，让人民群众共建共享改革发展的成果。一年多来，通过开展扶贫开发“双到”工作，许多农村基层干部深有感触地说“过去是穷在路边无人问，富在深山有远亲，现在我们穷在深山也有远亲了，结上了城里的富亲戚，我们深山也有希望了。”

浅谈扶贫开发对促进企业经营发展方式转变的现实意义

广州电气装备集团有限公司　邵颖[1]

扶贫开发是建设中国特色社会主义事业一项长期历史任务。党中央、国务院和省委省政府历来高度重视缓解和消除贫困，制定了一系列促进贫困地区加快发展的政策措施。特别是改革开放30多年来扶贫开发的实践，已经实现了人民生活从温饱不足到总体小康的历史性跨越。但同时也必须看到，我国仍处在社会主义初级阶段，经济社会发展总体水平不高，贫困人口规模大，相对贫困现象凸显，返贫现象严重，集中连片特殊困难地区扶贫任务十分艰巨。帮助贫困地区尽快脱贫致富，需要党和政府以及社会各界付出更大的努力。

当前，我国正处在全面建设小康社会的关键时期，扶贫开发也进入攻坚阶段。党的十七大提出了到2020年基本消除绝对贫困现象的奋斗目标。党的十七届五中全会强调，要深入推进开发式扶贫，逐步提高扶贫标准，加大扶贫投入，加快解决集中连片特殊困难地区的贫困问题。这为进一步做好扶贫开发工作指明了方向。省委在十届八次全会上提出了进一步完善工作机制，突出产业扶贫和技能扶贫，积极推广产业扶贫模式，实现稳定脱贫，确保到2012年基本完成扶贫开发工作目标的建议。这为进一步落实扶贫开发工作明确了目标。

企业，作为扶贫开发的一支重要力量，一直以来为加快扶贫开发进程作出了积极贡献。特别是在省委省政府作出扶贫开发“规划到户责任到人”工作部署以来，充分发挥企业自身优势，广泛动员企业力量，扎实有效开展工作，为推动贫困地区经济社会发展发挥了重要作用，产生了广泛的社会影响，受到了贫困地区人民群众的普遍赞誉，得到了党和政府的充分肯定，以实际行动创造了真情扶贫的新业绩。

[1] 邵颖（1959.09-），男，广州电气装备集团有限公司党群工作部部长、高级政工师，集团公司扶贫开发“双到”工作领导小组联络员，从事企业党务工作。

企业在近年参与和开展扶贫开发“规划到户责任到人”工作以来，深入学习贯彻党的十七大和十七届五中全会精神，充分认识做好扶贫开发工作的重要性、紧迫性和艰巨性，坚持开发性扶贫方针，全面提高减贫成效，积极推进落实对口帮扶贫困村（户）脱贫致富各项工作。实践证明，企业全力参与和投身扶贫开发工作，对促进企业加快经营发展方式的转变有着极其重要的现实意义。

一、切实谋划扶贫扶贫开发工作，对企业抓住和用好重要战略机遇期，实现“十二五”时期的各项改革发展目标，全面推动建设具有科学发展实力的企业集团至关重要。当前，省委省政府提出了进一步完善工作机制，确保到2012年基本完成扶贫开发工作目标的重要任务。这一目标任务，有效地促使企业在认真谋划和推进落实“十二五”战略发展规划的同时，围绕新阶段扶贫开发的目标任务，不断解放思想和创新工作思路，锐意开拓生产经营渠道，因地制宜探索符合对口帮扶贫困村（户）实际的扶贫方式，多渠道增加扶贫资金的投入，充分利用企业产业资源和发展优势，坚持“产业化扶贫”和增强“造血能力”工作方针，着力提高扶贫开发“规划到户责任到人”工作的针对性和实效性。促使企业以更大的决心、更强的力度、更有效的举措，打好新一轮扶贫开发攻坚战，确保完成省委省政府提出扶贫开发“规划到户责任到人”工作的各项目标任务。

二、积极投身扶贫开发工作，让企业把基本消除绝对贫困现象和履行责任、回报社会作为己任，自觉把帮扶对口贫困村（户）作为扶贫开发的主战场和树立企业社会新形象的主阵地。企业投身扶贫开发工作，按照“规划到户责任到人”的工作原则，切实制定对口帮扶规划，实行整合资源、集中投入、合力推进、综合开发的方针，想方设法在对口贫困村（户）中实施一批教育培训、健康卫生、文化知识、工作就业、社会保障等民生扶贫工程，培育壮大一批特色优势产业，加强基础设施和生态建设，着力解决制约贫困村集团经济发展的瓶颈问题，使企业自觉把履行社会义务和承担社会责任作为己任，紧紧把握好实施对口扶贫开发规划的有利契机，积极回报社会。

三、全力参与扶贫开发工作，使企业集中力量办大事的政治优势得以充分发挥，把产业企业各方面的力量及其资源组织整合起来，形成合力，帮助对口贫困村（户）早日实现脱贫目标。作为企业集团，在全力参与扶贫开发工作中，大力弘扬中华民族扶贫济困、乐善好施的优良传统，充分发挥所属各产业企业资源和力量在扶贫开发工作中的重要作用。全力创新和拓宽帮扶渠道，着力形成“一企帮一村”、“一人助一户”的帮扶方式，使企业开展对口扶贫工作更加紧密、更切实际、更为有效。大力营造企企出力、人人参与扶贫开发工作的良好氛围。

四、深入开展扶贫开发工作，使企业组织建设和人才队伍建设得以明显加强。由基层组织带领广大群众自力更生，艰苦奋斗，是摆脱贫困、走向富裕的根本之路。企业深入开展扶贫开发工作，促使企业充分发挥党政工团组织的优势和作用，认真贯彻落实“党建带工（团）建”的方针，切实把扶贫开发与基层党群组织建设有机结合起来，坚持党在农村的各项基本政策，选拔年轻有为的党员管理骨干，挂职（村党支部副书记）派驻对口贫困村工作，着力加强对口贫困村党组织建设，以强村富民为目标，以强基固本为保证，不断拓宽贫困村（户）增收致富渠道，积极探索农村集体经济发展的有效途径。特别是在企业人才队伍建设方面，积极培养和使用后备骨干，轮换派驻对口贫困村工作，为培养和造就一支适应企业科学发展需要的管理人才队伍、树立管理骨干勇于攻坚克难和真抓实干的良好形象、提升管理骨干政治素养和综合实力提供了良好的培育平台。

总而言之，企业积极谋划和参与扶贫开发工作，全面实现了从“简单化给钱”到“务实化给力”的转变，从“救济式扶贫”到“开发式扶贫”的转变，从“同情帮助型扶贫”到“真情帮扶型扶贫”的转变。企业全面贯彻落实科学发展观，加快经营发展方式的转变，务求向高质量、优结构、可持续、惠民生的目标转变，把切实转变经营发展方式作为推动企业集团科学发展的战略重点，在不断推进落实“十二五”发展规划的同时，自觉履行社会义务，主动承担社会责任，努力为全面实现建设幸福广东的奋斗目标作出更大的贡献。

浅谈扶贫“双到”工作对扶贫开发工作的意义

广东省水电集团有限公司　盛丽[1]

胡锦涛总书记曾经指出：“扶贫开发是建设中国特色社会主义事业的一项历史任务，也是构建社会主义和谐社会的一项重要内容”。消除贫困、实现共同富裕，是我国政府和人民矢志不渝的奋斗目标。我国政府一直坚持把扶贫开发作为全面建设小康社会、扎实推进社会主义新农村建设的重要任务，坚持把消除贫困作为促进社会公平正义、构建社会主义和谐社会的重要举措，坚持把实现共同富裕作为建设中国特色社会主义伟大事业的重要组成部分。贫困地区是我国区域发展中最薄弱的地方，不解决贫困地区发展滞后的问题，就不可能有整个区域的快速发展。贫困地区的建设和发展，是建设和谐社会的关键环节。只有通过大力实施扶贫开发，彻底解决农村贫困人口的温饱问题，全面推进贫困地区经济、政治、文化、社会建设等各个环节，实现贫困地区的健康发展、可持续发展，才能促进社会经济的全面发展。我省经济发展迅速，但城乡经济发展却很不平衡，扶贫开发的任务仍然任重而道远。而要从根本上改变贫困地区经济、社会、教育、文化的落后面貌，缩小地区差距，实现全省经济社会的协调发展和共同富裕，更是一个长期而艰巨的任务。

一、扶贫“双到”工作是扶贫开发意义的一次创新

为了破解扶贫开发工作的难题，汪洋书记提出了扶贫开发“规划到户，责任到人”（以后简称“双到”）的“靶向疗法”工作机制，这是省委、省政府提出的扶贫开发新举措，是新时期扶贫开发工作的重大转变和突破，也是新形势下需要各级党委、政府和部门共同打好的一场扶贫攻坚战。实施扶贫开发“规划到户，责任到人”对进一步推动我省扶贫开发工作，促进党政领导干部自觉依法依纪履行扶贫职责具有重要意义。

实施扶贫开发“双到”，政治上有利于走共同富裕的道路，经济上有利于

[1] 盛丽（1975.01-），女，大学本科学历，广东省水电二局股份有限公司职员，主要从事党政工作。

社会资源的有效配置，社会上有利于促进社会和谐稳定，是我省实施扶贫开发战略、创新扶贫方式和建设幸福广东的一大创举，是一项重大的社会发展战略，也是实现新时期扶贫开发工作的重大转变和突破。所以我们必须充分认识到，实施扶贫开发“双到”，是坚持以人为本，关注和改善民生，全面贯彻落实科学发展观的具体体现；是我省经济社会发展进入新的发展时期，对扶贫开发工作提出创新的重大政策；是缩小贫富差距，让发展惠及广大人民群众的重要举措；是缓解社会冲突，最大限度地减少不和谐因素，促进社会和谐稳定的迫切要求；是解决城乡贫富差距，促进城乡区域协调发展，实现经济社会科学发展的重要途径；是广东科学发展面临的重大课题和中国扶贫路径的一次探索之举。

二、扶贫“双到”工作是扶贫开发方式的一次创新

扶贫方式是在一定的经济社会发展阶段，实现脱贫致富目的方法、途径和模式。既包括专业扶贫和社会扶贫，也包括最低生活保障和扶贫开发。

传统的扶贫理念，只注重给钱给物的短期“输血”，却缺乏能够“造血”的长效脱贫机制。“双到”方式提出之后，注重引导贫困户克服等、要、靠的思想，通过“扶志”和“造血”来使贫困户转变观念。而且扶贫的对象细化到“一村一策、一户一法”，各单位根据帮扶对象特点，分门别类制定到村到户的帮扶措施，整村推进，结下硕果。在涉及到全省数千个单位的宏大的“双到”扶贫实践中，我省各地、各部门创造了诸如扶贫信息电脑联网管理、金融扶贫、产业扶贫、信息扶贫等一系列新鲜的、乃至在全国首创的扶贫新经验，引人瞩目。比如，广东省水电集团有限公司按照中央、省委、省政府“双到”扶贫开发工作部署，积极对连南瑶族自治县香坪镇龙水村开展定点帮扶。集团党政领导高度重视，深入龙水村调研指导，科学制定“双到”工作方案，选派干部长期驻村开展帮扶工作。坚持思想帮扶与资金帮扶并重，“输血”帮扶与“造血”帮扶同步。一年多来，投入扶贫资金 100.04 万元，完成计划投入（300 万元）的近 34%，各项帮扶工作按计划实施，并取得了初步成效：村集体收入比 2009 年增加了 220%，有 48 户贫困户脱贫，脱贫率达 75%，村容村貌有了较大改善。

三、扶贫“双到”工作是扶贫开发内涵的一次创新

贫穷不是社会主义，一部分人富起来、一部分人长期贫困，也不是社会主义。推进扶贫开发、实现共同富裕是贯穿于社会主义初级阶段的一项重要任务

和目标。和谐社会首先是人与人和睦相处的社会。关心、支持贫困群体是社会和谐的基础。而贫困现象的存在，贫富差距的扩大，会导致社会的不和谐，最终会影响经济的健康稳定发展。扶贫开发的对象是人们普遍关心的弱势群体，体现科学发展观的扶贫开发，就是始终坚持以贫困人口为本，围绕他们的基本需求开展扶贫开发活动，充分调动他们参与的积极性、主动性和创造性，不仅帮助贫困地区、贫困人口发展经济、保护生态，还要注重政治、社会、文化建设，实现资源、人口和环境良性循环。

广东省委十届八次全会上，汪洋书记提出要“加快转型升级，建设幸福广东”。汪洋书记说的幸福是让所有的民众感觉到幸福，而且要更给力，更持久，让他们作为幸福的享受主体，让创造主体享受幸福。建设幸福广东的本质是要在物质日益丰富的基础上解决人的全面发展的问题。省扶贫开发协会周长瑚轮值理事长指出：“消灭贫困是建设幸福广东的基础，扶贫“双到”工作正在催生城乡协调发展的新格局，成为建设“幸福广东”的一个璀璨亮点”。扶贫开发“双到”工作，针对不同贫困地区、不同特色资源进行产业开发，把发展能力最强的企业与发展需求最迫切的贫困群体有效对接起来，这是贫困地区脱贫致富的一个重要途径，是深入推进产业扶贫开发，发挥产业扶贫在扶贫开发中的基础作用和在扶贫“双到”工作中的促进作用，增强扶贫发展能力，实现稳定脱贫致富奔康的有效保证，也是扶贫开发内涵的又一次创新。

四、扶贫“双到”工作是扶贫开发机制的一次创新

扶贫开发工作是一项长期性的社会工作。当前我国发展不平衡、不协调的一个突出问题，就是贫困地区与富裕地区发展差距很大。完善、创新扶贫开发机制，对提高扶贫成效，加快贫困地区群众的脱贫致富步伐具有极大的推动作用。所以，在当前扶贫工作面临的新形势和新压力的情况下，必须针对变化的新情况，进一步完善和创新扶贫开发机制，夯实扶贫工作基础，提高扶贫成效。

区域发展的不平衡是一种发展的状态，也能够成为激励发展的动力，是一部分地区跨越式发展，一部分地区相对缓慢的结果。2010年广东省委颁布实施了《广东省扶贫开发工作问责暂行办法》，《暂行办法》规定了扶贫开发工作中帮扶方和被帮扶方的责任，并明确了问责机制。“双到”工作是省委结合我省区域发展不平衡的实际对扶贫开发机制的一次创新，是解决区域发展不平衡问题的一项新举措。

广东扶贫“双到”工作实施以来，注重主导产业培育，注重基础设施改善，注重教育帮扶，注重基层党组织建设，注重贫困人口自我发展能力培养等，在

实践中逐步形成了上下联动、左右联动、党政联动、全社会动员，宽领域、多层次、全方位发动帮扶的工作机制和党政主导、领导带头、全面动员、全社会参与的良好氛围。

搞好扶贫开发是我们党的宗旨所决定的，是社会主义优越性的具体体现。在广东省委、省政府决定加大扶贫工作力度，走一条以“规划到户责任到人”为特色的扶贫新路以来，广东省扶贫“双到”工作如火如荼地展开，并取得了阶段性的显著成效。但在“双到”工作实践中，也发现了一些问题，比如发现部分村民有争当“贫困户”以获取政府资助的现象，部分村民有“等靠安”思想，甚至有的村民不愿脱贫，部分村民的这种消极思想影响了广大村民脱贫致富的积极性，也妨碍了“双到”工作的顺利实施。所以我们要充分认识扶贫开发工作的艰巨性、长期性以及扶贫开发“双到”工作的重要性，在“双到”中工作切实落实责任，做好帮扶规划，并不断总结经验，完善帮扶机制，创新帮扶思路，为做好扶贫“双到”工作，助力建设幸福广东而努力奋斗。

对做好“规划到户责任到人”扶贫开发工作的几点思考

广州燃气集团有限公司　曾武[1]

我国自1986年开始启动大规模专项扶贫开发计划，取得了巨大成效。根据国家统计局的公布数据，全国相对贫困人口数，已从1978年的2.5亿人减少到2008年底的1.07亿人，成为全球首个提前实现联合国千年发展目标中贫困人口比例减半的国家。但是，与成就如影相随的弊端在于，扶贫资金在层层下拨中难以避免地跑、冒、漏。此外，按国际经验，当贫困人口比例降至10%以下后，由于贫困人口变少且分布分散，贫困人口减少速度会明显减慢。广东省委书记汪洋同志正是在这种情况下，高瞻远瞩、审时度势地提出了“规划到户责任到人”的扶贫新思路。“双到”政策的出台，将扶贫工作细化到末端，落实到末端，责任到末端，既从宏观层面，也从微观层面解决了扶贫工作的“瓶颈”问题，极大地提高了扶贫的力度和成效。笔者结合驻村扶贫一年来的工作体会，谈谈对“双到”工作的认识和思考。

一、提高思想认识是做好“双到”工作的前提条件

虽然扶贫开发工作已经开展了二十多年，但无论是帮扶者还是帮扶对象，对扶贫开发工作的认识依然存在这样或那样的局限性。因此，要把扶贫开发工作做好、做出效果，让农民得实惠，首先对扶贫开发工作要有一个正确的认识。

（一）要提高扶贫对口单位的思想认识

在以往许多人的观念中，扶贫是个“苦差事”，出钱出力又得不到好处，同时还是个“软指标”，干不干出成效一个样。实际上，帮扶是一件互利双赢的事情。第一，能实现资源互补。贫困地区之所以贫困，或是因为地理位置本

[1] 曾武（1972.08-），男，湖南邵阳人，大学本科学历，广州燃气集团有限公司管理人员，主要从事党务工作。

身不适宜人居，或是田地、饮水、交通资源恶劣，或是因信息闭塞，根本无法打开农产品的销售渠道。但这些地区通常自然资源较丰富，劳动力充足。通过扶贫帮困，可以实现优劣互补，促进扶贫对口单位和贫困地区共同发展。第二，能锻炼培养干部。扶贫工作是一项庞大的系统工程，要完成好这项任务，需要有很强的组织指挥、协调办事和解决问题的能力，通过驻村帮困，可以使一大批干部在基层第一线得到锻炼，为对口单位培养和储备人才。第三，能促进社会和谐稳定。让先富起来地区的机关、企业和个人与贫困地区群众对口帮扶，能够增强贫困群众对党和政府的信任，促进不同阶层的交流、理解和支持，促进社会成员的谅解和包容，以此打通城市、农村两种人群的沟通渠道，化解矛盾，消除仇富心理，缓解社会冲突，最大限度地减少不和谐因素，促进社会和谐稳定。因此，扶贫对口单位主要领导必须把扶贫工作纳入党委重要议事日程，亲自组织召开会议部署工作，深入到对口帮扶贫困村调研，严密制定帮扶规划措施，分解落实帮扶任务，明确帮扶责任，强有力地推进本单位扶贫工作的开展。

（二）要提高驻村干部的思想认识

有的驻村干部思想认识不到位，人去了心没去，工作不安心、不尽心；有的虽然能积极响应组织号召扎根农村，但还沿袭过去的扶贫思路和工作方式，办法不多，力度不大，措施过于粗糙。为此，驻村干部一要加强理论知识和法律法规的学习，熟悉党关于农村建设的路线方针政策，增强依靠法律法规办事的自觉性；二要增强为贫困农户服务的意识，切实当好人民公仆；三要转变工作方法，改进工作作风，用教育引导、示范服务、民主协商的方法，正确处理和解决“双到”工作中遇到的各种矛盾和问题；四要耐得住寂寞，守得住清贫，敢于吃苦，树立扎根基层作奉献的思想。同时，全社会要积极宣传“双到”工作涌现出的先进单位和先进个人，发挥榜样的示范带动作用，推动扶贫开发工作不断向前推进。作为帮扶对口单位，也要制定相应的激励机制，根据驻村干部完成工作情况进行奖优罚劣，对优秀的人才返回原工作岗位后要大力提拔使用，从而提高干部的工作积极性。

（三）要提高帮扶对象的思想认识

做好“双到”工作，必须把加强对群众的思想发动和宣传引导作为重要工作来抓。要通过制作宣传牌、张贴宣传标语、面对面谈心等方式，积极宣传“双到”工作的做法和意义，特别是要讲清楚“双到”与以往扶贫工作的不同点，使帮扶对象对政策有个清楚的认知。要把贫困群众作为扶贫开发的决策主体、建设主体和受益主体，教育贫困群众从安于现状、被动脱贫转到不甘贫困、我要脱贫、我要富裕上来，坚持“自己的家园自己建，自己的家业自己创”，最终实现变“输血”为“造血”，变“政府大包大揽”为“群众自我发展”。

二、加强组织领导是做好“双到”工作的重要保证

扶贫开发工作的实施，牵涉到众多部门，涉及到不同群体的利益，每一项工作的开展都需要各方面的配合，靠单打独斗是无法完成的。因此，必须加强组织领导，统筹协调各方面力量，群策群力完成好这项战略工程、民心工程。

（一）加强扶贫开发工作的组织领导

扶贫开发工作的开展，涉及扶贫、财政、发改、教育、农业、劳动、卫生、交通、环保、城建等多个部门，工作联动性强、协调量大、任务艰巨。扶贫对口单位必须建立健全“双到”工作领导小组，把工作任务分解落实到每一个单位，明确工作目标、完成任务时限和具体责任人。分管的领导、主管部门，尤其是主要负责同志，必须抓好影响扶贫全局的重点工作、重点项目、重要载体及群众关心的热点、难点问题，做到靠前指挥、扭住不放、一抓到底，集中人力、物力、财力，全力实现突破。要建立蹲点帮扶的工作台帐，明确要求、全程督导、定期通报，确保帮扶责任真正落到实处。

（二）协调好各方面关系和力量

扶贫开发工作的开展，要注意各个方面相互协调，形成合力。具体来说，就是在扶贫开发规划上与县域规划、区域规划相协调；在扶贫开发资金上与其它各类资金相协调，捆绑使用，集中投入；在产业扶贫上与市场需求相协调；在劳动力转移培训上与订单培训、社会需求相协调；在帮扶力量上，与地方、各级、各方面相协调，统一思想和行动，合力攻坚。

（三）积极依靠村“两委”开展工作

“双到”工作的成功于否，离不开当地政府及帮扶所在村“两委”的支持。要积极协助村“两委”不定期召开各项党组织会议，严格党员管理，加强党员教育，保证党的路线方针政策及时得到贯彻落实。要开展各种形式的干部培训，通过对村党支部的帮扶共建，不断提高村党支部的凝聚力和战斗力，充分发挥村委会的战斗堡垒作用。要采取精神奖励与物质奖励相结合的办法，调动村委干部的工作积极性，争取村干部对“双到”帮扶工作的支持和帮助。

三、有的放矢是做好“双到”工作的关键要素

“双到”扶贫开发工作是一项创新性工作，没有现成的经验可供借鉴。在具体实施过程中，既要解决贫困地区和贫困农户带普遍性的问题；又要按照“一

村一策、一户一法”的扶贫开发策略，针对扶贫对象不同类型的需求和发展意愿制定具体的帮扶规划。

（一）夯实根基，全面提高农民的综合素质

农民是农村建设的基本力量，没有农民素质的提高，没有适应现代农业建设需要的新型农民，农村建设就会缺乏根本的动力支撑。笔者所在的被帮扶村共有村民435户、人口2234人，20岁至50岁间的人口1563人，其中具备初中以上文化的人口仅362人，该村的人口素质就严重制约了经济的发展。因此，在扶贫开发过程中，帮扶单位要把提高村民综合素质作为一项根本措施来抓。要提高村民的科学文化素质，培养村民获取、吸收、交流各种知识和信息的能力；广泛开展形式多样的群众性精神文明创建活动，将“村规民约”制作成小册子下发每户家庭，大力整治陈规陋习，移风易俗。要提高村民的技术素质，广泛开展计算机应用、农机修理、农产品深加工等技能培训，使他们掌握一技之长。要提高村民的经营管理素质，使他们学会准确及时了解市场动态，分析市场需求，找准营销渠道。要加强农村义务教育，发达国家的发展经验表明，小学和初中阶段的义务教育投资是各项投资中收益率最高的，尤其是在农村。要多渠道筹集资金，改善村办小学、中学的办学条件，为农民子女购买电脑、图书、学习用品，修缮校舍，提供良好的就读环境。

（二）科学统筹，稳步推进扶贫项目的实施

加快扶贫开发，必须从科学规划入手，因地制宜、选准项目，找准扶贫开发与产业发展的结合点。一要加大农业结构调整力度。调整经济结构和转变增长方式是脱贫能否成功的重要因素。要围绕“特色加绿色”的思路，挖掘当地产业优势和产品优势，大力发展特色经济。笔者所在的被帮扶村，全村2234人，耕地面积仅1080亩（其中旱地400亩），人多地少。帮扶前，该村大多数村民以水稻种植为主业，产业单一，产量低下。为此，我们请来当地农科所的专家进行现地考察论证，确定了种植烟叶的产业项目。在此基础上，从福建引进烟叶栽培技术高的农民参与种植，将有意种植的20多户村民的80亩土地集中组织起来搞集约化生产，并与五叶神卷烟厂签订供货合同，解决销路问题。经过一年的努力，该村的烤烟生产基地已初具规模。二要加大就业转移培训力度。贫困山区通过向经济发达的珠三角转移就业，能极大的增加贫困户的家庭收入。笔者所在的被帮扶村有142户省定贫困户，贫困人口609人，人均年收入低于2200元（其中38户低于1500元）。帮扶前，只有为10余人外出务工，家庭经济来源非常单一。在一年的帮扶时间里，我们在扶植各类家庭产业的同时，积极推进就业转移培训工作，通过多类型劳动技能的培训，目前有93户贫困户（135人）外出务工，家庭收入增收明显。其中去年底达到脱贫标准的69户，均有家庭成员外出务工。三要构建服务保障体系。要加快构建以公共服务机构为依托、合作经济组织为基础、龙头企业为骨干、其他社会力量为补充，公益性服务和经营性服务相结合的新型农业社会化服务体系。要在农业产前、产中、产后的各个环节，加大对农户的经济和技术服务，帮助农户增强抵御自然和市场风险的能力。要始终把改善民生、改变农民生产生活环境作为扶贫开发的重要内容，大力发展村公益事业，推进民生项目实施，提高农民生活质量。

（三）加强监管，妥善用好扶贫专项资金

扶贫资金能否落实到位，能否专款专用，能否用在“刀刃”上，是领导、群众、地方政府以及帮扶单位共同关心的问题。因此，在投入扶贫资金前，帮扶单位应与当地政府共同制定扶贫资金的专项管理制度，明确扶贫资金的管理者、划拨要求和使用方向，从源头上确保资金专款专用。在扶贫开发过程中，财政、扶贫、民政、国土、农业等部门，要对资金的使用实行全程监管，并充分发挥村级廉政督查员的作用。特别在项目资金上，要坚持按工程进度、工作流程、项目质量分批拨付，可预留部分质量保证金，待整个工程结束后，帮扶单位以及扶贫、财政、监察等相关部门要对工程进行统一验收，经验收合格后再兑现预留的质量保证金。要用好用活扶贫资金，把有限的钱用到为贫困户改善生产生活条件、发展支柱产业等项目上，确保扶贫资金发挥最大的效益。

（四）巩固成果，建立健全扶贫开发长效机制

“双到”工作为期三年，三年后帮扶工作组撤离，脱贫的村庄和农户能否保持经济发展的强劲态势，是检验扶贫效果的根本所在。因此，必须坚持“谁受益、谁管理”的基本原则，创新和理顺项目管理机制。对村集体项目、产业的管理，要防止“大锅饭”、“以人设岗”的情况出项，坚持以市场需求为导向实施科学管理。对公益设施、事业的管理，在村集体经济无法全额支付的情况下，要探索项目承包、有偿使用的建管新机制，适当提取管理费用，使这些项目长期见效，群众长期受益。对农户家庭经济持续增收的管理，当地政府和村“两委”要根据市场实际，结合帮扶期间的有效做法，从政策上、经济上持续扶持农户发展家庭经济。总之，当地政府要把贫困村、贫困户的经济发展，作为一项常态工作来抓。

实施扶贫开发脱贫战略
建设和谐均富的广东

广东省社会科学院产业经济所　潘义勇[1]

中共中央关于制定国民经济和社会发展第十二个五年规划建议，明确提出："城乡居民收入普遍较快增加，努力实现居民收入增长和经济发展同步、劳动报酬增长和劳动生产率提高同步，低收入者收入明显增加中等收入群体继续扩大，贫困人口显著减少，人民生活质量和水平不断提高"为我省实施扶贫战略，建设均富和谐的小康社会指出明确目标和行动的指南。认清当前的扶贫形势，实施我省规划到户责任到人的扶贫开发方式，对于加快我省生产方式较变，促进产业升级转移，实现区域协调均衡发展，以及率先基本实现社会主义现代化目标，有着十分深远重大的意义。

一、扶贫开发的长期性和艰巨性

改革开放 30 多年来，我国经济社会发展取得举世瞩目的巨大成续，全体人民的物质文化生活水平获得较大的不同程度的提高。按原农村和城镇的绝对贫困人口分别由表 2.5 亿、0.5 亿人，减少到 2600 万和 1000 万人。我省的绝对贫困人也由近 1000 万下降到目前的 360 万。绝对贫困化的普遍现象已根本扭转，但这是中国自已的标准。温家宝总理在 2009 年 12 月 18 日哥本哈根气候大会领导人会议上提出了一个新的数据，即按照联合国标准，中国还有 1.5 亿人生活在贫困线以下[1]。如果"用国际通用的每人每天 2 元美元计算，中国贫困人口数量就更大，差不多超过 2 亿的农村人口仍然处于贫困状态"，（注：日收入 2 美元是世行用于"小康社会"的贫困人口标准）"全国农村贫困阶层的

[1] 潘义勇（1955.02-），男，广西人，广东省社会科学院产业经济所研究员，研究方向：产权经济与现代农业经济。

[1] 温家宝：在2009年12月18日哥本哈根气候大会领导人会议上讲话。

数量应在 2.8 亿左右”。[1] 按联合国 1.25 美元标准，广东贫困人口将提高到 500 万，按世行 2 美元的标准将增加 1500 万，贫困人口比例占全省的六分之一，占全国近二十分之一，可见扶贫的任务还相当艰巨。

（一）当前贫困化现状及扶贫开发面临的形势

扶贫是我国一项长期以来实施的战略决策，实施的半世纪以来已取得巨大的成就，使越来越多的人口摆脱了贫困，过上了有尊严的幸福生活，并朝着小康社会迈进。经济上的小康，政治上的当家作主充分体现了社会主义制度的优越性。然而，由于区域自然环境、资源秉赋等自然条件差异和历史发展基础不同，区域发展不平衡。因此当看到不少地区在改革开放中成为发达地区的同时，我们要看到仍然存在发展较慢的欠发达地区的贫困人口，即便是发达地区也不同程度地存在着贫困化人口，而且随着经济发展，贫富差别有进一步拉大的趋势，因此，扶贫工作任务重大而艰巨，对此我们必须有清醒和充分的认识。

1. 贫困化人口居高不下，两极分化在继续拉大。我国目前贫困化人口总量，按照官方公布的数字是 3600 万，如果按照联合国或国际公认的贫困人口标准，则高达 2.8 亿人口，占总人口的五分之一。贫富差距拉大，据有关数据显示，目前我国的恩格尔系数，已达到 4.8 ∶ 1，已超过国际警界线的 0.8 个百分点。为世界上贫富悬殊最大的发展中国家之一。2007 年广东城乡收入相对比值为 9.57 ∶ 1；2008 年广东城市居民可支配收入 19732.86 元，差距进一步拉大，广东贫困农村与全省农村平均水平之间的差距，按定点抽样的 14 个贫困村监测数据显示亦不容乐观。广东 14 个抽样临测的贫困样，农民人均收入与全省水平相差距，2007 年为 0.329 ∶ 1；2008 年是 0.347 ∶ 1[2]。贫困化人口绝对数居高不下，贫富悬殊继续拉大带来社会负面效应，社会矛盾尖锐。盗窃抢劫犯罪率上升，社会治安和社会生态环境日趋严峻。

2. 生存环境恶劣，农民致富受到极大限制。贫困地区和贫困人口集中地区，一般地可以从自然环境角度找到共同的特征。首先是自然环境条件相对较差，表现在高寒山区尤其突出，山多地少，缺少河流水源，土地贫背，干旱易涝等；其次是交通闭塞，远离城镇，连自行车这样简单的交通工具都难以使用，更不用说使用机动机械化耕耘和交通运输了。肩挑手推，手工劳动仍然是最主要的生产工具。这些贫困化人口集中的村庄，仍然是泥砖墙，土砖瓦盖的房屋，即使有人家换上钢筋水泥建筑，也是靠家庭成员外出打出积聚工钱把房子建起

[1] 杨绪盟著：中国贫群体凋查：东方出版社2010年版，第55页。

[2] 广东省贫困村定点监测分析研究，第38页。

来，但由于户口制度等条件限制，打工毕竟为青春职业，年纪大被迫回乡扎根，断了打工收入而返贫。这些人外表看来虽住现代建筑房屋，但依靠一亩几分田地，依然过着十分清贫的生活。

3. 教育卫生医药保健等社会公共设施欠缺。贫困化地区和贫困人口集中地区不仅表现在收入水平低，还表集中现在教育卫生文化等公共设施有效供给不足和人们享受不到公共服务产品带来的福利。在贫困地区和贫困人口集中地区，由于自然条件恶劣，贫困人口居住过于分散，给教育卫生文化等公共设施的配置带来极大困难，而配置的效率不高和财政资源严重稀缺等，也限制了公共产品配置投入。这些地方缺少公共设施和公共产品配置和供给，而城镇又距他们较远，加上行政区划和户口等因素，他们又不可能进入城镇和就近利用城镇的公共设施和公共产品福利。由户口关系造成的制度待遇及钢性差距，结果造成了城乡差距，地区差距的长期存在并且朝着扩大化趋势发展。

4. 贫困的标准与国际标准存在较大差距，贫困标准面临与国际接轨的挑战。中国融入经济全球化之后，贫困标准也正由国内标准向国际式标准靠拢和并轨，我们现在订的贫困标准是国内标准，随着中国开放深入，人民不满足于国内标准，而是需要向国际标准看齐，这就向我国我省扶贫开发将不断提出新要求与挑战。而要求扶贫标准与国际标准一体化，不但是收入水平的一体化，也包括国家预以公民的国家福利均等化，我国我省的城乡之间，各社会阶层之间，享有由国家提供社会福利具有天壤之别。与长期享有高福利的资源的阶层体群相比，绝大大多数人至今尚未享有国家提供的社会福利，让绝大多数都享有国家福利的过程也是扶贫开发的一个过程，要实现这一个过程，需要长期努力。

5. 提供扶贫开发的物力财力有一个逐步提高的过程。我国虽然已作为世界第二经济体，但由于人口基数很大，人均水平仍然偏低，不足以在短期内彻底全面地消除贫困。广东虽为产量产值居全国第一的经济大省，但人均值指标并非第一，且在向全国中等水平下滑。遏制指标下滑的办法不是通过扩大差别，在珠三角发达地区进行锦上添花，而是缩小至消灭贫困差距巨大的贫困地区和贫困化户来实现。扶贫的开展取决于扶贫能力的提高，我省扶贫不能脱离经济发展水平和生产力发展水平，只能随着经济发展和生产力水平的提高而提高。所以扶贫不可能在短期内达到一个很高水平，严格地说要达到国际标准需要经过一个长期过程。对此我们要有足够认识和思想准备。

（二）贫困化地区和贫困化人口的贫困缘由

贫困化的原因：贫困化是世界的共同现象，一般而言都具有客观和主观上原因共同造成的结果，但因贫困化的主客观的条件与环境不同，贫困化程度贫困化的特点和原因，各有各的不相同。就广东而言导致贫困化的缘由，不是某种因素单独作用，而是主客观因素综合作用的结果。

1. *资源分布和资源乘赋差异导致的贫困*。中国是一个国土辽阔，经济地理条件较复杂多变的，自然灾害比较频繁的国家。既有交通闭宽，山多地少，土地贫瘠的高寒山区和边远贫困地区，又有江河流域平原地区无涝则旱的地区，也还有地势平坦的临海而台风和海潮威胁的沿海地区。沿江流域和沿海地区虽然交通便利，但自然灾害却呈频繁性和不确定性。一场台风或一场旱涝，造成的损失一年仍至数年才能恢复元气。就导致所在地区中低收入人群变成贫困，所以中国贫困地区并不限于传统意义的老少边山穷地区，沿江流域和沿海地区同样存在着贫困现象。

2. *传统观念的障碍性致贫*。安于贫困、知足常乐、不思进取的观念根深蒂固。从主观层面上，在封闭的自然环境下固守传统的文化观念，重农抑商意识始终束缚着和左右着人们现实生活的思想行为。长期居住在自然条件较为恶劣的环境下生活，在一个相对封闭式的小环境，形成了贫困地区特有的思想观念，如逆来顺受、“听天由命”、无所作为天命思想；“知足常乐”安于贫困的观念，“买卖羞耻”、“逢商必奸”、以及重土轻迁的“在家千日好、出门半朝难”、“金窝银窝，不如自家的狗窝”、“树高万友，落叶归根”等观念。在长期农业社会形成的传统观念，因为自然条件限制根深蒂固，以致在进入工业社会后，贫困化地区发展极为缓慢。并且对任何的违背传统观念的想法和行为，反而被视为不正常，拒绝接受。形成与现代市场商品经济社会格格不入和相冲突的观念。由贫困化地区环境造成陈旧观念又反过来加剧了对人们思想的束缚和禁锢，当安于现状知足常乐成为一种文化观念和精神状态，就成束缚贫困地区和人们脱贫致富改变命运的障碍。

3. *文化素质偏低，就业门路窄*。这些贫困的劳动力人口，致富技能和谋生能力极其低下。在广东贫困人口中文化程度低，百分八十以上的农民是初中未毕业就缀学，贫困地区文盲半文文盲的人口占劳动力总数比重平均达35%以上，最高的占44%。据对贫困村的抽样调查，部分贫困村初中升学率不足50%，最低的村升学率仅3。7%。成人进入劳动力市场后，就业门路窄，只适宜干重体力，带技术性劳动干不了，上年纪的农民重体力干不了返乡穷老，而年轻的“穷二代”、“穷三代”则种田不愿意，外出干重体力活也挑三拣四，东不成西不就，偶尔能断断续续干点零散活。闯荡在外总是处于失业和饥饿状态，一年到头总是身无分文积蓄，自己生存尚有困难，养家活口就更不可能。文化素质低结果，法律意识和思想道德水平也低，部分沦陷为社会边缘群体。当面临生存压力时往往会挺而走险、扰乱社会治安，是违法犯罪的潜在高发群体。

4．体制和政策差异的致贫。从政治和政府角度讲，户口制度的城乡隔离，使人失去了起跑线上的脱贫致富的平等机会，政府的地区政策的失衡或不当均造成了区域发展差距拉大和更大的不平衡及贫富悬殊持续扩大。户口政策改革的不稳定，九十年开放以在所在城市购房可入全家户口，到2002年以后旋即取消后，2008年又改成积分制，农民转市民更难。户口政策与人们的家庭成员命运关系最重大的制度与政策多变，导致抢先者得的时差不同而失去改变贫困命运的机会。

5．传统扶贫方式维持着贫困。例如行政推动型的扶贫政策，一是财政用于行政“三公”开支庞大，用于民生的总量投入严重不足，效果欠佳。二是非规范化、非常态化的不定期救助政策。不但无助于贫困地区和贫民彻底改变贫困问题，反而助长了“等、靠、要”的依赖思想。

以上种种都是贫困化长期存在的深层原因。总而言之，导致贫困化原因，是多方面的。但归根到底是制度层面的因素为决定性因素：诸如：城乡二元社会经济体制；农村经济体制缺陷；政治体制缺陷；以及个人和家庭因素等均是使农民获益能力不足的最重要的本质性的制度原因。

二、广东实施扶贫开发的必要性与可行性

（一）扶贫开发的意义重大

在本世纪中叶，全面建成小康社会，是我国落实科学发展观，建设现代化的和谐社会的奋斗目标。“三农”问题则是我国实现现代化目标的最大的制约因素，“三农”问题现阶段仍然今后相当一个时期的全部工作的重中之重。扶贫是我国解决“三农”问题的重要内容。是解决“三农”问题是最艰巨的战略任务和最艰难攻坚战役。因此开展扶贫是实施小康目标和建设和谐社会的强大推动力。

1. 扶贫开发是社会主义制度优越性的本质要求。社会主义的本质特征，带领全体人民走共同富裕的道路，实现共同富裕。这是社会主义制度区别于其他社会制度的最根本的区别，是我国建设社会主义现代化的最本质的特征。也是社会主义制度存在的最大优越性。为了走上共同富裕之路，我国在改革开放初期提出和实施了让一部分先富起来，通过先富起来的人产生的榜示范和榜样效应带动后进的更多人也富裕起来。然而小数人越来越富与大多数收入差距反

差越来越大，与共同富裕目标是相去甚远。扶贫就成为发挥社会主义制度优越性的必然选择。扶贫可以通过多种方式，不同时期有不同的扶贫方式和扶贫重点，如果说改革开放初期，只要靠政策扶贫已让一部分有胆识有能力的人先富了起来，那么当前的扶贫除了政策扶贫外，还要增加资本和知识技术的扶贫。使社会主义制度优越性本质得到更充分的表现。

2. *扶贫开发是实现区域经济均衡协调发展的需要。*我国实行的是社会主义市场经济体制，市场经济的制度设计是充分发挥与调动人力物力的一切积极因素，推动各地社会经济文化的发展繁荣。然而由于各地所处的地理环境条件不一样，资源律秉赋不一样，以及发展的历史和基础不尽相同，即便在实行一样的制度、机制和政策下，仍然会有先发达和次发达和后发达之分。即便在同一个起跑线上起步竞赛，所达到的终点和结果都是不一样的。经济社会发展也是这样，为什么自20世纪九十年中建立社会主义市场经济体制和实行全方位改革开放后，自然条件较优越和发展历史基础较好的地区和城市城镇和农村能够率先发展起来进入发达或次发达地区和城市城镇和农村的行列。而相反，自然条件较差，发展基础和底子薄的地区和城市发展缓慢。这一现象是市场经济制度下客观存在的现象，然而，不因为是市场竞争所必然存在的现象，就视而不见，任其下去。因为，社会主义市场经济体是一个整体，如果只有局面的发展，没有全局整体的发展，最终全局的发展也要受到阻碍和制约。只有整体的均衡发展，才能为局部发展带来更大商机和发展空间。如金融危机沿海比内地受冲击大，在广东珠三角比粤东粤西受冲击更大，通过扶贫和产业转移，不仅可使贫困地区经济发展起来了，贫困地区人口收入增加，也增强改善生活需求的购买力，扩大了内需，就促进了珠三角发达地区经济复苏。

3. *扶贫开发是实现社会公平正义，保障人民过上有尊严的生活。*实现社会公平正义，是社会主义制度优越性的必然要求和价值体现。社会主义市场经济制度的建立，也实现社会公平正义提供了实现渠道。但是市场经济它是在经济交易的领域和过程，实现交换的公平正义，但在社会分配领域的公平正义，已超过市场所能作用的范围，把非交易领域的社会领域的公平正义让市场来裁决和实现，市场这只看不见的手已无能为力。必须要依靠政府这只看得见的手来实行担当和主持，由于自然环境和历史基础差异造成的贫困，由于市场严酷竞争造成优胜劣汰等，都会导致一个些人在竞争中变成破产者和贫困者。对这些贫困地区和企业的贫困人员给予扶贫，让各种原因致贫和陷入贫困的贫困化人员获得必要的救助，过上有尊严的生活。这是实施社会主义公平正义的价值体现。

（二）广东已具备扶贫开发的条件

扶贫意义不但重大，但还必需得具备扶贫能力和条件，否则意义再大也无从谈起。我国和我省经济发展经过几十年的发展铺垫和积累，经济实力和综合国力大为提高，已具备扶贫开发必备的物质文化基础。

首先，我国综合实力增强，党和国家的对扶贫工作的高度重视。扶贫工作是“三农”问题重要组成部分，党中央国务院把解决“三农”作为全党工作重中之重。经过30多年的改革开放和发展，我国综合实力大为期提高，无论国民经济总量还是人均水平都达到了一个历史新高，经济总量已跃升到全球第二位，外汇储备居全球第一，持有美元债权全球第一，具备在全国范围内全面开展扶贫的客观条件，扶贫开发，不但有国家的政策支持也有物质文化和科技支持。

其次，广东省委、政府制和具体管理部门制订了强有力的扶贫开发政策。广东省委政府把扶贫工作作为关注民生的重大任务来抓，把扶贫困地区经济社会发展摆在全省基本实现现代化建设的重要位置，把扶贫工作重点放在山区，多次召开全省性的扶贫开发专题会议，对加快山区经济发展作出重大决策，制订实施了一系列的扶贫的优惠政策和实施细则，有规划分阶段推进实施扶贫战略，如《中共广东省委广东省人民政府关于争当实践科学发展观排头兵的决定》提出“完善扶贫机制，做到规划到户、责任到人，加快消除绝对贫困现象”，并根据中共中央政治局委员、广东省委书记汪洋关于扶贫工作“规划到户、责任到人”的批示，广东省委办公厅、省政府办公厅出台了《关于我省扶贫开发“规划到户、责任到人”工作的实施意见（粤发{2009}20号）》、广东省扶贫办出台了《广东省建立健全扶贫开发信息管理系统工作实施方案》等一系列的扶贫政策，为扶贫开发提供了政治和政策支撑。

其三，广东具备了推进扶贫开发的物质文化和技术力量。广东经济总量占全国十分之一，每年财政税收上万亿，占全国七分之一，向全国上缴财税全国第一位，这些等使广东具备较强经济能力和和转好的扶贫条件。在2008年广东在汶川大地震救灾和灾后重建中，在人力和财力物力的投入支援是贡献最多的省份之一。有承办像亚运会这样盛大国际赛事能力。具有修建上千公里地铁，把珠三角主要城市群联成地铁网的公共建设的能力。近年有上万亿元项目规划投资建设，完全具备帮助全省360万特困地区人口脱贫过上温饱和走上小康生活的能力。每年划出几十亿至一百亿进行扶贫开发可以在若干年内帮助贫困地区和贫困人口最终实现脱贫致富，而且广东产业转型升级，扶支取珠三角产业转移向东西两翼转移，把产业转移与扶贫脱贫结合起来，为下一波产业升值和出口扩大奠定了基础，可以预期，广东的财政能力会和扶贫能力会越来越强大，广东完全了具备了在推行和实行我省扶贫战略的物质和基础和能力。最终实现广东继“珠三角”之后东西两翼的均衡发展和贫困山区及贫困人口最终走上共同富裕的道路。

三、扶贫的指导方针原则与目标任务

近年来关于“最富有的在广东，最穷的也在广东”的说法，在广东和至全国广为流传。这反映了广东贫富悬殊之大，引起了中央和省委领导的高度重视。广东省作为中国第一经济大省，扶贫责无旁贷。而且要在作先行一步的表率。广东扶贫的目标要以全国目标为参考值，既不低于全国目标，又不能过度拔高，过低过高都不足以发挥表率和示范作用。过高于内地难以学到，宜以略高于全国目标、接近联合国人均每天 1.25 美元（原为 1 美元，因美元贬值，调加 0.25 美元）为宜，提高扶贫效率，才能在扶贫上发挥表率和示范作用。鉴于全国的目标是 2050 年基本脱贫走上小康生活，那么，广东扶贫的目标 2020 年实现全部脱，比全国提前 30 年实现脱贫。广东贫困面占全国十分之一。国民生总值也是全国的十分之一，而财政收入占全国的七分之一。七分之一财政收入对应十分之一的扶贫责任应当说是不成问题的。

（一）扶贫开发的指导方针、原则

扶贫的指导方针，坚持以邓小平理论和“三个代表”重要思想为指导，深入贯彻落实科学发展观，贯彻落实《中国农村扶贫开发纲要（2011-2020）》。抓住机遇，坚持统筹发展，以促进贫困人口就业、增加贫困人口收入、改善贫困地区民生、加快贫困地区发展为主线，巩固以专项扶贫为主导，以行业扶贫、社会扶贫为支撑的大扶贫工作格局，完善扶贫战略和工作机制，注重增强贫困地区的自我发展能力，促进基本公共服务均等化，着力改善贫困地区生产生活条件，加快脱贫致富步伐，全面促进贫困地区经济社会人口与资源、环境协调发展。

坚持开发式扶贫，实行开发扶贫与社会救助有机结合。大力发展特色优势产业与改善生产生活条件，保护生态环境，发展社会事业，提高贫困地区和贫困人口的发展能力。积极推进开发扶贫与农村社会救助有效衔接，把社会救助作为解决温饱的基本手段，把扶贫开发作为脱贫致富的主要途径。

在以上的扶贫开发方针指导下，坚持突出重点，分类指导的基本原则；坚持自力更生与国家扶持、社会帮扶相结合的原则；坚持政府主导，分级负责，部门联动，社会参与的原则；坚持统筹兼顾，持续发展的原则；坚持治标与治本相结合，以治本为主，防止脱贫村户反弹返贫为原则。

（二）扶贫开发的目标任务

扶贫目标任务繁重：在“十二五”仍至更长的时期，我省的扶贫工作要力争走在全国前列。构建有利于反贫困的制度体系；增强贫困者的反贫困能力；构建有利于反贫困的环境条件等。要确立和紧紧抓住当前反贫困的扶贫的重点；有计划分阶段地推进，力争我省在率先基本实现社会主义现代的同时，实现扶贫开发脱贫致富的目标和使命。

围绕到2020年绝对贫困基本消除的总体目标，到2015年，贫困地区基础设施、社会事业发展环境明显改善；重点产业、生态建设等全面发展；贫困县和贫困村农民人均纯收入增长幅度高于全区平均水平，全省贫困人口减3/5；实现脱贫人口210万，贫困人口由目前360万下降到150万，贫困人口健康生活水平、综合素质和稳定发展能力明显提升，逐步缩小城乡收入和发展差距，2020年如期全部脱贫。

到2015年，70%以上的贫困村通硬化路，有条件的20户以上自然村、50%的10户以上20户以下自然村通村屯道路，并鼓励修建硬化路，同步推进村庄内道路硬化；全面解决贫困村群众饮水安全问题；所有的贫困村和有条件的自然村屯，全部通电、电视，能收看中央和广东电视台节目；特殊困难地区的发展环境和条件明显改善；贫困村人均有效灌溉面积达到0.5亩以上或有山地3亩以上；低于此指数的动员和安排进入城镇或异地安置。在巩固提高九年义务教育水平的基础上，实现所有贫困村贫困家庭子女上高中全免学杂费目标；贫困村公共卫生、文化服务体系健全发展，每个贫困村有医疗设施和基本药物配备齐全的标准化卫生室，文化活动室；贫困村农户都能住上安居房；贫困村无劳动力或丧失劳动能力和特殊困难家庭人口全部纳入社会保障体系，做到应保尽保，做到温饱靠救助，发展靠扶贫开发。

四、推进扶贫观念与扶贫方式的转变

（一）扶贫的观念转变

推进我省扶贫战略的实施，转变扶贫方式，必须首先转变扶贫观念。当前制约我省开展扶贫工作的最大的障碍是观念上阻力，包括：一是转变扶贫观念。一提扶贫，有人就认为这是欠发达地区的事，认为广东是全国经济总量最高的发达地区，不存在扶贫问题。因此，长期以来认为扶贫与已无关，对扶贫不予重视。有人甚至认为差距就是动力，差距越大动力越大，对扶贫不感兴趣。二是有的地方把扶贫当救济，把扶贫诠释为送衣送物和节日慰问，没有把扶贫当作一件大事来抓，帮助贫困地区人们从根本上脱贫致富。三是有的地方虽然也口头上也认为扶贫重要，大小会议也会提及扶贫，但说起来重要，做起起来次要，忙起来不要。这些都是停留在传统的扶贫观念和行为上，未能与时俱进，创新扶贫的观念。创新扶贫观念，首先是转变传统的救济即扶贫的观念，树立帮助贫困化地区和家庭脱贫致富的新观念。只要政府和管理部门的扶贫观念转变了，才能帮助老百姓转变安于贫困的观念。其次，是实行扶贫方式的转变，从满足不定期的送衣送物救助和节日慰问向知识扶贫，生产扶贫和制度扶贫和常态扶贫转变。第三，是由对个别地区和个别人的随机扶贫向严格制定贫困标准，核实扶贫条件，把扶贫资源和力量用到相对最贫的地区和个人身身份，不漏掉最需扶贫的地区、村户和个人。不能让本不符合贫困条件的人享有扶贫帮助，更不能让扶贫的钱物和资源被截留私分贪腐等流失在各级行政和相关管理部门中。

（二）扶贫方式转变

扶贫目标一旦确立，要付之实践。实现这个扶贫目标选项选择实现扶贫目的方式至为关键。传统的扶贫目标一订再订，到头来均未实现，原因就在实施扶贫的传统方式不可持续性。因此，要想在这一轮扶贫目标变成现实，要从以下方面转变扶贫方式。

1. 采取整村推进和连片特殊特困区域开发相结合的扶贫方式。一是分批整村推进贫困村扶贫开发方式。进入“十二五”扶贫开发后，要重新确定了一批贫困村作为新阶段扶贫开发的主战场，并按照为小康打基础的要求，围绕农民收入、基础设施建设、产业开发、社会服务、生态环境等方面确定了5大类细化成若干项目整村推进的具体目标。本着缺什么补什么的原则，逐村逐户进行规划。然后，分期分批对贫困村整村推进扶贫开发，综合治理。从2011年起到2015年，分三批实施，每批2年，到2020年全省1000多个贫困村全部实施完毕。从群众最关心、最紧迫、最直接、最现实的切身利益入手稳步推进。

2. 因地制宜，分类指导，综合整治的扶贫开发路子。要针对地区、村屯、不同贫困群体之间的条件和贫困因素不同，甚至差别很大的特点，因地制宜，分类指导，分类扶持，走三条开发的路子。一是就地开发的路子。对资源条件较好、改善交通条件成本较低的地区和村屯采取就地开发，通过开展基础设施建设，扶持产业项目，改善生态环境，帮助贫困群众实现脱贫致富；二是异地安置路子，对自然环境恶劣，缺乏发展生产条件的地区和村屯，家庭人均不足0.5亩和旱地不足3亩的贫困户，进行组织动员与自愿相结合，异地安置本县城镇老镇转业，减少人地矛盾。实行异地安置，把贫困群众搬迁到条件相对好的地方重建家园，在扶贫攻坚实施山区特困群众异地安置的基础上．搬迁安置以县城和县属镇为主。三是转移就业的路子，提供免费的信息和培训服务指导。在贫困人口比较集中的村镇，设立就业信息服务站和培训中心，提供免费信息服务和免费培训服务。由省市县扶贫工作队组和从事扶贫工作各方面专家学者提供志愿服务。扶贫工作队组人员要深入至村户，认定一批贫困村劳动力，负责动员组织他们进入转移就业的培训基地接受就业技能培训。在贫困地区做到县县有、镇镇有培训点。通过短期职业技能培训，引导贫困村户农民向城镇转移和就业。

3. 政府主导，社会多渠道联动。扶贫开发是一项系统工程，预计我省每年要投入扶贫资金100亿，贫困人口人均受益投入约3000元。要由政府主导和社会各方多方联动来推进．坚持多渠道投入，整合五大资金和力量投入。只有统筹各方面的资金，整合各方面的力量，才能打赢反贫困歼灭战。大力整合五大资金和力量投入扶贫开发。一是财政投入，每年投入财政扶贫资金约20亿元；二是社会投入，广东省内兄弟市县之间的投入10亿；三是争取国家扶贫基金及有关部门的支持和投入，中直、省直和中直驻粤单位共投入帮扶资金15亿元。三是贷款投入，通过金融机构共为贫困农户发放扶贫贴息贷款30亿元。四是境外投入，拓宽国际社会帮扶渠道，与世行、英国、美国、日本、澳大利亚、香港等有关组织有着广泛的合作优势与机会，争取引进国外扶贫贷款近23亿元，国外无偿援助2亿元。五是群众投入，着重通过参与式扶贫方式，发动群众当家作主，增强接受扶助与自力更生相结合，克服完全等靠要的依赖思想；积极推进贫困群众参与式扶贫的做法，发挥贫困群众的主体作用，在贫困村扶贫开发工作中，赋予贫困群众平等参与和管理的权力，积极引导贫困村群众自我组织、自我管理、自我监督、自我服务、自我发展和自我提高。

（三）扶贫的战略转变

把由救济型扶贫向发展型转变，把纯财物型注入型向财物智力型并重的综合投入为主；由短期的分散式的扶贫向长期扶贫，系统扶贫转变；要从传统输血型和施救式的扶贫方式，向现代造血型和科学发展型的扶贫方式转变；把千篇一律的抓“典型”引路式的扶贫摸式，向一村一品，一户一式的全方位“多种型”的扶贫摸式较变；由即兴临时突击型的功利政绩式扶贫，向平稳持续的常态化均衡发展的扶贫战略模式转变。

五、扶贫体制、机制创新

广东要建成率先消灭贫困的经济强省，扶贫工作要以科学发展观为指导，立足实际，解放思想，实事求是，转变传统的扶贫观念，创新扶贫的体制和机制．建立一套切合实际，富有激励性的高效率的反贫困的制度体系，成为规范和指导广东扶贫的体制机制和政策体系，围绕实施广东扶贫开发的“双到”工作。当前要大力推进扶贫工作改革创新，包括扶贫的内涵创新、扶贫的制度创新和扶贫的机制和政策创新。

（一）扶贫的内涵创新

对传统的扶贫观念和扶贫内涵和扶贫方式、扶贫战略和扶贫行为，进行全方位的创新和转换；转变单一的零星和无序和无根本保障的例外公事的式扶贫。进入综合系统、有秩常态和根本保障的扶贫发展方式。那么，扶贫体制创新是扶贫内涵创新的核心内容，是扶贫内涵创新实现的制度保障。要紧紧地抓住制度创新这个核心问题，加强扶贫工作的制度建设，实现扶贫工作制度的标准化、规范化、法制化、系统化和常态化。

（二）扶贫的原则创新

根据中央扶贫工作的精神和广东扶贫工作和制度薄弱的实际情况，扶贫制度建设要根据和围绕几个原则进行。一是社会公平正义原则，扶贫制度要体现社会公平正义原则，逐步从制度和政策配置上朝着公平正义方向发展；二是要体现和有利于社会主义的共同富裕，防止贫富悬殊和两极分化。三是体现在物质文化层面有利于公平享用国家公共设施和公共产品；四是要有利于纠正因市场缺陷与失灵而导致的贫困化，以政府看得见的手纠正市场看不见的手；又要防止以政府看得见的手对市场这只看不见的手进行全部包办取代。五要有利促进和推行发达地区与欠发达地区结合一对一投资合作开发共赢的扶贫模式。根据这些原则，要充分考虑推进这下几方面的扶贫制度建设：一是贫困化地区和贫困家庭和个人的贫困化标准，审核程序；二是扶贫方式和扶贫种类；三是扶贫投入和获得扶贫的依据和条例；四是生产性扶贫与迁移性扶贫制度和政策。五是按消费生活差异，建立分类的城乡一体化的贫困人口的最低生活保障等社会保障体系。把扶贫工作纳入社会保障机制和社会保障体系。通过这些扶贫的制度机制和政策设计安排和实施，以最大限度地扶贫工作有条不紊在运转起来，逐步减少贫困化到最终完全消灭贫困，提供坚定和科学的制度保障。

（三）扶贫的措施创新

十二规划要求经济增长方式转换，扶贫创新，就是转变经济增长方式的重要的组成部分。转换就是创新。而增强反贫困的能力是实现扶贫方式转换的创新的关键。

1. 增强贫困者的反贫困能力。包括转变贫困者的“等、靠、要”传统观念，提高脱贫致的自觉性，增强反贫困的能力。加强科技和知识的传授，对贫困者提供免费的培训，及科普读物的免费发放，对未能培训班现场听课学习的，或者各种原因行动不便者，科教培训服务工作者及科普服务志愿者，要直接深入到村到户，并结合生产实践进行示范指导。通过各种形式用现代科学知识武装贫困者的头脑，增强他们脱贫致富的智力和能力，缩小贫者和富者之间的知识差距，以增强贫者自我脱贫致富的能力。为此要消灭成年人的知识贫困的盲区盲点，对未通过和取得义务教育初中毕业学历的成年人要督促其补读至完成毕业学历，学校对成年人的义务教育阶段的学历教育要大力支持和提供免费服务。严格核查九年义务教育的学龄人口的入读率，保证达到98%以上，从源头上消灭知识贫困的产生。以最大限度地缩小在起跑线上的基础差距。

2. 政府主导与社会参与相结合，构建有利于反贫困的扶贫环境条件。建立一个良好的反贫困环境和创造有利扶贫的条件，是帮助城乡居民脱贫致富的基础。这些环境与条件主要包括，公共服务环境，解放贫困户的入托上学问题，就医保障和公共卫生和防疫问题，对贫困地区贫困村建立村图书室，电脑室，村卫生所，邮递站、信箱等。政府和社会是扶贫环境的创造者和供给者。尤其是政府作用是从根本上改善扶贫的关键。政府是国家资源的掌管者和分配和配置者，是扶贫环境供给的主体。要从财力物力和人力智力上进行综合的配套投入和服务，切不可单纯的某项的单一投入了事。因为各种要素的都不同程度地决定或影响着扶贫的效果。只有各种要素之力的比例协调的投入和供给才能充分发挥其效果和作用。同时也不能忽视社会参与的作用。在确立以政府扶贫主体的同时，也要充分发挥社会在扶贫上作用。充分发挥充分各种公益组织和慈善组织在扶贫供给的作用。政府要对社会组织的扶贫义举和作用给予大力支持和表彰。

3. 要确立和紧紧抓住当前反贫困的扶贫的重点。扶贫是一个繁重而艰巨工程，要有计划分阶段地推进。防止搞形式主义的一阵风，开始阶段要选准突破口，然而纵深推进。既要从容易突破的方面抓起，以便易于见效，增强扶贫脱贫的信心，又要根据当前的实践和形势发展需要每一个时期抓住一两个重点，逐个击破，抓住带关键性和决定作用的主要矛盾，寻求解决主要矛盾的主要方法，制订政策和具体推进的措施。根据当前党中央国务院和省委省政府关于落实科学发展观，建设和谐社会的转变发展方式，以及关于关注民生，服务民生的精神，实行反贫困化的扶贫重点转移。把扶贫重点由，传统的以实物救济，转向发展型的投入为主，由单一救助型转变为政策、物质、科学、文化和人才综合投入并重，扶贫与转变发展方式相结合，转变扶贫方式。

4. 贫困地区、贫困户和贫困化人口，实行分类指导机制。首先对绝对贫困的村庆农户组织综合考察团，经鉴定如果是属于自然环境恶劣，长期投入均无济于事，无盖于脱贫致富的，要转变扶贫方式．转换扶贫思路和扶贫方式，实行整村搬迁的方式。把原计划的项目投入和物质济助用于搬迁和安置。搬迁的迁地，应当以交通便利的县城和较大的城镇为主。一次性的投入，从源头上切断长期投入和长期贫困化的根蒂。其次是对地理环境并不差，只因为交通条件限制而长期抑制经济发，扶贫投入主要用于帮助贫困地区改善交通条件。第三，对于自然环境和交通等自然和人文环境均没问题，但依然贫化的地区、镇、村，重点是加强科学知识的传导和培训，扶贫的投入为主。

5. 立足于综合扶贫，智力扶贫优先和智力扶持先行。省市的大专院校和各种专业技术学校以及各类科研院所，要轮流派出中青年教师骨干和科技人员深入到贫困化地区村镇作为志愿者提供科技知识的服务。同时在省市的高校也要为村镇举办一些免费接收学员的短期培训班，为贫困地区和村镇培训村镇的科技知识技术骨干。以科学知识扶贫，帮助这些村镇举办科技文化培训班，并成为一种长期坚持的常态化的扶贫方式。坚持因地因时制宜和分类指导投入推进的方针和原则，可以改革过去的扶贫投资不分清红皂白，大量投入财物满足“等、靠、要”要求，造成扶贫投资无底洞，贫困化依旧的现象。

六、建立与实施扶贫的保障机制

（一）扩大县级自主权，实行“四到县”

坚持资金到县、权利到县、任务到县、责任到县“四到县”的工作方针，在扶贫政策措施、目标责任、项目内容、资金预算和整合等内容上扩大县级工作自主权，充分发挥县级扶贫工作的积极性、灵活性和创造性；各县（市、区）要结合国家和自治区扶贫开发规划，研究制定本级扶贫开发规划，保证扶贫工作的科学性、可行性和稳定性；鼓励和引导各地按照实际情况和资源特点，竞相发展特色项目，采取“一地一策”的有针对性的扶贫开发工作政策和措施，切实保证扶贫开发工作的实效性。切实充实与完善省市县的扶贫机构，做好机构职责明确，扶贫的指导思想方针和目标任务明确、措施和执行有力。

（二）明确把“规划到户、责任到人”的具体任务和职责

建立全省贫困化人口的调查、鉴别、建档的信息化管理。分类建档立十，根据不同的类型的贫困乡、村、户，制定“规划到户、责任到人”的实施工作方案。因地制宜实行有针对性的扶贫措施，全面推进实施“一村一策；一户一法；一户一挂”，办法。把整村推进和帮扶到户结合起来，整村推进着重于贫困村的住房、道路、饮水、农田基建等基础设施的改善，以“一村一品”或“一品为主，综合开发”的产业开发建设上。“一户一法”要根据每个贫困户的具体情况设计个性化的帮扶办法。完善“一户一挂”的挂钩联系制度，使扶贫开

发，从宏观到微观系统化、网络化和精细化。

（三）完善金融、税收、土地服务政策

要建立扶贫开发的金融税收和地政服务政策包括：一是多方面拓展扶贫融资渠道，鼓励金融机构支持当地扶贫开发事业。继续完善扶贫贴息贷款政策，发展农村青年创业小额信贷和农村妇女小额信贷；二是加大对扶贫产业的税收优惠政策。贫困地区新办的有扶贫功能的企业，三年内免征所得税，外商投资优势产业项目、国内不能生产进口的自用设备、配件免征关税；三是用地倾斜政策。新增建设用地指标优先满足贫困地区移民易地搬迁用地需求和扶贫产业发展需要。每年在有条件的扶贫开发工作重点县安排一个土地整治项目。

（四）加强生态建设，建立生态、资源补偿机制

继续深入实施生态扶贫工程，加大退耕还林、水土保持、天然林保护等生态修复工程建设力度，创新大石山区石漠化治理与扶贫开发模式，推进乡村石漠化综合治理与扶贫开发试点工作。探索建立生态、资源补偿机制，增强对限制开发区和禁止开发区的补偿功能，采取多样化的生态、资源补偿方法和模式，让生态脆弱的贫困地区得到必要的生态、资源补偿资金用于扶贫开发，在保护生态同时增强贫困地区保护生态环境和生物多样性的能力，实现可持续发展目标。开发贫困村的村风村俗的文化族游，把旅游服务业等第三产业直接引入第一产业。实现保护生态与创造就业、增加收入、脱贫致富的双赢和多赢。

（五）建立扶贫审计监测

完善项目管理和资金使用管理机制。不断提高扶贫项目的科学管理水平，建立健全项目申报、审批制度。加强对项目申报的规划、设计和论证，以项目内容和辐射带动贫困户的数量、标准作为申报、审批的依据；健全项目库储备制度。对经过审批实施的扶贫项目要实行计划管理和绩效监测，探索建立由独立第三方执行的扶贫项目绩效监测制度。

（六）建立扶贫开发问责制度

确保扶贫资金的使用效益。实行“资金跟着项目走”的捆绑制度，加大对各行业扶贫资金和涉农资金的整合力度和统筹管理；完善以项目为龙头的专户、专帐和报帐制度，确保资金专款专用并及时到位。扶贫、财政部门定期对扶贫项目资金到位情况和使用情况进行监督检查；审计、监察部门对扶贫项目资金的使用情况进行全面审计；严格执行公告、公示制度，接受群众监督，保证扶贫资金分配、管理、使用的各个环节公开透明。建立对扶贫资金技术和人力使用的结果和效应的评估、奖惩与问责追究制度。

启动文化杠杆　实施科学帮扶

——对口陂坑村扶贫开发“双到”工作的启示

广州市土地利用规划编制中心　沈蒙淅[1]

2011年是广州市国土房管局开展扶贫开发“双到”工作的第二年，也是实现科学帮扶、争当扶贫开发工作排头兵这一目标的关键之年。文化帮扶作为四大帮扶之一，通过向贫困农民输入新文化、知识和价值观念，传授适用的科技，从整体上提高他们的素质，最终达到文化富民的目的，对扶贫开发“双到”工作具有深远的指导意义。

一、被忽略的文化贫困

（一）人们对“贫困”的刻板理解

长期以来，只要一提到“贫困”，人们就会在脑海里联想到这样的场景：那些长期忍受饥饿和贫穷的的人们， 生活不能达到温饱，居住生活条件恶劣，需要政府、社会及爱心人士在经济、物质等方面进行救助，以维持他们最基本的生活水平。可是，这只是“贫困”的外部联系和表面现象，只是人们对“贫困”的感性认识而已。

贫困，绝不单只是一个经济现象，更主要的是一个社会文化现象。造成贫困的原因是多种多样的，有因灾因病、因个人因社会、因主观因客观等。贫困不仅表现为低收入、低生活水平、低物质消费以及简陋的居住条件、较差的卫生条件等，从更深的层次看，它也表现为贫困的知识、贫困的思想、贫困的价值观和心理机制等文化现象。经济上的贫困只是贫困的其中一种表现，经济贫困的一个更重要内因在于人们在文化上的愚昧和观念上的落后。换句话说，贫困绝非是个“物质”的问题，更是一个“思想”的问题。因此，文化贫困才是贫困的关键所在。

---

[1]　沈蒙淅（1988.5-），女，广东南海人，广州市土地利用规划编制中心助理工程师，研究方向：农村土地资源管理。

（二）文化贫困之“贫”：文化贫困的具体表现

1. 愚昧闭塞的思想观念

经过我们多次对贫困村的走访调查发现，贫困村普遍存在村民小富即安、满足现状、闭关自守、固步自封、默守陈规等思想。同时，由于受打工潮的影响，大量青壮年劳动力盲目外出，留守的是劳动力文化素质偏低、年龄偏大、生产能力偏弱的“三偏”农民。这部分农民思想更加保守和愚昧，“等、靠、要”的依赖思想最为严重。不仅如此，贫困村还存在有些村民只顾个人眼前利益，小团体利益，目光短浅，自私自利，比较欠缺大局观念和国家观念；有部分村民贫富观念不正确，不从自身寻找贫困的原因，把贫穷的责任推给政府、干部和富人，认为是政府造成他们贫困的现状；一些村民甚至争当贫困户，懒惰思想行为严重；还有部分村民不讲信用，怀疑一切，思想固执、陈旧，不相信扶贫政策等。

2. 低下的科学文化素质

由于地处偏远、交通不便、信息闭塞，贫困村农民长期处在封闭的环境中生活，他们有的甚至每年都难得到市区一次，更谈不上与先进地区的学习交流，以致缺乏科技意识和市场经济意识，缺少掌握农村实用新知识、新技术的强烈愿望，加之家庭经济脆弱，扩大家庭生产投入困难，科技知识运用乏力。缺人才、缺技术、缺资金等因素制约了发展，造成了目前的科学文化素质低下。

由于贫困地区教育落后，办学条件差，青少年儿童的入学率、毕业率、升级率都很低，劳动力中的文盲比例高。据统计，在贫困村的劳动力中，小学和小学以下文化程度的比例较大，受农业技术专业培训的人数比例较低。再加上受打工潮的影响，中途辍学的人数日益增多，农村劳动力素质很难快速提高，因此，贫困村的科学文化素质难以适应农村市场经济发展的需要。

3. 落后的生活和生产方式

贫困地区农民大部分居住在深山区，偏僻落后，难以改变“养鸡为吃盐，养牛为耕田，养猪为过年”的小农意识，宁愿苦熬，不愿苦干，缺乏艰苦创业、自力更生、开拓进取、敢为人先的精神，缺乏商品经济意识和市场竞争意识。由于还受到客观条件的制约和科技含量不高等因素的影响，群众经济收入来源单一，“吃祖宗饭”的现象十分普遍，抵御自然灾害的能力非常脆弱。每年7月～9月，由于夏季暴雨频繁，河流水位猛涨，河水倒灌农田现象甚是严重，数百亩农田被淹，对当地农业生产带来巨大的压力。水淹地问题本可以运用修建排水渠、拦水闸等现代农业技术得以很好的解决，但由于文化、历史等原因，贫困村群众固步自封、目光短浅，一直以传统的小农经营方式进行耕作，靠天吃饭，对新生事物抵触严重，农业科学技术推广受到很大制约。

（三）文化贫困之“困”：文化贫困的恶性循环

受传统粗放型经营方式的影响，贫困地区对待发展问题大多只看重经济的增长，而忽视在文化方面的提高，甚至认为在思想文化上的投入没有物质、经济方面投入来得直接、快速。文化贫困作为一种社会的、习俗的或心理的因素促成的社会积淀，是贫困者对贫困的一种适应和自我维护。它会使生活在其中的人形成一种消极的价值取向和一成不变的思维定势，并与目光短浅、空虚无聊、听天由命、自暴自弃相联系，是个人、家庭和社会贫困的根源，如果不及时改变，势必会造成贫困的恶性循环。可以说，贫困地区最大的贫穷就是思想观念的贫穷，最大的落后莫过于文化科技的落后。

因此，要解决贫困问题，首先要从贫困的主体——“人”的角度入手，走文化帮扶之路，即向他们输入新文化、知识和价值观念，传授适用的科技，输入各方信息，从整体上提高贫困群体的素质，达到文化富民的目的，驱散笼罩在贫困乡民头上的贫困文化的乌云，让他们可以利用自己的双手和大脑，变当地的潜在财富为现实财富。这才是投入最少、产出最多.从根本上扭转贫困的正确道路。

二、文化帮扶何以解“贫”、解“困”

（一）文化帮扶的概念

为进一步推进广州市国土房管局对口陂坑村扶贫开发“双到”工作，局党委和李俊夫局长提出“实施科学帮扶，争当我市对口扶贫开发工作排头兵”的要求。按照科学发展的要求，实施科学帮扶，统筹规划，细化项目，明确分工，全面推进产业、智力、教育和文化等方面的帮扶工作，推动陂坑村贫困村民全面脱贫和集体经济可持续发展，经济社会走上绿色良性发展之路。

文化帮扶既是从文化和精神层面上给予贫困地区以帮助，从而提高当地人民素质，尽快摆脱贫困。传统的扶贫主要是从经济物质上进行辅助，而贫困地区要改变贫穷落后的面貌，既要从经济上加强扶持，更需要加强智力开发。扶贫不仅要扶物质，也要扶精神、扶智力、扶文化。

（二）文化帮扶的重要性

由单纯的经济帮扶到文化帮扶，由物质扶贫到精神扶贫，由扶贫到扶志，这无疑是对扶贫认识的深化。

文化帮扶具有广泛的社会性。文化帮扶不仅需要政府有关部门的策划、牵头、倡导，更需要动员全社会一起行动，需要社会各方面共同努力。用丰富多彩、健康向上的文化占领农村文化阵地，改变农村文化生活贫乏的现状，满足农民日益增长的文化生活需要，提高农民的整体素质，绝非一蹴而就，通过开展一两次活动就能解决的，而要坚持不懈、持之以恒地努力工作。因此，动员全社会关注贫困村的文化状况，如同经济扶贫一样，投入一定的人力、物力和财力，使文化帮扶更广泛的推进。

文化帮扶具有持久的推动力。文化帮扶着眼点在于现实生产力的主要支点——人的素质的提高。人的素质的提高包括观念的更新、生产技能的提高、经营能力的增强等方面。文化帮扶通过多种媒介、采取多种形式把文化科技知识输送到农民的头脑中，教育农民克服惰性、奋发向上，以激发他们树立起自力更生、改造环境、脱贫致富的信心和决心。

文化帮扶也是农村精神文明建设的有效形式。文化帮扶的正确实施，同样有利于农村特别是贫困落后地区农村的精神文明建设。我国是农业大国，80%的人口生活在农村。他们的思想、道德、教育、科学和文化水平如何，不仅关系到农村本身的精神文明建设和奔小康进程，而且还直接影响到全国现代化宏伟战略目标的实现。因而开展文化帮扶工作，将对农村精神文明建设，尤其是贫困地区农村精神文明建设具有十分重要的意义和深远的作用。

三、文化帮扶的有效途径

（一）深入开展“文化下乡”活动。广州市国土房管局开展了一系列的“文化下乡”活动，取得了一定的成效。为丰富村民的文化生活，体现局党委对扶贫开发“双到”工作的支持和关怀，2011 年 2 月 23 日，局扶贫办与华阳镇政府、陂坑村村委联合举办了“情系陂坑村”大型文艺联欢活动。精彩纷呈的文艺演出展现了当今农村的新形象、新面貌，更展现了我局对科学帮扶工作的信心和决心。

为更好地宣传省委省政府的“双到”帮扶政策，树立勤劳致富的典型，在演出中我局对脱贫致富模范、计划生育先进家庭、热心公益事业先进个人和学习标兵进行了表彰。与此同时陂坑村村委也向我局送上了锦旗，感谢我局对口帮扶一年多来，改善了村容村貌、促进了当地经济发展、实施了各项公共设施建设，帮扶工作效果明显，成绩喜人。

定期举办大型文艺联欢、表彰优秀先进等文化活动可以不断丰富群众的文化生活，但远远满足不了广大群众的需要，我们应紧紧围绕这一活动，采取送书、送戏、送科技等形式把更多的新思想、新文化、新知识、新科技传输给广大农民，从文化上为农村经济的发展作好保障。

（二）加大文化宣传力度。为了使扶贫开发“双到”工作深入人心，变“要我脱贫”为“我要脱贫”。2010 年 6 ～ 8 月，广州市国土房管局根据扶贫开发工作进程，及时制作扶贫开发政策标语宣传牌，使从农民及时了解扶贫开发政策和工作内容，激励村民努力致富，早日脱贫。此外，在村里显耀位置还设立了两个宣传栏，设置了公示窗口，推进村务公开。宣传栏已成为村民了解和监督扶贫开发工作的最直接、最重要的窗口。

2011 年 2 月，广州市土地利用规划编制中心结合市国土房管局“双到”扶贫办公室在陂坑村举办的“情系陂坑村”文化联谊活动，举办了“科学帮扶，建设幸福陂坑村”图片展。此次图片展以“科学帮扶，建设幸福陂坑村”为主题，主要展示市国土房管局在扶贫开发工作中始终坚定不移地贯彻落实省委、市委的整体部署，坚持以完善机制为根本，在科学帮扶上下功夫，加大产业帮扶、智力帮扶、教育帮扶和文化帮扶力度的情况。围绕这一主题，此次图片展细分为五大板块：“产业帮扶，壮大经济”板块展示了陂坑村特色产业取得的可喜成绩和良好的发展势头；“智力帮扶，提升技能”板块突出展示了该局对陂坑村群众劳动技能和科学发展理念的培养和塑造；“教育帮扶，长远发展”板块主要展示了陂坑村教学设施、教学管理等方面的变化；“文化帮扶，形成特色”板块一方面展现陂坑村的历史文化风貌，另一方面突出该局对陂坑村小学的图书和助学金捐赠等帮扶；“保护耕地，爱护农田”板块主要展示该局到陂坑村耕地及基本农田保护区进行现场踏勘的情况，同时宣传保护耕地、爱护农田、农用土地开发整理等方面的相关知识，为基本农田保护长效机制的建立打下坚实基础。

此次展览通过翔实的图片再现了近年来市国土房管局在陂坑村扶贫开发“双到”工作的点滴瞬间，展现了陂坑村自力更生求发展的可喜成绩，让陂坑村群众深切感受到扶贫开发“双到”工作带来的新变化和新气象，帮助陂坑村群众树立起“保护耕地、爱护农田”的意识，营造了建设幸福陂坑村的氛围，进一步激发了国土房管人投入扶贫工作的奉献精神，塑造了该局科学帮扶，争当对口扶贫村开发建设排头兵的服务形象。

（三）推进文化体系建设。文化体系建设可以从以下四方面着手：

一是发挥党报党刊和科技图书的宣传作用。党报党刊是党委、政府的喉舌，它能向广大农民朋友传递党和政府的方针、政策和重要信息，让农民懂得如何在政策和法律法规允许的范围内创业致富。科技图书能向农民朋友传递各种科技致富的知识。做好党报党刊和科技图书的发行工作，有利于从政策上、思想上引导农民，从科学技术上提高农民的创业致富能力。

二是建立健全镇、村图书馆、书店和文化活动室。文化室可以引导农民白天务农、晚上学文化，农忙务农、农闲学文化。让农民学到文化知识，了解致富信息，学会适用技术，寻找脱贫途径，为早日脱贫致富插上科技的翅膀，为新农村文化产业的个性化发展提供广阔的空间。

三是扩大农村电视广播网的覆盖面和建立现代农村远程教育网络。广播、电视是贫困地区宣传党的路线、方针和政策的有效工具，又是文化、科技、信息传播的重要途径。虽然近几年电视普及率有所提高，但贫困村由于受到各种客观因素的制约，仍有很大一部分农民未能看上电视。要想使新思想、新文化、新政策、新知识、新科技尽快在农村得到广泛的传播和应用，就必须采取有效措施，尽快实现村村通电，尽快恢复农村原有的广播网，不断提高电视覆盖率，并尽快建立起现代农村远程教育网络，更好地向农民群众宣传党和政府的各项方针和政策，传播文化科技知识和致富信息，为农民脱贫致富奔小康提供精神动力、智力支持和思想保证。

四是建立健全合理的农村乡土科技人才培训机制。广州市国土房管局十分重视贫困户就业和技能的指导培训。针对陂坑村大部分青壮年劳动力盲目外出打工，现留守务农人群中“三偏”人员居多，农业技能相对较低，跟不上种植养殖规模化发展的需要，根据《关于“实施科学帮扶，争当我市对口扶贫开发工作排头兵”的意见》的具体要求，结合农户在就业和生产技术中的实际需要，我局于2010年年底开展了劳动力转移就业培训和两期种养技能培训班。通过培训班，让村民了解当前外出务工的就业形势和特点，鼓励有技能、有条件的剩余劳动力积极主动外出就业，加强了我局和贫困村志坚的沟通，解决了农户在种养中的实际困难和问题，坚定了贫困农户脱贫致富的信心。

（四）弘扬本土文化。广州市国土房管局对口陂坑村是客家人的聚居地，客家地区赋存丰富的文化景观和民俗风情，为客家文化发展提供了得天独厚的文化资源。客家文化的最大亮点在于其丰富的人文景观和浓郁客家风情。我们应着眼弘扬当地的特色文化，组织专业人士深入华阳镇、陂坑村，挖掘和整理当地历史人文、建筑风貌等文化素材，提炼形成有地缘特色和乡土气息的文化精品，扩大文化辐射、带动作用，增强当地群众的文化认同感和自豪感。

“客家”特色资源在食、住、行、游、购、娱六个方面都有其丰富的有地方个性的内涵。吃的方面，在光辉灿烂客家文化中，饮食文化尤其鲜艳夺目。在开发中应挖掘、整理本地客家饮食优秀成果，结合当地特色家菜肴与小吃，使饮食文化转化为经济资源。住的方面，依托客家地区具有特色的围屋，开辟特色旅馆，给人一种返朴归真、原汁原味的体验。行的方面，恰当利用传统的交通工具。如轿子、人力三轮车等。游的方面，除了游览风景之外，可以作些贫困户的走访，去贫困户、学校、手工作坊看看，在游览之外还有一定社会效益。购的方面，注重当地土特产、工艺品的开发，提高产品质量。娱的方面，开发参与性强的项目。客家文化特色需要通过有效地途径展示出来，需要功能的创新，即从“静态”到“动态”，从被动观光到主动参与体验的创新发展模式。

总之，从“输血”、“造血”到“树人”，反映了对贫困本质认识的深化，这也是扶贫攻坚决战胜利的基础和前提。因此，扶贫工作应该紧紧围绕提高贫困地区贫困人口的文化素质展开，最终让贫困地区远离贫困，实现可持续发展。文化帮扶是一项更艰巨、更长久的过程，应当把文化帮扶作为一项长期的基本战略进一步向深度和广度推进。

创新扶贫开发方式
实践社会主义社会制度本质

广东省水库移民工作局　张朝烽[1]

中国特色社会主义理论体系明确指出：社会主义本质是，解放生产力、发展生产力，消灭剥削、消灭两极分化，最终实现共同富裕。建设和谐社会是社会主义社会应有之义。因此，消除贫困，实现共同富裕，建设和谐社会是社会主义社会制度本质特征。然而，消除贫困却是一个世界性难题。在中国特色社会主义理论体系指引下，深化改革开放，激发和汇聚了全社会的智慧和力量，广东经济社会实现了大发展、大跨越，人民生活水平有了量与质的提升。但在同时，广东的贫富悬殊问题也随着凸现出来。2007 年，国务院扶贫调研组到广东调研后认为："广东全省不同区域之间发展不平衡的状况十分严重，甚至有日益扩大的趋势。"城乡贫富差距问题，已凸显成为新时期广东实现科学发展、建设幸福省区必破难题，更是实践社会主义社会制度本质的必然要求。

中共中央政治局委员、广东省委书记汪洋同志到任后，立即深入到广东最贫困的粤北地区调研，在结合广东实际和深刻总结人类历史经验基础上，首先提出用靶向疗法，采取"规划到户、责任到人"的新思路破解贫困难题。随后，省委省政府作出部署，从 2009 年起，用三年时间在全省范围内启动扶贫开发"规划到户责任到人"工作，全面拉开了一场与贫困宣战、实现城乡共同发展，建设幸福广东的大战役。笔者有幸亲历了这场历史性活动，深深感受到扶贫开发"规划到户责任到人"工作对消除贫困、落实科学发展、实践社会主义社会制度本质具有重大而深远的现实和历史意义。

一、贫困的表现、危害及根源分析

（一）贫困的表现。按广东省扶贫办确定的标准，贫困户是指 2008 年底人

[1]　张朝烽（1964.10-），男，广东省飞来峡水利枢纽管理处党委副书记、省水利厅驻五华县华城镇新四村扶贫开发工作组组长、水利工程建筑工程师，研究方向：水库移民工作。

均纯收入不足2500元的家庭。贫困的直接表现是收入低、家庭成员衣食住行缺少或困难。笔者走遍省水利厅挂钩帮扶点五华县华城镇新四村140户贫困户了解到：贫困家庭成员夏天穿衣不遮体，冬天缺少棉袄暖身，没有一双保暖布鞋；特困户三餐无保证，甚至吃不上大米饭，连续数月吃不上一餐肉，居住在低矮潮湿的泥砖房；贫困村居民普遍存在行路难、饮用卫生无保证的浅表水。贫困户难于享用到社会新产品，难于共享经济社会发展的成果。

（二）贫困的危害。长期生活在贫困状态通常会令人滋生懒惰、低落情绪，容易失去信心和勇气。由于远离社会主流和文明，贫困户逐步产生对现实社会的强烈不满、甚至会有不满社会制度的不良心态和仇富心理，这些消沉思想积聚到一定程度就会爆发出来，构成社会不稳定因素，将对构建和谐社会、推进可持续发展产生负面影响。

（三）贫困原因分析。笔者结合驻村扶贫“双到”工作实践和多年来从事水库移民安置工作经验，认为导致贫困的根源归纳起来主要有以下五大因素：

一是获得能力低。在社会主义市场经济条件下，所谓获得能力可理解为增加收入能力，其本质就是个人向社会提供劳动产品（或服务）、与社会交换劳动产品（或服务）的能力。为社会提供数量多、质量高的社会满意产品，通过成功交换，个人就能获得更多的收入，即获得能力就高。长期生活在边远山区的农村群众，因接受教育、技能培训程度低、经济信息不发达以及农产品生产分散等条件制约，难以生产更多具有经济价值的产品，或产品难以成功交换，致使他们的获得能力相对较低。

二是家庭负担重。患病治疗负担是导致家庭生活拮据，甚至陷入贫困的重要原因之一。在贫困家庭中，一个劳动力因患病不仅不能参加劳动（生产），减少了收入来源，而且需要支付治病费用，加重家庭支出的负担。此外，子女上高中、大专院校学费负担重也是造成当前农村家庭贫困的重要原因之一。在五华县，一个上高中的学生，一年学费约需三千元至四千元；而一个大专或本科学生，一年学费需五千至一万元不等，这对普通农村家庭来说，无疑是一笔沉重负担。

三是生产生活成本高。由于贫困地区农村经济基础薄弱，群众自筹能力不足，加上公共投资难以惠及，造成贫困村水利、交通、卫生、文化、教育等公共设施和信息化建设普遍滞后，从而导致了两方面不利因素：一方面是农村群众生活成本相对较高；另一方面是因农业生产局限于单家独户种养，难以形成生产聚集效应、规模化生产，难以延伸产业链，难以促进和形成深化劳动分工、专业化生产等，生产效率低下，生产成本较高，产品的市场竞争力不强。

四是交易费用高。贫困村地处边远山区，市场信息不灵、公共设施、法制建设滞后，信息成本、运输成本较高，导致交易费用较高，从而降低了生产收益水平。

五是基层组织能力不强。贫困村普遍存在“两委”班子市场经济意识不强，引领能力、组织能力和服务能力不强。导致了：一方面，各种集体资源管理缺位（或无人管理），原本能发挥作用的基础设施失修老化，功能减弱甚至丧失。如在新四村，一些早年修建的水利设施曾对农业发展发挥重要作用，因长期无人管理维护，目前已无法发挥应有作用，内涝、灌溉就成为制约农业发展的瓶颈。全村四个自然村共 8.5 公里主道路没有一条是硬底化路面。村民喝不上安全水；另一方面，村“两委”市场意识不强，无法引领全村群众参与市场分工，确立主导产业，在市场竞争中占领一席之位。

以上五方面原因或者单独、或者叠加导致了农村居民收入增长普遍较城市居民慢，形成不断扩大的城乡收入差距。

二、扶贫开发“规划到户责任到人”创新了扶贫开发工作模式

笔者认为，开展扶贫开发“规划到户责任到人”工作，实施靶向疗法消除贫困，无论在其内涵上，还是工作机制、体制等方面都创新了扶贫开发工作模式。

第一，工作内涵上有创新。“双到”工作目标任务、方针非常明确，强调注重发挥主体作用和参与扶贫的广泛性。

一是明确扶贫工作目标任务。从 2009 年开始，通过三年帮扶，确保 80% 以上被帮扶的贫困人口达到人均收入 2500 元以上，被帮扶的贫困村基本改变落后面貌。

二是突出参与扶贫的广泛性。强调以“政府主导、社会参与、自力更生、开发扶贫”工作方针，即扶贫工作首先是政府主导，注重开发式扶贫，突出帮助贫困地区完善生产生活环境，帮助贫困者提升获得能力，提高自我发展能力。同时，注重广泛宣传，广泛动员社会各方力量参与扶贫。如以国务院文件形式明确规定每年的 6 月 30 日为“广东扶贫济困日”，鼓励全社会各方力量广泛参与共同帮扶贫困脱贫，走上共同富裕之路。

三是突出发挥主体作用。强调要注重宣传引导，帮助贫困户脱贫增强信心，引导贫困者更新观念，克服等待、依赖、索要等思想，引导贫困者在脱贫奔康以后要怀有感恩之心，报答社会之心，乐于帮助别人，共建和谐社会。

第二，体制机制上有创新。通过建立健全各种有效的体制和机制，扶贫开

发“双到”工作的针对性、实效性和激励性更加突出。

一是责任主体明确，确保了帮扶措施的针对性。“双到”工作的一个显著特征就是以省委、省政府文件形式规定必须明确帮扶每个贫困户的具体责任人，从而为达到既定的帮扶目标落实了可追溯责任主体。同时还明确了帮扶责任人的责任，要求各帮扶责任人必须深入到贫困户家中了解贫困原因、“号”准脱贫致富的“脉”，必须尊重贫困户发展生产的意愿，制订具体的帮扶计划和措施，从而使扶贫开发工作具有较强的针对性。

二是资源整合到位，确保了帮扶措施的实效性。一方面，由于明确了可追溯的帮扶责任主体，责任人有了责任、目标和帮扶协议（承诺），有利于促使责任人兑现帮扶资源、落实帮扶措施，确保了各项帮扶资源百分之百直接兑付到贫困户和贫困村，取得实实在在的效果。如省水利厅在扶贫工作中，各帮扶责任人按照与贫困户签订的帮扶协议（即帮扶计划和措施），通过驻村工作组组织实施，将各项帮扶资源分年度直接兑付给贫困户。同时，注重强化制度保障，对资助建设公共设施、发展集体经济等项目资金全部实行“双签”财务制度等，确保了各项帮扶资源（资金）及时、全部到位，发挥应有的效益。另一方面，由于各项帮扶措施是在尊重贫困户愿意的基础上确定的，这有利于充分调动贫困户“我要脱贫”的积极性这一“内因”，与落实各项帮扶措施“外因”结合在一起，迸发出强大脱贫动力，收到了事半功倍的效果。

三是考核措施有力，确保了帮扶工作的激励性和约束性。为促进“双到”工作深入开展，省纪委、省委组织部分别出台了《广东省扶贫开发工作问责暂行办法》和《关于进一步做好扶贫开发“规划到户责任到人”驻村干部选派和管理工作的意见》等重要文件，建立了一系列可操作性强的激励机制和惩罚措施，对整个扶贫开发“双到”工作形成较强的激励性和约束力。这对驻村干部而言，不仅有压力，但更多的是动力，因为“双到”工作是一个深入贯彻落实科学发展观，创新帮扶措施，实践社会主义社会制度本质的大舞台；从事“双到”工作是实现自身人生价值、在人生经历中谱写浓墨重彩一笔的大机遇。

三、省水利厅扎实推进扶贫开发“双到”工作的实践与启示

笔者以省水利厅近年来扶贫工作的实践与成效，阐明扶贫开发“双到”工作是创新扶贫开发方式，消除贫困，构建和谐社会，实践社会主义社会制度本质的重大举措。

（一）省水利厅挂钩帮扶的贫困村基本情况及贫困原因

省水利厅挂钩帮扶的五华县华城镇新四村现有村民408户共1820人，管

辖4个自然村共13个村民小组，人均耕地0.5亩、山地4亩。2008年，该村村集体经济收入2800元，年人均纯收入2500元以下的困难家庭为140户共735人，占该村人口总数的40%；其中，年人均纯收入低于1500元的特困家庭为43户共253人，占该村人口总数的14%。

经反复调查了解并三榜公示，新四村确定了140户贫困户，其贫困原因分五类：一是因病致贫，有84户占60%；二是子女上学负担重导致暂时贫困，有25户占18%；三是家庭人口多、劳动力少，经济来源少致贫，有17户占12%；四是五保户，有5户占3%；五是其他原因造成贫困，有户11户，占7%。其中，因病治疗和上学负担重导致贫困的，占贫困人口总数的78%，这说明在新四村，家庭负担重是导致贫困的主要原因。如，72岁的贫困户赖俊茂，有两个儿子，大儿子已成家育有两个小孩，小儿子尚未成家，全家六口人居住在三间泥砖房。家庭收入靠两个儿子打零工，2008年人均纯收入徘徊到1600元左右。2010年因屋顶漏水，大儿子上屋顶修补不慎摔伤了腿，需住院治疗费3万多元，但因家里没有积蓄，根本无法住院治疗。如不及时治疗，将导致终生残疾，这样这个家庭不仅丧失了主要劳动力，减少了收入，还将背上沉重负担。贫困户赖宏声的六岁孙子不慎被刚煮沸的豆浆烫伤，面积达全身的65%，需住院治疗费8万多元；贫困户赖悦源因患肝腹水，需住院治疗费近2万元。家庭成员因患病治疗的负担，无疑使这些原本贫困的家庭雪上加霜，陷入难以自拔的境地。此外，新四村各项基础设施建设滞后，村民接受教育与培训程度低等因素也是导致贫困的重要原因。

（二）省水利厅开展扶贫开发“双到”工作思路和举措

2009年以来，省水利厅认真学习、深刻领会和全面贯彻落实省委、省政府开展扶贫开发“双到”工作的部署要求，建立了“帮扶规划到贫困户、帮扶责任落实到具体人”工作机制，以壮大村集体经济、完善贫困村生产生活环境、提高贫困户自我发展能力和减少致贫因素为重点，以实施“结亲工程、脱贫工程、强基工程”为抓手，扎实推进扶贫开发各项工作。

1. 实施结亲工程，建立帮扶保障机制。省水利厅注重加强组织保障，建立和健全扶贫开发的保障机制。一是加强织领导。省水利厅专门成立了扶贫开发工作领导小组，由厅党组书记、厅长黄柏青任组长，三位厅党组成员为副组长，并下设扶贫办公室。启动“双到”工作以来，黄柏青厅长多次率领导小组成员到新四村开展调研、现场办公，明确提出将举全厅之力帮扶新四村改变贫穷落后面貌，要求各帮扶责任人带着感情、带着责任，真帮实扶，坚决如期完成省委、省政府交给水利厅的光荣任务。迅速派出驻村工作组，并实行厅级干部挂点联系制度，具体指导协调扶贫开发工作。二是落实结对帮扶。实行一名厅级干部挂扶两户贫困户、一名处级干部挂扶一户贫困户的“一对一”、“一对二”结对帮扶方式，明确要求各挂扶责任人每年到挂钩贫困户家中探访、帮扶不少于两次。分批组织帮扶责任人到贫困户家中了解情况，帮助找贫根，“号”准脱贫致富的“脉”，与贫困户签订具体帮扶措施，通过结对帮扶，让党员干部与贫困户拉近了距离，结下了深厚感情。三是筹集帮扶资金。一年多来，省水利厅先后组织了三次向新四村贫困户捐款活动，共捐献扶贫资金42万多元，全部用于各个帮扶项目。四是健全工作制度。驻村工作组自2009年9月进驻以来，全体组员实行“脱产”专职，全身心投入帮扶项目的组织实施和跟踪落实等工作，建立贫困户每户一档案和工作组入户帮扶日志、帮扶台帐制度。实行帮扶资金“双签”（即工作组长和村委会主任共同签名方能支付和报账）制度，确保扶贫资金100%兑付到贫困村、贫困户。五是注重宣传引导。通过召开各类座谈会、编印《“规划到户、责任到人”扶贫开发工作使用手册》、制作宣传栏、宣传牌，《省水利厅扶贫开发“双到”工作画册、电视纪实DVD》，树立勤劳脱贫奔康典型，用身边人、身边事广泛宣传扶贫开发工作，营造勤劳脱贫的良好氛围，引导贫困户转变思想观念，实现从“要我脱贫”到“我要脱贫”的转变。

2. 实施脱贫工程，帮扶贫困户奔上小康路。在找准“穷根”、科学规划基础上，省水利厅实施“提升获得能力、减少致贫因素、发展集体经济、完善基础设施、建立长效机制”五大措施，帮扶贫困村和贫困户全面脱贫。

（1）帮扶提升获得能力，尽快摆脱贫困。提升获得能力是贫困户迅速增加收入，摆脱贫困的有效手段。省水利厅采取帮助贫困户劳力就业、发展村主导产业和智力帮扶等措施，扶持贫困户提升“造血”能力。首先，举办了多期电工上岗证、电脑操作技术和首饰加工等技能培训班，帮助贫困户青壮年劳动力掌握一门实用技术，并推荐或帮助联系到珠三角等地务工就业，实现一人就业，一户脱贫；其次，重点扶持发展传统的腐竹生产和新兴的油茶种植等两大主导产业。目前新四村有28户腐竹生产专业户，其中贫困户16户，使这些贫困户年增收4000元左右。贫困户赖木灵在帮扶责任人黄柏青厅长帮扶下，开办腐竹加工作坊，2010年生产销售腐竹9000公斤，加上养猪，年纯收入从原来每年不足一万元增加到三万元，成为当地公认的致富能手。赖木灵一家还完成了泥砖房改建，住上新建的100平方米框架混凝土安居房，生活发生了翻天覆地的变化。通过发展主导产业来带动发展农业生产，向140户贫困户发放每户2500元的种苗或生产扶持金，举办两期种养技能培训班，扩大就业增加收入；第三，充分利用厅直属单位——广东水利电力职业技术学院这一教育阵地，对新四村有意愿的初中毕业生，免学费就读广东水利中专学校；参加普通高考分数达到3A录取线以上并有意愿的高中毕业生，免学费就读水利水电职业技术学院。此外，还建立了新四村子女考取大学奖励金制度，激励勤奋学习，考取高等大专院校，接受高等教育。资助新四小学新建一间配有48台全新电脑的电教室，投资6万元整治新四小学周边环境，修建新新中学路段800米硬底化路面，为该村学生提供良好的学习环境。

（2）着力减少致贫因素，巩固脱贫成果。积极实施“靶向疗法”，采取有针对性措施，减少致贫因素，巩固脱贫成果。

一是资助贫困户解决治病难问题。对农村普遍家庭来说，治病负担相当于“水库漏水”，不补漏，将是入不敷出，难脱贫困。针对新四村因病致贫的占贫困户总数的60%，省水利厅连续三年资助全体村民参加农村合作医疗，减轻群众看病负担；多次组织省、县医务小组到该村义诊、送药，帮助患病贫困户制定合理的治疗方案；还建立特困户重大疾病救助制度，资助患病贫困户住院治疗，切实解决贫困户看病难问题。省水利厅还资助兴建新四村卫生站，使村民小病不出村得到及时治疗。通过落实一系列有效措施，切实帮助贫困家庭解决治病难问题。此外，省水利厅还积极筹资，资助部分特困户家庭60岁以上老人纳入农村社会养老保险体系。

二是资助贫困户减轻教育费用负担。在省水利厅帮助下，设立了资助新四村高中以上贫困户子女完成学业助学金，连续三年资助贫困户子女完成高中、大专院校完成学业，切实减轻了贫困户教育费用负担。

三是兴建新四村饮水安全工程。省水利厅筹资80万元，帮助新四村新建饮水安全工程，包括开挖100米深水井，抽水至高位蓄水池，过滤、净化后通过总共20多公里的供水管道供应到各家各户，保障了该村98%以上的村民用上安全水、放心水，避免村民因饮用不卫生水患病导致贫困。

四是资助贫困户建设安居房。对农民来说，仍居住在泥砖房是导致贫困的一大诱因：首先，泥砖房安全系数低，一碰到暴雨山洪，将会有房屋倒塌、财产损失，甚至生命安全危险。一旦受灾，普通农村家庭就将陷入贫困泥坑；其次，长期居住在低矮潮湿的泥砖房，容易产生多种疾病，而治病负担却又是致贫的重要根源；再次，农村居住泥砖房者找媳妇难普遍存在，有的只能找到弱智、病残的做媳妇，这无疑加重了贫困。因此，贫困户跨出贫困门槛之后，最期盼、最迫切需要帮扶的大事就是建设安居房。省水利厅党组“号”准穷根，心系贫困户，急贫困户之所急，想贫困户之所想，帮贫困户之所盼，黄柏青厅长亲自主持会议筹集专项资金，亲自审定资助新四村贫困户泥砖房改建工程总体方案，确定资助50户贫困户、每户补助3万元，使新四村贫困户彻底告别泥砖房，为他们从根本上摆脱贫困创造了条件。

省水利厅积极稳妥推进泥砖房改建工作。先由村小组推荐、村“两委”会审查后，召开全村党员、群众代表会议进行评议，再由驻村扶贫工作组会同村、镇干部到现场察看拍照，对初定资助泥砖房改建名单进行公示，公示结束后由华城镇政府审定签署意见。然后，由村委会与贫困户根据《省水利厅资助新四村贫困户泥砖房改建办法》签订泥砖房改建合同。驻村扶贫工作组向贫困户提供农村住房建设施工参考图，建立贫困户泥砖房改建档案，按照建设进度拨付资助款。

（3）帮扶发展集体经济，增强集体凝聚力。只有壮大村集体经济，才能确保村集体有钱为群众办事。为确保新四村集体有稳定的经济收入，省水利厅多方筹资50万元，资助新四村投资小水电站，使村集体从2010年起，连续15年每年有5万元的固定收入。此外，还资助村集体种植300亩油茶和发展立体农业，增加村集体收入。有了稳定收入后，新四村建立了面向全村帮扶资金，帮助村民发展生产，防止产生新的贫困户，为尽快改变贫穷落后面貌和增强集体凝聚力提供了有力保障。

（4）资助兴建基础设施，构建和谐新农村。针对新四村基础设施严重欠缺或落后，导致生产生活成本高的实际，省水利厅筹资600万元，同时启动五项惠民基础设施项目，全面改善村民生产生活条件，降低生产、生活成本，为村民加快脱贫步伐，实现共同富裕，构建和谐社会创造了外部条件。一是修建8.5公里村道路硬底化工程。二是修建饮水安全工程。三是修建约3公里排灌渠道工程，解决内涝和近300亩水田灌溉用水问题。四是综合治理150亩水土流失地。五是兴建一座面积为600平方米的村民文化活动中心（含村卫生站用房）。

（5）建立长效帮扶机制，确保全面脱贫。通过帮扶实现稳定脱贫基础上，省水利厅指导新四村委会建立长效帮扶机制，制订了《新四村贫困户动态管理办法》，成立村帮扶贫困户管理委员会，建立了贫困户动态管理和帮扶的长效机制，使新的因病或不可抗力原因导致贫困的家庭得到及时、有效的帮扶，防止产生新的贫困户。规定帮扶资金来源渠道从新四村投资水电站获得收入中每年提取2万元，村集体种植油茶收入中提取60%的资金，以及村供水系统水价收入中每方水提取0.2元等。2011年初新四村新“两委”产生后，进行明确分工，成立了村水利、村道、自来水系统等公共设施专门管理小组，其成员分别由一名村委干部和若干名村小组长组成；成立了村集体经济管理领导小组，由村党支部书记、村长担任组长。切实加强村公共设施和村集体经济的管理。

3. 实施强基工程，建设一支引领建设社会主义新农村的工作队。建设一个坚强有力的村“两委”班子，是确保贫困村稳定脱贫、建设社会主义新农村的根本保障。省水利厅始终坚持“以扶贫带党建，以党建促扶贫”的思路，切实加强村党支部建设。2010年初，在省水利厅直属机关党委的部署下，省东江流域管理局和省西江流域管理局分别与对口帮扶的五华县新四村、黄狮村开展党支部结对共建活动，以建设“四有”和“五好”党支部为目标，制定了城乡党支部共建活动计划，着力在落实党员活动经费、丰富党员活动形式、强化党员宣传阵地和规范党支部组织建设等方面给予帮助和指导，积极开展送党课、送温暖、送技术、送项目、送文化等活动。驻村工作组率先成立了党支部，与新四村党支部开展形式多样的党建共建活动，帮助村党支部健全组织生活，民主集中制等制度。

（三）开展扶贫开发“双到”工作取得的成效

截至2011年2月底，省水利厅共投入扶贫资金超过一千万元，使新四村村容村貌和贫困户精神面貌焕然一新，扶贫开发“双到”工作取得了实实在在的成效。

一是贫困户脱贫率达82%和村集体收入提前达标。2010年新四村贫困户人均增收870元，增长率为35%；有115户贫困户实现脱贫，占确定帮扶140户贫困户的82%。提前实现了村集体连续15年，每年稳定收入5万元目标。

二是贫困户自我发展能力显著提升。劳务输出成为贫困户增加收入的重要来源，到2010年12月止，该村在异地务工的贫困户112户共232人，占贫困户总数的80%；腐竹生产和种植油茶两大帮扶主导产业快速发展，村腐竹专业户增至28户，其中贫困户16户；村油茶基地初具规模，已种植优质油茶150亩；其他种养产业不断壮大，贫困户养猪865头，养鸡6820只，种植黄豆等各类经济作物240多亩。

三是贫困户生活条件逐步改善。泥砖房改建加快推进，计划资助50户贫困户实施泥砖房改建，已有30户已动工，2011年春节前已有18户喜迁新居。村民医疗保障逐步完善，连续两年资助全村1820人参加农村合作医疗，资助三户贫困户患者住院治疗。村民教育环境有效改善，连续两年资助高中以上贫困学生74人（次）完成学业和奖励44名非贫困户子女考上大专院校。

四是村内基础设施不断完善。五项惠民工程扎实推进，目前已完成村道水泥硬底化7.5公里，占全村村道总长8.5公里的88%，预计今年4月底前全村道路实现硬底化。饮水安全工程完成总工程量的93%，已完成深水井开挖、高位蓄水池、抽水泵房、供水主管道埋设等主体项目，部分分支管道完工后即可供水到户。1.3公里的排灌渠道三面光改造基本完工，新增排灌面积300亩；水土流失地治理加快推进，治理崩岗一处；村民文化活动中心建设进展顺利。以上五项惠民工程都将在今年“七一”前交付使用，为庆祝建党90周年献礼。

五是贫困户“我要脱贫”意识明显增强。随着各项公共设施的不断完善，特别是村道硬底化、饮用水安全系统和排灌溉渠道三面光等项目建设竣工使用，贫困户思想发生了从“等待帮扶”到“我要脱贫”的巨大转变，发展种养的积极性空前高涨，纷纷请求驻村工作组和村委发放种苗、开展种养技术培训等。同时，部分出人员开始回村当起了种养专业户。如贫困户曾添初两个儿子曾学农艺大专毕业，长期在外打工，在省水利厅帮扶下，现回乡兴建了220平方养猪棚，办起腐竹生产作坊，购买孵化鸡苗设备等。计划年生产商品猪500头、母猪20头、公猪1头，养鸡2000只以及生产腐竹等，预计年纯收入超8万元。

六是村“两委”班子建设得到进一步加强，发挥出引领村民建设社会主义新农村的作用。通过健全各项村民自治、村务公开等制度和进一步完善党的建设制度。村“两委”干部为民服务意识和干事能力得到明显增强，在“双到”工作中发挥了积极作用，得到村民的广泛好评和支持，在2011年初村“两委”改选中，除一名干部因身体原因退出外，五名“两委”干部中有四名干部获得连任。目前，在村“两委”带领下，村民发展生产，脱贫奔康热情高涨，过去一些因小事吵架，赌博，懒惰的现象不再出现，今日的新四村正在从过去的贫穷落后走出来，向着建设“生产发展、生活富裕、乡风文明、村容整洁、管理民主”的社会主义新农村阔步迈进。

通过一年多来的不懈努力，省水利厅扶贫开发“双到”工作取得了明显成效，得到了省委、省政府领导的充分肯定和当地百姓的广泛赞誉，成为我省创新扶贫开发方式，实践社会主义社会制度本质的典型。我们坚信，只要继续认真贯彻落实省委、省政府扶贫开发“双到”工作的各项部署要求，就完全有可能在2011年底前帮扶新四村实现全部有劳动力的贫困户稳定脱贫，彻底改变新四村贫穷落后面貌，提前一年完成扶贫开发目标任务。社会主义制度优越性就会在新四村越来越多的体现出来。

（四）几点启示

通过一年多来的驻村扶贫工作实践，笔者切身感受到，扶贫开发“规划到户责任到人”创新了扶贫开发工作模式，省委、省政府扶贫开发“双到”的决策部署是完全正确的，扶贫措施是扎实的，帮扶成效是显著的，人民群众是满意拥护的。主要有以下几点体会：

第一，领导重视是决定扶贫工作成败的前提。只要领导重视扶贫工作，扶贫所需的人、财、物就有了保障，扶贫资金就能得到落实，才能帮助贫困村、贫困户摆脱困境，走上共同富裕之路。

第二，理清思路是做好扶贫工作的基础。只有确立正确的扶贫工作目标和思路，才能使整个扶贫开发工作始终沿着正确方向扎实、有力、有序推进，确保按期完成目标任务。

第三，深入基层是落实扶贫工作的根本。只有派出驻村工作组，扎根山区农村，发扬奉献精神、吃苦精神、实干精神、无畏精神和进取精神，带着感情，带着责任，一心扑在贫困村，与贫困户打成一片，才能把各项扶贫措施落实到位。

第四，整体推进是取得扶贫实效的保障。在认真实施"靶向疗法"，采取"一户一法"、"一村一策"帮扶措施增加贫困户收入，摆脱贫困，针对致贫原因减少致贫因素的同时，还要针对贫困地区发展滞后的普遍原因，即基础设施普遍欠缺的共性，帮助完善基础设施，降低农村居民的生产、生活成本，才能真正实现城乡共同发展，稳定脱贫，共同富裕。

第五，整合资源是落实扶贫项目的关键。集中力量办大事是社会主义制度的优势所在，只有有效整合各级各部门的强势资源，多渠道、多途径落实扶贫项目资金，就能确保扶贫项目建得成、用得好、长受益。

第六，思想工作是达成扶贫目标的生命线。要把做好贫困户的思想宣传工作贯穿于扶贫开发"双到"工作的全过程，可分三个阶段：在起步阶段，要鼓励贫困户树立脱贫的信心和勇气；在帮扶过程中，要善于引导贫困者更新观念，树立自力更生，克服依赖、等待的思想；在贫困户稳定脱贫之后，要注重引导他们树立感恩社会，报恩社会之心，乐于帮助别人，成为建设和谐社会的积极分子。

第七，加强党建是促进扶贫工作的重要抓手。只有坚持两手抓，一手抓扶贫，一手抓党建，着力打造一个坚强，具有战斗力、凝聚力的基层党组织和一支永不撤走的工作队，才能带领村民建设一个和谐、幸福、文明的社会主义新农村。

解决农村贫困问题的根本方向是把农民重新组织起来

广东肇庆学院　杨迎春[1]

改革开放以来，我国的扶贫事业取得了举世瞩目的伟大成绩。联合国经济与社会事务部助理秘书长乔莫·桑达拉姆说："2005年，全球有14亿人生活在极端贫困中，比1990年的18亿人有所减少，但是，如果除去中国，贫困人口的数量在1990年到2005年间，实际上是增加了3650万人"。世界银行中国局前局长杜大伟也说，中国"在如此短的时间里使得如此多的人摆脱了贫困，对于全人类来说是史无前例的"。但是，另一方面的情况也同样让人触目惊心——中国农村目前仍然有3597万贫困人口，如果按照世界银行的标准则还有1.5亿贫困人口。[1] 农村贫困人口的大量存在是我国目前社会经济发展遇到的最大瓶颈，同时也是最大的民生问题。

作为一个全党全社会高度关注的公共问题，如何在农村进行有效的扶贫开发，人们已经进行了广泛而深入的探讨，提出了许多思路和对策，国家和社会各界为农民脱贫事业已投入了巨大的资源。但是，农民脱贫致富的整个进程还是比较缓慢，有些地方甚至是年年扶贫依然年年贫困。问题出在哪里呢？我认为我们的扶贫工作可能从方向上忽略了农民组织化程度过低这个严酷的现实，缺少从制度层面提高农民组织化程度的系统思考与设计，因而，我们的扶贫工作总也达不到应有的效果。只有通过新的机制把亿万农民重新组织起来，扶贫开发事业才会有大的突破，社会主义新农村建设才能走上科学发展的轨道。

一、把农民重新组织起来是市场经济的客观要求

新中国成立以后，为了尽快实现工业化、避免农村出现两极分化，中国共

[1] 杨迎春（1961.12-），男，内蒙古赤峰市人，硕士，肇庆学院政法学院书记、教授，长期从事中共党史、中国革命史和中华人民共和国史的教学与研究工作。

[1] 范小建．农村扶贫新十年布局[J]．老区建设，2010，（21）．

产党在50年代领导了一场轰轰烈烈的把农民组织起来的合作化运动。但是，后来由于在生产关系上盲目追求更高的公有制，急于进入共产主义，搞了完全违背农民意愿的“一大二公”的人民公社，严重挫伤了农民的积极性，终于导致了人民公社的解体。在以“社员”的身份过了20多年集体生活以后，中国农民又在改革开放初期经过联产承包回归到了一家一户分散经营的农民的身份。联产承包以来，农民有了生产经营的自主权，有了更多的自由，获得了“第二次解放”。但是，随着改革开放的深入，特别是随着市场经济的发展，农民日益成为社会的弱势群体，曾经欢天喜地过的一部分农民又陷入贫困的境地，“三农问题”越来越成为社会的沉重话题。

1. 为了解决大市场与小生产的矛盾，从根本上帮助部分农民摆脱贫困，要重新把农民组织起来

现在的农民之所以在获得了自由以后又变成了弱势群体，根本原因在于其分散与落后的特点决定了他们市场主体地位的脆弱，以其单薄的力量经受不了自然与市场的双重风险。一方面，实行承包制以后，中国的农业经济基本上变成了世界上“超小型农户经济”，每户经营规模只有0.45公顷。[1] 分散落后、规模狭小的千家万户的小农生产，根本经受不住天灾人祸的考验；另一方面，现在农民的生产生活、社会交往已经被卷入到市场经济的大潮中来，现在的农民已经成为社会化的小农，甚至和全球都联系起来。这意味着农民进入了一个不稳定、高风险的社会。目前农村的一家一户的分散经营方式，其规模小、成本高、效益低的弊病日益凸显。农民既不了解市场，也不掌握信息，更不懂技术和经营管理，很难在市场经济的大潮中站稳脚跟，发家致富。他们犹如大海上的一叶叶扁舟，既不能扬帆远航，又不能抗击风险。可以说实行联产承包以后，农民既体味到了市场的甜头，多数农民的生活有了很大的改善，又饱尝了大市场与小生产的矛盾以及不公平竞争所带来的失败与痛苦。

因此，要解决这种大市场与小生产的尖锐矛盾，帮助农民脱贫致富，就要着重提高农村经济的组织化、合作化的程度，让农民在激烈的市场竞争中逐步摆脱弱势的地位。目前，全国各地农村已经出现了许多通过发展农村经济合作组织把农民与市场进行对接的成功经验，创造出了引导农民组织起来的多种模式，如“销售型”经济合作组织，由种养大户、运销能手、经纪人、龙头企业牵头成立，通过订单式购销，确保产品购销渠道畅通，从根本上解决会员的后顾之忧；“加工型”经济合作组织，由龙头企业牵头成立，通过对农产品进行深加工，推动农业结构调整，带动农民致富；“科技型”经济合作组织，主要

[1] 曲度彪、郭永钧.邓小平社会主义建设依靠力量理论研究[M].沈阳：辽宁人民出版社，2000.171.

围绕特色产业提供科技服务，推进产业科技水平提升；“劳务型”经济合作组织，由没有从事特色产业的农户组成剩余劳动力服务队伍，专门为菜农、果农和养殖专业户提供集中采摘、运输、喂养等多种服务，解决专业户劳力缺乏问题；“服务型”经济合作组织，为农民提供综合服务。通过这些组织，把农产品的生产、收购、加工、销售等各个环节的利益“捆绑”在一起，形成一个有机的产业化“链条”，从而从根本上改变原来普遍存在的农民一家一户单打独斗、一盘散沙式的混乱无序和无助的状况。[1]不论是理论工作者还是各级党委政府，应该对全国各地类似的经验进行深入地研究与论证，把引导农民建立起自己的经济合作组织，提高农民组织化程度，作为今后扶贫开发的重要战略。

2. 为了有效实施产业化扶贫的政策，要把农民组织起来

近些年各地扶贫开发的实践证明，产业化扶贫是帮助农民脱贫致富的根本途径。但是，目前产业化扶贫的模式在实践中遇到许多问题，一是分散的农民很难形成主导产业，生产基地的建设困难重重。二是一家一户的农民与龙头企业的关系不好处理，处于不对等的弱势地位。因此，只有把农民通过经济合作组织重新组织起来，才能与产业化扶贫的政策进行较好地对接。通过成立各种专业经济合作组织把农民组织起来，就可以形成规模化的主导产业，统一面向市场，提高农民作为市场活动主体的地位，把过去不得已情况下倡导的“公司-农户”的合作模式发展为“公司-合作组织”的新模式，让合作组织与相关龙头企业形成平等合作与竞争的关系，以实现真正的双赢。农民的经济合作组织获利了，就可以通过集体的力量帮助部分农民实现脱贫致富。

3. 为了有效落实各项惠农政策，要把农民组织起来

我国已经进入了工业反哺农业、城市反哺农村的新时期。但来自农村外部的大量利农惠农措施及大量的扶贫资金，与今天农民一盘散沙的无序状态，以及大量青壮年劳动力外出流动打工而出现的“村庄空心化、农业兼业化、村民老龄化”状况形成了巨大的反差，无法保证国家的利农惠农政策落实到位并发挥效益，解决不了部分农民的脱贫问题。因此，只有培育起各类农民经济合作组织，国家的各项惠农政策以及来自政府和社会的扶贫资金才能发挥出更大效益，切实让贫困农民受益。同时，要把现有对农业的“政府一农户”的财政补贴模式，改为“政府一农民合作组织”模式，即政府补贴主要发放给农民合作组织。同时，在农业生产资料供应、农副产品采购和农村金融服务等方面也应该向农民合作组织倾斜，以发挥其最大效益。

[1] “完善党领导农村工作体制机制对策研究”课题组.农村社会管理的一场革命——关于肃宁县实施“四个覆盖”的研究报告[J].领导之友，2010，（6）.

与上世纪50年代通过农业合作化把农民组织起来不同，今天把农民重新组织起来，是农民要适应市场经济发展的客观要求。50年代的农业合作化是一种自上而下的强制性的制度变迁，广大农民实际上是被排斥在制度的决策、实施的过程之外的。因而那时的农民主要是“被组织”。在市场经济时代，只有高效利用有限的土地、劳力、资本资源，农民才能在市场竞争中获得生存和发展的机会，因而今天把农民组织起来，必须是以利益为纽带，以自愿为原则的。农民们已经在与市场经济的碰撞中看到了这个无情的事实：生产经营中一家一户的成本过高，要降低成本和提高自身的谈判地位，就必须联合起来。农村新型的经济合作组织可以成为农民与市场之间的一道桥梁，帮助农民在充满竞争的环境中获得自己更大的利益。

二、把农民重新组织起来是早日实现农业现代化的客观要求

农业是国民经济的基础，也是经济发展、社会安定、国家自立的基础。农业现代化是我国现代化建设的重要内容之一。“农业现代化就是要用现代科学技术武装农业，用现代科学管理方法来管理农业，建立高度集约化经营和高度社会化管理的农业生产，开发高产、优质、高效的农业”。[1] 只有早日实现农业现代化，才能从根本上解决农民脱贫致富的问题。以小规模经营为基础的家庭承包责任制是中国农民的伟大创造。家庭承包责任制确立后的很长一段时间，农民的生产积极性得到了极大的激发，这对中国农村社会经济的发展起到了巨大的促进作用。但是这种小规模家庭经营的生产发展到今天，农民越来越缺乏种田积极性、难以与市场有效对接、农民收入缺乏提升空间、农户生产、生活方式缺乏可持续性，在很大程度上制约了农业现代化。[2] 小规模的农业生产解决不了农民的致富问题，更实现不了农业的现代化。国际上的经验也表明，要实现农业现代化，就要大力提高农业的组织化程度，积极推进农民的各种联合与合作，创新农业经营方式，培育发展现代农业经营组织，发展现代农业重在农业组织制度创新。[3] 历史发展到今天，客观上要求我们必须对以家庭联产承包责任制为主要经营形式的农业生产继续进行体制和机制的创新，闯出一条符合中国国情的农业现代化的特殊道路。邓小平指出：“中国社会主义农业的改革和发展，要有两个飞跃。第一个飞跃，是废除人民公社，实行家庭联产承包为主的责任制；第二个飞跃，

---

[1] 秦宣、刘保国.邓小平与中国现代化[M].北京：北京出版社，2004.159.

[2] 王佳友.小规模家庭经营对农业现代化的影响分析[J].湖南农业大学学报(社会科学版).2011，（01）.

[3] 杨红炳.发展现代农业重在农业组织制度创新[J].经济问题，2011，（03）.

是适应科学种田和生产社会化的需要，发展适度规模经营，发展集体经济。”[1]两个飞跃的思想给我们提供了推动农业现代化的基本思路。

首先，适度规模经营才能推广农业机械化。我国农村在公社化后期曾经在农业机械化方面取得了一定的成绩，但实行家庭联产承包制以后又出现了倒退。我们要探索一种家庭联产承包责任制背景下适度规模经营基础上的农业机械化，使农业生产上的耕作、水利排灌、植物保护、农田基建、农业运输，以及林、牧、副、鱼各业都逐步实现机械化，从而减轻农民的劳动强度，提高农业生产率。要适度规模经营，就要把农民适度组织起来，农民只有在组织中才能受到有效的教育和训练，进而从传统农民成长为现代农民，并把传统农业发展成现代农业。多数农民都发展成为现代农民，农村的贫困现象就有望从根本上得到解决。

其次，不断推进农业产业化才能实现农业的专业化和社会化。现代化农业的基本特征之一是农业生产经营的专业化和社会化，不断提高农业生产的专业化和社会化程度，才有利于农业生产由粗放经营向现代集约经营的转化，并能节约物化劳动和活劳动的消耗，取得更多的劳动成果，提高农业劳动生产率和增加经济效益。要适应农业专业化和社会化的大趋势，就要求我们特别重视农业的产业化经营，也就是要以市场为导向，以加工企业为依托，以广大农户为基础，以科技服务为手段，通过将农业再生产过程的产前、产中、产后诸环节联结为一个整体，实现种养加、产供销、农工贸一体经营。[2]农业的产业化趋势客观上已经把农民变成了一个经济共同体，广大农民已经逐步通过经济的形式组织起来了，我们要做的工作就是要把更多的农民组织起来，不断向前推进农业产业化的进程。

再次，把农民组织起来，才能适应农村工业化和城镇化的大趋势。农业现代化是与农村工业化和农村城镇化紧密相联的。随着农业现代化的推进，农业吸收的劳动力越来越少，大批剩余劳动力转移的基本途径之一就是在农村中大力发展集体经济，推进农村工业化，同时逐步推进农村的城镇化。集体经济的发展，就会为农村贫困人口的脱贫提供重要保障，同时也会从组织体制和机制上为实施科教兴农战略，促进农村科技、教育、文化的发展奠定必要的基础。

三、把农民重新组织起来是维护农民利益和农村稳定的客观要求

农民是改革开放的第一受益人，但是在改革开放不断深入的过程中，农民们却又不断遭受到各种各样的利益侵犯，造成部分农民不断地以非制度化和非

[1] 邓小平文选，第3卷[M].北京：人民出版社，1993.55.

[2] 秦宣、刘保国.邓小平与中国现代化[M].北京：北京出版社，2004.162.

规范化的方式进行无序的政治参与，引起农村社会关系的紧张和矛盾的加剧，这也是导致部分农民陷入贫困的原因之一。有的地方群体性事件呈上升趋势。一些地方民事纠纷多发，同时也诱发了不少刑事治安案件，对农民脱贫致富造成了较大的负面影响。

农民历来在中国政治生活中起着重要的作用，但是目前在实际的政治经济生活中却没有得到相应的待遇。尽管我国农民是最具有利益一致性的群体，“但是我国农民的利益表达却呈现出高度分散化和个体化的特点，绝大多数都是以农民个人或小团体的形式自发地进行的。”[1] 这就使农民难以有效地维护自己的合法利益。因此，只有提高农民的组织化程度，才能有效地维护农民的利益和实现农村的稳定。

1. 创新农村党组织的制度载体，充分发挥党在农村工作中的政治核心作用

在领导农民脱贫致富的问题上，农村的的党组织肩负着重大的责任。但是目前农村党组织的现状远不能适应这种责任的要求。改革开放以来，农村发生的两次重大改革和制度变迁，对农村基层党组织的活动产生了深刻的影响：一次是实行家庭土地承包经营制，从根本上改变了党组织长期以来直接领导农村经济事务和组织农业生产的状况；另一次是实行村民自治制度，从根本上改变了党组织长期以来直接充当基层政权、“代民执政”的状况。在这些变化之下，农村基层党组织普遍感到不适应，不能准确把握自己的定位，难以转变领导方式和执政方式。党组织和党员要么难以发挥作用，甚至无所适从、无所作为；要么沿用过去的手段和做法，依靠行政命令、收权争利，从而很难实现科学领导。[2] 目前农村的党组织普遍存在着党员年龄老化、文化偏低，整体素质不高、组织上比较涣散等问题。由于长期实行家庭承包制，农民处于严重的分散与流动的状态，实际上使党组织失去了必要的依托，党组织的活动失去了必要的载体。农村党组织和党员作用的弱化，基层党的建设虚化的状况，使党组织维护不了群众的利益，缺乏号召力和凝聚力，无法有效地带领困难农民脱贫致富，这是必须引起我们高度警惕的重大问题。

党的十七届四中全会指出：“农村基层党组织是党在农村工作的基础，是贯彻落实党的方针政策、推进农村改革发展的战斗堡垒，是领导农民群众建设社会主义新农村的核心力量。”农村的基层党组织必须学会适应农村新的形势，通过各种方式重新把农民吸引到党的周围，尤其是要通过带领农民脱贫致富来巩固党在农村的执政地位。

[1] 朱光磊.当代中国社会各阶层分析[M].天津：天津人民出版社，1998.237.

[2] 王长江.让农民组织起来[J].中国党政干部论坛，2011，（03）.

首先，要按照“群众走到哪里，党的组织就跟到哪里”的原则，[1] 及时把党的组织建到各种新的经济合作组织和基层民主组织之中，以实现党建工作与具体工作的有机结合。要把原来的领导职能转变为引导和服务，学会用市场经济的手段和方式去解决市场经济发展中遇到的新问题，善于通过政策引导、典型示范、宣传服务、技能培训和组织带动等方法，来发挥党组织的强大优势，真正作为农民谋利益求发展维权益的主心骨、贴心人和引路人，只有这样，党组织才能在农村继续赢得农民群众发自内心的拥护和信赖，人民群众才会像当年革命时期那样与我们党同舟共济。

其次，要善于把各种农村致富人才吸引到党的周围。在农民专业经济合作组织发展过程中，一大批农村致富人才也迅速成长起来并产生着越来越大的影响力。面对这种情况，党组织必须充分利用党执政的政治优势和组织优势，进行积极而科学的引导，要“把党员培养成致富能手，把致富能手培养成党员，把党员致富能手培养成村组后备干部”，把农村中有能力、有号召力的人吸收到党内来，在党组织中汇集一大批“有能力的人、有特长的人、有资金的人”，[2] 必然会增强党在农村的执政能力，农民脱贫致富就有了领路人。

2. 健全村民自治组织，真正实现农民当家作主

实行村民自治是农村一次重大的政治体制改革，是广大农民在基层社会生活中实现当家作主的重要渠道和途径，促进了农村的社会主义民主建设，调动了农民的积极性和创造性。但是，由于农民目前处于严重的分散和流动的状况，这种村民自治制度还非常不完善，各种不健康的现象，如贿选骗选、家族势力控制、黑恶势力介入、“村委会专权”、“村干部专权”、“两委冲突”、干群对立等问题，在一些地方还比较严重，村民对涉及自身利益的村务还远没有达到当家作主的程度，这也是影响农民脱贫致富的重要因素，同时也导致国家和社会的各项扶贫投入难以收到应有的效果。

为了早日实现农民的共同富裕，党和国家必须依法进一步加强对农村的治理，在政治上就是要加快推进和完善村民自治，把赋予农民的权利真正落到农民手上，只有让农民对村里的大事有话语权，才能激发他们的主人翁精神，才能理顺群众的情绪，化解各种矛盾和问题，实现农村的和谐稳定发展，帮助农民早日实现脱贫的目标。为此，我们要运用扶贫过程中各方面的力量，在农村依法健全三项制度：一是村民委员会的直接选举制度，真正让农民群众选举自己满意的人管理村务。二是村民议事制度，村里的大事，尤其是与农民利益密

[1] 王长江.让农民组织起来[J].中国党政干部论坛，2011，（03）.

[2] 张志明.以制度创新把农民组织起来[N].学习时报，2008-4-18.

切相关的事情，都要经过村民代表大会讨论，不能由少数人说了算。三是村务公开制度，凡是群众关注的问题，都要定期向村民公开，接受群众监督。[1]只有为村民参政、议政搭建一个健全的自治制度的平台，让村民代表集体讨论决定村里的重大事项，彻底改变由少数或个别村干部包揽村政村务的做法，真正实现农村基层民主政治建设从“为民做主”到“由民做主”的转变，才能为农民的脱贫致富提供政治上的坚强保证。

在市场化的背景下重新把农民组织起来是一个复杂而艰巨的系统工程，不能急于求成。一定要在党和政府的积极引导下，在有利于维护农民利益和坚持农民自愿的原则下稳步发展，绝不能再走替民作主和强迫命令的老路。我们要从文化理念、制度设计和服务模式等层面深入开展对新型农民经济合作组织和农民自治组织的研究工作，认真总结已有农民组织发展的经验教训，加强对新型农民经济合作组织和自治组织的宣传推广，引导广大农民深刻认识到组织起来的必要性，为把更多的农民组织起来，依靠集体的力量早日实现脱贫致富创造有利的条件。

[1] 秦兴洪.共和国农村的发展道路——中共三代领导集体的选择[M].广州：广东高等教育出版社，2002.395.

贯彻落实科学发展观
扎实推进扶贫开发“双到”工作深入开展

广州中医药大学　喻良文[1]　陈文锋　游江

河源市隆街镇党委　叶国仕

贫困是当今世界的三大难题（贫困、人口和污染）之一，随着人类经济和社会发展，贫困问题不仅没有得到消除，而且日益严重，成为阻止人类社会可持续发展的重大障碍。广东省处在我国改革开放前沿，经济发达，物资丰富。但省内贫富差距却远远高于全国平均水平，2007年全省农村平均每天收入低于2美元的绝对贫困人口比例达到10.28%，农村贫困人口总比例为18.6%[2]，贫困问题十分严重，由此导致社会心态的不平衡，引发的各种社会问题不容忽视。省委省政府结合我省实际情况，开展“规划到户责任到人”扶贫开发工作，动员全社会的力量参与扶贫，创新了扶贫模式，并取得了显著成效。扶贫工作是一项系统工程，必须深入调研，充分了解贫困村、贫困户的贫困现状，并结合实际情况制定实现脱贫，推进贫困村建设持续发展的工作路径。在扶贫工作中，尤其要贯彻科学发展观，坚持以人为本，树立全面、协调、可持续的发展观，促进经济社会和人的全面发展，才能加快推进贫困村各项工作快速、健康的发展，让广东农民群众共享改革开放成果，把贫困村建设为我国的社会主义新农村。

一、贫困村和贫困户的现状分析

在2009年我省启动扶贫开发“规划到户责任到人”工作时，我省有省定贫困村3409个，贫困户70万户（含非省定贫困村），贫困人口316万人（含非省定贫困村）。笔者参加“双到”帮扶所在地河源市连平县隆街镇是典型的山区乡镇，农村人口比例占85.3%，农业生产水平落后，是广东省粤西、粤北

---

[1]　喻良文（1977-），男，硕士，广州中医药大学主任科员、副教授，河源市隆街镇贵岭村扶贫开发驻村干部、村党支部副书记，主要从事中药鉴定学的教学与科研工作。

[2]　吴明良，凌枫，何岸．广东牵手世行，缩小城乡贫富差距[J]．源流，2009，（8）：18～24.

山区农村的一个缩影。第一作者作为扶贫开发"双到"工作驻村干部，亲眼目睹了当地的贫困现状，并对其贫困现状进行调查研究。连平县隆街镇贫困户基本情况见表 1。

表 1　连平县隆街镇贫困户基本情况

贫困村名称	总户数	总人口数	贫困户数	贫困人口数
连平县隆街镇百叟村	736	3218	306	1435
连平县隆街镇长沙村	415	2100	173	852
连平县隆街镇贵岭村	335	1735	138	669
连平县隆街镇径头村	205	1086	84	382
连平县隆街镇三坑村	300	1320	132	551
合计	1691	9459	833	3889

隆街镇共有 20 个行政村，农村人口 38685 人，贫困人口 7571 人，贫困人口比例达 19.6%，与全省 18.6% 的贫困人口比例相近。由表 1 可见，在 5 个省定贫困村中，贫困人口达 3889 人，占全镇贫困人口的 51.4%，贫困人口相对集中。贫困村贫困人口占全村人口比例在 35.2% ～ 44.2% 之间，远高于全镇 19.6% 的贫困人口比例。

对贫困户人口的构成情况进行分析，结果见表 2。

表 2　连平县隆街镇贫困户人口构成

贫困户类别	贫困户		贫困人口	
	户数	比例	人口数	比例
人均收入≤ 1500 元	507	60.9%	2459	63.2%
人均收入＞ 1500 元	326	39.1%	1430	36.8%
劳动技能低致贫	243	29.2%	1026	26.4%
子女就读致贫	139	16.7%	873	22.4%
因病致贫	404	48.5%	1847	47.5%
无劳动能力的低保户、五保户	30	3.6%	81	2.1%
其它原因致贫	17	2.0%	62	1.6%

由表2可见，在5个省定贫困村中，贫困户家庭人均收入≤1500元的人口占60%以上，贫困面大，贫困程度深。因病致贫在贫困人口中所占比例最大，接近50%。劳动技能不高致贫和子女多，支付就读费用大致贫的贫困人口分别26.4%和22.4%。无劳动能力的低保户、五保户和因开展个体经营失败或发生意外等其它原因致贫的贫困户较少，均在2%左右，对此类贫困户可通过政府补助或临时救济加以帮扶。

5个贫困村中具有劳动能力的贫困人口（18＜年龄≤65）共有2338人，对其文化程度和参加种养技能培训进行分析，结果见表3。

表3 劳动力文化程度和参加种养技能培训情况

贫困人口类别	人口数	比例
文盲	697	29.8%
小学毕业	863	36.9%
初中毕业	482	20.6%
高中毕业	297	12.7%
大专及以上	0	0
没参加过种养技能培训	774	33.1%
参加种养技能培训1次	668	28.6%
参加种养技能培训2次	414	17.7%
参加种养技能培训3次或以上	482	20.6%

由表3可见，具有劳动能力的贫困人口中，文盲人口占到了29.8%，初、高中毕业者仅28.3%，且没有大专以上较高素质人才，贫困人口文化程度整体偏低。参加种养技能者较少，没参加过种养技能培训者达33%，参3次或以上的培训人数仅20%。

二、贫困原因分析

贫困村具有贫困人口比例大、整体文化素质偏低、参加种养技能培训少的特点。笔者对贫困原因，特别是导致贫困人口高度集中的原因进行了较为深入的考察调研，认为致贫的主要原因在于以下几个方面。

（一）集体经济收入少而单一

在5个省定贫困村中，均只有出租少部分山林和在政府引导下入股河源市富民工业园的分红两项收入，一般在1～2万元之间，与全省其它贫困村收入相当。有的地区贫困村集体收入甚至低于1万元或者基本没有。贫困村的集体经济收入缺乏，难以进一步开展村公益事业和带动群众致富。经济条件好的相邻村，多有自己的村办企业、加工厂或其它经济来源，如有发电厂或自建厂房出租等。

（二）农业基础设施薄弱

贫困村的村道没有实现硬底化，泥泞的道路严重影响村民出行、耕种和农产品运输的状况。同时，农业灌溉设施缺乏，防旱防涝能力差，农业收成基本靠天。遇到洪涝等自然灾害，常常导致严重减产，甚至绝收，使本来经济基础就十分脆弱的贫困户难以从农作物损失造成的经济亏损中摆脱出来。

（三）销售渠道单一

5个贫困村中无一成立农业合作组织，所有农业产品都靠贫困户自产自销。由于信息来源少、消息闭塞，加之单兵作战等因素，常导致农产品仅限于贫困户在自家所在村镇销售，无法走出山区。但贫困山区乡镇的购买能力十分有限，农产品滞销情况严重，且价格十分低廉。

以上三个方面与每一个家庭生产生活息息相关，是导致贫困村贫困人口高度集中的主要因素。

（四）劳动技能低

贫困户劳动技能缺乏，生产能力低下，农产品附加值低也是致贫的主要原因。具备劳动能力的贫困户有33%没有参加过种养技能培训，其中多数为文盲，他们学习能力低，学习积极性不高，难以掌握新的生产技术，寻找新的经营门路。

（五）因病因学致贫现象严重

因病致贫在贫困人口中所占比例最大，接近50%。主要是由于乡镇卫生条件较差，群众生病后得不到及时有效的治疗，也有部分群众患病后因为贫困而不敢就医，小病拖成大病，并逐渐丧失劳动能力，加上病情恶化后加倍的治疗费用，使家庭经济状况日益恶化。在隆街镇，有22%的贫困户就是因为子女多并均就读大中专院校致贫，大量的学费生活费开支使靠农业收入的家庭难以维持。

（六）因超生致贫现象不容忽视

在一些贫困村，群众"多子多福"的生育观念并没有彻底改变，他们想尽办法"偷生"，党的"少生快富奔小康"富民政策在一些地方成了一句空话。随着孩子入学，多个孩子的读书费用对原本贫困的家庭造成了很大的经济负担。同时，也使原可集中在一个孩子身上的精力财力用在了N个孩子身上，让他们得不到合理的教育和精心培养。越生越穷，越穷越生这个规律将成为脱贫致富的瓶颈和桎梏。

三、贫困村和贫困户脱贫的有效路径探讨

要实现贫困村和贫困户的全面、协调、持续发展，必须从人才、产业、资源、组织管理等方面提供有力保障，确保贫困村和贫困户在“双到”工作后不返贫。实现的路径主要有以下几个方面。

（一）培养贫困村建设人才

人是农村建设的第一资源。除了全面提高村民素质，必须加强培养农村建设的拔尖人才。一是管理人才的培养。新农村的建设，特别是由贫困村建设到新农村建设的关键时期，面对自然条件差、资源少、困难多的实际情况，如果没有一支好的管理干部队伍，是难以带领广大人民群众改变贫困面貌的。因此必须培养一批政治坚定、依法办事，在群众中有威信的村干部，建立一个具有卓越领导才能、综合素质高的村“两委”班子。在当前“双到”工作中，各帮扶单位应结合单位优势，帮助村党支部加强组织建没，促进城乡党支部协调发展，培养贫困村的致富领路人。二是生产技术专业人才的培养。掌握相关农业知识、有实践经验的高素质农民，敢想敢试、大胆创新，能适应科学种养的需要，成为发展现代农业的骨干力量，并对其它贫困户有较强的示范和辐射作用，引领大家一起致富。

（二）促进贫困村劳动力转移和就地创业

加强劳动技能培训，特别是为贫困户家庭初、高中毕业的子女提供免费的各类短期技能培训，增强其转移就业能力，加快贫困户剩余劳动力的转移就业。鼓励和支持本地企业与贫困村建立了定点劳务输出关系。在有条件的情况下，引导农户就地创业，以此带动当地贫困户走共同富裕之路。

（三）增加医疗保障

因病致贫严重的现象表明，加大农村大医疗投入，改善农村医疗条件，为群众提供较好的医疗环境已经到了刻不容缓的地步。只有提高基本医疗保障水平，才能让农民看得起病，看得好病，才能避免因病致贫、因病返贫现象的发生。

（四）加大教育投入

针对贫困户子女入学，特别是就读高中以上困难的现状，要积极采取多种措施帮助贫困适龄儿童完成九年义务教育，资助有困难的高中生、大学生完成学业，如给予学费资助或家庭生活特别补助等，坚决防止因学致贫现象出现。

（五）加快转变观念

贫困人口是扶贫开发“双到”工作的主要参与者，其观念是影响扶贫开发成效的重要因素。因此，把扶贫与扶志相结合，帮助贫困户摒弃旧有的思想观念、增强贫困信心显得尤为重要。思想帮扶虽不需要经费投入，却需要帮扶者大量的付出，做许多艰苦细致的工作。思想扶贫、观念转变是我们工作的难点，更是重点。

（六）成立贫困村农业合作组织，发展龙头产业

现在贫困村农产品的销售模式多为农户自产自销，使农民处于农产品从生产到流通的所有环节中最弱势群体。一方面是农民地里的农产品价格低廉，甚至卖不出去烂在地里，另一方面却是农产品销售末端价格居高不下，主要原因是农民信息闭塞和无法与资金庞大的采购商建立平等地位。经济基础脆弱的农民，特别是贫困户，难以抗拒市场价格跌落带来的风险，极容易因农产品减产减收、价格降低导致贫困或加重贫困程度。因此，贫困村和贫困户要稳定增收，从根本上脱贫致富，必须成立农业合作组织，整合农业资源，推进产业化扶贫。农业合作组织要发挥提高农民素质、增强农民技能的作用，特别是通过与企业或采购商建立对等关系，保护农民利益。农业合作组织应与村“两委”一道，因地制宜的确定可行产业项目，并以产业项目为支撑，建立龙头企业，并使龙头企业逐步实现“公司＋基地＋农户”的经营模式，有效地带动和实现贫困村集体经济和农民收入的增收。

（七）整合资源，推进贫困村建设稳步发展

扶贫开发“双到”工作，涉及到贫困村的经济、科技、教育、医疗卫生、基础设施建设等丰富的内容，单位的帮扶措施和帮扶成效常常受单位属性的制约，难以使各项工作都得到较好开展。因此，应把农业、交通、水利、医疗、教育等单位的人力资源和资金资源根据各村实际情况，合理分配、科学整合，推进贫困村建设的全面、稳步发展。

四、扶贫工作长效机制探讨

不同地区贫困村的经济水平、生态环境、资源状况存在差异较大，但贫困村和贫困户可持续发展的内涵却具有共性，即参照建设社会主义新农村“生产发展、生活宽裕、乡风文明、村容整洁、管理民主”的要求开展扶贫工作，促进贫困村经济、政治、科技、教育、文化、医疗卫生、交通、治安、社会保障和环境等方面得到协调持续发展。贫困村和贫困户扶贫工作持续发展的长效机制主要有以下几个方面：

（一）村集体经济得到发展、贫困户收入富裕，是贫困村和贫困户可持续发展的首要前提

只有贫困村经济得到发展，农民和村集体的收入得到增加，才能为贫困村可持续发展提供资金保障。

（二）基础设施建设得到加强、生活生产环境明显改善，是贫困村和贫困户可持续发展的基础条件

贫困村村“两委”办公条件和环境得到改善，可为村“两委”全身心带领村民们脱贫致富打下良好的基础。安居才能乐业，改善贫困户居住条件，让每户贫困家庭住上安居房，集中精力发展生产。此外，加强道路交通、饮水工程、垃圾处理、机耕道、桥梁水利等与村民生活生产息息相关的基础设施建设，夯实贫困村可持续发展基础。

（三）村民素质显著提高、生产技能增强，是贫困村和贫困户可持续发展的内在要求

贫困村的建设和发展，特别是社会主义新农村的建设，对村民的素质有了更高的要求。村民的素质，包括劳动技能和思想观念。对他们加强农业知识培训，提高种养技能，增加农业产出，提高农民自主建设家园的技术和能力；同时加强思想观念的转变，摒弃“养儿防老”、“多子多福”等落后思想外。倡导健康文明的社会风尚，树立自力更生、勤劳致富的思想，强化脱贫主体意识和对美好生活的向往，坚定脱贫奔康的信心，并主动有序的参与到乡村事业建设中。

（四）加大医疗教育资源投入，是贫困村和贫困户可持续发展的根本保障

医疗和教育是重大民生问题，也是全社会关注的热点、难点问题。在贫困地区更显突出。作为各级党委和政府，要多途径加大对医疗和教育资源的投入，特别是对贫困地区、贫困户要保证足够的经费投入，并形成长效机制。这是确保脱贫奔康、确保社会公平、和谐的重要举措。

（五）完善公共服务、社会保障体系健全，是贫困村和贫困户可持续发展的基本目的

义务教育、卫生服务、养老保障、文化设施等公共服务体系的构建，需以政府为主导，同时引导村集体和村民积极参与。

我国作为农业大国，农村发展关系到社会稳定、国家富强、民族复兴。省委省政府高度重视和关心贫困村的脱贫和建设，开展的扶贫开发“规划到户责任到人”工作，开创了扶贫新模式。参加扶贫工作的广大单位和个人，更应该以扶贫开发工作为己任，加快贫困村、贫困户的脱贫步伐，促进新农村建设，为巩固党的执政基础奉献力量。

以扶贫开发“双到”工作为契机
加快我省转变经济发展方式

广东粤东高速公路实业发展有限公司　张莹莹[1]

改革开放以来，广东省始终走在时代前沿，发挥排头兵作用，创新能力只增不减，发展劲头强势，从1985年至今，连续25年经济总量居全国第一，主要经济指标也长期名列前茅，在2010年，广东省人均GDP总量已接近7000美元，达到中等发达国家收入水平，虽有这举世瞩目的成就，但不容忽视的是，我省仍存在许多亟待解决的问题。一是我省城乡差距进一步拉大，越来越偏离了“共同富裕”的轨迹。根据2008年的统计，我省各地区的贫困村有3409条，1500元以下的贫困人口有316.5万人。二是经济的增长主要依靠硬要素，以大量土地供给、廉价劳动力、大量消耗能源、牺牲生态环境为代价，而科技、管理创新等软要素对经济发展的作用不显著。这种高投入、低产出的粗放型经济方式速度可观，却是不可持续的。如何统筹解决这两大发展问题，成为广东省在“十二五”规划期间的重点工作。

经过近两年的扶贫实践，广东扶贫新模式初显成效，四成多贫困户初步实现脱贫，与帮扶前相比，贫困户收入增幅达51.76%，形势喜人，我省更有信心解决部分贫困地区的经济发展问题。在“十二五”期间，扶贫开发“双到”工作是一次良好的契机，通过“双转移”产业升级，通过发展现代化农业，通过教育强村、智力扶贫，通过建立完善贫困地区社会保障体系、扩大内需等有效扶贫途径，振兴贫困地区的经济，为加快转变经济发展方式推波助澜。持续推进扶贫开发“双到”工作，为加快转变经济发展方式、促进“双转移”、实现产业升级创造有利条件，走可持续发展之路。

---

[1] 张莹莹（1987.03-），女，大学本科学历，广东粤东高速公路实业发展有限公司综合事务部办事员，从事新闻宣传和企业文化建设工作。

一、扶贫开发坚定不移地走“双转移”路线，为实现产业升级创造有利条件，把贫困地区转变为珠三角地区的广阔经济腹地

我省是对外开放大省，有着发展外贸经济的自然地理、社会文化优势，是我国与世界经济联系的重要纽带。我省出口贸易对经济贡献占的比重大，在当前全球经济发展的大背景下，摒弃出口型产业是不可行的，而出口型的产业大多属于劳动密集型制造业。经济学的“微笑曲线”理论讲到，产品设计、原料采购、仓库运输、订单处理、批发经营和终端零售6大环节再加上生产制造，成为“6+1”的产业链，处在最低端的是生产制造。如果我省只有生产制造这个最弱的“1”，一旦发生国际金融危机便首当其冲，但如果把握了“6+1”的“6”，便控制了经济发展的主动权，大局在握，抵御金融风险能力大大增强，“1”也将成为其中不可或缺的环节。将劳动密集型的制造业逐渐转移到东西两翼、粤北地区，腾出充分的发展空间，使珠三角地区积极发展产业链其他的6个环节，主攻具有战略性、核心竞争力的新兴产业，从根本上整合实体经济的产业链，藏富于企业、藏富于民。

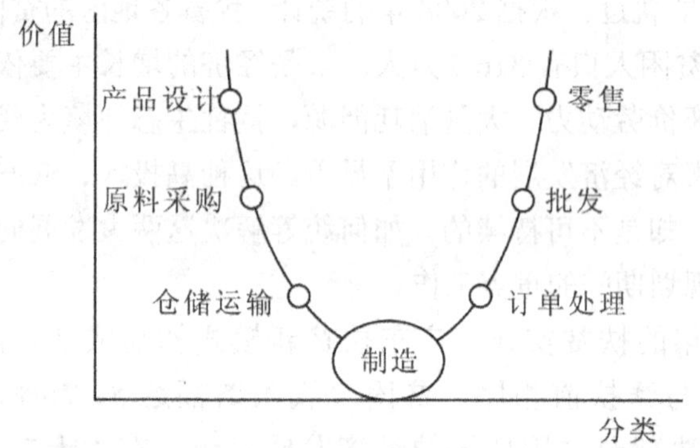

我省贫困人口主要集中在东西两翼、粤北山区，这些地区第二、三产业落后，大部分剩余劳动力在珠三角地区务工维护生活，脱贫可能性较小。在2008年，广东省提出“双转移”政策，即“产业转移”和“劳动力转移”两大战略，具体是指将珠三角地区劳动密集型产业向东西两翼、粤北山区转移；而东西两翼、粤北山区的劳动力，大部分向当地二、三产业转移。我省要树立全省一盘棋的观念，走“双转移”扶贫路线，使东西两翼、粤北地区与珠三角地区形成产业链优势互补，促进优化产业结构，有力地加快我省经济发展方式由粗放型向集约型转变，形成我省全面、协调、可持续、层次多样、各有特色的区域经济发展格局，增强应对金融危机的能力。

受国际金融危机的影响，我省外贸出口、商品订单波动大，加上近年来物价飞涨、房价飙升，我省珠三角地区的外来民工就业不稳定，生活成本剧增，直接导致两个结果：一是大量民工返乡或转移就业地点，二是制造业用工成本剧增，渐渐靠丧失廉价劳动力的优势。从表面上来说，这对我省经济发展造成了严重的冲击，但从深层次来说，这不失为一次产业升级、加快经济发展方式转变的大好机遇。

扶贫开发工作要利用民工大量返乡的机遇，在东西两翼、粤北地区创造良好的投资环境，有选择性地引进劳动密集型企业，尤其是对于适应市场需要、能够提高产业层次、带动千家万户增加收入的农产品加工企业，能够发挥贫困地区资源优势并改善生态环境的资源开发型企业，能够安排贫困地区剩余劳动力就业的劳动密集型企业，能够帮助贫困群众解决买难、卖难问题的物流企业等，要加以政策扶持，吸引民营企业到当地兴建工业园，创造大量的就业机会。当回乡也能有工作岗位，收入不比外出务工少，生活上也能就近照顾家庭，大量返乡民工以及其他农村剩余劳动力将选择在当地就业。据扶贫开发工作的统计，贫困地区新增有意愿转移就业的贫困户劳动力超过11万，为振兴当地的经济发展奠定了坚实的人力资源基础，促进东西两翼、粤北地区逐渐发展成为珠三角地区的广阔经济腹地。而珠三角地区制造业在“民工荒”现象的压力下，逐渐丧失生存能力，就为战略性新兴产业、第三产业提供了广阔的发展空间，优化经济结构，稳固经济中心的地位。

二、扶贫开发走振兴农村经济、加强农业基础地位的路线，加快推进农业发展方式转变，提高贫困户“造血”功能，为加快转变经济发展方式提供坚强的后盾

贫困地区年轻劳动力大量外出务工，农村经济将难以为继，凋敝状况将恶化。因地制宜发展种养业，帮助贫困户发展好种植业、养殖业，是贫困地区增加收入、脱贫致富最现实、最有效、最可靠的途径。但现实情况是，农民在自家承包土地上种植作物或饲养家禽，往往因为市场经济的滞后性特点而卖不到好价钱甚至亏本，或因为养殖技术不足而导致作物和家禽遭受病害，最后血本无归。种养在大范围、长期的无盈利状况使农民对种养致富无信心，荒废农业，使农业走向衰落，这对于粮食安全有十分不利的影响。农业是国民经济的基础，如果因为农业问题拖后腿，加快转变经济发展方式变成了无本之木。

针对贫困户种养难致富的状况，扶贫开发工作要帮助贫困户发展现代化

农业、绿色环保农业，并提供相应的技术、生产工具、市场等信息和物质支持，让贫困户在家种养也能勤劳致富，提高信心。在技术方面，提供技术培训，指导贫困户如何看准有市场需求的农产品、选取优化品种、如何合理种养、如何防止病害、如何做到既发展了种养业又能很好地保护生态环境，让贫困户掌握科学方法，提高农业科技贡献率、种养收成效率，确保增产增收；在生产工具方面，帮助贫困村购置集体用的收割机等现代农业机器，并为有需要的贫困户购置农具，帮助他们搭建饲养家禽等的窝棚，提高农业机械化、标准化、现代化水平；在市场方面，扶贫开发工作要做好市场调研，按照市场需求，选准产品和项目，做好信息疏通、传达工作，并提供销售渠道，保证贫困户的农产品能卖出好价钱，提高收入，促进农村经济复兴。根据各地区农村的实际情况和贫困户的意愿，因地制宜，可以散户种养，也可以集体承包、大规模种养，帮助贫困户与农业龙头企业和农民专业合作社，按照食用农产品标识管理制度，提高信誉意识和品牌意识，保证供应绿色、安全的农产品，逐步形成稳固的销售渠道。

发展现代化农业，转变贫困地区经济发展方式，一方面是帮助贫困户降低农业生产经营成本，提高贫困户在家种植、养殖的收入，让农民能够通过发展现代化农业勤劳致富，提高农民对务农的信心和动力，走上可持续发展、自力更生的道路，促进共同富裕，实现城乡经济协调发展，缩减收入差距，改善农村经济凋敝的现状；另一方面是促进现代农业、绿色环保农业的发展壮大，逐步走向规模化、科学化的道路，加快构建现代化农业产业体系，推进社会主义新农村建设，为构建粮食安全保障体系、稳定粮食价格奠定基础，也为加快转变经济发展方式作坚强的后盾，使其他地区发展第二、三产业无后顾之忧。

三、扶贫开发走教育强村的路线，提高劳动者素质，为加快转变经济发展方式奠定坚实的人才基础

加快转变经济发展方式，人才是关键。在贫困地区，人才严重匮乏。一是教育水平落后，劳动者素质普遍不高，难以适应现代经济、社会的发展要求，二是由于家庭贫困，在没有完成九年义务教育也没有接受相关劳动技能培训的情况下就出来务工或务农，只能从事技术含量低的工种，其自身发展受到很大的限制。

针对上述情况，扶贫开发要坚持科教兴村、人才强村的工作方针，想方设法培养人才、留住人才。在培养人才方面，一是保证适龄青少年能够完成

相应的学业，保证考上高等院校的学生能够顺利就读，其他学生能够选择读职业技术学校，提高就业的劳动技能。目前，贫困户适龄子女普及义务教育入学率达到100%，考上高中和高等院校的贫困户家庭学生能够正常在学校就读。二是开展农业技能培训，提高贫困户的农业生产能力。三是积极培训村干部，让他们提高管理能力、决策能力、服务能力、创新能力，卓有成效带领全村的贫困户脱贫致富，并有能力防止贫困户返贫。在留住人才方面，对于培养出来的具有较高素质的人才要想办法招回来并留住，其中最突出的是教师人才，大力提高教师待遇，吸引高等师范大学的本地毕业生回乡任教，为贫困地区师资队伍增加新鲜血液，有力地促进当地教育水平提高，壮大高素质劳动力队伍，形成尊师重教的良好氛围。人才形成队伍，成为加快转变经济发展方式的重要支撑。

四、扶贫开发走建立完善社会保障体系、扩大内需的路线，促进经济增长方式向依靠消费、投资、出口协调转变，向依靠第一、二、三产业协同带动发展转变，拉动经济又好又快发展

引进劳动密集型产业，创造大量的就业机会，大力发展现代化农业，是贫困户脱贫的基础，提高的是贫困户脱贫致富的信心。但由于长期的贫困，脱贫户的消费观普遍保守，即使收入增加，但消费信心仍然不足。主要原因是脱贫户对未来不确定性的应对能力不足，一旦遇到疾病、自然灾害等突发事件，若没有足够的钱财应对，很有可能重新返贫。因此，扶贫开发工作非常有必要建立完善的社会保障体系，巩固脱贫致富的成果。当贫困地区人们解决了温饱问题，有稳定收入，对教育、就业、医疗、养老等社会保障问题无后顾之忧，他们的消费信心将大大提高，促进启动广大农村市场、推进内需型城市化进程，使消费成为拉动经济增长的强大动力，并促进贫困地区第三产业快速发展，真正使贫困地区人们享受到脱贫致富成果，促进“幸福农村”的建设。

未来几年，我省将朝着“十二五”规划目标迈开步子前进，实现社会经济和谐共荣、全体人民生活幸福、生态环境和谐的美好蓝图。通过各种卓有成效的扶贫开发途径，推动我省全面步入小康社会，促进加快经济发展方式转变，在“加快”上下功夫、在“转变”上动真格、在“发展”上见实效，在发展中促转变、在转变中谋发展，努力探索走出一条有广东特色的转变经济发展方式的路子。

“扶贫”“扶志”并驾齐驱
“输血”“造血”双管齐下

——浅谈驻村干部如何当好全省扶贫开发“双到”工作排头兵

汕头市文化广电新闻出版局　林秋生[1]

扶贫开发“规划到户，责任到人”工作是新时期省委、省政府的重大决策，也是一项建设幸福广东的基础工程。笔者2005至2007年曾连续三年参加省委“十百千万”干部下基层驻农村活动，去年底又主动请缨参加扶贫开发“双到”工作，作为一位“老村官”又是新派的驻村干部，在驻村实践中积累了点滴的体会，就驻村干部如何当好全省扶贫开发“双到”工作排头兵与大家共同探讨。

一、重认识，履行重大责任

首先，驻村干部应深刻认识“双到”工作的重大意义，这既是民生问题的头等大事，我省加大扶贫开发力度，创新扶贫开发方式的重大突破，又是解决我省城乡、区域发展不平衡问题，推动科学发展、促进社会和谐的重大举措。其次，今年是扶贫开发“双到”工作的攻坚年，这次驻村工作使命光荣，责任重大。驻村干部一定要摆正位置，明确思想，“沉”得下去，静心思考，真抓实干，树立“不获全胜，决不收兵”的精神，力争提前超额完成省提出的80%贫困户的脱贫任务。再次，要大胆开展工作，创意开发扶贫，按照省委汪洋书记提出的“五种精神（即要有一种服务农村、服务农民的奉献精神；要有一种不畏艰难、百折不挠的吃苦精神；要有一种脚踏实地、务求实效的实干精神；要有一种敢抓敢管、敢于碰硬的无畏精神；要有一种奋发有为、争创一流的进取精神）”，以适度超前的新理念，寻求建设新农村与扶贫开发的最佳结合点，加快脱贫致富的步伐，把“双到”的各项工作落到实处。

[1]　林秋生（1964.08-），男，汕头市文化广电新闻出版局直属机关党委副书记、“双到”工作驻村干部、助理记者，研究方向：扶贫开发新闻宣传。

二、摸实情，理清帮扶思路

农村工作点多、线长、面广，工作千头万绪。新选派的驻村干部，要有甘当小学生的姿态，一是学习党的农村政策、法律法规，二是自觉向基层干部学习，特别是要向一些经过多年历练的村干部学习，三是要多请教有下乡经历的同事，使驻村工作少走弯路，多出成效。在此基础上，驻村干部要带着深厚感情，深入实地调查研究，与基础干部、农民打成一片，注重倾听群众意见，进行合理梳理，理清发展路子。对于原来的帮扶计划，要做好衔接工作，分步实施。但也不宜盲从，一定要结合实际，因地制宜，因势利导，分清先后缓急，积极建言献策，适当调整帮扶计划。争取领导重视支持之后，依靠帮扶单位的坚强后盾，落实一批群众乐于接受、看得见、摸得着的生产性项目，让农民群众得到实惠，不断壮大集体经济，有效改善环境，最终实现脱贫目标。

三、强班子，带头干事创业

基层是社会的细胞，基层的兴衰成败决定社会的兴衰成败。今年是村"两委"换届年，驻村干部一定要从着眼于全局的高度出发，增强责任感和使命感，积极物色年轻有活力有作为的致富能手充实村"两委"班子，努力把强班子、壮队伍工作抓紧抓好，努力打造一支特别能吃苦、能战斗、能作为的基层队伍，是实现"双到"工作脱贫目标的重中之重。

驻村干部身临第一线，掌握第一手材料，在落实帮扶资金、跟踪落实项目、动员社会力量扶危济困等方面发挥了不可替代的作用，应该自觉成为带头干事创业的模范。同时，要积极引导村干部破除"等、靠、要"的落后观念，解决班子建设中的突出问题，"双到"工作自始至终要着眼于思想扶贫、物质扶贫并驾齐驱，"输血"、"造血"双管齐下，真正做到扶贫先扶志，增强"造血功能"，增添发展后劲，着力打造"永不走"的工作队，使广东"双到"工作成为全国扶贫开发的创举，又为广东基层党建工程树立一座丰碑。

四、建机制，规范村务管理

俗话说：无规矩不成方圆。

近年来各级党委、政府高度重视农村基层组织建设，夯实了基层政权的基础，但我们也要清醒地看到，一些落后村居一定程度上存在战斗力不强，尤其是一些偏远的山区、老区村、贫困村，普遍存在"两委"干部素质低下、社会管理失范的状况。故此，驻村干部要发挥知识面广、思想视野开阔、信息灵通等优势，真心实意为驻点村建章立制，规范文书管理、财务管理，做到“两公开、一监督”，使村“两委”干部履行职责，有人管事，有钱理事，按章办事，使村务管理依法依规正常运转，努力建立一整套完善管理的工作机制、长效机制。

五、出实招，确保帮扶成效

农业、农村、农民的工作历来是党和政府的重要工作，扶贫开发既是世界性的难题，也是我省基层农村工作的一道难题。驻村干部有幸参与破解扶贫开发的难题，经受复杂环境的考验和锻炼，是一个难得可贵的机会。扶贫帮扶的成效如何？最关键的是要看出实招能否奏效。

一是要牢牢以科学发展观为统领，上项目不宜“贪大求全”，特别是千万不要引进以牺牲环境为代价的项目；二是要按照“一村一策”的要求，结合村情实际，努力打造当地传统种养主导产业，并从包装、销售、拓展市场方面给予扶持，力求做大做强，切忌上马“形象工程”，留下后患；三是对尚未脱贫的贫困户，要进一步采取帮扶措施，因户制宜，因人施教，挂钩的帮扶单位和党支部，应找准致贫根源，进行有的放矢帮扶；四是一方面通过举办农技培训班，提高贫困户劳动技能，掌握致富本领，另一方面积极穿针引线，组织劳务输出，增加贫困户收入；五是切实用好扶持资金，把钱用在刀刃上，跟踪落实项目，促使“输血”变成“造血”，增加集体收入；六是特别是革命老区要乘着今年省政府在扶贫资金注重向老区贫困村倾斜的东风，继续做好项目规划、完善管理、快出效益，让老区人民感受党的温暖。同时还要做好查漏补缺，对于脱贫但又遇到暂时困难的农户，适当给予关心慰问，防止返贫。

六、促和谐，加强社会管理

最近，胡锦涛总书记在省部级主要领导干部社会管理及其创新专题研讨班开幕式的讲话中指出，牢牢地把握最大限度激发社会活力、最大限度增加和谐因素，最大限度减少不和谐因素的总要求，以解决影响和谐稳定突出问题为突破口，提高社会管理科学化水平。胡总书记高屋建翎，在讲话中还指出“继续推进扶贫开发工作”，为我省“双到”工作指明了方向。

贫困村是社会最基层中的一员，也可以说是弱势群体，社会管理工作亟待加强，促进贫困村既充满活力又和谐稳定，是一项艰巨而又迫切的政治任务。驻村干部要站在时代发展的新高度，当好维护农村和谐稳定的促进者。一是要练好内功，着力解决影响稳定的突出问题，把矛盾消灭在基层，消灭在萌芽状态；二是要把保障民生和改善民生当作一件头等大事来抓，千方百计完善教育、医疗、农田水利，以及水泥村道、自来水、路灯、有线电视和广播站、农家书屋、文化室等公共服务设施，让贫困村共享改革开放成果；三是大力加强农村文明生态建设，带头移风易俗，倡导殡改、计生新观念，积极创建文明家庭、致富专业户，敢于同黑势力、封建迷信活动和“黄赌毒”等丑恶现象作坚决斗争，同时要着力做好美化、绿化、净化环境，建设良好的生态示范村；四是带头弘扬正气，带领村干部各司其责，加强和提高社会管理工作能力，动员全体党员、共青团员、关工委、老人会和离退休干部、教师积极参与社会管理，齐抓共管，形成促进社会和谐、推动科学发展、加强社会管理、建设美好家园的良好态势。

开创帮扶新模式　共建幸福新广东

——广东省扶贫开发“双到”工作模式的探讨

广东公路职工技术培训中心　温万君　杜坚毅[1]

一、引言

让所有人都免于贫困，是建设幸福广东必须解出的答案，这也或将是广东在扶贫事业上为中国迈出的引领一步。

2007年12月13日，广东省委书记汪洋到清远调研考察，那时，他刚赴粤就任还不到10天，当他看到一些石灰岩地区如此的贫穷，深有感触，称之为“广东先富地区之耻”，并提出：能不能将扶贫规划到户责任到人？可不可以把贫困户基本情况录入电脑，登记造册，明确扶贫脱贫的具体办法，将“谁去解决脱贫，解决谁的脱贫”责任落实到单位，落实到人？在系列调研规划之后，广东确定了扶贫工作的基调：新的载体、新的方法，进一步明确扶贫的规划对象和责任主体。“扶贫双到”由此出炉。随后，广东以“责任到人，规划到户”的全新模式，以史上最严厉的干部考核制度为保障，开始为期3年的“扶贫大业”。

其实，扶贫没有标准解法。中国自1986年起开始设立扶贫工作机构，制定扶贫方针，基本的操作始终是，扶贫专项资金到省，再按市、县、村逐一下拨。而本次扶贫开发有别于此前所有扶贫模式的关键是“规划到户，责任到人”，不能让干好干坏一个样，不仅在经济上要让干得好的人多得，而且在政治上也要让干得不好的人有压力。省委书记汪洋明确指出：如果党支部能像生机勃勃的竹竿挺立，脱贫致富就有希望，如果党支部像根无力的稻草，贫困现状就难以改变；如果驻村干部扑倒身子在山区，跟老百姓深一脚浅一脚地干，将来工作作风、工作水平肯定会有变化；如果帮扶单位抓党建、抓科技、抓教

[1]　温万君(1968.05-)，男，广东省公路管理局科技教育中心主任；杜坚毅(1975.09-)，男，广东省公路管理局科技教育中心教育管理科科长、讲师。

育、抓观念，只要坚持不懈就能抓出成效来，真正帮助贫困地区走出一条致富道路。

二、广东扶贫开发“双到”实践开创的新模式

2010年是“双到”开展第一年，广东省委常委会专门召集了七次会议，听取21个地级市扶贫汇报。省委13位常委和分管农业农村工作的副省长分别挂钩联系一个市，并负责督察各自挂钩市的“双到”工作，各市县党政一把手也纷纷挂钩一座村庄。据了解，“双到”工作开展一年多来，我省各地在“双到”工作中不断探索创新扶贫工作的思路、方式、方法，把扶贫工作做好、做细、做实，并初步形成了一批有效扶贫工作模式，为其他地方留下了宝贵的经验。如各级干部分片包干包村包户、示范点带动、抓两头促中间、结对子新三同、观念扶贫、产业扶贫、智力扶贫、创业就业扶贫、保障民生扶贫、全民参与扶贫等工作模式，形成了“百花竞放、以特见优、以优创强”的大好局面。其中具有典型代表性的是省交通运输厅（韶关）绿色扶贫产业助推农民解困模式、河源数千商企牵手帮扶贫困村户模式、肇庆市委组织部扶贫先扶志的新三同模式、东莞市石牌镇让贫困户有尊严地致富的金融扶贫模式。

（一）绿色扶贫产业助推农民解困

韶关是全省贫困面较大、扶贫工作任务较重的地区。自省委、省政府作出扶贫开发“规划到户、责任到人”的重大决策后，韶关举全市之力加快推进，突出“绿色牌”，发展绿色扶贫产业，取得了阶段性战果。在产业扶贫中，韶关围绕“一乡一品”、“一村一品”，紧抓“特色”不放手，引导贫困户发展特色产品，扶持贫困村建设特色产业，努力培育发展各具特色的专业村、专业镇。目前，在贫困地区已培育优质蔬菜、优质稻、优质水果、优质黄烟、优质鱼等6个特色产业，打造了无公害、绿色、有机等20多个特色品牌。同时，依托农业龙头企业和农村经济合作组织，按照“公司+基地+农户”的模式，着力打造具有粤北山区特色的种养生产基地和产业带，带动贫困农户发展生产，增加收入。

2010年夏日时节，在乐昌市梅花镇梅花村的一片蔬菜田边，村民们正兴高采烈地议论着美好的未来。这片500亩左右的优质蔬菜种植基地，是省交通厅对梅花村的帮扶项目之一，它带动了250户农户，包括86户贫困户，预计蔬菜种植每年每户贫困户可增收8000元。8000元这个数字，对于很多人来说或许不算什么，但是对于年人均纯收入不足2500元的贫困农民来说，却是一个跨越性的突破。梅花村是韶关“绿色扶贫”的一个缩影。

乳源县通过推进“公司＋合作社＋基地＋农户”的模式，因地制宜把各地的传统优势产品做成各具特色的“一乡一品”主导产业，形成产业基地，进而带动更多农户、贫困户加入基地生产，增加经济收入。目前，全县已引进惠州四季绿蔬菜公司、深圳嘉农公司等10家农业龙头企业，并组建了16个农民专业合作社，创立了30个注册品牌，带动2100多贫困户种植蔬菜、油茶、笋竹等绿色食品5800多亩。全县在石灰岩山区建成了1万亩黄烟和7万亩蔬菜产业带，在瑶区建成了1万亩茶叶和正在建设5万亩油茶产业带，在深山区建成了10万亩笋竹产业带，在平原区建成了1万巴西果、3万亩李果、30万头良种猪产业带，使全县农村经济发展和农业产业扶贫呈现良好态势。

（二）数千商企牵手帮扶贫困村户

河源市5个县都是省扶贫开发重点县，有贫困户6.67万户，贫困人口21.8万人。贫困人口量大面广的现实昭示着河源扶贫开发任务任重道远，需要更多社会力量的参与。为此，河源市积极开展“扶贫济困日”活动，发动全市企业、个体工商户以“企帮一村、一店扶一户”等形式参与“双到”工作。

“不仅要为贫困户免费提供柠檬种苗，而且保价收购，确保每亩柠檬收入1万元。”这是广东中兴绿丰发展有限公司向东源县涧头镇乐平村支援了20万元的帮扶资金之后掷地有声之承诺。全市已有318家企业、2201户个体户报名参与，有112家企业每家选择帮扶1个以上贫困村开展帮扶活动，认捐资金1165万元，到位资金343万元。此外，河源还引导农业龙头企业通过“公司＋基地＋农户”等形式，新带动贫困户3380户。同时，鼓励本市企业使用本地贫困农户劳动力，全市有120多家企业与贫困村建立了定点劳务输出关系，今年以来共组织4800多名贫困农户劳动力到全市工业园区就业，通过劳务输出带动了大量贫困人口脱贫致富。

目前，河源的“双到”扶贫已初见成效：对贫困户、贫困村的调查摸底、建档立卡、电脑管理等基础性工作已完成，已帮助完成硬底化村道145公里，修水利174宗，完成三面光水渠45公里，改善灌溉面积3680亩，帮助1385户贫困户建好了新房，解决了30多万人饮水安全。该市还计划筹集2亿多元补助款，以整村推进为主，在今明两年完成318个贫困村2.12万户贫困户的危房改造。

（三）扶贫先扶志，开展“新三同”

俗话说：“人穷志不坚”。所以，扶贫要先扶志。肇庆市委组织部在开展“双到”扶贫工作中，开展了一场别开生面的“新三同”活动。一是同吃，即挂钩帮扶干部自带油、米、肉、菜，每两个月一次到结对的贫困户家中，与贫困户家庭一起做饭，一起进餐，拉近与贫困户的距离，增进与贫困群众的感情；二是同商，即挂钩帮扶干部与结对贫困户交流沟通，了解贫困户家庭情况，鼓励贫困户增强脱贫致富信心，共同商量脱贫致富措施，共同解决难题；三是同建，即挂钩帮扶干部与贫困户建成“亲戚”，建立深厚感情，共同制定脱贫目标，共担脱贫责任，共建美好家园。

开展“新三同”活动以来，肇庆市委组织部领导班子成员到村入户10多人次，机关干部到村入户40多人次，全面了解掌握了贫困户家庭情况，落实帮扶措施20多条，帮助解决影响生产生活问题20多个。通过开展“新三同”活动，农村贫困群众的精神状态明显改变，被动依赖的少了，主动发展的多了，脱贫致富的信心更足。与此同时，“新三同”活动为锻炼培养干部、密切党群干群关系提供了有效载体，机关干部通过参与活动受到深刻教育，党群干群关系更加密切。

（四）金融扶贫让贫困户有尊严地致富

2011年初，东莞市石牌镇对郁南县平台镇大地村实施了对口扶贫。经过深入的调研，石牌镇决定采取一条“金融扶贫”的新路子：通过设立金融扶贫专户为贫困户提供小额担保贷款，并贴息90%，解决贫困户发展生产的资金需求，从而帮助贫困户发展生产稳定脱贫。这样，既解决了贫困户资金需求不足的问题，又树立了金融理念、创业精神。

石牌镇首期投入25万元支持资金在郁南县平台镇大地村设立了一个金融扶贫专户。该基金在郁南县农村信用联社开设金融扶贫担保基金专户，实行封闭运作、专款专用，由石牌镇政府和郁南县有关部门共同监管。随着金融扶贫专户的设立，大地村的村民可通过该专户申请不超过2万元的贷款，用于发展生产，贷款利息由扶贫专户贴息90%，贫困户负责10%，实行按季付息，到期前还本的原则。

大地村村民周郑新就是在金融扶贫模式下脱贫的典型代表。周郑新所在的村是远近闻名的贫困村，全村520户2080人中，有171户802人是贫困人口，与其他贫困家庭一样，周郑新家里每年的人均纯收入不足2500元。穷得叮当响的周郑新懂得驾驶拖拉机，一直希望购置拖拉机搞运输增加收入，今年初在金融扶贫专户的担保下贷款2万元，购置了一台手扶拖拉机搞运输业务，按照目前正常营运每天可稳定收入100多元，有望在今年内实现脱贫。

在大地村与周郑新一样在金融扶贫中获益的并非少数。据了解，自今年1月试行金融扶贫以来，金融机构先后为大地村15户贫困户发放金融扶贫小额担保贷款19万多元，有效地解决了贫困户发展生产的资金需求，帮助贫困户发展农业生产稳定脱贫。

三、目前我省扶贫开发“双到”工作的探讨

2011年3月，“双到”工作正式进入第二年，也即倒数第二年。数千个机关、企事业单位积极参与，数以百万的“扶贫大军”作后盾，近万名干部驻村扶贫，全省“双到”工作出现了令人鼓舞的好形势，取得初步成效，一场参与广泛、力度空前的反贫困运动正在我省轰轰烈烈地铺开。据统计，全省3409个贫困村，已有3263个帮扶单位派驻帮扶工作组到定点帮扶村开展工作，占95.7%，驻村干部达8533人。截至2010年12月31日，全省去年共投入资金近45亿元用于双到扶贫，平均每座村庄近130万元，帮助155余万贫困人口人均纯收入上升至2410元，增幅超过50%，近三万户贫困户住的危房完成改造。

但是，一些村民开始找驻村干部掏心窝话。眼下，他们最担心的是，好日子会不会随着驻村工作组三年期满后戛然而止；有的干部提出：老百姓“等靠要”的思想比较突出，好像穷惯了，对脱贫致富没有信心。怎么解决这些问题呢？从一年多的工作实践探索中我们得到了肯定的答案。

（一）充分发挥村党支部的战斗堡垒作用，增强村“两委”班子凝聚力，打造一支永远不走的扶贫工作队

要发挥村党支部在带领群众脱贫致富方面核心力量，就要加强村党支部和村委班子建设，进一步细化落实帮扶措施，加强教育培养和建章立制，建立激励机制。省交通运输厅的做法是把创先争优活动与扶贫开发工作相结合，力争做好“五个好”：一是领导班子好，即能深入学习实践科学发展观，认真贯彻党的路线方针政策，团结协作，求真务实，勤政廉洁，有较强的凝聚力和战斗力；二是党员队伍好，即党员素质优良，有较强的党员意识，能够充分发挥先锋模范作用；三是工作机制好，即规章制度完善，管理措施到位，工作运行顺畅有序；四是工作业绩好，即本单位各项工作成绩显著，围绕中心、服务大局事迹突出；五是群众反映好，即基层党组织在群众中有较高威信，党员在群众中有良好形象，党群干部关系密切。要求支部党员要做到“五带头”：一是带头学习提高，即认真学习实践科学发展观，自觉坚定理想信念，认真学习科学文化知识，成为本职工作的行家里手；二是带头争创佳绩，即具有强烈的事业心和责任感，埋头苦干、开拓创新、无私奉献，在本职岗位上做出显著成绩；三是带头服务群众，即积极帮助群众解决实际困难，自觉维护群众争当权益；

四是带头遵纪守法，即自觉遵守党的纪律，模范遵守国家法律法规；五是带头弘扬正气，即发扬社会主义新风尚，敢于同不良风气、违纪违法行为作斗争。

为抓好基层党组织建设，夯实扶贫工作的组织基础，交通运输厅机关党总支、厅规划处党支部和梅花村党支部开展了“一帮一”结对子活动，定期举行座谈会，交流学习党支部建设经验。加强了梅花村党支部和村委会的建设，美化了村委会办公环境，改善了办公条件，如购置了电脑、打印机、会议桌椅等办公设备，同时建章立制，推进村务公开、财务公开及村委会工作制度，积极发展党员，把党员培养成能人，把能人培养成党员，把党员中的能人培养成村干部。2010 年 7 月，交通运输厅以“参观学习社会主义新农村”为主题，组织梅花村 50 余名党员同志开展了为期 3 天的党建互帮互联活动，主要包括参观学习从化两个模范新农村的先进经验和成果、举办互帮互联座谈会、参观广州改革开放三十几年的伟大成熟等等，进一步增强了他们脱贫致富的信心和决心。

（二）领导重视，建立健全领导机构，双到工作才能稳步推进，扎实有效

汪洋书记多次深入到韶关、河源等地的贫困村进行调研考察，掌握“双到”工作的实施情况，为各级领导树立了很好的榜样。各责任单位的领导也非常重视，出色地完成了组织分配的任务。以交通运输厅为例，2009 年全省扶贫开发“双到”工作电视电话会议结束后，厅党组书记何忠友厅长立即作出指示，要求全体干部职工“以高度的政治责任感、积极的工作态度、有力的工作措施和扎实的工作作风，打一场群众满意的扶贫开发攻坚战”，在全厅掀起扶贫开发“双到”工作的高潮。厅里成立了以何忠友厅长为组长，蔡启文副厅长、李石稳纪检组长为副组长的扶贫领导工作小组，梅花村也成立了相应的扶贫工作领导小组。何忠友厅长多次主持召开扶贫领导工作小组会议，强调“要把扶贫，‘双到’工作作为当前和今后一段时期的重要工作来抓”。梅花村也成立了相应的扶贫工作领导小组，建立健全了厅及直属单位领导定时到梅花村、贫困户家中指导和落实扶贫工作的规章制度。

厅领导班子全体成员分别带领分管单位和部门的领导到梅花村开展扶贫工作专题调研，其中何忠心友厅长先后 4 次到梅花村调研，蔡启文、邓玉桂、李石稳等厅领导共赴梅花村调查研究 5 次。根据省委、省政府“规划到户、责任到人”的工作要求，根据“一户一法”的原则，确定了将 166 户贫困户每一户的责任人和扶贫措施。责任人均为科以上领导干部，其中厅、处级领导干部占 73 % ，厅领导班子全体成员均有对应负责的贫困户。通过调查研究，厅制订下发了《省交通运输厅扶贫开发“规划到户责任到人”规划实施方案》和《省交通运输厅扶贫开发“规划到户责任到人”实施指导意见》，并选派了两名优秀的年轻骨干进驻梅花村，成立驻村工作组，具体实施扶贫工作。2010年6月，省委书记汪洋到韶关市就扶贫开发“规划到户、责任到人”进行专题调研，高度肯定了省交通运输厅帮扶乐昌市梅花镇梅花村农民改善基础设施、发展特色农业的做法和取得的实效。

（三）加强思想交流，改变贫困户的传统“等、靠、要”的思想，让村民主动创业，勤劳致富

每一个人都有具有自己的思想和主观能动性，如果思想问题解决不好，个人的积极性就无法调动起来。对于驻村干部来说，如果没有明白到这一点，每天在与农民打交道时，工作中就会很容易“碰钉子”，就会遇上意料不到的难题，这也正是到户、到人微观式扶贫的难处，同时也是价值之所在。省烟草专卖局的办公室主任王清明在三排村就遇上了棘手的问题。起初，他为村民引进的脱贫产业是种植桑蚕，在把桑蚕苗、肥料、技术培训讲座通知发给大家后，却发现许多村民没什么积极性，甚至有牛闯入田地啃桑苗都懒得管。在花数万元拉铁丝网、花钱雇人赶牛、报警请求保护等一系列折腾后，王清明总算弄明白了，农民不心疼，是因为没花自己的钱。

所以，“双到”扶贫为开发式扶贫，对贫困户既要“输血”，更要“造血”，要“授人以渔”，建立帮扶长效机制，坚决杜绝“等、靠、要”思想，必须大力宣传，更新观念。为转变贫困户“等、靠、要”的思想观念，要始终坚持创新工作思路，做好“五个统筹”工作：一是统筹扶贫开发与城乡基层党建和村“两委”班子建设。按照“一手抓扶贫，一手抓党建”的思路，抓解决班子问题与抓解决贫困问题相结合，以解决班子问题为先。大力加强对村“两委”班子的建设，开展“一帮一”结对共建，努力实现基层党组织“四有”和“五好”目标；二是统筹思想扶持与抓物质扶持相结合，以思想扶持为先。通过加强当地群众的公民意识、责任意识教育，实施观念扶贫，培养群众自力更生，勤劳致富的意识；三是统筹扶贫开发工作与农村惠民政策。在积极开展扶贫工作的同时，紧紧依靠当地党委、政府深入推动义务教育、低保、农村合作医疗、计划生育、林权和殡葬改革等政策；四是统筹扶贫开发工作与可持续发展工作。在实施扶贫开发工作中将短期目标和长期战略相结合，千方百计为贫困户增加收入，实现稳定脱贫；五是统筹扶贫开发与贫困户脱贫致富典型培养工作。着力培养贫困户脱贫致富典型，激励和号召后进贫困户向先进贫困户学习脱贫致富经验和本领。

（四）加强对贫困户的全面培训，大力推进科技、教育扶贫，为贫困户树立脱贫致富信心

全面培训包括知识技能培训和思想培训两个方面。社会主义新农村的农民只有具备一定的基础知识及专业知识，才能在现代农业生产领域的进一步发展提供坚实的支撑。知识只有转化为技能，才是真正的生产价值，这是我们常说的“知识就是力量”，“科技是第一生产力”。贫困户的生产技能是生产效益获得发展的根本源泉。然而，贫困户如果只具备有知识基础和生产技能，如果没有真正的价值观，积极的向上的态度和良好的思想习惯，老是抱着“等、靠、要”思想，贫穷的帽子是永远丢不掉的。贫困户只要有积极的态度，即使暂时在知识和技能方面存在不足，但他们会为现实目标而主动，在外界的帮扶带动下，很快就可以实现致富的。一些单位早已从这些方面入手，及早夯实扶贫的基础。

交通运输厅针对梅花村贫困户技术技能缺乏的情况，分批对35岁以下初中文化程度以上的贫困户劳动力进行免费职业技能培训，并聘请农业院校权威技术员为村民进行种植、养殖专业知识和外出务工就业培训。针对贫困户普遍文化水平不高，新办了梅花村农村文化书屋，丰富村民业余生活，提高村民文化素质。省交通厅这种在大力帮助农民改善基础设施、发展特色农业的同时，着重抓党建、抓科技、抓教育、抓观念的做法，得到了汪洋书记的高度肯定，他指出：“很多地方开展扶贫工作往往只注意给些钱、给点东西、办几件好事，好像这就完成扶贫任务了。实际上，脱贫是第一步，关键是要致富。抓党建、抓科技、抓教育、抓观念都不是短期能见效的，但这些又都是脱贫致富不可回避的根本问题，只有坚持不懈抓出成效来，才能真正帮助贫困地区走出一条致富道路。”

河源通过实施“三个1000”帮扶计划(即为贫困户子女解决免费入读高中或中职学校名额1000个以上，免费培训种养技术1000人以上，免费培训职业技能并输送企业务工1000人以上)、“千村解困”工程(全市有1117个贫困村筹资在市高新区建厂房出租，已累计分红4000多万元)、完善贫困地区的各项基础设施等措施，打好“双到”扶贫这场硬仗。

(五)发挥帮扶单位行业优势，充分利用贫困村现有资源，建立可持续发展机制，切实增加贫困农户收入

资源是一国或一定地区内拥有的物力、财力、人力等各种物质要素的总称。分为自然资源和社会资源两大类。前者如阳光、空气、水、土地、森林、草原、动物、矿藏等；后者包括人力资源、信息资源以及经过劳动创造的各种物质财富。扶贫开发工作的重点和难点，是帮助贫困户稳定脱贫。这就要求帮扶项目要充分利用贫困村的资源，特别是用好土地资源和人力资源，发挥村民自身的能力，取得相当的经济效益。

省工商局从调研工作入手，寻求帮助揭西县宝石村脱贫致富的对策方法。经过多次的调研，该局发现，在宝石村养牛有几个优势：一是山多田少，山间草木茂盛，具有发展牲畜养殖业的天然优势。二是养牛经济效益较好，养殖技术要求不高，比较适合宝石村青壮劳力外出较多的实际。三是很多村民都有养牛的经验和意愿。经过统计，有32户村民希望养牛脱贫，占了宝石村实际贫困户的一半。因此，省工商局把养牛作为村民脱贫致富的主要措施来抓。

去年以来，该局垫付买牛全部经费58.4万元，解决了村民没钱买牛的问题，引导宝石村村民发展养牛业，并从养殖技术、动物防疫等方面，加强对农户的指导。去年以来，省工商局投入资金62万元，计划帮助宝石村村民养牛270头，预计每年纯收入27万元，平均每户每年纯收入8437元。更为重要的是，省工商局看到，宝石村养牛是纯天然养殖，绿色养殖产品有巨大市场前景。目前，该局正着手探索做大做强养牛产业，力图通过物色一家公司、申请一个品牌、成立一家农村合作社，建立一个“公司+基地+农户”的养牛模式，为村民养牛提供可持续发展的条件，带动宝石村及周边地区经济的发展。

抓好就业，打造一批一步脱贫的被扶家庭，是充分利用贫困村资源的又一个成功例子。扶贫开发工作开展以来，交通运输厅一直把加强劳动力就业、抓紧劳务输出作为一项重要工作来抓，在安排免费职业技能培训的基础上，厅积极联系有关部门、企业和劳动力市场，如高速公路收费站、保安公司、运输企业等，为贫困户寻求就业机会。当前，交通运输厅已联系省高速公路有限公司从贫困户子女中招收了5名青年到京珠北收费管理处当收费员，使余济香等5户贫困户分别年增收2.5万元，一次性达到脱贫目标。现正组织梅花村符合就业条件的适龄人员到韶关至赣州高速公路担任收费员、保洁员和保安，通过实施必要的劳动技能培训，积极开展劳务输出。

四、结束语

勇于破冰，敢于第一个吃螃蟹，在多年改革开放中形成的这一“广东人精神”，在探索扶贫开发新路径的过程中，同样表现得相当充分。随着“双到”工作的不断深入，我省“用3年时间帮扶农村年人均纯收入1500元以下的贫困人口达到年人均纯收入2500元以上”的目标变得越来越近。与此同时，在这场力度空前的反贫困运动中，一条条扶贫开发的好路子、好经验也不断涌现，为我们共同建设幸福新广东奠定坚实的基础和必胜的信心。

参考资料：

1.《省交通厅厅长何忠友到乐昌市梅花镇梅花村作扶贫调研》，韶关市地情信息网，http://www.gd-info.gov.cn2010/12/31。

2.《省交通厅纪检组长李石稳到乐昌市梅花村检查扶贫开发工作》，作者：王新，省交通厅驻梅花工作组。

3.《“扶贫双到”催生500亩蔬菜基地》，2010-11-23，南方日报（广州）。

4.《广东力度空前展开反贫困 扶贫模式百花竞放》，新华网，http://www.xinhuanet.com/ chinanews/2010-06/11/。

5.《广东3年扶贫：万名干部常驻贫困村庄 围剿穷广东》，南方周末，2011-03-11。

6.《粤扶贫开发领导小组成员会议召开 朱小丹刘昆出席会议》，2011-03-02 08:50:00，南方日报网络版。

认清形势　做好扶贫开发
建设和谐幸福新广东

省质监局驻迈哉村工作组　胡晓伟[1]

一、背景形势分析

自然资源禀赋、人文社会环境、历史传统与地理交通状况以及政策制度安排和农民个体体智等事实上的差异，是广东部分地区、部分农民生活处于贫困状态的主要原因。撼山易，撼穷难。贫困的生活状态一旦形成，改变起来比撼动山岳还要艰难。贫困从来都是多种差异要素综合迭加、相互影响、长期作用的结果。

“个人富不是富，大家富才是真的富”。先富带后富，扶贫济困始终是建设中国特色社会主义伟大事业的本质要求。把部分地区富裕同部分地区贫困割裂开来、把部分人富裕同部分人贫穷割裂开来建设社会主义，不啻于缘木求鱼，那不仅与和谐社会南辕北辙，更与科学发展观背道而驰。

“民为邦本，本固邦宁”。从这个意义上说，扶贫决不仅仅是贫困地区、贫困个人的自我努力和发展，而是与治国兴邦联系紧密的大事。正是基于扶贫不是单维度的生存救济，广东省委、省政府提出了以建设和谐广东、幸福广东为引领的“规划到户、责任到人”扶贫开发新战略。

二、扶贫战略“三认识”

做好“规划到户、责任到人”扶贫开发新战略的重要前提是思想认识要到位：

（一）开展“规划到户、责任到人”扶贫开发，是新时期进一步完善城乡统筹协同发展机制的必然要求。城市与乡村是国家建设不可分割的两个部分，城市的发展，离开乡村的建设，就如无源之水难以持续。乡村的发展，在地少人多的资源背景下，离开了城市建设，恐怕只能停留在自给自足的自然经济状

[1]　胡晓伟(1973.10-)，男，广东省质监局稽查局副主任科员，研究方向：工商管理。

态，惶论奔康致富实现现代化？现实的情况显示，农村贫困地区、贫困人口的发展，恰恰是城乡统筹协同发展的重点、难点、关键点、攻坚点，是统筹城乡发展的“最后一公里”。克难攻坚，需要做细活、精活，需要探规律、建机制。

（二）开展“规划到户、责任到人”扶贫开发，是进一步实施先富带后富、全面建设惠及广东全省人民小康社会的现实要求。广东小康社会的全面建设，关键在农村；而农村小康的实现，关键在于消除农村贫困地区、贫困人口。换句话说，贫困地区、贫困人口的后富，是全面建设惠及全省小康社会的奠基工程。先富能否带后富，先富能否带动后富，是广东能否建设全面小康社会的关键。

（三）开展“规划到户、责任到人”扶贫开发，是新时期进一步落实“发展为了谁，依靠谁，成果由谁共享”科学发展观的内在要求。“见物不见人”，这不是社会主义建设发展的根本目的。坚持以人为本，体现到农业和农村经济工作中，就是要一心一意为农民谋利益，切实维护农民的合法权益，使之分享改革发展和社会进步的成果，努力促进农民的全面发展。扶贫济困，扶助贫困地区、贫困人口的发展，是广东发展观、发展方式转变的一个重要载体。

三、扶贫工作“五结合”

实践好“规划到户、责任到人”扶贫开发，从扶贫工作的体会来看，应做好五个结合：

（一）扶贫开发要把结“对子”和找“路子”结合起来

“多一个朋友多一条路”，“对子”多了“路子”也多。在扶贫开发中，应注重多用“对子”来为扶贫工作找“路子”。一年多来，省局发动机关近二十个处室、五家下属事业单位及近百家爱心企业，与扶贫村、贫困户结“对子”。“众人拾柴火焰高”，通过“安居扶贫”、“种养扶贫”、“就业扶贫”、“技能扶贫”、“助学扶贫”、“医疗扶贫”、“产业扶贫”、“救济扶贫”、“基建扶贫”、“党建扶贫”等多种扶贫济困形式，广开扶贫“路子”，让帮扶的形式成为贫困户、扶贫村兴家致富的“路子”。

（二）扶贫开发要把短期的“输血”和长期的“造血”结合起来

扶贫，最重要的是帮助贫困户、扶贫村找准脱贫致富的路子，增强其自主脱贫能力。如果单纯采取“快速催肥式”扶贫，脱贫快返贫更快。在扶贫中，省局既注重“输血”式“三通”（通水、通电、通路）和“三助”（助学、助医、助老病残），更注重“造血”式帮扶：⑴给每户贫困户提供启动资金，因地制宜发展种养业；⑵组织贫困户免费参加牛、猪等种养技能培训，用“才力”促

“财力”⑶组织贫困户参加职业技能培训，实现“就业一人，脱贫一户”。

（三）扶贫开发要把投“票子”和抓“班子”结合起来

群众讲：送钱送物，不如建一个好支部。一个好的村领导班子，不仅是一支永远不走的扶贫工作队，更是农民脱贫致富的带头人。在扶贫中，要把投“票子”和抓“班子”结合起来，力求打造一支过得硬的村级领导班子。省局三点做法：一是结合村“两委”选举，选优淘劣。针对村民认为“两委”干部没“油水”捞和捞不到“油水”，普遍存在的厌选和弃选等情绪，在村“两委”选举前，明确宣布对村“两委”干部实施数额可观的年度津贴制度，营造选“能人”的选举氛围，让“能人”上。二是投“票子”，锻造一支能干事的村班子。经事方能学事，学事方能谋事，谋事方能干事，干事方能成事。扶贫，扶贫，首在扶能，能力建设是需要“成本”的。村“两委”干部通过亲身参与扶贫开发的各个项目建设，增长了见识，积累了经验，锻炼了才干。三是选强配优扶贫工作队，以身教带村班子增素质。在扶贫实践中，扶贫工作队不仅是“桥梁“、”纽带“，更是“主力军”，其工作能力与办事风格，直接影响村班子素质形象的塑造。

（四）扶贫开发要把换“脑子”和抓“书本子”结合起来

脑力决定能力，能力决定财力。贫困户、扶贫村之所以贫困的原因，抛开交通不便、生产落后等客观因素，信息不灵、思想封闭、观念陈旧、安于现状等因素是主因。要摘掉贫困落后的帽子，看似“换脑子”是关键，其实离不开“书本子”。转变贫困户、扶贫村发展观念，必须分类指导、促学成才：⑴为贫困户家庭在学子女提供奖学资金，以奖促学，以学成才；⑵进行种养技能培训，为贫困户青壮年农民种养立家、兴家提供技能支持；⑶组织职业技术培训，让贫困户富余劳动力走出农门，实现就业脱贫。

（五）扶贫开发要把定“规划”和建“机制”结合起来

扶贫开发如果仅仅着眼于扶贫村、贫困户现实的生产与发展困境定规划、建机制，扶贫开发的结果可能因开始的差之毫厘而造成最终的谬以千里。扶贫开发要根据扶贫村所在地经济发展状况及其地理环境状况进行合理设计，科学规划，并以此为基础分步实施，循序渐进。只有将扶贫开发的规划实施及其落实情况建立有效评价机制，才能始终清晰地评价扶贫开发的现实情况与规划愿景的差距，从而形成科学的倒逼机制，保证扶贫开发的质量与效果。

四、扶贫开发“三思考”

从建设和谐幸福广东的高度出发，对“规划到户、责任到人”扶贫开发的三点思考：

（一）扶贫应思考由“结果扶持”向“起点扶持”转移。由于历史发展情况等多种因素，以往扶贫以结果为导向，扶贫是在帮扶对象贫困之后进行，今后我省可否考虑通过财政转移支付将贫困着眼点前移，重视源头扶贫。即由“扶贫”转向“防贫”，由被动的结果扶持转向主动的起点扶持。比如对贫困户子女上高中、大学，一律全额补助，构筑“贫困代际传递”的防护墙；对因病致贫的，给贫困人口代缴医保金，避免“小病拖，大病扛，不治等着见阎王，治了拖穷子女和爹娘”的无奈，以防微杜渐，防患于未然。

（二）对口扶贫应思考由短期（三年）向中长期（五年）扶贫转变。“规划到户责任到人”涉及到3409条村子、70多万户、300多万人，对口扶贫村可以说都是贫困状态较为严重的村子，“扶贫‘双到’工作帮助脱贫，三年内问题不大。难就难在扶贫工作队走了之后，他们会不会返贫” 。要保障扶贫开发的效果与质量，巩固来之不易的扶贫开发成果，有必要将对口扶贫开发工作期限延长，以精耕细作，确保质量。

（三）财政涉农扶贫资金宜集中投放，切忌分散投入，像撒胡椒面一样。近年来广东为落实城乡统筹发展的战略部署，不断加大了对农村和贫困地区的投入力度，“村村通”、“农家书屋”、“村卫生室”、“农村能源”、“饮水工程”、“校舍改造”、“农家改厕 “等项目建设资金数量可观，但由于资金多头管理，分散投入，像撒胡椒面一样，资金利用率和使用效益低，扶贫成效不明显。为提高资金使用效率和效益，在涉农资金上，应科学安排，合理集中，适当向贫困村和贫困户倾斜，以使贫困村能集中资金办大事。

五、结语

实施“规划到户、责任到人”扶贫开发工作，是扶贫开发机制的创新，是深入贯彻落实科学发展观的具体行动，是“先富帮后富”、实现共同富裕的具体体现。要实现扶贫开发“双到”工作目标，建设和谐幸福新广东，必须把全社会的积极性调动起来，增强帮扶群众自主发展的能力，以长远的发展的眼光和务实勤勉的态度，扎扎实实做好扶贫开发工作，让改革、发展、前进中广东取得的各项成果切切实实惠及到岭南这片土地上的贫困乡村和农民。

建立长效机制　确保稳定脱贫

——对高要市扶贫开发“双到”工作的思考

高要市新闻中心　陈笑音[1]

全省掀起了开展扶贫开发“规划到户、责任到人”工作热潮以来，我市紧紧抓住这个契机，大力推进贫困村、贫困户的扶贫开发“双到”工作，加快实现全市人民共同富裕，促进我市城乡协调发展，取得了显著成效。本人从高要市新闻中心临时抽调到市扶贫开发“双到”办公室，直接参与了全市扶贫开发“双到”工作，现谈谈对高要市扶贫开发工作的一些思考和建议。

一、高要市扶贫开发“双到”工作主要做法和成效

自开展扶贫开发“双到”工作以来，高要市紧紧围绕贫困户稳定脱贫和改变贫困村落后面貌两大目标，全面开展扶贫开发工作，取得了显著成效。至2011年2月底止，全市累计投入帮扶贫困村、贫困户资金5625万元，落实帮扶措施4309条，为贫困户解决生产生活问题6854个，开展技能培训4310人次，输出劳动力1126人，脱贫农户2534户，脱贫率达88.2%，为2011年全面完成扶贫开发“双到”各项任务打下坚实基础。

（一）坚持领导带头、多渠道筹集资金，确保人员资金到位

各级党委政府十分重视扶贫开发“双到”工作，市委书记范汝雄在市委十一届八次全会、四套班子成员会议等重要会议上反复强调做好扶贫开发“双到”工作的重要性和紧迫性。一年来，多次专门召开全市扶贫开发“双到”工作现场会和考评工作会议，对该项工作再动员再部署，提出要加快扶贫开发进程，确保贫困村今年率先脱贫，确保全市提前一年、力争提前一年半完成脱贫任务，走在肇庆市前列。同时，市委书记范汝雄、市长梁靖及其他班子成员率先垂范，深入到各自挂钩联系的贫困村、贫困户开展调研及慰问活动，推动全

[1]　陈笑音(1961.06-)，男，广东省高要市新闻中心编辑部副主任、文学创作中级（国家三级作家），研究方向：农村扶贫开发。

市“双到”工作的深入开展。目前，挂钩帮扶我市 17 条贫困村的肇庆市直和省驻肇单位全部派驻了驻村干部开展工作，挂钩帮扶非贫困村 2429 户贫困户的我市 1289 名帮扶干部与帮扶对象全部实现了对接做“亲戚”，广泛开展了扶贫开发帮扶实践活动。同时，各级各单位广开渠道筹集资金，通过上级争取、社会捐助、项目倾斜、经费节约、干部捐款、农信社小额信贷等方式加大扶持力度，累计筹集了帮扶资金 2860 万元。其中，省财政支持的每条贫困村 15.5 万元专项资金和肇庆市配套的每条贫困村首期 4.5 万元专项资金已经拨付到项目建设上，我市大手笔投入的 1200 多万元扶贫项目资金全部到位，对全市 2873 户贫困户每户安排生产扶持资金 1000 元，用于购买生产资料和物资，加快了脱贫步伐。

（二）坚持因地制宜、多策并举，确保帮扶措施落实，发展项目到点到位

按照“一村一策、一户一法”的要求，制定符合贫困村、贫困户愿望的方案和措施，确保帮扶项目到点到位。一是实施产业扶贫。围绕“一镇一业”、“一乡一品”，发展有本地特色、有市场前景、有稳定收入的种养产业。二是实施智力扶贫。积极组织科技下乡、送农技上门等活动，对贫困户进行农技培训 4310 人（次），使每一户贫困户掌握 1 至 2 门种养技术。积极组织各种形式的就业培训，积极联系用工单位和企业，促进贫困群众就业，实现“就业一人、脱贫一户”的目标。三是实施民生扶贫。结合创建省卫生村、生态文明村、社会主义新农村等活动，以及泥砖房改造、小陂头改造、现代农田基本建设等一系列工程，切实改善贫困村、贫困户生产生活环境，全市累计投入资金 3327 多万元，创建省级卫生村 230 条；投入资金 9600 多万元，创建生态文明村 573 条；投入资金 1180 多万元，改造农村泥砖危房 373 户。实施低保“提标扩面”工程，从 2010 年 11 月开始，农村低保标准从每月 170 元提高到 210 元，全市扶贫开发“双到”工作中贫困户新增低保户 125 户，确保贫困家庭有稳定的收入来源。四是实施以点带面。按照“可学、可看、可做”的要求，实行高起点规划、高标准建设办好小湘镇三股、脉源村和水南镇大播村示范点。比如，投入 480 万元建设小湘镇 6 条村（含三股村和脉源村）商铺和出租屋项目，带动贫困村建设（购买）商铺热潮，确保村有稳定收入来源。又如，采取“村集体 + 贫困户”的方式分别投入 23 万元在三股村和脉源村示范村建设肉牛养殖基地，贫困村与贫困户捆绑发展。目前，示范点建设已初具规模，小湘 6 个村的“致富楼”项目已投入使用，三股村和脉源村示范村肉牛养殖基地已建成投入使用，水南大播村入股镇水电站、购买香粉厂项目，当年产生效益。在示范点的带动辐射下，全市 17 条贫困村都选定并积极实施发展项目，共立项建设项目 48 项，总投入规模超1200万元，为2011年全面完成扶贫开发“双到”各项任务打下坚实基础。

（三）坚持广泛宣传发动、强化督促检查，确保扶贫开发工作落实和各项任务完成

一是在“两台一中心”等媒体设立专栏。市扶贫开发办公室联合市新闻媒体先后对各镇各帮扶单位进行扶贫开发工作报道。同时，利用宣传栏、宣传单张、广播等途径在镇村加大宣传力度，让村民充分理解“双到”政策，增强村民脱贫致富的信心，广泛发动社会力量和群众共同参与扶贫开发工作，构建“大扶贫”工作格局。目前，在市内新闻媒体宣传扶贫开发新闻达932次，在镇城区和贫困村拉挂横额标语108条，确保广播有声音、报纸有文字、电视有画面，保证了扶贫工程顺利推进。二是建立督促检查制度。制定《高要市扶贫开发“规划到户责任到人”工作考核办法》，对领导不重视、措施不到位、成效不明显的帮扶单位和帮扶干部进行问责。成立三个检查指导组，强化扶贫开发工作指导检查，以督查倒逼落实，确保市委市政府制定的目标任务如期完成。同时突出督查重点，对帮扶资金、到户情况、脱贫率等一些核心指标进行重点督查，要求各帮扶单位做到思想不放松、人员不减少、力度不减弱，进一步加大帮扶力度，攻坚克难，使贫困户稳定脱贫。采取灵活的督查方式，开展定期或不定期检查，提高督查效果。三是结合省、肇庆市考评工作督查整改。2011年初，高要市组织三个考核小组对各镇各帮扶单位“帮扶干部是否落实、资金是否到位、帮扶项目是否落实、帮扶成效是否明显、资料档案是否健全”等进行考核，结合考核反馈的基础性工作薄弱等普遍性问题，指导督促整改，进一步建立健全帮扶台帐，科学规范档案管理，在建档立卡、电脑管理、帮扶记录卡填写和帮扶资料电脑录入等方面不发生错漏，确保档案资料收集齐全、数据详实准确可靠，及时反映到户记录、帮扶成效。

二、目前扶贫开发“双到”工作的存在问题

高要市经过一年多的扶贫开发“双到”工作，贫困村和贫困户的精神面貌和生产生活环境发生了巨大变化，取得了显著成就。但仍然存在薄弱环节，任务依然十分艰巨。

1. 帮扶单位之间扶贫力度不够平衡

这次扶贫开发工作中，大部分扶贫单位和贫困村、贫困户都结上了亲，都实实在在地开展工作。但就扶贫效果看。有的扶贫单位经济实力雄厚，扶贫措施到位、有力，在短的时间内立竿见影。而有的扶贫单位因财力物力有限，有心帮扶却囊中羞涩，只是在比较大的节日里去慰问一下贫困户，扶贫工作流于形式。

2. 帮扶后续管理跟踪不到位

有的帮扶单位的帮扶工作仅仅限制于送一些钱物，没有“造血”措施；有的帮扶单位立了项目，却没有后续跟进和落实；有的贫困户领到扶贫物资后，转头就卖了，村干部也无可奈何。所有这些都是由于后续管理、督促检查工作相对滞后所致。

3. 农村基层党建工作力度不够

扶贫是一件大好事，也是一项民生工程。这就要求党员干部要有较高的思想觉悟，高度的政治责任感及执政为民的工作作风。部分村党支部战斗力不强，对“双到”工作缺乏主动性；有的村干部把“双到”工作看成负担，甚至出现畏难情绪，直接影响了扶贫开发工作开展。

4. 贫困户主观脱贫意识差

由于贫困户文化素质低，对新技术，新事物，新的观念接受能力不强，思想消极保守，小农意识根深蒂固，没有发展动力，安于现状，部分贫困户产生严重依赖思想。加上偏远山区交通滞后、信息闭塞以及农产品市场价格波动较大等因素影响，农民生产积极性不高。

三、今后扶贫开发“双到”工作的对策及建议

消除贫困、实现共同富裕，是深入贯彻落实科学发展观、构建和谐社会的重要内涵。实施扶贫开发“双到”工作，解决好贫困村、贫困户脱贫与发展问题，必须建立促进贫困村和贫困户稳定脱贫的长效机制，这是一个值得思考的课题。

（一）把扶贫开发与提高农民素质相结合，实现从“要我脱贫”到“我要脱贫”观念的转变

治穷先治愚，扶贫先扶智。只有农民素质提高了，脱贫致富才有希望。一是建立以提高素质增强致富本领为目标的扶贫培训和劳务输出工作新机制。实现培训技能与劳务转移输出有机结合，为贫困户提供更多的增收渠道。结合“双转移”战略部署及各地的实际，进一步加大对农民工的培训力度，建立农民工培训监督机制。拓宽劳务输出渠道，制订劳务输出方案，有计划有组织地输送贫困村剩余劳动力外出务工，对愿意外出打工的贫困户至少帮助其输出一个劳动力。同时利用会议、广播、举办专题班、召开种养现场会等多种形式，请当地的致富能手、种养大户现场讲解种养技术，提高了贫困农民的致富技能。组织技术人员进村入户，深入田间地头开展面对面培训、“零距离”指导，只有让贫困户掌握好致富技术，群众脱贫致富才能持久。二是提高贫困人口素质，特

别是要重建贫困人口对生活和社会的积极态度，重建自信力，使更多的贫困人口具有改变自己愿望，从而为自我发展奠定了基础。三是善于帮助贫困村贫困户寻找发展的路子，使现有的资源、技术和能力能够得到最大的发挥，尽快实现脱贫致富。认真分析经济发展情况，分析市场需求情况，从信息、项目、市场中，找到致富门路。四是注重精神扶贫，加强农村精神文明建设。在农村大力宣传“致富光荣”，发扬“人穷志不穷”的精神，树立文明新风，增强贫困村脱贫致富的动力，营造了自发向上求发展的良好社会氛围。还要教育和引导贫困农民抛弃“等、靠、要”思想，实现从“要我脱贫”到“我要脱贫”的观念转变，主动配合帮扶干部工作，发扬自力更生、艰苦创业的精神，自立自强。

（二）把扶贫开发与农村农业产业发展相结合，实现从“输血型”到“造血型”功能的转变

巩固扶贫成果，促进贫困农村的持续发展，既要立足当前，又要着眼未来，把当前利益与长远利益统一起来，把当前打算与长远规划结合起来，把当前的措施办法与长效的机制体制衔接起来。一方面要立足当前利益。扶贫开发的经费投入和项目建设在一定程度上要讲究“短平快”，要按照“当年投入、当年建成、当年见效”的原则，真正把经费用在最紧要、最需要的地方，实现当年项目当年受益。另一方面，要着眼长远利益，资金项目安排要有长远考虑。要注重项目布局的合理性、协调性，使群众能全面、长期受益。

要集中有限资金，把着力点放到产业开发上。要准确定位产业发展的方向，针对不同类型的区域，制定不同的产业扶贫措施。要依托农业龙头企业，使产业逐步向区域化布局、规模化生产、标准化管理、社会化服务的目标发展，充分发挥农业产业协会的管理、产品销售等服务功能，将农民的市场风险降到最低，使群众稳定增收。整合科技及产业化扶贫资金，建设种植、养殖示范村和其他示范项目，通过点面结合，发挥以点带面的示范作用。如高要市小湘镇就有6条省级贫困村，这些贫困村，因为村集体资源缺乏，没有收入来源。小湘镇利用地处西江河畔，321国道贯穿其中的优势。近年来，该镇大力乘接“双转移”，引进了一批投资大的环保型、效益型项目。外来人口集聚，工业化与城镇化发展的推动，对城镇租赁业的需要也日益增长。为此，高要市在该镇租赁业发展与做好扶贫开发“双到”工作中找到了一个结合点，统筹各级扶贫开发专项资金480万元，统一在圩镇兴建商铺和出租屋项目，以物业出租的方式确保贫困村集体有稳定的收入来源，从而催生了一幢幢“致富楼”：三股村楼、脉源村楼、大塘村楼、大白村楼、九源村楼、石印村楼，每幢3层高。以小湘镇6条省级贫困村命名的“致富楼”，成为了具有现代气息的商业区。小湘镇扶贫干部刁伙星算了笔账：致富楼的首层用作商铺，二、三层用作出租房，共商铺12卡，出租房48套，按照目前小湘圩镇的租赁价格，每平方米租金均价约10元，按此计算，每条贫困村每月可增加收入3500元以上，一年下来就有不少于4.2万元的稳定收入。在扶贫开发“双到”工作中，帮扶经济贫困落后的村发展“造血型”帮扶项目是关键，高要建起的“致富楼”就是这样的“造血型”项目。类似“致富楼”这样的例子在高要还有很多，坚持“一村一策”，以特色产业、品牌农业发展提升扶贫开发质量。如同样位于偏远山区的水南镇大播村在各级帮扶单位的帮助下，建起了香粉加工厂项目，现在已产生良好的经济效益。在高要的农村，还涌现了“冬瓜专业村”、“柑桔专业村”、“蔬菜种养基地”等特色致富产业，为村经济发展“造血”。

（三）把扶贫开发与农村基础设施建设相结合，实现从环境“脏乱差”到村容村貌优美的转变

要抓住农村发展、农民增收的后劲不放，“输血”的同时不忘增强“造血”功能。要结合创建省卫生村、生态文明村、城乡环境卫生大整治等一系列民生工程，切实改善贫困村、贫困户生产生活环境。要进一步推进新农村建设，要把贫困村内的村道、农田水利、生活用水、用电、村容村貌等公共基础设施的改善摆在更加突出的位置来抓，努力解决贫困村的饮水难、上学难、看病难、住房难、行路难等问题。特别是要重点解决道路、能源方面的问题，“路通财通”，这是致富的前提条件和必然渠道。同时，要围绕打造宜人村庄，在新农村建设方面加强规划，搞好村容整治与环境卫生及安全等等民心工程。继续实施农村安居工程，加快贫困户家庭的危房改造，做到应改尽改。改善农村卫生环境，完善农村卫生防疫体系。高要全市累计投入资金3327多万元，创建省级卫生村230条；投入资金9600多万元，创建生态文明村573条；投入资金1180多万元，改造农村泥砖危房373户。切实改善了贫困村、贫困户生产生活环境。

（四）把扶贫开发与创新机制相结合，实现帮扶工作从被动到主动帮助贫困户发展的转变

一是坚持以扶贫开发统揽农村工作全局，把扶贫开发摆上重要议事日程，继续落实党政领导干部扶贫工作责任制。坚持党政“一把手”对扶贫开发工作负总责，把扶贫开发效果作为考核任用领导干部的重要依据。层层分解目标任务，强化扶贫责任管理，实施动态考核，确保目标任务到位、管理责任到位、工作措施到位、把扶贫开发的政策措施真正落实到贫困村、贫困户。二是着力构建大扶贫工作格局。紧紧围绕扶贫开发“一盘棋”的指导思想，充分发挥部门职能作用，各司其职，各尽其能，献计献策，形成合力。继续深入开展市直机关帮扶贫困村和党员干部结对帮扶贫困户活动，积极做好省、市对口帮扶的服务联络工作，动员组织社会各界力量参与扶贫帮困，努力形成全社会合力扶贫的新局面。三是加强扶贫工作机构及队伍建设。鉴于扶贫开发工作的长期性、艰巨性和复杂性，进一步强化扶贫工作机构的职能，使之与担负的重要职责相适应。扶贫部门要在实施专项扶贫、组织社会扶贫、参与城乡统筹、缩小贫富差距、构建社会和谐等方面发挥重要作用。

（五）把扶贫开发与农村基层组织建设相结合，实现农村干部从有畏难情绪到主动协调工作的转变

村级党组织是党和政府在农村工作的基础，是各项扶贫开发措施落实到村到户的组织保证，必须加强以村党支部为核心的农村基层组织建设，提高村班子政策理论水平和群众工作能力，努力开创扶贫开发工作新局面。紧紧结合帮扶工作，把村班子、村支部、村委建设好，把扶贫开发对口帮扶工作与固本强基、切实加强基层党组织和村“两委”班子建设，坚决杜绝干部在扶贫开发“双到”工作中出现和可能出现的优亲厚友、营私舞弊、弄虚作假等问题，让村“两委”干部真正成为老百姓的“主心骨”、让党员干部真正成为老百姓脱贫致富奔康的领头人。

附　录

《点亮幸福之光——广东扶贫“双到”理论与实践》征文评奖结果

等次	题目	作者
一等奖（1名）	广东扶贫开发“规划到户、责任到人”综合研究报告	仲恺农业工程学院经贸学院《广东扶贫开发“双到”理论与实践研究》课题组
二等奖（3名）	浅析新时期扶贫政策重点的转移——以扶贫开发“双到”工作为例	广东省委办公厅 省委办公厅驻阳山县坑塘村工作组
	“规划到户、责任到人”扶贫开发政策实施情况调研报告	广东省社会科学院 梁桂全 邓智平 游霭琼
	浅谈如何用科学发展观指导“双到”扶贫开发工作	广东粤东高速公路实业发展有限公司 赖平球
三等奖（6名）	从效率角度浅议我省“规划到户、责任到人”扶贫工作的实践与创新	广东省农业科学院 梁镜财 黄修杰 何淑群 徐志宏 崔烨
	建设幸福广东视角下完善农村扶贫开发社会责任机制的思考	中共湛江市委党校政治教研室 刘国军
	解贫困成因 谋扶贫思路——关于扶贫开发“双到”工作的思考	中共惠州市委 陈国敏
	扶贫农业龙头企业在扶贫“双到”工作中的作用机制分析	仲恺农业工程学院经贸学院 史金善
	略论“规划到户、责任到人”扶贫开发的有效性	洪梅镇 洪梅镇扶贫工作办公室
	关于对广东扶贫开发工作艰巨性和长期性的若干思考	中共广东省委办公厅督查室 林国徐

续表

等 次	题 目	作 者
优秀奖（10名）	对探索稳定脱贫模式的思考——论产业帮扶项目的战略选择与组织实施	广东省质量技术监督局基层教育处
	扎实开展扶贫开发“双到”工作促进农村社会和谐健康快速协调发展	南雄市扶贫开发“双到”办公室
	以“双到”扶贫促进国有企业社会责任建设——广晟资产经营有限公司“双到”工作实证研究	广晟资产经营有限公司
	广东农村扶贫开发工作路径探讨	广东海洋大学海洋经济管理学院 闫玉科 阮彭林 陈雪
	“双到”对扶贫开发工作的四维创新	肇庆学院音乐学院 谢石生
	对广东省“双到”扶贫开发模式的思考	华南农业大学 倪慧群 黄宏 钟耿涛
	扶贫开发“双到”工作的实践探究	云安县人民政府 香卓伦
	建立健全长效机制 推动扶贫开发深入发展	罗定市人民政府 陈雄荣
	开展“双到”扶贫 实现扶贫开发工作的科学创新——以乳源瑶族自治县大布镇白坑村为例	国家开发银行股份有限公司广东省分行 周天岑 刘宇
	从非正式制度变迁的视角来看扶贫先扶志	中山火炬开发区扶贫办 马 丽

同心在于行动（歌曲）

同心在于行动

指导：叶松柏
黄贵洪
周年友
作词：陈智武
作曲：林伟伦
编曲：魏文超

1=F 4/4
♩=100

0 5 | 3 3 3 4 3· 2 1 | 2 2 2 2 3 2 1 6 0 6 | 2 2 2 3 2· 2 6 |
每一片叶 子 都有 享受阳光的权 利，每 一缕阳 光 都有

1 1 1 1 2 2 3 3 3 | 6 6 ♭7 6 - | 5 5 6 5· 2 | 3 3 3 - 1· 2 |
温暖大地的可 能. 同心 帮 扶， 让爱 流 淌，让 幸福 永

2 - - 0 6 | 2· 4 3 2 1 1· 6 | 1 1 1 2 6 6· 3 | 4 4 4 3 4 4· 6 |
恒. 我 们 同 努 力，让 奉献 更真诚， 让 付出 更欢乐，让

7 7 7 7 7 5 7 6· 6 7 | 1 1 1 - 3 5 3 | 3 2 2 - 0 5 | 3· 3 1 2 3 3 3 |
贫困的人 不再独 行,让 爱心 处处 相 逢. 同 心在于行 动帮

2· 2 7 1 2 2 6 7 | 1 1 1 1· 4 3 2 1 2 | 2 - - 0 5 | 3· 3 1 2 3 3 3 |
扶未求感 恩相信 每户 家庭 都有 希 望. 同 心 在于 行 动,帮

2· 2 7 1 2 2 6 7 | 1 1 1 1 4 3 2 1· | 1 - - ‖ 1 - - - |
扶 未求感 恩.相信 施与受 终会 平 衡. 衡

D.S.

5 5 5 6 5 - | 1 7 1 3· 2 - | 1 1 7 1· 4 3 2 1· | 1 - - 0 5 |
为善最 乐， 爱心永 恒， 大地长治 幸福永 恒. 同

3· 5 1 2 3 3 3 | 2· 5 7 1 2 2 6 7 | 1 1 1 1· 4 3 2 1 2 | 2 - - 0 5 |
心在于行 动帮 扶未求感 恩相信 每户 家庭 都有 希 望. 同

3· 5 1 2 3 3 3 | 2· 5 7 1 2 2 6 7 | 1 1 1 1 4 3 2 1· | 1 - - - |
心在于行 动,帮 扶 未求感 恩.相信 施与受 终会 平 衡.

1 1 7 1 4 3 2 1 | 1 - - ‖
大 地 长 治 幸 福 永 恒.

春风春雨（歌曲）

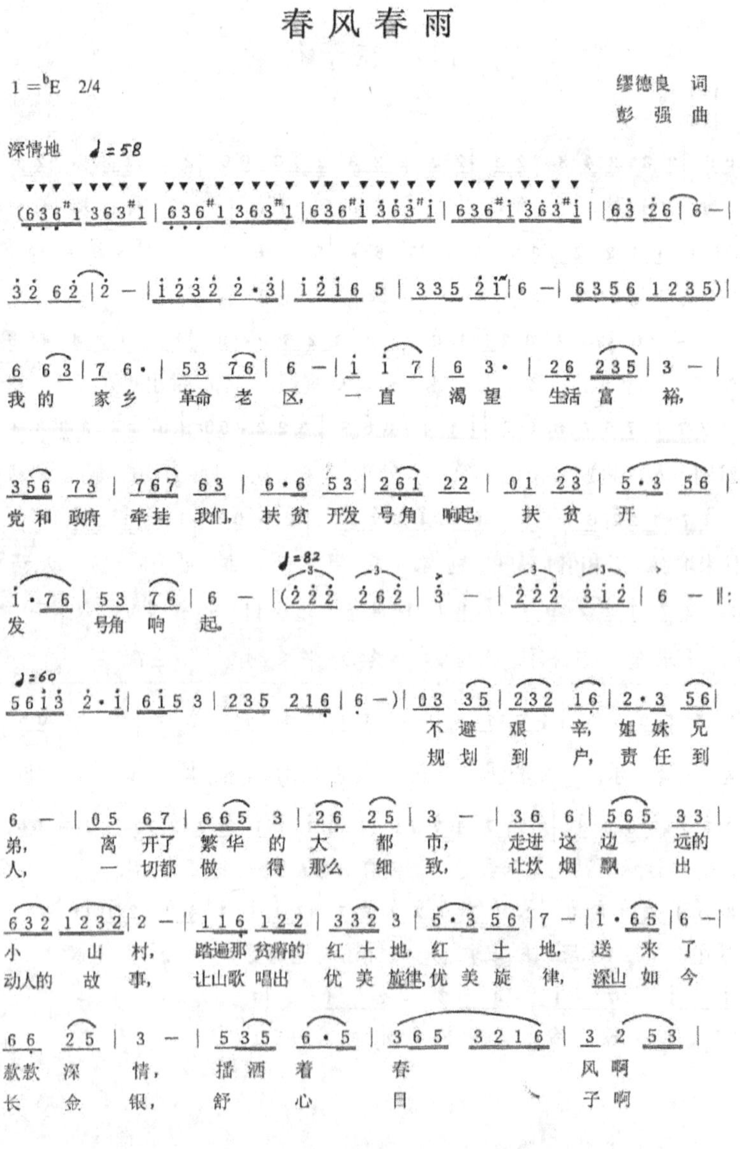

春风春雨

1＝^{b}E 2/4

缪德良 词
彭 强 曲

深情地 ♩=58

我的家乡革命老区，一直渴望生活富裕，
党和政府牵挂我们，扶贫开发号角响起，扶贫开
发号角响起。

♩=82

♩=60

不避艰辛，姐妹兄
规划到户，责任到

弟，离开了繁华的大都市，走进这边远的
人，一切都做得那么细致，让炊烟飘出

小山村，踏遍那贫瘠的红土地，红土地，送来了
动人的故事，让山歌唱出优美旋律，优美旋律，深山如今

款款深情，播洒着春风啊
长金银，舒心日子啊

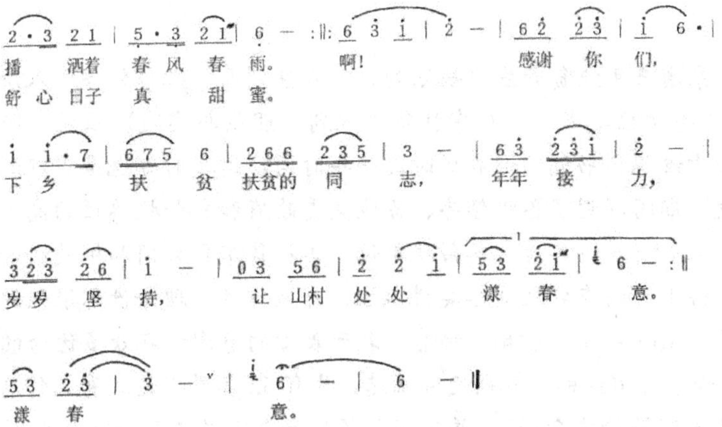

2·3 21 | 5·3 21 | 6 — :‖: 6 3 1 | 2 — | 6 2 2 3 | 1 6· |
播 洒着 春风 春 雨。 啊! 感谢 你 们,
舒心 日子 真 甜 蜜。

1 1·7 | 675 6 | 266 235 | 3 — | 63 231 | 2 — |
下 乡 扶 贫 扶贫的 同 志, 年年 接 力,

323 26 | 1 — | 03 56 | 2 2 1 | 53 21 | 6 — :‖
岁岁 坚 持, 让 山村 处 处 漾 春 意。

53 23 | 3 — | 6 — | 6 — ‖
漾 春 意。

曲作者：彭强（广东省梅州市五华县文化广电新闻出版局） 邮编：514400 电话：13826628178

后 记

在广东省三年扶贫开发“规划到户、责任到人”工作任务进入决胜收官年之际，《点亮幸福之光——广东扶贫“双到”理论与实践》正式出版发行了。该书从初步设想到书稿的形成历时近一年时间，这段时期也是“双到”扶贫的攻坚阶段，期间得到了各级领导、各地党委政府和各帮扶单位的高度重视和积极响应。在全省各级各地、各帮扶单位、各扶贫工作部门和机关科研单位的大力配合支持下，编委会收到各类科学性、可操作性、理论性都很强的学术论文和工作总结150多篇，对此，编委会表示衷心的感谢。在众多优秀的理论文章中，经过专家评审组的认真研究和筛选，共有52篇学术论文和工作总结入选，从中评选出获奖论文20篇，并对获奖集体和个人给予了一定的物质奖励，以资鼓励。在此，也希望本书的出版能够进一步激发大家开展扶贫理论研究的积极性和主动性，大力建言献策，齐心协力为“双到”扶贫添砖加瓦。由于本书涉及面广，数据繁多，文字量大且时间跨度长，如有纰漏之处，恳请读者、同仁指正。

编委会

二〇一二年四月五日